中国数量经济学会

Chinese Association of Quantitative Economics

中国数量经济学会

21世纪数量经济学

Quantitative Economics in the 21st Century

第17卷

◎主　编　李　平　殷先军

◎副主编　李富强　王立勇

经济管理出版社

ECONOMY & MANAGEMENT PUBLISHING HOUSE

图书在版编目（CIP）数据

21 世纪数量经济学. 第 17 卷/李平，殷先军主编. —北京：经济管理出版社，2017. 5
ISBN 978 - 7 - 5096 - 5041 - 7

Ⅰ. ①2… Ⅱ. ①李…②殷… Ⅲ. ①数量经济学—文集 Ⅳ. ①F224. 0 - 53

中国版本图书馆 CIP 数据核字(2017)第 073355 号

组稿编辑：陈　力
责任编辑：杨国强　张巧梅
责任印制：司东翔
责任校对：雨　千

出版发行：经济管理出版社
（北京市海淀区北蜂窝 8 号中雅大厦 A 座 11 层　100038）
网　　址：www. E - mp. com. cn
电　　话：（010）51915602
印　　刷：北京玺诚印务有限公司
经　　销：新华书店
开　　本：710mm × 1000mm/16
印　　张：38. 75
字　　数：635 千字
版　　次：2017 年 7 月第 1 版　　2017 年 7 月第 1 次印刷
书　　号：ISBN 978 - 7 - 5096 - 5041 - 7
定　　价：128. 00 元

《21 世纪数量经济学》
（第 17 卷）

编审组名单

主　　编　李　平　殷先军
副 主 编　李富强　王立勇
编审组长　李　平
成　　员　李富强　彭　战　王喜峰　陈星星　焦云霞

前　言

本书是《21世纪数量经济学》丛书的第17卷。

中国数量经济学会2016年年会于2016年10月14日～16日在北京召开，年会由中国数量经济学会与中央财经大学主办；中央财经大学统计与数学学院承办。来自政府部门、研究机构、高等院校和企业的535位数量经济学专家、学者参加了本次年会，会议共收到学术论文436篇。

年会上，美国乔治华盛顿大学梁华教授、美国威斯康星大学张正军教授、美国佐治亚大学钟文瑄教授分别做了主旨演讲。云南财经大学石磊教授，北京大学沈艳教授，中国社会科学院蔡跃洲研究员，中央财经大学王辉教授、邓露副教授、樊茂清副教授分别在名家讲坛上做了学术报告。会议分成数量经济理论与方法，经济增长、宏观经济，金融、保险，资本市场，财政、税收，投资、贸易，区域经济、产业经济，环境、资源，大数据理论与方法，实验经济学及其他学科11个小组进行了专题讨论，100多位学者在小组学术交流会上介绍了自己的最新研究成果，会议收到了良好的效果。

本书是由本次年会提交的论文中遴选出来的优秀论文集结成册的，共31篇，分为5个部分：数量经济理论与方法，宏观经济、财政税收，金融、资本市场，企业、产业经济，能源经济、实验经济学。入选的这些论文均有较高的学术水平，具有一定的理论意义或实践意义。

囿于编者的能力和水平，本书一定存在不少错误和疏漏，欢迎广大读者批评指正。

编　者

2017年2月

目　录

1. 数量经济理论与方法

2. 宏观经济、财政税收

3. 金融、资本市场

4. 企业、产业经济

5. 能源经济、实验经济学

1. 数量经济理论与方法

非线性因果性检验研究*

夏南新
（中山大学岭南学院，广州　510275）

一、文献综述

Colm Kearney、Andrew J. Patton（2000）分别建立了3、4、5个变量的欧洲货币体系中重要货币——法国法郎、德国马克、意大利里拉以及欧洲货币单位的汇率波动传导的多元GARCH模型；估计模型既没有对1979年4月~1997年3月的日数据也没有对周数据施加常数相关的共同限制；结果表明，检验多元GARCH模型设定稳健性是重要的，发现增加的短期综合项减少了观察波动性传递，并且马克通过波动传递起着支配地位。Bollerslev T.（1990）基于多元GARCH模型分析了5种欧洲货币兑美元短期名义汇率的相关性，发现在欧洲货币体系中实行自由浮动汇率时期这5种欧洲货币之间存在较高显著的协同运动。David G. McMillan、Isabel Ruiz、Alan Speight（2010）基于欧元兑美元、英镑、日元的汇率，采用具有明显优势的Multi - GARCH现存的方差方法，检验这3种汇率是否存在波动溢出和时变相关性；

* ［基金项目］2015年国家社会科学基金重点项目（批准号：15AJL005）（夏南新为课题主持人。在理论经济、应用经济两个一级学科中，是当年广东省唯一重点项目获得者）；2014年国家社会科学基金重大项目（第一批）（批准号：12ZDA020）（夏南新为子课题负责人）。

［作者简介］夏南新，男，江西省南昌市人，博士，教授，博士生/后导师，系书记，中国统计学（一级学科）会常务理事（广东省只有两位教师当选），广东省统计学会副理事长，人大经济论坛统计学学科唯一学术带头人，自2000年至今担任中国数量经济学会理事。

检验结果表明，3种货币确实表现出一定程度的波动溢出和波动运动背后的驱动力的共性；考虑到相关系数中的时变性质，有大量证据表明相关性是随时间变化的，但在样本期相关系数值并没有增加。

本文率先详尽地利用交叉相关（CCF）、Yin－Wong Cheung，Lilian K. Ng检验统计量和Hong Y. 检验统计量，验证3个变量序列的标准残差的方差之间的非线性因果关系。在Hong检验中引入了截断核函数，使得对低阶时滞项赋予了较大权重，从而准确地刻画近期波动对当前波动影响更大的特征。

二、非线性因果性检验引入

统计学上，波动溢出检验实质上是检验条件方差序列（二阶中心矩序列）之间是否存在Granger非线性因果关系。Yin－Wong Cheung和Lilian K. Ng（1996）采用一金融序列的均值方程生成的残差经标准化后的平方序列与另一金融序列的均值方程生成的残差经标准化后的平方序列之间的交叉相关函数（Cross－Correlation Function，CCF）检验方差（波动）之间的非线性因果关系（波动溢出），其检验构想为：

设信息集

$$I_t = \{X_{t-j};\ j \geqslant 0\},\ J_t = \{X_{t-j},\ Y_{t-j};\ j \geqslant 0\}, \tag{1}$$

式中，X_t 和 Y_t 为平稳遍历时间序列。

假如 $E\{(X_{t+1} - \mu_{x,t+1})^2 | I_t\} \neq E\{(X_{t+1} - \mu_{x,t+1})^2 | J_t\}$，

那么，Y_t 被认为引起 X_{t+1} 的方差变化的原因。其中，$\mu_{x,t+1} = E\{X_{t+1} | I_t\}$。

假如X与Y互为非线性因果，则X的方差与Y的方差之间会发生反馈效应。

如果 $E\{(X_{t+1} - \mu_{x,t+1})^2 | J_t\} \neq E\{(X_{t+1} - \mu_{x,t+1})^2 | J_t + Y_{t+1}\}$，

那么，存在方差的瞬时非线性因果性。

假定 X_t 与 Y_t 可以写成：

$$X_t = \mu_{x,t} + \sqrt{h_{x,t}}\varepsilon_t,\ Y_t = \mu_{y,t} + \sqrt{h_{y,t}}\zeta_t \tag{2}$$

式中，$\{\varepsilon_t\}$ 和 $\{\zeta_t\}$ 为0均值和单位方差的两个独立白噪声过程，$h_{x,t}$ 和 $h_{y,t}$ 是基于 $t-1$ 时刻信息集的条件协方差。

设 U_t 和 V_t 分别是标准新息 ε_t 和 ζ_t 的平方，有

$$U_t = \frac{(X_t - \mu_{x,t})^2}{h_{x,t}} = \varepsilon_t^2, \quad V_t = \frac{(Y_t - \mu_{y,t})^2}{h_{y,t}} = \zeta_t^2 \tag{3}$$

U_t 和 V_t 之间滞后 k 阶样本交叉相关为：

$$r_{uv}(k) = c_{uv}(k)[c_{uu}(0)c_{vv}(0)]^{-\frac{1}{2}}, \quad k = 0, \pm 1, \pm 2, \cdots \tag{4}$$

式中，$c_{uv}(k)$ 是第 k 阶滞后或领先的样本交叉协方差，它由下式得到：

$$c_{uv}(k) = T^{-1}\sum (U_t - \bar{U})(V_s - \bar{V})$$

$$= \begin{cases} \sum\limits_{t=1}^{T-k} \dfrac{((U_t - \bar{U})(V_{t+k} - \bar{V}))}{T}, & k = 0, 1, 2, \cdots \\ \sum\limits_{t=1}^{T+k} \dfrac{((V_t - \bar{V})(U_{t-k} - \bar{U}))}{T}, & k = 0, -1, -2, \cdots \end{cases} \tag{5}$$

式中，$c_{uu}(0)$ 和 $c_{vv}(0)$ 分别是 U 和 V 的样本方差。注意：不像自相关，交叉相关不必围绕 0 阶对称。

Hannan（1970）指出，因为 $\{U_t\}$ 和 $\{V_t\}$ 独立，当样本容量趋于无穷大时，它们的二阶矩的扩展意味着：

$$r_{uv}(k) \sim N(0, \frac{1}{T}) \tag{6}$$

$$CCF(k) = \sqrt{T} r_{uv}(k) \tag{7}$$

$$\begin{pmatrix} CCF(k) \\ CCF(k') \end{pmatrix} \xrightarrow{T \to \infty,\ \text{asymptotically}} N\left(\begin{bmatrix} 0 \\ 0 \end{bmatrix}, \begin{bmatrix} 1 & 0 \\ 0 & 1 \end{bmatrix}\right), \quad k \neq k' \tag{8}$$

式中，T 为样本容量。

标准化残差平方的 CCF 可以用来探测和辨别二阶矩的非线性因果模式。

H_0：CCF（k）=0（无非线性因果关系）

H_a：CCF（k）≠0（有非线性因果关系）

CCF 方法不涉及在序列内和在序列间动态（Both Intra - and Inter - series Dynamics）的同期模型。当研究的序列数大并预期到非线性因果模式的长滞后时，CCF 检验特别有用。CCF 没有被设计探测产生 0 交叉相关的非线性因果模式。样本残差交叉相关进一步提供了有关时间序列数据间交互作用的信息。

Yin - Wong Cheung 和 Lilian K. Ng（1996）指出，已知 $\hat{r}_{uv}(k)$ 的渐进行为，一个正态检验统计量或卡方检验统计量可以被构造成检验没有非线性因果性的零假设（比如，H_0：X_t 与 Y_t 之间方差不存在非线性因果性）下。

为了检验一个设定滞后 k 阶的非线性因果关系，可以把$\sqrt{T}\hat{r}_{uv}(k)$与标准正态分布作比较。另外，在 H_0 假设下，一个卡方检验统计量被定义为：

$$S = T\sum_{i=j}^{k}\hat{r}_{uv}^{2}(i) \tag{9}$$

它有一个自由度(k－j＋1)的卡方分布，即 $\chi^2(k-j+1)$，能够用来检验从滞后 j 阶到滞后 k 阶没有非线性因果性的假设。当没有关于非线性因果性方向（X_t 是 Y_t 的原因，或者，Y_t 是 X_t 的原因）的先验信息时，可以设置 $-j=k=m$。参数 m 应该足够大到包括在非线性因果模式中可能出现的最大非 0 阶。当考虑一个非方向的因果性模式，即 Y_t 不是 X_t 的原因，设$j=1$和 $k=m$。

当样本规模 T 小时，卡方统计量 S 可以被修正为：

$$S_M = T\sum_{i=j}^{k}\omega_i\hat{r}_{uv}^{2}(i) \tag{10}$$

式中，$\omega_i=\frac{T}{T-|i|}$或$\frac{T+2}{T-|i|}$。注意：S_M 总是大于 S。

由于 Yin－Wong Cheung 和 Lilian K. Ng（1996）的二阶矩非线性因果性检验、Granger（1969）的一阶矩线性因果性检验给每一个滞后项均等权重，所以可以把它看作均匀加权。不过，非均匀加权常常比均匀加权给出了更好的检验功效（势）（Power）。鉴于此，Yongmiao Hong（2001）提出了一类展示条件异方差和可能有无穷无条件方差的两序列之间波动溢出渐进标准正态检验。这种检验是基于两标准残差平方之间样本交叉相关平方加权和。允许使用所有样本交叉相关，并且介绍了每一滞后的样本交叉相关的柔韧性加权方案。基于 Yin－Wong Cheung 和 Lilian K. Ng（1996）统计量的广义版的 Hong 检验：

$$T\sum_{i=1}^{T-1}k^2\left(\frac{i}{M}\right)\hat{r}_{uv}^{2}(i) \tag{11}$$

式中，M 是正整数，由于 i(＞M) 阶的滞后项被赋予零权数，所以，M 为滞后的截断数；k(·) 是加权函数，可以是截断（Truncated）核函数、巴特莱特（Bartlett）核函数、二次方程式谱［Quadratic－spectral（QS）］核函数，等等。

Priestley（1981）认为，截断等形式的核函数有紧致性（Compactness）支持，即对$|z|>1$，有 $k(z)=0$。截断核函数具体形式为：

$$k(z)=\begin{cases}1, & |z|\leqslant 1\\ 0, & 其他\end{cases} \tag{12}$$

可见，Hong 检验引入核权函数对低阶时滞项赋予较大权重，刻画近期波动比远期波动对当前波动影响更大的特征，样本交叉相关系数个数 M 随着样本规模 T 的增大而增大，即可以使用所有的滞后信息，从而确保在较大滞后阶数下仍然保持较强的检验功效（Power）。

三、人民币、欧元、日元兑美元的汇率的方差非线性因果性检验

第 12 任世界银行行长罗伯特·佐利克（任期 2007 年 7 月 1 日 ~ 2012 年 6 月 30 日）认为，恢复美元、欧元、英镑、日元以及人民币等众多货币与黄金挂钩的金本位制，取代目前的美元体制。为此，本文特此选取了当今具有代表性货币的汇率，人民币、欧元、日元兑换美元的汇率，考察后金融危机时代国际金融市场波动传导特征。

自 2005 年 7 月 21 日开始，中国汇率将以市场供求为导向，参考一篮子货币汇率的加权平均价作为人民币的基准汇率，中国人民银行还将根据市场发育状况适时调整汇率上下 0.3% 的浮动区间，以维持人民币汇率在合理和均衡的水平上，进而促进国际收支的基本平衡。为此，人民币兑换美元官方汇率（CER）、欧元兑换美元官方汇率（EER）、日元兑换美元官方汇率（JER）的日数据时间跨度为 2005 年 7 月 21 日至 2011 年 12 月 23 日。这些数据均源自美国联邦储备网站（http://www.federalreserve.gov/Economic Research and Data）。因各国法定节假日不同，为了使得 3 种汇率时间对齐，于是，没有交易的节假日缺失数据均采用线性插值法估测。每种汇率都有 1677 个数据。样本期的中间刚好为 2008 年国际金融危机爆发时间，2008 年前三年为金融危机滋长期，后三年为后金融危机时代，属于经济弱恢复期。以 $y_t=(y_{cny,t},\ y_{eur,t},\ y_{jpy,t})^T$ 表示三个汇率的日收益率，其中

$$y_{cny,t}=100\ln\left(\frac{CER_{1t}}{CER_{1,t-1}}\right),\quad y_{eur,t}=100\ln\left(\frac{EER_{1t}}{EER_{1,t-1}}\right),$$

$$y_{jpy,t}=100\ln\left(\frac{JER_{1t}}{JER_{1,t-1}}\right) \tag{13}$$

这三种汇率的日收益率的 Multivariate GARCH 模型中的均值方程是一个常数项的回归方程［Hong Y.（洪永淼），2001；高铁梅，2009；张世英，2004］，其形式为：

$$y_{cny,t}=c_1+\varepsilon_{1t},\ y_{eur,t}=c_2+\varepsilon_{2t},\ y_{jpy,t}=c_3+\varepsilon_{3t} \tag{14}$$

式中，$\varepsilon_t=(\varepsilon_{1t},\ \varepsilon_{2t},\ \varepsilon_{3t})'$服从均值为0，方差为 H_t 的条件正态分布。

人民币、欧元、日元兑美元的汇率序列取对数的均值方程如表1所示。

表1　人民币兑美元、欧元兑美元、日元兑美元的汇率均值方程

前定变量	人民币兑美元汇率的日收益率 $y_{cny,t}$	前定变量	欧元兑美元汇率的日收益率 $y_{eur,t}$	前定变量	日元兑美元汇率的日收益率 $y_{jpy,t}$
c(1)	-0.001941 (0.000869) [-2.234370]	c（2）	0.019396 (0.012935) [1.499462]	c（3）	-0.003535 (0.014204) [-0.248861]
D. W.	2.134475	D. W.	1.945008	D. W.	2.077018

注：①圆括号内的数字为标准误，方括号内的数字为 z 统计量的值。②由于本论文是研究异方差问题，均值方程生成的残差必须存在序列相关，所以，没有指出常数项的显著性以及 R^2 值。其实，常数项通常允许不显著。

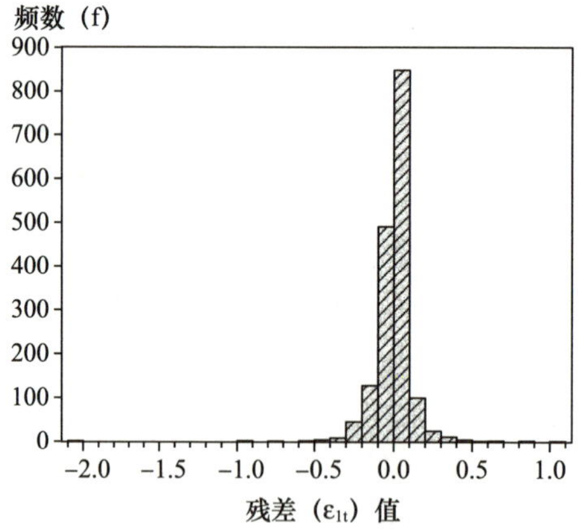

图1　人民币兑美元的均值方程的残差序列直方

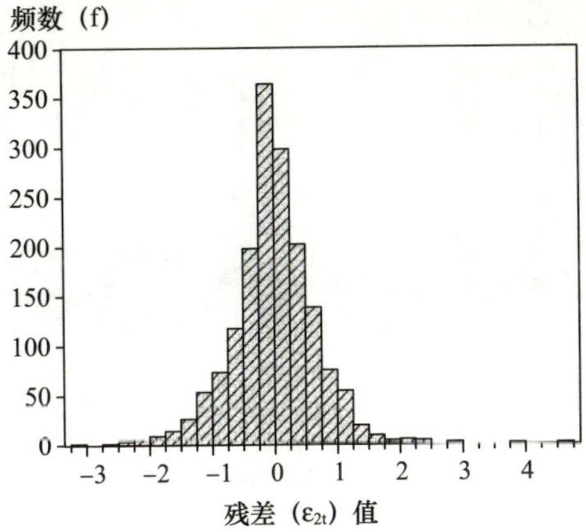

图2　欧元兑美元的均值方程的残差序列直方

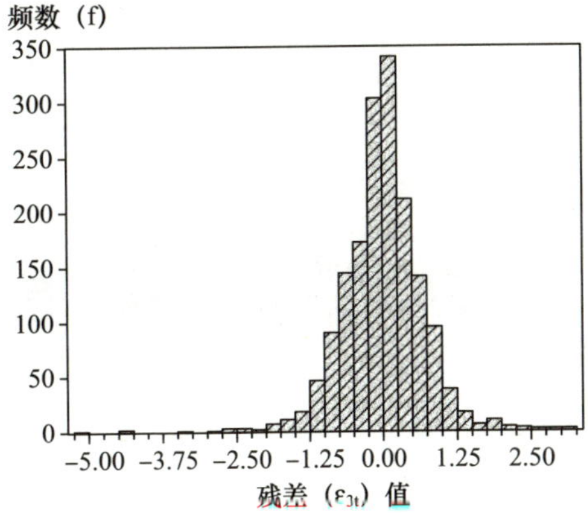

图3　日元兑美元的均值方程的残差序列直方

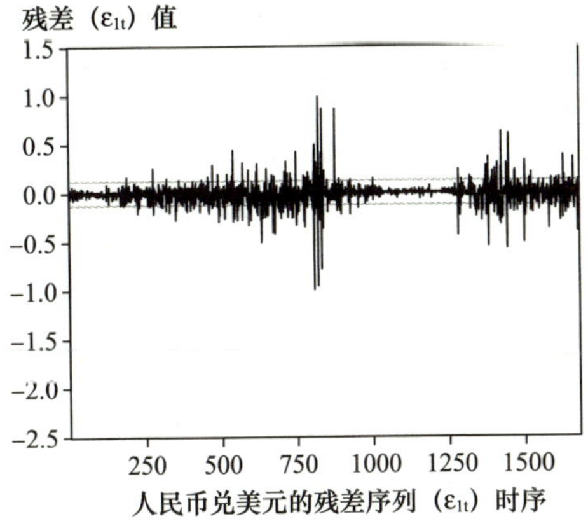

图4　人民币兑美元的均值方程的残差序列折线

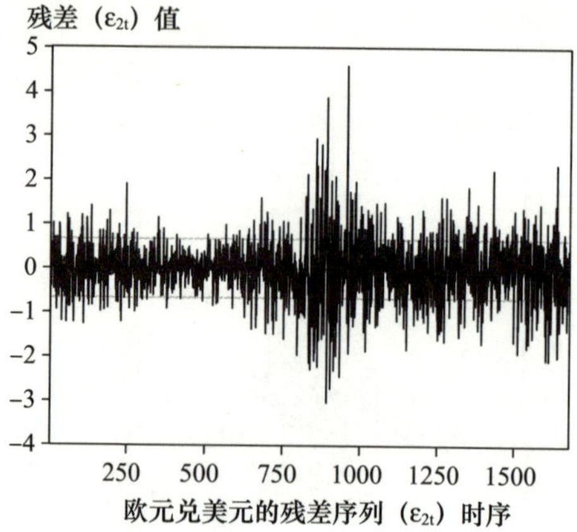

图5 欧元兑美元的均值方程的残差序列折线

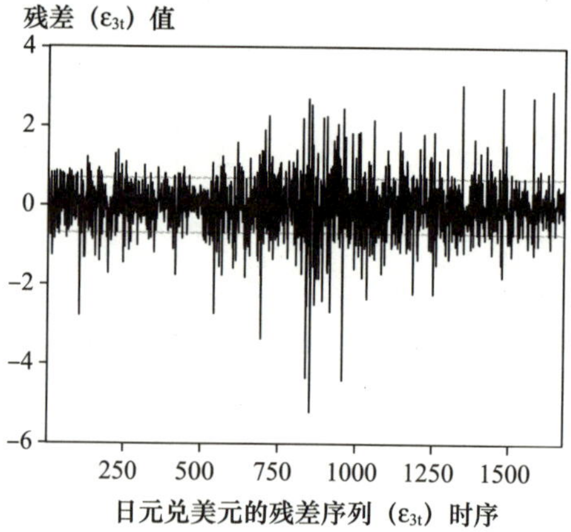

图6 日元兑美元的均值方程的残差序列折线

表2 人民币、欧元、日元兑美元汇率的均值方程的残差序列

统计量	人民币兑美元（ε_{1t}）	欧元兑美元（ε_{2t}）	日元兑美元（ε_{3t}）
偏度	-2.548538	0.215365	-0.490183
峰度	56.66059	6.391783	8.514670
Q（5）（p值）	67.330（0.000）***	5.1911（0.393）	9.2172（0.101）
Q（10）（p值）	79.330（0.000）***	12.511（0.252）	16.784（0.079）*
Q^2（5）（p值）	11.689（0.039）**	122.47（0.000）***	64.725（0.000）***
Q^2（10）（p值）	12.269（0.267）	259.22（0.000）***	104.22（0.000）***

续表

统计量		人民币兑美元(ε_{1t})	欧元兑美元(ε_{2t})	日元兑美元(ε_{3t})
Jarque - Bera（p 值）		202896.5（0.000）***	823.4621（0.000）***	2190.861(0.000)***
Breusch - Godfrey 序列 $\{\varepsilon_{it}\}$ 相关 LM 检验	F 统计量	F（2，1673）= 26.88387(0.0000)***	F（2，1673）= 2.023231（0.1326）	F（2，1673）= 1.522894（0.2184）
	$T\times R^2$ 统计量	x^2（2）=52.18694（0.0000）***	x^2（2）=4.043938（0.1324）	x^2（2）=3.045704（0.2181）
序列 $\{\varepsilon_{it}^2\}$ 异方差（ARCH）检验	F 统计量	F（1，1673）= 42.11378(0.0000)***	F（1，1673）= 1.841284（0.1750）	F（1，1673）= 11.51028(0.0007)***
	$T\times R^2$ 统计量	x^2（1）= 41.12881(0.0000)***	x^2（1）=1.841458（0.1748）	x^2（1）=11.44529（0.0007）***

注：①*、** 和 *** 分别表示在 10%、5% 和 1% 的显著性水平上拒绝零假设。②$JB=\frac{T-m}{6}\left[S^2+\frac{1}{4}(K-3)^2\right]$，其中 T 为样本容量（数据个数）；对于正常序列，m 取零，如果序列是回归方程的残差序列，m 就是解释变量（或估计系数）个数。在正态性的零假设下，J - B 统计量服从渐进的 $x^2(2)$。③回归方程残差序列 $\{\varepsilon_{it}\}$ 自相关、$\{\varepsilon_{it}^2\}$ 自相关的 Ljung - Box Q 检验统计量为 $Q_{LB}=T(T+2)\sum_{j=1}^{p}\frac{r_j^2}{(T-j)}$，式中，$r_j$ 是残差序列的 j 阶自相关系数，T 为样本容量，p 是滞后阶数。如：$\{\varepsilon_{it}\}$ 滞后 5 阶的自相关检验统计量值为 Q（5），$\{\varepsilon_{it}^2\}$ 滞后 5 阶的自相关（Correlogram of residuals squared）检验统计量值为 Q^2（5）。H_0：序列不存在 p 阶自相关；H_1：序列存在 p 阶自相关。如果在滞后 p 阶时 Q_{LB} 显著不为零，则拒绝 H_0，此时自相关和偏自相关系数显著不为零。总之，p 值小，拒绝 H_0。④Breusch - Pagan - Godfrey 的异方差检验：检验残差序列 $\{\varepsilon_{it}^2\}$ 是否存在高阶自相关，ARCH LM 检验统计量：F 统计量和 $T\times R^2$ 统计量，$T\times R^2$ 服从渐进的 x^2（p）。H_0：直到 p 阶滞后不存在序列自相关；H_1：序列存在 p 阶自相关。如果 F 和 $T\times R^2$ 都显著大于临界值，则拒绝 H_0。总之，p 值小，拒绝 H_0。

经上述检验，人民币兑美元汇率、日元兑美元汇率的均值方程的残差序列偏度小于 0，表明序列左偏分布，而峰度都大于 3，表明两序列呈尖峰分布；欧元兑美元汇率的均值方程的残差序列偏度大于 0，表明序列右偏分布，而峰度也大于 3，表明序列也呈尖峰分布。在零假设序列服从正态分布下，JB 统计量服从 x^2（2），而 1% 的显著性水平上临界值 x^2（2）为 9.210，这个序列的 JB 都远远大于它，同时 p 值也充分显示该统计量的显著性。由此可知，应该拒绝原假设，这进一步证实 3 个汇率序列不服从正态分布。从图 1、图 2 和图 3 中也可以直观看出。

利用 Ljung – Box Q 检验统计量残差序列自相关。p 值小，则拒绝 H_0，表明在滞后 p 阶时 Q_{LB} 显著不为零，序列存在 p 阶自相关。①人民币兑美元汇率的均值方程的残差序列，Q(5) 和 Q(10) 的 p 值均小于 1%，表明回归方程残差序列 $\{\varepsilon_{it}\}$ 在 1% 的显著性水平上至少存在滞后 10 阶的自相关；$Q^2(5)$ 的 p 值小于 5%，表明回归方程残差平方序列 $\{\varepsilon_{it}^2\}$ 在 5% 的显著性水平上至少存在滞后 5 阶的自相关。②欧元兑美元汇率的均值方程的残差序列，$Q^2(5)$ 和 $Q^2(10)$ 的 p 值均小于 1%，表明回归方程残差平方序列 $\{\varepsilon_{it}^2\}$ 在 1% 的显著性水平上至少存在滞后 10 阶的自相关。③日元兑美元汇率的均值方程的残差序列，Q(10) 的 p 值小于 10%，表明回归方程残差序列 $\{\varepsilon_{it}\}$ 在 10% 的显著性水平上至少存在滞后 10 阶的自相关；$Q^2(5)$ 和 $Q^2(10)$ 的 p 值均小于 1%，表明回归方程残差平方序列 $\{\varepsilon_{it}^2\}$ 在 1% 的显著性水平上至少存在滞后 10 阶的自相关。

Breusch – Godfrey 序列 $\{\varepsilon_{it}\}$ 相关 LM 检验表明：人民币兑美元汇率的均值方程的残差序列相关 LM 检验的 p 值小于 1%，该序列在 1% 的显著性水平上存在异方差，而欧元兑美元汇率的均值方程的残差序列和日元兑美元汇率的均值方程的残差序列不是很显著地存在异方差。

序列 $\{\varepsilon_{it}^2\}$ 异方差（ARCH）检验表明：人民币兑美元汇率的均值方程的残差平方序列和日元兑美元汇率的均值方程的残差平方序列的 p 值均小于 1%，说明这两序列在 1% 的显著性水平上存在异方差；而欧元兑美元汇率的均值方程的残差平方序列不是显著存在异方差。

从图 4、图 5 和图 6 中也可以直观看出。

表 3　人民币、欧元、日元兑美元汇率的均值方程的残差序列标准化后的平方的交叉相关（Cross – correlation function）

滞后或领先 k 阶		$U_{cny,t}$ 和 $V_{eur,t+k}$ 交叉相关	$U_{cny,t}$ 和 $V_{jpy,t+k}$ 交叉相关	$V_{eur,t}$ 和 $V_{jpy,t+k}$ 交叉相关
		$\hat{r}(k)_{U_{cny},V_{eur}}$	$\hat{r}(k)_{U_{cny},V_{jpy}}$	$\hat{r}(k)_{V_{eur},V_{jpy}}$
滞后（lag）	-5	0.0310	0.0020	0.0633*
	-4	-0.0019	0.0025	0.0256
	-3	0.0137	0.0033	0.1030*
	-2	0.0087	0.0090	0.0629*
	-1	0.0399	0.0161	0.0989*

续表

滞后或领先 k 阶		$U_{cny,t}$和 $V_{eur,t+k}$ 交叉相关	$U_{cny,t}$和 $V_{jpy,t+k}$ 交叉相关	$V_{eur,t}$和 $V_{jpy,t+k}$ 交叉相关
		$\hat{r}(k)_{Ucny,Veur}$	$\hat{r}(k)_{Ucny,Vjpy}$	$\hat{r}(k)_{Veur,Vjpy}$
	0	0.0106	0.0176	0.3961***
领先（lead）	1	-0.0117	0.0048	0.1328*
	2	-0.0081	-0.0093	0.1409*
	3	0.0093	0.0390	0.0508*
	4	0.0229	0.0522*	0.0914*
	5	0.0384	0.0232	0.0774*

注：①*、**和***分别表示在10%、5%和1%的显著性水平上显著，拒绝零假设。②$\hat{r}(k)_{U,V}$标准化残差平方的交叉相关。③k 是期数。④交叉相关是渐进一致近似。

采用 Hong 检验统计量：$H = T\sum_{i=1}^{T-1} k^2\left(\frac{i}{M}\right)\hat{r}_{uv}^2(i)$，使用截断核函数 $k(z) = \begin{cases}1, & |z| \leq 1 \\ 0, & 其他\end{cases}$。

滞后 1 阶（i=1）、滞后 2 阶（i=2）、…、滞后 T-1 阶（i=T-1）。充其量只能滞后 T-1 阶。假如最大滞后阶数 M=5，则 $|z| = \left|\frac{i}{M}\right| = \left|\frac{i}{5}\right| \leq 1$（i=0，±1，±2，±3，±4，±5），k（z）=1。

表 4 人民币、欧元、日元兑美元汇率波动的非线性因果性检验

	$T\sum_{i=1}^{5} k^2\left(\frac{i}{5}\right)\hat{r}_{uv}^2(i)$	$T\sum_{i=-5}^{5} k^2\left(\frac{i}{5}\right)\hat{r}_{uv}^2(i)$
U_{cny}领先于 V_{eur}	4.72632	—
U_{cny}领先于 V_{jpy}	0.60562	—
V_{eur}领先于 U_{cny}	3.83462	—
V_{eur}领先于 V_{jpy}	48.61887*	—
V_{jpy}领先于 U_{cny}	8.20169	—
V_{jpy}领先于 V_{eur}	91.19788*	—
U_{cny}和 V_{eur}互为非线性因果	—	8.74926
V_{eur}和 V_{jpy}互为非线性因果	—	402.77312*

续表

	$T\sum_{i=1}^{5}k^2\left(\frac{i}{5}\right)\hat{r}_{uv}^2(i)$	$T\sum_{i=-5}^{5}k^2\left(\frac{i}{5}\right)\hat{r}_{uv}^2(i)$
V_{jpy}和U_{cny}互为非线性因果	—	9.32647

注：①*、**和***分别表示在10%、5%和1%的显著性水平上显著。②$\chi_{\alpha}^2(M) = x_{0.01}^2(5) = 15.086$，$\chi_{\alpha}^2(M) = x_{0.05}^2(5) = 11.070$，$\chi_{\alpha}^2(M) = x_{0.10}^2(5) = 9.236$。③$U_{cny}$、$V_{eur}$、$V_{jpy}$分别表示人民币、欧元、日元的标准新息的方差。

因果性检验其实就是一序列领先于另一序列的检验。从表4可以看出，V_{eur}领先于V_{jpy}和V_{jpy}领先于V_{eur}都是显著的，换句话说，V_{eur}和V_{jpy}互为非线性因果关系显著，而U_{cny}与V_{eur}、V_{jpy}之间互为非线性因果关系相对偏弱。人民币、欧元、日元兑换美元的标准新息的方差U_{cny}、V_{eur}、V_{jpy}反映汇率波动程度，它们都是测定风险的指标。以上检验显示：欧元和日元波动的相互因果关系较强，人民币和欧元、日元之间的波动因果关系相对较弱。

四、结束语

以上实证分析表明：由于当前我国实行有管理的浮动汇率制度，人民币外汇市场尚不成熟，所以，人民币与欧元或日元的波动相互影响较弱。由此可见，在后金融危机时代，国际金融市场波动在一定程度上正呈现出趋同性。

互联网技术加速了国际金融市场的交易信息扩散，使得国际金融市场联系更加紧密、影响更加深刻、一体化趋势更加迅速。随着人民币汇率形成机制改革的深化，人民币汇率的市场化，人民币正在逐步融入世界主要货币市场。与此同时，人民币必然要面临着其他货币波动的冲击，加剧人民币波动风险。

20世纪30年代世界经济大萧条，1929年股票市场大崩盘之后，人们普遍认为经济危机已经结束，可是经济危机于1931年5月再度发生，从而致使世界经济步入10年萧条期。2008年金融危机爆发后不久，有业界人士认为金融危机即将过去，但是，2010年欧债危机却突然袭来。2011年8月5日，标准·普尔将维持了近百年的美国长期主权信用评级AAA贬为AA^+，穆迪与惠誉对其负面展望。在后金融危机时代，人民币汇率自由浮动的条件尚不成熟，易受到国际金融市场欧元、日元等主要货币汇率波动风险的传导冲击，而人民币对世界主要货币的影响力却相对较弱。冲击与反冲击的不对称性，影响的单向性，迫切需要加快培育人民币汇率市场，扩大人民币汇率浮动区间，以增加人民币汇率的弹性，提升人民币国际化程度。汇率政策制定者和汇率市场参与者应该密切关注国际汇率市场的变化，建立风险预警机制和风险管控措施，化解人民币汇率的外来风险。

优化全球经济治理结构，加快国际货币体系改革进程，建立超主权的国际货币，增强经济体权利与义务的对称性。掌控人民币汇改节奏，完善人民币汇率形成机制，推进人民币国际化，以提升人民币汇率应对美元、欧元、日元等世界主要货币汇率波动冲击与反冲击能力。借助人民币升值契机，加快对海外企业并购和大宗商品购买，使人民币升值的益处可视化。

参考文献

[1] Bollerslev, Tim; Engle, Robert F.; Wooldridge, Jeffrey M. A Capital Asset Pricing Model with Time – varying Covariances [J]. Journal of Political Economy, 1988, 96 (1): 116 – 131.

[2] Bollerslev, Tim. Modeling the Coherence in Short – Run Nominal Exchange Rates: A Multivariate Generalized Arch Model [J]. The Review of Economics and Statistics, 1990, 72 (3): 498 – 505.

[3] Cheung, Yin – Wong; Ng, Lilian K. Causality – in – variance Test and Its Application to Financial Market Prices [J]. Journal of Econometrics, 1996, 72 (1, 2): 33 – 48.

[4] Engle, Robert F.; Kroner, Kenneth F. Multivariate Simultaneous Generalized Arch [J]. Econometric Theory, 1995, 11 (1): 122 – 150.

[5] Granger, C. W. J. Investigating Causal Relations by Econometric Models and Cross – spectral Methods [J]. Econometrica, 1969, 37 (3): 424 – 438.

[6] Hannan, E. J. Multiple Time Series [M]. New York, NY: John Wiley, 1970.

[7] Hong, Yongmiao. A Test for Volatility Spillover with Application to Exchange Rates [J]. Journal of Econometrics, 2001, 103 (1, 2): 183 – 224.

[8] Kearney, Colm; Patton, Andrew J. Multivariate GARCH Modeling of Exchange Rate Volatility Transmission in the European Monetary System [J]. The Financial Review, 2000, 35 (1): 29 – 48.

[9] McMillan, David G.; Ruiz, Isabel; Speight, Alan. Correlations and Spillovers among Three Euro Rates: Evidence Using Realised Variance [J]. The European Journal of Finance, 2010, 16 (8): 753 – 767.

［10］Priestley，M. B. Spectral Analysis and Time Series［M］. London：Academic Press，1981.

［11］高铁梅．计量经济分析方法与建模［M］．北京：清华大学出版社，2009.

［12］张世英，樊智．协整理论与波动模型：金融时间序列分析及应用［M］．北京：清华大学出版社，2004.

基于向量SV模型我国股市收益波动关联分析*

张海燕
（长春工业大学统计系，吉林长春　130012）

金融市场波动性度量一直是经济学研究的核心问题之一，近期国内外股票市场先后发生的较大波动更促使人们深入思考金融市场波动的成因及在市场间和产品间的传播问题。随机波动模型（SV）的连续和离散版本先后提出以后，由于能够很好地描述金融市场的定价过程而成为金融波动计量分析中应用的重要方法之一。近年来，由于计算机技术和Bayesian后验分级模型方法的成熟和发展，随着统计计算方法中正态分布尺度混合（SMN）表示的提出，针对SV模型收益和波动双变量T分布设定，以相关系数表示杠杆效应，以SMN表示T分布，在给定经验先验分布条件下推导SV模型的Bayesian后验分级模型被证明能够有效地提高金融数据拟合效果，可用以综合分析金融数据的多种典型化特征。目前，关于SV模型SMN表示的研究方向主要包括几个方面：一是在SV模型参数后验分布推导过程中，以提高厚尾拟合性和异常值追踪为目标的SMN表示，以及参数的Bayesian和EM等估计方法的研究；二是对SV模型中波动方程形式的多种设定，如非线性自回归；三是基于金融数据有偏特点的有偏正态分布尺度混合设定及其模拟方法的研究；四

＊　［基金资助］教育部人文社会科学研究一般项目，宏观经济变量共变非对称性质的计量研究（12YJA790187）；吉林省科技发展计划项目软科学资助项目，吉林省农民收入与消费结构关联的计量研究（20140418053FG）；吉林省教育厅“十二五”社会科学研究项目，吉林省经济增长的生态产业模式研究（吉教科文合字［2014］第57号）。

［作者简介］张海燕，1970年2月出生，女，博士学位，长春工业大学基础科学学院副院长，教授，主要从事经济和金融波动度量研究。

是多维SV（Multivariate SV，MSV）模型。MSV文献中多针对波动方程的回归当中是否具有互波动溢出加以讨论，变量之间均值扰动和方差扰动以无显著关联或正态扰动的简单形式设定，但事实上越来越多的证据显示无论是产品之间还是市场之间，收益和波动关联日趋显著。本文基于此对具有杠杆效应的双变量SV模型的SMN表示进行推导并建立Bayesian后验分级模型，据此分析我国股市收益波动的特征和关联。

一、双变量SV模型的正态分布尺度混合（SMN）表示和后验分级模型推导

首先设定随机扰动项为T分布的双变量SV模型，在此基础上分别推导一个参数和两个参数的SMN表示和后验分级模型。

（一）T误差双变量SV模型

双变量随机波动模型如下：

$$\begin{cases} y_{1t} \mid h_{1t}, \ h_{2t} = e^{h_{1t}/2}\varepsilon_{1t} \\ h_{1t+1} \left| \begin{array}{l} h_{1t}, \ h_{2t}, \ \mu_1, \ \mu_2, \ \phi_{11}, \ \phi_{12}, \ \tau_1^2 = \\ \mu_1 + \sum_{j=1}^{2} \phi_{1j}(h_{jt} - \mu_j) + \tau_1 \eta_{1t} \end{array} \right. \\ y_{2t} \mid h_{1t}, \ h_{2t} = e^{h_{2t}/2}\varepsilon_{2t} \\ h_{2t+1} \left| \begin{array}{l} h_{1t}, \ h_{2t}, \ \mu_1, \ \mu_2, \ \phi_{21}, \ \phi_{22}, \ \tau_2^2 = \\ \mu_2 + \sum_{j=1}^{2} \phi_{2j}(h_{jt} - \mu_j) + \tau_2 \eta_{2t} \end{array} \right. \end{cases} \tag{1}$$

为了描述金融数据的厚尾特征，设随机扰动项ε_{1t}，ε_{2t}，η_{1t}，η_{2t}服从四元T分布，即

$$\begin{pmatrix} \varepsilon_{1t} \\ \eta_{1t} \\ \varepsilon_{2t} \\ \eta_{2t} \end{pmatrix} \sim t_v\left(\begin{pmatrix} 0 \\ 0 \\ 0 \\ 0 \end{pmatrix}, \ \frac{v-2}{v} \sum \right) \tag{2}$$

式中，

$$\Sigma = \begin{pmatrix} 1 & \rho_1 & 0 & 0 \\ \rho_1 & 1 & 0 & 0 \\ 0 & 0 & 1 & \rho_2 \\ 0 & 0 & \rho_2 & 1 \end{pmatrix}$$

式中，为0均值误差向量的方差。

另外，$\rho_1 = \text{cov}(\varepsilon_{1t}, \eta_{1t})$，$\rho_2 = \text{cov}(\varepsilon_{2t}, \eta_{2t})$ 为均值方程与波动方程随机扰动之间的相关系数，如果两个水平变量表示两个金融市场收益，则二者可用以检验两个市场杠杆效应的存在性。

（二）一混合参数 SMN 表示与后验分级模型

对于式（2）给出的收益和波动随机误差四元 T 分布，将其表示为正态分布尺度混合形式，即

$$\begin{pmatrix} \varepsilon_{1t} \\ \eta_{1t} \\ \varepsilon_{2t} \\ \eta_{2t} \end{pmatrix} \sim N\left(\begin{pmatrix} 0 \\ 0 \\ 0 \\ 0 \end{pmatrix}, \lambda_t \Sigma\right) \tag{3}$$

$$\lambda_t \sim IG\left(\frac{v}{2}, \frac{v}{2}\right) \tag{4}$$

式中，IG 表示倒珈玛分布。

根据式（1）、式（3）求出收益和波动的联合分布

$$\begin{pmatrix} y_{1t} \\ h_{1t+1} \\ y_{2t} \\ h_{2t+1} \end{pmatrix} \bigg| h_{it}, \mu_i, \varphi_{ij}, \rho_i, \tau_i, i,j = 1,2 \sim N\left(\begin{pmatrix} 0 \\ \mu_1 + \sum_{j=1}^{2} \varphi_{1j}(h_{jt} - \mu_j) \\ 0 \\ \mu_2 + \sum_{j=1}^{2} \varphi_{2j}(h_{jt} - \mu_j) \end{pmatrix}, \lambda_t \Sigma'\right) \tag{5}$$

式中

$$\Sigma' = \begin{pmatrix} e^{h_{1t}} & \rho_1 \tau_1 e^{h_{1t}/2} & 0 & 0 \\ \rho_1 \tau_1 e^{h_{1t}/2} & \tau_1^2 & 0 & 0 \\ 0 & 0 & e^{h_{2t}} & \rho_2 \tau_2 e^{h_{2t}/2} \\ 0 & 0 & \rho_2 \tau_2 e^{h_{2t}/2} & \tau_2^2 \end{pmatrix}$$

则波动的边际分布可由式（7）表示，再由收益波动联合分布（5）和边际分布（7）推导收益在已知 h_{it+1} 下的条件分布（6）。进而，在波动的平稳条件

$$\sum_1 = \Phi \sum_1 \Phi + \begin{pmatrix} \tau_1^2 & 0 \\ 0 & \tau_2^2 \end{pmatrix}$$

之下，推导首期波动 $(h_{11}, h_{21})'$ 的协差阵 Σ_1，从而得到双变量 SV 模型的一个混合参数分级表示式（6）～（8）。

$$\begin{pmatrix} y_{1t} \\ y_{2t} \end{pmatrix} \Big| h_{it+1}, \mu_i, \varphi_{ij}, \rho_i, \tau_i, i, j=1, 2 \sim$$

$$N\left(\begin{pmatrix} \frac{\rho_1}{\tau_1} e^{h_{1t}/2}(h_{1t+1} - \mu_1 - \sum_{j=1}^{2} \varphi_{1j}(h_{jt} - \mu_j)) \\ \frac{\rho_2}{\tau_2} e^{h_{2t}/2}(h_{2t+1} - \mu_2 - \sum_{j=1}^{2} \varphi_{2j}(h_{jt} - \mu_j)) \end{pmatrix}, \lambda_t \begin{pmatrix} e^{h_{1t}/2}(1-\rho_1^2) & 0 \\ 0 & e^{h_{2t}/2}(1-\rho_2^2) \end{pmatrix}\right) \quad (6)$$

$$\begin{pmatrix} h_{1t+1} \\ h_{2t+1} \end{pmatrix} \Big| h_{it}, \mu_i, \varphi_{ij}, \rho_i, \tau_i, i, j = 1,2 \sim N\begin{pmatrix} \mu_1 + \sum_{j=1}^{2} \varphi_{1j}(h_{jt} - \mu_j) \\ \mu_2 + \sum_{j=1}^{2} \varphi_{2j}(h_{jt} - \mu_j) \end{pmatrix}, \lambda_t \begin{pmatrix} \tau_1^2 & 0 \\ 0 & \tau_2^2 \end{pmatrix} \quad (7)$$

$$\begin{pmatrix} h_{11} \\ h_{21} \end{pmatrix} \Big| \mu_i, \varphi_{ij}, \rho_i, \tau_i, i, j=1, 2 \sim N\left(\begin{pmatrix} \mu_1 \\ \mu_2 \end{pmatrix}, \lambda_0 \Sigma_1\right)$$

$$\lambda_t \sim IG\left(\frac{v}{2}, \frac{v}{2}\right) \quad (8)$$

$$t=0, 1, \cdots, n$$

则式（6）～（8）的边际分布形成一混合参数 Bayesian 后验分级模型（9）～（11）。

$$y_{it} \mid h_{it+1}, \mu_i, \varphi_{ij}, \rho_i, \tau_i, i, j=1, 2 \sim$$

$$N\left(\frac{\rho_i}{\tau_i} e^{\frac{h_{it}}{2}} \left(h_{it+1} - \mu_i - \sum_{j=1}^{2} \varphi_{ij} (h_{jt} - \mu_j)\right), \lambda_t e^{h_{it}/2} (1 - \rho_i^2)\right) \quad (9)$$

$$h_{it+1} \mid h_{it}, \mu_i, \varphi_{ij}, \rho_i, \tau_i, i, j=1, 2 \sim N\left(\mu_i + \sum_{j=1}^{2} \varphi_{ij} (h_{jt} - \mu_j), \lambda_t \tau_i^2\right) \quad (10)$$

$$\lambda_t \sim IG\left(\frac{v}{2}, \frac{v}{2}\right)$$

$$h_{i1} \mid \mu_i, \varphi_{ij}, \rho_i, \tau_i, i, j=1, 2 \sim N(\mu_i, \lambda_0 \sigma_{ii}) \quad (11)$$

$\lambda_0 \sim IG\left(\frac{v}{2}, \frac{v}{2}\right)$

$i=1, 2; t=1, 2, \cdots, T$

该模型可用以检验金融市场杠杆效应、模拟厚尾现象和不同市场之间的波动关联，混合参数可以捕捉金融市场系统存在的异常值。

（三）二混合参数 SMN 表示与后验分级模型

对于式（2）给出的收益和波动随机扰动 T 分布，由式（1）、式（2）直接推导收益和波动的联合分布

$$\begin{pmatrix} y_{1t} \\ h_{1t+1} \\ y_{2t} \\ h_{2t+1} \end{pmatrix} \Big| h_{it}, \mu_i, \varphi_{ij}, \rho_i, \tau_i, i, j = 1,2 \sim t_{\upsilon}\begin{pmatrix} 0 \\ \mu_1 + \sum_{j=1}^{2} \varphi_{1j}(h_{jt} - \mu_j) \\ 0 \\ \mu_2 + \sum_{j=1}^{2} \varphi_{2j}(h_{jt} - \mu_j) \end{pmatrix}, \frac{v-2}{v}\sum{}' \tag{12}$$

$\frac{v-2}{v}\sum{}'$ 则波动的边际分布由式（14）给出，再由联合分布（12）和边际分布（14）推导出水平变量的条件分布（13），在波动平稳条件下推导首期波动（h_{11}，h_{21}）′的协差阵Σ_1。

$$\begin{pmatrix} y_{1t} \\ y_{2t} \end{pmatrix} \Big| h_{it+1}, \mu_i, \varphi_{ij}, \rho_i, \tau_i, i, j=1, 2 \sim t_{v+2}(\mu_{1|2}, \Sigma_{1|2}) \tag{13}$$

$$\mu_{1|2} = \begin{pmatrix} \frac{\rho_1}{\tau_1} e^{\frac{h_{1t}}{2}}\left(h_{1t+1} - \mu_1 - \sum_{j=1}^{2} \varphi_{1j}(h_{jt} - \mu_j)\right) \\ \frac{\rho_2}{\tau_2} e^{\frac{h_{2t}}{2}}\left(h_{2t+1} - \mu_2 - \sum_{j=1}^{2} \varphi_{2j}(h_{jt} - \mu_j)\right) \end{pmatrix}$$

$$\Sigma_{1|2} = \frac{1}{v+2} \times \left[v + \frac{v}{v-2}\begin{pmatrix} \frac{1}{\tau_1^2}\left(h_{1t+1} - \mu_1 - \sum_{j=1}^{2} \phi_{1j}(h_{jt} - \mu_j)\right)^2 + \\ \frac{1}{\tau_2^2}\left(h_{2t+1} - \mu_2 - \sum_{j=1}^{2} \phi_{2j}(h_{jt} - \mu_j)\right)^2 \end{pmatrix} \right] \times$$

$$\begin{bmatrix} e^{h_{1t}}(1-\rho_1^2) & 0 \\ 0 & e^{h_{2t}}(1-\rho_2^2) \end{bmatrix} \begin{pmatrix} h_{1t+1} \\ h_{2t+1} \end{pmatrix} \Big| h_{it}, \mu_i, \varphi_{ij}, \rho_i, \tau_i, i, j =$$

$$1,2 \sim t_v\left(\left(\begin{array}{c}\mu_1+\sum_{j=1}^{2}\varphi_{1j}(h_{jt}-\mu_j)\\ \mu_2+\sum_{j=1}^{2}\varphi_{2j}(h_{jt}-\mu_j)\end{array}\right),\frac{v-2}{v}\begin{pmatrix}\tau_1^2 & 0\\ 0 & \tau_2^2\end{pmatrix}\right) \tag{14}$$

$$\begin{pmatrix}h_{11}\\ h_{21}\end{pmatrix}\Big|\mu_i,\ \varphi_{ij},\ \rho_i,\ \tau_i,\ i,\ j=1,\ 2\sim t_v\ \left(\begin{pmatrix}\mu_1\\ \mu_2\end{pmatrix},\ \frac{v-2}{v}\Sigma_1\right) \tag{15}$$

分别将均值模型（13）和波动模型（14）、模型（15）表示为 SMN 形式，并对均值和波动取不同的混合参数 λ_{yt} 和 λ_{ht}，再取正态分布的边际分布形成两混合参数 Bayesian 后验分级模型（16）～（18）。

$$y_{it}|h_{it+1},\ \mu_i,\ \varphi_{ij},\ \rho_i,\ \tau_i,\ i,\ j=1,\ 2\sim$$

$$N\left(\frac{\rho_i}{\tau_i}e^{\frac{h_{it}}{2}}\left(h_{it+1}-\mu_i-\sum_{j=1}^{2}\varphi_{ij}(h_{jt}-\mu_j)\right),\ \lambda_{yt}\sigma_{yi}\right) \tag{16}$$

$$\sigma_{yi}=\left[1+\frac{1}{v-2}\sum_{i=1}^{2}\frac{1}{\tau_i^2}\left(h_{it+1}-\mu_i-\sum_{j=1}^{2}\phi_{ij}(h_{jt}-\mu_j)\right)^2\right]\times e^{h_{it}}(1-\rho_i^2)$$

$$\lambda_{yt}\sim IG\left(\frac{v+2}{2},\ \frac{v+2}{2}\right)$$

$$h_{it+1}|h_{it},\ \mu_i,\ \varphi_{ij},\ \rho_i,\ \tau_i,\ i,\ j=1,\ 2\sim N\left(\mu_i+\sum_{j=1}^{2}\varphi_{ij}(h_{jt}-\mu_j),\ \lambda_{ht}\tau_i^2\right) \tag{17}$$

$$\lambda_{ht}\sim IG\left(\frac{v}{2},\ \frac{v}{2}\right)$$

$$h_{i1}|\mu_i,\ \varphi_{ij},\ \rho_i,\ \tau_i,\ i,\ j=1,\ 2\sim N\ (\mu_i,\ \lambda_{h0}\sigma_{ii}) \tag{18}$$

$$\lambda_{h0}\sim IG\left(\frac{v}{2},\ \frac{v}{2}\right)$$

$$i=1,\ 2;\ t=1,\ 2,\ \cdots,\ T$$

该模型可检验金融市场杠杆效应、模拟厚尾现象和不同市场之间的波动关联，两个混合参数可以捕捉金融系统存在的异常值并识别其来源于水平或者波动。

二、模拟研究

模拟主要检验两种 Bayesian 后验模型的模拟效果和捕捉异常值的能力。

为此，建立T误差均值方程和正态误差波动方程的SV模型，用以生成基本数据，再增加均值异常值和波动异常值，得到模拟数据集；然后，应用两种模型分别拟合基本数据集、含均值异常数据集和含均值异常、波动异常数据集。

（一）模拟数据集

建立具有T误差均值方程、正态误差波动方程并具有杠杆效应的SV模型，以此生成模拟数据。对于模型（1），设误差服从正态分布

$$\begin{pmatrix}\varepsilon_{1t}\\ \eta_{1t}\\ \varepsilon_{2t}\\ \eta_{2t}\end{pmatrix} \sim N\left(\begin{pmatrix}0\\0\\0\\0\end{pmatrix},\ \Sigma\right) \tag{19}$$

并由式（1）和式（19）推导出均值 y_{it} 和条件波动 h_{it+1} 的联合分布，与式（5）的均值完全相同，协方差阵仅为 Σ'；由联合分布获得 h_{it+1} 的边际分布，再由联合分布和边际分布推导已知 h_{it+1} 下 y_{it} 的条件分布；最后将 h_{it+1} 的二元边际分布和 y_{it} 的二元条件分布分别取一元边际分布，获得T误差均值和正态误差波动SV模型的后验分级模型（20）~（22），用以生成模拟数据。

$$y_{it} \mid h_{it+1},\ \mu_i,\ \varphi_{ij},\ \rho_i,\ \tau_i,\ i,\ j=1,\ 2 \sim$$

$$N\left(\frac{\rho_i}{\tau_i}e^{\frac{h_{it}}{2}}\left(h_{it+1}-\mu_i-\sum_{j=1}^{2}\varphi_{ij}(h_{jt}-\mu_j)\right),\ \lambda_t e^{h_{it}/2}(1-\rho_i^2)\right) \tag{20}$$

$$\lambda_t \sim IG\left(\frac{v}{2},\ \frac{v}{2}\right)$$

$$h_{it+1} \mid h_{it},\ \mu_i,\ \varphi_{ij},\ \rho_i,\ \tau_i,\ i,\ j=1,\ 2 \sim N\left(\mu_i+\sum_{j=1}^{2}\varphi_{ij}(h_{jt}-\mu_j),\ \tau_i^2\right) \tag{21}$$

$$h_{i1} \mid \mu_i,\ \varphi_{ij},\ \rho_i,\ \tau_i,\ i,\ j=1,\ 2 \sim N(\mu_i,\ \sigma_{ii}) \tag{22}$$

$$i=1,\ 2;\ t=1,\ 2,\ \cdots,\ T$$

为了实现模拟目标，生成三类样本容量为200的数据集：无异常值的基本数据集#1；包括均值异常值的数据集#2；包括均值异常值和波动异常值的数据集#3。

生成数据集#1。对于模型（20）~（22），取固定参数值 $\mu_i=0$，$i=1$，2，$\varphi_{11}=0.68$，$\varphi_{12}=0.31$，$\varphi_{21}=0.15$，$\varphi_{22}=0.48$，$\rho_1=0.6$，$\rho_2=0.8$，$\tau_1^2=20$，$\tau_2^2=15$ 和 $v=10$，并计算 $\varphi_{\cdot 11}=\dfrac{\varphi_{11}+1}{2}=0.84$，$\varphi_{\cdot 12}=\dfrac{\varphi_{12}+1}{2}=$

0. 655，$\varphi_{\cdot 21}=\frac{\varphi_{12}+1}{2}=0.575$ 和 $\varphi_{\cdot 22}=\frac{\varphi_{12}+1}{2}=0.74$。迭代 40000 次生成样本容量为 200 的基本数据集。

生成数据集#2。对于数据集#1，随机取 t = 77，101，193，199 作为 y_{1t} 的异常值位置，t = 13，48，68，155 作为 y_{2t} 的异常值位置。依如下方法处理数据集#1，添加均值异常值。当 i = 1 时，t = 77，101，193，199，当 i = 2 时，t = 13，48，68，155，分别计算 $\tilde{y}_{it}=y_{it}+4S_y\times \mathrm{sign}(y_{it})$，其中 $S_{iy}=\sqrt{\frac{1}{199}\sum_{t=1}^{200}(y_{it}-\bar{y}_i)^2}$ 为 y_{it} 的样本标准差（$\bar{y}_i=\frac{1}{200}\sum_{t=1}^{200}y_{it}$ 是 y_{it} 的样本均值）。包括异常值位于均值相同位置和不同位置的 8 种情况，标记为以类型 2 开头的数据集第 21 ~28 组。

第 21 组 1 个异常值位于两个序列的相同位置（77）；

第 22 组 1 个异常值位于两个序列的不同位置（68；193）；

第 23 组 2 个异常值位于两个序列的相同位置（77，193）；

第 24 组 2 个异常值位于两个序列的不同位置（77，193；68，155）；

第 25 组 3 个异常值位于两个序列的相同位置（77，101，193）；

第 26 组 3 个异常值位于两个序列的不同位置(77,101,193;15,68,155)；

第 27 组 4 个异常值位于两个序列的相同位置（77，101，193，199）；

第 28 组 4 个异常值位于两个序列的不同位置（77，101，193，199；13，48，68，155）。

生成数据集#3。对于数据集#1，随机取 t = 65，76，156 作为 h_{1t} 的异常值位置，t = 82，97，130 作为 h_{2t} 的异常值位置。首先，依如下方法处理数据集#1 的方差。当 i = 1 时，t = 65，76，156，当 i = 2 时，t = 82，97，130，分别计算 $\tilde{h}_{it}=h_{it}+4S_h$，其中 $S_{ih}=\sqrt{\frac{1}{199}\sum_{t=1}^{200}(h_{it}-\bar{h}_i)^2}$ 是 h_{it} 的样本方差（$\bar{h}_i=\frac{1}{200}\sum_{t=1}^{200}h_{it}$ 是 h_{it} 的样本均值）。在波动存在此类异常值的情况下生成新的 y_{it} 数据集。其次，对于所生成的包括波动异常值的序列，依数据集#2 的方法处理，形成包括均值和方差异常值的序列。包括异常值位于均值和波动的相同位置、不同位置的 6 种情况，标记为以类型 3 开头的数据集第 31 ~36组。

第 31 组一个均值异常值位于两个序列的相同位置（77），一个波动异常值位于两个序列的不同位置（156；97）；

第 32 组一个均值异常值位于两个序列的不同位置（68；193），一个波动异常值位于两个序列的相同位置（156）；

第 33 组两个均值异常值位于两个序列的相同位置（77，193），两个波动异常值位于两个序列的相同位置（65，156）；

第 34 组两个均值异常值位于两个序列的不同位置（77，193；68，155），两个波动异常值位于两个序列的不同位置（65，156；97，130）；

第 35 组 3 个均值异常值位于两个序列的相同位置（77，101，193），3 个波动异常值位于两个序列的不同位置（65，76，156；82，97，130）；

第 36 组 3 个均值异常值位于两个序列的不同位置（77，101，193；15，68，155），3 个波动异常值位于两个序列的不同位置（65，76，156）。

（二）检验模拟效果

为了掌握和比较一个和两个混合参数后验方法对三类数据集的模拟效果，分别用两种方法估计三类数据集共 15 组数据，结果见表 1。

表 1　基本数据集#1 估计结果

参数	一混合参数模型		两混合参数模型	
	后验均值（标准差）	95% CI 覆盖真值	后验均值（标准差）	95% CI 覆盖真值
μ_1	-0.06（0.10）	是	-0.14（0.12）	是
μ_2	0.07（0.07）	是	0.11（0.10）	是
$\varphi_{\cdot 11}$	0.71（0.08）	是	0.72（0.08）	是
$\varphi_{\cdot 12}$	0.78（0.08）	是	0.77（0.09）	是
$\varphi_{\cdot 21}$	0.64（0.10）	是	0.68（0.10）	是
$\varphi_{\cdot 22}$	0.73（0.08）	是	0.67（0.08）	是
ρ_1	0.09（0.32）	是	0.18（0.29）	是
ρ_2	0.78（0.16）	是	0.80（0.20）	是
τ_1^2	12.59（3.64）	是	12.12（3.35）	是
τ_2^2	11.53（3.43）	是	11.58（3.11）	是

表 1 ~ 表 3 分别是基本数据集#1 和均值异常数据集#2、均值和方差异常数据集#3 的参数估计结果。从表 1 来看，一个和两个混合参数模型对基本

数据集的估计中，所有参数95%后验区间均覆盖真值，结合标准差来看，两种模型适用于该类数据模拟。观察两种模型对所有参数的估计结果，非常相近无较大差异。

表2 数据集#2估计结果

参数	一混合参数模型（8组数据平均值）		两混合参数模型（8组数据平均值）	
	后验均值（标准差）	95% PC	后验均值（标准差）	95% PC
μ_1	-0.07（0.10）	100	-0.15（0.12）	100
μ_2	0.07（0.09）	100	0.08（0.12）	100
$\varphi_{\cdot 11}$	0.69（0.08）	89	0.69（0.08）	89
$\varphi_{\cdot 12}$	0.74（0.11）	100	0.76（0.10）	100
$\varphi_{\cdot 21}$	0.71（0.11）	100	0.69（0.11）	100
$\varphi_{\cdot 22}$	0.69（0.08）	100	0.69（0.08）	100
ρ_1	0.06（0.31）	89	0.02（0.34）	89
ρ_2	0.73（0.18）	100	0.75（0.17）	100
τ_1^2	12.54（3.64）	89	12.42（3.65）	89
τ_2^2	11.45（3.40）	100	11.60（3.31）	100

表2是增加了均值异常值的8组数据估计结果的平均值，其中三个参数$\varphi_{\cdot 11}$、ρ_1和τ_1^2的8组数据后验区间有1次未包含真值，后验覆盖为89%，其他参数的后验区间均完全覆盖真值。两种模型的估计结果也无较大差异；与数据集#1的估计结果也无较大差异，说明两种模型也适用于此类具有均值异常的数据。

表3 数据集#3估计结果

参数	一混合参数模型（6组数据平均值）		两混合参数模型（6组数据平均值）	
	后验均值（标准差）	95% PC	后验均值（标准差）	95% PC
μ_1	-0.06（0.09）	100	-0.13（0.11）	100
μ_2	0.06（0.08）	100	0.07（0.13）	100
$\varphi_{\cdot 11}$	0.70（0.09）	100	0.72（0.08）	100

续表

参数	一混合参数模型（6 组数据平均值）		两混合参数模型（6 组数据平均值）	
	后验均值（标准差）	95% PC	后验均值（标准差）	95% PC
$\varphi_{\cdot 12}$	0. 73（0. 12）	100	0. 71（0. 11）	100
$\varphi_{\cdot 21}$	0. 72（0. 12）	100	0. 73（0. 12）	100
$\varphi_{\cdot 22}$	0. 68（0. 08）	100	0. 69（0. 08）	100
ρ_1	0. 02（0. 29）	83	0. 03（0. 03）	100
ρ_2	0. 67（0. 20）	100	0. 66（0. 22）	100
τ_1^2	12. 15（3. 57）	100	12. 40（3. 57）	100
τ_2^2	11. 66（3. 39）	100	11. 45（3. 37）	100

表 3 是增加了均值和方差异常值的 6 组数据估计结果的平均值，其中仅参数 ρ_1 6 组数据后验区间有 1 次未包含真值，后验覆盖为 83%，其他参数的 6 次估计后验区间均完全覆盖真值。两种模型的估计结果无较大差异；与数据集#1 的估计结果也无较大差异，说明两种模型也适用于此类具有均值和方差异常值的数据。

表 4　参数 v 的估计结果

数据集	一混合参数模型		两混合参数模型	
	均值	标准差	均值	标准差
1	11. 73	3. 10	12. 23	2. 78
21	9. 02	2. 18	9. 18	2. 01
22	10. 20	2. 58	10. 46	2. 42
23	7. 56	1. 73	7. 67	1. 70
24	8. 86	2. 27	9. 63	2. 32
25	6. 52	1. 39	6. 33	1. 19
26	7. 42	1. 81	7. 88	1. 79
27	5. 48	1. 12	6. 21	1. 21
28	6. 19	1. 60	6. 92	1. 67
31	9. 66	2. 53	9. 40	2. 16
32	10. 39	2. 71	10. 83	2. 68
33	7. 65	1. 82	8. 33	1. 84
34	9. 12	2. 50	8. 69	2. 05
35	6. 35	1. 37	6. 76	1. 41
36	7. 11	1. 70	7. 23	1. 47

由于参数 v 在 15 组数据中的估计结果有显著差异并且呈现明显趋势，因此将具体结果单独列于表 4 中。对于基本数据集#1，两个模型估计结果均有效且无较大差异；对于数据集#2 和#3，随着异常值的增加估计值明显下降而且标准差逐渐减小，说明异常值存在的情况下，T 分布设定不仅适合均值误差也适用于波动误差，并且随着异常值的增加 T 误差估计效果更好；异常值个数相同的情况下，两种模型均在均值异常值相同位置时估计误差显著更小，估计更有效；比较来看，两个混合参数模型的标准差大多小于一个参数模型，仅有少数为相差无几的稍大，说明两个混合参数模型效果相对更佳。

表 5　DIC 结果

数据集	一混合参数模型	二混合参数模型
1	941.13	923.44
21	960.91	1039.18
22	990.82	1022.78
23	1030.73	962.11
24	1066.32	1030.47
25	1061.05	1106.87
26	1038.84	1023.41
27	1053.81	966.83
28	1106.97	1115.53
31	1024.83	1094.46
32	1062.35	1103.10
33	860.13	1122.27
34	1057.37	1036.44
35	1145.56	1100.73
36	1091.72	1081.64

表 5 显示，无异常值情况下两个混合参数估计较好；只有均值异常值情况下，两种模型没有明显差别；在均值和方差均存在异常的情况下，随着异常值个数的增加两个混合参数模型更显优势。

（三）异常值识别能力

表6是15组数据混合参数方差估计结果，其中数据集#1的结果作为参照值。由于在数据集#2和#3中均人为增加了异常值，当模型有效捕捉异常值时，混合参数方差将大于参照值。小丁参照值的数据用斜体显示于表6中。一混合参数模型有5组数据未有效捕捉异常值，相比之下，两混合参数模型仅有2组数据未有效捕捉异常值，因此两混合参数模型效果更佳；在所有未有效捕捉异常值的7组数据中，有5组（22、24、32、34和36）是均值异常值位于不同位置，2组（23和27）位于相同位置，说明两种模型均相对更适用于相同位置异常值数据。

表6　混合参数方差估计结果

数据集	一混合参数	二混合参数	
	Lamda sd	Lamdah sd	Lamday sd
1	0. 458269	0. 405099	0. 374421
21	0. 501253	0. 525493	0. 452763
22	0. 460167	*0. 389259*	0. 410434
23	*0. 409447*	0. 483794	0. 392537
24	*0. 413077*	0. 503059	0. 485916
25	0. 641954	0. 519841	0. 398978
26	0. 581132	0. 54682	0. 561745
27	*0. 448077*	0. 604918	0. 531467
28	0. 629175	0. 589345	0. 425343
31	0. 521499	0. 515535	0. 420088
32	0. 488353	*0. 375713*	*0. 349158*
33	0. 610995	0. 502552	0. 482501
34	*0. 3843111*	0. 497325	0. 425866
35	0. 602207	0. 531127	0. 471128
36	*0. 425288*	0. 518852	0. 399141

综合分析模拟结果，两种T波动误差模型均适用于此类异常值数据，并随异常值数目上升效果渐优，异常值位于二序列相同位置时效果更佳；比较来说，两混合参数模型无论在参数估计准确性和异常值捕捉能力上均

呈优势，且随异常值数目增加整体优势渐趋显著。模型估计精度稍差的参数是$\varphi_{\cdot 11}$、ρ_1 和τ_1^2，其主要原因在于模型为多元系统和先验分布设定非常宽泛，当基于基本数据分析稍具体化先验分布时，估计精度显著提高。

三、实证分析

下面利用两种模型分别对中国两个股市对数收益率拟合，并比较分析。

（一）一个混合参数方法

采用2005年1月4日至2015年12月7日的上证指数和深成指数，取对数收益并作均值修正，分别用 y_1 和 y_2 表示，如图1所示。图中可见两市有非常相似的波动特征：一是波动聚类，大的和小的波动分别具有聚集现象；二是两市收益波动随着时间的变化呈现非常相似的变化趋势和动态。

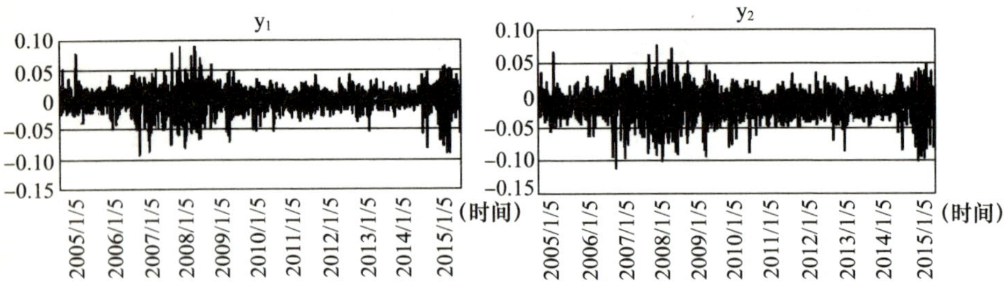

图1 上证指数和深成指数对数收益均值修正时序

使用模型（1）和模型（2）的一个混合参数后验分级模型（9）~（11），抽样60000次，Markov链的前6000次烧掉，从6001次开始至60000次，为避免相关性每隔10个取一个样本，得到参数抽样轨迹如图2所示，参数估计结果见表7。

从图2可见各个参数的迭代轨迹均平稳故估计结果有效。从表7参数估计结果看，标准差和MC误差充分小，置信区间充分小，所有参数均显著。

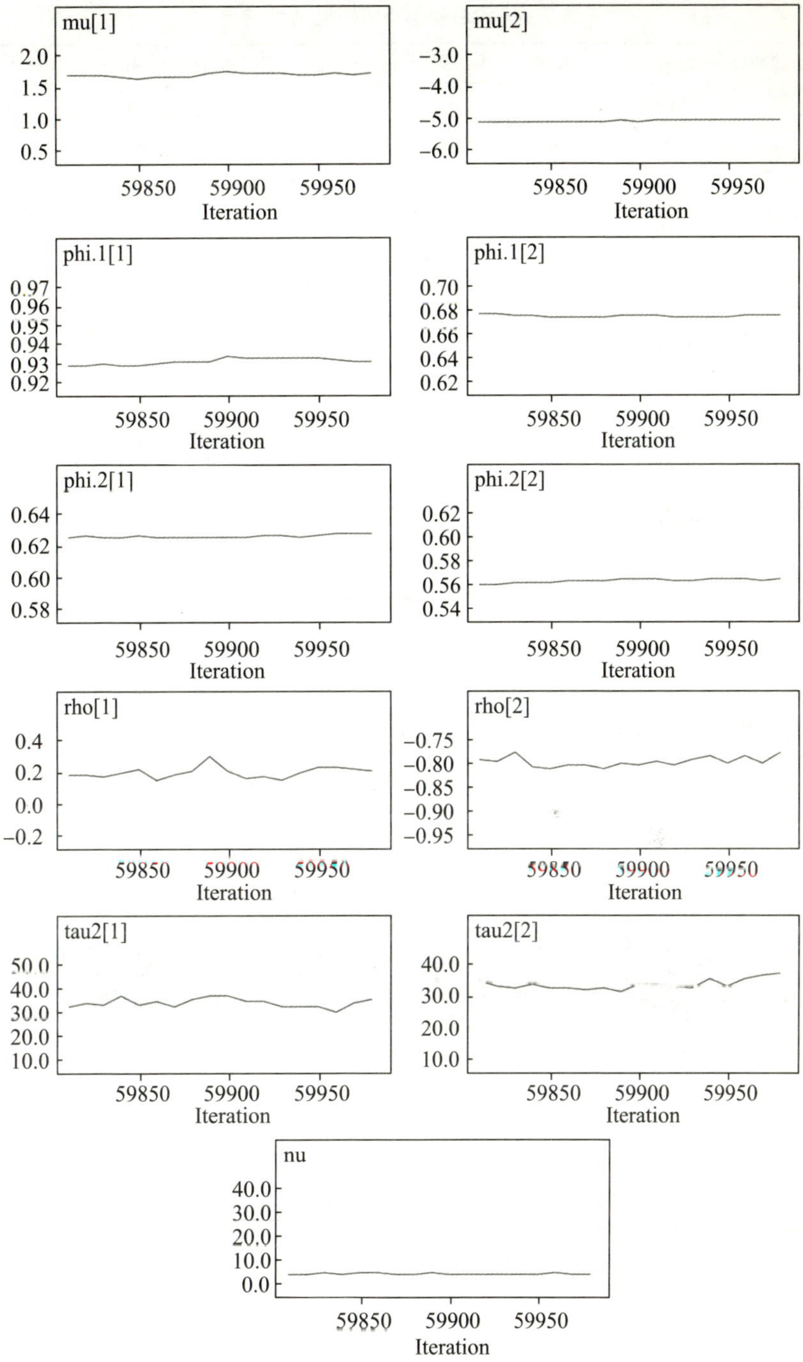

图 2 一混合参数模型 SV 模型迭代轨迹

表7 一混合参数SV模型估计结果

参数	均值	标准差	MC误差	2.5%	中位数	97.5%	样本容量
mu [1]	-0.1339	1.673	0.1957	-3.358	0.1896	1.903	5400
mu [2]	-1.976	2.08	0.2435	-5.132	-1.192	0.2445	5400
nu	17.33	8.987	1.0	4.45	16.85	33.71	5400
phi.1 [1]	0.8512	0.1086	0.0127	0.7021	0.9329	0.9595	5400
phi.1 [2]	0.7379	0.08541	0.009949	0.6444	0.688	0.8904	5400
phi.2 [1]	0.5876	0.01518	0.001762	0.5726	0.5805	0.6237	5400
phi.2 [2]	0.6283	0.04782	0.005584	0.5602	0.6133	0.7058	5400
rho [1]	-0.5636	0.4994	0.05827	-0.9945	-0.5665	-0.3062	5400
rho [2]	-0.9385	0.06379	0.007323	-0.9994	-0.9585	-0.8026	5400
tau2 [1]	19.27	9.902	1.129	3.882	18.89	38.95	5400
tau2 [2]	16.27	8.077	0.8986	6.042	14.11	33.82	5400

进一步考察混合参数对异常值的模拟情况，λ 的时序图见图3。通过图1和图3对比可以发现，λ 有效刻画了我国股市的变化轨迹即上涨和下跌的异常值，从2005年中期开始的牛市直到2007年10月，随后是2008年及其前后的大波动时期有显著大且多的异常值，继而2009年末至2012年末萧条时期小而少的异常值，2014年初的牛市和2015年中后期的熊市。

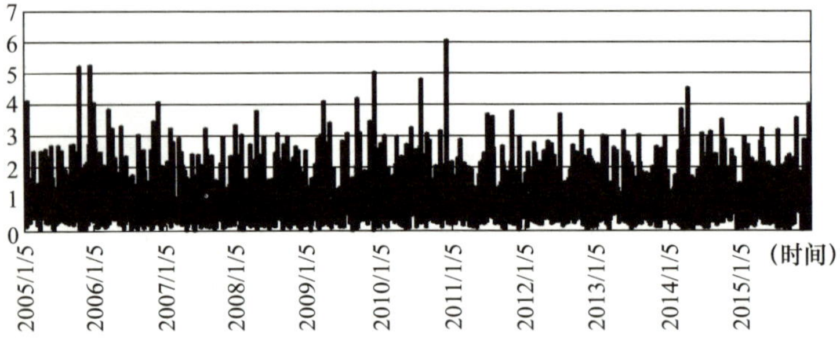

图3 一混合参数时序

（二）两个混合参数方法

使用模型（1）和模型（2）的两混合参数后验分级模型（16）~（18），抽样60000次，Markov链的前20000次烧掉，从20001次开始至60000次，每10个取一个样本，得到参数抽样轨迹如图4所示，参数估计结果见表8。

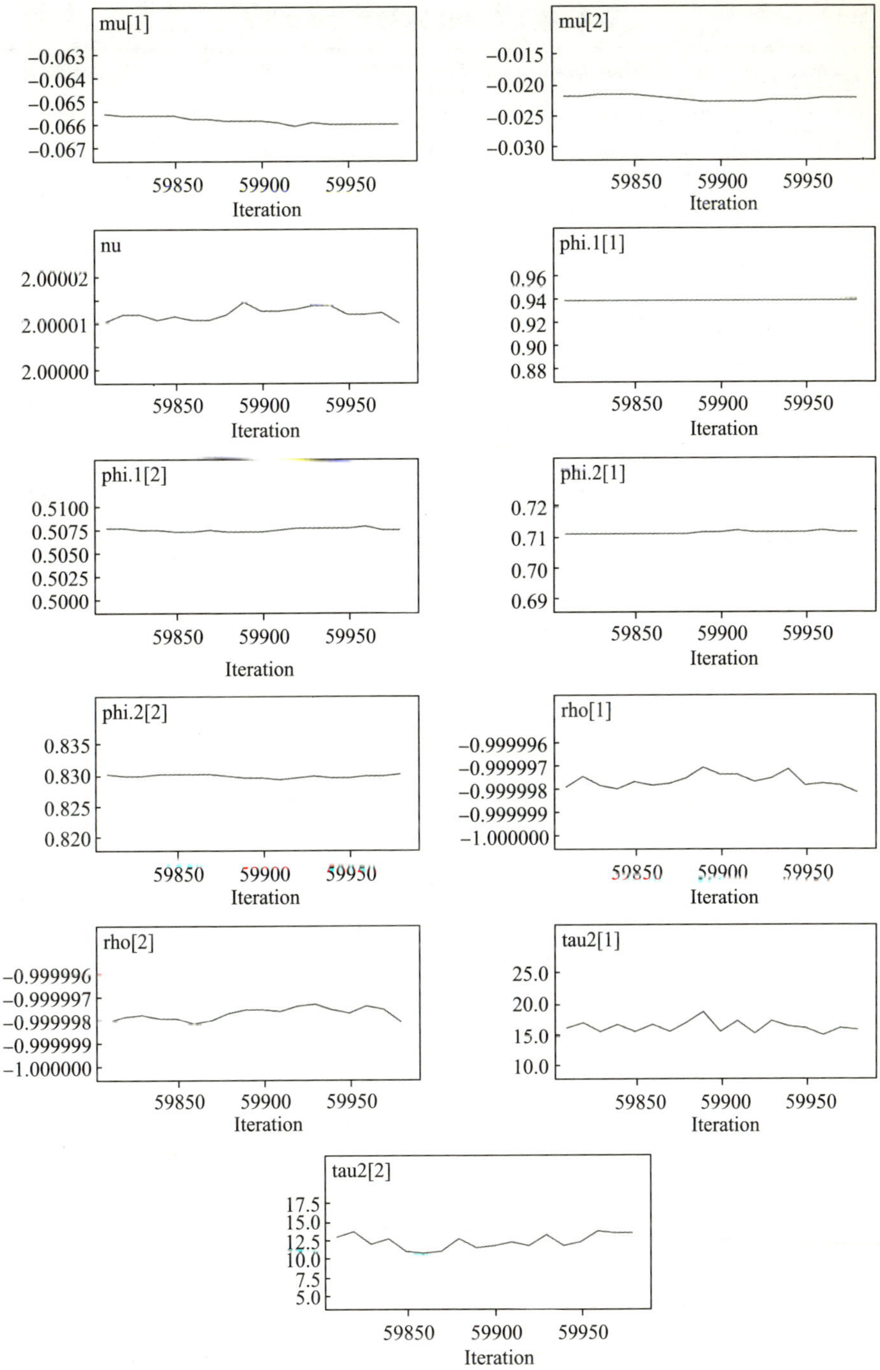

图 4　两混合参数模型 SV 模型迭代轨迹

表8 两混合参数SV模型估计结果

参数	均值	标准差	MC误差	2.5%	中位数	97.5%	样本容量
mu [1]	-0.06385	0.001548	1.912E-4	-0.06598	-0.06418	-0.0612	4000
mu [2]	-0.01976	0.004262	5.352E-4	-0.02652	-0.01938	-0.01339	4000
nu	2.142	1.038	0.1262	2.0	2.01	2.02	4000
phi.1 [1]	0.9013	0.02697	0.003408	0.8631	0.8988	0.939	4000
phi.1 [2]	0.5081	0.003842	4.736E-4	0.5025	0.5078	0.5149	4000
phi.2 [1]	0.7027	0.009881	0.001177	0.691	0.7006	0.7169	4000
phi.2 [2]	0.8241	0.01109	0.001362	0.8103	0.8274	0.833	4000
rho [1]	-0.99	1.007E-4	1.141E-5	-0.98	-0.99	-0.999	4000
rho [2]	-0.99	7.231E-4	8.085E-5	-0.98	-0.99	-0.999	4000
tau2 [1]	21.77	11.07	1.21	12.51	18.76	57.47	4000
tau2 [2]	14.5	6.635	0.805	7.247	11.63	30.03	4000

从图4可见各个参数的迭代轨迹均平稳因此估计结果有效。从表8参数估计结果来看，标准差和MC误差充分小，置信区间充分小，因此所有参数均显著。

进一步考察混合参数对异常值的模拟情况，收益混合参数 λ_y 和波动混合参数 λ_h 的时序见图5。通过图1和图5对比可以发现，两个混合参数不但与一个混合参数一样有效刻画了我国股市的变化轨迹，而且可以区分异常值的来源是收益还是波动的。比如，2005年中期来自于波动的牛市；2007年2月、4月和6月分别来自于波动、收益和波动的异常值；2009年2月来自波动的异常值，7月和8月分别来自收益和波动的异常值；2010年末来自波动的异常值；2012年波动异常值引起的牛市；2013年末波动异常值引起的熊市；2014年初期先由收益引起牛市之后来自波动异常值的上涨；2015年中后期来自于波动异常值的熊市。

（三）模型比较和实证结果分析

（1）进行模型比较。第一，根据DIC统计量数值进行模型比较。从表9可见两个混合参数模型的DIC数值明显低于一个混合参数的模型，因此两个混合参数分级模型对数据的拟合效果显著优于一个混合参数分级模型。第二，从参数估计结果进行模型比较。比较表7和表8的第三列标准差和第

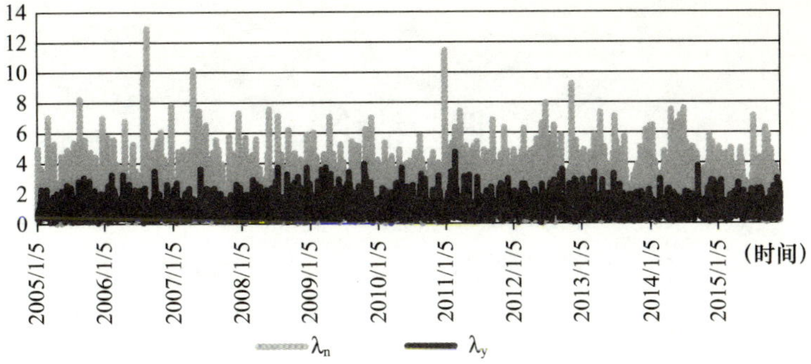

图5 两个混合参数时序

四列MC误差，可以发现两个混合参数模型的参数估计标准差和MC误差均明显小于一个混合参数模型；比较表7和表8的第五列和第七列所形成的参数的95%可信区间，两个混合参数分级模型的置信区间明显小于一个混合参数模型。因此，从参数估计结果整体来看，两个混合参数分级模型具有显著优势。另外，从参数意义来看，一个混合参数可以模拟股市异常值，两个混合参数进而可以区别异常值的来源是来自于两个股票市场的收益还是波动，因此两个混合参数模型更具有优势。

表9 两种模型DIC值

混合参数个数	DIC数值
1	-45421.100
2	-109240.000

（2）分析表7和表8的实证结果可见，二者具有明显的相似性：第一，参数v估计结果显著且明显小于20，进一步证实了我国股市收益和波动均明显具有尖峰厚尾特征，正态分布不能有效拟合。第二，参数φ_{12}和φ_{21}均显著说明我国上海和深圳两市波动之间有显著的相互影响，参数φ_{11}和φ_{22}均显著说明我国上海和深圳两市波动各自具有滞后影响，其中滞后影响大于相互影响。第三，上海和深圳两市杠杆效应均显著，即负向信息引起显著更大波动性。第四，τ_1^2数值明显大于τ_2^2，说明上证指数波动明显大于深成指数波动。

四、结论

从描述金融系统内市场间关联出发，本文推导了两种双变量 SV 模型的 SMN 表示，并基于此获得两种不同的 Bayesian 后验分级模型，通过 WIN-BUGS 软件编写程序可有效模拟金融数据。模拟结果显示，T 分布方差的两种方法均适用于此类异常值存在的数据模拟。对比两种方法的结果可以发现，从参数估计结果或者 DIC 值和参数意义来看，两混合参数方法均效果更好，且随异常值增加优势更显著。

实证分析发现，两种模型均准确地模拟了我国股市的运行轨迹，实证结果的相似性互相印证了两种方法的有效性，由此获得有关我国股市的一些结论。国内两股市收益和波动均存在异常呈尖峰厚尾，T 分布波动误差能有效模拟；我国两市波动之间具有显著的线性 Granger 影响关系，其中自影响大于互影响；波动引起的异常值较收益更大；负面信息引起的市场震荡显著较正面信息更大，即杠杆效应显著；相对而言，上海股市波动稍大于深圳；2015 年中期的股市震荡首先由波动异常引起，之后逐步引起收益异常，这一过程进一步证实我国股市股民们仍存在从众心理。

本文对于金融市场数据模拟的多混合参数方法没有进行讨论，多个参数可以分别捕捉每一市场收益和波动的异常，这是我们以后的进一步研究方向。

参考文献

[1] Taylor, S. J. Financial returns modeled by the product of two stochastic processes, A study of the daily sugar prices1961 - 1975 [J] . Time Series Analysis: Theory and Practice, 1982 (1): 203 - 226.

[2] Hull, J. and White, A. The pricing of options on assets with stochastic volatilities [J] . Journal of Finance, 1987 (42): 281 - 300.

[3] Choy, S. T. B. , Wan, W. Y. and Chan, C. M. Bayesian Student - t Stochastic Volatility Models via Scale Mixtures, Advances in Econometrics [J] . Special issue on Bayesian Econometrics Methods, 2008 (23): 595 - 618.

[4] Abanto - Valle C. A. , Bandyopadhyay D. and Lachos V. H. , Enriquez I. Robust Bayesian analysis of heavy - tailed stochastic volatility models using scale mixtures of normal dis-

tributions [J]. Computational Statistics and Data Analysis, 2010 (54): 2883 - 2898.

[5] Wang J. J. J., Chan J. S. K. and Choy S. T. B. Stochastic volatility models with leverage and heavy - tailed distributions: A Bayesian approach using scale mixtures [J]. Computational Statistics and Data Analysis, 2011 (55): 852 - 862.

[6] Franke J., Hardle W. and Kreiss J. P. Nonparametric Estimation in a Stochastic Volatility Model [D]. Discussion Paper, 1998.

[7] Vicente G. Cando, Dipak K. Dey, Victor H. Lachos, Marinho G. Andrade, Bayesian nonlinear regression models with scale mixtures of skew - normal distributions: Estimation and case influence diagnostics [J]. Computational Statistics and Data Analysis, 2011 (55): 588 - 602.

[8] Li Y., Peng F., Xu H. Bayesian Testing for Asset Volatility Persistence on Multivariate Stochastic Volatility Models [J]. Journal of Mathematical Finance, 2012 (2): 83 - 89.

[9] 张海燕，何大强. 中国股市收益波动的结构性变点分析 [J]. 财会通讯，2014 (1): 121 - 124.

基于SVAR模型的我国商业银行不良贷款压力测试*

尹 钊[1] 谭 畅[2]
（1. 中央财经大学统计与数学学院，北京 100081
2. 中诚信国际信用评级有限责任公司研究咨询部，北京 100031）

一、引言

当前我国经济发展进入新常态，宏观经济下行压力较大，"宽货币"到"宽信用"的传导渠道不畅，部分企业库存增多、抵押品贬值以及房地产泡沫等都会提高商业银行的坏账率，加大我国商业银行所面临的信用风险。在此背景下，针对我国商业银行所面临的宏观经济风险进行压力测试，一方面有助于发掘适合我国经济形势的信用风险模型；另一方面也为完善信用风险监管框架提出有针对性的政策建议，有利于防范商业银行信用体系和支付体系崩溃，维护我国经济的长期稳定发展。

在关于信用风险宏观压力测试方面，Merton（1974）和 Wilson（1997）进行了开创性的研究。Merton（1974）首次在违约概率的度量模型中引入了资产价格波动因素。Wilson（1997）对工业行业内不同部门的违约率和宏观

* ［基金项目］国家自然科学基金面上项目（项目号：11472315）、中央财经大学教育教学改革基金。

［作者简介］尹钊，女，中央财经大学统计与数学学院（100081）；谭畅，女，中诚信国际信用评级有限责任公司研究咨询部。

经济指标之间的关系进行建模，计算出宏观经济冲击下的违约概率情况。Wilson（1997）的压力测试方法和 Merton 的方法（1974）相比更易于理解，且计算简单，因而之后 Wilson 模型在各国银行业压力测试领域的应用较为广泛。

与国外研究相比，国内学者对金融体系内压力测试领域的学术研究多为总结或者借鉴国外的压力测试方法，并且国内对于微观压力测试方法的研究较多。杨鹏（2005）、乔成和陈强（2009）、赵祥鹏（2010）、窦郁宏和李寒洁（2011）等学者通过列举并分析美国、欧洲等银行监管机构压力测试的规范，对我国经济形势和政策影响下的压力测试提出建议。尹钊（2008）提出风险价值法和压力测试法的企业风险管理方法，有助于克服传统方法只给出风险相对严重程度的不足。巴曙松和朱元倩（2010）对压力测试在商业银行体系的风险管理中的优缺点进行总结，探讨了发展中国家在缺乏有效数据的情况下压力测试的研究前景。从压力测试的具体模型看，华晓龙（2009）、沈阳和冯望舒（2010）通过建立我国宏观经济指标与我国商业银行违约率的 Logit 模型。杨晓奇、吴栋（2010）将向量误差修正模型（VECM）与蒙特卡洛模拟方法结合构建了宏观压力测试模型。张棋、王玥和李鑫（2012）基于 ARMA 和 VAR 模型对商业银行房地产开发贷款的增长率和质量开展宏观压力测试。李关政（2012）将扩展的 Logistic 模型——MF－Logistic 模型用于信用风险压力测试。

本文基于 SVAR 模型建立了适合我国宏观经济现状的商业银行体系信用风险压力测试模型。本文的创新之处在于选择了能够反映经济变量之间联动性的 SVAR 模型建立信用风险传导模型，并且在选取宏观经济变量时引入了社会融资规模指标，通过考察变量之间的相关关系选出与不良贷款率关系最密切的 8 个宏观经济变量。

二、我国宏观经济与商业银行信贷风险传导模型的建立

（一）VAR 模型和 SVAR 模型的理论基础

令 y_t 为 t 时刻的 n 个变量所组成的 n 维列向量，则 VAR（p）模型形式如下：

$$y_t = A_0 + A_1 y_{t-1} + \cdots + A_p y_{t-p} + \varepsilon_t, \quad t = 1, 2, \cdots, T \tag{1}$$

式中，A_1，…，A_p 为 n 阶的系数矩阵，A_0 为 n 阶常数向量，$\varepsilon_t \sim i.i.d(0, \sum)$。

VAR 模型并未考虑变量之间当期关系，为建立符合实际条件的宏观压力测试模型，本文又进一步建立了基于一定经济理论的 SVAR 模型。SVAR 模型共有三种类型，分别为 C－型、K－型和 AB－型。具有 p 阶滞后项的 C－型 SVAR（p）模型的表达式如下：

$$\Psi_0 y_t = \alpha + \Phi_1 y_{t-1} + \Phi_2 y_{t-2} + \cdots + \Phi_p y_{t-p} + \mu_t, \quad t = 1, 2, \cdots, T \tag{2}$$

式中，μ_t 是方差协方差矩阵为Σ的 n 维随机扰动项向量。

本文具体运用的是 AB－型的 SVAR 模型，该模型假设 A 和 B 均为 n 阶的可逆矩阵，并且满足如下条件：

$$
\begin{aligned}
&A\varepsilon_t = Be_t,\\
&A(L)y_t = \varepsilon_t,\\
&E(e_t) = O_n,\\
&E(e_t, e_t') = I_n,
\end{aligned} \tag{3}
$$

式中，e_t 为标准正交随机扰动项，矩阵 A 和 B 为正交因子分解矩阵。

一般情况下，有两种对 AB－型模型设定约束的方法：短期约束条件和长期约束条件。本文选择短期约束条件，其中

$$A = \begin{bmatrix} 1 & 0 & \cdots & 0 & 0 \\ NA & 1 & \cdots & 0 & 0 \\ \vdots & \vdots & \ddots & \vdots & \vdots \\ NA & NA & \cdots & 1 & 0 \\ NA & NA & \cdots & NA & 1 \end{bmatrix}, \quad B = \begin{bmatrix} NA & 0 & \cdots & 0 & 0 \\ 0 & NA & \cdots & 0 & 0 \\ \vdots & \vdots & \ddots & \vdots & \vdots \\ 0 & 0 & \cdots & NA & 0 \\ 0 & 0 & \cdots & 0 & NA \end{bmatrix},$$

其中，B 被约束为对角阵，内生变量之间的当期关系由下三角矩阵 A 决定，矩阵 A 中的零约束表示的某些内生变量之间不存在同期相关。

（二）VAR 模型和 SVAR 模型的建立

1. 承压指标和压力指标的选取

由于信贷资产违约率难以通过公开方式获得，因而本文选取商业银行不良贷款率替代信贷资产违约率作为承压指标。此外，由于银监会于 2004 年开始每季度披露全国商业银行不良贷款率，因此承压指标数据的时间区间为 2004～2014 年，频度为季度，数据来源于银监会网站。

本文所选取的压力指标为一系列宏观经济指标。结合目前压力测试研究常用的主要压力指标以及我国宏观经济重要变量，本文选取GDP增长率、居民消费价格指数、工业生产者价格指数、社会融资规模、广义货币供给量增速、房地产开发企业投资完成额、国房景气指数、出口商品价格指数、进口商品价格指数、上证综合收盘指数、人民币对美元期末汇率、全国公共财政收入、全国公共财政支出、一年期存款基准利率和一年期贷款基准利率、城镇居民人均可支配收入、工业企业景气指数共17个变量作为初步选取的压力指标，数据来源为中经网统计数据库，增长率均为同比增长率，数据区间为2004~2014年，频度为季度。

对以上17个变量进行相关性检验，最终选出与承压指标相关程度或者间接相关程度较高的8个压力指标，变量及对应简称如表1所示。

表1 VAR模型变量及简称汇总

指标类型	变量名称	简称
承压指标	不良贷款率	NPL
压力指标	GDP增长率	GDPG
	居民消费价格指数	CPI
	人民币对美元汇率	ER
	国房景气指数	RPI
	社会融资规模	SF
	M2增速	M2G
	一年期存款基准利率	DR
	一年期贷款基准利率	LR

为保持整体数据样本的一致性，本文将所有压力指标的月度数据进行加权平均，将全体变量的数据频度统一为季度。

2. VAR模型和SVAR模型的参数估计

需要指出的是，由于本文最终要建立SVAR模型，因而VAR模型参数估计的详细结果在此不作展示，仅简要描述VAR模型的估计过程。首先，运用Eviews7.2对表1中的10个变量进行ADF检验，结果表明GDPG、

Log_ SF及M2G为一阶单整序列，其他变量序列均平稳。考虑将I（1）变量进行1阶差分得到平稳变量，故此可以建立形如式（1）的VAR模型：

$$y_t = A_0 + A_1 y_{t-1} + A_2 y_{t-2} + \cdots + A_p y_{t-p} + \mu_t$$

式中，Y_i =（DR，LR，ER，ΔGDPG，RPI，CPI，ΔLog_ SF，NPL，ΔM2G）^{T}，i = 1，2，…，t - p。

运用Eviews7.2所确定的VAR模型的最优滞后阶数为3阶，因此建立VAR（3）模型。如图1所示，VAR（3）模型的特征根的倒数均落在单位圆之内，因而所构建的模型平稳。

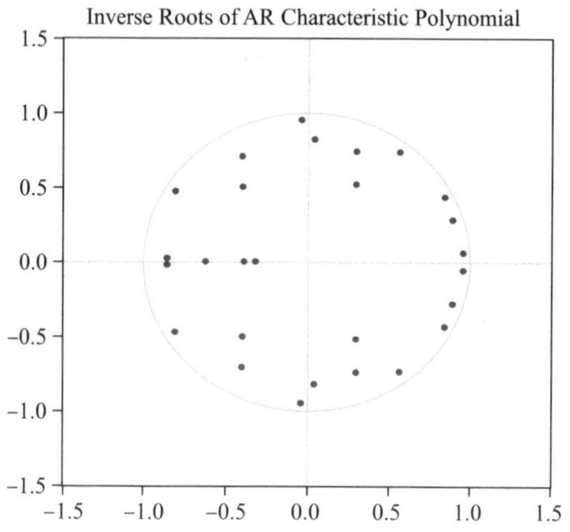

图1 单位根检验

对模型残差的相关性检验结果表明，部分方程残差之间存在相关关系，如一年期存、贷款基准利率对应方程残差相关系数为0.8，不良贷款率和汇率对应方程的残差相关系数为0.53。可见变量之间有同期相关关系未能在模型中体现，而包含在了扰动项中，因而考虑在VAR模型的基础上进一步建立SVAR模型。

采用式（3）的AB - 型SVAR模型进行参数估计，矩阵A和B的形式如下：

$$A=\begin{pmatrix} 1 & -a_{12} & -a_{13} & -a_{14} & -a_{15} & -a_{16} & -a_{17} & -a_{18} & -a_{19} \\ -a_{21} & 1 & -a_{23} & -a_{24} & -a_{25} & -a_{26} & -a_{27} & -a_{28} & -a_{29} \\ -a_{31} & -a_{32} & 1 & -a_{34} & -a_{35} & -a_{36} & -a_{37} & -a_{38} & -a_{39} \\ -a_{41} & -a_{42} & -a_{43} & 1 & -a_{45} & -a_{46} & -a_{47} & -a_{48} & -a_{49} \\ -a_{51} & -a_{52} & -a_{53} & -a_{54} & 1 & -a_{56} & -a_{57} & -a_{58} & -a_{59} \\ -a_{61} & -a_{62} & -a_{63} & -a_{64} & -a_{65} & 1 & -a_{67} & -a_{68} & -a_{69} \\ -a_{71} & -a_{72} & -a_{73} & -a_{74} & -a_{75} & -a_{76} & 1 & -a_{78} & -a_{79} \\ -a_{81} & -a_{82} & -a_{83} & -a_{84} & -a_{85} & -a_{86} & -a_{87} & 1 & -a_{89} \\ -a_{91} & -a_{92} & -a_{93} & -a_{94} & -a_{95} & -a_{96} & -a_{97} & -a_{98} & 1 \end{pmatrix},$$

$$B=\begin{pmatrix} b_{11} & 0 & 0 & 0 & 0 & 0 & 0 & 0 & 0 \\ 0 & b_{22} & 0 & 0 & 0 & 0 & 0 & 0 & 0 \\ 0 & 0 & b_{33} & 0 & 0 & 0 & 0 & 0 & 0 \\ 0 & 0 & 0 & b_{44} & 0 & 0 & 0 & 0 & 0 \\ 0 & 0 & 0 & 0 & b_{55} & 0 & 0 & 0 & 0 \\ 0 & 0 & 0 & 0 & 0 & b_{66} & 0 & 0 & 0 \\ 0 & 0 & 0 & 0 & 0 & 0 & b_{77} & 0 & 0 \\ 0 & 0 & 0 & 0 & 0 & 0 & 0 & b_{88} & 0 \\ 0 & 0 & 0 & 0 & 0 & 0 & 0 & 0 & b_{99} \end{pmatrix}$$

接下来对矩阵 A 施加零约束。考虑到一年期存、贷款基准利率通常由央行来调控，受其他变量的同期影响很小，故令 $a_{12} \sim a_{18}$，$a_{23} \sim a_{28}$ 为 0。但一年期存、贷款基准利率通常是同时调整，且对不良贷款率的影响方向相同，故 a_{21} 不为 0。其他因素变化对人民币对美元汇率的影响并不是实时的，故令 $a_{34} \sim a_{38}$ 为 0。而关于汇率是否受到一年期存、贷款利率的影响暂不能确定，故令 a_{31}，a_{32} 不为 0，通过参数估计结果以确定其是否显著。国内生产总值不受国房景气指数、居民消费价格指数、社会融资规模和不良贷款率的当期影响，这是因为国内生产总值是这几种因素多期影响叠加的结果，每一个因素对其的同期的影响很小；反之国房景气指数等变量均受到国内生产总值即国内经济整体运行状况的影响，故将 $a_{45} \sim a_{48}$ 设为 0，而 a_{54}，a_{64}，a_{74}，a_{84} 均不为 0。当前房价不受居民消费水平、社会融资规模和不良贷款率的同期影响，反之这些因素受房价变动的同期影响较大，故令 $a_{56} \sim$

a_{58}为0，而a_{65}，a_{75}，a_{85}不为0。当期的消费水平影响社会融资和不良贷款，社会融资规模会影响当期的不良贷款状况，反之不良贷款率对当期的社会融资规模影响较弱，社会融资规模和不良贷款率对消费的同期影响也较弱，故令a_{67}，a_{68}，a_{78}为0，a_{76}，a_{86}，a_{87}不为0。最后，M2增速同期受到其他所有宏观经济变量不同程度的影响；反之M2增速作为政策变量对其他变量的影响存在时滞，故设a_{19} ~ a_{89}为0，a_{91} ~ a_{98}不为0。其他未设参数暂令其均不为0，通过参数估计结果以确定其是否显著。

对A，B矩阵的参数估计结果表明，除a_{51}，a_{42}，a_{52}，a_{62}，a_{75}，a_{85}这6个参数不显著外，其他参数均在5%的临界值下显著。这6个系数不显著可以得到合理的解释：一年期存、贷款基准利率变动对经济的影响存在时滞，因而其对某些经济变量的同期影响并不显著；房地产行业不景气的初期房地产相关企业可能通过某些担保措施或其他手段避免违约的发生，因而当国房景气指数变动可能并不立即影响同期贷款的违约情况和社会融资规模。

参数估计结果的矩阵形式如下所示。具体来说，一年期存、贷款基准利率不受其他宏观经济变量的同期影响，但相互之间同时同方向变动。人民币对美元汇率受到当期一年期存、贷款基准利率的影响，且反向变动。GDP增长率受到一年期存款基准利率和汇率的同向影响。国房景气指数受GDP增速和汇率的同向影响。CPI受到汇率、GDP增长率和国房景气指数的影响，且CPI与GDP增长率同向变动，与汇率和国房景气指数同期反向变动。社会融资规模受汇率、GDP和CPI影响，且社会融资规模与汇率、CPI同期同向变动，与GDP增速同期反向变动。不良贷款率随GDP增速和汇率的变动而同期反向变化，随CPI和社会融资规模的变动同期同向变化。M2增速受其他各宏观经济变量的当期影响。

$$A=\begin{pmatrix} 1 & 0 & 0 & 0 & 0 & 0 & 0 & 0 & 0 \\ 0.94 & 1 & 0 & 0 & 0 & 0 & 0 & 0 & 0 \\ -0.33 & -0.20 & 1 & 0 & 0 & 0 & 0 & 0 & 0 \\ 4.30 & -1.42 & 10.79 & 1 & 0 & 0 & 0 & 0 & 0 \\ 3.37 & -0.08 & 4.08 & 0.30 & 1 & 0 & 0 & 0 & 0 \\ 2.12 & -1.06 & -4.30 & 0.39 & -0.16 & 1 & 0 & 0 & 0 \\ 1.51 & -0.89 & 2.15 & -0.12 & 0.02 & 0.15 & 1 & 0 & 0 \\ -4.76 & 4.27 & 4.68 & -0.07 & -0.09 & 0.28 & 0.93 & 1 & 0 \\ 10.06 & -9.12 & -6.59 & 0.36 & -0.67 & 1.27 & 2.90 & -0.48 & 1 \end{pmatrix}$$

$$B=\begin{pmatrix} 0.13 & 0 & 0 & 0 & 0 & 0 & 0 & 0 & 0 \\ 0 & 0.09 & 0 & 0 & 0 & 0 & 0 & 0 & 0 \\ 0 & 0 & 0.04 & 0 & 0 & 0 & 0 & 0 & 0 \\ 0 & 0 & 0 & 0.68 & 0 & 0 & 0 & 0 & 0 \\ 0 & 0 & 0 & 0 & 0.72 & 0 & 0 & 0 & 0 \\ 0 & 0 & 0 & 0 & 0 & 0.35 & 0 & 0 & 0 \\ 0 & 0 & 0 & 0 & 0 & 0 & 0.12 & 0 & 0 \\ 0 & 0 & 0 & 0 & 0 & 0 & 0 & 0.33 & 0 \\ 0 & 0 & 0 & 0 & 0 & 0 & 0 & 0 & 0.76 \end{pmatrix}$$

三、压力情景分析

压力情景设计针对3个宏观经济指标：实际GDP增长率、一年期贷款利率和国房景气指数。

（1）实际GDP增长率的压力情景：在宏观经济政策的导向下，结合GDP增速的历史数据，利用蒙特卡洛模拟方法得到2015年第一季度GDP增长率的分布，分别令其1/10下分位数（GDP增速为7.06%）、1/25下分位数（GDP增速为6.76%）和1/100下分位数（GDP增速为6.03%）作为GDP增长率温和、严重和极端的压力情景。

（2）一年期贷款利率的压力情景分析：由于一年期贷款利率与不良贷款率同向变动，因而央行降息发生时，货币环境变得宽松，不良贷款率会有下降的趋势。央行降息次数越少，则不良贷款率下降的压力越大，因而本文将2015年第一季度降息2次、1次和0次作为温和、严重和极端三种压力情景，每次降息0.25个百分点。

（3）国房景气指数的压力情景分析：根据FSA压力情景设置标准，将模拟的2015年第一季度国房景气指数的1/10下分位数（国房景气指数为93.02）、1/25下分位数（国房景气指数为91.77）、1/100下分位数（国房景气指数为89.25）作为温和、严重和极端的压力情景。

根据以上三种变量压力情景设计方案的说明，本文对GDP增长率、一年期贷款利率和国房景气指数的组合压力情景设计如表2所示。所设计的压力情景分为温和、严重和极端三种。

表2 我国商业银行不良贷款宏观经济风险压力测试的情景设计

冲击强度	压力情景	
温和	GDP 增长率	7.06%
	一年期贷款利率	5.10%
	国房景气指数	93.02
严重	GDP 增长率	6.76%
	一年期贷款利率	5.35%
	国房景气指数	91.77
极端	GDP 增长率	6.03%
	一年期贷款利率	5.60%
	国房景气指数	89.25

四、压力测试的实施

压力测试中的一个重要步骤是对各变量的值进行预测，但由于利用SVAR模型来进行预测并不像VAR模型那样简单，因而需要通过一系列变换将SVAR模型简化成无约束VAR的形式。

将VAR模型的一般形式式（1）代入式（3）得到：

$$A(y_t - A_0 - A_1 y_{t-1} - A_2 y_{t-2} - \cdots - A_p y_{t-p}) = Be_t \tag{4}$$

等式两边同时左乘 A^{-1}，并移项得：

$$y_t = A_0 + A_1 y_{t-1} + A_2 y_{t-2} + \cdots + A_p y_{t-p} + A^{-1} Be_t \tag{5}$$

由于本文建立的SVAR模型的滞后阶数为3，因而式（5）可以写成如下形式：

$$y_t = A_0 + A_1 y_{t-1} + A_2 y_{t-2} + A_3 y_{t-3} + A^{-1} Be_t \tag{6}$$

式中，矩阵 A_0、A_1、A_2、A_3、A 和 B 的结果已经得到，故只要模拟出标准正交基 e_t 的值，就可以根据9个变量的模拟值得到其预测值。

对简化后的SVAR模型用Matlab软件进行蒙特卡洛模拟10万次，得到的压力测试结果及分布情况如表3所示。

表 3 商业银行宏观经济风险压力测试结果 单位:%

压力情景	温和				严重				极端			
季度	1	2	3	4	1	2	3	4	1	2	3	4
80%置信区间	1.79	1.99	1.90	1.93	1.87	2.06	2.27	2.35	1.93	2.35	2.45	2.55
90%置信区间	1.90	2.08	2.00	2.04	1.92	2.17	2.38	2.47	2.01	2.44	2.55	2.66
95%置信区间	1.97	2.14	2.08	2.13	2.04	2.22	2.46	2.56	2.06	2.51	2.64	2.75
99%置信区间	2.03	2.26	2.23	2.30	2.11	2.42	2.60	2.72	2.15	2.61	2.78	2.91
期望值	1.46	1.81	1.69	1.71	1.57	1.80	2.07	2.13	1.76	2.17	2.24	2.32

利用表 3 中的压力情景下的不良贷款率，就可以计算一定时间范围内（通常为 1 年）的信用风险损失，针对单项资产的计算公式为：

$$EL = PD \times LGD \times EAD \tag{7}$$

式中，EL 为期望违约损失，PD 为贷款违约率（不良贷款率），LGD 为违约损失率，EAD 为风险暴露。由于商业银行各单项资产的 LGD 和 EAD 数据无法获取，本文根据《巴塞尔协议》将 LGD 设定为统一值 45%，并将 EAD 设定为 2015 年末商业银行贷款总额的预测值，时间范围设定为 1 年。

如图 2 所示，2004～2014 年全国商业银行贷款总额的历史数据图近似为一条平滑的曲线，用 OLS 方法对其进行拟合，所预测的 2015 年末全国商业银行贷款总额为 778980 亿元。

2015 年第四季度的贷款违约期望损失如表 4 所示，温和、严重和极端压力情景下的期望贷款损失分别为 5994 亿元、7467 亿元和 8133 亿元。

表 4 不同压力情景下的贷款违约期望损失 单位：亿元

压力情景	期望贷款损失
温和	5994
严重	7467
极端	8133

2014 年末，我国商业银行的贷款损失准备为 19552 亿元，自 2010 年第四季度以来，贷款损失准备逐年递增，涨幅维持在 15%～26%。由表 4 的结果可知，即使在极端压力的情景下，2014 年底的商业银行贷款损失准备就足以覆盖贷款违约期望损失。若要继续维持 2014 年底的拨备覆盖率（232.06%），

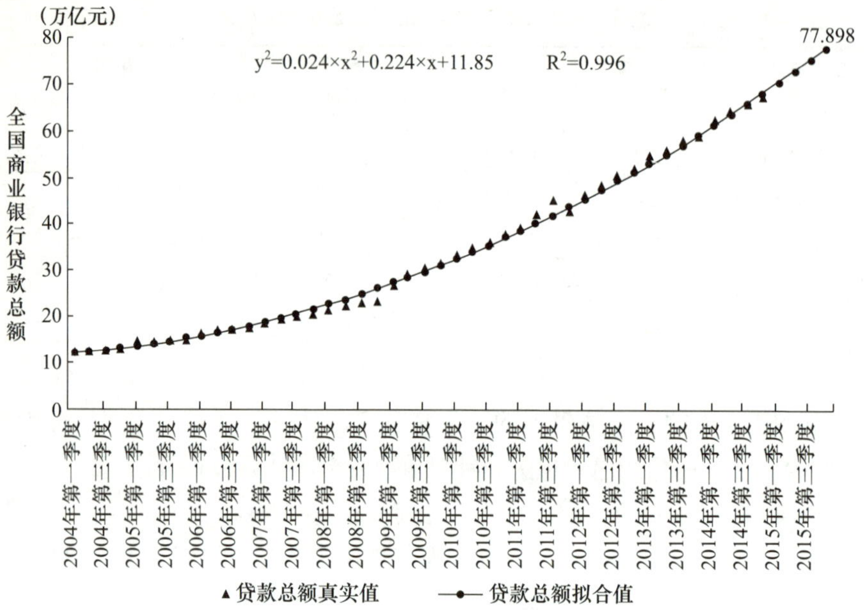

图2 全国商业银行贷款总额预测

在温和、严重和极端压力情景下应分别增加贷款损失准备11360亿元、18952亿元和22387亿元。

五、主要研究结论

（1）传统信用风险模型所模拟的风险传导机制并没有考虑经济变量之间的联动性，而VAR模型和SVAR模型充分考虑了这一点，同时SVAR模型在VAR模型的基础上进一步考虑了变量的当期影响，提高了模型的准确性。

（2）GDP增长率、居民消费价格指数、人民币对美元汇率、国房景气指数、社会融资规模、M2增速以及一年期存、贷款基准利率是影响商业银行不良贷款率的主要宏观经济变量。其中，GDP增长率、社会融资规模和M2增速的变动方向与不良贷款率相反，而其他宏观经济变量与不良贷款率呈正相关关系。

（3）通过对SVAR模型设定短期约束得到了宏观经济变量之间的同期

关系。国房景气指数、CPI、社会融资规模和不良贷款率对 GDP 增速有同期影响；国房景气指数对居民消费水平和社会融资规模有同期影响；CPI 影响同期社会融资规模和不良贷款；M2 增速同期受到其他所有宏观经济变量不同程度的影响，而由于政策时滞的作用 M2 增速对其他变量的同期影响很小。

（4）我国商业银行体系信用风险整体可控，对宏观经济风险有较强的承受能力。在所设定的极端压力情景下，我国商业银行的贷款损失准备足以覆盖贷款违约期望损失，但若要维持当前贷款拨备率，仍需要补充大量的贷款损失准备。

六、对商业银行体系风险管理的相关政策建议

当前宏观经济下行压力不减，商业银行需要将压力测试方法运用到各种宏观经济风险的变化中。本文从以下四个方面对商业银行体系风险管理提出政策建议。

（一）加快风险统计数据库建设，提高压力测试模型应用水平

在压力测试的过程中，数据缺失和失真都会影响压力测试模型的准确性，因此应规范我国压力测试的数据格式，在加快数据收集工作的同时保证数据的质量，建立一个完善的风险统计数据库。

（二）制定统一的压力情景设置标准，促进商业银行间同向比较测试结果

我国商业银行压力测试情景的设计方法以主观性较强的专家情景法为主，不同银行的压力测试结果缺乏一个可比较的标准。建议央行和银监会进一步制定时效性较强的压力情景的设置规范，并随宏观环境的变化及时更新。

（三）保证充足的贷款损失准备金，提高商业银行的稳定性

本文的研究范围是全国商业银行，而不是单家商业银行。各商业银行应根据其特点，考虑其在极端风险下所需要的贷款损失准备金，在不影响其日常经营状况的条件下尽量提高损失准备以应对极端风险。

（四）提高金融业务创新能力，转变商业银行传统盈利模式

为削弱外部冲击对不良贷款率的不利影响，商业银行应改变传统的依赖于存、贷款利息的盈利方式，加大开展创新业务以分散外部风险，在转变传统盈利模式的基础上进一步提高其盈利水平。

参考文献

[1] Merton R. C. On the Pricing of Corporate Debt: the Risk Structure of Interest Rates [J]. Journal of Finance, 1974, 29 (7): 449-470.

[2] Wilson T. C. Portfolio Credit Risk I [J]. Risk, 1997 (9): 111-117.

[3] Wilson T. C. Portfolio Credit Risk II [J]. Risk, 1997 (10): 56-61.

[4] 杨鹏. 压力测试及其在金融监管中的作用 [J]. 上海金融, 2005 (1): 27-30.

[5] 陈强，乔成. 美国银行业压力测试最新实践的经验与启示 [J]. 国际金融研究, 2009 (9): 50-54.

[6] 赵祥鹏. 欧美银行压力测试对我国商业银行风险管理的启示 [J]. 中国证券期货, 2010 (9): 142-143.

[7] 窦郁宏，李寒洁. 2011年欧洲银行业压力测试解读 [J]. 银行家, 2011 (9): 89-92.

[8] 尹钊. 基于风险价值法和压力测试法的企业风险管理方法研究 [J]. 中央财经大学学报, 2008 (8): 72-75.

[9] 巴曙松，朱元倩. 压力测试在银行风险管理中的作用 [J]. 经济学家, 2010 (2): 70-79.

[10] 华晓龙. 基于宏观压力测试方法的商业银行体系信用风险评估 [J]. 数量经济技术经济研究, 2009 (4): 117-128.

[11] 沈阳，冯望舒. 宏观经济变量与银行信用风险的实证研究 [J]. 会计之友, 2010 (8): 88-91.

[12] 杨晓奇，吴栋. 基于向量误差修正模型的商业银行压力测试模型研究 [J]. 金融理论与实践, 2010 (8): 3-8.

[13] 张棋，王玥，李鑫. 信贷资产质量前瞻性预测与压力测试——基于ARMA模型和VAR模型的研究 [J]. 金融论坛, 2012 (5): 19-25.

[14] 李关政. 基于MF-Logistic模型的银行信用风险压力测试 [J]. 金融理论与实践, 2012 (1): 11-15.

房价泡沫及其对经济增长的非对称影响*

——贝叶斯非参数 IMS－ADF 单位根检验方法

刘洋[1,2] 陈守东[1,2] 毛志方[1,2]

（1. 吉林大学商学院，吉林 130000；

2. 吉林大学数量经济研究中心，吉林 130000）

一、引言

房地产业在我国经济发展的过程中具有重要的地位。1998 年，我国政府将住宅建设作为新的经济增长点。近年来，我国各地不断上涨的房价加剧了学者们对潜在资产价格泡沫的关注和担忧。房地产价格过快上涨，其与经济基本面的分离，不仅带来经济效率降低的负面影响（Dupor，2005）。而且，来自日本、美国等国家的历史经验表明，房地产市场泡沫破灭后引发金融危机的代价很大。Mishkin（2011）在反思 2007～2009 年的美国金融危机后，强调了应对潜在的资产价格泡沫和“压制”信贷泡沫的重要性。在这次美国金融危机之前，Greenspan（2002）主张的货币政策不应主动压制资产价格泡沫的观点曾经占据主导地位。资产价格泡沫很难在现实中被测定，是 Greenspan（2002）坚持应该在资产价格泡沫破灭后进行清理的首

* ［基金项目］教育部人文社会科学重点研究基地重大项目（14JJD790043）。

［作者简介］刘洋，男，1978 年 12 月生，经济学博士，吉林大学商学院讲师。陈守东，男，1955 年 1 月生，经济学博士，吉林大学商学院教授，现为吉林大学数量经济研究中心副主任。毛志方，男，1989 年 8 月生，吉林大学商学院数量经济学专业在读博士生。

要理由。另外，资产价格泡沫的计量问题一直是计量经济学者们研究的重要课题，泡沫的理论基础与计量方法得到不断的发展和改进。

Gurkaynak（2008）对资产价格泡沫的计量方法进行了文献综述，总结了泡沫计量方法的进展，认为现有的方法依然无法给出泡沫检验的明确结果，时变与区制转移框架下的泡沫检验方法有待发展。Hall 等（1999）总结了 Flood 和 Garber（1980）、Flood 等（1984）对标准泡沫计量方法的认识，即检验理性泡沫的持续性。Hall 等（1999）将 Dickey 和 Fuller（1981）与 Saõèd 和 Dickey（1984）提出的 ADF 检验与 Hamilton（1989，1990）的区制转移方法相结合，提出 Markov - switching Augmented Dickey - Fuller（MS - ADF）检验，用于计量美国股票市场的泡沫。Shi 和 Song（2014）将 MS - ADF 检验与 Fox 等（2011）的 IHMM 模型相结合，扩展了 Hall 等（1999）的先验假设，并以 Fox 等（2011）结合 Ishwaran 和 James（2001）的方式设计实现了多种先验假设下 IHMM 模型扩展形式，并在计量美国纳斯达克股市的泡沫问题上进行对比分析。栾惠德（2007）对带有结构变化的单位根检验方法做了文献综述，总结了该领域的一些重要成果。

本文在泡沫的计量方法上，以陈守东和刘洋（2015）的无限状态 Markov 模型的先验假设扩展 MS - ADF 检验方法为 Infinite - State Markov - switching Augmented Dickey - Fuller（IMS - ADF）检验，在算法实现上将刘洋和陈守东（2016）针对时变因果关系模型的混合分层结构的 Gibbs 算法，扩展到 IMS - ADF 检验方法的算法实现。与 Shi 和 Song（2014）实现的多种 IHMM 模型扩展形式相比，本文实现的 IMS - ADF 检验方法与实现算法更有效率。在以 IMS - ADF 检验方法完成对我国 70 个大中城市新建住宅价格的面板数据泡沫计量的基础上，本文进一步以刘洋和陈守东（2016）的时变因果关系模型计量房价与工业增加值所代表的经济增长的时变关系，发现房价泡沫对经济增长存在非对称影响关系。

二、计量房价泡沫的 IMS - ADF 检验方法

（一）房价泡沫的计量含义与数据说明

股市泡沫和房价泡沫都存在多种不同的计量含义与检验方法。股市泡

沫，一般通过股价或者收益率减去股利的方式计量，然后运用单位根检验的考察其分布特征，检验泡沫的存在性。本文基于 Evans（1991）从股票市场对资产价格泡沫成分的理论解释，借鉴到房地产价格问题的研究领域。Evans（1991）从股票资产的股息收益的角度出发，将资产价格 P_t 分解为基础成分与泡沫成分。其中资产价格时间序列之间的关系如式（1）所示，其中 d_{t+1} 代表下一期的股息收入，r 代表贴现率。

$$P_t = (1+r)^{-1}E_t(P_{t+1}+d_{t+1}) \qquad t=1, \cdots, T \tag{1}$$

股票资产的条件预期收入的计算，如式（2）所示，与式（1）结合考虑，将资产价格表示为式（3）的形式，其中 P_t 与 F_t 之差，表示为 B_t，即资产泡沫部分。

$$F_t = \sum_{j=1}^{\infty}(1+r)^{-j}E_t d_{t+j} \qquad t=1, \cdots, T \tag{2}$$

$$B_t = P_t - F_t \qquad t=1, \cdots, T \tag{3}$$

现有文献在分析房价泡沫时，一般通过房价收入比、房价房租比、房地产价格增长率与实际 GDP 增长率之差等方式计量。本文在 Evans（1991）的基础上，采用如式（4）所示，利用房价同比增长率 p_t 作为实际收益率，减去二手住宅租金回报率 d_t 代表的基本收益率，得到 y_t 所代表的超额收益率，称为泡沫（Diba、Grossman，1988）。

$$y_t = p_t - d_t \qquad t=1, \cdots, T \tag{4}$$

（二）房价泡沫的 IMS－ADF 检验方法

以 IMS－ADF 检验超额收益率的可持续性，间接检验房价泡沫破裂的风险，以式（5）中的 β_{S_t} 系数计量房价泡沫潜在破裂的风险。以 Fox 等（2011）的 Sticky HDP－HMM 分层 Dirichlet 过程作为 Markov 区制状态变量的先验假设，本文将 Hall 等（1999）的 MS－ADF 检验扩展到无限状态 Markov 区制转移的先验假设下，即由式（5）～式（10）组成的 IMS－ADF 检验方法。并通过 MCMC 的模拟方法得到如式（11）所示的 ADF 检验方程中各系数的后验估计。如式（12）所示，通过判断 β_{S_t} 大于 0 的概率来计量潜在破裂的房价泡沫破裂风险，当此系数大于 0 的概率超过 50% 时，说明当前状态无法长期持续，该城市的房价泡沫存在破裂风险。

$$\Delta y_t = \phi_{0,S_t} + \beta_{S_t}y_{t-1} + \sum_{i=1}^{m}\phi_{i,S_t}\Delta y_{t-i} + \varepsilon_t,\ \varepsilon_t \sim N(0,\ \sigma_{S_t}^2) \quad t=1, \cdots, T \tag{5}$$

$$S_t \mid \phi_{0,j}, \beta_j, \phi_{1,j}, \cdots, \phi_{m,j}, \sigma_j^2 \sim \text{Skicky HDP-HMM}, \ j=1, \cdots, \infty, \ t=1, \cdots, T \quad (6)$$

$$\phi_{0,S_t}, \beta_{S_t}, \phi_{1,S_t}, \cdots, \phi_{m,S_t} \sim N(\mu, \Sigma) \quad t=1, \cdots, T \quad (7)$$

$$\mu \sim N(b_0, B_0) \quad t=1, \cdots, T \quad (8)$$

$$\Sigma \sim \text{Inv-Wishart} \quad (Z_0, m_0) \quad (9)$$

$$\sigma_{s_t}^2 \sim \text{Inv-Gamma}(c_0, d_0) \quad t=1, \cdots, T \quad (10)$$

$$\Delta y_t = \phi_{0,S_t} + \beta_{S_t} y_{t-1} + \sum_{i=1}^{m} \phi_{i,S_t} \Delta y_{t-i} + \varepsilon_t, \ \varepsilon_t \sim N(0, \sigma_{S_t}^2) \ t=1, \cdots, T \quad (11)$$

$$P(\beta_{S_t} > 0) \mid \Delta y_t, y_t, \phi_{0,S_t} \cdots \phi_{i,S_t} \quad t=1, \cdots, T \quad (12)$$

Teh 等（2006）在 Dirichlet 过程的基础上提出的分层的 Dirichlet 过程（Hierarchical Dirichlet Process，HDP 模型）的形式，即 Dirichlet 过程的生成过程基于另一个 Dirichlet 过程实现，使得潜在状态变量的随机模拟过程可以具有更加灵活的适应性。Fox 等（2011）将分层 Dirichlet 过程与 IHMM 模型相结合，提出了带有黏性的无限状态隐性 Markov 模型（Sticky Infinite Hidden Markov Model，Sticky HDP－HMM，这是一种最新的分层 Dirichlet 过程），并采用这种模型，实现了对混杂语音记录的有效识别。

Sticky HDP－HMM 分层结构的 Dirichlet 过程是如式（13）与式（14）所示，一个两层结构的随机抽取过程。其中，第一层的 γ 是由式（13）所代表的 stick－breaking（断棍）过程所产生的参数向量，作为 DP 代表的第二层 Dirichlet 过程的参数，其中 α，η，κ 是超参数，δ_j 为示性变量，其下角标 j 与 ω_j 的相同时，δ_j 的值为 1，否则为 0。分层的 Dirichlet 过程如式（12）所示的状态潜变量的多项式分布过程提供了理论上不限状态数量的无限维度。

$$\gamma \sim \text{stick-breaking} \quad (\eta) \quad (13)$$

$$\omega_j \mid \alpha, \gamma, \kappa \sim DP\left(\alpha + \kappa, \frac{\alpha\gamma + \kappa\delta_j}{\alpha + \kappa}\right), \ j=1, \cdots, \infty \quad (14)$$

$$S_t \sim \text{Multinomial}(\omega_{s_{t-1}}), \quad t=1, \cdots, T \quad (15)$$

为了更好地适应非平稳数据，将 Kim 和 Nelson（1999）的共轭分布族结构进一步扩展为分层的共轭分布结构，其中式（7）所表示 ADF 方程的截距项、滞后项与差分项系数的正态分布的均值和方差超参数也被作为随机变量考虑，假设服从如式（8）～式（9）的第二层共轭分布。式（5）中随机扰动项的方差被假设服从如式（10）所示的逆伽马分布，其逆伽马分布的超参数被假设为先验参数，与 Shi 和 Song（2014）相比，简化了随机扰动项的第二层共轭分布的先验假设，提高了方法的效率，使其更适合本文的实证研究。

（三）实现 IMS－ADF 检验方法的 Gibbs 抽样算法

具体过程由以下 5 个步骤组成：

（1）初始化所有参数，并约定 $\theta=\{\phi_{0,j},\ \beta_j,\ \phi_{1,j}\cdots\phi_{m,j},\ \sigma_j^2\}_{j=1}^{L}$，$\beta_j=\{\beta_{i,j}\}_{i=1}^{m}$，$\beta-\{\beta_j\}_{j=1}^{L}$，$\sigma^2=\{\sigma_j^2\}_{j=1}^{L}$，$\omega-\{\omega_j\}_{j=1}^{L}$，$S=\{s_t\}_{t=1}^{T}$，$\Delta y=\{\Delta y_t\}_{t=1-m}^{T}$，$n=\{\{n_{i,j}\}_{i=1}^{L}\}_{j=1}^{L}$，$u=\{\{u_{i,j}\}_{i=1}^{L}\}_{j=1}^{L}$，$r=\{r_i\}_{i=1}^{L}$，$\gamma=\{\gamma_i\}_{i=1}^{L}$，设定足够大的整数变量 L 代表无穷大以限定可能出现的最大的状态数量。

（2）以 Forward－Filtering、Backward－Sampling 算法对区制状态潜变量向量 S 进行模拟抽样：

$$FF:\ p(s_{t+1}\mid\theta,\ \Delta y_{t+1})=\frac{p(\Delta y_{t+1}\mid s_{t+1},\ \theta)\ p(s_{t+1}\mid\theta,\ \Delta y_t,\ y_{t-1})}{\sum_{\zeta=1}^{L}p(\Delta y_{t+1}\mid\xi,\ \theta)\ p(\xi\mid\theta,\ \Delta y_t,\ y_{t-1})},$$

$$p(s_{t+1}\mid\theta,\ \Delta y_t,\ y_{t-1})=\sum_{j=1}^{L}p(s_{t+1}\mid s_t,\ \theta)\ p(s_t\mid\theta,\ \Delta y_t,\ y_{t-1})$$

以 t 时点的数据向前一步计算对 t＋1 时点状态潜变量预测概率，结合以 t＋1 时点对状态潜变量的更新概率，计算得到状态潜变量向前滤波概率。

$$BS:\ p(s_t\mid s_{t+1},\ \theta,\ \Delta y,\ y_{t-1})=\frac{p(s_{t+1}\mid s_t,\ \theta)\ p(s_t\mid\theta,\ \Delta y_t)}{\sum_{\zeta=1}^{L}p(s_{t+1}\mid\xi,\ \theta)\ p(\xi\mid\theta,\ \Delta y_t,\ y_{t-1})},$$

其中 $p(s_t\mid\theta,\ \Delta y_t)$ 源自 FF 步骤的向前滤波概率，以计算所得的向后抽样概率，从后向前对区制状态潜变量向量 S 进行模拟抽样。

（3）以 Sticky HDP　HMM 分层 Dirichlet 过程对 γ，ω 进行模拟抽样：

γ：以伯努利分布抽取 $u_{i,j}=\sum_{l=1}^{n_{i,j}}\text{Bernoulli}\left(\frac{\alpha\gamma_j+\kappa\delta(i,\ j)}{l-1+\alpha\gamma_j+\kappa\delta(i,\ j)}\right)$，其中 $n_{i,j}=\sum_{t=2}^{T}1(s_{t-1}=i,\ s_t=j)$。以二项式分布抽取 $\{r_i=\text{Binomial}(u_{i,i},\ \frac{\kappa}{\kappa+\alpha\gamma_i})\}_{i=1}^{L}$。在以上计算结果的基础之上，以 Dirichlet 分布抽取 $\{\gamma_l=\text{Dirichlet}(\frac{\eta}{L}+\sum_{i=1}^{L}(u_{i,1}-\delta(i,\ 1)\ r_i),\ \cdots,\ \frac{\eta}{L}+\sum_{i=1}^{L}(u_{i,L}-\delta(i,\ L)\ r_i))\}_{l=1}^{L}$

ω：以 Dirichlet 分布抽取 $\{\omega_l=\text{Dirichlet}(\alpha\gamma_l+n_{l,1},\ \cdots,\ \alpha\gamma_l+\kappa+n_{l,l},\ \cdots,\ \alpha\gamma_L+n_{l,L})\}_{l=1}^{L}$

（4）以分层结构的共轭分布，对 β，$\sigma^2\mu$，Σ 进行模拟抽样：

β：以多元正态分布，抽取 $\{\beta_l = N(\bar{\mu}, \bar{\Sigma})\}_{l=1}^{L}$，其中 $\bar{\mu} = \bar{\Sigma}\left(\Sigma^{-1}\mu + \Sigma_{t:s_t=l}\frac{(\Delta y_{t-1}, \cdots, \Delta y_{t-m}, y_{t-1})\Delta y_t}{\sigma_l^2}\right)$ 而 $\bar{\Sigma} = \left(\Sigma^{-1} + \Sigma_{t:s_t=l}\frac{(\Delta y_{t-1}, \cdots, \Delta y_{t-m}, y_{t-1})(\Delta y_{t-1}, \cdots, \Delta y_{t-m}, y_{t-1})'}{\sigma_l^2}\right)^{-1}$。

σ^2：以逆伽马分布抽取 $\left\{\sigma_l^2 = Inv - Gamma\left(c_0 + \frac{\sum 1(t: s_t = l)}{2}, d_0 + \frac{\Sigma_{t:s_t=l}(\Delta y_t - (\Delta y_{t-1}, \cdots, \Delta y_{t-m}, y_{t-1})'\beta_l)^2}{2}\right)\right\}_{l=1}^{L}$。

μ：以多元正态分布，抽取 $\{\mu_l = N((B_0^{-1} + \bar{L}\Sigma^{-1})^{-1}(b_0 B_0^{-1} + \Sigma_{j=1}^{\bar{L}}\Sigma^{-1}\beta_j), (B_0^{-1} + \bar{L}\Sigma^{-1})^{-1})\}_{l=1}^{L}$，其中 $\bar{L}$ 为当前至少出现过一次的区制状态总数。

Σ：以逆 Wishart 分布抽取 $\Sigma = Inv - Wishart(m_0 + \bar{L}, S_0 + \Sigma_{l=1}^{\bar{L}}(\beta_l - \mu)(\beta_l - \mu)')$。

（5）将步骤（1）至步骤（4）迭代（$M_0 + M_1$）次，前 M_0 次为预烧期，预烧期过后结果将达到稳定。再继续迭代 M_1 次该 MCMC 过程以统计后验结果，其中以 $t = 1, \cdots, T$ 时点滞后项 y_{t-1} 的系数，即 β_t 的后验估计。

以上 Gibbs 估计算法的过程与刘洋和陈守东（2016）相近，只是式（5）中所表述的 IMS - ADF 模型与刘洋和陈守东（2016）的因果关系的变量关系不同。与 Shi 和 Song（2014）相比，本文在式（5）中简化了其扰动项方差的先验假设，降低了随机过程假设在波动上的自由度，增强了式（5）拟合包括 β 在内的滞后项系数结构的能力。与刘洋和陈守东（2016）相同，本文在实证中采用的预烧期 M_0 均为 10000 次，M_1 均为 50000 次，具体的算法过程以 GNU C + + 编程实现，矩阵运算部分引用了著名的 lapack 与 blas 标准运算库，以确保计算的准确性。

三、房价泡沫的实证研究

本文选取国家统计局网站公布的我国 70 个大中城市新建住宅价格的同比增长率数据，作为房价同比增长率数据。二手住宅租金回报率数据来源于中原地产数据。在本文选取的 2005M7 ~ 2016M5 时间段，我国主要大中城市的房价经历过三轮快速增长阶段，2008 年前夕，2010 年前后与 2015 年至今。众多城市之间，经济增长水平和经济发展结构不同，房价动态也不相同。首先，通过 Dickey 和 Fuller（1981）与 Saõèd 和 Dickey（1984）的 ADF 单位根检验方法，对大中城市的房价泡沫进行平稳性检验。如表 1 所示，重点选出 16 个具有代表性城市的检验结果，进行对比分析。计量结果显示，虽然以深圳为代表的北上广深一线城市，2015 年至今出现了房价快速上涨的情况，但从 ADF 单位根检验结果上看，这些城市房价泡沫依然平稳，拒绝单位根过程的概率都超过了 99% 的水平。而包括合肥、南京、厦门在内的近期房价上涨较快的二线城市，无法通过 5% 显著性水平下的平稳性检验。2010 年前后，经历过房价快速上涨的海口，在 ADF 检验下得到拒绝单位根假设，肯定其平稳性的检验结果。经历过房价相对较快上涨的杭州、贵阳、宁波、大连等城市，其 ADF 平稳性检验结果不同。相比之下，2005 年以来房价上涨相对温和的武汉、长春、哈尔滨、昆明等城市中，多数可通过 ADF 检验证明其平稳性。

表 1　部分大中城市新建住宅价格同比增长率数据的 ADF 检验结果

城市	时间段	滞后阶	ADF 值	标准差	T 统计量	P 值	平稳性(5%)
北京	2005M7～2016M5	4	-0.070613	0.013791	-5.120342	0.0000	是
上海	2005M7～2016M5	3	-0.049468	0.010118	-4.888973	0.0000	是
广州	2005M7～2016M5	2	-0.062411	0.013054	-4.780972	0.0001	是
深圳	2005M7～2016M5	1	-0.043908	0.012122	-3.622022	0.0066	是
合肥	2005M7～2016M5	1	-0.046693	0.021594	-2.162289	0.2212	否
南京	2005M7～2016M5	2	-0.054616	0.021546	-2.534851	0.1097	否
厦门	2005M7～2016M5	3	-0.060844	0.021573	-2.820421	0.0582	否
海口	2005M7～2016M5	1	-0.051114	0.016356	-3.125105	0.0272	是
杭州	2005M7～2016M5	2	-0.066321	0.020003	-3.315529	0.0162	是
贵阳	2005M7～2016M5	1	-0.049343	0.025325	-1.948356	0.3094	否
宁波	2005M7～2016M5	4	-0.055242	0.016717	-3.304611	0.0167	是
大连	2005M7～2016M5	2	-0.050405	0.021202	-2.377338	0.1502	否
武汉	2005M7～2016M5	4	-0.079293	0.017877	-4.435558	0.0004	是
长春	2005M7～2016M5	5	-0.075518	0.019915	-3.792053	0.0039	是
哈尔滨	2005M7～2016M5	4	-0.085898	0.022435	-3.828766	0.0034	是
昆明	2005M7～2016M5	1	-0.057843	0.023151	-2.498555	0.1182	否

注：滞后阶基于 SIC 信息准则确定。

我国大中城市房价，多半经历过至少两三次短期快速增长的阶段，同时在2008年以后，多次推出了房地产调控政策，房价增长率数据存在结构性变化的可能性很大。张建华和涂涛涛（2007）的研究认为，忽视时间序列数据结构变化的ADF检验，随着结构变化程度的增大，不考虑结构变化而进行常规单位根检验得出“伪检验”的可能性也会增大。因此，本文以支持结构性变化的贝叶斯非参数的IMS－ADF检验方法，对可预期破灭的房价泡沫进行检验，其中重点16城的检验结果如图1所示。

IMS－ADF方法的检验结果，多数与ADF一致，并在海口、杭州、宁波、大连与哈尔滨的检验结果上相悖。对于2015年至今出现了房价快速上涨的北上广深等一线城市，IMS－ADF检验结果与ADF一致，泡沫依然平稳。合肥、南京、厦门等这轮房价快速上涨的二线城市，出现了预期破裂泡沫的概率大于50%的情况，说明这些城市的房价已出现预期破裂的泡沫现象，值得高度重视，应采取有针对性的政策，避免房价泡沫快速集聚，走向破裂而被动清理。

四、房价动态对经济增长率的影响

本文进一步利用刘洋和陈守东（2016）的时变因果关系检验方法，对房价与工业增加值的因果关系进行时变度量，计量结果如图2所示。其中，实线代表大中城市的新建住宅价格的同比增长率数据，虚线部分是以刘洋和陈守东（2016）方法估计的房价动态对工业增加值累计同比增长率的影响系数。

对于经济实力较强的一线城市，房价对经济增长率的影响较小，特别是2013年以后，北上广深的经济增长率几乎完全与房价一致。相比之下，以武汉、长春、哈尔滨与昆明为代表的，房价动态相对温和的城市，房价对工业增加值的影响系数始终大于0，保持着持续的关系。对于曾经经历过房价泡沫破灭风险的杭州、贵阳、宁波等城市来说，房价对工业增加值的影响作用几乎都在房价增长率下降的时期，这种非对称的影响关系存在于房价泡沫的消化阶段。

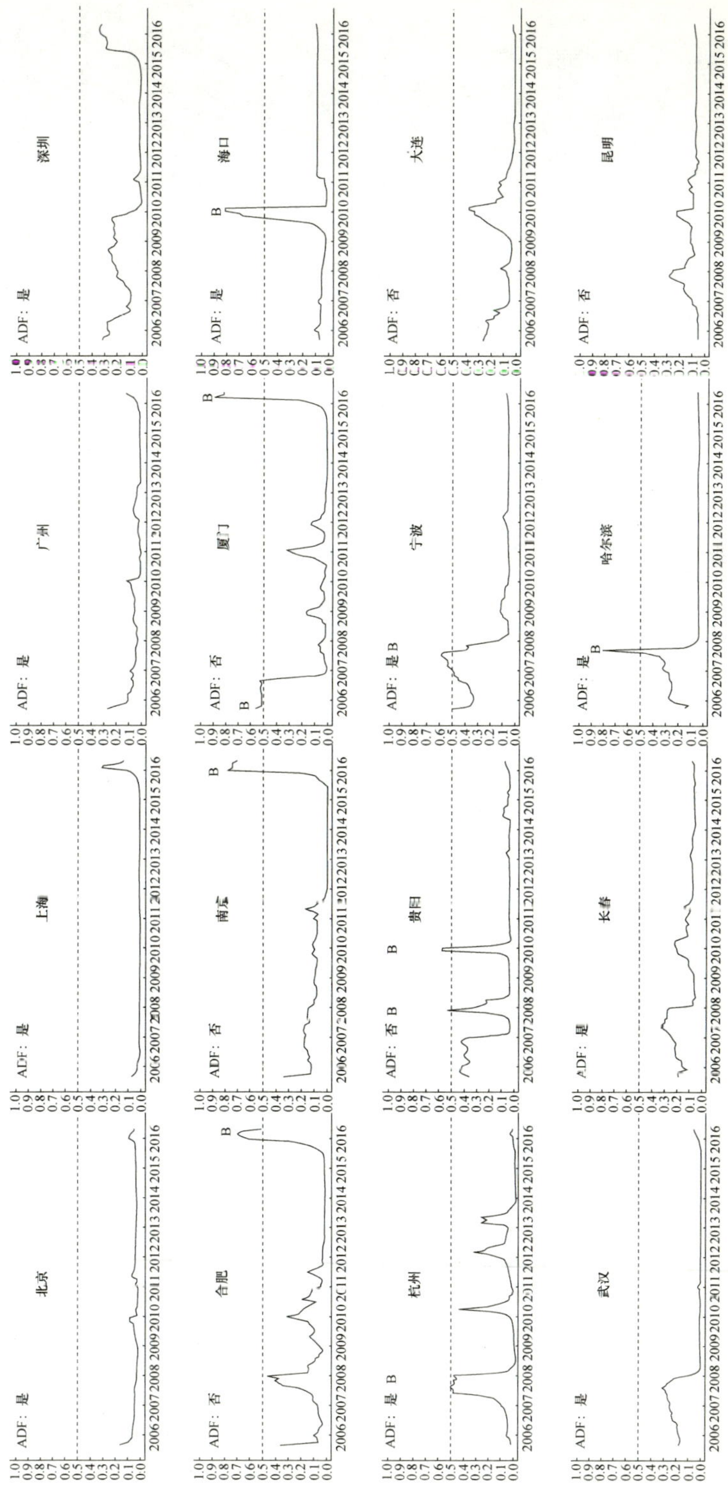

图1 预期破灭泡沫的存在概率

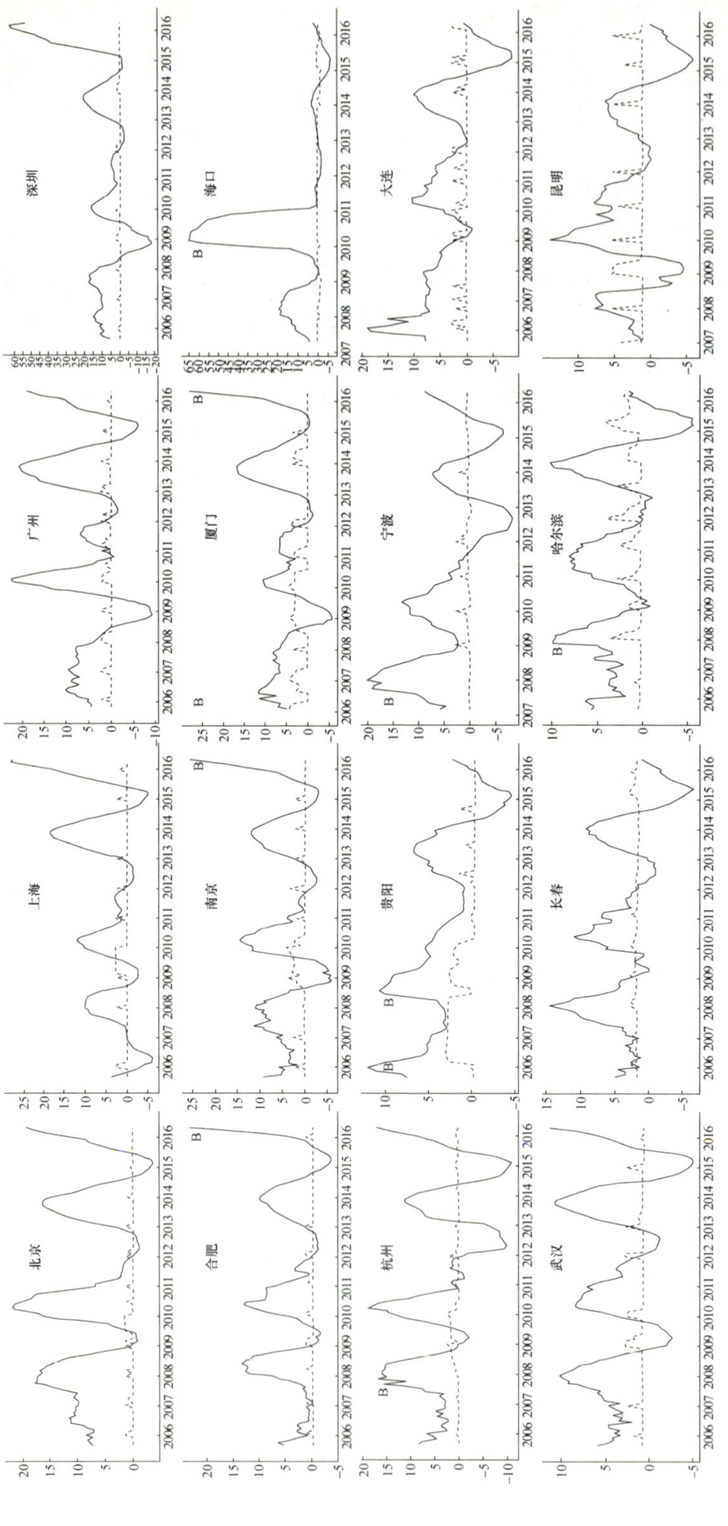

图2　房价动态及其对经济增长率的影响系数

五、结论

资产价格泡沫引发对信贷泡沫的担忧，放任其发展而事后清理泡沫破灭后果的做法，将付出巨大的成本。应该结合有针对性的信贷调控政策，对房价泡沫加以关注，对信贷泡沫提前管理。传统 ADF 检验方法，在处理带有结构变化的时间序列数据时存在不足。本文提出贝叶斯非参数的 IMS - ADF 检验方法，可以解决其不足并给出时变估计的概率度量方法，用于房价泡沫的间接检验方法，对我国主要大中城市的房价泡沫进行实证分析。结果表明，一线城市的泡沫不存在破灭风险，且经济增长也已摆脱房价的影响。部分二线城市的泡沫存在破灭风险，逆周期性的宏观审慎管理有针对性地抑制房价泡沫，增加银行抵御风险的能力，避免在消化泡沫的过程中房价动态对经济增长的非对称影响。部分房价增长率相对稳定的二线和三线城市，房价对经济增长依然具有持续的影响关系，房地产有稳定经济增长的作用，因而房价泡沫的管控还需要采取差异化的调控政策。

参考文献

[1] Beal M. J., Ghahramani, Z., Rasmussen, C. E. The infinite hidden Markov model [J]. Advances in Neural Information Processing Systems, 2002 (14): 577 - 584.

[2] Chib S. Calculating posterior distributions and modal estimates in Markov mixture models [J]. Journal of Econometrics, 1996 (75): 79 - 97.

[3] Dickey, D. A. and Fuller, W. A. Likelihood ratio statistics for autoregressive time series with a unit root [J]. Econometrica, 1981 (49): 1057 - 1072.

[4] Diba, B. T. and Grossman, H. I. Explosive rational bubbles in stock prices? [J]. American Economic Review, 1988 (78): 520 - 530.

[5] Evans, G. Pitfalls in Testing for Explosive Bubbles in Asset Prices [J]. American Economic Review, 1991 (81): 922 - 930.

[6] Fox E., Sudderth E., Jordan, M. and Willsky, A. A sticky HDP - HMM with application to speaker diarization [J]. Annals of Applied Statistics, 2011 (5): 1020 - 1056.

[7] Flood, R. P. and Garber, P. M. Market fundamentals versus price level bubbles: the first tests [J]. Journal of Political Economy, 1980 (88): 745 - 770.

[8] Flood, R. P., Garber, P. M. and Scott, L. O. Multi - country tests for price level

bubbles [J]. Journal of Economic Dynamics and Control, 1984 (8): 329-340.

[9] Gurkaynak, R. S., Econometric Tests of Asset Price Bubbles: Taking Stock [J]. Journal of Economic Surveys, 2008 (22): 166-186.

[10] Giavazzi, F. and F. Mishkin. An Evaluation of Swedish Monetary Policy Between 1995 and 2005 [R]. 2006.

[11] Hall, S., Z. Psaradakis, M. Sola. DetectingPeriodically Collapsing Bubbles: A Markov-Switching Unit Root Test [J]. Journal of Applied Econometrics, 1999 (14): 143-154.

[12] Hamilton J. D. A New Approach to the Economic Analysis of Nonstationary Time Series and the Business Cycle [J]. Econometrica, 1989, 57 (2): 357-384.

[13] Hamilton J. D. Analysis of time series subject to changes in regime [J]. Journal of Econometrics, 1990 (45): 39-70.

[14] Ishwaran, H. and L. James. Gibbs Sampling Methods for Stick-Breaking Priors [J]. Journal of the American Statistical Association, 2001 (96): 161-173.

[15] Kim C. J., C. R. Nelson. State-space models with regime switching [M]. Cambridge, Mass: MIT Press, 1999.

[16] Mishkin, Frederic S. Monetary Policy Strategy: Lessons From the Crisis [J]. Marek Jarocinski, 2011 (1): 67-118.

[17] Saõèd, S. E. and Dickey, D. A. Testing for unit roots in autoregressive-moving average models of unknown order [J]. Biometrika, 1984 (7): 599-607.

[18] Shi S., Song Y. Identifying Speculative Bubbles Using an Infinite Hidden Markov Model [J]. Journal of Financial Econometrics, 2014, 8 (18): 1-26.

[19] Teh Y. W., Jordan M. I., Beal M. J. Blei D. M. Hierarchical Dirichlet processes [J]. Journal of the American Statistical Association, 2006 (101): 1566-1581.

[20] 刘洋，陈守东．混合分层结构 Gibbs 算法与时变因果关系检验及应用 [J]. 数理统计与管理，2016 (2).

[21] 栾惠德．带有结构突变的单位根检验 [J]. 数量经济技术经济研究，2007 (3).

[22] 张建华，涂涛涛．结构突变时间序列单位根的“伪检验” [J]. 数量经济技术经济研究，2007 (3).

动态利率期限结构模型因子变换及其应用

帅昭文[1] 沈根祥[1,2]
（1. 上海财经大学经济学院，上海 200433；
2. 上海财经大学数理经济学教育部重点实验室，上海 200433）

一、引言

利率期限结构是指不同期限无风险零息债券到期收益率与期限之间的函数关系，对应的图形称为收益率曲线。利率期限结构反映了投资者对利率未来走向的预期，具有丰富的信息，是中央银行货币政策的重要参考。中央银行通过公开市场操作影响收益率曲线的短端，引导市场对未来形成正确预期，经利率传导机制影响长期利率，达到调控消费和投资的目的。利率期限结构模型分为静态模型和动态模型。静态模型的研究重点在于用市场交易债券收益率尽可能合理地拟合整条收益率曲线，得出所有期限对应的收益率，其中以 Nelson 和 Siegel 构造的四参数利率期限结构模型（以下简称 N－S 模型）及其推广最为常用。静态模型没有刻画出收益率曲线随时间变化的动态规律，不能对收益率进行预测。此后人们提出动态利率期限结构模型，将收益率表示为因子的线性函数，用向量自回归模型描述因子的动态变化，将收益率和因子的关系表示为状态空间模型来刻画收益率

［作者简介］帅昭文，男，1989 年 2 月生，上海财经大学经济学院在读博士生；沈根祥，男，1954 年 6 月生，经济学博士，上海财经大学教授，博士生导师。

的动态变化，通过卡尔曼滤波对模型参数进行极大似然估计。Duffie 和 Kan 提出了仿射模型利率期限结构模型，用仿射扩散过程刻画因子动态变化，通过无套利分析得出债券价格的解析解。仿射模型过于复杂导致实际应用不理想。借助 N - S 模型对收益率曲线拟合的良好表现，Diebold 和 Li 将 N - S模型推广到动态模型，提出了动态 Nelson - Siegel 模型（以下简称 DNS 模型）。DNS 模型将债券到期收益率表示为水平、斜率和曲率三个因子的线性函数，将因子载荷约束为 N - S 模型的形式，能够充分捕捉收益率曲线的动态变化，具有较好的预测效果。

国内学者的利率期限结构研究大多为实证分析。胡海鹏和方兆本改进了平滑样条模型，对中国国债期限结构进行静态估计。周子康等针对中国国债市场的实际情况提出了 NSM 模型，余文龙和王安兴运用 DNS 模型对银行间国债期限结构进行了实证分析。沈根祥运用动态 Nelson - Siegel 模型对预期理论进行了检验，研究了货币政策对利率期限结构的影响，沈根祥和陈映洲构建双斜率因子 DNS 模型，提高了模型样本内拟合和样本外预测能力。谈正达和霍良安利用无套利三因子 AFNS 模型对我国上海交易所国债利率期限结构进行了实证研究，鲍杰和葛静采用最小卡方估计方法研究了高斯仿射利率模型的参数识别和估计问题。石柱鲜等和李宏瑾等研究了利率期限结构和宏观经济的互相影响。

以拟合收益率曲线为目的的动态利率期限结构模型均采用状态空间模型，观测方程用因子的线性函数和测量误差表示收益率，因子载荷是债券期限的函数，转移方程用于描述因子动态变化，采用一阶向量自回归模型保证模型的马尔科夫性。但这样的模型设定有两个缺陷：第一个缺陷是因子意义不明确，因子包含的信息重叠。例如，应用最为广泛的 DNS 模型中的水平、斜率和曲度因子中，水平因子对应长期利率，而斜率因子对应的是长短期利差，曲度因子则没有明显的经济意义。第二个缺陷是转移方程中不同因子冲击项相关，不满足正交条件，脉冲响应分析中冲击项的意义难以界定，无法剥离不同冲击项对利率期限结构的影响。Lengwiler 和 Lenz 将三因子动态利率期限结构模型观测方程中的因子载荷设定为特殊形式，使因子具有明确的经济含义，同时对因子实施线性变换使变换后的因子冲击项相互正交，克服了现有模型的缺陷。但在 Lengwiler 和 Lenz 模型中采用 VAR（p）描述因子的动态变化，为充分捕捉因子相关性，滞后阶数 p 需要取较大的值，导致模型参数过多而识别不足，尽管可采用两步估计法使问题得到缓解，但 p 却无法确定。

本文采用向量自回归移动平均模型 VARMA（1，1）代替 VAR（p）模型作为动态利率期限结构模型中的转移方程，在保持模型拟合能力的前提下使模型参数大为减少。将 VARMA（1，1）转换为更高维度 VAR（1）后，动态因子模型仍然具有状态空间模型的标准形式，可以采用卡尔曼滤波构造似然函数进行极大似然估计。因子可解释性及其冲击项正交性要求模型参数满足复杂的约束条件，增加了模型估计的难度，本文采用 Lengwiler 和 Lenz 提出的内外双层优化方法，循环采用最小二乘法和基于卡尔曼滤波的似然方法估计模型参数。基于 2006 年 1 月 ~2014 年 12 月日收益率数据，本文对中国债券市场利率期限结构进行了实证分析，分析结果表明，模型对样本数据具有较好拟合效果，能够准确反映典型经济事实。模型的脉冲响应分析表明，短期利率冲击对长期利率和中期利率的影响较弱，利率在市场上的传导并不顺畅，但中期利率冲击对长期利率有持续而显著的影响。收益率曲线方差分解进一步表明，中期因子对收益率曲线具有核心作用，通过影响中期因子来影响整条收益率曲线更具有效性。本文实证结果对处于利率市场化中的中国货币政策工具选择和实施具有参考意义。

二、动态利率期限结构模型设定

本文设定一种特殊的动态利率期限结构模型，在使模型因子具有清晰经济学含义的同时，保证了因子冲击项的相互正交。

（一）基本模型设定

本文仍然采用动态因子模型作为利率期限的基本模型。设 $y_t(\tau)$ 为时刻 t 期限为τ的零息票无风险债券的到期收益率，F_{it}，$i=1, 2, \cdots, m$ 为影响收益率的因子，$F_t=(F_{1t}, F_{2t}, \cdots, F_{mt})'$ 为因子向量，$\omega_1(\tau)$，$\omega_2(\tau)$，$\cdots$，$\omega_m(\tau)$ 为 $y_t(\tau)$ 的因子载荷，$\omega(\tau)=(\omega_1(\tau), \omega_2(\tau), \cdots, \omega_m(\tau))'$ 为载荷向量。动态利率期限模型用状态空间模型描述收益率和因子的关系以及因子的动态变化，观测方程将收益率表示为因子的线性函数和观测误差之和，转移方程则采用一阶向量自回归模型 VAR（1）刻画因子动态变化。考虑到 VAR（1）模型未必能充分捕捉因子的自相关性，Lengwiler 和

Lenz 采用 VAR（p）作为因子转移方程，依据文献实证结果将因子个数 m 设定为3，得出三因子动态模型：

$$y_t(\tau)=\omega(\tau)F_t+\varepsilon_t(\tau)$$

$$F_t=c+\Phi_1F_{t-1}+\Phi_2F_{t-2}+\cdots+\Phi_pF_{t-p}+v_t \tag{1}$$

式中，$F_t=(F_{1t},\ F_{2t},\ F_{3t})'$和$\omega(\tau)=(\omega_1(\tau),\ \omega_2(\tau),\ \omega_3(\tau))'$为因子和因子载荷向量，$\varepsilon_t(\tau)$为测量误差，独立同分布$N(0,\ \sigma_\tau^2)$，$\sigma_\tau^2$为误差项$\varepsilon_t(\tau)$方差。c 为常数向量，$\Phi_i$，$i=1,2,\cdots,p$为$3\times3$自回归系数矩阵，$v_t\sim i.i.N[0,\ \Omega]$为转移方程误差向量，服从正态分布，$\Sigma_v=Var(v_t)$为分布协方差矩阵。为使因子变换之后具有明确的经济含义，将因子载荷定义为如下形式：

$$\omega_i(\tau)=\begin{cases}-\dfrac{1-\alpha_i^{\tau}}{\tau},\ \tau>0\\ \ln\alpha_i,\ \tau=0\end{cases},\ 0<\alpha_i<1,\ i=1,2,3 \tag{2}$$

为了因子和载荷的可识别性，将第一个载荷标准化为1，即$\omega_1(\tau)=1$。

（二）因子变换、可解释性和正交性

动态因子模型中的因子不具有唯一性，为使因子具有明确的经济意义而可以解释，对模型实施线性变换。设变换矩阵为 B，变换后因子为$H_t=(H_{1t},\ H_{2t},\ H_{3t})'$，变换后的因子载荷为$\theta(\tau)=(\theta_1(\tau),\ \theta_2(\tau),\ \theta_3(\tau))'$，即$H_t=BF_t$，$\theta(\tau)=\omega(\tau)B^{-1}$。注意到：

$$\omega(\tau)F_t=[\omega(\tau)B](B^{-1}F_t)=\theta(\tau)H_t$$

$$B\Phi_sF_{t-s}=(B\Phi_sB^{-1})(BF_{t-s})=D_sH_{t-s},\ s=1,2,\cdots,p \tag{3}$$

变换后的模型为：

$$y_t(\tau)=\theta(\tau)H_t+\varepsilon_t(\tau)$$

$$H_t=D_0+D_1H_{t-1}+D_2H_{t-2}+\cdots+D_pH_{t-p}+u_t \tag{4}$$

式中，$D_0=Bc$，$D_s=B\Phi_sB^{-1}$，$u_t=Bv_t$。

（1）因子可解释性约束。为使变换后模型中的因子具有可解释性，对因子载荷进行如下约束：

$$\lim_{\tau\to0}\theta_1(\tau)=0,\ \lim_{\tau\to0}\theta_2(\tau)=1,\ \lim_{\tau\to0}\theta_3(\tau)=0$$

$$\lim_{\tau\to\infty}\theta_1(\tau)=1,\ \lim_{\tau\to\infty}\theta_2(\tau)=0,\ \lim_{\tau\to\infty}\theta_3(\tau)=0 \tag{5}$$

约束条件（5）表明，除了随机扰动项 ε 外，长期利率 y_t（∞）只受第一个因子 H_{1t}的影响，短期利率 y_t（0）则只受第二个因子 H_{2t}的影响。由此，可以直接把 H_{1t} 和 H_{2t} 解释为长期利率因子和短期利率因子。

为找到条件（4）成立时变换矩阵 B 满足的约束条件，由式（1）和式（2）得出：

$$\lim_{\tau\to 0}E[y_t(\tau)\mid F_t]=[1\quad \ln\alpha_2\quad \ln\alpha_3]F_t$$
$$\lim_{\tau\to \infty}E[y_t(\tau)\mid F_t]=[1\quad 0\quad 0]F_t \tag{6}$$

变换后的模型则满足：

$$\lim_{\tau\to 0}E[y_t(\tau)\mid H_t]=[0\quad 1\quad 0]H_t$$
$$\lim_{\tau\to \infty}E[y_t(\tau)\mid II_t]=[1\quad 0\quad 0]H_t \tag{7}$$

得出矩阵 B 满足的约束并计算出 B：

$$\begin{bmatrix}1&0&0\\0&1&0\end{bmatrix}B=\begin{bmatrix}1&0&0\\0&l\alpha_2&\ln\alpha_3\end{bmatrix}\Rightarrow B=\begin{bmatrix}1&0&0\\1&\ln\alpha_2&\ln\alpha_3\\\beta_1&\beta_2&\beta_3\end{bmatrix} \tag{8}$$

β_1，β_2，β_3 为自由参数，$H_{3t}=\beta_1F_{1t}+\beta_2F_{2t}+\beta_3F_{3t}$。为使 H_{3t} 具有明确的含义，需要对参数 β_1，β_2，β_3 进行约束。参照 Diebold 等的三因子动态利率期限结构模型，将 H_{3t} 设定为曲度因子，不影响收益率曲线的短端（$\tau\to 0$）和长端（$\tau\to\infty$），但影响中端。从约束（5）可以得出，$\lim_{\tau\to 0}\theta_3(\tau)=0$，$\lim_{\tau\to\infty}\theta_3(\tau)=0$，为使 H_{3t} 具备曲度因子特征，只需要选择 β_1，β_2，β_3 使 $\theta_3(\tau)$ 在某个期限 τ^* 处的值达到最大，并把最大自标准化为 1，由此得出：

$$\max_{\tau}\mid\theta_3(\tau)\mid=1\Rightarrow\frac{\ln\alpha_3-\ln\alpha_2+\alpha_3^{\tau^*}\ln\alpha_2-\alpha_2^{\tau^*}\ln\alpha_3}{\tau^*(\beta_2\ln\alpha_2-\beta_3\ln\alpha_3)}=1 \tag{9}$$

约束（5）和约束（9）使收益率因子表达的第三部分 $\theta_3(\tau)H_{3t}$ 形成开口向下的凹形曲线，决定着收益率曲线的中端形状，而 II_{3t} 便可解释为曲度因子。

（2）因子冲击的独立性约束。动态因子利率期限结构模型常用 VAR 刻画因子的动态变化，但并不要求因子冲击项互不相关，给因子冲击的解释和脉冲响应分析带来困难。以最为常用的 DNS 模型为例，当假设水平因子有一个冲击时，由于和斜率因子冲击和曲度因子冲击不正交，很难界定清楚冲击的具体含义。实施因子变换时对变换矩阵 B 施加约束，可以使变换后因子模型中因子冲击项正交（互不相关）。根据式（4）和式（8）可知，变换后因子冲击项 u_t 的协方差矩阵 Σ_u 与变换前因冲击项 v_t 协方差矩阵子变换矩阵 Σ_v 有如下关系：

$$\Sigma_u = Var(Bv_t) = B\Sigma_v B' = \begin{bmatrix} \Sigma_{11} & z'\Sigma_1 & \beta'\Sigma_1 \\ z'\Sigma_1 & z'\Sigma_v z & \beta'\Sigma_v z \\ \beta'\Sigma_1 & \beta'\Sigma_v z & \beta'\Sigma_v\beta \end{bmatrix}$$

式中，$\beta = (\beta_1 \quad \beta_2 \quad \beta_3)'$，$z = (1 \quad \ln\alpha_2 \quad \ln\alpha_3)'$，$\Sigma_1$ 为 Σ_v 的第一列形成的向量，Σ_{11} 是 Σ_v 第一行第一列位置上的元素。

因子冲击项 u_t 各分量互不相关，要求协方差矩阵 Σ_u 为对角阵，由此得出约束条件：

$$z'\Sigma_1 = 0 \tag{10}$$

$$\beta'\Sigma_1 = 0 \tag{11}$$

$$\beta'\Sigma_v z = 0 \tag{12}$$

式（10）是关于 α_2，α_3 的约束，与 β 无关，式（11）是关于 β 的约束，与 α_2，α_3 无关，式（12）同时对 α_2，α_3 和 β 施加约束。

具有可解释性和正交性因子的动态利率期限结构模型共有五个结构化参数 α_2，α_3 和 β_1，β_2，β_3，结构参数需要满足的约束条件为式（9）~（20）。需要估计的参数还包括观测方程误差项方差 σ_τ^2 和转移方程中的常数项 c、自回归系数矩阵 Φ_i（i = 1，2，…，p）和冲击项协方差矩阵 Σ_v。

（三）具有 VARMA（1，1）结构的转移方程

为保证充分反映因子自相关性，动态模型的转移方程采用向量自回归形式。但 VAR 模型作为转移方程来描述因子动态变化存在两个缺陷：一是由于估计方法复杂，模型的滞后阶数 p 难以确定，往往不同样本区间所选择的 p 值都不相同，从而会消耗大量时间在选阶问题上；二是当滞后阶数 p 较大时，模型中需要估计的自回归系数多达 $3^2 \times p$ 个，消耗大量样本，而且参数估计局部最优解的概率会大大增加。① 例如，Lengwiler 和 Lenz 对其所选样本区间内美国收益率数据建立的模型中，最终选阶 p = 21，仅需要估计的自回归系数就多达 189 个，给回归模型的估计带来困难。

减少自回归模型滞后阶数的有效方法是引入移动项，采用自回归移动平均模型作为因子的动态模型。本文对 Lengwiler 和 Lenz 的模型进行改进，采用 VARMA（1，1）作为因子动态转移方程。改进后的利率期限结构模

---

① 作者建立了 VAR（1）和 VAR（2）模型，最终模型的拟合效果比 VARMA（1，1）要差，而三阶以上的 VAR 在估计中出现了多个解的情况。

型为：

$$y_t(\tau)=\omega(\tau)F_t+\varepsilon_t(\tau)$$
$$F_t=c+\Phi_1F_{t-1}+\Psi_1v_{t-1}+v_t \quad (13)$$

Ψ_1 为 3×3 矩阵，其余符号与（1）、（2）中相同。（13）中转移方程的回归系数矩阵只有 Φ_1 和 Ψ_1，包含待估计参数大为减少。

VARMA（1，1）模型对因子动态的刻画能力类似于 VAR（p）模型：从模型（1）中因子的 VAR（p）模型可以得出：

$$v_{t-1}=F_{t-1}-c-\Phi_1F_{t-2}-\cdots-\Phi_{t-p}F_{t-1-p}$$

v_{t-1}中包含了因子滞后值（F_{t-1}，…，F_{t-1-p}），加模型能够反映滞后值对当前值的影响。标准的状态空间模型的转移方程式均为一阶自回归 AR（1）形式，并据此采用卡尔曼滤波构造样本似然函数进行参数估计。为此需要将 VARMA（1，1）形式的转移方程转换为 VAR（1）形式，本文采用 Reinsel 的方法实施转换。

为得到有可解释性且冲击正交的因子模型，对（13）采用矩阵 B 实施变换（3）得出：

$$y_t(\tau)=\theta(\tau)H_t+\varepsilon_t(\tau)$$
$$H_t=D_0+D_1H_{t-1}+\Lambda_1u_{t-1}+u_t \quad (14)$$

式中，$D_0=Bc$，$D_1=B\Phi_1B^{-1}$，$\Lambda_1=B\Psi_1B^{-1}$，$u_t=Bv_t$。

（四）模型估计

动态因子利率期限结构模型是状态空间模型（State Space Model），一般用卡尔曼滤波后采用极大似然方法估计参数。为保证因子可解释性和冲击正交性，本文模型对参数施加了复杂的非线性约束，不能直接采用卡尔曼滤波和极大似然估计对参数进行推断。借鉴 Lengwiler 和 Lenz 的方法，本文采用格子点搜索（Grid Searching）和基于卡尔曼滤波极大似然估计相结合的“内外层双优化”迭代方法对模型参数进行估计。对 α_2 和 α_3 采用格子点搜索方法进行优化。用格子点将 α_2 和 α_3 定义域（0，1）等分。内层优化固定 α_3 的值，搜寻 α_2 的值，外层优化则根据上一轮内层优化得出的 α_2 的值再寻找 α_3 的值，反复迭代，找到最终的 α_2、α_3。

优化过程首先进行内层优化：给 α_3 一个格子点值并预给 α_2 一个格子点值，据此计算出观测方程（13）中的因子载荷 ω（τ）。用 t 日的即期收益率数据 y_t（τ_i）为因变量，以 ω（τ_i）为解释变量、F_t 作为回归系数对观测方程进行 OLS 估计，得出根据 F_t 的估计值 $\hat{F}_t$。以 $\hat{F}_t$ 为观测值数据估计式（13）中因子转移方程 VARMA（1，1）模型，得出参数估计 $\hat{c}$，$\hat{\Phi}_1$，$\hat{\Psi}_1$，$\hat{\Sigma}$。利用式（9）、式（11）和式（12）计算出 β_1，β_2，β_3 的值，并验证式（10）是否成立。如果式（10）不成立，调整 α_2 的值重新计算，直到式（10）成立。然后进行外层循环：给定内层优化得到的 α_2 值，对内层优化中的 α_3 给定值，式（13）中参数用估计值代替，用卡尔曼滤波滤出状态因子 $\hat{F}_t^{(K)}$，并与内层优化 OLS 估计的因子 $\hat{F}_t$ 比较，若差异大，重新给定 α_3 并重复上述过程，直到 $\hat{F}_t^{(K)}$ 和 $\hat{F}_t$ 近似相等。图 1 给出了优化方法的流程。

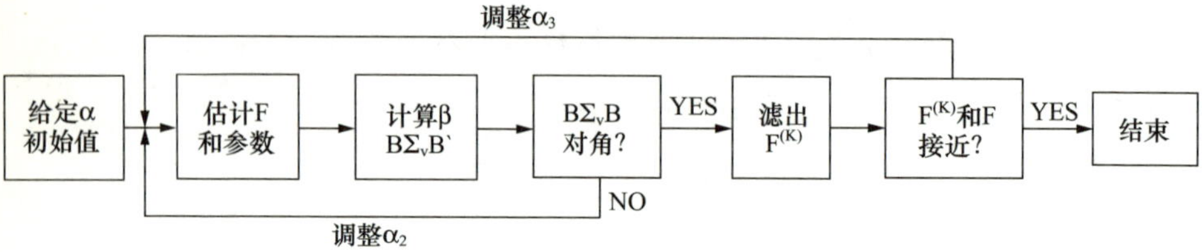

图 1 参数估计双优化流程

三、中国债券市场利率期限结构实证分析

基于债券市场国债交易数据，本节对我国国债利率期限结构的动态变化进行实证分析，考察本文模型能够捕捉各种冲击对收益率曲线影响。

（一）样本选取

实证样本采用 Wind 数据库基于银行间国债交易和交易所国债交易数据计算的 2006 年 1 月 4 日 ~ 2014 年 12 月 31 日收益率数据，样本容量为 2250。自 2006 年起，中央国债登记结算有限公司针对我国债市实际情况，采用 Hermite 多项式插值法对收益率曲线进行拟合，兼顾了收益率曲线的光滑性、灵活性和稳定性，得出的收益率数据更为精确和连贯。期限为 1 年、3 年、5 年、7 年和 10 年的国债是关键期限国债，发行频率最高，市场上交易债券的剩余期限大多在这些期限附近，1 ~ 10 年期的国债定价比其余国债定价更精确。本文选取1年、2年、…、10年等10个期限的国债收益率数据进行实证分析。稳健性检验表明，采用这些数据估计的模型具有稳健性。

图2是债券收益率时间序列图形。不同期限债券的收益率变化具有很强的趋同性，从2009年开始长短期利差突然增大，收率曲线陡峭，并一直维持到2010年底。2013年6月曾出现短期收益率超过长期收益率的情况。

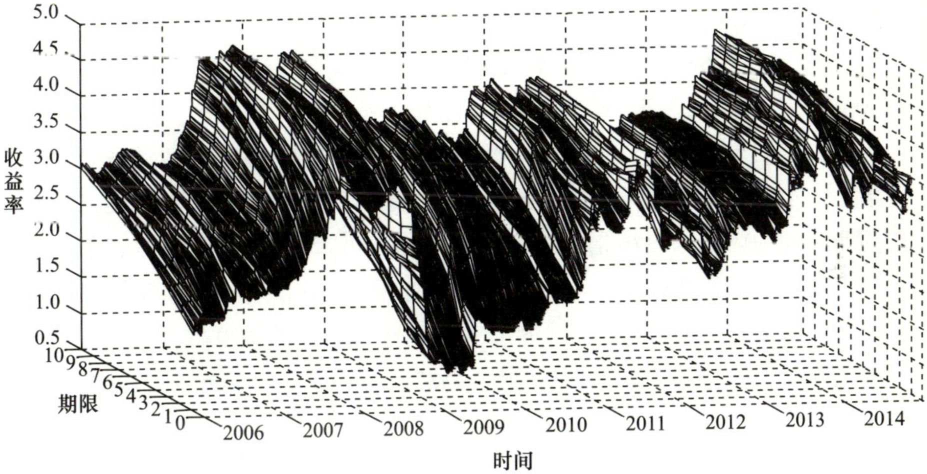

图2 债券收益率时序

（二）模型估计

（1）参数估计。参数估计依次采用OLS、卡尔曼滤波等方法进行内外双层优化。本文采用SAS®.4/IML编程进行有关计算，并调用Proc SSM进行卡尔曼滤波和极大似然估计。表1是主要参数的估计结果，其中$y_t(\tau)$、σ_u^{31}和$\lim_{\tau\to\infty}E[y_t(\tau)|H_t]=H_{1t}$；$\lim_{\tau\to 0}E[y_t(\tau)|H_t]=H_{2t}$为变换后因子冲击项u的协方差矩阵的非对角线元素。

表1 主要参数估计结果

因子载荷参数		因子变换参数			方差矩阵参数		
α_2	α_3	β_1	β_2	β_3	σ_u^{21}	σ_u^{31}	σ_u^{32}
0.4532	0.3208	0.9220	-0.4083	-0.4643	0.0012	5.0E-7	7.6E-7

由于采用的是内外双层格子点搜索优化算法，不能得出参数估计的标准误。考虑到模型的主要用途是拟合收益率曲线而不是因果分析，本文采用模型样本内拟合的均方标准误平方根 RMSE 对估计效果进行评价。从计算结果看 RMSE 为4.19个基点，最大拟合误差10.6个基点，参数估计比较理想。优化算法的目的之一是保证变换后冲击项协方差矩阵 Σ_u 为对角矩阵。优化结果表明，看的非对角线元素最小为 5×10^{-7}，最大为0.0012，十分接近0，从另一个方面表明参数估计结果比较理想。

为进一步说明模型对收益率的拟合效果，将本文模型与应用最为广泛的 Nelson - Siegel 模型进行比较，表2给出了基于均方误差平方根 RMSE 拟合效果比较结果。从表2看出，对期限2年以上的中长期债券收益率的拟合效果上，本文模型和 N - S 模型整体相差不大。考虑到对模型参数施加了复杂的非线性约束，比较结果表明模型对日收益率数据的拟合能力较强。在收益率曲线短端的拟合上，本文模型明显优于 N - S 模型，一年期国债收益率拟合的 RMSE 只有 N - S 模型的1/14。对模型施加的约束可以对其短端拟合效果较好给出解释：我国短期债券交易最为活跃，交易数据包含的信息量丰富，因子可解释性和冲击正交性约束保证了变换后的短期利率因子 H_{2t} 不再兼顾解释中长期利率的作用，增强了对短期利率的解释能力，而 N - S 模型和其他模型不具有这一特点。

表2 与 Nelson - Siege 模型拟合效果的比较

期限（年）		1	2	3	4	5	6	7	8	9	10
RMSE	本文	0.011	0.050	0.037	0.039	0.064	0.052	0.030	0.018	0.020	0.048
	N - S	0.148	0.033	0.061	0.055	0.056	0.046	0.031	0.025	0.014	0.031

（2）因子载荷。估计出模型参数和变换矩阵 B 的元素后，对初始因子载荷实施变换得出可解释因子对应的因子载荷。图3给出了不同期限对应的因子载荷值。图形显示，长期因子载荷随期限的增加递增，在5.5年处达到0.5，15年处达到0.8，意味着长期利率冲击主要影响收益率曲线的远端，同时对中端和近端也有一定影响。短期因子载荷随期限增加快速下降，在1年处的值已降至0.3，2年处的值降为0，表明短期利率冲击主要影响收益率曲线的近端（1年以内），用于描述货币市场利率。根据约束（9），中期

因子载荷最大值为1。从图3中看出，中期因子载荷随期限增加迅速增大，在2年期限处达到最大值后开始下降，对应期限为7年的载荷值为0.5，此后开始缓慢下降。由此看出，中期因子冲击通过对应的载荷对收益率曲线的中端产生影响。

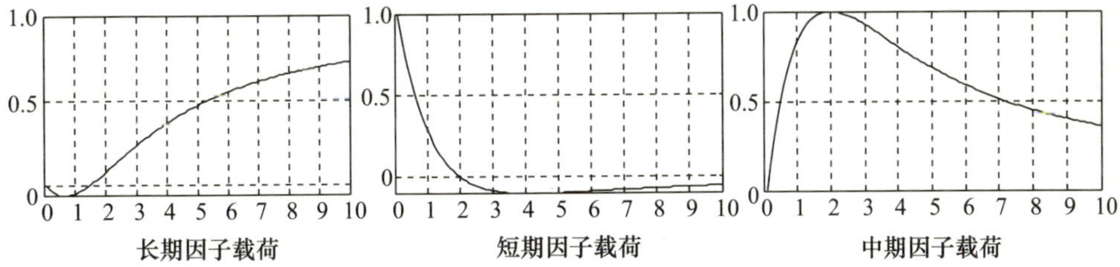

图3　可解释因子的载荷

可解释因子的因子载荷满足约束（5）和约束（9），保证了各因子信息的相对独立性，使不同因子的作用和经济意义更加突出和鲜明，表现出与Nelson - Siegel等动态因子模型中因子载荷显著的差异性。

（3）长期收益率及短期收益率。估计出参数后，可以用卡尔曼滤波求出因子的估计值并通过观测方程得出整条收益率曲线。收益率曲线对实际经济变化的刻画能力可以衡量模型的拟合效果。这里考察由收益曲线得到的长短期收益率及长短期收益率之差变化和实际经济的吻合程度。由式（7）得出：

$$\lim_{\tau\to\infty} E[y_t(\tau) \mid H_t] = H_{1t};\ \lim_{\tau\to 0} E[y_t(\tau) \mid H_t] = H_{2t}$$

变换后的长期因子H_{1t}和短期因子H_{2t}理论上可以作为长期收益率和短期收益率的代理变量。选择30年期国债收益率作为长期收益率，隔夜、1周、2周、1个月、3个月、6个月和1年的SHIBOR作为短期利率。经计算，H_{1t}与30年期国债收益率相关系数为0.9，与SHIBOR相关系数随期限缩短而减小，最大（和1年期SHIBOR）为0.24，最小（和隔夜SHIBOR）为0.08。H_{2t}则恰好相反，与30年期国债收益率相关系数为0.27，而与SHIBOR相关系数最大为0.85，最小为0.69。实证结果支持H_{1t}和H_{2t}为长期利率和短期利率代理变量的假设。

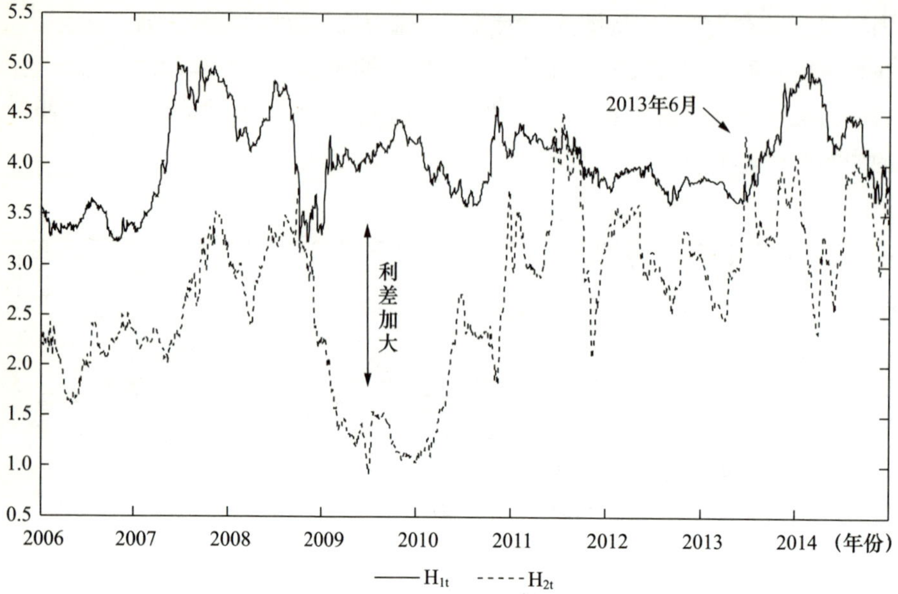

图4 长短期利差

图4是 H_{1t} 和 H_{2t} 样本期内时序，可以看出长期利率因子和短期利率因子很好地反映了2009年的利差变大和2013年“钱荒”导致的长短期利率“倒挂”，进一步表明模型能够准确捕捉实际经济的典型事实，具有合理性和适用性。

（4）模型的稳健性。通过采用不同的收益率数据和不同时间段样本估计结果的变化，可以检验模型的稳健性。采用即期收益率数据估计模型，估计结果几乎没有变化，α_2 和 α_3 的估计值分别为0.4533和0.3109，与采用到期收益率估计的结果（表1）十分接近。根据收益率数据特征将样本分为2009年前和2009年后两个时段，采用两个时段子样本分别对模型进行估计，估计结果没有显著变化。

（三）脉冲响应分析

通过脉冲响应分析能够细致、深入地了解各种冲击对收益率曲线的影响，分析货币政策对市场影响的途径和效果。这里给出三种因子冲击对不同因子的影响以及通过观测方程的传导对收益率曲线的影响，重点分析对收益率曲线的影响。

（1）因子脉冲响应分析。将参数估计值代入转移方程的 VARMA（1，1）模型并转换为 VMA（∞）后，得出因子脉冲函数。需要注意的是，因子可解释性约束保证因子的冲击项互不影响（正交），但因子之间仍然相互影响。因此，一个因子的冲击会影响到其他因子。图 5 是因子脉冲响应，横轴表示冲击持续的天数，纵轴为因子对冲击的反映。长期因子冲击除对自身产生影响外，对短期因子和中期因子也有影响，对自身的影响随时间衰减，在 300 天左右衰减为 0，对短期因子和中期因子的冲击先增大然后衰减，在 300 天左右达到最大。短期因子冲击只对自身产生影响且持续时间较短，对长期因子和中期因子没有影响。中期因子冲击对自身和短期因子产生影响，对长期因子影响较小，但具有一定的持续性。

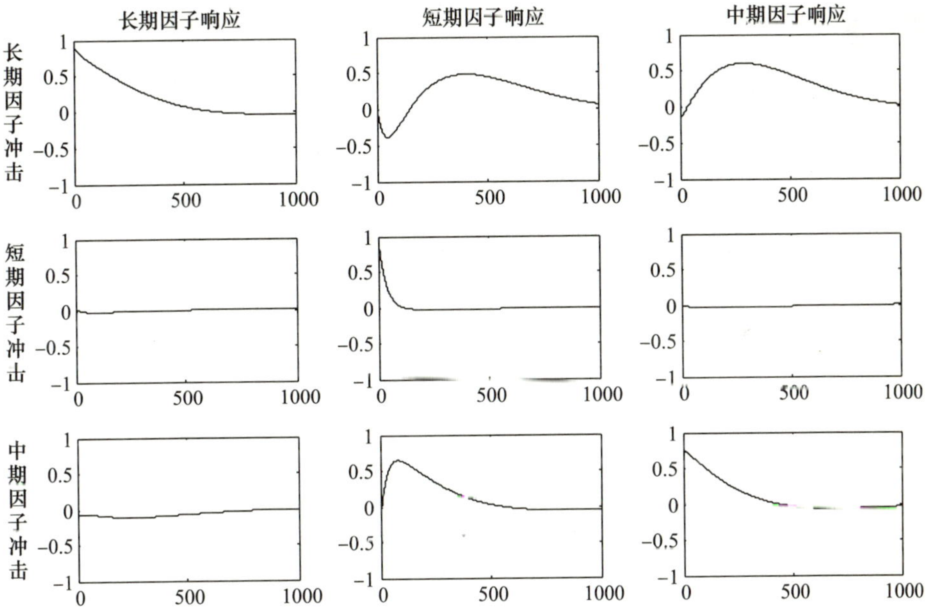

图 5　因子的脉冲响应

（2）收益率曲线脉冲响应分析。因子冲击对收益率曲线的影响是各因子影响的累加，冲击首先对因子产生影响，再通过观测方程将各因子的影响传导到收益率曲线。图 6 是收益率曲线脉冲响应，以 2014 年 12 月 31 日（各图最左边）收益率曲线为基准，给出因子一单位冲击后 1000 天内各因子的动态变化。可以看到与因子脉冲分析一样，长期因子冲击对整条收益率曲线都有影响，但影响的程度有差别：对远端影响大且持续时间长，对近端影响较小但持续时间较长，对中端的影响介于远端和近端之间；短期因子冲击只影响收益率曲线的近端且持续时间较短，冲击发生后30天的影响较为显著，30天后影响逐渐消失，对中端和远端没有影响。中期因子冲击对收益率曲线的影响与因子脉冲响应有很大的差别，呈现出鲜明特色：除对中端影响显著并持续较长时间外，对收益率曲线的远端也有较长时间（100天）的显著影响。收益率曲线的脉冲响应分析综合了因子冲击作用于长短中三个因子后通过观测方程对债券收益率的影响，能够更为全面和完整地反映因子冲击对利率期限结构的影响。

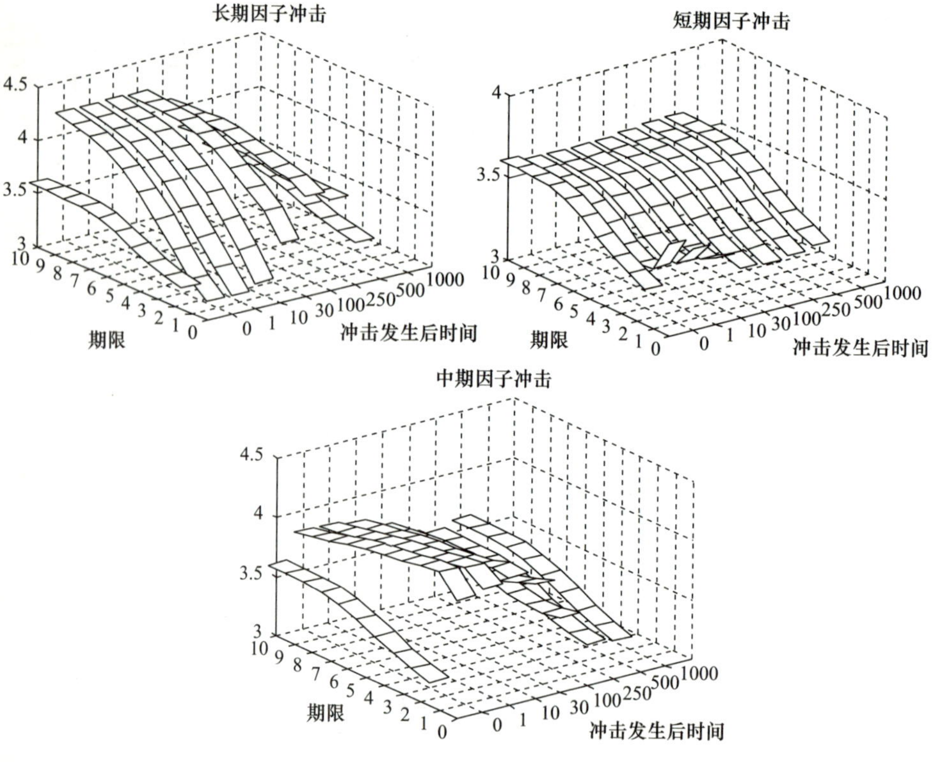

图6 收益率的脉冲响应

从收益率曲线脉冲响应分析结果可以看出我国货币政策在货币市场的传导并不顺畅，主要体现在短期因子冲击对收益率曲线的中端和远端几乎没有影响。在利率市场化的市场上，央行货币政策以价格工具为主，通过市场操作调控短期利率，市场通过投资者预期将短期利率变动传导到长期利率，影响消费和投资，实现对宏观经济的调控。脉冲响应分析中短期因子是短期利率的代理变量，短期因子冲击不能影响收益率曲线中端和远端意味着央行对短期利率的调控不能传导到长期利率，价格型货币政策工具不能有效影响宏观经济。脉冲响应分析结果显示的另一个结果，是中期因子冲击对收益率曲线的远端具有显著和持续的影响。如果将中期因子看作中期利率的代理变量，则表明中期利率变动可以顺利传导到长期利率。在利率市场化以及货币政策工具由数量型向价格型转化的过程中，短期利率传导不顺畅的市场条件将在一定时期内存在。为保证货币政策的有效性，央行可以直接对中期利率进行调控，通过收益率曲线由中端向远端传导，对长期利率产生影响。近两年央行创设的中期借贷便利（MLF）和抵押补充贷款（PSL）等工具正是这种调控手段的体现。

（四）收益率方差分解

对债券收益率进行方差分解，能更为细致地分析因子冲击对不同期限债券收益率波动的影响。因子冲击对收益率波动的影响体现在 $y_t(\tau)$ 方差中各因子方差和误差项方差的比例。由于观测误差和因子独立以及因子冲击相互独立，由式（14）观测方程得出：

$$\mathrm{Var}(y_t(\tau)) = \theta'(\tau)\mathrm{Var}(H_t)\theta(\tau) + \mathrm{Var}(\varepsilon_t(\tau)) \equiv v_1 + v_2 + v_3 + v_\varepsilon$$

v_i，$i=1$，2，3 和 v_ε 分别为三个因子和误差项方差。为求因子方差，将式（14）中转移方程的 VARMA（1，1）转化为 VMA（∞）形式并采取截尾后的 VMA（p）计算因子方差。由图 5 看出，因子脉冲的作用滞后期是 1000 期，此后的影响接近 0，此处取截尾阶数 $p=1000$。转移方程误差项 u_t 的方差协方差矩阵为对角阵，$\{u_t\}$ 为独立同分布序列。根据估计出的参数求出 VMA（1000）的系数以及 u_t 的协方差矩阵，据此计算各因子方差。

图 7 给出了不同期限收益率方差中各因子方差所占的比例，可以看出收益率方差随期限增加而减少，1 年期债券收益率的方差为 0.2，10 年期收益率方差下降到 0.09 左右。收益率方差成分中中期和长期因子的方差占绝大部分，收益率变动主要被中期和长期因子的变动所解释。1 年期收益率变动中 70.2% 被长期因子解释，20.8% 被长期因子解释，只有 9% 被短期因子解释。随着期限增加，中期因子解释部分逐渐增加，长期因子解释部分逐渐减少，10 年期收益率的变化中 82% 被中期期因子所解释，只有 14.3% 被长

期因子解释，短期因子的方差仅占3.7%。方差分解结果表明，长期因子和中期因子变动是各期限收益率变动的主要来源，中期因子对短期收益率和长期收益率的变动都具有很强的解释作用，进一步表明收益率曲线中端对整条收益率曲线的决定作用，也进一步表明通过中期利率调控实施货币政策的合理性和有效性。

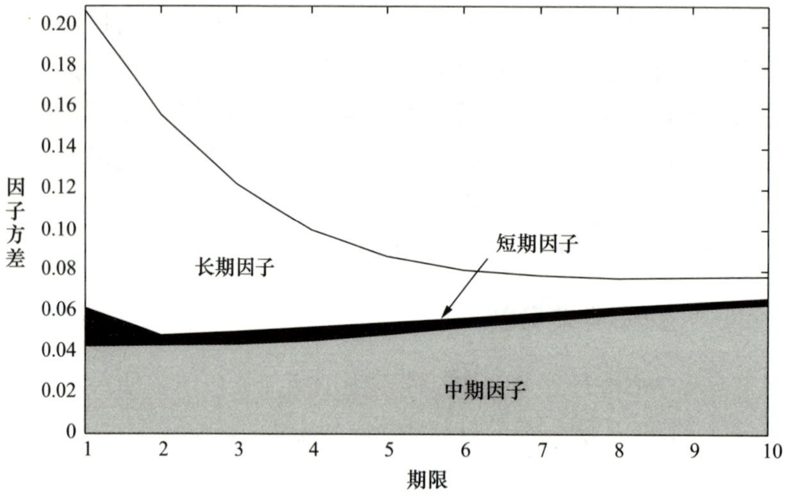

图7 收益率方差分解

四、结论与启示

分析货币政策对利率期限结构的影响是动态利率期限模型的功能之一。具有动态因子结构的状态空间模型是利率期限研究主要采用的模型，但因子的不可解释性导致因子的经济含义模糊，而冲击项存在的相关性使因子冲击包含的信息相互重叠，货币政策含义难以在模型中得到识别，妨碍了通过脉冲响应对货币政策传导效果的分析。本文基于 Lengwiler 和 Lenz 的研究，通过设定因子载荷的特定形式使因子具有明晰的经济含义，通过带约束的因子变换实现因子冲击项的正交性，保证了因子冲击的相互独立。为了克服参数过多和因子动态模型自回归阶数难以确定的缺陷，本文对 Lengwiler 和 Lenz 的模型进行改进，采用向量自回归移动平均模型取代高阶的向量自回归模型，在保持灵活性的前提下使参数大为减少。采用中国债券市场国债到期收益率数据的实证分析表明，改进后的模型具有较好的样本内拟合能力，能够捕捉实际经济中的典型事实。脉冲响应分析表明，短期利率脉冲对中期利率和长期利率没有影响，市场上的利率传导不顺畅，但中期利率脉冲会对长期利率产生持续的显著影响。现有市场条件下，央行可以创新货币政策工具（如中期借贷便利 MLF 等）直接调控中期利率来影响长期利率，提高价格型货币政策工具的有效性。收益率方差分析表明，中期因子是收益率曲线变动的主要来源，通过影响收益率曲线中段实施货币政策具有可行性。在我国利率市场化改革的进程中，货币政策工具正在实现从数量型向价格型的转变，本文的研究方法和结论对货币政策工具的创设及实施具有参考意义。

参考文献

[1] Piazzesi M. Affine Term Structure Models [A]. Sahalia A., Hansen L. P., Handbook of Financial Econometrics: Tools and Techniques [C]. Elsevier, 2010: 691 – 776.

[2] Nelson C., Siegel A. Parsimonious Modeling of Yield Curves [J]. Journal of Business, 1987, 60 (4): 473 – 489.

[3] Duffie D., Kan R. A Yield – factor Model of Interest Rate [J]. Mathematical Finance, 1996, 6 (4): 379 – 406.

[4] Diebold F., Li C. L. Forecasting the Term Structure of Government Bond Yields [J]. Journal of Econometrics, 2006, 130 (2): 337 – 364.

[5] Christensen J., Diebold F., Rudebusch G. The Affine Arbitrage – free Class of Nelson – Siegel Term Structure Models [J]. Journal of Econometrics, 2011, 9 (1): 4 – 20.

[6] Lengwiler Y., Lenz C. Intelligible Factors for the Yield Curve [J]. Journal of Econometrics, 2010, 157 (2): 481 – 491.

[7] Reinsel G. Elements of Multivariate Time Series Analysis [M]. New York: Springer, 1997.

[8] 胡海鹏，方兆本. 中国利率期限结构平滑样条拟合改进研究 [J]. 管理科学学报，2009 (1): 101 – 111.

[9] 周子康，王宁，杨衡. 中国国债利率期限结构模型研究与实证分析 [J]. 金融研究，2008 (3): 131 – 150.

[10] 余文龙，王安兴. 基于动态 Nelson – Siegel 模型的国债管理策略分析 [J]. 经济学（季刊），2010 (4): 1403 – 1426.

[11] 沈根祥，陈映洲. 双斜率因子动态 Nelson – Siegel 利率期限结构模型及其应用

[J]. 中国管理科学，2015（10）：1－10.

[12] 谈正达，霍良安. 无套利 Nelson－Siegel 模型在中国国债市场的实证分析 [J]. 中国管理科学，2012（6）：18－27.

[13] 鲍杰，葛静. 基于 MCS 方法的高斯仿射利率期限结构模型研究 [J]. 中国管理科学，2015（7）：10－17.

[14] 石柱鲜，孙皓，邓创. 中国主要宏观经济变量与利率期限结构的关系：基于 VAR_ ATSM 模型的分析 [J]. 世界经济，2008（3）：53－59.

[15] 李宏瑾，钟正生，李晓嘉. 利率期限结构、通货膨胀预测与实际利率 [J]. 世界经济，2010（10）：120－138.

2. 宏观经济、财政税收

经济周期、物价周期与宏观冲击的非对称性*

陈 磊 孟勇刚
（东北财经大学 辽宁 大连）

本文基于扩展的马尔科夫向量自回归模型，考察了我国经济周期与物价周期间的时变协同性，并在此基础之上，应用概率分解技术将我国宏观经济波动的冲击成分分解为正负需求冲击、正负供给冲击四种冲击效应。实证结果表明：①经济周期与物价周期之间的协同性具有时变性，金融危机后，两者呈高协同性；②需求冲击是导致我国宏观经济波动的主要驱动因素，宏观冲击总体呈现“强需求、弱供给”的特征，2008年金融危机后，供给冲击进一步弱化，凸显了供给侧改革的必要性；③我国需求冲击的变动与货币供应量、固定资产投资同比变化率呈高度正相关关系。

一、引言

自 Frisch（1933）提出噪声驱动的随机冲击传导机制之后，主流经济学对经济冲击高度重视，经济冲击问题已成为经济周期理论的核心问题。近

* ［基金项目］本项研究得到国家社会科学重大项目（15ZDA011）的资助。
［作者简介］陈磊，男，1963年2月，东北财经大学经济学院和经济计量分析与预测研究中心教授。
［作者简介］孟勇刚，男，1984年4月，东北财经大学经济学院博士研究生。

年来，我国频繁遭遇各种负向冲击，政府为应对这些冲击采取了不同的宏观经济政策。由此提出的问题是如何度量随机冲击对我国宏观经济波动的影响？政府的宏观调控政策对宏观经济产生了什么样的效果？更进一步，近年来的经济不断下行、周期波动“微波化”的态势是由何种冲击因素导致的？应采取何种宏观经济政策实现经济的再次腾飞？准确回答以上问题对深化我国经济波动的理解和稳定经济政策的实施无疑具有重要的理论和实践意义。本文旨在基于我国经济运行特征，对我国的宏观冲击进行识别和分解，进而基于分解的结果回答以上问题。

主流经济学派的一个共同的基本命题是产出波动的长期趋势主要由供给因素决定，但对短期产出波动的驱动因素却没有达成一致意见。凯恩斯主义、货币学派在解释短期经济波动时，更注重需求因素，新凯恩斯主义则认为不完全信息、价格黏性是理解经济总量波动尤其是短期波动的关键所在。实际经济周期理论在强调技术冲击重要性的同时，也考虑了劳动供给冲击、偏好冲击、政府支出冲击、利率冲击等因素的影响。尽管不同学派在解释产出波动时，侧重点各有不同，但都承认产出波动是由需求冲击和供给冲击共同决定的。同时，不同冲击对名义变量或者中介变量的影响最终会波及实务部门，进而转化为需求因素和供给因素的影响。基于此，本文采用简单的二分法，将宏观冲击划分为需求冲击和供给冲击。

从供求冲击角度对产出波动进行分解，最具代表性的当属 Blanchard 和 Quch（1989，以下简称 BQ）的研究。BQ 使用双变量 SVAR 模型，在施加总供给冲击对产出和价格波动具有长期影响、总需求冲击只在短期内影响产出水平的约束识别条件后，将产出波动分解为需求冲击和供给冲击，研究发现，供给冲击具有长期效应，而需求冲击仅产生短期效应。BQ 方法不但具有理论基础，更重要的是，较好地刻画了美国经济波动的驱动因素，此后，大量学者基于这一方法进行了研究，如 Spencer（1996）、Michael（1996）、Mio（2002）、Cover（2006）等。此外，还有部分学者基于动态因子模型进行供求冲击的识别与分解。Aruoba 和 Diebold（2010）针对实际变量和名义变量组，分别构建混频动态因子模型，采用卡尔曼滤波技术提取代表产出和物价的一致指数，基于供求冲击分别引起二者反向与同向变化的理论基础，进行冲击的识别。Leiva – Leon（2015）采用动态双因子模型，同时考虑产出因子和物价因子的交互作用，采用概率分解技术将宏观冲击分解为正、负需求冲击和供给冲击，以此研究不同冲击因素对美国宏观经济的贡献。

国内，大量学者从需求和供给角度对产出波动和价格波动的驱动因素进行了研究，并在此基础之上考察了两者的相对重要性。赵留彦（2008）基于 BQ 的约束条件，使用 1990～2006 年的季度数据研究发现，我国短期中尽管需求冲击对产出增长有正向影响，但产出波动主要由供给冲击决定。龚敏、李文溥（2007）根据 BQ 方法，使用 1996～2005 年的季度数据研究发现，我国近年来的高增长、低通胀是在有效供给能力改善的强有力推动下实现的。徐高（2008）使用 1978～2006 年度数据，基于 BQ 方法发现：中国的供给冲击对通胀产生正向效应，需求冲击对通胀产生负向效应，短期总供给曲线斜率为负。吕光明（2009）基于产出和物价之间的协同特征，采用时差相关系数分析法得出结论：供求冲击对解释中国产出波动具有同等的重要性。欧阳志刚（2010）参考 Cover（2006）的研究，放松 BQ 约束条件，允许需求和供给冲击之间存在相关性，研究发现：需求冲击对产出具有短期正向“驼峰”效应，供给冲击对经济增长具有正向持久效应。

可以看出，国内对我国宏观经济波动主要驱动因素的识别与分解主要基于 BQ 方法，但这一方法却存在以下几方面的缺陷：①内在逻辑的缺陷。通常，采用 BQ 方法进行冲击识别的主要步骤如下（龚敏、李文溥，2007）：首先，对施加约束条件的简约式 VAR 模型进行估计；其次，利用脉冲响应函数、波动分解技术分析供求冲击的动态演化路径和相对重要性。脉冲响应建立在约束识别的基础之上，那么，最终得出的脉冲响应一定是满足约束条件的脉冲响应。在施加总供给冲击对产出和价格波动具有长期影响、总需求冲击只在短期内影响产出水平的约束识别条件后，我们可以大胆推测：需求冲击对产出的脉冲响应会在几期之后回归至零水平线上，而供给冲击对产出的动态路径会在几期之后处于非零的水平线上。②模型的变换缺乏理论基础。供求冲击的识别建立在对 VAR 模型的 Wold 表达式基础之上，Lippi 和 Reichilin（1993）指出，经济理论并不能给我们提供最优的 Wold 表达式。③基于 SVAR 模型得到的供求冲击本质是对称性的冲击，即冲击在经济不同的阶段都是相同的。

鉴于此，本文在马尔科夫转换模型的框架下，同时考虑产出和物价的协同变化特征，结合供求冲击对产出和物价的影响机理，采用 Leiva－Leon

(2015) 的概率分解方法将宏观冲击成分分解为四种不同类型的冲击，以此分析宏观冲击对我国经济波动的非对称性特征。在方法方面，本文的工作主要体现在以下两个方面：一是借鉴马尔科夫动态因子模型的"两步法"估计思想，首先基于景气分析法筛选和确定了产出、物价一致指标组，进而构建了代表综合产出水平、价格水平的SW型经济、物价景气指数，并将景气指数纳入马尔科夫的框架内进行分析。这避免了 Leiva - Leon (2015) 极大似然一步估计法中的初值选择问题，更为直观和易于分析。二是参考 Camacho (2016) 的研究，考虑了景气指数存在不同波动状态的可能性，引入马尔科夫转换的方差来刻画景气指数的高、低波动状态，与现实情况更为吻合。

二、周期阶段的识别与宏观冲击效应的分解

传统的马尔科夫向量自回归假设控制不同经济序列的潜在状态变量是相互独立的。Bengoechea 等 (2006) 在研究欧元区国家之间周期协同性时放松了这一假设条件，认为不同国家的潜在状态变量既不是完全独立的又不是完全相同的，而是这两种极端情况的加权平均。本文将这一思想应用于产出和物价的马尔科夫向量自回归模型的构建中，用以反映产出和价格的协同变化特征，并在此基础之上识别产出、物价的扩张和收缩阶段和概率的分解。

(一) 扩张、收缩阶段的识别

假设产出（记为 y）和价格（记为 p）都是 I (1) 过程，分别对 y、p 取一阶差分，记为 Δy、Δp，则双变量的马尔科夫向量自回归模型可表示如下：

$$\begin{bmatrix}\Delta y\\ \Delta p\end{bmatrix} = \begin{pmatrix}\mu_{y,0} + \mu_{y,1} S_{y,t}\\ \mu_{p,0} + \mu_{p,1} S_{p,t}\end{pmatrix} + \begin{pmatrix}\varepsilon_{1t}\\ \varepsilon_{2t}\end{pmatrix}$$

式中，$S_{y,t}$、$S_{p,t}$分别为产出、价格的状态变量，如果假定产出和价格均包含两种状态，即$S_{y,t}$、$S_{p,t}$只取 0 或 1，则均值就依所处的不同状态取$S_{y,0}$、$S_{p,0}$或$S_{y,1}$、$S_{p,1}$两个值。若 $\mu_{y,0} < \mu_{y,1}$，则 $S_{y,0}$取值为 0 代表经济的收缩状态，$S_{y,1}$取值为 1 代表经济的扩张状态。同理，若 $\mu_{p,0} < \mu_{p,1}$，则 $\mu_{p,0}$，$\mu_{p,1}$

分别代表价格的收缩、扩张状态。$S_{y,t}$、$S_{p,t}$的转移概率由下式给出：

$$P(S_{k,t}=j|S_{k,t-1}=i)=p_{k,ij},\ i,\ j=0,\ 1;\ k=y,\ p$$

$$\begin{pmatrix}\varepsilon_{1t}\\ \varepsilon_{2t}\end{pmatrix}\sim N(0,\ \Sigma_t)$$，并且满足：

$$\Sigma_t=\Sigma_0(1-G_t)+\Sigma_1 G_t$$

G_t 为二值状态变量，分别表示低波动、高波动状态。若 $G_t=0$，则方差协方差矩为Σ_0；反之，方差协方差矩阵为Σ_1，G_t 的转移概率满足下式：

$$P(G_t=j_g|G_t=i_g)=p_{g,ij}\quad i_g,\ j_g=0,\ 1$$

传统的马尔科夫向量自回归模型认为 Δy、Δp 由两个相互独立的潜变量控制，即 $S_{y,t}$、$S_{p,t}$是相互独立的。Bengoechea 等（2006）在研究 G7 国家间的周期协同性时放松了这一假设条件，认为 $S_{y,t}$、$S_{p,t}$并不是完全独立的，也并非完全相同的，而是两种极端情形的加权平均。不妨设转换机制相互独立的权重为 δ_{xy}，则加权平均下的转换概率由下式给出：

$$\xi_{xy,t+1}|_t=\delta_{xy}\xi^I_{xy,t+1}|_t+(1-\delta_{xy})\xi^D_{xy,t+1}|_t$$

式中，$\xi^I_{xy,t+1}|_t$，$\xi^D_{xy,t+1}|_t$分别表示机制完全独立和完全相同下的转移概率。此时，$1-\delta_{xy}$代表两个周期间的协同度。Leiva - Leon（2014）认为周期间的协同性并非固定的，而是时变的，为此，作者引入二值变量 V_t，定义如下：

$$V_t=\begin{cases}0 & S_{y,t},\ S_{p,t}\text{非协同}\\ 1 & S_{y,t},\ S_{p,t}\text{协同}\end{cases}$$

V_t 的转移概率由下式给出：

$$P(V_t=j_v|V_t=i_v)=p_{v,ij}\quad i_v,\ j_v=0,\ 1$$

而 $P(V_t=1)$ 给出了经济周期与物价周期间完全协同的概率。

$S_{y,t}$，$S_{p,t}$，G_t，V_t 四个潜变量共有 16 种组合方式，不同组合方式给出了 t 时刻经济周期和物价周期所处的不同状态。不妨令 $S_{yp,t}$ 代表这种组合，则：

$$
S_{yp,t}=\begin{cases}
1 & S_{y,t}=0,\ S_{p,t}=0,\ G_t=0,\ V_t=0\\
2 & S_{y,t}=0,\ S_{p,t}=1,\ G_t=0,\ V_t=0\\
3 & S_{y,t}=1,\ S_{p,t}=0,\ G_t=0,\ V_t=0\\
4 & S_{y,t}=1,\ S_{p,t}=1,\ G_t=0,\ V_t=0\\
5 & S_{y,t}=0,\ S_{p,t}=0,\ G_t=1,\ V_t=0\\
6 & S_{y,t}=0,\ S_{p,t}=1,\ G_t=1,\ V_t=0\\
7 & S_{y,t}=1,\ S_{p,t}=0,\ G_t=1,\ V_t=0\\
8 & S_{y,t}=1,\ S_{p,t}=1,\ G_t=1,\ V_t=0\\
9 & S_{y,t}=0,\ S_{p,t}=0,\ G_t=0,\ V_t=1\\
10 & S_{y,t}=0,\ S_{p,t}=1,\ G_t=0,\ V_t=1\\
11 & S_{y,t}=1,\ S_{p,t}=0,\ G_t=0,\ V_t=1\\
12 & S_{y,t}=1,\ S_{p,t}=1,\ G_t=0,\ V_t=1\\
13 & S_{y,t}=0,\ S_{p,t}=0,\ G_t=1,\ V_t=1\\
14 & S_{y,t}=1,\ S_{p,t}=1,\ G_t=1,\ V_t=1\\
15 & S_{y,t}=1,\ S_{p,t}=0,\ G_t=1,\ V_t=1\\
16 & S_{y,t}=1,\ S_{p,t}=1,\ G_t=1,\ V_t=1
\end{cases}
$$

传统的极大似然估计法对参数的初始值选取较为敏感；同时，依赖于状态变量的条件分布。上述模型有4个状态变量，条件分布极其复杂，为此，本文采用Bayes估计方法①。一旦得到$S_{yp,t}$的估计值，进而可通过不同状态间的合并运算得到Δy和Δp的收缩概率P（$S_{k,t}=0$）、时变协同概率P（$V_t=1$）。

（二）宏观冲击效应的识别与分解

传统的、基于VAR模型的BQ分解通过施加一定的约束条件来完成供求冲击的识别与分解。与该方法不同，Leiva-Leon（2015）、Camacho（2015）对宏观冲击的识别与分解基于需求冲击、供给冲击对产出、价格的影响机理不同。具体而言，正（负）向需求冲击导致产出和物价同时上涨（下降）；正（负）供给冲击在引起产出增加（下降）的同时，引起价格水平下降（上涨）。

结合产出和物价阶段识别、时变协同性、误差波动性的结果，四类冲

① 模型具体的估计细节可参考Leiva-Leon（2015）、Camacho（2015）等。

击的分解结果分别由下式给出：

正向需求冲击：

$P(S_{y,t}=1, S_{p,t}=1) = P(V_t=1)P(S_{y,t}=S_{p,t}=1) + P(V_t=0)P(S_{y,t}=1)P(S_{p,t}=1)$

负向需求冲击：

$P(S_{y,t}=0, S_{p,t}=0) = P(V_t=1)P(S_{y,t}=S_{p,t}=0) + P(V_t=0)P(S_{y,t}=0)P(S_{p,t}=0)$

正向供给冲击：

$P(S_{y,t}=1, S_{p,t}=0) = P(V_t=0)P(S_{y,t}=1)P(S_{p,t}=0)$

负向供给冲击：

$P(S_{y,t}=0, S_{p,t}=1) = P(V_t=0)P(S_{y,t}=0)P(S_{p,t}=1)$

三、经济周期、物价周期协同性与宏观冲击效应的分解

（一）产出与价格水平的度量及其协同性

现有文献往往用GDP、GNP、工业生产总值等代表产出水平，但这仅仅涉及经济活动的一个方面，广义的产出变化还应当包括与之相关的财政、投资、消费品等经济活动，因此本文以工业增加值实际同比增长率为基准指标，选取各领域与宏观经济波动相一致的指标，计算宏观经济意义上的综合产出水平。类似地，本文选取CPI等5个价格指数作为物价的一致指标，涵盖了居民消费、商品零售、生产、原材料、价格等领域的价格变动，能够比较全面地反映价格变动趋势。所有指标均源于中经网，样本区间为1997年1月~2016年6月。产出和价格变水平的变量如表1所示。

表1 产出水平和价格水平的一致指标组

产出水平	价格水平
工业增加值实际同比增长率	居民消费价格指数
工业企业销售同比增长率*	商品零售价格指数
发电量同比增速	工业品出厂价格指数
国家财政收入同比增速*	工业生产者购进价格指数
进口实际增长率*	进口商品价格总指数

注：*表示经价格调整后的实际同比增长率。

最后，针对筛选出的指标采用 Stock 和 Wanson（1989）的动态因子模型构造 SW 型①经济景气指数和物价景气指数，分别记为 SWIB 和 SWIP。最终构造结果如图 1 所示。

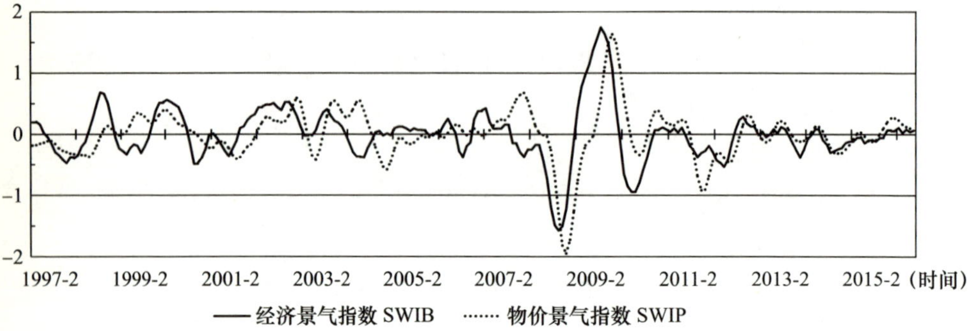

图 1　SW 型经济景气指数与物价景气指数

不同于高铁梅、陈磊等（2015）构造的 SW 型指数，本文旨在进行经济、物价周期扩张和收缩阶段的识别，因此并未将 SW 型指数复原成水平序列。以 0 水平线为界点，景气指数大于 0 水平线，代表景气的扩张；反之，则代表景气的收缩。图 1 显示，我国经济景气波动具有明显不同的形态特征和阶段性特征，有必要分别考察和分析。具体看，1999～2001 年景气波动幅度非常大，月度景气增长率在 1998 年 9 月到达峰值，随后受亚洲金融危机、洪水灾害的影响，经济景气上涨速度明显放缓并逐步转为负，即经济景气不断下滑。受国家宏观经济政策的刺激，景气再度上升，但并未从根本上扭转下行趋势，景气再度于 2000 年 11 月触底。可以看出，这一阶段的经济景气表现为“大起大落”，波动较为频繁。2001～2008 年，景气指数多处于 0 水平线之上，这意味着景气水平的平稳上升。期间，受金融危机影响等，景气经历了三次小幅下滑，但持续时间较短，不足以形成经济的衰退期。因此，这一阶段可以看成经济的平稳上升。2008～2011 年，受 2008 年金融危机影响以及国家强有力的宏观经济政策刺激，经济景气形成样本期内乃至改革开放以来的最低谷和最高峰，形成“陡落陡起”的波动态势。

① 关于 SW 型景气指数的细节可参考高铁梅，陈磊等．经济周期波动分析与预测方法［M］．清华大学出版社，2015.

与此形成鲜明对比的是，2011 年的波动幅度明显减缓，同时，波动更为频繁，呈现“缓起缓落”、振幅减小的“微波化”态势。

物价景气指数的变动也呈现与此类似的形态特征和阶段性特征。1997 ~ 2007 年，物价景气交替出现在 0 水平线上下，并且停留时间较长，这意味着物价景气在较长时间内处于扩张或收缩阶段。换言之，景气具有较长的周期长度，并且波动幅度较大。2008 年之后，物价景气变动趋势基本与经济景气变动趋势一致。

为了更直观、准确地认识经济景气、物价景气扩张和收缩特征，运用第二部分的算法可以得到两者的衰退概率，如图 2 所示。可以看出，经济景气、物价景气的变动特征与以上分析基本一致，尤其是 2011 年之后，经济景气、物价景气的衰退概率及衰退阶段基本相同。

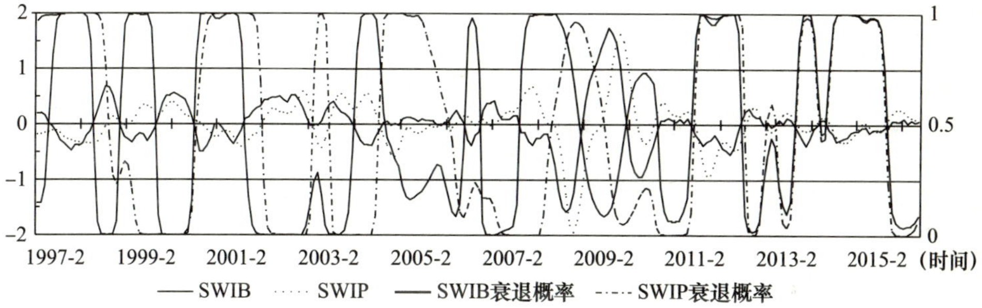

图 2 经济景气、物价景气衰退概率

为了更进一步考虑经济周期和物价周期间的相互关系，运用第二部分介绍的算法，可以得到二者的时变协同概率，如图 3 所示。

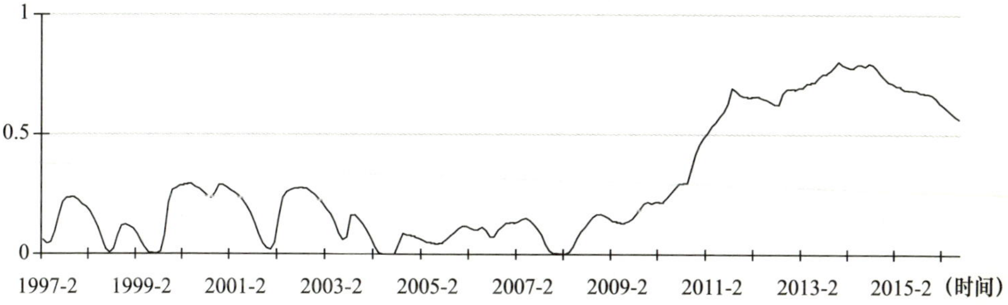

图 3 经济周期与物价周期的时变协同性

从图3可以看出，经济周期与物价周期的协同性表现出较大的波动性，从二者之间毫无协同性至近0.8的完全协同概率。这意味着在样本期内，经济景气与物价景气既存在完全相同的变化趋势，又存在完全背离的变动趋势，这一点也与图2衰退阶段的识别结果相吻合。值得注意的是，自2008年金融危机后，两者的协同性在波动中稳步上升，并且协同性远大于以前，这是否意味着经济周期和物价周期波动的驱动因素发生了显著的变化有待于后续的研究。

（二）经济波动的宏观冲击效应分解

利用第二部分介绍的分解公式，可以得到不同宏观冲击在我国经济周期的相对作用，如图4所示。

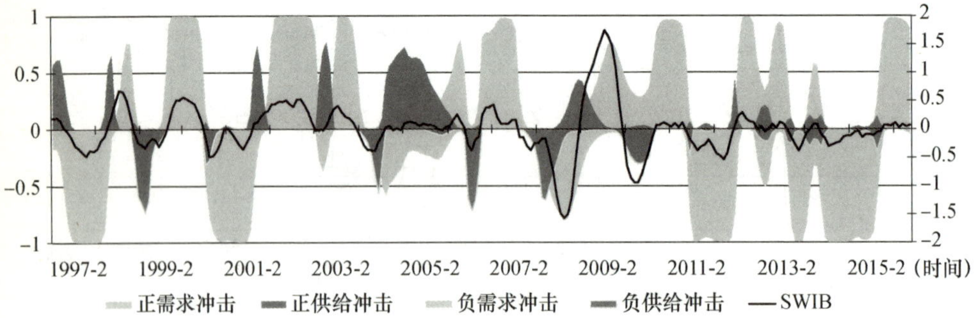

图4 经济波动的宏观经济效应分解

总体来看，分解结果表明：①无论是在经济的扩张阶段，还是收缩阶段，需求冲击是导致我国宏观经济波动的主要驱动因素，供给冲击所占比重较小，而且持续时间较短，总体上呈现“强需求、弱供给”的特征；②正向需求冲击伴随着一个较大的负向需求冲击和供给冲击，这暗含着政府主导的扩张性需求政策并不能带来经济的长期平稳发展，反而会造成经济的频繁波动；③在经济新常态的背景下，我国供给侧的冲击有不断缩小的趋势，相对于2008年金融危机之前，其持续时间更短、力度更弱。

分时期看，1996年为实现宏观经济软着陆，我国先后施行了紧缩性的财政政策和货币政策，加之由1997年亚洲金融危机引发的外需不振，对我国宏观经济造成了严重的负向需求冲击，导致我国宏观经济景气快速下滑。

为刺激经济增长，我国政府从 1998 年开始施行扩张性的财政政策和货币政策，对国有企业下岗职工实行基本生活保障政策和再就业工程，采取了一些鼓励非公有制经济发展的政策和措施，形成了强有力的正向需求和供给冲击，促使我国经济景气快速反弹。但由于对金融危机的影响估计过于乐观，政策调整力度不足，加之长期重复建设引发的产能过剩，经济景气在负向供给冲击的影响下，再度下滑。随着 1998 年下半年扩张性宏观经济政策的加强，我国宏观经济再度在正向需求冲击强有力的刺激下实现反弹。

受主要贸易伙伴美国、日本经济衰退和世界经济不景气的双重影响，我国经济景气再度下滑。其后，受地方投资热情的影响、行业放松管制、制造业的对外开放和全球价值链的对接，我国经济在需求、供给的双重作用下，景气平稳上涨。期间，我国经济虽然遭遇“非典”疫情的冲击，但仅仅形成了较小的负向需求冲击，并没有对我国宏观经济造成较大的影响。

2004 年底，中央对地方投资行为进行严格管理并实行适度从紧的货币政策，正需求冲击力度的衰减在一定程度上缓解了“经济过热”，但没有抑制需求的回升趋势。一些前期在建项目较大，地方投资积极性仍十分强劲；出口继续保持高增长；政府主要中央政府加大了对基础产业的投资力度。同时，得益于原材料价格的持续走低以及制造业效率的提高，正向供给冲击达到历史最大值。受需求和供给的双重影响，我国宏观经济在 2004 ~ 2007 年中基本保持平稳发展。

2007 年下半年以来，货币供应量同比增速持续走低。同时，我国宏观经济连续造成一系列的负向冲击：猪肉和农产品价格、国际油价、粮价的持续上涨，2008 年初的冰雪灾害以及随后的汶川地震，以及 2008 年下半年金融危机的冲击。这些负向随机冲击叠加起来，形成强有力的负向需求冲击和负向供给冲击，使经济景气快速下降至谷底，达到了 1997 年乃至改革开放以来的历史最低点。可以看出，此轮景气衰退是需求冲击与供给冲击的共同作用，这在一定程度上解释了此次景气下滑的幅度如此之大。

2008 年下半年，受国际大宗商品价格持续走低以及政府强有力的政策刺激，经济景气在正需求和正供给冲击的双重作用下快速反弹，经过近一年的快速扩张达到 1997 年以来的历史最高峰。其后，国际大宗商品价格以及原材料价格相对平稳，由此带来的成本福利大大降低，进而形成的正负向供给冲击的力度较小，持续时间较短，经济景气主要在宏观经济政策形成的正负向需求作用下小幅震荡。

为了考察景气变动与宏观经济政策之间的关联，我们用M1同比增长率代表货币政策的变动，用固定资产投资同比增长率代表货币政策的变动，将三者绘图如图5所示。

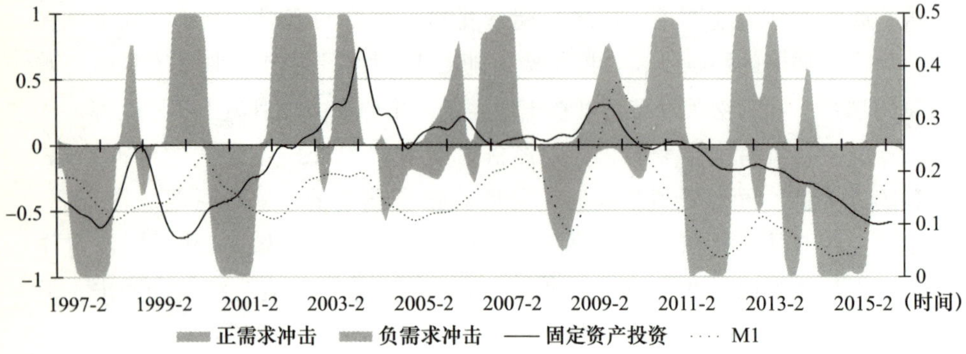

图5 固定资产投资、货币供应量与需求冲击

从图5中可以清晰看出，2008年之后尤其是近几年，货币供应量和固定资产投资的变动趋势基本一致，这意味着我国货币政策和财政政策有了一定程度的协调性。同时，M1和固定资产投资增加会形成强有力的正向需求冲击促进经济景气上升；反之，会形成强有力的负向需求冲击使经济景气下滑。值得注意的是，当两者变动趋势不一致时，需求冲击伴随着很大的不确定性。例如，1992年初，货币供应量的平稳上升伴随着固定资产投资的急剧下降，形成了一个较小的负向需求冲击，而随后的货币供应量的下降和固定资产投资的快速上升，却形成了一个比较大的负向需求冲击。由此提出的问题是，我国的货币政策和财政政策的共同作用是否具有阶段性特点？更进一步，我国货币政策和财政政策是否在某一阶段内存在失效？这些问题留待以后研究。

四、结论

本文采用景气分析法筛选和确定了产出、物价一致指标组，进而构建了代表综合产出水平、价格水平的SW型经济、物价景气指数，在此基础上，通过扩展的马尔科夫向量自回归，考察了经济周期和物价周期的时变协同性，并进一步将我国经济波动中的宏观冲击成分分解为正负需求、供给四种驱动因素。本文的主要结论可概括如下：

（1）经济周期与物价周期之间的协同性具有时变性，金融危机之后，两者具有高度协同性。

（2）需求冲击是导致我国宏观经济波动的主要驱动因素，总体呈现"强需求、弱供给"的特征。2010 年，我国宏观经济触底反弹，经济实现复苏，主要得益于强有力的正需求冲击。在经济进入新常态的背景下，供给冲击的作用进一步弱化，这意味着目前的复苏过程还不稳健，经济波动"微波化"的过程中必然伴随着由需求冲击触发的周期性起伏震荡。因此，现阶段我国的宏观经济政策应以提高有效供给能力为着眼点，积极推动供给侧改革，强化供给在经济增长中的作用，以实现经济长期稳定增长。

参考文献

[1] Bergman M. International Evidence on the Sources of Macroeconomic Fluctuations [J]. European Economic Review, 1996, 40 (40): 1237 - 1258.

[2] Bengoechea P., Camacho M., Perez - Quiros G. A Useful tool to Forecast the Euro - area business cycle phases. [J]. International Journal of Forecasting, 2006, 22 (4): 735 - 749.

[3] Blanchard, J., and D. Quah. The Dynamic Effects of Aggregate and Supply Disturbances [J]. American Economic Review, 1989, 79 (4): 655 - 673.

[4] Camacho M., Leivaleon D., Perezquiros G. Country Shocks, Monetary Policy Expectations and ECB Decisions. [N]. Working Papers Central Bank of Chile, 2015.

[5] Cover, J. P. and Enders, W. and Hueng, C. J., Using the Aggregate Demand - Aggregate Supply Model to Identify Structural Demand - Si de and Supply - Side Shocks: Results Using a Bivariate VAR [J]. Journal of Money, Credit, and Banking, 2006 (38): 777 - 790.

[6] Frisch R. Propagation Problems and Impulse Problems in Dynamic Economics [J]. Economic Essays in Honour of Gustav Cassel London Allen &UnwinInc, 1933 (1): 7 - 14.

[7] Leiva - Leon D. A New Approach to Infer Changes in the Synchronization of Business Cycle Phases [N]. Staff Working Papers, 2014.

[8] Leivaleon D. Real vs. Nominal Cycles: A Multistate Markov - Switchingbi - Factor Approach [J]. Studies in Nonlinear Dynamics & Econometrics, 2014, 18 (5): 557 - 580.

[9] Lippi M., Reichlin L. The Dynamic Effects of Aggregate Demand and Supply Disturb-

ances: Comment [J]. American Economic Review, 1988, 79 (3): 644-652.

[10] Mio H. Identifying Aggregate Demand and Aggregate Supply Components of Inflation Rate: A Structural Vector Autoregression Analysis for Japan [J]. Monetary & Economic Studies, 2002, 20 (1): 33-56.

[11] S. Boragan Aruoba, Diebold F. X. Real-Time Macroeconomic Monitoring: Real Activity, Inflation, and Interactions [J]. American Economic Review, 2010, 100 (2): 20-24.

[12] Spencer D. E. Interpreting the Cyclical Behavior of the Price Level in the U [J]. Southern Economic Journal, 1996, 63 (63): 95-105.

[13] 龚敏，李文溥. 中国经济波动的总供给与总需求冲击作用分析 [J]. 经济研究，2007 (11): 32-44.

[14] 吕光明. 供求冲击与中国经济波动：基于SVAR模型的甄别分析 [J]. 统计研究，2009，26 (7): 20-27.

[15] 欧阳志刚，史焕平. 中国经济增长与通胀的随机冲击效应 [J]. 经济研究，2010 (7): 68-78.

[16] 徐高. 斜率之谜：对中国短期总供给/总需求曲线的估计 [J]. 世界经济，2008，31 (1): 47-56.

[17] 赵留彦. 供给、需求与中国宏观经济波动 [J]. 财贸经济，2008 (3): 17-17.

公众预期、货币政策立场与中国宏观经济动态

郑挺国 黄佳祥
（厦门大学 王亚南经济研究院）

一、引 言

近年来，预期管理成为宏观经济理论研究的一个重要问题，其在货币政策实践中的积极作用日益凸显。在理论研究方面，中央银行沟通和前瞻引导等预期管理工具对提高货币政策有效性的重要作用已在学术界达成共识，一定程度上预期管理被视为新的货币政策操作工具（Bilinder 等，2008）。在货币政策实践方面，自 20 世纪 90 年代以来，许多国家货币政策理念发生了转变，由“出其不意”的货币政策逐渐转型为以引导公众预期为核心的货币政策（Woodford，2005）。就国内而言，中国人民银行通过各种预期管理手段引导公众预期，诸如通过发布《货币政策执行报告》、公开演讲和召开记者发布会等方式解释各类经济指标动态及货币政策运行，并根据未来经济形势变化明确货币政策的操作方向。例如，2009 年 10 月 21 日，国务院常务会议提出“要把保持经济平稳较快发展，调整经济结构和管理好通胀预期作为宏观调控的重点”，这是官方首次提出预期管理；随后，2010 年的《政府工作报告》指出“发挥利率杠杆在调节总需求、管理通胀预期的作用”。毫无疑问，我国政府和中央银行已越来越重视预期管理对宏观经济的调节作用。研究预期管理的宏观经济效应具有重要的现实意

义，有益于中央银行更好地利用预期管理工具调控宏观经济。

既有文献从理论和经验研究角度分析了预期管理的宏观经济效应。在理论研究方面，目前的文献主要探讨了政策承诺、中央银行沟通以及前瞻指引等预期管理工具对公众预期和宏观经济的影响。关于政策承诺，Krugman等（1998）研究了日本20世纪90年代末出现的通缩陷阱，认为中央银行可以通过承诺未来执行扩张性的货币政策以提高通胀预期，降低实际利率进而刺激投资。关于中央银行沟通，公众可以从中央银行沟通获取更多信息，通过预测中央银行对公众通胀预期认知的误差进而修正公众的通胀预期，可以降低经济产出的波动（Hoeberichts等，2009）。关于前瞻指引，当利率触及下限时，中央银行通过前瞻指引承诺未来实施量化宽松以引导公众形成对未来政策的预期，进而通过预期或利率渠道影响短期的经济增长（Plosser，2014）。在经验研究方面，Campbell等（2012）从1994～2011年的联邦基金利率期货合约和欧洲美元期货合约数据中提取了目标因子和路径因子，研究表明美联储的前瞻引导可以影响公众对联邦基金利率的预期。Raskin（2013）估计了美国短期利率预期对宏观经济信息（Innovation）反应程度的时变特征，发现美联储不仅通过披露经济走势影响市场利率，而且通过改变公众对货币政策反应函数的预期达到降低利率的目的。卞志村和张义（2012）基于SVAR模型利用2001～2011年的季度数据分析了中央银行信息披露和实际干预对居民通胀预期的影响，相比实际干预，信息披露作用于居民通胀预期的时滞更短。熊海芳和王志强（2012）利用GARCH模型基于利率期限结构分析了中央银行沟通对通胀预期的影响，研究发现央行的惯例沟通不会影响通胀预期，而央行行长讲话会加剧通胀预期的波动。上述的经验研究主要是利用宏观或金融市场交易数据，通过简化式计量模型或者结构VAR模型等方法研究了预期管理对公众预期和宏观经济的影响，但这些经验研究所使用的模型都缺乏微观基础，忽略了经济主体的微观行为与宏观经济政策之间的紧密联系。

预期对经济主体的决策有重要影响，公众预期的形成与货币政策等经济基本面有紧密联系（Clarida等，2000），而具有微观基础的DSGE模型充分考虑了经济主体行为与宏观经济的联系，从而越来越多文献采用DSGE模型研究预期管理的相关问题。Orphanides和Williams（2002）在DSGE框架下研究了货币政策对通胀预期的影响，当公众的实际通胀预期偏离理性预期框架时，货币政策可以提高学习效率，引导通胀预期进而降低通胀预期偏离对宏观经济的负向影响。李成等（2010）考察了不同货币政策下通胀预期对宏观经济稳定的影响，发现在价格型货币政策下，通胀预期偏差对经济有正面影响，而在数量型货币政策下有负面影响。郭豫媚等（2016）研究了当我国货币政策有效性不足时预期管理对经济波动的影响，对 DSGE 模型结构参数的校准结果表明，预期管理通过逆周期引导通胀预期能够大幅减小经济波动。虽然上述研究通过 DSGE 模型研究了预期管理对宏观经济的影响，然而鲜有文献定量分析公众对货币政策立场预期变动的宏观经济效应。[①] Clarida 等（2000）通过分段估计美国 1979 年前后的 DSGE 模型参数，发现 1979 年前货币政策对通胀预期的反应系数显著小于 1979 年后的系数，表明公众对“消极”反通胀货币政策立场的预期推高了 20 世纪 70 年代的通胀预期，是导致期间美国大通胀的重要原因。虽然通过先验地识别“积极”和“消极”反通胀货币政策立场区间进行分段估计，可以探讨货币政策立场变动的宏观经济效应，但样本区间的划分具有主观成分，不同的区间划分会直接影响模型的估计结果，使结论缺乏说服力。

随着马尔科夫区制转移 DSGE 模型（MS - DSGE）求解和估计方法的完善，越来越多文献利用 MS - DSGE 将货币政策区分为“积极”和“消极”反通胀立场两种状态，进而探讨货币政策的非线性特征，如 Liu 和 Mumtaz（2011）、Chen 和 MacDonald（2012）、Bianchi（2012，2013）以及 Iiboshi（2016）等。与传统的线性 DSGE 模型相比，MS - DSGE 模型不仅具有线性 DSGE 模型的优越性，考虑了经济主体微观行为与宏观经济的关系，而且还具有如下一些优势：首先，MS - DSGE 模型可以避免分段估计中样本区间划分对模型估计结果的影响，这是因为 MS - DSGE 模型直接基于观测样本信息可以估计出货币政策区制的后验概率，进而推断货币政策所处区制；其次，MS - DSGE 模型可以刻画经济行为主体对未来货币政策区制变动的预期，根据 Bianchi 和 Ilut（2014）以及 Bianchi（2012，2013，2016）等相关研究，模型中刻画状态切换的转移概率可以用于捕捉公众对未来状态变化的预期；再次，MS - DSGE 模型可以捕捉货币政策的非线性特征，提高对现实经济的刻画程度，虽然郑挺国和刘金全（2010）以及 Zheng 等（2012）对我国泰勒规则的研究表明我国货币政策存在“积极”和“消极”区制，但这些研究都是基于对泰勒规则单方程的估计，不仅忽略了变量之间的内

① 如无特别说明，下文所涉及的“预期”均指公众对反通胀货币政策立场的预期。

生性问题和缺乏微观基础，而且无法探讨公众预期的宏观经济效应，而MS-DSGE模型可以解决上述单方程估计的不足；最后，在MS-DSGE模型下可以进行反事实研究（Counterfactual Analysis），反事实研究是定量评估经济政策的重要方法（洪永淼，2015），可以测度实施某个政策后的宏观经济动态的变化，有助于政策制定者更准确地把握经济政策的执行效果。此外，与本文研究较为相关的是，郭辉铭（2012）构建了小型MS-DSGE模型（Small Scale MS-DSGE），并探讨了我国货币政策的区制转移特征，同样发现我国货币政策存在明显的“积极”和“消极”区制，但该文献考虑的冲击类型较少而且没有进一步探讨预期管理问题。

区别于以往的文献，本文在MS-DSGE模型框架下更严谨地探讨了预期管理的宏观经济效应。本文的主要工作可概述如下：首先，构建了中型MS-DSGE模型（Medium-Scale MS-DSGE），丰富了我国关于预期管理以及MS-DSGE模型应用的研究；其次，利用马尔科夫链蒙特卡洛（Markov Chain Monte Carlo，MCMC）方法估计MS-DSGE模型的结构参数，并探讨了我国货币政策的区制转移特征；最后，基于MS-DSGE模型的估计结果，通过反事实方法，分析了公众预期变动对宏观经济的影响。

二、模型设定

借鉴Smets和Wouters（2007）以及Christinao等（2005）的建模思路，本文建立了货币政策规则具有马尔科夫区制转移特征的动态随机一般均衡模型（Markov-Switching DSGE Model，MS-DSGE）。模型中的经济主体包括家庭、最终产品厂商、中间产品厂商以及政府。

（一）家庭

家庭在预算约束条件下选择劳动、消费和资本来最大化预期效用，第j个家庭的效用函数具体形式如下所示：

$$E_t\sum_{s=0}^{\infty}\beta^s\varepsilon_{a,t+s}\left[\ln(C_{t+s}(j)-hC_{t+s-1})-\frac{1}{1+\sigma_L}L_{t+s}(j)^{1+\sigma_L}\right] \quad (1)$$

式中，$j\in[0,1]$，β为贴现因子，h为消费习惯参数，σ_L为劳动供给弹性的倒数，$C_t(j)$是第j个家庭在t期的消费，C_t为经济中t期的平均消费，L_t（j）是第 j 个家庭在 t 期的劳动供给。$\varepsilon_{a,t}$为偏好冲击，服从一阶平稳自回归过程：$\ln\varepsilon_{a,t}=\rho_a\ln\varepsilon_{a,t-1}+e_{a,t}$，$e_{a,t}\sim$ i. i. dN（o，σ_a^2）。

家庭面临的预算约束为：

$$C_{t+s}(j)+I_{t+s}(j)+\frac{B_{t+s}(j)}{R_{t+s}P_{t+s}}+\frac{T_{t+s}}{P_{t+s}}+a[u_{t+s}(j)]K_{t+s-1}(j)$$

$$\leqslant\frac{B_{t+s-1}(j)}{P_{t+\varepsilon}}+\frac{W_{t+s}L_{t+s}(j)}{P_{t+s}}+\frac{R^k_{t+s}K^s_{t+s-1}(j)}{P_{t+s}}+\frac{\Pi_{t+s}(j)}{P_{t+s}} \quad (2)$$

式中，预算约束的左边为家庭对资产的处置，包括家庭 j 在 t + s 期的实际消费 C_{t+s}（j）和实际投资 I_{t+s}（j）；购买债券实际价值 B_{t+s}（j）/（$R_{t+s}P_{t+s}$），R_{t+s}和 P_{t+s}分别为 t + s 期的名义利率和价格水平；向政府支付的一次性税收实际值 T_{t+s}/P_{t+s}；有效资本转换成本 a［u_{t+s}（j）］K_{t+s-1}（j），其中，u_{t+s}（j）为资本转换率并且其稳态值为 1，a［·］为每单位资本转换成有效资本所需的成本并且稳态满足 a（1）=0。预算约束的右边为家庭的资产来源，包括第 j 个家庭 t + s − 1 期所购买的债券在 t + s 期的实际价值 B_{t+s-1}（j）/P_{t+s}；家庭从中间产品厂商获得的实际劳动报酬 $W_{t+s}L_{t+s}$（j）/P_{t+s}和有效资本的租赁收益 $R^k_{t+s}K^s_{t+s-1}$（j）/P_{t+s}；中间产品厂商分配的实际利润 Π_{t+s}（j）/P_{t+s}。有效资本 K^s_{t+s-1}（j）和资本存量 K_{t+s-1}（j）的转换关系为：

$$K^s_{t+s-1}(j)=u_{t+s}(j)K_{t+s-1}(j) \quad (3)$$

家庭的资本积累过程为：

$$K_t(j)=(1-\delta)K_{t-1}(j)+\varepsilon_{I,t}\left[1-S\left(\frac{I_t(j)}{I_{t-1}(j)}\right)\right]I_t(j) \quad (4)$$

式中，δ 为折旧率，S(·)为资本调整成本函数，在稳态下，其一阶导和二阶导满足：S（γ）=S′（γ）=0 和 S″（γ）>0，γ 为投资增长稳态值。$\varepsilon_{i,t}$为投资冲击，满足一阶平稳自回归过程：$\ln\varepsilon_{i,t}=\rho_i\ln\varepsilon_{i,t-1}+e_{i,t}$，且 $e_{i,t}\sim$ i. i. d. N（0，σ_i^2）。

在均衡状态下，每个家庭的决策具有对称性，因而在预算约束（3）和资本积累（4）的约束下，可以得到如下家庭对消费、劳动、债券、投资和资本利用的一阶条件：

$$\Xi_t=\frac{\varepsilon_{a,t}}{C_t-hC_{t-1}},\ \Xi_t\frac{W_t}{P_t}=\varepsilon_{a,t}L_t^{\sigma_L},\ \Xi_t=\beta R_tE_t\left(\frac{\Xi_{t+1}}{\pi_{t+1}}\right),\ \frac{R_t^k}{P_t}=a'(u_t), \quad (5)$$

$$\Xi_t = \Xi_t^k \varepsilon_{i,t}\left[\left(1 - S\left(\frac{I_t}{I_{t-1}}\right)\right) - S'\left(\frac{I_t}{I_{t-1}}\right)\frac{I_t}{I_{t-1}}\right] + \beta E_t\left[\Xi_{t+1}^k \varepsilon_{i,t+1} S'\left(\frac{I_{t+1}}{I_t}\right)\left(\frac{I_{t+1}}{I_t}\right)^2\right] \tag{6}$$

$$\Xi_t^k = \beta E_t\left[\Xi_{t+1}\left(\frac{R_{t+1}^k u_{t+1}}{P_{t+1}} - a\ (u_{t+1})\right) + \Xi_{t+1}^k\ (1 - \delta)\right] \tag{7}$$

式中，Ξ_t 和Ξ_t^k 分别为约束条件（2）和（4）的拉格朗日乘子，定义 $Q_t = \Xi_t^k / \Xi_t$，Q_t 为托宾 Q。

（二）最终产品厂商

最终产品厂商面临完全竞争市场，其利用中间产品厂商生产的中间产品生产同质的最终产品，其生产函数的具体形式为：

$$Y_t = \left[\int_0^1 Y_t(i)^{1/\varepsilon_{p,t}+1}\right]^{1+\varepsilon_{p,t}} \tag{8}$$

式中，Y_t（i）为第 i 个中间产品厂商生产的中间产品，$\varepsilon_{p,t}$为价格加成冲击，测度了中间产品厂商的替代性，服从一阶平稳自回归过程：$\ln\varepsilon_{p,t} = (1-\rho_p)\ \ln\varepsilon_p + \rho_p \ln\varepsilon_{p,t-1} + e_{p,t}$，$e_{p,t} \sim i.\ i.\ dN\ (0,\ \sigma_p^2)$。最终产品厂商通过选择中间产品投入最大化利润，对中间产品 Y_t（i）的需求函数为：$Y_t\ (i) = [P_t/P_t\ (i)]^{(1+\varepsilon_{p,t})/\varepsilon_{p,t}} Y_t$。由于最终产品厂商面临完全竞争市场，因而其获得的经济利润为零，根据零经济利润条件可以得到总体价格水平为：$P_t = \left[\int_0^1 P_t(i)^{-1/\varepsilon_{p,t}}\right]^{-\varepsilon_{p,t}}$。

（三）中间产品厂商

中间产品厂商 i 从家庭雇佣劳动和租赁有效资本生产中间产品，生产函数为：

$$Y_t\ (i) = K_t^s\ (i)^{\alpha}\ [Z_t L_t\ (i)]^{1-\alpha} - Z_t \Phi \tag{9}$$

式中，α 为资本份额，Φ 为中间产品厂商的固定成本。Z_t 为全要素生产率，服从随机游走过程：$\ln Z_t = \ln z + \ln Z_{t-1} + e_{z,t}$，$e_{z,t} \sim i.\ i.\ dN\ (0,\ \sigma_z^2)$。中间产品厂商通过选择劳动和有效资本投入最小化生产成本 $W_t L_t\ (i) + R_t^k K_t^s\ (i)$，可以得到工资 W_t 和有效资本收益率 R_t^k 的关系：

$$\frac{W_t}{R_t^k} = \frac{1-\alpha}{\alpha}\frac{K_t^s\ (i)}{L_t\ (i)} \tag{10}$$

将式（10）代入生产函数（9），可以得到中间产品厂商的边际成本函数为：

$$MC_t=\left(\frac{1}{1-\alpha}\right)^{1-\alpha}\left(\frac{1}{\alpha}\right)^{\alpha}(R_t^k)^{\alpha}(W_t)^{1-\alpha}(Z_t)^{\alpha-1} \tag{11}$$

中间产品厂商价格调整具有黏性，根据 Calvo（1983）的设定，假定每一时期有 $1-\xi_p$ 比例的中间产品厂商可以通过最大化利润调整价格，ξ_p 比例的中间产品厂商则通过指数化规则调整价格 $p_t(i)=(\pi_{t-1})^{l_p}(\pi)^{1-l_p}p_{t-1}(i)$，其中 l_p 为价格指数化程度，π为稳态的通胀水平。假设中间产品厂商 i 的最优价格水平为 $\tilde{P}_t(i)$，中间产品厂商根据式（12）所描述的目标函数优化价格：

$$\max_{\tilde{P}_t(i)}\sum_{s=0}^{\infty}(\xi_p)^s\beta^s\frac{\Xi_{t+s}P_t}{\Xi_tP_{t+s}}[\tilde{P}_t(i)X_{t,s}^p-MC_{t+s}]Y_{t+s}(i) \tag{12}$$

式中，$\beta^s\Xi_{t+s}/\Xi_t$ 为对利润的随机贴现因子，Ξ_t 为家庭名义收入的边际效用，$Y_{t+s}(i)$ 为最终产品厂商对中间产品 i 的需求函数，$X_{t,s}^p$为价格调整的指数化规则，$Y_{t+s}(i)$ 和 $X_{t,s}^p$的表达式分别为：

$$Y_{t+s}(i)=\left[\frac{\tilde{P}_t(i)X_{t,s}^p}{P_{t+s}}\right]^{-\frac{1+\varepsilon_{p,t+s}}{\varepsilon_{p,t+s}}}Y_{t+s} \tag{13}$$

$$X_{t,s}^p=\begin{cases}\prod_{l=1}^{s}(\pi_{t+l-1})^{l_p}(\pi)^{1-l_p} & s\geqslant 1\\ 1 & s=0\end{cases} \tag{14}$$

在式（13）以及式（14）的约束下，求解式（12）可以得到中间产品厂商设定的最优价格满足：

$$\sum_{s=0}^{\infty}(\xi_p)^s\beta^s\frac{\Xi_{t+s}P_t}{\Xi_tP_{t+s}}\frac{Y_{t+s}(i)}{\varepsilon_{p,t+s}}[\tilde{P}_t(i)X_{t,s}^p-(1+\varepsilon_{p,t+s})MC_{t+s}]=0 \tag{15}$$

根据中间产品厂商设定的最优价格水平 $\tilde{P}_t(i)$ 和总体价格水平可以得到总体价格指数：

$$P_t=\left[(1-\xi_p)\tilde{P}_t(i)^{\frac{1}{\varepsilon_{p,t}}}+\xi_p(\pi_{t-1}^{l_p}\pi^{1-l_p}P_{t-1})^{\frac{1}{\varepsilon_{p,t}}}\right]^{\varepsilon_{p,t}} \tag{16}$$

（四）政府部门

政府部门的预算约束为 $P_tG_t+B_{t-1}=T_t+B_t/R_t$，即 t 每一时期政府用税收 T_t 和发行的债券 B_t/R_t 支付政府的财政支出 P_tG_t 以及偿还 t－1 期债券的本息 B_{t-1}。根据 An 和 Schorfheide（2007），假设财政支出对总产出作出反应，即 $G_t=\xi_tY_t$，定义 $\varepsilon_{g,t}=1/(1-\xi_t)$，则政府支出可以重新表示为：

$$G_t = (1-\varepsilon_{g,t}^{-1})\ Y_t \tag{17}$$

式中，$\varepsilon_{g,t}$为财政政策冲击，财政政策冲击满足如下的一阶平稳自回归过程：$\ln\varepsilon_{g,t} = (1-\rho_g)\ \ln\varepsilon_g + \rho_g \ln\varepsilon_{g,t-1} + e_{g,t}$，$e_{g,t} \sim i.i.d.N(0, \sigma_g^2)$。

根据康立和龚六堂（2014）等文献的研究，本文假设中央银行根据泰勒规则执行货币政策，此外，本文还将其参数扩展为具有区制转移特征，泰勒规则的具体形式如下：

$$\frac{R_t}{R} = \left(\frac{R_{t-1}}{R}\right)^{\rho_{S_t}}\left[\left(\frac{\pi_t}{\pi}\right)^{\rho\pi,S_t}\left(\frac{Y_t/Y_{t-1}}{\gamma}\right)^{\rho_{y,S_t}}\right]^{1-\rho_{S_t}}\varepsilon_{r,t} \tag{18}$$

式中，$S_t=\{1, 2\}$为外生的不可观测的状态变量，$S_t=1$表示“积极”的反通胀货币政策立场，$S_t=2$表示“消极”的反通胀货币政策立场，“积极”反通胀货币政策对通货膨胀偏离的反应更大，即$\rho_{\pi,1} > \rho_{\pi,2}$。$\rho_{S_t}$为利率平滑系数，R、π和γ分别为稳态利率、稳态通货膨胀和稳态产出增长，$\varepsilon_{r,t}$为货币政策冲击，满足一阶平稳自回归过程：$\ln\varepsilon_{r,t} = \rho_r \ln\varepsilon_{r,t-1} + \varepsilon_{r,t}$，$\varepsilon_{r,t} \sim i.i.dN(0, \sigma_r^2)$。状态变量$S_t=\{1, 2\}$服从一阶马尔科夫过程，其转移概率矩阵为：

$$H = \begin{bmatrix} p_{11} & p_{21} \\ p_{12} & p_{22} \end{bmatrix} \tag{19}$$

式中，$p_{ij} = p(s_t = j \mid s_{t-1} = i)$，$i, j = \{1, 2\}$，表示t－1期状态i转换至t期状态j的概率，满足$p_{i1}+p_{i2}=1$。根据Bianchi和Ilut（2014）以及Bianchi（2012，2013，2016），在MS－DSGE模型系统内，转移概率p_{ij}可以刻画当货币政策处于i区制时，公众预期下一期货币政策转换至j区制的可能性，当p_{ij}越大时，则公众预期下一期中央银行执行j区制货币政策的可能性越大；反之亦然。

（五）总体资源约束

在市场出清的情况下，总产出Y_t分为消费C_t、投资I_t、政府支出G_t以及有效资本转换成本$a(u_t)\ K_{t-1}$，可以得到如下资源约束条件：

$$C_t + I_t + G_t + a(u_t)\ K_{t-1} = Y_t \tag{20}$$

（六）模型的对数线性化

因为全要素生产率服从非平稳的随机游走过程，所以需要对模型中的非平稳变量进行平稳化处理：$k_t = K_t/Z_t$、$\xi_t = \Xi_t Z_t$、$c_t = C_t/Z_t$、$i_t = I_t/Z_t$、$g_t =$

G_t/Z_t、$y_t = Y_t/Z_t$、$k_t^s = K_t^s/Z_t$ 以及 $z_t = Z_t/Z_{t-1}$。另外，根据价格水平 P_t 将名义变量转换为实际变量：$w_t = W_t/(P_tZ_t)$ 和 $r_t^k = R_t^k/P_t$。定义 $\hat{x}_t$ 为平稳化变量 x_t 在稳态 x 的偏离，平稳化处理后的式（3）～（7）、式（9）～（11）、式（15）～（18）以及式（20）对应的对数线性化系统如下：

$$\hat{k}_t^s = \hat{u}_t + \hat{k}_{t-1} - \hat{z}_t$$

$$\hat{k}_t = \frac{1-\delta}{z}(\hat{k}_{t-1} - \hat{z}_t) + \left(1 - \frac{1-\delta}{z}\right)(\hat{i}_t + \hat{\varepsilon}_{i,t})$$

$$\hat{c}_t = \left(1 - \frac{h}{z}\right)(\hat{\varepsilon}_{a,t} - \hat{\xi}_t) + \frac{h}{z}\hat{c}_{t-1} - \frac{h}{z}\hat{z}_t$$

$$\hat{\xi}_t = \hat{\varepsilon}_{a,t} + \sigma_L \hat{L}_t - \hat{w}_t$$

$$\hat{\xi}_t = \hat{R}_t + E_t(\hat{\xi}_{t+1} - \hat{\pi}_{t+1} - \hat{z}_{t+1})$$

$$\hat{i}_t = \frac{1}{1+\beta}\left[\frac{1}{z^2 S''}(\hat{Q}_t + \hat{\varepsilon}_{i,t}) + (\hat{i}_{t-1} - \hat{z}_t) + \beta E_t(\hat{i}_{t+1} + \hat{z}_{t+1})\right]$$

$$\hat{r}_t^k = \frac{a''}{a'}\hat{u}_t$$

$$\hat{y}_t = \left(1 + \frac{\Phi}{y}\right)[\alpha \hat{k}_t^s + (1-\alpha)\hat{L}_t]$$

$$\hat{w}_t = \hat{k}_t^s - \hat{L}_t + \hat{r}_t^k$$

$$\hat{mc}_t = \alpha \hat{r}_t^k + (1-\alpha)\hat{w}_t$$

$$\hat{\pi}_t = \frac{(1-\xi_p\beta)(1-\xi_p)}{(1+l_p\beta)\xi_p}\left(\hat{mc}_t + \frac{\varepsilon_p}{1+\varepsilon_p}\hat{\varepsilon}_{p,t}\right) + \frac{l_p}{1+l_p\beta}\hat{\pi}_{t-1} + \frac{\beta}{1+l_p\beta}E_t(\hat{\pi}_{t+1})$$

$$\hat{p}_t = \frac{\xi_p}{1-\xi_p}(\hat{\pi}_t - l_p\hat{\pi}_{t-1})$$

$$\hat{g}_t = \hat{y}_t + \left(\frac{1}{g/y} - 1\right)\hat{\varepsilon}_{g,t}$$

$$\hat{R}_t = \rho_{S_t}\hat{R}_{t-1} + (1-\rho)[\rho_{\pi,S_t}\hat{\pi}_t + \rho_{y,S_t}(\hat{y}_t - \hat{y}_{t-1} + \hat{z}_t)] + \hat{\varepsilon}_{r,t}$$

$$\hat{y}_t = \frac{c}{y}\hat{c}_t + \frac{i}{y}\hat{i}_t + \frac{g}{y}\hat{g}_t + \frac{r^k k^s}{y}\hat{u}_t \tag{21}$$

参照 Sims（2002）的方法，我们可以将式（21）表达为如下的结构模型方程式：

$$\Gamma_0(\theta_{S_t})X_t = \Gamma_1(\theta_{S_t})X_{t-1} + Q\varepsilon_t + \Pi\eta_t \tag{22}$$

式中，η_t 为预测误差，ε_t 为模型的外生冲击，X_t 为模型的状态变量，θ_{S_t}为依赖状态 S_t 的结构参数矩阵，Q、$\Gamma_0(\theta_{S_t})$ 和 $\Gamma_1(\theta_{S_t})$ 矩阵中的元素

为模型系统中结构参数的组合。为实现模型结构参数的估计，利用 Farmer 等（2011）提出的最小状态变量（Minimal State Variables，MSV）方法求解 MS－DSGE 模型。当模型的 MSV 解存在时，式（22）可以用如下的 MS－VAR 模型刻画：

$$X_t = T(\theta_{S_t}) X_{t-1} + R(\theta_{S_t}) Q\varepsilon_t \tag{23}$$

根据式（23）可知 MS－VAR 的参数依赖于状态 S_t，如果宏观经济运行服从该 MS－DSGE 所刻画的过程，那么 t 时期的宏观经济状态不仅依赖该时期所处区制的结构参数，同时也受到由转移概率所刻画的公众预期的影响（Davig 和 Leeper，2006）。为估计模型，进一步构造如下测量方程：

$$Z_t = D + UX_t \tag{24}$$

D 和 U 为常系数矩阵，Z_t 为观测变量。式（23）转移方程和式（24）观测方程共同构成状态空间模型。基于该模型，利用 MCMC 估计方法可以实现对 MS－DSGE 模型结构参数的估计。[①]

三、模型估计

（一）数据选取

模型估计使用的观测变量，包括利率、通货膨胀率、产出增长率、消费增长率以及投资增长率，数据频率为季度，样本区间为 1992 年第一季度至 2015 年第三季度，数据均来源于 CEIC 数据库和国家统计局。图 1 给出了以上各变量的时间序列数据。

关于利率指标，本文选取银行间拆借利率作为市场利率的代理变量，郑挺国和刘金全（2010）等国内多数文献也采用该变量作为我国货币政策的工具变量。由于中国人民银行公布的银行间拆借利率为月度数据，所以本

① 限于篇幅，本文未给出 MCMC 的具体实施步骤，备索。

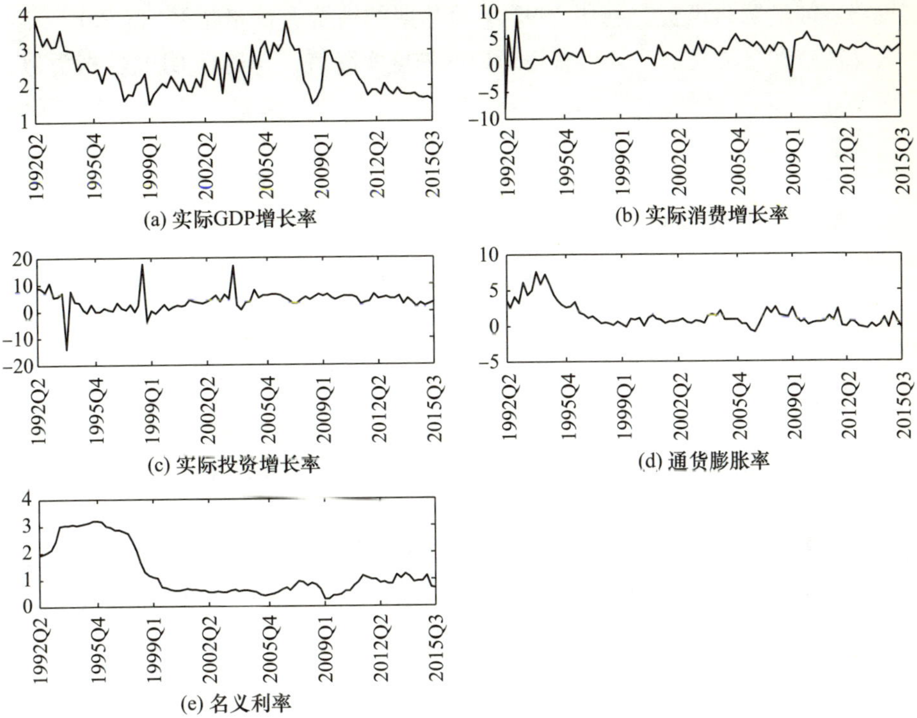

图 1　观测变量的时间序列数据

文根据中国人民银行网站公布的月度银行间同业拆借利率和交易量计算加权平均的季度银行间拆借利率。① 关于通货膨胀指标，本文选取消费者价格指数（CPI）衡量通货膨胀，由于 2001 年以前我国官方仅公布月度同比数据，所以利用 1992 ~ 2001 年的月度同比数据推算环比数据，再依据推算的 1992 ~ 2001 年环比数据以及统计局公布的 2002 ~ 2015 年的环比数据构建以 1992 年为基期的月度 CPI，然后通过季度内几何平均得到季度 CPI，利用季节调整的消费者价格指数计算环比通货膨胀率。关于产出增长率，本文选取实际 GDP 增长率来测度，根据国家统计局公布的 GDP 同比累计增长率，计算以 1992 年为基期的季度实际 GDP，根据季节调整后的实际 GDP 序列计算环比 GDP 增长率。最后，选取季度社会零售品消费总额和城镇固定资产

---

① 加权平均季度拆借利率为：$i_Q = (\sum f)^{-1}(i_1 f_1 + i_2 f_2 + \cdots + i_n f_n) = (\sum f)^{-1}\sum if$，$i_k$ 和 f_k 为月度利率和月度交易量。

投资表征消费和投资，利用1992年为基期的消费者价格指数（CPI）平减名义消费和名义投资，随后获得对应的季度实际值，与处理GDP数据类似，用Tramo/Seats方法消除实际消费和实际投资的季节因素，最后计算实际增长率。

（二）参数估计

在MS－DSGE模型中，共有32个结构参数。按照一般文献做法，本文对季度贴现率β、资本折旧率δ、财政支出占比的稳态值g/y和资本份额α进行校准。样本期间内年化平均短期利率为4.96%，根据文献（An和Schorfheilde，2007），将季度贴现率校准为$\beta=(1+0.0496/4)^{-1}\approx 0.99$；资本折旧率δ校准为0.025（杜清源和龚六堂，2005；王国静和田国强，2014）；财政支出占比的稳态值g/y校准为0.14（马文涛和魏福成，2011）；资本份额α校准为0.5（许伟和陈斌开，2009）。其余28个参数均采用贝叶斯MCMC方法估计实现，先验分布主要参照文献中惯常的设定或经验发现的结果，具体设定及对应的参照文献如表1所示。

表1 估计结果

参数	经济含义	先验分布	参照文献	后验均值	90%置信区间
l_p	价格指数化程度	Beta（0.5，0.2）	Smets 和 Wouters (2007)	0.6322	[0.5492，0.7464]
ξ_p	价格调整概率	Beta（0.5，0.2）	Smets 和 Wouters (2007)	0.6881	[0.6161，0.7513]
$100\times(\gamma-1)$	产出增长率稳态	Gamma（2.5，0.005）	马文涛和魏福成 (2011)	2.5002	[2.4926，2.5082]
h	消费惯性	Beta（0.5，0.2）	Smets 和 Wouters (2007)	0.6930	[0.6459，0.7425]
σ_L	劳动供给弹性倒数	Gamma（3，0.1）	王君斌和王文甫 (2010)	3.0060	[2.8739，3.1188]
S''	资本调整成本弹性	Gamma（2，0.1）	刘斌（2008）	1.9875	[1.8576，2.1569]
b	资本利用率弹性	Gamma（0.5，0.1）	马文涛和魏福成 (2011)	0.8261	[0.7138，0.9193]

续表

参数	经济含义	先验分布	参照文献	后验均值	90%置信区间
$\pi-1$	通货膨胀率稳态	Gamma(0.014，0.005)	马文涛和魏福成(2011)	0.0125	[0.0071，0.0188]
ε_p	价格加成冲击稳态	Gamma(1.15，0.005)	马文涛和魏福成(2011)	1.1449	[1.1368，1.1523]
ρ_1	区制1利率平滑系数	Beta（0.5，0.2）	Smets 和 Wouters(2007)	0.9673	[0.9606，0.9744]
ρ_2	区制2利率平滑系数	Beta（0.5，0.2）	Smets 和 Wouters(2007)	0.9743	[0.9597，0.9879]
$\rho_{\pi,1}$	区制1通胀反应系数	Gamma（1.5，0.1）	郑挺国和刘金全(2010)	1.6655	[1.4972，1.8475]
$\rho_{\pi,2}$	区制2通胀反应系数	Gamma（0.4，0.1）	郑挺国和刘金全(2010)	0.9915	[0.8932，1.0855]
$\rho_{y,1}$	区制1产出增长反应系数	Gamma（1，0.1）	郑挺国和刘金全(2010)	0.4966	[0.4152，0.7650]
$\rho_{y,2}$	区制2产出增长反应系数	Gamma（1，0.1）	郑挺国和刘金全(2010)	1.0134	[0.8603，1.2310]
ρ_a	偏好冲击自回归系数	Beta（0.5，0.2）	Smets 和 Wouters(2007)	0.9446	[0.9166，0.9643]
ρ_r	货币政策冲击自回归系数	Beta（0.5，0.2）	Smets 和 Wouters(2007)	0.5669	[0.5193，0.6118]
ρ_i	投资冲击自回归系数	Beta（0.5，0.2）	Smets 和 Wouters(2007)	0.9853	[0.9713，0.9946]
ρ_p	价格加成冲击自回归系数	Beta（0.5，0.2）	Smets 和 Wouters(2007)	0.1234	[0.0811，0.1949]
ρ_g	财政政策冲击自回归系数	Beta（0.5，0.2）	Smets 和 Wouters(2007)	0.9864	[0.9782，0.9939]
σ_z	全要素生产率冲击标准差	Inv_ Gamma（0.1，2）	Smets 和 Wouters(2007)	0.0732	[0.0612，0.0874]
σ_a	偏好冲击标准差	Inv_ Gamma（0.1，2）	Smets 和 Wouters(2007)	0.0985	[0.0817，0.1226]

续表

参数	经济含义	先验分布	参照文献	后验均值	90%置信区间
σ_r	货币政策冲击标准差	Inv_ Gamma（0.1，2）	Smets 和 Wouters（2007）	0.0240	[0.0190，0.0305]
σ_i	投资冲击标准差	Inv_ Gamma（0.1，2）	Smets 和 Wouters（2007）	0.0911	[0.0767，0.1102]
σ_p	价格加成冲击标准差	Inv_ Gamma（0.1，2）	Smets 和 Wouters（2007）	0.1006	[0.0274，0.1585]
σ_g	财政政策冲击标准差	Inv_ Gamma（0.1，2）	Smets 和 Wouters（2007）	0.0209	[0.0180，0.0238]
p_{11}	转移概率 $p(S_t=1 \mid S_{t-1}=1)$	Beta（0.9，0.05）	郑挺国和刘金全（2010）	0.9808	[0.9660，0.9918]
p_{22}	转移概率 $p(S_t=2 \mid S_{t-1}=2)$	Beta（0.9，0.05）	郑挺国和刘金全（2010）	0.9087	[0.8673，0.9307]

注：先验分布括号内的数值分别为先验分布的均值和标准差。贝叶斯抽样次数设定为50000次，并舍弃前20000次抽样的预烧抽样。

表1报告了MS－DSGE模型参数的估计结果。价格指数化程度参数l_p的后验均值为0.6322，表明中间产品厂商在调整价格时具有后顾性，与马文涛和魏福成（2011）等文献的发现一致。价格调整概率ξ_p后验均值为0.6881，说明我国通货膨胀动态过程具有持续性，价格调整周期约为三个季度。产出增长率稳态值$100\times(\gamma-1)$后验均值2.5002与样本区间内的平均产出增长率2.5%接近。消费惯性参数h后验均值为0.6930，说明消费具有较强的惯性。劳动供给弹性倒数σ_L后验均值为3.0060，即劳动供给弹性为0.3327，表明我国劳动供给弹性较低，原因可能是福利制度、户籍制度和工资市场化程度较低等因素限制了劳动力的自由流动（孙宁华等，2009），导致我国劳动力市场化程度较低，降低了劳动供给对工资的敏感度。资本调整成本弹性S''的后验均值为1.9875，与刘斌（2008）的估计结果接近，表明当投资增速变化1%，投资成本增加1.9875%。季度通货膨胀率稳态值$\pi-1$后验均值为0.0125，与1992～2015年间的均值接近。价格加成冲击稳态值ε_p后验均值为1.1449，明显大于1，说明我国的产品市场存在较强的垄断性。对于区制转移泰勒规则，利率平滑系数后验均值约为0.95，说明利率调整具有较强的持续性；区制1的通货膨胀反应系数

1.6655大于区制2的反应系数0.9915；区制1的产出增长率反应系数0.4966小于区制2的反应系数1.0134。在“积极”货币政策区制下，中央银行执行货币政策时主要盯住通货膨胀的变动以调整名义利率，从而稳定宏观经济波动；在“消极”货币政策区制下，中央银行对通货膨胀的反应不足，宏观经济运行存在内在不稳定性，中央银行货币政策的调整更关注产出的变动，这与Zheng等（2012）的结果一致。

图2报告了“积极”货币政策区制的概率，我国货币政策位于区制1的区间为：1992年第二季度至1995年第四季度，1998年第三季度至1999年第一季度，2003年第四季度至2004年第三季度和2008年第四季度至2009年第一季度。[①] 图2很好地捕捉了我国货币政策的区制转移特征，下面具体结合我国宏观经济的实际运行阐述样本区间内货币政策调整与通货膨胀动态之间的联系。在1992～1996年，房地产热与开发区热等因素导致投资急剧膨胀，经济快速发展，通货膨胀居高不下，中央银行在期间实行紧缩的货币政策稳定通货膨胀，在1993年5月～1993年7月，中央银行将一年期的存款利率从7.56%分别提高到10.98%，将一年期贷款利率从8.64%上调至10.98%，最终经济在1996年实现软着陆。1997年受到亚洲金融危机的冲击，期间经济增长和通货膨胀出现明显下滑，通货紧缩迹象显现，针对经济下行的态势，中央银行于1998年三次下调存贷款利率，1998年2月、1998年6月以及1998年11月，中央银行将一年期存款利率从5.67%下调至3.78%，将一年期贷款利率从8.64%调整为6.93%，这些措施有效地缓解了当时通货紧缩趋势。针对2004年前后经济出现的温和通货膨胀，中央银行转而小幅提高利率，在2004年9月，一年期存款利率和贷款利率由1.98%和5.31%分别上调至2.25%和5.58%。受到2008年次贷危机的影响，环比实际产出增长速度由2007年第四季度的3.02%降至2008年第四季度的1.64%，CPI也出现下降趋势，为了规避次贷危机对我国经济的负面冲击，中央银行在2008年第三季度和第四季度连续下调基准利率，一年期的存贷款利率由2008年8月的4.14%和7.47%下调为2008年12月的2.25%和5.58%。可以发现，由估计MS－DSGE模型得到的区制概率在很大程度上捕捉了我国货币政策的动态调整过程。

---

① 根据概率是否大于0.5来判断t时期货币政策所处区制，当t时期区制1的概率大于0.5时，该时期位于“积极”货币政策区制；当t时期区制1的转移概率小于0.5时，该时期位于“消极”货币政策区制。

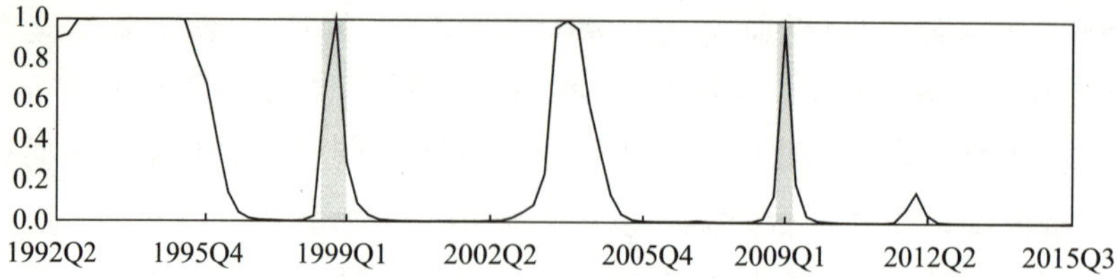

图2 “积极”货币政策区制的概率

图3和图4分别报告了两个区制的脉冲响应，图中第1至5行分别对应产出增长率、消费增长率、投资增长率、通货膨胀以及名义利率对各类冲击一单位偏离的响应，图中第1至6列分别为偏好冲击、财政政策冲击、投资冲击、价格加成冲击、货币政策冲击和全要素生产率冲击对各内生变量的冲击。

（1）偏好冲击。当t期发生正向的偏好冲击时，当期消费边际效用会上升，导致家庭消费的增长，总需求的增长及其引致的通货膨胀会使中央银行向上调整名义利率，从而降低投资需求。

（2）财政政策冲击。当经济发生一单位正向财政政策冲击时，政府财政支出上升导致总需求增长，总需求拉动通货膨胀上升，为了稳定产出和通货膨胀，中央银行会提升名义利率，进而挤出投资，名义利率的上升会激励家庭减少当期消费并以购买债券的形式进行储蓄。

（3）投资冲击。正向的投资冲击首先会拉动投资的增长，总需求会增加，进而引起通货膨胀上升，中央银行将实行紧缩的货币政策，挤出了消费。

（4）价格加成冲击。正向的价格加成冲击意味着中间产品市场垄断程度有所上升，总供给水平会有所下降，供给的减少会导致通货膨胀上升。在区制1，货币政策主要盯住通货膨胀的变动，因而中央银行倾向实行紧缩的货币政策；在区制2，中央银行对产出增长和通胀变动的反应系数几乎相等，但价格加成冲击对通货膨胀的正向效应大于其对产出增长率的负向效应，因而中央银行偏向选择紧缩的货币政策。

（5）货币政策冲击。当经济发生一个正向的货币政策冲击时，首先会提高名义利率，进而降低投资需求，同时会减少当期消费以购买债券。

（6）全要素生产率冲击。全要素生产率冲击会提高边际产出，进而提高产出增长率。在区制2，由于供给的增加，导致价格水平下降，并且价格

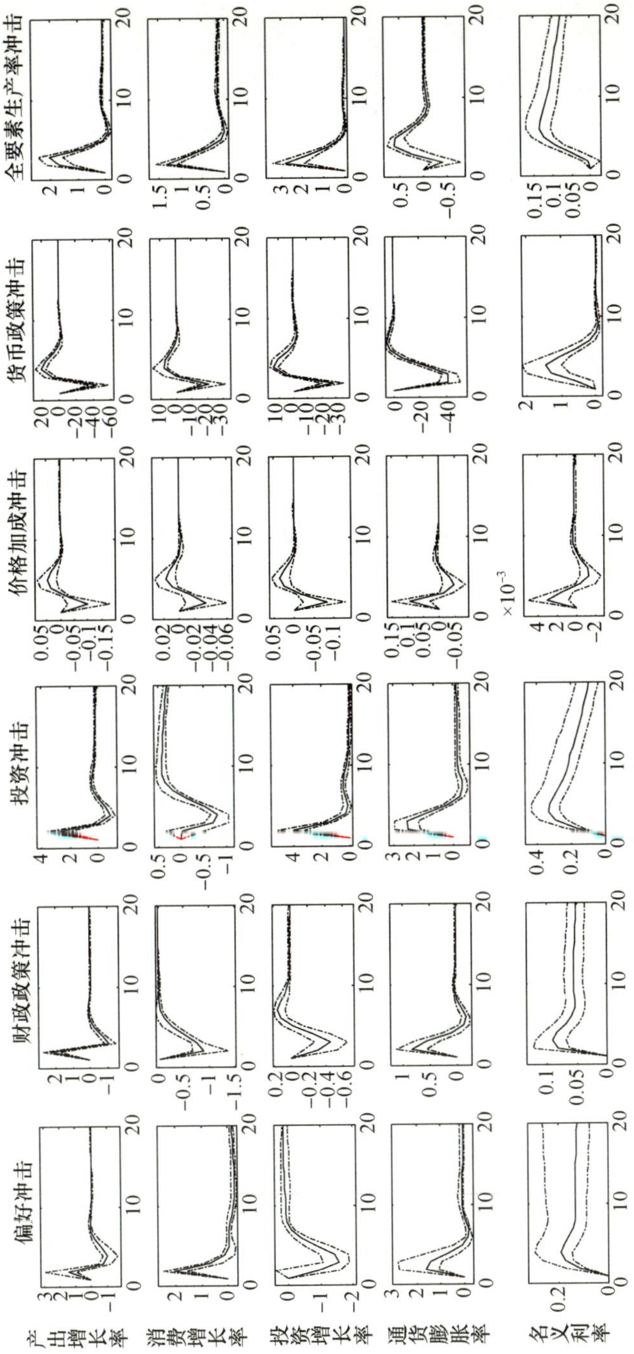

图3 区制1脉冲响应

注：纵轴为实际脉冲响应数值乘以100，其中，实线为脉冲响应的中位数，虚线为90%置信区间。

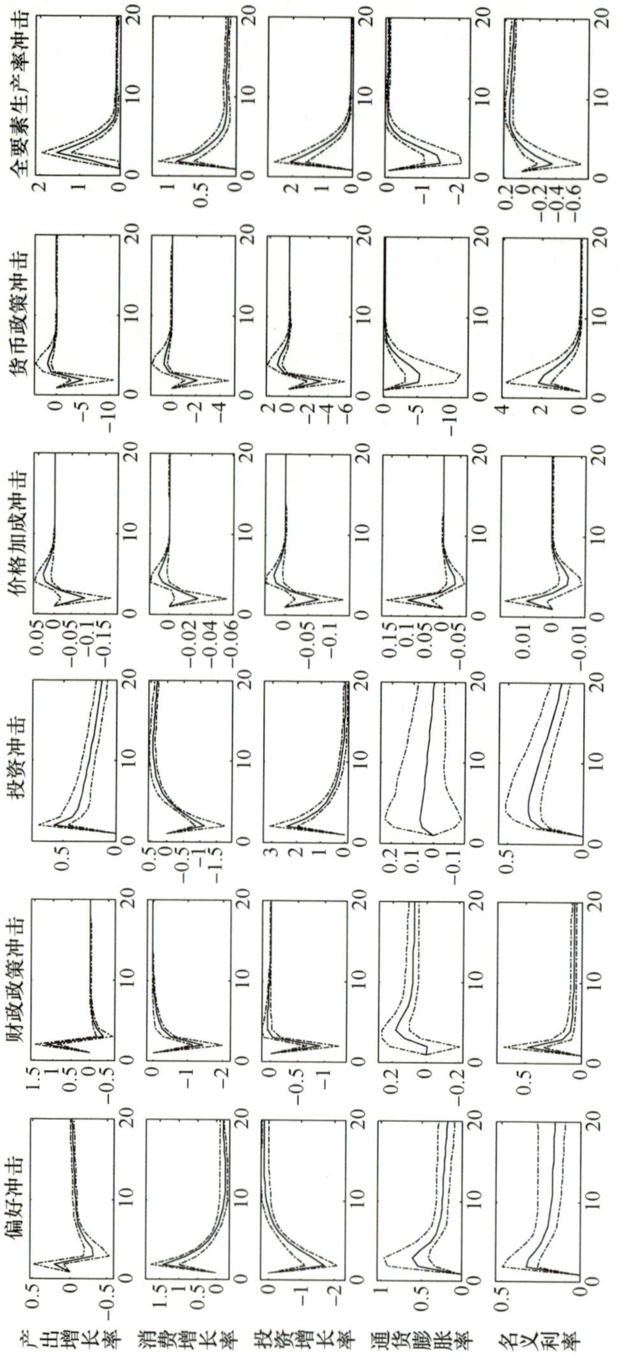

图 4　区制 2 脉冲响应

注：纵轴为实际脉冲响应数值乘以100，其中，实线为脉冲响应的中位数，虚线为90%置信区间。

水平下降程度大于产出水平的上升程度，央行采取紧缩的货币政策；在区制1，全要素生产率首先导致供给增加，起初通货膨胀水平也呈下降趋势，而区制1的消费和投资对全要素生产率的反应大于区制2，区制1总需求对全要素生产率冲击的反应也会更大，随着需求的拉升，价格水平呈上升的趋势，中央银行利率的响应也呈现先下降后上升的态势。

四、反事实研究

为进一步探讨公众预期变动和货币政策切换对宏观经济的影响，以下考察了三类反事实研究：第一类为“积极”和“激进”货币政策立场；第二类是预期；第三类是预期与“激进”货币政策立场。

（一）“积极”和“激进”货币政策立场

第一类反事实研究要考察的是当中央银行在样本区间内只执行“积极”或“激进”货币政策时，对宏观经济运行有何影响？为此，基于前文对MS－DSGE模型的抽样，将泰勒规则的反应系数固定为“积极”或“激进”货币政策的系数，那么MS－DSGE模型转化为线性DSGE模型，随后求解线性DSGE模型。关于“激进”货币政策参数的设定如下：利率平滑系数等于“积极”货币政策的平滑系数，通货膨胀反应系数和产出增长反应系数分别为“积极”货币政策的2倍和1/2倍，中央银行“激进”的货币政策具有更强烈的反通胀立场，为降低由产出波动引起的利率调整对通货膨胀变动的扰动，将产出增长的系数设定为“积极”状态货币政策的1/2。

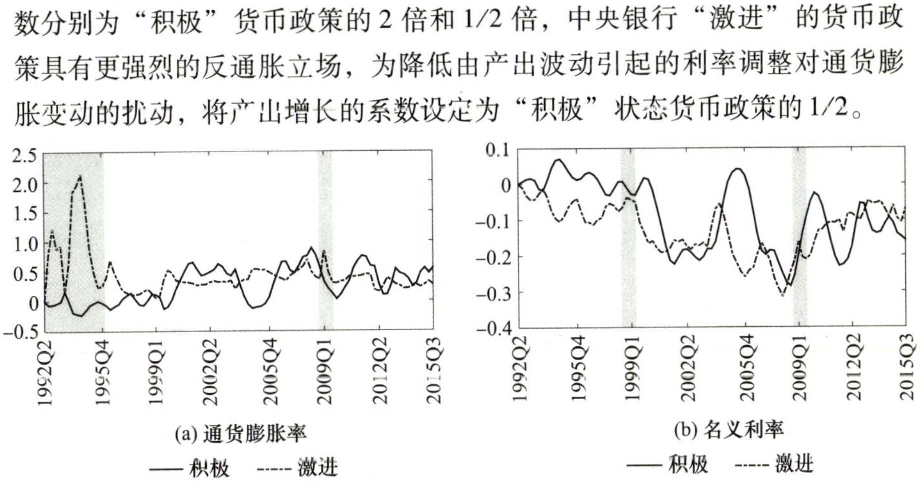

图5 通货膨胀率和名义利率反事实路径：“积极”和“激进”货币政策

图5分别报告了通货膨胀率和名义利率的实际路径和反事实路径的差分，阴影部分为区制1所处区间。对于名义利率，在MS－DSGE模型划分的1992～1996年的“积极”货币政策区制，在该区间内中央银行原已执行“积极”货币政策，因而“积极”货币政策的反事实名义利率路径与实际利率路径（Actual Nominal Interest Rate Path）的偏离幅度较小。此外，当中央银行执行“激进”货币政策时，利率调整对通货膨胀偏离有更大的反应，因而利率会更大幅度地上调。在2003第四季度至2004第三季度和2008年第四季度至2009年第一季度，当中央银行执行“积极”货币政策时，反事实利率路径明显高于实际路径，原因是在这两个时间段之前出现了温和的通货膨胀，因而中央银行会较大幅度上调利率。此外，泰勒规则利率平滑系数的估计值约为0.9，中央银行在执行货币政策时具有较强的连贯性与持续性，造成了这两段区制的反事实名义利率路径与实际路径较大的向上偏离；当中央银行执行“激进”货币政策时，期间整体的反事实名义利率路径明显高于“积极”货币政策。对于1992～1996年居高不下的通货膨胀，如果期间中央银行执行“激进”的货币政策，可以较有效地抑制高企的通货膨胀。而对于2002年前后温和的通货膨胀以及2007年前后的持续上涨的通货膨胀，当中央银行执行“积极”或“激进”货币政策上调利率时，期间的通货膨胀可以得到更为有效的控制。

图6报告了当中央银行在样本区间内执行“积极”或“激进”货币政策时产出、投资与消费的损失，t期变量的损失为$x_t - \hat{x}_t$，x_t和$\hat{x}_t$分别是变量在t期的实际值和反事实值的对数值。从图6可以观察到，虽然中央银行执行“积极”或“激进”货币政策时，2002年和2007年前后的通货膨胀得到更有效的控制，但造成产出、投资和消费较大的损失，而“激进”货币政策带来的损失大于“积极”货币政策，原因在于当中央银行始终执行“积极”或“激进”货币政策时，会较大幅度地提高名义利率，期间反事实利率路径明显高于实际利率值，导致投资成本和储蓄收益上升，进而使投资和消费需求下降，而执行“激进”货币政策时会更大幅度地上调利率，所以其导致的损失也更大。尤其是在反事实利率大幅向上调整阶段，即2002年、2007年以及2011年前后，对产出、投资和消费的挤出效应更大，“积极”货币政策损失的峰值分别约为4%、2%和3%，“激进”货币政策损失的峰值分别约为5.5%、5%和4.5%。为更客观地反映变量的损失，根据Bianchi（2013）以及Bianchi和Ilut（2014）的做法，表2报告了反事实

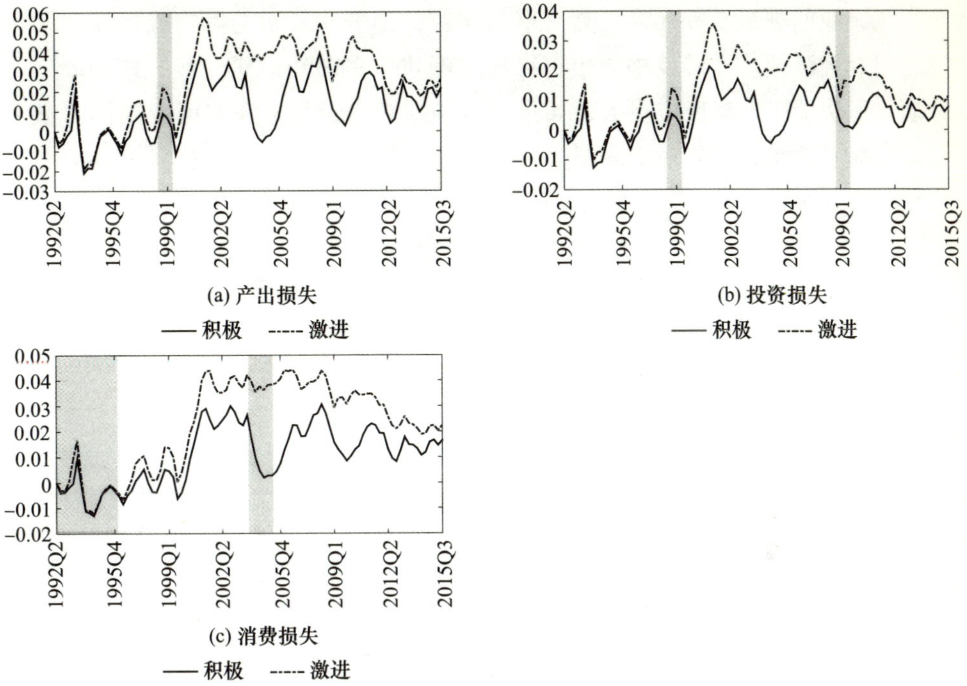

图6 产出、投资和消费损失："积极"货币政策

研究的产出、投资和消费的损失率，其计算过程如下：

$$SR_x = 100 \times [\sum_{t=1}^{T}(x_t - \hat{x}_t)]/[\sum_{t=1}^{T}(\pi_t - \hat{\pi}_t)]$$

式中，x_t 和 $\hat{x}_t$ 分别为变量在 t 期的实际值和反事实值的对数值，π_t 和 $\hat{\pi}_t$ 分别为通货膨胀的实际值和反事实值，SR_x 可以测度降低通货膨胀对变量 x 造成的损失，如果损失率 SR_x 越大，那么降低通货膨胀的成本也就越大。从表 2 可以看出，虽然中央银行执行"积极"或"激进"货币政策可以降低部分区间的通货膨胀，但是政策的执行也导致较大的经济损失，"激进"货币政策导致的损失大于"积极"货币政策。

（二）预期

在第一类反事实研究中，假定中央银行在样本区间内只执行"积极"货币政策，虽然在部分区间的通货膨胀得到更为有效的控制，但是导致了较大的经济损失并且 1992～1996 年的高通货膨胀依然无法得到有效的缓解。

为此，我们进一步考察第二类反事实研究，即公众预期的影响或预期变动的宏观经济效应。假设中央银行存在“激进”的货币政策立场，即利率变动对通货膨胀偏离反应更大，如果公众预期中央银行未来有可能执行“激进”货币政策，那么对宏观经济动态有何影响？

表2 产出、投资和消费损失

	“激进”货币政策	“积极”货币政策	预期	预期与“激进”货币政策
产出	6.5863	4.4920	2.4607	1.9791
投资	2.7061	1.8542	1.1357	1.0492
消费	6.1157	4.1090	2.4241	1.8007

“激进”货币政策反应系数的设置如第一类反事实研究，此外，为刻画公众预期变动，假设货币政策存在三种区制，$s_t = \{1, 2, 3\}$，分别代表“积极”、“消极”和“激进”货币政策立场，$p'_{ij} = p'(s_t = j \mid s_{t-1} = i)$ 为反事实研究的 t－1 时期 i 区制向 t 时期 j 区制货币政策切换的转移概率，$p_{ij} = p(s_t = j \mid s_{t-1} = i)$ 为基准 MS－DSGE 模型估计的转移概率。反事实研究中的转移矩阵设定如下：

$$\begin{bmatrix} p'_{11} & p'_{21} & p'_{31} \\ p'_{12} & p'_{22} & p'_{32} \\ p'_{13} & p'_{23} & p'_{33} \end{bmatrix} =$$

$$\begin{bmatrix} p_{11} \times 0.7 & (1-0.7\times p_{22}) \times (1-Exp) & 1-p_{11} \\ (1-0.7\times p_{11}) \times (1-Exp) & p_{22}\times 0.7 & 0 \\ (1-0.7\times p_{11}) \times Exp & (1-0.7\times p_{22}) \times Exp & p_{11} \end{bmatrix}$$

式中，当经济处于“积极”或“消极”货币政策区制时，设定该区制的自维持概率 p'_{11} 和 p'_{22} 为基准模型估计结果 p_{11} 和 p_{22} 的 70%，随着 Exp 的增加，公众预期未来中央银行执行“激进”货币政策的可能性也会增加；当经济处于“激进”货币政策时，其自维持概率 p'_{33} 等于 p_{11}，为维持中央银行执行货币政策的可信度和公信力，货币政策不会直接从“激进”转换至“消极”货币政策，即 $p'_{32} = 0$。在反事实模拟过程中，对每一次基准 MS－DSGE 模型的抽样都根据上述参数的设定构造“激进”货币政策，且 Exp

设定为0.8。此部分仅考察公众预期变动的宏观经济效应，所以样本区间内区制的发生状态仍设定为基准模型估计所得到的结果，中央银行没有执行“激进”货币政策。

图7报告了第二类反事实研究关于通货膨胀率和名义利率的反事实路径和实际路径。与第一类反事实研究相比，可以明显地观测到1992～1996年的通货膨胀率有所下降，并且在2002年和2007年前后，通货膨胀也得到有效的控制。此外，与实际利率路径相比，反事实名义利率路径也处于较低水平。2012年后，名义利率的反事实路径可以较好地拟合实际路径，表明近年来中央银行的预期管理效果逐步显现。相比执行“积极”货币政策（第一类反事实研究），第二类反事实研究结果表明中央银行引导公众预期对于稳定和治理通货膨胀具有重要的作用，对于中央银行而言，增加货币政策执行的透明度以引导公众的预期更具有操作性。

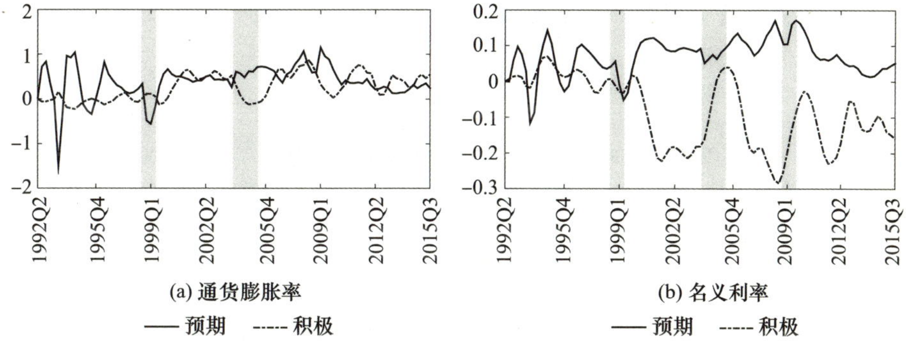

图7 通货膨胀率和名义利率反事实路径：预期

图8分别报告了产出、投资和消费的损失。和第一类反事实研究相比，产出、投资和消费的损失峰值分别约为2%、1%和1%，小于第一类反事实研究的经济损失，其主要的原因在于公众预期未来中央银行可能执行“激进”货币政策治理通货膨胀，导致通胀预期和整体名义利率水平下降，进而降低了产出、投资和消费的损失。中央银行提高货币政策透明度引导公众预期不仅可以显著地控制通货膨胀，而且可以降低治理通货膨胀的成本。

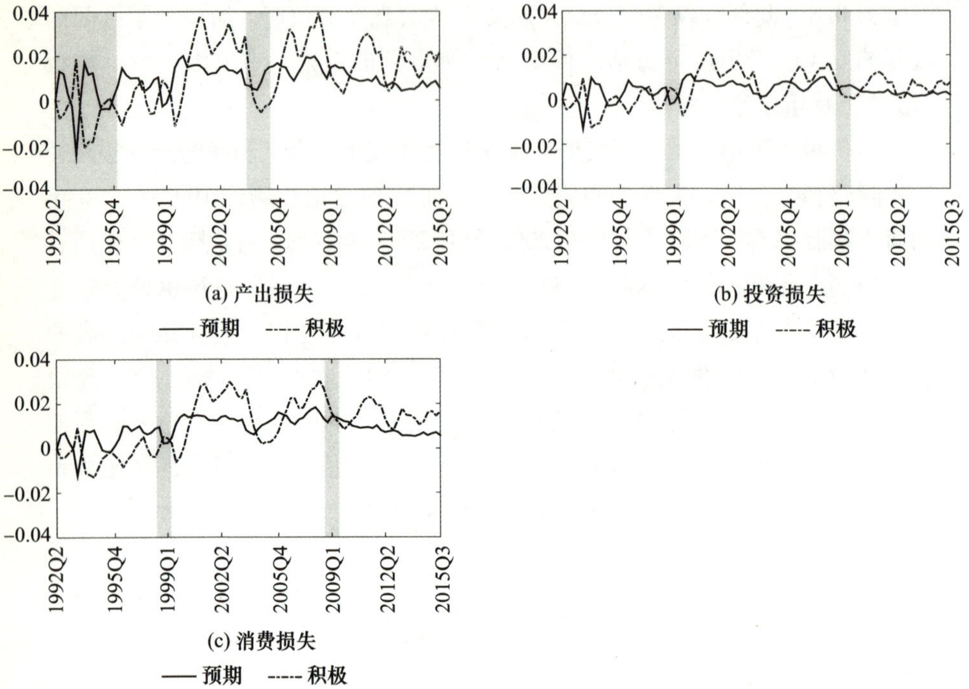

图8　产出、投资和消费损失：预期

为了考察公众预期变动对反通胀经济成本的影响，本文进而对公众的预期变动进行了反事实研究，具体的模拟过程如下：固定 p'_{11} 不变，而 $p'_{13} = (1-0.7 \times p_{11}) \times Exp$，Exp 的取值在 0.1 ~ 0.9 变动，Exp 的增加意味着公众对反通胀的预期不断增强。从表3可以看出，随着公众预期强度的增加，产出、投资和消费的损失率呈下降的趋势，表明中央银行在执行"积极"货币的同时，完善和加强预期管理可以降低经济的反通胀成本。

表3　预期变动的产出、投资和消费损失

	0.1	0.2	0.3	0.4	0.5	0.6	0.7	0.8	0.9
产出	2.5080	2.4916	2.4840	2.4717	2.4772	2.4718	2.4531	2.4607	2.3940
投资	1.1823	1.1772	1.1832	1.1832	1.1711	1.1542	1.1267	1.1357	1.1472
消费	2.5181	2.5165	2.5092	2.5119	2.4986	2.4784	2.4487	2.4241	2.4096

（三）预期与“激进”货币政策立场

第二类反事实研究考察了公众预期变动对宏观经济运行的影响，然而，期间中央银行没有执行“激进”货币政策。进一步地，此部分内容假设，中央银行不仅引导公众对未来执行“激进”货币政策的预期，而且为了提高中央银行执行政策的可信度，中央银行也执行“激进”的货币政策。假设经济存在两种区制的货币政策：“消极”和“激进”货币政策，“消极”货币政策的参数为基准模型的估计值，而“激进”货币政策参数与第一类和第二类反事实研究的设定相同，$s_t=\{1, 2\}$，1 为“激进”货币政策，2 为“消极”货币政策，其转移概率矩阵 $p''_{ij}=p''(s_t=j \mid s_{t-1}=i)$ 设定如（25）所示，$p''_{21}=1-p_{22}\times Eagle$，其中 Eagle = 0.7，当货币政策处于“消极”区制时，随着 Eagle 的降低，公众预期中央银行执行“激进”货币政策的可能性越大。在反事实分析过程中，对于基准 MS - DSGE 模型的每次抽样，都按上述参数设定形式构建“激进”货币政策，而基准 MS - DSGE 估计所得的“积极”货币政策区制替换为“激进”货币政策。为了与“激进”货币政策搭配预期的情形进行对比，此部分反事实研究也考察了 Eagle = 1 的情况。

$$\begin{bmatrix} p''_{11} & p''_{21} \\ p''_{12} & p''_{22} \end{bmatrix} = \begin{bmatrix} p_{11} & 1-p_{22}\times 0.7 \\ 1-p_{11} & p_{22}\times 0.7 \end{bmatrix} \tag{25}$$

图 9 分别报告了通货膨胀和名义利率的实际路径与反事实路径。与 Eagle = 1 的情形相比，当中央银行在执行“激进”货币政策的同时增强公众的预期，经济中整体的通货膨胀得到更有效的控制，1992 ~ 1996 年的通货膨胀下降程度也更显著。与前两类反事实研究相比，对于 1992 ~ 1996 年的通货膨胀，“激进”货币政策搭配预期引导的政策效果更为明显。所以，如果中央银行执行更具有弹性的货币政策并引导公众预期，那么可以更好地控制 1992 ~ 1996 年居高不下的通货膨胀。

从图 10 中可以看出，与第一类反事实研究和 Eagle = 1 的情形相比，当中央银行在执行“激进”货币政策时并搭配引导公众反通胀预期，产出、投资和消费的损失有所下降。由表 2 可知，经济的整体损失显著地小于第一类和第二类反事实，表明中央银行在引导公众预期的同时并执行相应的政策对稳定宏观经济具有更重要的作用。

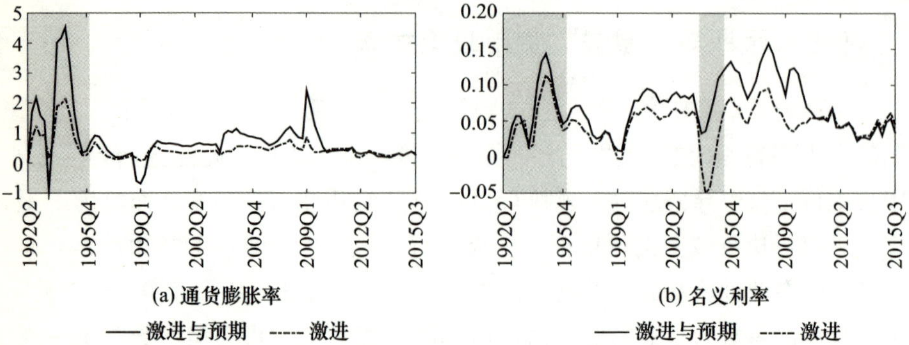

图9　通货膨胀和名义利率反事实路径：预期与“激进”货币政策

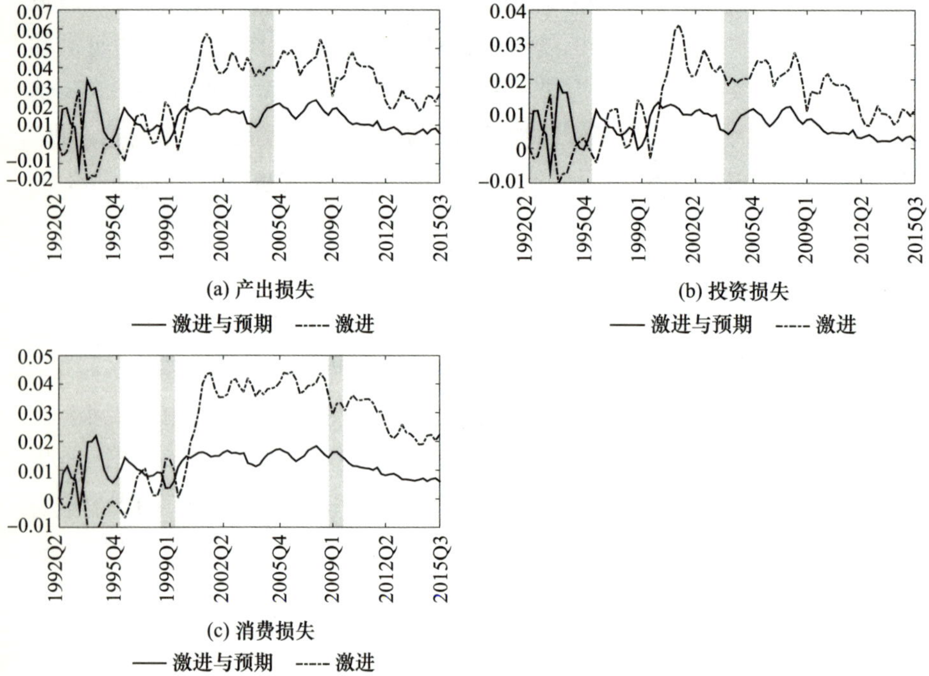

图10　产出、投资和消费损失：预期与“激进”货币政策

五、结论及启示

借鉴 Smets 和 Wouters（2007）以及 Christinao 等（2005）的建模思路，本文构建了货币政策规则具有区制转移非线性特征的 MS - DSGE 模型，其中货币政策具有“积极”和“消极”两种状态的反通胀立场。基于 1992 年第一季度至 2015 年第三季度的季度数据，本文利用 MCMC 方法估计了 MS - DSGE 模型的结构参数，结果表明 MS - DSGE 可以准确地捕捉我国货币政策的区制转移特征。随后，本文进一步基于基准 MS - DSGE 模型的估计结果进行了反事实研究，并假设中央银行提高货币政策透明度，引导公众形成对未来反通胀货币政策的预期。

反事实研究结果表明：①虽然在样本区间内中央银行执行“积极”或“激进”货币政策可以在一定程度上控制通货膨胀，但是造成了经济较大的损失；②如果中央银行通过引导公众预期治理通货膨胀，通货膨胀的治理效果会优于仅执行“积极”货币政策的效果，并且经济损失会更小；③随着中央银行反通胀货币政策立场可信度的提高，反通胀导致的经济损失会逐步降低；④执行“激进”的货币政策的同时搭配预期管理，通胀治理效果更加明显，并且经济损失也会下降。

以上研究结果可以为中央银行完善和加强预期管理提供重要的经验依据。特别地，当中央银行在执行反通胀货币政策时，应同时提高货币政策执行的透明度和可信度，向公众披露坚定的反通胀立场以引导和塑造公众的预期，这不仅有益于中央银行提高货币政策的有效性，而且会降低反通胀导致的经济损失。

参考文献

［1］An, S. and F. Schorfheide. Bayesian Analysis of DSGE Models［J］. Econometric Reviews, 2007, 26（2－4）: 113－172.

［2］Bianchi, F. Evolving Monetary/Fiscal Policy Mix in the United States［J］. The American Economic Review, 2012, 102（3）: 167－172.

［3］Bianchi, F. Regime Switches, Agents' Beliefs, and Post－World War II U. S. Macroeconomic Dynamics［J］. Review of Economic Studies, 2013, 80（2）: 463－490.

[4] Bianchi, F., C. Ilut. Monetary/Fiscal Policy Mix and Agents' Beliefs [J]. National Bureau of Economic Research Working Paper, 2014.

[5] Bianchi, F. Methods for Measuring Expectations and Uncertainty in Markov – Switching Models [J]. The Journal of Econometrics, 2016, 190 (1): 79 – 99.

[6] Blinder, A. S., M. Ehrmann, M. Fratzscher. Central Bank Communication and Monetary Policy: A Survey of Theory and Evidence [J]. Journal of Economic Literature, 2008, 46 (4): 910 – 945.

[7] Calvo G. A., Staggered Prices in a Utility – Maximizing Framework [J]. Journal of monetary Economics, 1983, 12 (3): 383 – 398.

[8] Campbell J. R., C. L. Evans, J. D. M. Fisher, A. Justiniano, C. W. Calomiris, and M. Woodford. Macroeconomic Effects of Federal Reserve Forward Guidance [J]. Brookings Papers on Economic Activity, 2012: 1 – 80.

[9] Chen, X., R. MacDonald. Realized and Optimal Monetary Policy Rules in an Estimated Markov – Switching DSGE Model of the United Kingdom [J]. Journal of Money, Credit and Banking, 2012, 44 (6): 1091 – 1116.

[10] Christiano L. J., M. Eichenbaum, C. L. Evans. Nominal Rigidities and the Dynamic Effects of a Shock to Monetary Policy [J]. Journal of political Economy, 2005, 113 (1): 1 – 45.

[11] Clarida, R., J. Gali, M. Gertler. Monetary Policy Rules and Macroeconomic Stability: Evidence and Some Theory [J]. The Quarterly Journal of Economics, 2000, 115 (1): 147 – 180.

[12] Davig, T., E. M. Leeper. Endogenous Monetary Policy Regime Change [J]. Indiana University Working Paper, 2006.

[13] Farmer, R. E. A., D. F. Waggoner, T. Zha. Minimal State Variable Solutions to Markov – Switching Rational Expectations Models [J]. Journal of Economic Dynamics and Control, 2011, 35 (12): 2150 – 2166.

[14] Hoeberichts, M., M. F. Tesfaselassie, S. Eijffinger. Central Bank Communication and Output Stabilization [J]. Oxford Economic Papers, 2009, 61 (2): 395 – 411.

[15] Iiboshi, H. Monetary Policy Regime Shifts under the Zero Lower Bound: An Application of a Stochastic Rational Expectations Equilibrium to a Markov Switching DSGE Model [J]. Economic Modelling, 2016 (52): 186 – 205.

[16] Krugman P. R., K. M. Dominquez, K, Rogoff. It's Baaack: Japan's Slump and the Return of The Liquidity Trap [J]. Brookings Papers on Economic Activity, 1998: 137 – 205.

[17] Liu, P., H. Mumtaz. Evolving Macroeconomic Dynamics in a Small Open Economy:

An Estimated Markov Switching DSGE Model for the UK [J]. Journal of Money, Credit and Banking, 2011, 43 (7): 1443-1474.

[18] Orphanides, A., J. Williams. Imperfect Knowledge, Inflation Expectations, and Monetary Policy [J]. NBER Working Paper, 2002, No. 9884.

[19] Plosser, C. I. Systematic Policy and Forward Guidance [J]. Speech at Money Market of New York University, Inc. Down Town Association, March, 2015 (25), 2014.

[20] Raskin, M. The Effects of the Federal Reserve's Date-Based Forward Guidance [D]. FEDS Working Paper, 2013.

[21] Sims, C. A. Solving Linear Rational Expectations Models [J]. Computational Economics, 2002, 20 (1): 1-20.

[22] Smets, F. and R. Wouters. Shocks and Frictions in US Business Cycles: a Bayesian DSGE Approach [J]. The American Economic Review, 2007, 97 (3): 586-606.

[23] Woodford M. Central Bank Communication and Policy Effectiveness [J]. National Bureau of Economic Research Working Paper, 2005.

[24] Zheng, T., X. Wang, H. Guo. Estimating Forward-Looking Rules for China's Monetary Policy: A Regime-Switching Perspective [J]. China Economic Review, 2012, 23 (1): 47-59.

[25] 卞志村，张义. 央行信息披露、实际干预与通胀预期管理 [J]. 经济研究，2012 (12).

[26] 杜清源，龚六堂. 带“金融加速器”的 RBC 模型 [J]. 金融研究，2005 (4).

[27] 郭辉铭. 区制转移货币 DSGE 模型及其应用 [D]. 厦门大学博士学位论文，2012.

[28] 郭豫媚，陈伟泽，陈彦斌. 中国货币政策有效性下降与预期管理研究 [J]. 经济研究，2016 (1).

[29] 洪永淼. 提倡定量评估社会经济政策，建设中国特色新型经济学智库 [J]. 经济研究，2015 (12).

[30] 康立，龚六堂. 金融摩擦、银行净资产与国际经济危机传导——基于多部门 DSGE 模型分析 [J]. 经济研究，2014 (5).

[31] 刘斌. 我国 DSGE 模型的开发及在货币政策分析中的应用 [J]. 金融研究，2008 (10).

[32] 李成，马文涛，王彬. 通货膨胀预期、货币政策工具选择与宏观经济稳定 [J]. 经济学 (季刊)，2011 (1).

[33] 马文涛，魏福成. 基于新凯恩斯动态随机一般均衡模型的季度产出缺口测度 [J]. 管理世界，2011 (5).

［34］王国静，田国强．政府支出乘数［J］．经济研究，2014（9）．

［35］王君斌，王文甫．非完全竞争市场、技术冲击和中国劳动就业——动态新凯恩斯主义视角［J］．管理世界，2010（1）．

［36］熊海芳，王志强．货币政策意外、利率期限结构与通货膨胀预期管理［J］．世界经济，2012（6）．

［37］许伟，陈斌开．银行信贷与中国经济波动：1993～2005［J］．经济学（季刊），2009（3）．

［38］郑挺国，刘金全．区制转移形式的“泰勒规则”及其在中国货币政策中的应用［J］．经济研究，2010（3）．

京津冀产业转移政策模拟分析

——基于多区域 CGE 模型

杨茜淋　张士运
（北京科学学研究中心　北京）

一、引言及文献综述

京津冀区域是我国重要的经济、贸易和金融中心之一，也是科技、教育和人才等优质要素聚集和优势显著的地区之一，具有天然的相互融合的发展基础和广阔的发展前景。2015 年 4 月，中共中央政治局审议通过《京津冀协同发展规划纲要》，这是实现京津冀优势互补、促进环渤海经济区发展、带动北方腹地发展的一个重大国家战略，也是经济新常态下京津冀产业升级转移的迫切需求。从学术层面，深入分析如何实施国家这一重大战略决策，具体探讨如何促进和引导京津冀地区产业转移和协同发展，从而保持和提升京津冀区域产业竞争力，已成为社会普遍关注和亟待解决的热点问题，具有重要的现实意义。

从已有的文献看，国内不少学者对京津冀产业转移问题进行了有益的分析。祝尔娟等（2009）从京津冀三地的发展阶段、产业结构、产业层次和资源禀赋等各方面分析得出京津冀地区产业合作、整合与升级存在良好

［作者简介］杨茜淋，北京科学学研究中心，经济学博士，副研究员；张士运，北京科学学研究中心主任，本文得到北京市财政项目资助。

的现实基础。邢子政等（2009）认为，从工业行业内部或者更细分的工业内部的优势产业看，京津冀地区的产业结构相似度并不大。张贵等（2014）结合京津冀产业转移和对接的现状，分析了产业分工协作与产业转移具有新内涵和新动向。李然、马萌（2015）从京津冀产业转移问题着手，对比分析了京津冀三地工业产业梯度，对产业转出地增加了动态产业变化分析，指出该地区产业合理布局、产业错位发展的途径。陈岩、武义青（2015）运用C－D生产函数的生产率测定方法，对京津冀各行业的单要素、全要素生产率进行测定分析。

以上学者对京津冀区域产业转移问题进行了开拓性的探讨和研究，从实证方法上看，这些文献多是运用指标分析法、回归分析模型等单方程计量方法，这些计量方法的共同特点是假设太多，考虑的影响因素非常有限；由于京津冀区域间产业转移涉及生产、消费、能源、环境、税收、科技、资金和劳动力流动等诸多问题，而这些问题相互影响和相互制约，牵一发而动全身。也就是说，京津冀区域产业转移是一个经济系统问题，绝非简单的单个计量方程模型能够阐述清楚。因此，分析京津冀区域产业转移问题，尤其是进行产业转移政策模拟分析应该从经济系统理论的角度构建经济系统模型进行模拟分析。基于此，本文从经济系统论角度，结合京津冀区域经济特征，应用国际主流的政策模拟方法，首次构建了京津冀多区域可计算一般均衡（CGE）模型①，模拟分析京津冀区域产业转移相关政策，并据此提出相关政策建议。

二、京津冀区域CGE理论模型构建

（一）京津冀区域社会核算矩阵（SAM）表构建

多区域CGE模型是在单区域CGE模型或者单国CGE模型基础上发展起来的，构建多区域CGE模型首先需要构建区域间投入产出表，这是模型的数据基础和程序运行前提条件。区域间投入产出表能够比较系统、全面地

① 根据知网，还没有发现任何有关京津冀多区域CGE模型的学术文献，因此，目前国内外学术界应用多区域CGE模型分析京津冀区域产业转移问题还是空白。

反映各地区各产业的关联度、生产资料和商品的流入流出情况、产业投入产出结构，以及今后相当一段时期内区域间的生产结构特征等。出于数据权威性的考虑，本文直接应用中国科学院与国家统计局联合编制的《中国2010年30省区市区域间投入产出表》①。

在编制出京津冀区域投入产出表后，以此为主要数据基础，构建京津冀区域间社会核算矩阵，考虑了京津冀以及全国其他省市的宏观经济的主要特征，本模型构建的京津冀宏观SAM包括11个账户：生产、商品、劳动力、资本、居民、企业、地方政府、投资/储蓄、存货增加、省外调入和国外。其具体结构如表1～表4所示。进一步，把生产和商品细分为30个产业部门②。

（二）京津冀区域CGE理论模型框架

多区域CGE相对于国家（单区域）而言是个更加开放的经济体，它研究国家内部多个经济体之间的商品和要素的流动，反映不同区域之间的贸易联系（Das等，2005）。本文的京津冀区域CGE模型共包括30个部门，模型假设生产者均在规模收益不变的生产技术条件下按利润最大化原则进行生产决策。生产方程的特点是有两层嵌套的结构，由中间投入和增加值两部分构成，中间投入函数由各种中间投入按固定的投入产出系数来组成，即设定为Leontief方程形式；增加值方程由各种生产要素组成，要素包括劳动和资本两种投入要素，并假设要素之间可以不完全替代，采用常替代弹性CES方程形式。活动对要素的需求遵循成本最小化或利润最大化原则，此时要素的边际成本（即要素的价格）等于产品的边际收益。当中间投入和增加值确定后，增加值和中间投入按照Leontief方程形式决定产品的产出，即每单位产出的中间投入与增加值的比例固定，这种比例主要取决于

---

① 该表来自中国科学院区域可持续发展分析与模拟重点实验室，根据签署使用协议，本文明确标出其来源。

② 具体包括：农林牧渔业、煤炭开采和洗选业、石油和天然气开采业、金属矿采选业、非金属矿及其他矿采选业、食品制造及烟草加工业、纺织业、纺织服装鞋帽皮革羽绒及其制品业、木材加工及家具制造业、造纸印刷及文教体育用品制造业、石油加工、炼焦及核燃料加工业、化学工业、非金属矿物制品业、金属冶炼及压延加工业、金属制品业、通用专用设备制造业、交通运输设备制造业、电气机械及器材制造业、通信设备计算机及其他电子设备制造业、仪器仪表及文化办公用机械制造业、其他制造业、电力和热力的生产和供应业、燃气及水的生产与供应业、建筑业、交通运输及仓储业、批发零售业、住宿餐饮业、租赁和商业服务业、研究与试验发展业、其他服务业。

表1 京津冀区域间社会核算矩阵（SAM）表（北京） 单位：万亿元

	生产	商品	劳动	资本	居民家庭	企业	地方政府	间接税	关税	投资	存货增加	省外调出（河北）	省外调出（天津）	省外调出（全国其他）	国外
生产		40543													4548
商品	30977				4504		3259			4309	3235	841	453	11974	
劳动	6920														
资本	4996														
家庭			6920			768	276								
企业				3070											
地方政府					360	1026		2197	654						
间接税	2197														
关税		654													
储蓄				1926	3099	1277	702					289	83	－2548	2716
存货增加										3235					
省外调入（河北）		1130													
省外调入（天津）		536													
省外调入（全国其他）		9426													
国外		7263													
TOTAL	45091	59551	6920	4996	7963	3070	4237	2197	654	7543	3235	1130	536	9426	7263

表 2 京津冀区域间社会核算矩阵（SAM）表（天津）

单位：万亿元

	生产	商品	劳动	资本	居民家庭	企业	地方政府	间接税	关税	投资	存货增加	省外调出（河北）	省外调出（天津）	省外调出（全国其他）	国外
生产		27337													1514
商品	19627				2391		1379			4897	-608	536	639	4022	
劳动	2901														
资本	4590														
家庭			2901			828	238								
企业				3313											
地方政府					448	994		1633	100						
间接税	1633														
关税		100													
储蓄				1378	1128	1491	1557					-83	-182	-593	-406
存货增加										-608					
省外调入（河北）		453													
省外调入（天津）		457													
省外调入（全国其他）		3429													
国外		1108													
TOTAL	28851	32884	2901	4690	3963	3313	3175	1633	100	4290	-608	453	457	3429	1108

表3 京津冀区域间社会核算矩阵（SAM）表（河北） 单位：万亿元

	生产	商品	劳动	资本	居民家庭	企业	地方政府	间接税	关税	投资	存货增加	省外调出（河北）	省外调出（天津）	省外调出（全国其他）	国外
生产		40917													2580
商品	38968				1170		582			9197	-7296	1130	457	1723	
劳动	3032														
资本	1236														
家庭			3032			221	176								
企业				884											
地方政府					678	265		261	98						
间接税	261														
关税		98													
储蓄				352	1582	398	544					-289	182	626	-1493
存货增加										-7296					
省外调入（河北）		841													
省外调入（天津）		639													
省外调入（全国其他）		2350													
国外		1088													
TOTAL	43497	45932	3032	1236	3429	884	1302	261	98	1902	-7296	841	639	2350	1088

表4 京津冀区域间社会核算矩阵（SAM）表（全国其他省市）

单位：万亿元

	生产	商品	劳动	资本	居民家庭	企业	地方政府	间接税	关税	投资	存货增加	省外调出（河北）	省外调出（天津）	省外调出（全国其他）	国外
生产		1032320													103273
商品	759811				136657		46753			165212	27020	9426	3429	2350	0
劳动	178155														
资本	141807														
家庭			178155			25776	5000								
企业				103103											
地方政府					17068	30931		55820	8308						
间接税	55820														
关税		8308													
储蓄				38704	55205	46396	60375					2548	593	－626	－10963
存货增加										27020					
省外调入（河北）		11974													
省外调入（天津）		4022													
省外调入（全国其他）		1723													
国外		92310													
TOTAL	1135593	1150656	178155	141807	208931	103103	112127	55820	8308	192232	27020	11974	4022	1723	92310

生产技术，而不是生产者的决策，该模型的市场商品流通概况如图1所示①。

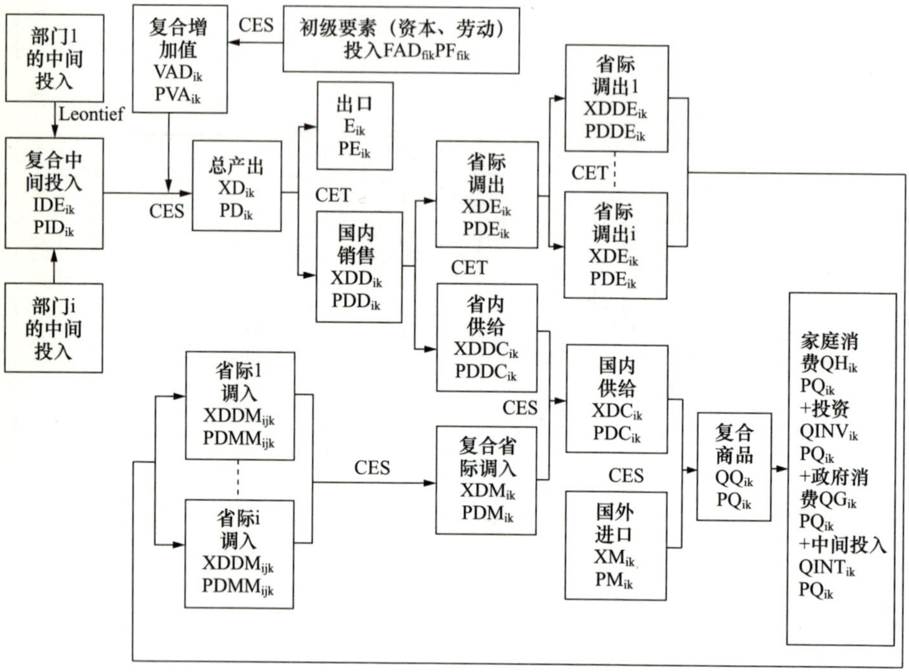

图1 区域CGE模型的市场商品流通框架图

多区域CGE模型与单区域CGE模型最大不同在于区域间商品的流动，即省内调入和省内调出关系的刻画，本文采用Ochuodho（2015）多区域模型思想，构造一个虚拟的全国商品集散库，全国商品集散库以CES函数的形式集合各个地区的商品，同时又以CET函数的形式流向各个地区。值得注意的是：省际调入和调出之间必须满足相关等式，比如，从北京到天津的省内调出量等于从天津到北京的省内调入量。

最后根据相关公式和理论自主编写程序，利用GAMS软件进行调试和求解。经检验，该模型通过了可行性检验、一致性检验和齐次性检验，因此可以进行政策模拟分析。

① 行为主体（政府、居民、企业等）的具体方程表达式在参考文献［4］（娄峰，2015）中有详细的推导和论证。

三、京津冀区域CGE模型模拟及分析

2015年7月11日，中共北京市委十一届七次全会表决通过了《中共北京市委北京市人民政府关于贯彻〈京津冀协同发展规划纲要〉的意见》，其中一项重要的内容是对推动产业升级转移任务做出安排。根据工信部等制定的京津冀产业转移指导目录要求，北京有信息技术、装备制造、商贸物流、教育培训、健康养老、金融后台、文化创意、体育休闲八大类产业需要转出。细分而言，北京需转出的产业大概分为五类："三高一低"的制造型企业；带区域性集贸性质的产业，比如大红门、动批、新发地等；非生产型事业单位，比如高校、医院、养老机构等；区域性总部企业；非核心行政事业单位等。这其中，除了行政事业单位外，其他基本与工信部制定的指导目录一致。作为承接方的天津、河北，早已开始谋划产业对接行动。《21世纪经济报道》记者获悉，为承接北京产业转移，河北确定了40个承接平台，天津确定了"1+11"个承接平台，也就是总共52个承接平台，用以对接产业转移。产业集群的模式是今后京津冀产业转移的基本方向，转出产业通过与转入地的产业基础相结合，能够更有效地发挥规模经济效益，实现"双赢"。

根据上述京津冀区域协调发展规划和产业调整战略布局，本报告政策模拟基本思路：在北京八大类转移产业中，制造产业类和商贸类主要转移给河北；科技、事业单位主要转移给天津。另外，结合京津冀区域CGE模型中的行业划分，主要涉及七大行业：①通用、专用设备制造业；②交通运输设备制造业；③电气机械及器材制造业；④通信设备、计算机及其他电子设备制造业；⑤交通运输及仓储业；⑥批发零售业；⑦其他服务业（包括教育培训产业、金融产业、文化娱乐产业、体育产业），假定北京产业转移到河北和天津按照二八规则，即①通用、专用设备制造业；②交通运输设备制造业；③电气机械及器材制造业；④通信设备、计算机及其他电子设备制造业；⑤交通运输及仓储业；⑥批发零售业80%转移给河北，20%转移给天津；然而⑦其他服务业（包括教育培训产业、金融产业、文化娱乐产业、体育产业）的20%转移给河北，80%转移给天津。

结合上述分析，假定三种政策模拟方案：

政策模拟方案一：北京上述七大类行业均转移出10%产能，按照二八原则分配给河北和天津，其他条件不变。

表5 京津冀区域产业转移对经济的影响变动率（%）

	名义GDP	实际GDP	一产增加值（当年价）	二产增加值（当年价）	三产增加值（当年价）
北京	-7.2017	-7.4190	0.0000	-3.1953	-8.5668
天津	6.3621	6.0515	0.0000	0.4551	15.0488
河北	8.2672	6.3860	0.0000	2.5631	18.3238
全国其他	-0.0006	-0.0013	-0.0167	0.0135	-0.0132

表5显示：相比基准情景，京津冀区域产业转移对北京、天津、河北和全国其他省市的国内生产总值（GDP）确实存在显著影响，总体而言，这样的产业转移政策将显著提高河北和天津的经济发展，使得河北和天津的名义GDP分别提高8.3个和6.4个百分点；使得河北和天津实际GDP分别提高6.4个和6.1个百分点；而使得北京名义GDP下降约7.2个百分点，实际GDP下降7.4个百分点。京津冀区域产业转移政策对产业结构的影响显著不同，具体如下：北京第二产业和第三产业增加值分别下降3.19%和8.57%；天津第二产业和第三产业增加值分别上升0.46%和15.05%；河北第二产业和第三产业增加值分别增加2.56%和18.3%。由于京津冀产业转移不涉及农业，而且北京的农业产业比例非常小，因此单纯的京津冀部分产业转移对京津冀地区的农业基本没有影响；京津冀区域产业转移政策对全国其他省市的产业结构也没有显著影响。

从上述结果来看，对于京津冀区域产业转移政策，总体来说河北受益最大，尤其是服务业有显著的大幅提升；天津的第三产业也有较大的提升，全国其他省市的经济总量和产业结构变动不大。这也说明：一方面京津冀区域产业转移政策有利于改善京津冀区域经济发展不平衡问题，使得该区域的经济发展更加协调；另一方面，在不考虑生产率技术提高的前提下，单纯的京津冀区域产业转移政策仅仅是一个区域政策，对全国其他经济体的影响微乎其微。

表6 京津冀区域产业转移对京津冀及全国其他的主要行业增加值的影响变动率（%）

	北京	天津	河北	全国其他
通用、专用设备制造业	-10.0000	2.0914	15.7308	0.1489
交通运输设备制造业	-10.0000	2.5751	42.3616	0.0539
电气机械及器材制造业	-10.0000	1.4265	13.6615	0.0090
通信设备、计算机及其他电子设备制造业	-10.0000	0.7440	139.3870	-0.5351
交通运输及仓储业	-10.0000	2.4795	9.9619	0.0472
批发零售业	-10.0000	4.2107	27.2806	-0.1846
其他服务业	-10.0000	25.8389	23.0153	0.0240

表6显示：从行业上看，京津冀区域产业转移政策使得河北的相应行业普遍受益，其中最受益的行业是通信设备、计算机及其他电子设备制造业，增加值增长了139.39个百分点；其次是交通运输设备制造业和批发零售业，增加值分别增长42.4%和27.3%。天津的相应产业也普遍受益，其中受益比较突出的是其他服务业。由于其他服务业具体包括教育培训产业、金融产业、文化娱乐产业、体育产业等，这恰是天津希望进一步发展壮大的产业。从数值上看，京津冀区域产业转移可以使得天津的其他服务业增长25.8%；全国其他省市的行业增加值影响有增有减，总体变动不明显。

表7 京津冀区域产业转移对京津冀及全国其他的土要宏观经济变量影响变动率（%）

	北京	天津	河北	全国其他
居民总收入	-6.9161	8.7712	6.4675	0.0032
政府总收入	-6.9652	5.0878	9.4810	-0.0112
企业总收入	-7.9411	4.8339	13.7619	-0.0041
居民所得税	-6.9161	8.7712	6.4675	0.0032
企业所得税	-7.9411	4.8338	13.7619	-0.0040
固定资产投资	-12.9942	14.8317	46.4999	0.1805
存货增加	-6.3348	15.1247	18.0901	-0.0074
政府储蓄	-6.9652	5.0877	9.4811	-0.0112
企业储蓄	-7.9411	4.8338	13.7619	-0.0041
居民储蓄	-6.9161	8.7712	6.4675	0.0032
国外储蓄	-16.9948	-70.2230	-25.3707	-0.5190

表7显示：在京津冀区域产业转移政策下，与以上分析一致，北京的主要宏观经济变量均有所减少，其中，居民总收入下降6.9个百分点，值得注意的是，这并不意味着北京居民的收入水平有所下降，虽然北京的居民总收入所有下降，但是这一政策的前提是北京常住人口下降7.2%，因此北京居民的平均收入不但没降而且还略有提升；但是由于北京部分企业迁移出北京，从而使得北京的各种税收有所减少，因此北京政府的总税收收入下降近7个百分点；收入的下降又进一步导致投资、消费和储蓄均有所下降。与之相反，河北和天津的主要经济变量均有所提升，其中河北的居民和政府总收入分别提升6.47%和9.48%，政府储蓄、企业储蓄、居民储蓄和国外储蓄分别提高9.48%、13.76%、6.47%、和-25.37%；而天津的居民、政府和企业总收入分别提升8.77%、5.09%和4.83%。全国其他省市的主要宏观经济变量变动不大，说明该政策对全国其他地区没有显著影响。由于河北和天津的相关行业的产能有显著提升，因此增强了其出口能力，从而使得天津和河北的国际贸易顺差加大，从国外角度看，国外的贸易顺差，也即净出口额进一步加大，从而使得国外储蓄进一步减少。

政策模拟方案二：北京上述七大类行业均转移出20%产能，按照二八原则分配给河北和天津，其他条件不变。

表8　京津冀区域产业转移政策对经济的影响变动率（%）

	名义GDP	实际GDP	一产增加值（当年价）	二产增加值（当年价）	三产增加值（当年价）
北京	-14.4035	-15.2507	0.0000	-6.3907	-17.1336
天津	12.7241	11.5720	0.0000	0.9103	30.0976
河北	16.5343	10.4036	0.0000	5.1262	36.6477
全国其他	-0.0012	-0.0026	-0.0418	0.0314	-0.0297

表8显示：相比基准情景，京津冀区域产业转移对北京、天津、河北和全国其他省市的国内生产总值（GDP）确实存在显著影响，总体而言，这样的产业转移政策将显著提高河北和天津的经济发展，使得河北和天津的名义GDP分别提高16.5个和12.7个百分点；使得河北和天津实际GDP分别提高10.4个和11.6个百分点；而使得北京名义GDP下降约14.4个百分点，实际GDP下降15.3个百分点；京津冀区域产业转移政策对产业结构的

影响显著不同，具体如下：北京第二产业和第三产业增加值分别下降6.39%和17.13%；天津第二产业和第三产业增加值分别上升0.91%和30.10%；河北第二产业和第三产业增加值分别上升5.13%和36.65%；类似政策模拟方案一，单纯的京津冀部分产业转移对京津冀地区的农业基本没有显著影响，京津冀区域产业转移政策对全国其他省市的产业结构也没有显著影响。从上述结果来看，对于京津冀区域产业转移政策，总体来说河北受益最大，尤其是服务业有显著的大幅提升；天津的第三产业也有较大的提升，全国其他省市的经济总量和产业结构变动不大，这也说明：一方面京津冀区域产业转移政策有利于改善京津冀区域经济发展不平衡问题，使得该区域的经济发展更加协调；另一方面也说明，在不考虑生产率技术提高的前提下，单纯的京津冀区域产业转移政策仅仅是一个区域政策，对全国经济影响微乎其微。

表9　京津冀区域产业转移政策对京津冀及全国其他的主要行业增加值的影响变动率（%）

	北京	天津	河北	全国其他
通用、专用设备制造业	-20.0000	4.1827	31.4616	0.3255
交通运输设备制造业	-20.0000	5.1502	84.7231	0.1398
电气机械及器材制造业	-20.0000	2.8531	27.3229	0.0372
通信设备、计算机及其他电子设备制造业	-20.0000	1.4880	278.7739	-1.0931
交通运输及仓储业	-20.0000	4.9591	19.9237	0.0951
批发零售业	-20.0000	8.4215	54.5613	-0.3761
其他服务业	-20.0000	51.6779	46.0306	0.0463

表9显示：从行业上看，京津冀区域产业转移政策使得河北的相应行业普遍受益，其中最受益的行业是通信设备、计算机及其他电子设备制造业，增加值增长了几倍！其次是交通运输设备制造业和批发零售业，增加值分别增长84.7%和54.6%。天津的第三产业也获得大幅增长，从数值上看，京津冀区域产业转移可以使得天津的其他服务业增长51.7个百分点；全国其他省市的行业增加值影响有增有减，总体变动不明显。

表10 京津冀区域产业转移对京津冀及全国其他的主要宏观经济变量影响变动率（%）

	北京	天津	河北	全国其他
居民总收入	-13.8317	17.5463	12.9358	0.0065
政府总收入	-13.9139	10.2414	18.9770	-0.0230
企业总收入	-15.8822	9.6677	27.5239	-0.0083
居民所得税	-13.8317	17.5463	12.9358	0.0065
企业所得税	-15.8822	9.6677	27.5239	-0.0082
固定资产投资	-25.8616	30.0679	93.5340	0.4254
存货增加	-12.7426	35.8789	35.9351	-0.0095
政府储蓄	-13.9139	10.2414	18.9770	-0.0230
企业储蓄	-15.8822	9.6677	27.5239	-0.0082
居民储蓄	-13.8316	17.5463	12.9358	0.0065
国外储蓄	-34.0115	-140.4304	-52.3188	-1.0463

表10显示：在京津冀区域产业转移政策下，与上述分析相一致，北京的主要宏观经济变量均有所减少，其中，居民总收入下降13.8个百分点，但由于这一政策将导致北京劳动力人口下降14.3%，因此北京居民的平均收入基本保持稳定；但是由于北京部分企业迁出北京，从而使得北京的各种税收有所减少，因此北京政府的总税收收入下降近14个百分点；收入的下降又进一步导致投资、消费和储蓄均有所下降。与之相反，河北和天津的主要经济变量均有所提升，其中河北的居民和政府总收入分别提升12.94%和18.98%，政府储蓄、企业储蓄、居民储蓄和国外储蓄分别提高18.98%、27.52%、12.94%和-52.32%；而天津的居民、政府和企业总收入分别提升17.55%、10.24%和9.67%。全国其他省市的主要宏观经济变量变动不大，说明该政策对全国其他地区没有显著影响。

政策模拟方案三：北京上述七大类行业均转移出20%产能，按照二八原则分配给河北和天津，并试算北京的全要素生产率应提高多少，从而使得北京GDP基本保持不变，其他条件不变。

另外，由于京津冀区域的和谐发展，有利于京津冀整体区域，不仅可能使得北京的全要素生产率得以提升，而且天津和河北的全要素生产率也会受益，但由于考虑到北京在京津冀区域中处于科技创新发展的领军地位，而且北京产业转移政策本身存在倒逼机制，因此，北京、天津和河北的全要素生产率不可能提高相同的幅度，于是假设天津和河北的全要素生产率提高幅度是北京全要素生产率提高幅度的1/2，全国其他的全要素生产率提高幅度是北京全要素生产率提高幅度的1/4。模拟结果如表11所示。

表11 津冀区域综合政策对经济的影响变动率（%）

	名义GDP	实际GDP	一产增加值（当年价）	二产增加值（当年价）	三产增加值（当年价）
北京	-0.1614	0.0000	2.2179	0.2138	-0.3092
天津	62.8460	57.8592	-8.7593	17.7665	69.9473
河北	84.6943	52.9929	-13.0397	87.5870	81.6408
全国其他	2.5781	2.2586	2.3635	2.6124	2.5935

相比基准情景，虽然假定北京上述七大类行业产能均减少20%，但是经反复试算，北京全要素生产率提高9.03个百分点就可以使得北京GDP几乎保持不变，而且从幅度上看，全要素生产率提高幅度也小于劳动力减少的幅度，这也从侧面说明，生产技术水平的提高可以完全弥补部分产能减少所带来的负面影响，同时可以大幅提高河北、天津和全国其他省市的GDP增长率。因此，在实施京津冀区域产业转移的同时，尤其是未来我国人口老龄化加速发展的情况下，一定要加强科技创新、重视研发和先进技术的引进，尽快提高全要素生产率，这是确保我国经济中长期保持总高速发展的有效途径和措施。

四、结论及政策建议

本文模拟结果表明：京津冀区域产业转移政策有利于改善京津冀区域的总体发展，其中从行业上看，京津冀区域产业转移政策使得河北的相应行业普遍受益，其中最受益的行业是通信设备、计算机及其他电子设备制造业，其次是交通运输设备制造业和批发零售业；天津的相应产业也普遍受益，其中受益比较突出的是其他服务业，由于其他服务业具体包括教育培训产业、金融产业、文化娱乐产业、体育产业等，这恰是天津希望进一步发展壮大的产业；全国其他省市的行业增加值影响有增有减，总体变动不明显；当考虑到生产技术进步时，北京全要素生产率提高约9个百分点就可以使得北京GDP几乎保持不变，却同时可以大幅提高河北、天津和全国其他省市的GDP增长率。为此，提出如下政策建议：

（1）在实施京津冀区域产业转移的同时，尤其未来我国人口老龄化加速发展的情况下，一定要加强科技创新、重视研发和先进技术的引进，尽快提高全要素生产率，这是确保我国经济中长期保持中高速发展的有效途径和措施。从政策上要求增强知识产权保护，加大对侵犯知识产权者的处罚力度；改革现有国家科技经费管理和结题评审办法，建立健全独立第三方对科技项目的评估机制，加大经济绩效和研发成果实际转化社会生产力在科技项目评价的分量，国家课题的立项和评审要让国内相关的生产企业参与进来，不能仅仅依靠少数专家团体的评审意见；加强主流媒体宣传，倡导社会崇尚科研、尊敬工程师、崇敬科学家的社会风气和发展理念。

（2）打破地方垄断，鼓励公平竞争。京津冀区域技术创新体系的建立必须打破自然垄断性产业的垄断性，对现有垄断产业部门进行水平分割、政企分开、取消资本进入限制等。进一步提高水、电、油、气、运等公益性企业的市场化程度，逐步开放价格管制，发挥市场在资源配置中的决定性作用；同时进一步放开电信、石油、银行等垄断行业，加快服务业市场开放，充分利用和吸引更多的国内社会资本和外资进入这些行业，破除垄断，鼓励市场自由竞争，激活企业市场活力，加强供给侧改革。

参考文献

［1］G. Das G.，Alavala Fati j. R. R.，Carter D. R.，et al. Regional impacts of environmental regulations and technical change in the US forestry sector: A multi regional CGE – analysis［J］. Forest Policy and Economics，2005（7）.

［2］陈岩，武义青．关于京津冀产业优化调整的思考［J］．河北经贸大学学报（综合版），2014（12）.

［3］李然，马萌．京津冀产业转移的行业选择及布局优化［J］．经济问题，2015（10）.

［4］娄峰．中国经济—能源—环境—税收动态可计算一般均衡（CN3ET – DCGE）模型理论及应用［M］．北京：中国社会科学出版社，2015.

［5］邢子政，马云泽．京津冀区域产业结构趋同倾向与协同调整之策［J］．现代财经，2009（9）．

［6］张贵，贾尚键，苏艳霞．生态系统视角下京津冀产业转移对接研究［J］．中共天津市委党校学报，2015（4）．

［7］祝尔娟．京津冀一体化中的产业升级与整合［J］．经济地理，2009（6）．

我国工资超劳动生产率增长背后的故事

——基于省份面板模型的经验分析*

吕光明 李 莹
（北京师范大学统计学院，北京 100875）

一、引言

工资和劳动生产率是国民经济运行中反映劳动者投入与生产贡献之间关系的一对变量，也是经济学研究中备受关注的一大主题。经典的新古典理论认为，在完全竞争、信息充分、生产组织方式不变等完美假设条件下，处于均衡状态时劳动要素的价格即工资等于边际生产率。在此基础上，工资与劳动生产率之间的比例关系应基本稳定，工资和劳动生产率的增长速度应基本一致。

然而，观察我国实际工资增长率和人均劳动生产率增长率变化图（见图1）可以发现：二者关系在1998年前后发生明显变化，前者在1998年前的多数年份都低于后者，而在1998年后绝大多数年份则超过后者。蔡昉（1999）和都阳、蔡昉等（2004）研究认为，我国城市部门在20世纪90年代中后期才有了实质性的市场化改革措施，而在之前的计划经济年代，政府为实现并不具有比较优势的重工业优先发展的赶超型战略而采用“高积

* ［基金项目］国家社会科学基金重点项目“我国居民收入分配份额的统计测算与提升路径研究”（批准号：13ATJ005）。

累、低工资”制度，这是导致工资增长慢于劳动生产率的根本原因。同时，赵耀辉、李实等（2002）研究认为，在政府对工资进行管制的背景下，企业会通过发放实物工资来规避工资管制的策略。1998 年后，伴随着劳动力市场化进程的加快，企业为职工支付的实物性福利补贴逐步取消，我国工资增长在最初几年开始补偿性地加快，其增长速度高出劳动生产率不少，但此后的工资增长并没有回归到与劳动生产率增长基本同步的水平上，而是呈现出持续的、轻微的超劳动生产率增长的态势。这种态势不仅和我国低劳动力成本优势的历史情况不符，也和经济理论相悖，有必要深入挖掘其背后的故事，揭示其产生的深刻原因。

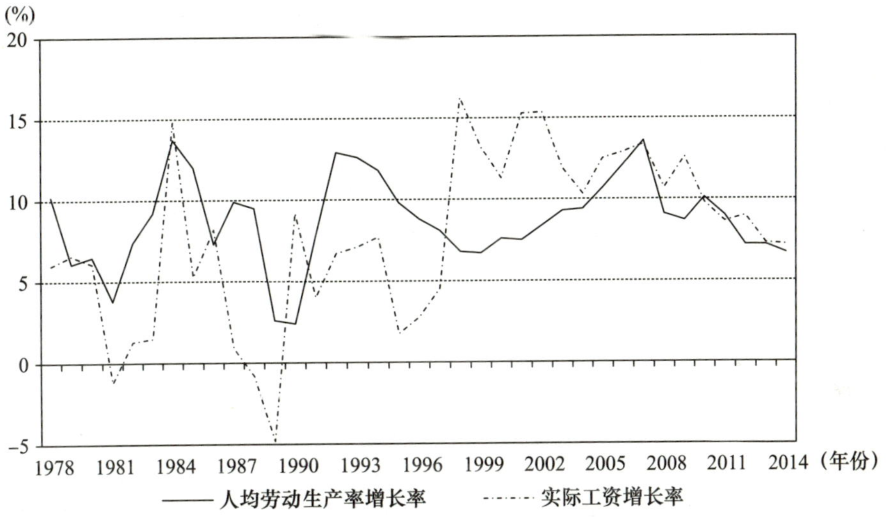

图 1　1978 ~ 2014 年我国人均劳动生产率和实际工资增长率变化图[①]

与全国性的、统一的竞争性产品市场不同，我国劳动力市场存在城乡、地区和行业分割，这明显违背了完美市场假设。正因为如此，相关文献更多地立足新古典理论，要么分析验证工资增长与劳动生产率增长的一致性，要么分析揭示工资相对于边际劳动生产率的扭曲问题。就前者而言，丁元（2007）通过脉冲响应分析后发现，广东劳动生产率是工资增长的内生决定

① 劳动生产率采用的是人均形式，而非常见的劳均形式，之所以这么做的原因是，二者高度相关，且人均形式相对容易获得。实际工资是指经 CPI 平减后城镇非私营单位就业人员年平均工资。

性因素，工资会随劳动生产率的提高而有效提高。宁光杰（2007）研究发现，工资变化与劳动生产率增长之间的联系逐渐增强。王宏（2014）则发现，工资中长期增长趋势与劳动生产率接近，但二者关系存在地区差异。宋晶、李会敏（2014）则发现，工资黏性、地区生产总值和劳动生产率是影响工业企业工资增长的主要因素。就后者而言，大量学者测算了工资对边际劳动生产率的扭曲方向及程度（邵敏、包群，2012；张军、刘晓峰，2012；杨振兵、张诚，2015；王宁、史晋川，2015），无一例外地显示我国工资水平存在向下扭曲，即工资水平低于边际劳动生产率。与此同时，部分研究从劳动力供求均衡角度并结合改革转型特征，分析我国工资增长的独特决定因素。蔡昉、都阳（2011）和蔡昉（2012）认为，工资的快速增长与刘易斯转折点到来导致的劳动供给下降直接相关。丁守海（2011）从家庭分工视角分析认为，当前的工资上涨并非由劳动力枯竭所导致，而是由于家庭分工约束导致劳动剩余下的供给不足。徐清（2012）认为，劳动力供给增长无法跟上持续的高投资引致的劳动力需求增长，进而城市工资加速上涨。虽然上述单一结构因素分析可以部分解释当前工资增长，且有很好的启发性，但与我国转型相伴的是多维结构变化，并且各结构变化之间存在较强关联。因此，仅靠单一因素结构分析无法完整阐释我国工资超劳动生产率增长的长期存在逻辑。

本文首先纳入相对生产率、劳动力供给、劳动力转移、投资规模占比与投资结构三类五大结构因素，搭建工资与劳动生产率的非一致性变动的结构分析框架，然后采集1998~2014年我国31个省份数据构建省份面板模型，从全国和地区两个层面定量揭示工资现超劳动生产率增长背后的结构诱因及其驱动机理。与已有文献相比，本文的主要贡献是：①已有研究更多地立足于论证我国工资和劳动生产率增长的一致性，而本文则立足于论证我国工资和劳动生产率增长的非一致性，并从结构变动角度阐释这种非一致性的存在逻辑。②本文采集囊括多维结构变动因素在内的省份数据构建面板模型进行分析，这不仅可以从全国层面上揭示我国工资长期超劳动生产率增长的结构诱因，而且还可以剖析这些结构诱因在地区作用表现上的差异。

本文后续部分的结构：第二部分引入结构变动构建工资与劳动生产率非一致性变动的结构分析框架；第三部分为省份面板模型和变量数据说明；第四、第五部分分别为省份面板模型全国总体层面和地区层面的估计分析；第六部分为主要结论与启示。

二、工资与劳动生产率非一致性变动的结构分析框架

(一) 工资与劳动生产率一致性变动的基本模型

假定生产函数是 Cobb – Douglas 形式，且技术进步是希克斯中性的，则有：

$$Y = F(L, K) = AL^{\alpha}K^{\beta} \tag{1}$$

式中，Y 为产出，A 为技术进步，L 为劳动投入，K 为资本投入，α 和 β 分别为劳动和资本的产出弹性。在完全竞争条件下，劳动的实际价格（工资水平）由劳动的边际产出决定：

$$w = MP_L = A\alpha L^{\alpha-1}K^{\beta} = \alpha Y/L - \alpha y \tag{2}$$

式中，w 为工资水平，MP_L 和 y 分别为边际产出和劳动生产率。

在趋于均衡的经济体中，劳动的产出弹性系数（收入份额）基本保持不变，表明工资与劳动生产率是同比例变动的，即两者的增长应该具有一致性。

(二) 工资与劳动生产率非一致性变动的结构诱因及作用机理

工资与劳动生产率一致增长结论的得出是需要严格得近似于完美的市场条件。然而，对于我国这样一个处于市场化改革和结构转型进程中的国家，一些结构冲击因素会引致工资与劳动生产率非一致增长，突出表现在两个方面三个类别。具体是：①劳动生产率行业差异与工资水平行业趋同之间的矛盾会引发全社会工资与劳动生产率的非一致增长。在我国，各个行业间存在较大的劳动生产率差异，而劳动力要素潜在的流动性迫使低劳动生产率行业尽可能提高工资以留住劳动力，因而形成高劳动生产率行业向低劳动生产率行业“工资溢出”，进而导致工资水平出现行业趋同。由于全社会的劳动生产率是高劳动生产率行业与低劳动生产率行业的加权平均，劳动生产率行业差异与工资水平行业趋同之间的矛盾必然引发全社会平均工资与劳动生产率之间出现增长差异，进而使得在行业部门层面可能成立的工资与劳动生产率一致增长结论在全社会加总层面不一定成立。②投入要素供给和需求状况的变化也会引发劳动的供需不均衡以及要素边际产出递减，进而也会引致工资与劳动生产率之间出现增长非一致性。在我国现阶段，这方面表现比较突出的因素有两类：一类是劳动力供给的减弱，另

一类是资本要素投入对劳动力的引致需求的变动。

上述三类结构因素引致工资与劳动生产率非一致性变动的作用机理如下：

1. 相对生产率变动的巴萨效应

假定全社会中存在两类部门：生产能够成为国际贸易产品的可贸易部门和生产不能进入国际贸易产品的不可贸易部门。巴拉萨—萨缪尔森效应（Balassa - Samuelson Effect，简称巴萨效应）假说认为，在追赶型经济体中，可贸易部门劳动生产率相对于不可贸易部门的快速提高将会引起非贸易部门的工资以及物价上涨，最终导致本国的实际汇率上升。该假说在“战后”的日本和德国得到验证。卢锋、刘鎏（2007）发现我国的两部门经济中，人民币汇率存在巴萨效应；王泽填、姚洋（2009）和王雪珂、姚洋（2013）采用跨国面板数据验证了结构转型对巴萨效应的抑制作用。

巴萨效应假说涉及一系列复杂的传递过程，且有严格假定条件。其中，最核心的一步是：在资本回报既定的条件下，可贸易部门相对于不可贸易部门劳动生产率的提高，导致可贸易部门工资水平的提高。若劳动力可以跨部门自由流动，那么工资差别必然引起劳动力由低工资的不可贸易部门向高工资的可贸易部门流动，不可贸易部门为吸引劳动力而提高工资水平，进而导致全社会平均工资水平提高。本文将其称为产业部门间的“工资水平溢价”。

$$\frac{y_T}{y_N}\uparrow \xrightarrow[①]{w_T = w_N} w\uparrow \tag{3}$$

式中，y_T 和 y_N 分别为可贸易部门与不可贸易部门劳动生产率，w_T 和 w_N 分别为可贸易部门与不可贸易部门平均工资，w 为全社会平均工资。

2. 劳动力供给冲击的效应

人口红利是我国改革开放以来经济快速增长的动力之一，而如今劳动适龄人口以及农村剩余劳动力两个层面的红利都在逐渐消失，劳动力供给冲击驱动了工资超增长。

（1）劳动力供给总量下降带来的工资提升效应。作为劳动的价格反映，工资在短期是由劳动力市场的供需均衡决定的。在我国，均衡工资的达成发生在城镇劳动力市场上。我国的计划生育政策与改革开放政策几乎同步实施，计划生育人为地降低了被抚养人口占比，增加了总人口中的劳动力数量，但计划生育是一把“双刃剑”，出生率被压低意味着未来劳动力供给的减少，从而加速了老龄化速度。我国 15 ~ 64 岁人口比重和总量分别在 2010 年和 2013

年达到峰值后开始逐年下降，而这部分人群正是城镇劳动力供给的源泉。在需求不变时，劳动力供给数量的减小驱动了全社会工资水平的提高。

（2）农村剩余劳动力存量减少带来的工资提升效应。改革开放以来，农村劳动生产率提高而解放了农村的劳动力，生活水平低于城市的农村剩余劳动力向城市转移，进而压低了城市工资水平。但近些年来，农村剩余劳动力无限供给状态逐步结束。自 2003 年以来，沿海地区“民工荒”现象持续出现，由国家统计局公布的农民工监测调查报告显示，自 2011 年以来农民工总量增速持续回落，这意味着能够向城镇转移的农村剩余劳动力存量减少；与此同时，“80 后”和“90 后”成为外出农民工中坚力量，与父辈追求生存的目的不同，年青一代农民工更加注重生活的品质与尊严，进一步驱动了工资的超增长。

3. 资本投资冲击的效应

（1）投资规模占比变动冲击的效应。中国经济依靠投资驱动的事实长期存在，尤其是 2008 年金融危机以后，4 万亿元的经济刺激计划带来投资规模的急剧攀升。投资规模占比的扩大，促进企业引入新的设备提高劳动生产率而间接地提高工资水平。伴随投资规模占比的扩大，充足的劳动力供给可阻止资本报酬递减现象出现（蔡昉，2012），但在劳动力无限供给逐渐结束的背景下，投资回报率逐渐下降，产能过剩问题加剧。该问题不仅出现在传统行业，一些新兴行业（如太阳能行业）同样面临过剩，这意味着提高投资率并不能带来持续的劳动生产率和工资增长。同时，高投资拉动了劳动力需求，虽然在劳动力供给充足时，并不会带来工资的大幅增长，但在人口红利逐渐消失时，由需求增加引致的工资超增长逐步明显。当然，资本与劳动之间也存在替代关系，在劳动力成本不断提高时，“招工难”会促使企业加大资本投入以购买自动化装备，进而降低对劳动力的需求，减小工资超增长压力。总体来看，投资规模占比变动对工资的影响与劳动力供给状态紧密相关。

（2）投资结构变动冲击的效应。除投资规模外，投资结构也会对工资产生巨大的影响。按照投资的主体不同，可以将投资划分为国有投资、民间投资以及外商（包括港澳台）投资[①]，其中国有投资与民间投资在固定资产投

① 外商投资与其他类型的私人投资有着许多不同，通常在赋税方面享受区别待遇，下文暂不考虑此类经济类型的投资。

资总额中占有绝对优势。

国有投资与民间投资主体面临的工资决定函数不同以及产业分工的差异会引致工资差距。具体来说，投资结构通过两种方式影响工资水平：第一，20世纪90年代中后期的企业改制中，国家重点发展上游垄断型国有企业，行政垄断企业员工的工资不再满足式（2）的表述，其工资不仅包含劳动的边际报酬，还包含一部分垄断利润，下游非国有企业的发展会提高上游国有企业垄断利润进而进一步提高国有企业工资水平（邓伟、叶林祥，2012）。第二，从产业分工看，大型国有企业多为资本密集型企业，投资规模占比的扩大对劳动力需求的拉动小于劳动密集型为主的非国有企业，因此，民间投资占比的扩大对工资的拉动比国有企业更为明显，从而提高整体的平均工资水平。总体来看，民间投资规模的扩大将驱动工资超增长。

根据以上分析，可以得到本文的分析框架，如图2所示。

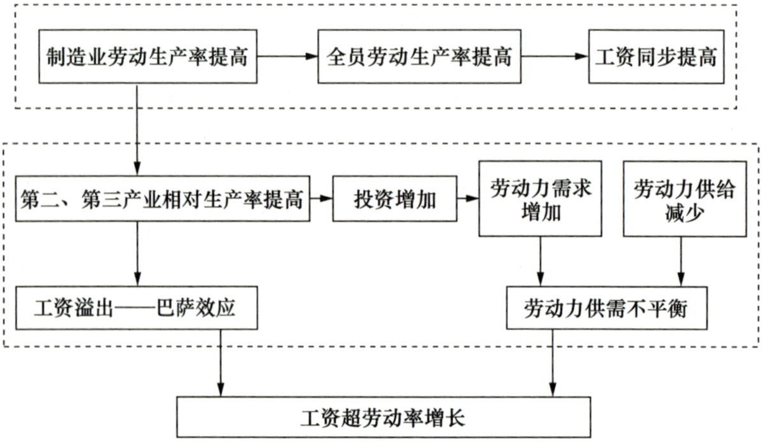

图2 本文的分析框架

三、省份面板模型和变量数据说明

（一）省份面板模型说明

为反映劳动生产率与工资之间的长期关系，对式（2）两侧取对数可得：

$$\ln w = \ln\alpha + \ln y \tag{4}$$

进一步构建如下的省份面板数据模型：

$$\ln w_{i,t} = \beta_0 + \beta_1 \ln y_{i,t-1} + \alpha_i + u_t + \varepsilon_{i,t} \tag{5}$$

式（5）中，下标 i 为省份，t 为时间，α_i 为省份 i 的个体效应，u_t 为时间效应，$\varepsilon_{i,t}$ 为残差项。该模型既可以控制不随时间变动的个体效应，也可以控制一些随个体不变的时间效应，这样的回归结果更加可靠。

出于数据连续性考虑，被解释变量的工资水平选择“城镇单位就业人员平均工资”作为代理变量，具体采用对数形式即 $\ln w_{i,t}$；解释变量选择人均实际国内生产总值作为代理变量，工资和劳动生产率采用对数形式以纠正分布的非对称性；考虑到工资调整的滞后性，以及工资与劳动生产率之间可能的反向因果，与现有研究类似（赵伟、隋月红，2015），解释变量采用滞后一期的对数形式即 $\ln y_{i,t-1}$ 以减弱反向因果导致的内生性问题。回归系数 β_1 的含义是工资对劳动生产率的弹性系数，即劳动生产率提高 1% 后导致工资提高的百分比例。

为了考察结构因素对劳动工资的影响，这里在基准面板数据模型基础上纳入结构因素及控制变量，其形式如下：

$$\ln w_{i,t} = \beta_0 + \beta_1 \ln y_{i,t-1} + \Gamma Z_{i,t-1} + \gamma edu_{i,t-1} + \alpha_i + u_t + \varepsilon_{i,t} \tag{6}$$

与劳动生产率类似，结构因素和控制变量也均采用一阶滞后形式以减弱反向因果导致的内生性偏误，即 $Z_{i,t-1}$ 和 $edu_{i,t-1}$。

鉴于我国结构转型的渐进性，为反映结构因素和劳动生产率对工资影响随时间推移的变动趋势，我们在式（6）基础上分别加入结构因素与时间的交乘项以及劳动生产率与时间交乘项，分别得到式（7）和式（8）。

$$\ln w_{i,t} = \beta_0 + \beta_1 \ln y_{i,t-1} + \beta_2^m (Z_{i,t-1}^m \times t) + \Gamma^m Z_{i,t-1} + \gamma edu_{i,t-1} + \alpha_i + u_t + \varepsilon_{i,t} \tag{7}$$

式中，$Z_{i,t-1}^m$ 表示第 m 个结构因素，若 β_2^m 是其对应的时间交乘项系数，Γ^m 为第 m 个结构因素的估计系数，若 β_2^m 显著并且符号与 Γ^m 一致，表明第 m 个结构因素对工资超增长的影响逐步加强；若二者符号相反，则表明该结构因素的影响逐步减弱，由 β_2^m/Γ^m 可以得到结构因素对工资影响方向发生逆转的具体时间；第 t 年结构因素影响工资的系数应为 $\Gamma^m + \beta_2^m \times t$。

$$\ln w_{i,t} = \beta_0 + \beta_1 \ln y_{i,t-1} + \beta_3 (\ln y_{i,t-1} \times t) + \Gamma Z_{i,t-1} + \gamma edu_{i,t-1} + \alpha_i + u_t + \varepsilon_{i,t} \tag{8}$$

式中，β_3 的符号解释与 β_2 类似。

借助于 Hausman 检验，同时考虑到每个省份存在不随时间而变的遗漏变量，本文采用固定效应模型对模型进行估计，这也是省份面板数据模型的常用估计方法。

（二）结构因素的变量选择说明

根据前述相关理论，本文的结构因素依次选择反映巴萨效应工资传导机制的相对生产率变量、反映劳动力供给与劳动力转移的变量、反映投资规模占比及其内部结构的变量。

1. 相对生产率变量

参考卢锋、刘鎏（2007）、王泽填、姚洋（2009）的做法，本文将可贸易部门与不可贸易部门的相对生产率（rprod）作为检验追赶型经济体巴萨效应的代理变量，具体采用对数形式。通常认为制造业和服务业是最接近可贸易与不可贸易部门定义的行业，但受制于省份制造业不连续性，本文选择第二产业代表可贸易部门；根据巴萨效应，如果第三产业工资上涨而劳动生产率未能同步提高，则会导致第三产业价格上升。发达国家“名义产出中服务业份额的增长应归结于服务业与制造业劳动生产率增长的不平衡对服务相对价格的影响”。类似现象也出现在国家统计局公布的以不变价格和当年价格的第三产业增加值贡献率中①，因此本文采用实际相对生产率来作为巴萨效应的代理变量。具体表示为：

$$\text{相对生产率(rprod)} = \frac{\text{第二产业实际增加值/第二产业就业人数}}{\text{第三产业实际增加值/第三产业就业人数}} \tag{9}$$

2. 劳动力供给与劳动力转移冲击变量

劳动力供给（labor）用劳动适龄人口占比来衡量，具体为16~64岁人口在总人口中的占比，劳动适龄人口占比越高，表明直接的劳动力供给越充足。

劳动力转移（urban）用城镇化水平来衡量，即城镇常住人口在总人口中的占比，城镇化水平越高，表明本地区劳动力转移程度越高，农村剩余劳动力越少。

3. 投资规模占比与投资结构变量

投资规模占比（invrt）用固定资产投资完成额在 GDP 中的占比衡量，投资规模占比反映一个社会或地区对资本的依赖程度。其中固定资产投资

① 以不变价格计算的第三产业增加值贡献率低于以当年价格计算的第三产业增加值贡献率。

完成额的名义值通过固定资产投资价格指数平减得到实际量①，GDP 的实际值是通过国内生产总值指数获得。

投资结构（invstr）采用民间投资占比作为代理变量，用全社会固定资产投资减去国有经济投资、港澳台投资、外商投资作为民间投资，由于港澳台投资、外商投资与其他私人投资不同，享受的政策待遇、税负等方面差异较大，民间投资不包括这两种类型的投资（余靖雯等，2013）。

此外，基于舒尔茨的人力资本理论和明瑟收入方程可知，个人受教育水平提升或人力资本积累可以提高劳动技能和专业技术水平，进而提高个人收入水平。我国自 1999 年开始的大学扩招极大地提高了高等教育人口的数量，通过提升劳动生产率进而提高工资水平。唐茂华（2007）指出，教育水平整体提高也带来劳动力市场“金字塔”型结构的上移，在对低技能劳动力需求增加的同时，低技能劳动的供给相对减少，带来低技能劳动者工资水平的上升。本文采用 6 岁及以上人口中大专及以上学历人口占比（edu）作为教育水平的代理变量。该变量值越大，表明相应的人力资本水平越高。

（三）样本数据说明

本文基于 1998 ~ 2014 年 31 个省市自治区数据样本进行分析。其中，民间投资数据来源于各年份《中国统计年鉴》以及《中国固定资产投资年鉴》，其他数据来源于 CEIC 数据库和中经专网。本文之所以选择 1998 年作为样本起点有两方面考虑：一是 20 世纪 90 年代后期城镇劳动力市场经历了企业改革的冲击，国有企业和集体企业私有化，大量工人下岗，这次冲击对工资产生了巨大影响；二是现行的社保制度也始于 1998 年，考虑到省份数据可得性的限制，选择 1998 年作为开端显然更为合适。变量的统计描述如表 1 所示。

表 1　回归变量的统计描述

变量	变量含义	均值	标准差	最小值	最大值	样本量
lnrwage	实际工资对数	9.661	0.636	8.426	11.159	589
lny	实际劳动生产率对数	9.417	0.760	7.625	11.330	589

① 由于本文收集数据自 1996 年开始较为完整，所以涉及实际值时均为 1996 年不变价的实际值。

续表

变量	变量含义	均值	标准差	最小值	最大值	样本量
lnrprod	相对生产率对数	0.614	0.329	-0.185	1.756	589
invrt	投资规模占比	0.529	0.238	0.224	1.609	589
invstr	投资结构	0.512	0.161	0.038	0.872	589
labor	劳动力供给	0.718	0.046	0.604	1.152	589
urban	劳动力转移	0.456	0.163	0.184	0.896	589
edu	教育水平	0.072	0.057	0.001	0.412	589

四、省份面板模型全国总体层面的估计分析

(一) 结构因素和劳动生产率对工资影响的估计分析

首先在结构因素纳入前对式（5）进行估计，得到的结果见表2第（1）列。可以看出：工资对劳动生产率的弹性系数为0.303，表明劳动生产率提高1%导致工资增长0.3%。

在纳入结构因素后对式（6）进行估计，得到结果见表2第（2）列。可以看出：工资对劳动生产率的弹性系数下降到0.178，幅度在40%以上。同时，三类五大结构因素均显著影响工资水平，表明结构因素极大地驱动了我国工资水平的超劳动生产率增长。

首先，从相对生产率看，工资对相对生产率的弹性系数为0.069，并且在5%的显著性水平下显著，表明可贸易部门劳动生产率相对于不可贸易部门每提高1%可驱动全国平均工资超增长0.07%，说明以“工资水平溢价”为核心的巴萨效应工资传导机制在全国层面成立，同时也意味着城镇劳动力至少在第二、第三产业之间可以相对自由流动，第三产业正在取代第一产业成为城镇劳动力的“蓄水池”。

其次，从投资角度看，投资规模占比扩大1个百分点可以带来工资超增长0.131%，而民间投资占比扩大1%则可以驱动工资超增长0.197%，这表明投资结构对工资的影响高于投资规模占比。其原因在于：民间投资占比扩大一方面会增加劳动力需求，另一方面会提高上游垄断企业的垄断利润。

再次，从劳动力供给来看，劳动适龄人口占比每减小 1 个百分点，能够驱动工资超增长 0.224%，我国劳动适龄人口占比在 2010 年达到峰值 74.5%，截至 2014 年下降到了 73.4%，下降了 1.1 个百分点，由此造成工资超增长 0.25%。从劳动力转移程度看，城镇化水平每提高 1 个百分点能够驱动工资超增长 0.213%，而我国城镇化水平的增速远高于劳动适龄人口占比的变动，从 1998 年的 33.35% 迅速上升到 2014 年的 54.77%。换句话说，1998 ~ 2014 年城镇化水平的提高累计可以解释 4.6% 的工资超增长。

最后，除结构因素外，控制变量的人力资本的提高对提高工资水平的效果最为明显，大专及以上人口占比每提高 1 个百分点，可以导致平均工资水平增长 0.735 个百分点，表明人力资本积累也是引致工资超增长的一大因素。

表 2 全国层面的劳动生产率、结构因素与工资增长

	(1)	(2)	(3)	(4)	(5)	(6)	(7)	(8)
L. lny	0.303 *** (6.192)	0.178 *** (4.289)	0.164 *** (2.972)	0.185 *** (4.094)	0.123 *** (2.802)	0.133 *** (3.007)	0.176 *** (4.092)	0.164 *** (4.017)
L. lnrprod		0.069 *** (3.587)	0.070 *** (3.538)	0.082 * (1.947)	0.070 *** (3.438)	0.078 *** (3.718)	0.068 *** (3.496)	0.060 *** (3.058)
L. invrt		0.131 *** (3.117)	0.143 *** (3.024)	0.133 *** (3.241)	0.581 *** (5.220)	0.166 *** (3.771)	0.136 *** (3.181)	0.225 *** (4.820)
L. invstr		0.205 *** (3.706)	0.199 *** (3.423)	0.203 *** (3.640)	0.190 *** (3.532)	-0.092 (-1.013)	0.200 *** (3.534)	0.144 *** (2.608)
L. labor		-0.224 * (-1.965)	-0.226 * (-1.945)	-0.227 ** (-1.992)	-0.125 (-1.372)	-0.035 (-0.385)	-0.300 (-1.448)	-0.258 * (-1.879)
L. urban		0.213 *** (3.318)	0.208 *** (3.277)	0.204 *** (2.743)	0.184 *** (3.565)	0.135 *** (2.886)	0.212 *** (3.307)	0.019 (0.307)
L. edu		0.789 *** (3.805)	0.735 *** (2.959)	0.776 *** (3.528)	1.010 *** (4.635)	0.862 *** (4.042)	0.751 *** (3.387)	0.120 (0.460)
L. lny × t			0.001 (0.433)					
L. lnrprod × t				-0.001 (-0.389)				
L. invrt × t					-0.029 *** (-4.221)			

续表

	(1)	(2)	(3)	(4)	(5)	(6)	(7)	(8)
L. invstr × t						0.031*** (3.934)		
L. labor × t							0.009 (0.435)	
L. urban × t								0.030*** (3.902)
时间效应	是	是	是	是	是	是	是	是
个体效应	是	是	是	是	是	是	是	是
常数项	6.555*** (14.021)	7.459*** (18.947)	7.586*** (14.856)	7.404*** (17.831)	7.729*** (19.556)	7.842*** (18.990)	7.531*** (16.738)	7.767*** (19.626)
样本量	527	527	527	527	527	527	527	527
调整 R^2	0.986	0.989	0.989	0.989	0.990	0.989	0.989	0.989

注：L. lny 表示 lny 的滞后一期，其他变量同理。括号中的数字为稳健标准误对应的 t 值，***、**、*分别代表 1%、5%、10% 的显著性水平（下同）。

（二）结构因素和劳动生产率对工资影响的变动趋势分析

结构因素和劳动生产率对工资的影响并非一成不变。为考察二者对工资影响随时间的变动趋势，借助式（7）和式（8）得到如表 2 第（3）~（8）列所示的回归结果。可以看出：

首先，相对生产率与时间交叉项系数为 -0.001，经济意义很小，且统计意义上不显著，这表明相对生产率对工资的驱动影响在样本期内具有稳定性。与相对生产率类似，劳动生产率对工资的影响在样本期内也保持相对稳定。

其次，从促进劳动力需求的投资视角看，加入投资规模占比与时间的交乘项后，投资规模占比的低次项系数增大到 0.581，而投资规模占比与时间的交乘项系数为 -0.029，在 1% 的水平上显著，这表明在 1998 ~ 2014 年，投资规模占比扩大对工资超增长的拉动效应是逐年递减的，而这可能是投资的就业效应在减小（徐清，2012）。从投资的内部结构看，民间投资与时间的交乘项系数为正值，但民间投资的低次项系数变为负值，表明民间投资对工资收入的负向影响逐年减弱，由 β_1/β_2 可知，仅需要 3 年，即在

2001 年以后，民间投资对工资收入转为正向影响，并逐年增大。由 $\beta_1 + \beta_2 \times t$ 可知，在 2014 年，民间投资占比每扩大 1 个百分点可以带来工资超增长 0.403%。

最后，从劳动力供给看，加入劳动适龄人口占比与时间的交乘项后，低次项的系数绝对值略有提高，但交乘项系数很小，并且在统计意义上不显著，表明劳动适龄人口占比对工资超增长的驱动力在近 20 年来保持稳定。与其形成对比的是，代表劳动力转移程度的城镇化水平对工资超增长的驱动力逐年递增。城镇化水平提高 1 个百分点，在 1998 年驱动工资超增长 0.019 个百分点，而在 2014 年驱动工资超增长 0.499 个百分点。劳动力转移程度越高，农村剩余劳动力数量越少，对工资超增长的驱动作用越大。

五、省份面板模型地区层面的估计分析

我国东中西部地区经济发展存在着很大的阶段差异，将 31 个省市自治区划分为三个地区①后借助式（5）和式（6）进行回归估计，得到的结果见表 3。

表 3　三大地区的劳动生产率、结构因素与工资增长

	(1)	(2)	(3)	(4)	(5)	(6)
	东部	中部	西部	东部	中部	西部
L. lny	-0.0497 (-0.8461)	0.1664 (1.0458)	0.5482 *** (10.2835)	-0.2525 *** (-3.7536)	0.0455 (0.3254)	0.4435 *** (7.7473)
L. lnrprod				0.1494 *** (4.6610)	-0.1364 *** (-3.7343)	-0.0014 (-0.0485)
L. invrt				0.0843 (1.1952)	0.3213 *** (4.0340)	0.1869 *** (2.6210)
L. invstr				0.1457 ** (1.9831)	0.1111 (1.1683)	0.0673 (0.5959)

① 东部地区包括北京、天津、河北、辽宁、上海、山东、江苏、浙江、福建、广东、海南，共 11 个省市；中部地区包括山西、吉林、黑龙江、安徽、江西、河南、湖北、湖南，共 8 个省市；西部地区包括内蒙古、广西、重庆、四川、贵州、云南、西藏、陕西、甘肃、青海、宁夏和新疆，共 12 个省市自治区。

续表

	(1)	(2)	(3)	(4)	(5)	(6)
L. labor				-0.9212*** (-3.1753)	0.2090 (1.5950)	-1.0530*** (-3.2203)
L. urban				0.4302*** (3.4020)	0.2538 (1.2394)	0.1512** (2.1588)
L. edu				0.1809 (0.8240)	0.9995* (1.8169)	1.3435* (1.7593)
时间效应	是	是	是	是	是	是
个体效应	是	是	是	是	是	是
常数项	9.9225*** (17.9336)	7.2830*** (5.4175)	3.9130*** (8.3810)	12.0941*** (19.7867)	7.9251*** (6.7254)	5.3769*** (10.2892)
样本量	187	136	204	187	136	204
调整 R^2	0.9881	0.9901	0.9837	0.9941	0.9930	0.9853

（一）东部地区省份面板模型的估计分析

在结构因素纳入前的表3第（1）列估计结果，东部地区劳动生产率与平均工资水平的联系在统计意义上并不显著。在纳入结构因素变量后基于式（6）的估计结果见表3第（4）列，东部地区工资对劳动生产率的弹性进一步下降到-0.253，这意味着劳动生产率提高对工资呈现显著的负向影响，从侧面说明东部地区工资增长更多地表现为结构变动驱动的超增长。

从具体结构因素的估计结果看，东部地区平均工资对第二产业与第三产业相对生产率的弹性高达0.149，即可贸易部门劳动生产率相对于不可贸易部门提高1%可驱动工资超增长0.149%，是全国水平的2倍。从投资角度看，投资规模占比的扩大对东部地区没有显著影响，但民间投资占比扩大1个百分点，可驱动工资超增长0.146个百分点，这表明投资结构比投资规模占比对东部地区的驱动力更大，但仍然低于全国平均水平。从劳动力供给看，劳动适龄人口占比的回归系数为-0.921，是全国平均水平的4倍以上，城镇化水平估计系数是全国水平的2倍，表明东部地区的潜在劳动力供给不足程度要高于全国平均水平。

总之，相对生产率提高代理的巴萨效应以及潜在劳动供给总量的减少、劳动力转移程度加深是驱动东部地区工资超增长的结构诱因。

（二）中部地区省份面板模型的估计分析

在结构因素纳入前的表3第（2）列估计结果中，中部地区工资对劳动生产率的弹性为0.166，约为全国水平的一半；在纳入结构因素变量后的表3第（5）列估计结果中，中部地区工资对劳动生产率的弹性下降了72%，仅为0.046，并且在统计意义上不显著，说明劳动生产率提高对中部地区工资上涨的解释力度很弱。

从具体结构因素的估计结果看，与预期不同的是，巴萨效应的工资传导机制在中部并不成立，符号甚至相反，意味着中部地区第二产业劳动生产率相对于第三产业提高并不能驱动工资超增长。从投资角度看，从回归系数大小看，投资规模占比提高1个百分点驱动工资超增长0.321个百分点，是全国平均水平的2.5倍，是民间投资占比的3倍；从显著性上看，中部地区投资规模占比在1%的水平上显著，民间投资占比估计系数在统计意义上不显著，这意味着：投资规模占比扩大极大地驱动了中部地区工资的超增长，也拉高了全国范围内投资规模占比对工资水平的影响力。从劳动供给角度看，无论是劳动力供给还是劳动力转移对工资超增长均无显著影响。

总之，投资规模占比扩大引致的劳动力需求增加是中部地区工资超增长的结构诱因。

（三）西部地区省份面板模型的估计分析

在结构因素纳入前的表3第（3）列估计结果中，西部地区工资对劳动生产率的弹性为0.548，高于全国平均水平的0.303；在纳入结构因素变量后的表3第（6）列估计结果中，西部地区工资对劳动生产率弹性下降到0.444，下降了19%，但变动幅度远小于东部和中部，表明西部地区劳动生产率与工资之间关系更为紧密，结构因素对二者关系的扭曲最小。

从具体结构因素的估计结果看，西部相对生产率的系数并不显著，巴萨效应的工资传导机制在西部也不成立。从投资角度看，与中部地区类似，投资规模占比的影响高于投资结构。投资规模占比扩大1个百分点导致工资超增长0.187个百分点，但民间投资占比的提高对工资超增长的驱动作用很微弱，且在统计意义上不显著。从劳动供给看，西部地区已经受到潜在劳动力供给下降的影响，劳动适龄人口每下降1个百分点，将导致工资水平超增长涨1.053个百分点；城镇化水平每提高1个百分点，可以导致工资水平超增长0.151个百分点，表明劳动适龄人口占比下降比劳动力转移程度加深对工资超增长的驱动作用更大。

总之，尽管西部地区工资也受到了投资规模占比、劳动力供给以及劳动力转移等结构因素的显著驱动，但与劳动生产率提高带来的正常增长相比，这些驱动作用带来的超增长要小得多。

（四）对结构因素估计结果地区差异的进一步讨论

前面仅仅从地区内部分析了省份面板数据模型的估计结果，仍需要进一步讨论结构因素估计结果的地区差异。

1. 相对生产率估计系数的地区差异

巴萨效应工资传导机制仅在东部地区成立，而在中西部地区不成立，可能原因是：

第一，过大的农村剩余劳动力规模会抑制工资水平的超增长，王泽填和姚洋（2009）通过对184个经济体的面板数据研究发现，当可贸易部门的劳动生产率提高时，农村剩余劳动力的进入会抑制工资的超增长，进而导致巴萨效应的工资传导机制减弱。王雪珂和姚洋（2013）发现，当城镇化水平不足0.5时，巴萨效应将会完全消失甚至相反。从三大地区各省份城镇化水平图3可知，东部地区城镇化水平早在2005年就超过了0.5，中部地区的城镇化水平只是在2014年才超过0.5，西部地区的城镇化水平至今仍然在0.5以内，也在一定程度上印证了东部巴萨效应工资传导机制与中西部不同的研究结论。

第二，劳动力市场分割（包括城乡分割、行业分割等）会抑制巴萨效应工资机制的传导。蒙大斌和杨振兵（2016）发现，中西部地区的劳动力市场分割程度高于东部地区，而劳动力市场分割从两个渠道抑制工资的提升：一方面，吴愈晓（2011）研究发现，低学历劳动者工资提升依赖于职业流动，而劳动力市场分割会降低低学历劳动者的职业流动，进而抑制工资的提升；另一方面，劳动力市场分割导致工业部门劳动力供给相对过剩（付文林和赵永辉，2014）进而抑制工业部门工资水平的提升。两个渠道的综合作用不但抑制了中西部第二产业内部工资的上涨，而且也抑制了产业间的“工资水平溢出”，进而阻碍了巴萨效应工资机制由东部地区向中西部地区的传导。

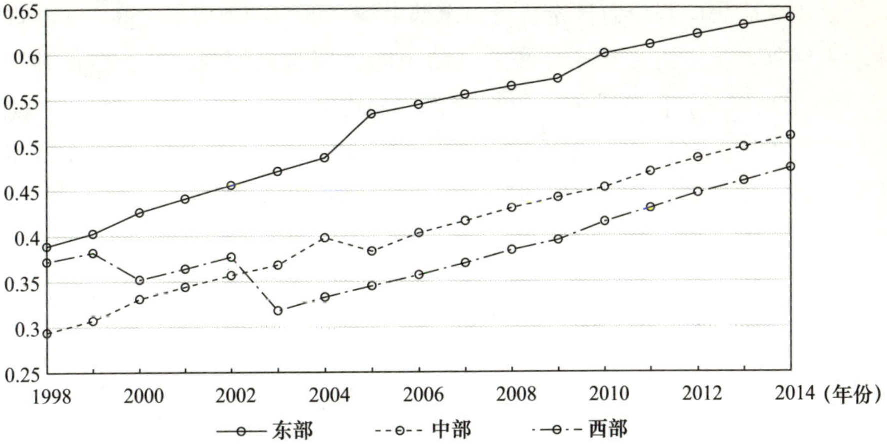

图 3　我国三大地区城镇化水平变化图[①]

2. 投资规模占比与投资结构估计系数的地区差异

从投资规模占比的回归系数看，投资规模占比扩大对工资超增长的驱动作用大小关系为中部 > 西部 > 东部，这与改革开放以来我国不同时期实施的区域发展战略密切相关。从图 4 中三大地区投资规模占比变动看，自 20 世纪 80 年代沿海地区逐步开放开始，东部沿海地区投资规模占比在不断扩大，直到 2000 年，东部投资规模占比仍高于中西部地区；中央政府自 2000 年、2003 年和 2004 年分别开始施行“西部大开发”、“振兴东北老工业基地”以及“中部崛起”战略，西部和中部地区的投资规模占比分别在 2001 年和 2004 年开始大幅提高。1998～2014 年，东部、中部和西部投资规模占比分别扩大了 73.76%、185.61% 和 178.80%，投资规模占比的迅速扩大对就业的拉动效应明显，但随着投资规模占比扩大的持续，其产生的就业效应不可持续（徐清，2012），进而对工资水平的影响效应在递减，这与全国范围内投资规模占比驱动影响逐年递减的结论完全一致。

此外，中西部投资的对象存在差异，“西部大开发”的基础阶段重点在于提高西部的基础设施水平，而中部地区的投资重点关注优势产业的结构调整、提高自主创新能力，尤其是原有的以工业为主的省份，投资偏向于对劳动力需求更为直接的制造业，因此投资对中部工资的提升更为明显。

① 根据 CEIC 数据库的省份数据加权计算得到。

从图4中民间投资占比走势看，东部沿海地区劳动力成本提高，企业向中西部转移，虽然近年来东部和中部的民间投资占比相当，高于西部地区10个百分点以上，但东部地区更加完善的制度环境、基础设施建设以及更高的民间投资效率创造了更多的劳动力需求，使得民间投资占比对工资水平提高的大小随东中西部依次递减，仅在东部地区统计显著。

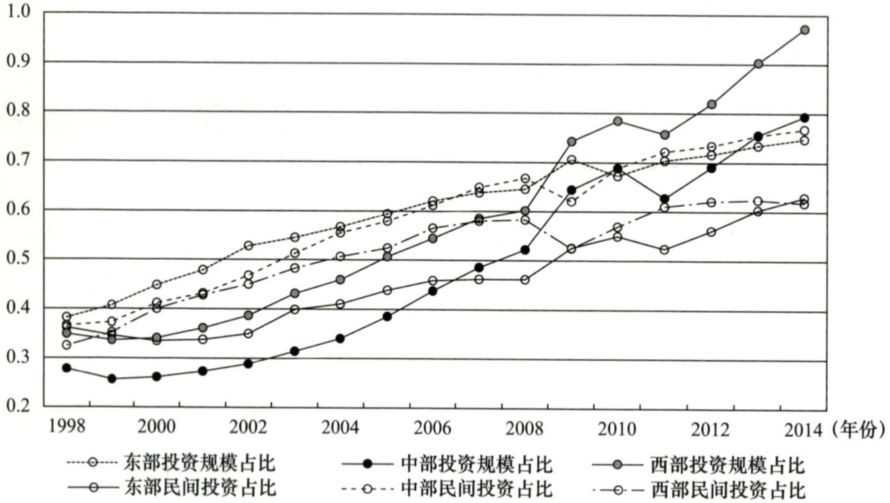

图4　我国三大地区投资规模占比与民间投资占比变化图[①]

3. *劳动力供给与劳动力转移估计系数的地区差异*

以劳动适龄人口占比代表的劳动力供给对东部和西部工资超增长的驱动作用较为显著，但对中部地区工资超增长的驱动作用不够显著。由于东中西部的劳动适龄人口占比相当，因此劳动适龄人口占比的大小无法解释影响力的地区差异，那么导致驱动作用存在地区差异的可能原因是：相对于劳动力需求而言，中部的劳动力供给相对充足，这可以从农民工流动方向上得以说明。表4为2008~2014年输出地农民工跨省流动比例，可以发现东部地区以省内流动为主，中西部地区以跨省流动为主，全国合计的农民工跨省流动比例在逐年递减，到2011年已经开始下降到一半以下，而中部地区农民工跨省流动比例在3个地区中最高，仍保持在60%以上。2013

① 根据CEIC数据库的省份数据加权计算得到。

年全国农民工监测数据显示，中部跨省流动农民工中有 89.9% 流向东部[①]，成为东部地区外来农民工的主要来源。农民工跨省流动就业的原因在于：一方面是本省提供的就业机会少，农民工难以找到匹配的工作；另一方面是东部地区劳动力短缺，提供更高工资或福利水平以吸引外来农民工。劳动适龄人口占比对工资的影响在全国范围内随时间保持稳定，表明当前劳动力供给缺乏还是结构性的，主要是在东部和西部部分区域凸显，而对中部影响不大，因此，促进劳动力跨地区的自由流动有助于减缓工资过快增长。

表4　2008～2014 年输出地农民工跨省流动比例

年份	东部	中部	西部	合计
2008	20.3	71.0	63.0	51.8
2009	20.4	69.4	59.1	51.2
2010	19.7	69.1	56.9	50.3
2011	16.6	67.2	57.0	47.1
2012	16.3	66.2	56.6	46.8
2013	17.9	62.5	54.1	46.6
2014	18.3	62.8	53.9	46.8

资料来源：国家统计局《2008～2014 年全国农民工监测调查报告》。

以城镇化水平代表的劳动力转移程度对工资超增长的驱动作用大小关系为：东部 > 中部 > 西部，与城镇化水平大小排序一致。这说明城镇化水平越高，农村剩余劳动力数量越少，城镇化水平对工资超增长的驱动作用越大。随着地区城镇化水平的上升，城镇化对工资超增长的驱动作用逐年递增。剩余劳动力的减少对工资上涨的驱动不再是结构性的，而是全国范围内普遍存在，且影响逐年加深。

（五）稳健性分析

考虑到实证研究可能存在的问题，本文从如下 3 个方面进行稳健性讨论。

---

① 仅 2013 年的《农民工监测报告》公布了相应数据。

1. 更换核心变量的代理变量进行稳健性检验

（1）不同劳动生产率代理变量的检验。不同劳动生产率的测度方法可能对本文的计量结果产生影响，基准模型中本文采用了人均 GDP 作为劳动生产率的代理变量，与以“城镇单位就业人员平均工资”表示的工资水平的统计口径不一致，本文进一步采用第二、第三产业的劳均生产率作为劳动生产率的代理变量，主要是由于第二产业和第三产业集中在城镇中，与以城镇单位就业人员平均工资的统计口径更加接近，在全国层面和分地区层面的回归结果如表 5 所示。从表 5 的计量结果看，参数大小以及显著性水平与表 2 和表 3 相近，说明不同劳动生产率的测度方法对结果的影响并不明显。

表 5　第二、第三产业劳动生产率作为代理变量的回归结果

	全国	东部	中部	西部
L. lny	0. 1245 *** (4. 3466)	−0. 1382 ** (−2. 5240)	0. 0330 (0. 5167)	0. 2074 *** (5. 9474)
L. lnrprod	0. 0502 ** (2. 5040)	0. 1942 *** (6. 4510)	−0. 1389 *** (−3. 9694)	−0. 0062 (−0. 1877)
L. invrt	0. 1467 *** (3. 5436)	0. 0098 (0. 1448)	0. 3283 *** (3. 9381)	0. 2072 ** (2. 5572)
L. invstr	0. 1857 *** (3. 3743)	0. 1485 ** (1. 9808)	0. 1008 (1. 0012)	0. 0039 (0. 0366)
L. labor	−0. 1661 * (−1. 8428)	−1. 0052 *** (−3. 4737)	0. 2037 (1. 6237)	−0. 3042 (−0. 9252)
L. urban	0. 2283 *** (3. 9260)	0. 3653 *** (2. 8787)	0. 2789 (1. 3987)	0. 1582 ** (2. 4056)
L. edu	0. 7787 *** (3. 8772)	0. 1482 (0. 6774)	0. 9667 * (1. 8057)	1. 5802 ** (2. 3005)
时间效应	是	是	是	是
个体效应	是	是	是	是
常数项	8. 9728 *** (91. 4127)	9. 9827 *** (39. 7308)	8. 2909 *** (76. 1326)	8. 5613 *** (36. 4126)
样本量	527	187	136	204
调整 R^2	0. 9890	0. 9940	0. 9930	0. 9844

（2）采用劳均资本存量代替投资规模变量。为了简便计算，在前文中采用投资规模（固定资产投资完成额在 GDP 中的占比）反映一个社会或地区对资本的依赖程度，但在柯布—道格拉斯生产函数中，资本和劳动均为存量概念，因此本文继续采用劳均资本存量代替投资规模变量做进一步的检验。资本存量数据借鉴张军（2004）等的方法进一步估算到 2014 年（1952 年不变价），同时为了与前文一致，根据张军等（2004）给出的各省区市固定资产投资价格指数以及国家统计局公布的该价格指数，将资本存量折算为 1996 年不变价的资本存量，劳均资本存量根据"劳均资本存量 = 资本存量/就业人数"获得，并取对数（变量名为 lncapit），估计结果如表 6 所示，劳动生产率增长与工资增长之间的非一致性依然存在。

表 6 劳均资本存量代替投资规模

	（1）	（2）	（3）	（4）
	全国	东部	中部	西部
L. lny	0. 294 ***	-0. 058	0. 240	0. 703 ***
	(4. 277)	(-0. 684)	(1. 303)	(7. 167)
L. lnrprod	0. 088 ***	0. 156 ***	-0. 164 ***	0. 009
	(4. 596)	(5. 284)	(-4. 214)	(0. 323)
L. lncapit	-0. 040	-0. 090 *	-0. 119 ***	-0. 158 ***
	(-1. 202)	(-1. 794)	(-2. 699)	(-2. 967)
L. invstr	0. 258 ***	0. 179 **	0. 266 ***	0. 237 **
	(4. 426)	(2. 306)	(2. 755)	(2. 233)
L. labor	-0. 187 *	-1. 195 ***	0. 122	-0. 155
	(-1. 786)	(-4. 003)	(0. 865)	(-0. 363)
L. urban	0. 061	0. 468 ***	0. 518 **	-0. 013
	(1. 339)	(3. 690)	(2. 476)	(-0. 228)
L. edu	0. 302 *	0. 103	0. 491	-0. 224
	(1. 657)	(0. 542)	(0. 850)	(-0. 348)
_ cons	6. 652 ***	10. 622 ***	6. 397 ***	2. 731 ***
	(11. 330)	(14. 755)	(4. 164)	(3. 194)
时间效应	是	是	是	是
个体效应	是	是	是	是
样本量	476	187	136	170
调整 R^2	0. 990	0. 994	0. 992	0. 989

2. 劳动合同法对工资与劳动生产率关系的影响

自2008年1月1日正式施行的劳动合同法旨在保护劳动者的合法权益，规范劳动关系，可能促进了工资提高，尤其是最低工资水平进而提高整体平均工资。按照劳动合同法实施的年份构建一个虚拟变量 contract，未实施劳动合同法的年份（1998～2007年）contract = 0，在实施了劳动合同法的年份（2008～2014年）contract = 1，作为控制变量加入的模型中，估计结果如表7所示。结果发现，劳动合同法显著提高了平均工资水平，但劳动生产率变量与经济结构变量对工资的回归系数大小略有变动外，显著性水平保持稳定。

表7 加入劳动合同法作为控制变量的回归结果

	全国	东部	中部	西部
L. lny	0.178***	-0.253***	0.046	0.444***
	(4.289)	(-3.754)	(0.325)	(7.747)
L. lnrprod	0.069***	0.149***	-0.136***	-0.001
	(3.587)	(4.661)	(-3.734)	(-0.048)
L. invrt	0.131***	0.084	0.321***	0.187***
	(3.117)	(1.195)	(4.034)	(2.621)
L. invstr	0.205***	0.146**	0.111	0.067
	(3.706)	(1.983)	(1.168)	(0.596)
L. labor	-0.224*	-0.921***	0.209	-1.053***
	(-1.965)	(-3.175)	(1.595)	(-3.220)
L. urban	0.213***	0.430***	0.254	0.151**
	(3.318)	(3.402)	(1.239)	(2.159)
L. edu	0.789***	0.181	0.999*	1.344*
	(3.805)	(0.824)	(1.817)	(1.759)
常数项	7.459***	12.094***	7.925***	5.377***
	(18.947)	(19.787)	(6.725)	(10.289)
contract	1.116***	1.847***	1.375***	0.724***
	(14.930)	(17.533)	(5.984)	(6.750)
时间效应	是	是	是	是
个体效应	是	是	是	是
样本量	527	187	136	204
调整 R^2	0.989	0.994	0.993	0.985

3. 劳动生产率对工资的非线性影响机制是否成立

劳动生产率对工资的影响跟地区有关，在东中西部之间，回归系数劳动生产率系数变动较大（如表3所示），需要考虑是否存在劳动生产率对工资的非线性影响机制。这里在全国的模型估计式（5）和式（6）中分别引入劳动生产率的二次项加以检验，仍然采用双固定效应估计方法，得到二次项的估计系数分别为0.001和-0.007，在10%的显著性水平下均通过检验，这意味着：无论是否加入经济结构变量都无法识别劳动生产率对工资的非线性影响。当然，非线性影响的不显现也可能与研究数据时间段较短有关。

与现有研究结果比较发现，陆铭等（2015）同样发现东部地区劳动生产率对工资的影响并不显著（系数为负），中西部整体中劳动生产率对工资有显著的正向影响，与本文的结论基本一致。

六、结论与启示

在完美的假定条件下，工资应该等于边际劳动生产率，工资和劳动生产率的增长速度应该基本一致。然而，自1998年以来，我国实际工资增长率却呈现出持续超劳动生产率增长的态势。本文首先结合我国的转型背景纳入相对生产率、劳动力供给、劳动力转移、投资规模占比与投资结构三类五大结构因素，搭建工资与劳动生产率非一致性变动分析框架，然后采集1998~2014年31个省份数据构建省份面板模型，从全国和地区两个层面定量揭示工资超劳动生产率增长背后的结构诱因及其驱动机理。结果发现：

（1）从全国总体层面看，工资对劳动生产率的弹性在纳入结构因素前后由0.303下降到0.178，说明结构因素极大地驱动了工资水平的超劳动生产率增长。具体从三类结构因素看，以“工资水平溢价”为核心的巴萨效应工资传导机制在全国层面成立；投资规模占比和民间投资占比每扩大1个百分点分别驱动工资超增长0.131个和0.197个百分点；劳动适龄人口占比每减少1个百分点和以城镇化水平代表的劳动力转移程度每提高1个百分点分别驱动工资超增长0.224个和0.213个百分点。加入时间维度考察后发现，劳动生产率对工资增长的作用随时间保持稳定，相对生产率和劳动适龄人口占比对工资超增长的驱动作用随时间保持稳定，民间投资占比、城镇化水平的驱动作用逐年增强，投资规模占比的驱动作用逐年减弱。

（2）分地区看，结构因素对工资超增长的驱动作用大小与地区劳动生产率水平差异密切相关。劳动生产率水平越高的地区，结构因素对工资超增长的驱动作用越强，劳动生产率对工资的影响则会相对弱化。具体地，东部地区工资超增长的结构诱因是相对生产率提高带来的巴萨效应、劳动力供给和剩余劳动力的减少；中部地区工资超增长的结构诱因是投资规模占比扩大引致的劳动力需求增加；西部地区工资由结构因素驱动的超增长与劳动生产率提高带来的正常增长相比要小得多。

工资是广大劳动者的主要生活来源。在经济发展的基础上，保持广大劳动者工资水平的适度增长，让推动经济发展的广大劳动者共享到经济发展的成果，不仅是广大人民的热切期盼，也是坚持发展成果由人民共享的根本要求。上述结论对共享发展理念的贯彻执行具有重要的启发意义。

首先，要充分认识工资超劳动生产率增长的合理性，不能人为随意压低工资的合理增长。当前国内有一种舆论认为，工资过快增长，推高了生产经营成本，导致中国经济导致经济衰退。本文关于工资超劳动生产率增长的结构诱因和驱动机理分析有效地回击了这种舆论观点。相反，鉴于劳动者在国民收入分配和工资谈判中的弱势地位，政府还应该对工资的合理增长做出较为充分的保护。

其次，应该认识到工资超劳动生产率的增长是以劳动生产率特别是制造业劳动生产率的快速增长为条件的。制造业及其他行业劳动生产率的快速增长不但可以直接拉动工资增长，而且还可以通过诱发结构变动进而推动工资的超增长。近两三年来，我国总体劳动生产率增长和制造业劳动生产率增长开始呈现双双放缓的势头。这种局面长期持续下去必将扭转当前工资水平的快速增长势头。为此，必须重振劳动生产率，夯实工资增长基础。一方面，充分发掘劳动生产率的改革提高空间，短期内应充分借助资本市场等提高储蓄转化为投资的能力，长期内应充分挖掘人力资本积累、技术创新等渠道潜力；另一方面，当前经济转型不能轻言放弃制造业，中国在电子、机械制造、高铁等领域的产业升级已经取得长足的进步，应该在现有基础上鼓励创新升级，甚至在服装等低端的制造业领域，也存在从低附加价值端向高中端价值端转移的巨大潜力。

最后，要充分挖掘和借助工资超增长的结构诱因，在劳动生产率增长的基础上促使劳动者工资合理增长，为未来一段时间内贯彻实现共享发展理念服务。为此，我们应该做到：第一，降低城市进入门槛，消除劳动力市场城乡分割，推动中西部农村剩余劳动力向城镇转移，在“一带一路”战略框架下，通过中西部地区城镇化和农民工就近就业释放工资超劳动生产率增长空间；第二，推进东部产业向中西部的梯度转移，通过人力资本投资和加大技能培训以提高中西部的承接能力，在此基础上通过第二、第三产业生产率差异释放工资超劳动生产率增长的巴萨效应空间；第三，在保持投资规模适当增长的同时，尽快完善有关民间投资的法规政策，引导金融机构减小民营企业、小微企业的融资约束，在公用事业和基础设施等重点领域去除各类显性或隐性门槛，提高民间投资效率。

参考文献

[1] 蔡昉．转轨时期的就业政策选择：矫正制度性扭曲[J]．中国人口科学，1998（2）．

[2] 蔡昉，都阳．工资增长、工资趋同与刘易斯转折点[J]．经济学动态，2011（9）．

[3] 蔡昉．工资与劳动生产率的赛跑[J]．贵州财经学院学报，2012（3）．

[4] 邓伟，叶林祥．上游产业垄断与国有企业的高工资——来自省际面板数据的经验分析[J]．南开经济研究，2012（3）．

[5] 丁守海．劳动剩余条件下的供给不足与工资上涨——基于家庭分工的视角[J]．中国社会科学，2011（5）：4－21.

[6] 丁元．劳动生产率与工资关系的脉冲响应分析——以广东省为例[J]．中国人口科学，2007（3）．

[7] 都阳，蔡昉．中国制造业工资的地区趋同性与劳动力市场一体化[J]．世界经济，2004（8）．

[8] 付文林，赵永辉．价值链分工、劳动力市场分割与国民收入分配结构[J]．财经研究，2014（1）．

[9] 陆铭，张航，梁文泉．偏向中西部的土地供应如何推升了东部的工资[J]．中国社会科学，2015（5）．

[10] 卢锋，刘鎏．我国两部门劳动生产率增长及国际比较（1978～2005）——巴拉萨—萨缪尔森效应与人民币实际汇率关系的重新考察[J]．经济学（季刊），2007（2）．

[11] 蒙大斌，杨振兵．劳动力市场分割加剧了工资扭曲吗？——来自中国省际工业部门的经验证据[J]．财经论丛，2016（9）．

[12] 宁光杰．中国市场化进程中的工资形成机制——来自各省面板数据的证据

[J]. 财经研究，2007（2）.

[13] 邵敏，包群. 外资进入是否加剧中国国内工资扭曲：以国有工业企业为例[J]. 世界经济，2012（10）.

[14] 宋晶，李会敏. 工业企业工资增长影响因素的经验分析[J]. 财经问题研究，2014（10）.

[15] 唐茂华. 面临的形势：工资上涨还是劳动力短缺？[J]. 中国发展观察，2007（11）.

[16] 王宏. 工资增长、地区分布与劳动生产率的影响因素[J]. 改革，2014（2）：28－39.

[17] 王宁，史晋川. 中国要素价格扭曲程度的测度[J]. 数量经济技术经济研究，2015（9）.

[18] 王泽填，姚洋. 结构转型与巴拉萨—萨缪尔森效应[J]. 世界经济，2009（4）.

[19] 王雪珂，姚洋. 两国相对生产率与巴拉萨—萨缪尔森效应：一个经验检验[J]. 世界经济，2013（6）.

[20] 吴愈晓. 劳动力市场分割、职业流动与城市劳动者经济地位获得的二元路径模式[J]. 中国社会科学，2011（1）.

[21] 徐清. 城市工资上涨、劳动力转移与投资拉动增长方式——基于中国地级城市面板数据的分析[J]. 中国人口科学，2012（4）.

[22] 杨振兵，张诚. 中国工业部门工资扭曲的影响因素研究——基于环境规制的视角[J]. 财经研究，2015（9）.

[23] 余靖雯，郑少武，龚六堂. 政府生产性支出、国企改制与民间投资——来自省际面板数据的实证分析[J]. 金融研究，2013（11）.

[24] 张军，吴桂英，张吉鹏. 中国省际物质资本存量估算：1952～2000[J]. 经济研究，2004（10）.

[25] 张军，刘晓峰. 工资与劳动生产率的关联：模式与解释[J]. 哈尔滨工业大学学报（社会科学版），2012（2）.

[26] 赵伟、隋月红. 集聚类型、劳动力市场特征与工资—生产率差异[J]. 经济研究，2015（6）.

[27] 赵耀辉，李实. 中国城镇职工实物收入下降的原因分析[J]. 经济学（季刊），2002（2）.

我国水资源承载效率研究

王喜峰
（中国社会科学院数量经济与技术经济研究所　北京）

一、前言及文献综述

由于水资源的稀缺性，水资源管理的目的是提高水资源效率，达到节约和保护水资源、提高经济发展的最终目标。提高水资源利用效率是水资源可持续利用的核心问题。现有学者已经认识到提高水资源效率研究的重要性，越来越多的研究集中在水资源效率的研究上。在水资源效率的研究中，有单一要素水资源效率指标和多要素水资源效率指标的区分。然而，这些研究中，只是将水资源作为简简单单的生产要素，忽略了水资源的其他属性，特别是在区域水资源效率研究中，忽略了区域的水资源的承载力。并且对于不同水资源禀赋的区域来说，1 亿立方米水资源在广东与在宁夏呈现完全不同的价值。这说明，在现有的区域水资源效率研究中，缺乏对水资源效率的客观认识。简单地将水资源总量作为生产要素应用于水资源效率研究中，对于企业来说比较合适；而将其应用到区域水资源效率的研究中，明显缺乏对水资源基础理论的考量。

在国内的研究中，贾绍凤等（2004）认为，中国的工业用水与经济发展之间的关系拟合库兹涅茨曲线，即两者之间的关系随时间的推移所发生的变化可以用倒 U 型曲线表示。朱启荣（2007）利用工业产值和工业用水量测定地区工业用水效率，并计算各省份工业用水效率潜力。并据此分析工业用水效率与水资源禀赋、工业结构、经济发展水平、外商直接投资的关系，最后利用回归模型对其拟合。孙爱军等（2008）采用随机前沿生产函数计算了不同城市的经济用水效率，再对不同城市的综合经济水平进行评价，最后利用协调度分析模型分析两者协调性关系，根据其研究结果，城市经济与用水技术效率协调程度虽然逐步提高，但总体水平较低，从而在发展经济时，提高用水技术效率是实施节水战略的有力工具。孙才志和刘玉玉（2009）利用 DEA 模型计算了各省份水资源利用效率。为探索水资源利用效率的空间特征，利用空间自相关指数研究，在该研究中利用 Moran's I 指数研究水资源效率在整个空间和局部空间分布情况。根据空间研究水资源效率与经济发展之间的相关关系。孙爱军和方先明（2010）将用水考虑到 Cobb – Dauglas 生产模型中，计算考虑水资源因子的各省份全要素生产率，应用随机前沿理论测算各省份用水技术效率，并应用空间自相关分析方法研究技术效率和全要素生产率之间的空间关系。根据研究，中国省级水资源效率存在明显的区域特征，省级用水技术效率和全要素生产率存在明显的空间自相关，呈现空间集聚等趋势。岳立和赵海涛（2011）利用考虑非期望产出的方向性环境距离函数，对我国 13 个主要工业省份的工业用水效率进行度量。根据其研究，我国工业用水效率、规模收益整体呈现增长趋势，但区域差异较大，东部高于中西部，北方高于南方。最后利用 ML 指数分解法认为我国工业用水效率提高的主要驱动因素是效率变化率的提高，而非技术进步。马海良等（2012）利用基于投入导向的 DEA 模型，测算我国 2003 ~ 2009 年中国 30 个省份的水资源利用效率，通过 Malmquist 指数计算出技术进步、全要素生产率和技术效率。根据其测算，东部水资源效率最高，中部次之。此外，技术进步对水资源效率的提高影响较小，技术效率的增长对水资源效率有较大作用。

二、研究方法

本文借鉴曾先峰和李国平提出的农业全要素效率概念以及 Hu 和 Wang 提出的全要素能源效率概念，运用 DEA 方法测度全要素水资源利用效率。DEA 是 Charnes 和 Cooper 根据 Farrell 的非参数分析理论发展出的一种新的系统分析方法。其主要思想是通过保持决策单元的输入或输出不变，利用数学规划方法将 DMU 投影到生产前沿面上，有效的点位于生产前沿面上，无效的点位于生产前沿面的下方。

本文关注的是水资源的投入要素，因此本文利用规模报酬不变假设下基于投入法的 DEA 模型。如图 1 所示，包络线上的 C_1 和 D_1 构成了最优前沿，它们是有效率的决策单元，而点 A_2、B_2 是非效率的，因为实现同样的产出需要更多的资源。需要提出的是，点 A_2 的要素无效损失包括两部分：一部分是由于 DMUA_2 的技术无效率而导致的所有投入资源过量 A_1A_2，另一部分是由于配置不恰当所导致的松弛量 A_1C_1，因此 $A_2C_1 = A_2A_1 + A_1C_1$。如果A_2C_1越大，则意味着同那些前沿上的有效点相比，该点可以在实现相同产出条件下能够调整、减少的水资源越多，也就表明该点的水资源效率越低。由于在计算过程中考虑了实际生产中所投入的其他生产要素，因此弥补了传统指标仅考虑水资源单一要素的缺陷。

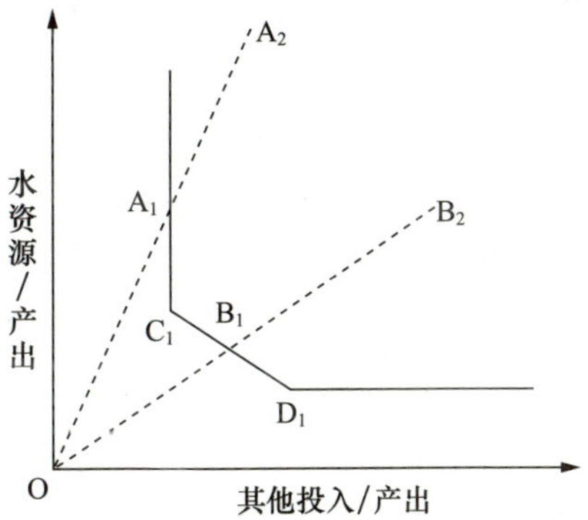

图 1　水资源管理效率示意图

根据上述分析，定义全要素水资源利用效率为：

$$WRE_{i,t} = TWRI_{i,t}/AWRI_{i,t} = AWRI_{i,t} - LWRI_{i,t}/AWRI_{i,t} = 1 - LWRI_{i,t}/AWRI_{i,t} \quad (1)$$

式中，$WRE_{i,t}$为第 i 个省（自治区）第 t 年的水资源利用效率，TWRI 为目标水资源投入，也就是在当前生产技术水平下，为实现一定产出所需要的最少水资源投入数量，AWRI 为实际水资源投入数量，LWRI 为损失的水资源投入数量。此外，根据方程（2）计算出每个 DMU 的水资源效率。

$$RWRE_{j,t} = \frac{RTWRI_{j,t}}{RAWRI_{j,t}} = \frac{\sum_{i\in j} TWRI_{i,t}}{\sum_{i\in j} AWRI_{i,t}} \quad (2)$$

式中，$RWRE_{j,t}$为区域j在第t年的水资源利用效率，等于区域内所包括的所有省份的目标水资源投入之和与实际水资源投入之和的比值。

三、数据来源

由于数据可得性，以中国30个省份资本存量、劳动力和水资源量作为投入要素，以各省GDP和污水排放作为产出要素进行分析。具体的投入产出数据说明如下。

GDP：各省每年的GDP变量采用的是基年不变价格计算的实际GDP，原始数据来源于历年《中国统计年鉴》和《新中国六十年统计资料汇编》。

资本存量：当今学者们一般用“永续盘存法”来估计每年的实际资本存量。由于在计算过程中需要用到多年的数据，考虑到重庆数据的可得性问题，重庆市、西藏自治区不再考虑。

劳动力：劳动力按照（当年末就业人数+上一年末就业人数）/2计算得到。

由于各省的人均教育水平等数据不可得，因此没有包括各省劳动力质量上的差异。年末就业人口数据来源于《中国统计年鉴》。

水资源量：用各省的水资源消耗量作为水资源投入，统计上把工业用水、农业用水、生态用水和生活用水4种用水总量加总而得。具体数据来源于历年《中国统计年鉴》和《中国水资源公报》。

四、结果分析

（一）我国水资源效率研究

本次研究首先将水资源作为投入要素，分析各省份水资源效率的情况，这样得出的结果就是水资源的技术效率。其次将各省份水资源的承载力因素考虑进去，将各省份水资源开发利用程度，或者是对天然水资源占用程度等作为投入变量进行分析。在研究中，将2009年、2012年作为典型年份进行研究。结果如表1、表2所示。

表1 2009年各省市区水资源管理效率情况

省市区	技术效率	纯技术效率	规模效率	趋势	S1	S2	S3	效率（%）
北京	1.00	1.00	1.00	—	0.00	0.00	0.00	100.00
天津	1.00	1.00	1.00	—	0.00	0.00	0.00	100.00
河北	0.56	0.73	0.77	drs	0.00	296.28	0.00	100.00
山西	0.69	0.70	0.98	drs	0.00	594.56	0.00	100.00
内蒙古	0.48	0.63	0.76	drs	0.00	0.00	83.17	54.11
辽宁	1.00	1.00	1.00	—	0.00	0.00	0.00	100.00
吉林	0.55	0.61	0.91	drs	0.00	0.00	33.31	70.01
黑龙江	0.70	0.72	0.97	drs	0.00	0.00	206.62	34.67
上海	1.00	1.00	1.00	—	0.00	0.00	0.00	100.00
江苏	0.65	1.00	0.65	drs	0.00	0.00	0.00	100.00
浙江	0.74	0.97	0.76	drs	0.00	123.47	0.00	100.00
安徽	0.69	0.80	0.86	drs	0.00	1326.02	145.90	50.01
福建	0.74	0.78	0.95	drs	0.00	0.00	55.50	72.45
江西	0.31	0.39	0.78	drs	0.00	0.00	67.32	72.10
山东	0.69	1.00	0.69	drs	0.00	0.00	0.00	100.00
河南	0.51	0.70	0.72	drs	0.00	1777.88	0.00	100.00
湖北	0.54	0.65	0.84	drs	0.00	305.44	89.50	68.20
湖南	0.52	0.70	0.73	drs	0.00	1379.48	148.14	54.04
广东	0.74	1.00	0.74	drs	0.00	0.00	0.00	100.00
广西	0.41	0.47	0.87	drs	0.00	558.38	149.96	50.57
海南	0.55	0.82	0.68	irs	0.00	9.36	0.00	100.00
重庆	0.67	0.72	0.93	irs	0.00	637.48	0.00	100.00
四川	0.57	0.76	0.75	drs	0.00	2376.96	45.55	79.62
贵州	0.36	0.39	0.94	irs	0.00	906.87	0.00	100.00
云南	1.00	1.00	1.00	—	0.00	0.00	0.00	100.00
西藏	0.34	1.00	0.34	irs	0.00	0.00	0.00	100.00
陕西	0.47	0.55	0.85	drs	0.00	187.18	0.00	100.00
甘肃	0.26	0.27	0.95	drs	0.00	0.00	30.06	75.08
青海	0.41	1.00	0.41	irs	0.00	0.00	0.00	100.00
宁夏	0.40	0.54	0.74	irs	0.00	0.00	34.76	51.88
新疆	0.49	0.50	0.99	irs	0.00	0.00	481.95	9.22

表2 2012年各省市区水资源管理效率情况

省市区	技术效率	纯技术效率	规模效率	趋势	S1	S2	S3	效率（%）
北京	0.92	1.00	0.92	drs	0.00	0.00	0.00	100.00
天津	1.00	1.00	1.00	—	0.00	0.00	0.00	100.00
河北	0.56	0.73	0.76	drs	0.00	0.00	0.00	100.00
山西	0.61	0.62	0.98	drs	0.00	264.03	0.00	100.00
内蒙古	0.58	0.64	0.91	drs	0.00	0.00	80.13	56.54
辽宁	1.00	1.00	1.00	—	0.00	0.00	0.00	100.00
吉林	0.60	0.64	0.94	drs	0.00	0.00	62.53	51.82
黑龙江	0.68	0.69	0.98	drs	0.00	0.00	244.69	31.82
上海	1.00	1.00	1.00	—	0.00	0.00	0.00	100.00
江苏	0.74	1.00	0.74	drs	0.00	0.00	0.00	100.00
浙江	0.78	1.00	0.78	drs	0.00	0.00	0.00	100.00
安徽	0.70	0.83	0.84	drs	0.00	1631.54	143.92	50.25
福建	0.73	0.76	0.96	drs	0.00	0.00	43.99	78.01
江西	0.34	0.40	0.84	drs	0.00	0.00	74.29	69.36
山东	0.69	1.00	0.69	drs	0.00	0.00	0.00	100.00
河南	0.48	0.67	0.71	drs	0.00	1114.24	0.00	100.00
湖北	0.53	0.67	0.80	drs	0.00	611.68	109.50	64.02
湖南	0.52	0.71	0.73	drs	0.00	1176.44	150.08	54.36
广东	0.79	1.00	0.79	drs	0.00	0.00	0.00	100.00
广西	0.41	0.44	0.94	drs	0.00	0.00	130.58	56.91
海南	0.55	0.87	0.63	irs	0.00	0.00	1.69	96.27
重庆	0.76	0.83	0.92	irs	0.00	262.75	0.00	100.00
四川	0.61	0.83	0.74	drs	0.00	2014.26	72.33	70.59
贵州	0.39	0.43	0.90	irs	0.00	380.61	0.00	100.00
云南	1.00	1.00	1.00	—	0.00	0.00	0.00	100.00
西藏	0.32	1.00	0.32	irs	0.00	0.00	0.00	100.00
陕西	0.54	0.61	0.88	drs	0.00	0.00	0.00	100.00
甘肃	0.29	0.29	0.99	drs	0.00	0.00	46.02	61.72
青海	0.43	1.00	0.43	irs	0.00	0.00	0.00	100.00
宁夏	0.43	0.62	0.69	irs	0.00	0.00	35.82	48.38
新疆	0.51	0.52	0.98	irs	0.00	0.00	540.52	8.40

从将水资源作为生产要素计算的全要素生产率可以看出（见表1、表2），位于生产前沿面的省份有北京、天津、辽宁、上海和云南5个省市区，2012年则只有天津、辽宁、上海和云南4个省市。从水资源效率看（理想中的水资源投入与实际水资源投入的比值），2009年，内蒙古、吉林、黑龙江、安徽、福建、江西、湖北、湖南、广西、四川、甘肃、宁夏、新疆的水资源效率是生产无效的，在水资源投入方面存在一定程度的冗余。2012年，内蒙古、吉林、黑龙江、安徽、福建、江西、湖北、湖南、广西、海南、四川、甘肃、宁夏、新疆的水资源效率没有达到最优。从两个年份的比较可以看出，没有大的差别，除了吉林从2009年的效率0.7左右下降到2012年的0.5左右。

其中，新疆（9.22%，8.40%）是两个年份中水资源效率最低的省份，这与新疆的实际情况有极大的关系。从实际情况看，新疆利用7倍于陕西的水资源投入只创造了陕西50%的产出。从新疆实际用水结构看，2009年，新疆530.9亿立方米的用水量中，农业用水占了489.4亿立方米，占总用水量的92.2%，农业用水占绝大多数。此外，黑龙江、吉林、安徽、湖南、湖北、广西、甘肃、宁夏等水资源效率都比较低，福建、四川虽然没有达到最优效率，但相对来说水资源效率相对较高。

从其内在原因说，农业用水的绝对数量和相对比重是影响水资源效率的重要原因。根据农业用水绝对量与水资源效率的相关系数（-70%）以及农业用水占比与水资源效率的相关系数（-42%）看，农业用水量越大，水资源效率越低。从水资源无效率省份的分布看，这些省份都是国家农产品主产区。其中，黑龙江、吉林位于东北平原农产品主产区，并且生产优质水稻，对水资源要求较多。此外，这两个省份多是一年一季型生产，产出受到限制。根据《全国新增1000亿斤粮食生产能力规划》（2009~2020年），吉林和黑龙江两个省份是新增粮食生产能力的重要省份，2012年相对2009年，吉林和黑龙江农业用水提高很大。内蒙古和宁夏是河套灌区粮食主产区，并且就相对面积来说，灌区占宁夏相当大的比例，这两个自治区水资源效率相对较低。新疆、甘肃本身是农产品主产区；安徽位于黄淮海平原农产品主产区和长江流域农产品主产区；湖南、湖北、四川位于长江流域农产品主产区；福建、广西位于华南农产品主产区。这些农产品主产区是保障我国粮食安全的主体。

（二）考虑水资源承载力水资源投入冗余及效率

对于水资源的经济、社会、生态、环境的实际需求，可以看出，经济社会的用水需求是人类社会系统实际的用水需求，而生态环境的用水需求是自然系统保持其自身稳定对水资源的需求。后者在当今的研究和决策中占有越来越绝对的权重，主要有两个方面的原因。一是客观条件决定的，在忽视生态环境的用水的情况下，势必对生态环境造成极大的破坏，破坏自然系统的稳定，最终对区域人类系统造成毁灭性的打击，发展难以持续。二是随着经济社会的发展，人类的需求呈现多样化的趋势，不仅有对于生态环境的需求，更有主动保护生态环境意识的觉醒，毕竟“绿水青山就是金山银山”。

我国水行政主管部门是水资源统一管理和开发、利用、节约与保护的主管部门。在水资源开发、利用、节约与保护的管理实践中，水资源规划对于指导全国、区域、流域的水资源开发与利用有着主导作用。其中，水资源评价是对区域内的水资源进行总体评价，并对区域水资源利用总量提出参考。一般来说，区域经济社会发展应该符合水资源承载力的要求，即，区域经济发展的用水量应该在区域水资源总量减去生态环境所用水资源量的范围以内。然而，在实际的发展过程中，部分地区的粗放式发展不考虑水资源、水环境的承载能力，过度消费水资源和水环境，造成“代际不平等”，发展难以持续。例如，海河流域的水资源开发利用率已高达120%以上，人类社会经济发展的用水量已超过区域的水资源量20%，黄河、淮河流域的开发利用率也高达80%以上，造成水资源和水环境等水危机。

（1）利用线性转换法考虑水资源承载力的水资源投入冗余情况。以上是基于水资源投入量的情况的水资源全要素生产率情况，为了考虑水资源承载力的情况，对水资源的投入采用线性转换法进行转换。在考虑水资源承载力的水资源投入中，将用水后各省份水资源总量的剩余（u_i）作为一个体现指标。但是，由于该指标是负向指标，对此进行线性转换法转换，即 $Max(u)-u_i$ 作为水资源的投入指标。考虑水资源承载力的各省份2010年、2012年的效率如表3、表4所示。由于考虑水资源承载力后，冗余与水资源承载力方面的投入的比值没有实际意义，这里不再将其作为水资源效率的指标，只从冗余S3来进行分析。

表3 2010年考虑承载力后水资源冗余情况

省市区	技术效率	纯技术效率	规模效率	趋势	S1	S2	S3
北京	0.785	0.792	0.991	drs	0	0	156.388
天津	1	1	1	—	0	0	0
河北	0.635	0.653	0.973	drs	0	0	987.463
山西	0.529	0.537	0.985	drs	0	0	279.323
内蒙古	0.622	0.623	0.999	irs	0	0	0
辽宁	1	1	1	—	0	0	0
吉林	0.607	0.609	0.996	irs	0	0	0
黑龙江	0.719	0.72	0.998	irs	0	0	0
上海	1	1	1	—	0	0	0
江苏	0.929	0.997	0.932	drs	3711.818	0	1349.681
浙江	0.878	0.879	1	—	0	0	0
安徽	0.781	0.81	0.965	drs	0	1419.25	271.01
福建	0.839	0.842	0.997	irs	0	0	0
江西	0.418	0.423	0.989	irs	0	0	0
山东	0.813	0.851	0.955	drs	1814.778	0	1402.357
河南	0.557	0.596	0.934	drs	0	1389.759	880.332
湖北	0.681	0.681	1	—	0	0	0
湖南	0.803	0.803	1	—	0	38.816	0
广东	1	1	1	—	0	0	0
广西	0.522	0.523	0.998	irs	0	0	0
海南	0.566	0.891	0.636	irs	0	0	3673.406
重庆	0.572	0.583	0.981	irs	0	0	942.105
四川	1	1	1	—	0	0	0
贵州	0.326	0.327	0.996	irs	0	0	292.798
云南	1	1	1	—	0	0	0
西藏	1	1	1	—	0	0	0
陕西	0.485	0.485	1	—	0	0	0
甘肃	0.262	0.265	0.991	drs	0	0	148.842
青海	0.408	0.614	0.664	irs	0	0	3370.932
宁夏	0.398	0.556	0.716	irs	0	0	3986.258
新疆	0.49	0.498	0.983	irs	0	0	234.366

表4 2012年考虑承载力后水资源冗余情况

省市区	技术效率	纯技术效率	规模效率	趋势	S1	S2	S3
北京	0.889	0.889	1	—	0	0	5.664
天津	1	1	1	—	0	0	0
河北	0.633	0.647	0.977	drs	0	0	916.426
山西	0.548	0.555	0.989	drs	0	0	226.056
内蒙古	0.646	0.648	0.997	irs	0	0	0
辽宁	1	1	1	—	0	0	0
吉林	0.642	0.644	0.998	irs	0	0	0
黑龙江	0.699	0.701	0.998	irs	0	0	0
上海	1	1	1	—	0	0	0
江苏	0.973	1	0.973	drs	0	0	0
浙江	0.93	0.932	0.997	irs	0	0	0
安徽	0.792	0.834	0.949	drs	0	1631.536	368.55
福建	0.839	0.842	0.997	irs	0	0	0
江西	0.421	0.427	0.987	irs	0	0	0
山东	0.767	0.858	0.894	drs	2337.998	588.3	1523
河南	0.523	0.586	0.893	drs	0	1215.95	1253.05
湖北	0.642	0.667	0.962	drs	0	611.678	94.853
湖南	0.774	0.779	0.994	drs	0	116.82	0
广东	1	1	1	—	0	0	0
广西	0.519	0.521	0.996	irs	0	0	0
海南	0.553	0.874	0.633	irs	0	0	3433.379
重庆	0.698	0.718	0.973	irs	0	0	1131.483
四川	1	1	1	—	0	0	0
贵州	0.371	0.386	0.963	irs	0	0	756.563
云南	1	1	1	—	0	0	0
西藏	1	1	1	—	0	0	0
陕西	0.611	0.612	0.999	irs	0	0	0
甘肃	0.287	0.288	0.998	drs	0	0	34.153
青海	0.431	0.665	0.648	irs	0	0	2844.026
宁夏	0.426	0.621	0.686	irs	0	0	3694.184
新疆	0.51	0.523	0.975	irs	0	0	701.178

从表3、表4可以看出，北京、河北、山西、江苏、安徽、山东、河南、湖北、海南、重庆、贵州、甘肃、青海、宁夏、新疆还存在冗余的情况。从实际情况来看，北京、河北、山西、辽宁、江苏、安徽、山东、河南、甘肃、宁夏、新疆属于水资源开发利用程度较高的省份。这些省份的水资源投入相对于水资源承载力来说相对无效率。

（2）开发利用率作为水资源承载力投入的管理效率研究。本次研究在以上研究的基础上将水资源开发利用率作为区域的投入要素，分析区域的水资源效率。开发利用率为用水量与区域水资源总量的比值，反映了区域水资源开发利用程度。考虑到区域水资源量年际变化等问题，丰枯年份等对承载力的影响较大，因此本次研究选用了2010年作为典型年份。在水资源投入冗余的处理上，考虑到本次研究假定水资源承载力可以作为一种要素，不再拘泥于水资源绝对量才能作为投入的问题。然后，将理想的开发利用程度与区域水资源总量结合进行还原。结果如表5所示。

表5　2010年水资源效率

省市区	技术效率	纯技术效率	规模效率	趋势	S1	S2	S3	效率（%）
北京	0.903	0.926	0.975	irs	678.614	0	0	100
天津	1	1	1	—	0	0	0	100
河北	0.599	0.653	0.918	drs	0	0	1.063	23.74
山西	0.564	0.569	0.991	irs	0	0	0	100
内蒙古	0.929	0.987	0.941	irs	5247.186	0	0	99.95
辽宁	1	1	1	—	0	0	0	100
吉林	0.797	0.854	0.933	irs	851.917	0	0	100
黑龙江	0.767	0.779	0.984	irs	0	0	0	100.06
上海	1	1	1	—	0	0	0	100
江苏	0.959	0.997	0.962	drs	3711.818	0	0.517	64.10
浙江	0.989	0.994	0.995	irs	0	0	0	99.88
安徽	0.696	0.81	0.859	drs	0	1419.25	0.134	57.93
福建	1	1	1	—	0	0	0	99.59
江西	0.465	0.479	0.97	irs	1948.083	0	0	99.66
山东	0.828	0.851	0.973	drs	1814.778	0	0.405	43.77
河南	0.473	0.596	0.792	drs	0	1389.759	0.185	55.97
湖北	0.652	0.661	0.987	drs	0	172.562	0	100
湖南	0.758	0.779	0.972	drs	0	324.203	0	100

续表

省市区	技术效率	纯技术效率	规模效率	趋势	S1	S2	S3	效率（%）
广东	1	1	1	—	0	0	0	100
广西	0.521	0.524	0.994	drs	0	0	0	99.77
海南	0.566	0.891	0.636	irs	0	0	0.063	32.46
重庆	0.572	0.583	0.981	irs	0	0	0.005	97.82
四川	1	1	1	—	0	0	0	99.54
贵州	0.409	0.41	0.997	irs	0	0	0	99.94
云南	1	1	1	—	0	0	0	100
西藏	0.468	1	0.468	irs	0	0	0	100
陕西	0.565	0.587	0.963	irs	118.341	0	0	99.80
甘肃	0.297	0.303	0.978	irs	0	0	0	99.98
青海	0.48	0.731	0.657	irs	0	0	0	100
宁夏	0.398	0.556	0.716	irs	0	0	7.551	2.97
新疆	0.614	0.657	0.935	irs	0	0	0	100

五、结论及政策启示

2012年是实施最严格水资源管理制度的第1年，2012年的效率较2011年有大幅的提高。辽宁、西藏、云南、北京、天津、上海、江苏、浙江、广东、四川的效率较高，其中辽宁、北京、天津、上海、江苏、浙江、广东在经济效率上具有优势，并且能够契合这些区域水资源开发利用程度高的态势；云南、四川、西藏区域内水资源总量丰富，具有较高的水资源承载能力。河南、陕西、甘肃、宁夏、新疆效率值较低，基本反映了其较高的水资源开发利用程度以及相对较低的水资源承载能力。从分区域的结果看，八大经济带可以分为4组，东部沿海和南部沿海具有较高的效率，东北地区和北部沿海次之，大西南和大西北再次之，黄河中游和长江中游位居最后。本文从水资源承载力和产业分布来分析背后的原因，认为农业主产区和能源、原材料基地的行业安排是影响黄河中游和长江中游低效率的最主要原因。

对此，本研究得出以下政策启示。

第一，加强各区域之间的优势互补，特别是大西北区域与大西南区域在水资源和能源上的优势互补，在大西南地区水电能源基地的基础上，研究规划形成火电基地以及研究大西南地区向大西北地区的调水方案，例如“天河工程”“南水北调西线”工程等。

第二，为长江中游和黄河中游经济带“减负”，这两个地区水资源、土地资源以及其他自然资源相对丰富，由于国家层面的粮食安全、能源安全以及经济安全的考量，这两个区域的效率一直呈现较低的水平，对此应该对这两个区域进行适当“减负”，提高效率，形成活力。一是加强黄河中游和长江中游区域交通的米字型建设，特别是黄河中游与大西南区域的交通联系；二是形成对大西南地区的产业转移，将高耗水的产业进一步向大西南地区转移。

空间视角下：城镇化、工业化和农业现代化的关系的实证研究

——基于半参数空间面板VAR模型*

陈 婷 叶阿忠

（福州大学经济与管理学院，福州 350108）

一、引言

城镇化是指农村人口向城镇转移，第二、第三产业不断向城镇聚集，从而使城镇人口数量增加、城镇数量和规模扩大，并带动周边农村发展的一种历史过程。工业化通常指第二产业产值占国民生产总值的比重不断上升的过程。农业现代化指传统农业向现代农业转化的过程，在这一过程中，现代高新技术不断应用到农业生产中。工业化为城镇化提供产业支持，不断引导乡镇企业技术进步，提高乡镇企业整体水平；工业化同时也是农业现代化的开始，在一定程度上支撑农业现代化现代工业高新技术等方面的需求。城镇的聚集为工业化提供了发展空间，并发挥规模效益。同时，城镇化为农业现代化提供雄厚的资金、技术、人才和市场支持。农业现代化

---

* ［基金项目］国家自然科学基金项目半参数全局向量自回归模型的理论研究及其应用（71571046）；国家自然科学基金项目半参数空间向量自回归模型的理论研究及其应用（71171057）。

［作者简介］陈婷，女，福建宁德人，硕士生，研究方向：计量经济学；叶阿忠，男，福建三明人，教授，博士生导师，研究方向：计量经济学。

可看作是工业化的延续，为工业化提供充足的劳动力、原材料和资本原始积累。同时，城镇化进程以农民为主体、农村为载体、农业为基础，主要依靠农业技术进步来提高城镇化质量。我国作为一个人口大国，农业的发展具有重要的意义。而随着农业的发展，农业现代化成为当今农业发展的重要趋势。农业现代化的发展对于工业化和城镇化的发展具有支撑作用，同时，没有城镇化和工业化的发展，农业现代化也很难实现。因此，“三化”具有相辅相成的作用，需要同步发展。多年的中央一号文件指出三化同步发展的重要发展战略也体现出了三化之间协调联动、整体推进、同步发展的重要意义。

随着我国经济的发展，以及城镇化、农业现代化、工业化的深入发展，国内外许多学者对三化关系进行了研究，主要研究内容可以总结为以下两个方面：

三化之间的相互关系方面。目前对于三化之间相互关系的研究主要可归结为两类。第一类认为三化之间相辅相成，密不可分。农业现代化是城镇化和工业化发展的基础和重要保障，而城镇化和工业化又为农业现代化发展提供资金、人才、技术、市场等必要条件（陈江龙等，2013；林毅夫，2002）。夏春萍（2012）等认为三化之间存在长期稳定的均衡关系，并提出继续深化城镇化发展，调整工业产业内部结构和发展模式等建议。第二类认为三化存在区域间以及区域内部发展不协调，且其不协调发展的主要“瓶颈”是现代农业仍没能为工业化、城镇化提供坚实保障，认为城镇化进程长期滞后于工业化进程，并提出今后应以工促农，带动农业现代化建设，以城带乡，加速城镇化建设（曾福生，2013；谢杰，2012）。苏发金（2012）基于VAR模型的实证分析得：农业现代化对城镇化有正向促进作用，对自身有反向作用，对工业化短期内有反向影响而长期内有正向促进作用；城镇化对自身有正向作用，对农业现代化有反向作用，短期内对工业化有反向作用而长期内有正向作用；工业化对自身和农业现代化具有正向作用，短期内对城镇化有反向作用而长期内有正向作用。

经济发展与三化之间的相互影响方面。Hollis Chenery 和 Moises Syrquin（1975）在《发展的格局 1950～1970》一书中利用“二战”后100个国家的27个发展变量来分析各变量与GNP的关系，并得出人均国民生产总值的水平与生产结构、劳动力配置结构和城镇化水平有一定的对应关系，并且这种关系具有阶段性，但未给出具体的相对应关系。贾云赟（2012）在研究三化之间关系的基础上引入经济增长因素，认为三化与经济增长之间存在长期均衡关系且影响效果差异明显，在不同滞后期存在单项关系，不具有因果关系。黄群慧（2014）指出，新常态经济下，工业化发展对经济发展的推动在逐渐减弱，工业化进程放慢脚步，需要加大对城镇化建设的投入来带动城镇化发展，同时，城镇化的发展将给经济带来需求拉动力，反作用于经济。齐红倩等（2015）研究表明，城镇化发展对经济增长的带动作用在不断减弱，主要因为资源与环境指数的不断下降，若不改善资源浪费与环境污染问题，再多的财政投入于城镇化建设也无法带来更多的经济增长。

就目前研究看，计量方法的使用主要局限于传统非空间的简单向量自回归模型的应用，且尚未涉及空间系统内的城镇化、工业化、农业现代化三化之间相互关系的研究。随着互联网和经济一体化的发展，国内区际关系越来越密切，区域间合作程度不断加深。因此，本文将结合半参数空间面板向量自回归模型（SSPVAR），在空间视角下研究城镇化、工业化和农业现代化三者内在的相互关系以及各变量对时空脉冲的响应情况。同时，引进财政支出作为外生变量，完善研究分析的理论与实证框架。不足之处在于本文未能得出各实证结论背后的真正影响因素，只对实证结果和粗浅因素进行罗列。

二、实证模型及数据说明

如综述所示，经济对三化的作用方向存在争议，且彭健（2014）指出资本市场的发展对三化的影响并非简单的线性影响，随着时间的变化在变化。为研究经济与三化的具体关系，本文引入财政因素，建立城镇化、工业化、农业现代化以及财政支出之间相互关系的半参数空间面板向量自回归模型（SSPVAR），通过数据来分析三个内生变量之间冲击的时空传导以及财政支出在这个宏观经济体系中的作用。本文将财政支出设为非参数外生变量。随着经济一体化发展的推进，地区间联系越来越密切，区域间的合作不断加深，因此引入时间和空间滞后项是很有必要的。

城镇化、工业化、农业现代化作为该模型的三个内生变量，考虑到数据的可得性，本文通过参考前人的相关研究后，用城镇人口占总人口比例衡量城镇化（URB），用第二产业总产值占 GDP 比重来衡量工业化（INR），用人均农机总动力来衡量农业现代化（AM），用财政支出的对数形式来衡量财政支出（LnFE）。为方便模型的表述，用 Y1 表示城镇化（URB），用 Y2 表示工业化（INR），用 Y3 表示农业现代化（AM），用 LnX 表示财政支出（LnFE）。上述相关数据来自历年《中国统计年鉴》，其中农业现代化数据根据每年农业人口与每年农机总动力比值求得，2011 ~2013 年各省农机总动力不全，缺失数据取自各省统计局网站。

因此，本文所构建的半参数空间面板向量自回归模型形式如下：

$$\begin{cases} Y_{1it} = \partial_1 + \beta_{11} Y_{1it-1} + \beta_{12} Y_{2it-1} + \beta_{13} Y_{3it-1} + \gamma_{11} \tilde{Y}_{1it-1} + \gamma_{12} \tilde{Y}_{2it-1} + \gamma_{13} \tilde{Y}_{3it-1} + m_1(LnX_{it}) + \mu_1 \\ Y_{2it} = \partial_2 + \beta_{21} Y_{1it-1} + \beta_{22} Y_{2it-1} + \beta_{23} Y_{3it-1} + \gamma_{21} \tilde{Y}_{1it-1} + \gamma_{22} \tilde{Y}_{2it-1} + \gamma_{23} \tilde{Y}_{3it-1} + m_2(LnX_{it}) + \mu_2 \\ Y_{3it} = \partial_3 + \beta_{31} Y_{1it-1} + \beta_{32} Y_{2it-1} + \beta_{33} Y_{3it-1} + \gamma_{31} \tilde{Y}_{1it-1} + \gamma_{32} \tilde{Y}_{2it-1} + \gamma_{33} \tilde{Y}_{3it-1} + m_3(LnX_{it}) + \mu_3 \end{cases}$$

式中，i 为省份个数，i = 1，2，…，31；t 为年限，t = 1，2，…，9 代表 2005 ~2013 年；Y_{1it}为城镇化、Y_{2it}为工业化、Y_{3it}为农业现代化；用 k 代表内生变量个数，k = 1，2，3；Y_{kit-1}为相应时间滞后一期，$\tilde{Y}_{kit-1}$为相应时间滞后一期的空间滞后项，$\tilde{Y}_{kit-1} = \sum w_{ij} Y_{kit=1}$，$\beta_k$、$\gamma_k$ 为所对应的系数；m（LnX_{it}）为财政支出的未知函数形式；w_{ij}为 0 ~1 空间权重矩阵；μ_k 为残差项；∂_k 为常数项。

三、半参数空间面板向量自回归模型的实证结果分析

半参数空间面板模型（SSPVAR）结合了空间面板数据、非参数估计方法以及 VAR 模型，因此，在进行实证之前需要对变量的样本数据进行平稳性单位根检验、空间相关性检验。在此基础上，通过对表现良好的数据进行参数估计、脉冲响应分析和非参数估计，其结果更有可靠性。

（一）平稳性检验

根据数据的特征，为了使样本数据更好地说明问题，更好地对变量间的关系进行研究，需要对样本数据进行平稳性检验来避免因样本数据自身非平稳性影响实证结果的可靠性。本文通过 Eviews 8.0 软件利用 LLC 和 IPS 方法对 URB、INR、AM、LnFE 进行单位根检验，四个变量都是平稳序列，由于篇幅有限单位根检验结果表不在此展示。

(二) 空间相关性检验

空间相关性检验是正确设定空间计量模型的基础，本文采用 Moran's I 对所有样本区间进行检验。Moran's I 检验的原假设为空间滞后项的系数为 0，即不存在空间相关性。从表 1 可以看出各样本的 Moran's I 值均为正的，说明各变量都存在正的空间相关性，其中，INR 的相关性较其他两个弱，AM 最强。

表 1 2005～2013 年各变量 Moran's I 值统计

年份	URB	INR	AM
2005	0.2898	0.1041	0.5129
2006	0.2909	0.0763	0.4931
2007	0.2947	0.0994	0.4572
2008	0.2975	0.0918	0.4350
2009	0.3057	0.0991	0.4302
2010	0.2975	0.0930	0.4231
2011	0.2908	0.1034	0.3938
2012	0.2829	0.1013	0.3489
2013	0.2852	0.0845	0.3974

(三) 半参数空间面板向量自回归模型结果分析

上述分析显示，样本数据具有较好的平稳性和空间相关性，从模型时空滞后项系数也足以看出该研究过程加入空间项的显著性和合理性。然而，该模型中的内生变量系统使得解释参数估计的结果没有实际意义，因而，我们需要进一步计算模型的时空脉冲响应函数，并通过脉冲分析各变量的某个个体受到一单位标准差的冲击时对所有内生变量的所有个体带来的冲击。

表 2 各变量参数估计结果统计

变量	URB	INR	AM
URB (-1)	0.193236*	-0.07754	0.438414
	(0.1495)	(0.1002)	(0.6458)

续表

变量	URB	INR	AM
INR(-1)	0.071646 (0.2653)	-0.19494* (0.1778)	3.094234*** (1.1461)
AM(-1)	0.114738** (0.0573)	-0.04249* (0.0384)	0.483444** (0.2477)
URB*(-1)	-0.08054 (0.2323)	-0.09605 (0.1684)	-1.36742** (0.8578)
INR*(-1)	0.089849 (0.4124)	-0.01848 (0.2990)	-2.73365** (1.5223)
AM*(-1)	-0.01983 (0.0891)	-0.01372 (0.0646)	-0.05212 (0.3290)
M1	见图 11		
M2		见图 12	
M3			见图 13

注：***、**、*分别表示通过 1%、5%、10% 的显著性检验，系数下括号内的值为标准差。

（四）时空脉冲响应分析

脉冲响应函数描述内生变量对误差冲击的反应，描述出了在随机误差项上施加一个标准差大小的冲击后对内生变量的当期值和未来值的影响程度。半参数空间向量自回归模型的最大亮点之一是其脉冲体现在时间和空间两个维度上，接下来主要用不同曲线体现其空间维度上的脉冲响应，用曲线走势体现时间维度上的响应。选定一个地方的一个变量产生一个冲击，会产生 n^*K 幅脉冲响应图，即该冲击源对包括自身在内的每个地区的每个变量均产生一个脉冲响应图。为探讨城镇化、工业化、农业现代化和财政支出之间的时空关系，通过多次试算，结合代表性原则，本文最终选取了上海、河南、河北三个地区作为冲击源。

从各省城镇化相关数据上看，我国各省城镇化水平参差不齐，且东西部地区城镇化水平差距较大，差距主要来源于第三产业的差距。上海城镇化水平较高，第三产业发展水平也较高，因此选择上海作为冲击源，对城镇化给定一个冲击。空间相关性体现出相邻地域间的相互影响，越靠近的影响越大，如果个体间空间跨度较大也很难得出有价值的结果，因此本文挑选与上海相邻的江苏和浙江作为样本进行研究城镇化对3个内生变量的脉冲，具体响应见图1。

图1用实线表示上海，点线表示江苏，虚线表示浙江。从图1至图3可以看出：①由图1得：上海城镇化冲击对于自身的强促进作用在短期能迅速下降，不可持续。基于相邻城镇间经济增长的相互促进作用和产业集群的带动作用，上海城镇化冲击对江苏和浙江会产生一个短期的促进作用。②由图2得：上海城镇化获得一个正的冲击在3期内会对上海工业化产生正的影响，但长期看会对工业化有短而小的抑制，再趋于0。同时，上海城镇化进程对江苏和浙江省工业化具有促进作用。该结论与苏发金（2012）实证分析的结果不一致。我国城镇化滞后于工业化，城镇化能够发挥多种集聚效应，同时，城镇化过程需要大量的工业设施，能够带动工业的发展，加速工业化进程。就目前的研究看，城镇化的发展从长期角度看对于工业化的抑制原因研究涉及甚少。③由图3得：上海城镇化对自身农业现代化进程有个短暂的促进作用，随后呈抑制作用，该结论和谢杰（2015）结论相同，与苏金发的结论不同。上海城镇化对江苏和浙江农业现代化的影响呈现先抑制后促进的状况。随着上海城镇化进程的推进，带动了周边地区城镇化的进程，促使农村人口向城镇转移，而农村人口的转移在短期内会对农村农业产生抑制作用。城镇化的推进和稳定带动经济发展后会反作用于农业现代化，推动现代农业高新技术的发展。

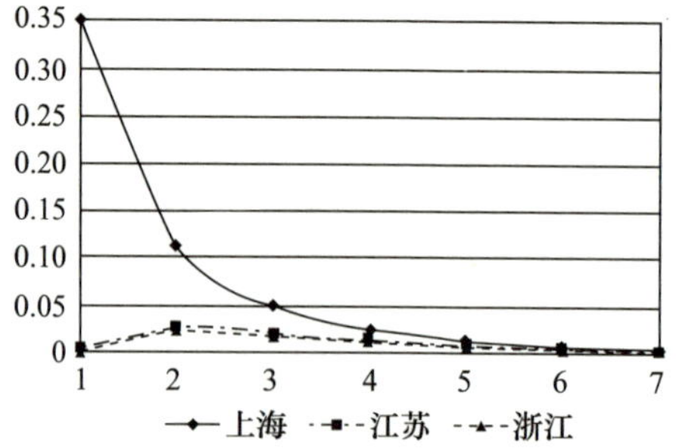

图1　URB对URB的脉冲响应

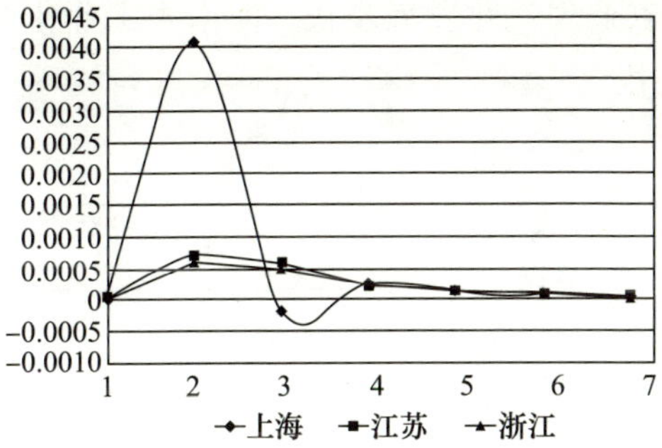

图 2 URB 对 INR 的脉冲响应

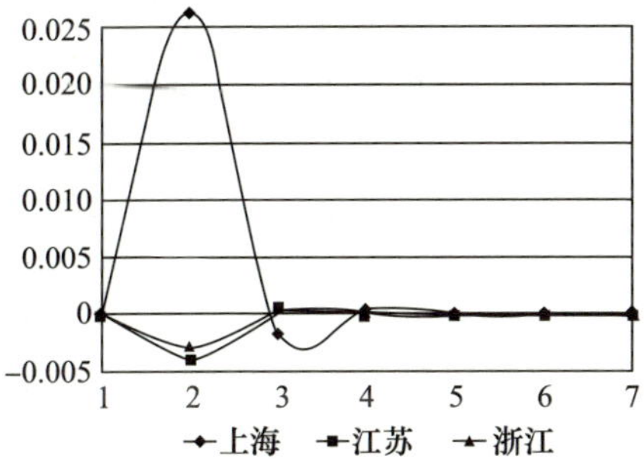

图 3 URB 对 AM 的脉冲响应

由于河南省工业化对自身城镇化和工业化的冲击影响较大，若与对其他邻近省份的相关变量的冲击放置在同一张图中会弱化其影响的效果图，且本文最主要是分析各变量的空间溢出效益，因此不讨论河南省工业化对自身城镇化和工业化的影响。选择与河南省邻近的山西省和安徽省作为样本进行研究工业化对三个内生变量的脉冲。可以看出：①由图 4 得：短时期内工业化的发展对城镇化的发展带来一定的抑制性。就目前我国城镇化和工业化关系上看，城镇化滞后于工业化，工业化的进一步加速发展所占用的社会资源无疑会对城镇化发展存在挤出效应，使城镇化更加滞后于工业化发展。②由图 5 得：河南工业化的发展会对邻近省份带来技术和经验等溢出效益，推动邻近省份的工业化进程。③由图 6 得：河南省工业化对自身农业现代化有促进作用。工业化的发展必然伴随着科学技术的进步和产业结构的升级，伴随着劳动力的转移和聚集，为农业现代化发展提供技术支撑和财力支撑，加快农业现代化发展步伐。河南省工业化对周边地区农业现代化发展有抑制作用。

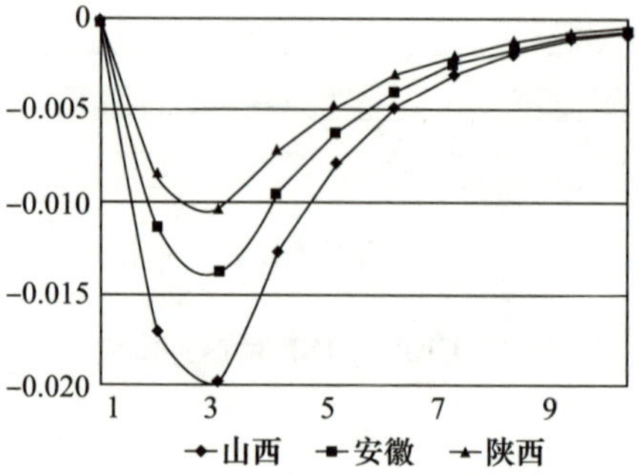

图4 INR对URB的脉冲响应

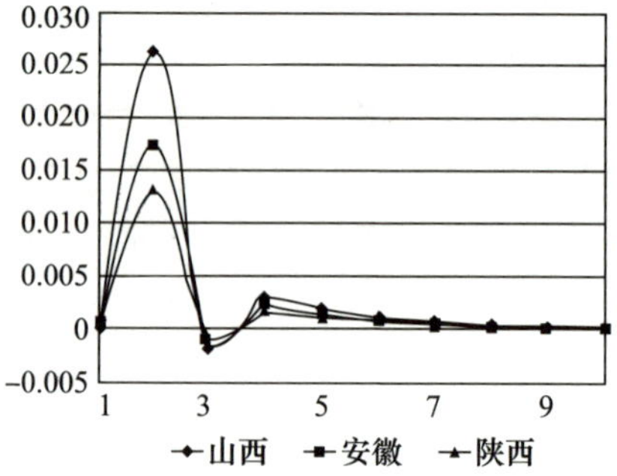

图5 INR对INR的脉冲响应

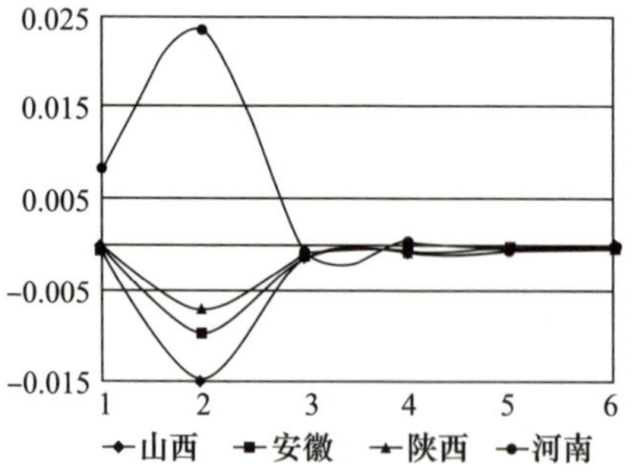

图6 INR对AM的脉冲响应

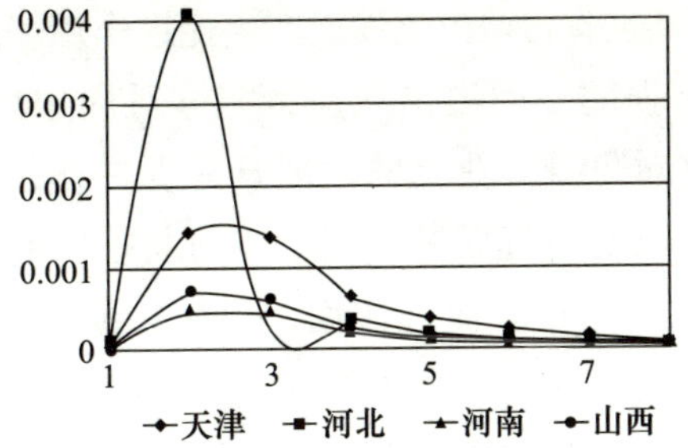

图 7　AM 对 URB 的脉冲响应

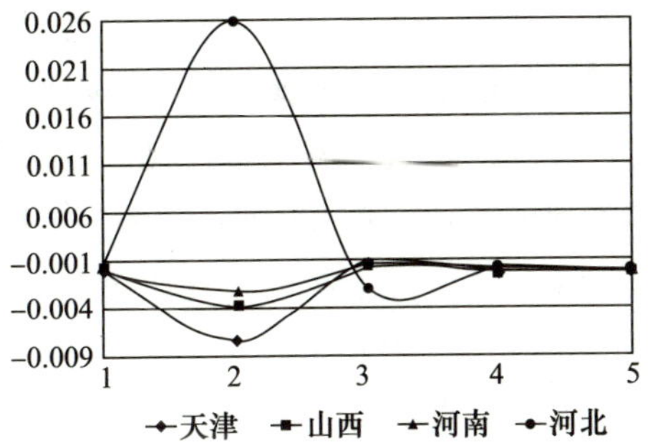

图 8　AM 对 INR 的脉冲响应

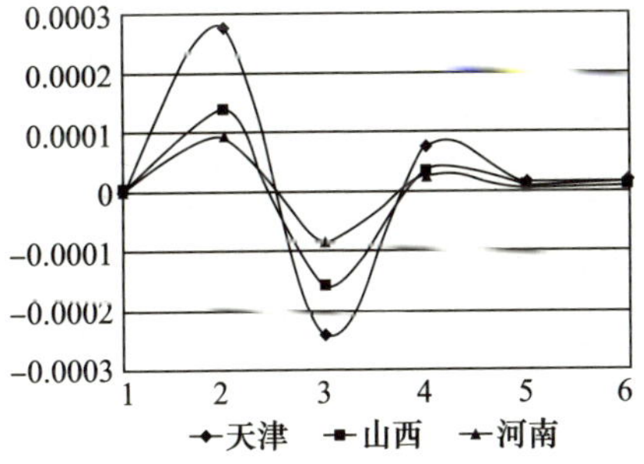

图 9　AM 对 AM 的脉冲响应

选择河北省作为冲击源，从图 7 至图 9 可以看出：①河北省农业现代化短期内对自身城镇化产生促进作用，长期会有抑制作用。农业现代化的发展带动生产率的提升，从而产生大量农村剩余劳动力，为城市提供了劳动力的同时带动了城市消费，有助于推动城市化发展，推动城镇体系的完善。

河北省农业现代化对邻近省份城市化发展产生促进作用。由 Moran's I 值可以看出，农业现代化有强的空间溢出效应，能够对周边城市带来强的作用。②河北省农业现代化对自身工业化的发展具有促进作用，但对邻近省份的工业化短期内抑制，长期内有促进作用。③河北省农业现代化对周边地区农业现代化进程在短期内具有促进作用，但从长期看也会出现抑制作用。而其自身农业现代化进程受到一个正的冲击后会对其发展带来一个短的促进作用，持续时期较短。美国著名经济学家西奥多·W. 舒尔茨在其《改造传统农业》中提出，发展中国家的经济发展依赖于农业迅速稳定的增长，而传统农业不具备迅速稳定增长的能力，出路在于实现农业现代化，高生产率的现代农业能为经济增长带来贡献。此外，谢杰认为，农业财政支出和科技投入能够显著促进本地区和相邻地区的农业现代化进程。

由上述所有图可以发现，虽然冲击源不一样，所选取的样本点也不一样，但所有的脉冲都表现出在时间上先增大再减弱，十期内收敛于0。在大量试算的过程中可以看出，在空间上脉冲表现出随着冲击源距离的增大而减弱，随着距离的增大其溢出效应越来越小，甚至弱化为零，即脉冲在时间和空间上都具有收敛性，说明结果较符合实际情况。

（五）财政支出效应分析

为了更好地研究财政支出对城镇化、工业化和农业现代化的非线性影响，本文采用局部线性法估计模型的非参数项，并分别得出三化与财政支出的导数图（见图10～图12）。其中，横坐标表示财政支出度，纵坐标表示每增加一单位的财政支出所引起的三个内生变量变化的大小。可以看出，三化和财政支出之间存在较明显的非线性关系，证实了非参数项设定的必要性和合理性。各图总体呈现较为光滑的变动趋势，综合三图看，三图的趋势走向大致相同，各图散点均呈现出两边松散中间集中的特点；图10和图11散点先降后升，图12散点先升后降；图10和图12在 $LogX \approx 8.3$ 出现一个大的波谷，图11在 $LogX \approx 7.8$ 时出现一个大的波谷；图10纵坐标大致为区间［-8，6］，图11纵坐标大致为区间［0，4］，图12纵坐标大致为区间［-45，15］。这些特点说明了财政支出对三化的作用方式及程度的特点。

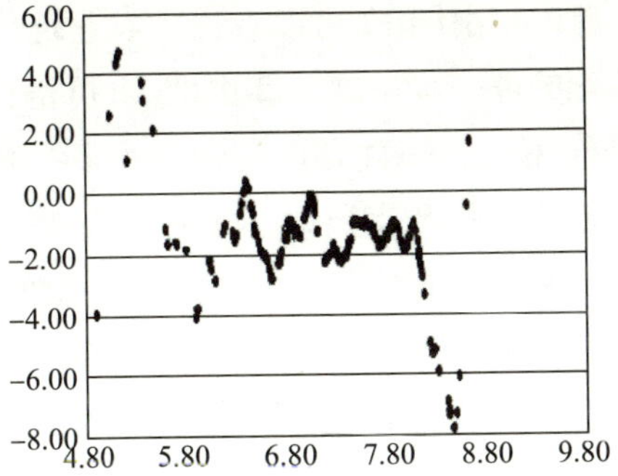

图 10　URB 对 LnFE 的导数图

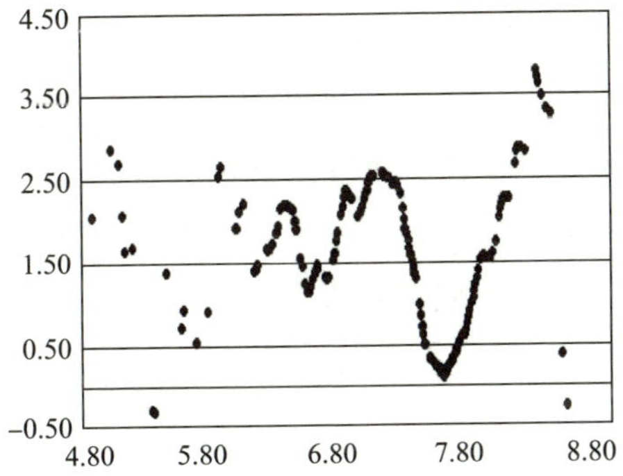

图 11　INR 对 LnFE 的导数图

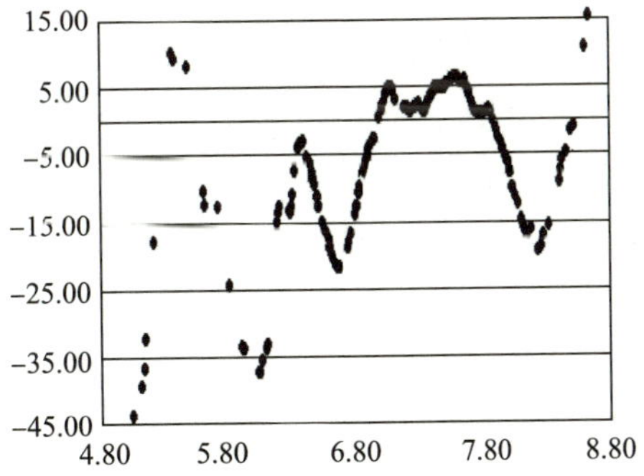

图 12　AM 对 LnFE 的导数图

下面，对财政支出与三化的相互关系进行具体分析。①由图 10 可得：财政支出的增加能够推进城镇化发展，但当 LnFE≈5.8 时，将会对城镇化发展带来反向作用。此时，由图12可以看出，农业现代化的发展仍处于较低水平，阻碍了城镇化的进一步发展。②由图11可得：财政支出对于工业化有较强的正向促进作用，且一直为正向作用。多年来，工业发展一直是中国经济收入的一大巨头，财政支出对于工业化发展的支持也比城镇化和农业现代化大，因此，财政支出对工业化的促进作用较大。③由图12可得：财政支出的增加能够使农业现代化发展从受抑制状态慢慢变为促进状态，给农业现代化发展一个正向促进作用。其重要原因是，在财政支出较低水平时，其主要用途在于城镇化和工业化的发展，对农业现代化的投入甚少，而随着财政支出的加大和城镇化发展的受限于农业现代化发展水平，财政支出开始转向对农业现代化发展进行投资，从而促进农业现代化发展，且该促进作用相较于对城镇化和工业化更大。

就目前三化的发展水平看，工业化处于较高水平，城镇化紧随其后，而农业现代化较滞后于前两者。随着经济的发展，农业现代化建设是中国近些年来重点建设内容，财政支出将大力致力于农业现代化建设，对于农业现代化建设进程必然有较大的推动力。从这一结果中也可以看出，政府财政支出用于工业化建设的比重要大于城镇化建设。

四、结论与建议

本文基于2005~2013年中国31个省份的面板数据，构建半参数空间面板向量自回归模型（SSPVAR），并通过实证总结出了城镇化、工业化、农业现代化“三化”发展之间的两两相互关系，又利用时空脉冲响应函数来分析政府财政支出对“三化”的影响，构建三加一研究体系。

分析结果发现：①城镇化发展对本省城镇化和工业化建设有正向作用，对本省农业现代化建设会产生先促进后抑制作用；对邻近省份，会对城镇化和工业化建设产生促进作用，对农业现代化产生先抑制后促进的作用。②工业化发展对本省城镇化建设产生抑制作用，对工业化建设产生长期自我正向影响，对农业现代化建设产生促进作用；对邻近省份，会对城镇化建设产生抑制作用，对工业化建设产生长期促进作用，对农业现代化建设产生抑制作用。③农业现代化发展对本省城镇化建设短期内具有促进作用而长期有轻微抑制作用，对工业化建设具有促进作用，对农业现代化建设具有短的促进作用；对邻近省份，会对城镇化建设具有长期促进作用，对工业化建设短期内具有抑制作用而长期内具有促进作用，对农业现代化建设短期内具有促进作用而长期内具有抑制作用。④就目前财政支出对三化的影响程度看，当财政支出维持在较低水平时，主要用于城镇化和工业化建设，而不利于农业现代化的发展；随着财政支出的增加，对城镇化发展的投资带来的正向促进作用因农业现代化发展水平低下而受制约，对工业化的影响相对其他二者稳定，都为正向影响，对农业现代化的投入逐渐加大，对农业现代化发展产生正向促进作用，且财政支出对于农业现代化发展的影响要大于城镇化和工业化，主要是因为目前财政支出对于农业现代化的投资远少于其他二者。

对策建议：①加大对农业现代化建设的投资力度，加快农业现代化建设步伐，利用农业现代化建设的溢出效益带动城镇化和工业化新一轮新动力的高速增长。②抓紧城镇化建设，跟上工业化建设步伐，使其相匹配。③注重城镇化、工业化和农业现代化均衡发展，利用“1 + 1 + 1 > 3”模式带来新的增长点。

参考文献

[1] 陈志峰，刘荣章，郑百龙，曾玉荣．工业化、城镇化和农业现代化“三化同步”发展的内在机制和相互关系研究[J]．农业现代化研究，2012，33（2）：155 – 160.

[2] 夏春萍，刘文清．农业现代化与城镇化、工业化协调发展关系的实证研究[J]．农业技术经济，2012（5）：79 – 85.

[3] 路燕，孟俊杰，蔡世忠．河南省农区发展特点和“三化”协调发展路径研究[J]．农业现代化研究，2013，34（1）：46 – 47.

[4] 陈江龙，高金龙，卫云龙．工业化、城镇化和农业现代化“三化融合”的内涵与机制——以江苏省为例[J]．农业现代化研究，2013，34（3）：275 – 276.

[5] 林毅夫．中国的城市发展与农村现代化[J]．北京大学学报，2002，39（4）：12 – 15.

[6] 曾福生，高鸣．中国农业现代化、工业化和城镇化协调发展及其影响因素分析——基于现代农业视角[J]．中国农村经济，2013（1）：24 – 25.

[7] 谢杰．工业化、城镇化在农业现代化进程中的门槛效应研究[J]．农业经济问题，2012（4）：84 – 85.

[8] 苏发金．工业化、城镇化与农业现代化：基于 VAR 模型的分析[J]．统计与决策，2012（11）：147 – 150.

［9］Hollis Chenery，Moises Syrquin. 发展的格局1950~1970［M］. 李小青等译. 北京：中国财政经济出版社，1989.

［10］贾云赟. 城镇化、工业化、农业现代化与经济增长关系研究［J］. 城市发展研究，2012，19（12）：27-32.

［11］黄群慧. "新常态"、工业化后期与工业增长新动力［J］. 中国工业经济，2014（10）：5-19.

［12］齐红倩，席旭文，高群媛. 中国城镇化发展水平测度及其经济增长效应的时变特征［J］. 经济学家，2015（11）：26-34.

［13］彭健. 我国城镇化、工业化和金融发展的相互关系研究［J］. 金融发展研究，2014（6）：36-39.

［14］叶阿忠，吴继贵，陈生明等. 空间计量经济学［M］. 厦门：厦门大学出版社，2013.

［15］郑万吉，叶阿忠. 城乡收入差距、产业结构升级与经济增长——基于半参数空间面板VAR模型的研究［J］. 经济学家，2015（10）：61-67.

［16］段学军，虞孝感，陆大道，Josef Nipper. 克鲁格曼的新经济地理研究及其意义［J］. 地理学报，2010，65（2）：131-138.

［17］缪尔达尔. 经济理论与不发达地区［M］. 伦敦：伦敦达克沃思出版社，1957.

［18］谢杰，李鹏. 中国农业现代化进程直接影响因素与空间溢出效应［J］. 农业经济问题，2015（8）：42-48.

［19］夏春萍. 工业化、城镇化与农业现代化的互动关系研究［J］. 统计与决策，2010（10）：125-127.

［20］西奥多·W. 舒尔茨. 改造传统农业［M］. 北京：商务印书馆，1987.

［21］赵强社，樊志民. "三化"互动关系的统计实证：以陕西咸阳市为例［J］. 统计与决策，2012（23）：87-90.

授之以鱼还是授之以渔？

——论地区公共服务供给与转移支付减贫效应*

王曦璟　高艳云

（山西财经大学，太原　030006）

一、引言

贫困问题历来是各个国家重视的问题，尤其对于发展中国家来说，如何减贫脱贫是摆在政府面前十分重要的问题。1986 年以来，中国经历了大规模基于收入贫困线的开发式扶贫，取得了显著成就：联合国 2015 年《千年发展目标报告》显示，中国农村贫困人口的比例，从 1990 年的 60% 以上，下降到 2014 年的 4.2%。但是，随着经济的高速发展和绝对贫困的逐步消除，新阶段中国贫困呈现出了明显的新特征：收入贫困之外的教育、医疗卫生等方面的不足逐渐显现。

诺贝尔经济学奖获得者 Amartya Sen（1999）提出贫困是对人的基本可

* ［基金项目］本文是国家社会科学基金项目“多维贫困测度方法论及其应用的系统研究”（14ATJ003）、山西省高等学校哲学社会科学研究项目“多维贫困测度方法及其应用研究”（PSSR－2014335）、国家社会科学基金重大项目“我国全面参加全球国际比较项目（ICP）的理论与实践问题研究”（13&ZD171）的阶段性成果。

［作者简介］王曦璟，女，山西财经大学统计学博士生，研究方向：经济统计分析；高艳云，女，山西财经大学教授，青岛大学经济学院特聘教授，研究方向：收入分配、贫困测度与分析。

作者均为中国数量经济学会会员。

行能力的剥夺，而不仅仅是收入低下，除了收入低下以外，还有其他因素也影响可行能力被剥夺，从而影响到真实的贫困。基于此，Sen 提出了能力方法（the Capability Approach）重新定义贫困，即多维贫困（Multidimensional Poverty）理论。以 Alkire（2007）为代表的很多学者也认为，与能力方法相关的多维贫困测量能够提供更加准确的信息，便于全面认识贫困。具体来讲，首先，我们认为多维框架下的贫困考量比仅有的单维思路要全面，个人收入水平只能反映经济维度的信息，忽略了其他维度如教育、医疗等致贫因素；其次，只有从个人全面发展的角度考察贫困，制定政策时才不会忽略这些因素，才有利于制定更具针对性的政策实现真正意义上的"精准扶贫"，联合国更是从 2011 年就已经开始发布多维贫困指数 MPI 代替传统的 HPI，这就充分说明多维贫困在国际机构层面已经得到肯定；最后，不同国家和地区的贫困有一个共性是收入贫困的家庭往往很多其他维度也是贫困的，中国也是如此。换句话讲就是，不同维度的贫困常常是伴随出现的，因此多维贫困才是更准确的贫困识别方法。这也是本文除了传统收入维度外，主要从多维视角出发识别贫困的几点主要原因，其影响因素与收入贫困框架下不尽相同，本文的研究也是一个新的尝试。

依据国民经济学理论，再分配环节是调节收入差距、减少贫困发生的关键环节，转移支付是这一环节传统且重要的手段，有助于缩小贫富差距。不论在理论还是实践层面，转移支付的收入都是减少贫困和不平等的潜在有效工具，也是我国政府一直以来采用的重要扶贫手段。但是转移支付对贫困改善效果会受到地区因素的影响吗？尤其是地区公共服务能力的影响。

之所以提出这个问题，是基于这样的思考：多维贫困的内涵涉及个人全面发展的多个角度。在联合国给出的 MPI 测算框架中，涵盖了教育、健康、生活质量等维度，而这些维度关乎民生问题，很大程度上会受到地区公共服务水平的影响，如地区的医疗设施水平、教育提供情况、公共品的供给如供水、供电等。我们认为对一个家庭发生转移支付，其有更大能力去购买市场化的产品和服务，能够在一定程度上改善其贫困。但是在多维贫困的分析框架下，对贫困家庭给予转移支付改善其多维贫困状态，与一个地区公共服务的能力应该有直接影响。犹如"授之以鱼"与"授之以渔"的道理，如果在一个公共服务能力高的地区，对微观个体发生转移支付，其对贫困的改善效应更强，则提示我们应该从根本上重视"授之以渔"；反之，在公共服务水平较差的地区，这种改善效应若被削弱，则说明对这样的地区，“授之以渔”和“授之以鱼”都是重要的方式，应该同时重视。同时，中国地区间发展差异很大，公共服务水平的地区差异也很明显。尽管在国家层面上对公共产品的有效供给给予了高度重视，如“十二五”规划将建立健全基本公共产品及服务体系作为其重要内容，强调“逐步实现不同区域的基本公共产品及服务均等化”，但当今这种差异仍然较大。那么地区公共服务能力的差异是否会导致转移支付改善多维贫困的效果，值得进行探讨。

二、文献综述

（一）转移支付对贫困改善效应的相关文献

西方国家的社会福利制度建立较早，发展比较健全，较早开始对转移支付减少贫困进行评估研究。国内研究转移支付对贫困影响的文献较少，近几年才有相关研究。但是国内外的相关研究立足点都比较相似：从宏观角度出发或者从微观角度出发而研究转移支付对贫困的效应。

1. 在宏观层面开展的研究

就转移支付讲，其目的是从宏观层面平衡收入、促进公平，初衷是协调地区发展与减少贫困，因此从宏观角度研究转移支付的减贫效应是传统的方法，也是早期研究最常使用的方法。Darity 和 Myers（1987）很早就提出了有关转移支付对减贫效应的理论，基于转移支付引起的各种反应行为，他们认为政府转移支付不仅没能让穷人脱离贫困，反而使穷人深陷贫困之中。Deepak（2009）认为，公共转移支付对私人转移支付有“挤出效应”：与公共转移收入增加相伴的是私人转移收入的减少，公共转移支付在增加收入方面的作用更加微弱。刘穷志（2008）利用 1996 ~ 2005 年全国 31 个省级样本的面板数据，利用 GMM 方法实证分析中国农村经验数据后发现：政府转移支出对较贫困农村地区收入增长的激励效果并不显著。卢现祥、徐俊武（2009）则将受益人群分为穷人和富人，提出了一个分析转移支付与贫困率之间关系的框架，采用人均转移支付、贫困率和基尼系数等指标结合面板数据模型，实证结果显示：转移支付政策不利于穷人。储德银、赵飞（2013）以政府转移支付作为门限变量，通过建立面板门限回归模型考察公共转移支付对农村贫困的影响效应，进而发现政府转移支付对农村贫困存在非线性门槛效应：即当政府转移支付比例低于门限值0.6965时，中央政府转移支付的增加有利于缓解农村贫困；反之，则不利于减少农村贫困。可以看到，虽然不同学者采用的计量方法有所区别，但基本出发点都是一致的：都选择了从宏观层面研究转移支付对于减贫的效应。

2. 从微观层面进行的研究

由于近年来微观数据得到越来越广泛的使用，更多的学者将研究视角投向微观层面，认为从家庭层面甚至个人层面研究转移支付的减贫效应更为贴切。Skoufias等（2006）认为，转移支付的减贫效果取决于是否激励了人们工作，并且运用墨西哥Progresa项目经验数据证实了这一理论：转移支付对人们劳动没有产生激励，因而也就没有产生较好的减贫效果。刘穷志（2010）采用倾向值匹配法，进一步阐述和证实了转移支付激励减少了贫困家庭的劳动和投资，家庭总收入也相应减少，从而使贫困家庭难以脱贫致富的结论。樊丽明、解垩（2014）采用倾向值匹配得分倍差方法实证检验中国公共转移支付对家庭贫困脆弱性的影响，结果显示，随着贫困线标准的提高，贫困发生率与脆弱性之间的差异越来越小；无论贫困线划在何处，公共转移支付对慢性贫困和暂时性贫困的脆弱性没有任何影响。也有学者持不同看法，如Chen等（2006）认为，转移支付在一定程度上改善了贫困状况，因为转移支付在短期主要影响储蓄，但适度的长期消费和增收也是存在的。Ardington、Case等（2007）利用南非的面板数据研究发现，转移支付成功激励了家庭成员，使其增加工作，从而改善了收入状况。都阳和Park（2007）另辟蹊径，将视角放在了贫困问题中易被忽略的城市地区，研究了转移支付对城市贫困人口的救助及其效应，结论显示城市中最贫困的20%人口得到了80%的低保转移支付，作者认为我国城市低保项目的实施相当成功。

还有学者采用计量方法比较公共转移支付和私人转移支付对贫困的影响，认为公共转移支付对贫困没有影响甚至有正向促进作用，私人转移支付则有效地减少了贫困（解垩，2010；卢盛峰、卢洪友，2013）。同宏观层面做的研究类似，尽管学者采用的研究方法不尽相同，得到的结论也不尽相同，但都是从微观层面进行转移支付减贫效应研究的。

（二）公共服务对贫困的效应相关文献

基于不同的视角和数据，公共服务对贫困的作用在国内外都有相应研究，得到的结论也不尽相同。有研究表明政府教育或者医疗支出对减少贫困具有积极影响（Jung 和 Thorbecke，2003；朱玲，2004；徐月宾等，2007；汪三贵，2008；卢盛峰、卢洪友，2013），营养和食物保障等对居民的贫困状况也有很重要的影响（Quisumbing，2003），公共基础设施建设对减贫具有巨大促进作用（Parker 等，2008），但也有研究认为在帮助居民摆脱贫困方面，社会救助的作用不明显（Van de Walle，2004）。

可以发现，上述研究都基于传统收入贫困的角度，对于多维贫困与公共服务水平的研究非常少，笔者仅发现两篇研究我国的相关文章。中科院清华大学国情研究中心基于《青海省减贫发展战略研究》课题，提出了"多维减贫导向"的公共政策设计，认为教育、医疗及其他基础设施与服务落后是造成贫困面大、贫困人口多并且贫困程度深的一个重要原因，但是文章中未见到定量层面的详细分析。张全红、周强（2015）分析了 1991 ~ 2011 年中国多维贫困的广度、深度和强度，认为我国多维贫困的下降主要发生在 2000 ~ 2011 年，其一是因为改善了农村家庭在健康和居住条件维度的贫困程度，其二是城市社会保障投入的提高和廉租房的建设，有效地改善了城市家庭的贫困状况，但文章主要是进行多维贫困测算，出发点与本文很不一样。

由于本文的研究主要是探究宏观上地区公共服务供给能力与微观上转移支付对贫困尤其是多维贫困改善效应之间的关系，因此上述或者从宏观角度进行研究，或者从微观角度进行研究的文献，都无法回答本文的问题，也就是尚没有将宏观因素与微观效应分析相结合的文献。

三、思路与方法介绍

本文的基本思路是首先给出多维和一维标准下贫困的识别和界定标准，进而在两种标准下对每一个家庭定义其是否贫困；其次在此基础上，根据相应的理论，充分考虑影响一个家庭贫困的因素，重点考察在控制了其他因素的条件下，转移支付改善贫困的效应；最后更进一步通过分层模型，将地区公共服务供给能力作为层2因素引入模型，以考察转移支付对贫困的改善效应是否与所在地区的公共服务能力相关，尤其是考察多维贫困的改善效应与地区层面的联系。

由于个体层面的回归使用较为广泛，这里重点阐述分层模型。分层模型为研究具有分级结构的数据提供了一个方便的分析框架，可以利用该框架系统分析宏观情境如何影响微观效应。应用到本文中，我们采用两层的分层模型，层1的分析是在个体层面，观察影响不同贫困的因素以及控制了其他因素后，转移支付对贫困的改善效应；层2则主要考虑转移支付改善贫困的效应是否受地区公共服务供给能力的影响。与同质性模型相比，分层模型的最大特点是能反映层2因素对层1关键效应的影响，层1的效应不再是同质的。这里我们给出一般化的分层模型，式（1）中的关键影响因素或者研究者重点关注的因素记为X，其余变量用Z概括表示。

$$Y_{ij} = \beta_{0j} + \beta_{1j}X + \beta_{2j}Z + \varepsilon_{ij} \tag{1}$$

$$\beta_{0j} = \gamma_{00} + \gamma_{01}w_j + u_{0j}$$
$$\beta_{1j} = \gamma_{10} + \gamma_{11}w_j + u_{1j}$$
$$\beta_{2j} = \gamma_{20} + \gamma_{21}w_j + u_{2j} \tag{2}$$

其中，式（1）表示层1模型，式（2）表示层2模型，w_j表示宏观影响因素。层1中的所有β可以是随机变动的，也可以设定其不随机变动。在随机变动的情形中，可以设定其仅受随机性因素的影响，也可以设定其受层2因素的结构性影响。层2模型中变量设定可以根据研究者的需求进行设置。在分层模型中，想要得到层2因素对X的结构性影响，一般重点关注γ_{11}这个系数，它表示了当层2因素w_j变动一单位时，关键变量X对相应Y的影响变动程度，γ_{11}相当于在因变量Y和层2因素之间搭建了桥梁，如果该系数显著，则说明在统计意义上层2因素会影响X对Y的效应。基于上述一般化的分层模型，本文层1模型采用LOGIT模型，即因变量是二分变量：1表示贫困，0表示不贫困。

四、数据、变量与描述性统计

（一）贫困识别

本文的研究是基于中国健康与营养数据库（CHNS）2011年的数据，该数据库包括了多维贫困的相关指标，同时也可以测量收入贫困。

在多维贫困框架下，结合联合国千年发展目标对各个具体指标的相关技术规定以及中国的实际情况和数据的可获得性确立，使用了教育、健康、生活水平三个维度共 9 个指标来分析（见表 1），界定多维贫困时，参考联合国在计算 MPI 时所采用的 30% 的标准，即当有 3 个及以上指标存在贫困时，就被认定为多维贫困，否则为不贫困。在划分收入贫困线时，农村地区采用 2010 年的国家贫困线——人均年纯收入 1274 元；由于国家没有公布城市贫困线，我们按照《中国统计年鉴》中当年城乡人均收入水平的比例，基于农村贫困线折算出城市贫困线为 4113 元。

表 1 多维标准下贫困的界定

维度	指标	剥夺临界值
教育	上学年限	任一家庭成员受教育年限小于 5 年
	儿童入学	有任何一个 6 ~ 11 岁的儿童没有上学
健康	医疗保险	任一家庭成员没有任何医疗保险
生活水平	通电	没有通电
	厕所	不能使用室内、室外冲水式厕所和干式厕所
	饮用水	住户没有清洁的饮用水
	做饭燃料	住户做饭使用的燃料是粪、木材或者木炭
	电器资产	拥有电视、电话、自行车、摩托车、冰箱中的两项以下，以及没有汽车或者拖拉机
	住房	不能从政府、单位获得住房，或者没有自己的住房

（二）数据与变量

表 2 给出了本文使用的主要变量及其具体取值的含义。关键变量“转移支付”用每个家庭获得的转移性收入衡量：存在转移性收入的家庭即被认为获得转移支付。户主职业类型较多，为方便分析本文将职业类型分为 5 类，具体的分类见附表 1。在分析过程中以第 5 类职业即农民为参照组，采用 4 个虚拟变量进行回归。

关于地区层面反映一个地区公共服务供给能力的指标，我们采用教育、医疗卫生、社会保障和就业、住房保障、城乡社区事务和科学技术的相应支出作为对公共服务供给能力高低的衡量，即公共服务支出越多的地区，代表其公共服务供给能力越强。

表2 主要变量

变量名	含义
c3dummy	家庭多维贫困（1=是，0=否）
incomepov	家庭收入贫困（1=是，0=否）
sub	一个家庭是否有转移性收入（1=有，0=没有）
size	家庭人口数
urban	家庭所在地为城镇或农村（1=城镇，0=农村）
edu	户主受教育年限
age	户主年龄
gender	户主性别（1=男性，0=女性）
marry	户主婚姻状态（1=在婚，0=其他）
job	户主职业
perpub	地区人均公共服务支出

（三）描述统计

我们分地区给出了表3的描述性统计结果。从两种贫困发生率看，同样都是东部地区发生比例最低；中部和西部的多维贫困发生比例都相当高，同时西部地区在收入维度的贫困也最严重。两种贫困既有某种联系，也有很大差异：多维贫困并不等同于收入贫困，因此基于多维贫困的角度进行本文的探究相当必要。

表3 关键变量的描述性统计

样本	东部	中部	西部
个体层			
转移性收入（%）	35.463	17.443	16.729
家庭规模	2.983	3.151	3.620
城乡（%）	53.593	34.699	37.528
教育年限	9.388	7.867	6.776
年龄	56.229	55.711	57.189
性别（%）	76.562	81.378	74.981
婚否（%）	85.956	84.420	79.050
职业类型（%）			
上层非体力	15.45	9.99	6.33

续表

样本	东部	中部	西部
下层非体力	4.65	2.79	1.88
上层体力	5.97	3.54	3.32
下层体力	15.97	13.22	16.05
农民	57.96	70.45	72.42
区域层			
人均公共服务支出（元）	4711.016	2081.140	2423.146
因变量			
多维贫困（%）	17.614	35.506	32.102
收入贫困（%）	9.253	17.815	21.703
样本量	2129	1611	1327

注：有（%）标注的表示表中计算的数据为赋值为1的百分比。

家庭的转移支付是本文关注的重点指标。东部地区的家庭获得转移支付的占比远远高于中西部地区的家庭，该占比差距有一倍多。这也与很多学者（卢现祥、徐俊武，2009；解垩，2010）的研究结论一致，我们认为出现这种情形是有原因的：我国东部地区较发达，这不仅体现在经济水平上，也体现在地方政府管理理念和管理能力上，其二次分配的能力较强。各个地区样本年龄平均值较为接近，城乡、性别和婚姻状态比例也较为合理。户主职业类型以农民为最多，中部和西部均占到七成以上，东部稍低一些，这与我国第六次人口普查的结论一致。户主受教育程度也按照东中西部依次降低，家庭人口数则呈现相反的趋势——按照东中西部依次增加。

在地区层面，公共服务供给能力在不同地区的差距明显：东部人均公共服务支出最多，中部和西部都较低，大约只有东部地区的一半，这也反映了我国公共服务供给发展不平衡的现状。

五、模型与结果分析

（一）个体层面模型与分析

我们首先利用LOGIT模型获得个体层面的结论，探究多维贫困的影响因素，重点关注家庭是否有转移支付收入对贫困的影响，并以收入维度的贫困作为对比和补充。式（3）给出了影响家庭贫困的LOGIT模型表述，其中因变量表示是否贫困，区分多维贫困（k=1）与收入贫困（k=2）两种框架。

$$y_i^k = 1/1 + e^{-z_i}, \quad k = 1, 2$$

$$\begin{aligned} z_i = {} & \beta_0 + \beta_1 sub + \beta_2 size + \beta_3 urban + \beta_4 edu + \beta_5 age \\ & + \beta_6 gender + \beta_7 marry + \beta_8 Job1 + \beta_9 Job2 + \beta_{10} Job3 \\ & + \beta_{11} Job4 + \beta_{12} Area2 + \beta_{13} Area3 + \varepsilon \end{aligned} \tag{3}$$

由于LOGIT模型的特殊性，我们将回归结果转化为边际效应（见表4），这样更利于理解。

表4 基于个体层面LOGIT回归结果计算的边际效应

变量	多维贫困模型	收入贫困模型
转移性收入	-0.089***	-0.035***
家庭规模	-0.014***	0.018***
城乡	-0.243***	0.277***
教育年限	-0.028***	-0.013***
年龄	-9.19×10^{-6}	-0.003***
性别	-0.098***	-0.020**
婚否	-7.09×10^{-5}	-0.060***
职业（参照组：农民）		
上层非体力	-0.061***	-0.072***
下层非体力	-0.102***	-0.062***
上层体力	-0.062***	-0.056***
下层体力	-0.076***	-0.032***
地区项（参照组：西部）		
东部	0.039***	-0.073***
中部	-0.027*	0.005
卡方检验统计量	1570.85	833.17
样本量	5067	5067

注：*、**、***分别代表在10%、5%、1%的程度上显著。

总体来看，表4中的两组模型，户主个人特征中的年龄和婚姻状况对该家庭多维贫困没有显著影响，但却对收入贫困有影响，这样的结论原因之一是年龄效应也是传统明瑟方程的结论，原因之二是考虑到婚姻组成家庭可能是收入来源从单人变为双人能在一定程度上改善收入贫困。其余变量则对两类贫困都有显著影响，这也与多数学者研究影响家庭收入贫困的因素的结论一致（储德银，赵飞，2010；樊丽明、解垩，2010；解垩等，2010）。

主要变量“转移支付”对两类贫困呈现一致的效果：一个家庭获得转移支付能减少两类贫困的发生率，且对多维贫困的边际效应更明显。说明当前为了改善我国贫困状况，直接针对低收入群体以及弱势群体等的经济补贴和救助是有意义的，换句话说就是“授之以鱼”在当前是必要的。其余效果较为一致的指标还有户主的受教育程度、性别和职业。户主为男性且受教育程度越高的家庭陷入两类贫困的概率越低；同时，相较农民来说，户主从事其他职业的家庭更不容易陷入两类贫困，具体讲，户主职业为下层非体力类型的家庭最不容易发生多维贫困，而对于收入贫困，则是上层非体力的改善效果最明显。

关注表4中的地区项发现，两类贫困在不同地区的发生率还是有差异的，尤其是多维贫困的地区差异性衡量指标都显著。这也是本文接下来采用分层线性模型将地区异质性引入家庭贫困模型以考察不同地区的家庭陷入多维贫困的原因。

（二）分层模型设定与估计

个体层面的回归是基于地区间同质性的假定，反映的是平均意义上的结论，这样的结论无法反映一个家庭所处的地区性因素对转移支付效应的影响，也无法反映“鱼”和“渔”究竟哪个更应该得到重视？

为了找到想要的答案，我们采用分层 LOGIT 模型：第一层，即个体层面的方程；第二层为区域层面的方程，我们令第一层的截距项和转移性收入的系数随不同省份的公共服务能力而变化，这样可以分析不同的公共服务供给能力对转移支付发挥作用是否有加强或者抑制的效果。

多维贫困的分层 LOGIT 模型的具体形式如下：

第一层（个体层面）：

$y_{ij}^{k} = 1/1 + e^{-z_{ij}}$，$k = 1, 2$

$$\begin{aligned} z_{ij} = {} & \beta_{0j} + \beta_{1j}sub_{ij} + \beta_{2j}size_{ij} + \beta_{3j}urban_{ij} + \beta_{4j}edu_{ij} \\ & + \beta_{5j}age_{ij} + \beta_{6j}gender_{ij} + \beta_{7j}marry_{ij} + \beta_{8j}job1 + \beta_{9j}job2 \\ & + \beta_{10j}job3 + \beta_{11j}job4 + \varepsilon_{ij} \end{aligned} \quad (4)$$

第二层（区域层面）：

$$\beta_{0j} = \gamma_{00} + \gamma_{01}perpub_j + \mu_{0j} \tag{5}$$

$$\beta_{1j} = \gamma_{10} + \gamma_{11}perpub_j + \mu_{1j} \tag{6}$$

$$\beta_{2j} = \gamma_{20} \tag{7}$$

$$\beta_{3j} = \gamma_{30} \tag{8}$$

$$\beta_{4j} = \gamma_{40} \tag{9}$$

$$\beta_{5j} = \gamma_{50} \tag{10}$$

$$\beta_{6j} = \gamma_{60} \tag{11}$$

$$\beta_{7j} = \gamma_{70} \tag{12}$$

$$\beta_{8j} = \gamma_{80} \tag{13}$$

$$\beta_{9j} = \gamma_{90} \tag{14}$$

$$\beta_{10j} = \gamma_{100} \tag{15}$$

$$\beta_{11j} = \gamma_{110} \tag{16}$$

式中，下标 j 表示第 j 个省份；μ_{0j} 和 μ_{1j} 均为区域层的残差项，服从正态分布，第一层的残差项也为正态分布。在该模型的设定中，β 参数表示自变量的影响。地区公共服务供给能力在第二层方程中以 $perpub_j$ 表示。将式（5）~式（16）代入式（4），得到：

$$y_{ij}^{k} = 1/1 + e^{-z_{ij}},\ k = 1,\ 2$$

$$\begin{aligned} z_{ij} = {} & \gamma_{00} + \gamma_{01}perpub_j + \gamma_{10}sub_{ij} + \gamma_{20}size_{ij} + \gamma_{30}urban_{ij} + \gamma_{40}edu_{ij} + \gamma_{50}age_{ij} \\ & + \gamma_{60}gender_{ij} + \gamma_{70}marry_{ij} + \gamma_{80}job1_{ij} + \gamma_{90}job2_{ij} + \gamma_{100}job3_{ij} + \gamma_{110}job4_{ij} \\ & + \gamma_{11}sub_{ij} \cdot perpub_j + \mu_{1j}sub_{ij} + \upsilon_{ij} \end{aligned} \tag{17}$$

式中，$\upsilon_{ij} = \mu_{0j} + \varepsilon_{ij}$。式（4）中 β_{1j} 表示是否获得转移支付对家庭收入贫困对数发生比的影响。在第二层中将这个影响分为三个部分：平均影响（γ_{10}）、异质性效应（γ_{11}）和残差项（μ_{1j}），其中 γ_{11} 是本文关注的重点。收入贫困的模型类似，由表 5 给出两类贫困下的估计结果。

表 5　分层 LOGIT 模型估计转移支付对家庭多维贫困效应变化

	多维贫困模型	收入贫困模型
个体层		
转移性收入	−1.310***	−0.812**
区域层		

续表

	多维贫困模型	收入贫困模型
人均公共服务支出	-4.469×10^{-4}***	-2.797×10^{-4}***
交互项		
人均公共服务支出×转移性收入	-2.265×10^{-4}*	-8.94×10^{-5}
其他人口学特征	已控制	已控制
常数项	1.543***	0.796*
似然比检验	198.56	67.27

注：*、**、***分别代表在10%、5%、1%的程度上显著。

（三）模型主要结论

述分层模型中，γ_{11}即人均公共服务支出与转移性收入的交互项都为负数，并且在多维分析框架下显著，这表明随着人均地区公共服务能力的提升，转移支付改善贫困的效应在增强①。

我们可以得到如下结论：

（1）从多维贫困模型来看，可以发现：一个家庭获得转移支付的确可以改善该家庭的多维贫困，使其对数发生比降低1.31。这也与个体层面的多维模型结论保持了一致；同时，该家庭所在地区的公共服务供给能力提高，也可以显著地改善其多维贫困。这与收入贫困分析框架下的结论一致。

（2）进一步分析交互项，表明一个地区公共服务供给能力增强会使转移支付的效应增强。具体来说，如果一个家庭所在省份的公共服务能力越高，则其获得转移支付所带来的多维减贫效应会越明显，即在多维减贫层面，“授之以渔”更有意义。但从收入模型看，人均公共服务支出的增加不会对转移支付的效应产生影响。

六、总结与相关建议

综上所述，获得转移支付对多维贫困的降低作用更明显，并且公共服

① 由于在LOGIT模型中，贫困定义为1，非贫困定义为0，因此值越大，说明公共服务供给能力越强的地区，转移支付改善贫困的效应越大。

务供给能力越强的省份，转移支付收入降低家庭多维贫困的效应越强。但是，转移支付改善收入贫困的效果不受地区公共服务能力高低的影响。基于以上主要结论和我国贫困现状，我们提出以下两点建议：

第一，继续保持"授之以鱼"。就我国目前贫困情况而言，加大转移支付力度仍旧是非常有效的减贫措施。因此不仅要增加政府公共转移支付并且还要鼓励私人转移支付，为贫弱人群提供全面的社会保护；同时，要选择以家庭为落脚点扩大转移支付覆盖面，这也是我国政府最新的"精准扶贫"方略的核心。

第二，更有必要"授之以渔"。对于中西部等较落后地区，加强公共服务供给能力是更有意义的减贫手段，尤其对于多维贫困而言。在目前包括联合国在内的国际机构都对多维贫困分析框架越来越重视的情况下，要大力提升落后地区全社会的公共服务水平，加大公共服务产品的供应量，改善多维贫困的状况。

附表1 职业类型分类赋值表

职业类型分类	赋值	CHNS中的职业类型
上层非体力职业	1	管理者/行政官员/经理（厂长、政府官员、处长、司局长、行政干部及村干部）；高级专业技术工作者（医生、教授、律师、建筑师、工程师）；一般专业技术工作者（助产士、护士、教师、编辑、摄影师）；军官与警官；运动员、演员、演奏员
下层非体力职业	2	办公室一般工作人员（秘书、办事员）；士兵与警察
上层体力职业	3	技术工人或熟练工人（工段长、班组长、工艺工人等）
下层体力职业	4	非技术工人或熟练工人（普通工人、伐木工等）；司机；服务行业人员（管家、厨师、服务员、看门人、理发员、售货员、洗衣工、保育员等）
农民	5	农民；其他

资料来源：本表根据CHNS问卷和美国就业类型分类标准整理而得。

参考文献

[1] Alkire, S. Choosing Dimensions: the Capability Approach and Multidimensional Poverty [J]. Chronic Poverty Research Centre, 2007 (1): 7-14.

[2] Ardington C., Case A., Hosegood V. Labor Supply Response to Large Social Trans-

fer: Longitudinal Evidence from South African [R] . NBER Working Paper, 2007.

[3] Chen Shaohua, Ren Mu, Ravallion M. Are There Lasting Impact of Aid to Poor Area? Evidence from Rural China [R] . World Bank Working Paper, 2006.

[4] Darity W. A. , Myers S. L. Do Transfer Payments Keep the Poor in Poverty [J]. American Economic Review, 1987, 77 (2): 216 - 222.

[5] Deepak Lal, Anuj Sharma. Private Household Transfers and Poverty Alleviation in Rural India: 1998 - 1999 [J]. The Journal of Applied Economic Research, 2009, 3 (2): 97 - 112.

[6] Emmanuel Skoufias, Vincenzo di Maro. Conditional Cash Transfers, Adult Work Incentives, and Poverty [J]. The World Bank Impact Evaluation Series, 2006 (5): 7 - 14.

[7] 储德银，赵飞. 财政分权、政府转移支付与农村贫困——基于预算内外和收支双重维度的门槛效应分析[J]. 财经研究，2013，39 (9)：4 - 16.

[8] 都阳，Albert Park. 中国的城市贫困：社会救助及其效应[J]. 经济研究，2007 (12)：24 - 32.

[9] 樊丽明，解垩. 公共转移支付减少了贫困脆弱性吗？[J]. 经济研究，2014 (8)：67 - 77.

[10] 高艳云. 中国城乡多维贫困的测度及比较[J]. 统计研究，2012，29 (11)：61 - 66.

[11] 刘穷志. 增长、不平等与贫困：政府支出均衡激励路径[J]. 财贸经济，2008 (12)：58 - 62.

[12] 刘穷志. 转移支付激励与贫困减少——基于 PSM 技术的分析[J]. 中国软科学,2010 (9)：8 - 15.

[13] 卢现祥，徐俊武. 公共政策、减贫与有利于穷人的经济增长[J]. 制度经济学研究，2009 (2)：112 - 125.

[14] 王小林，Sabina Alkire. 中国多维贫困测量：估计和政策含义[J]. 中国农村经济，2009 (12)：4 - 10，23.

[15] 张全红，周强. 中国贫困测度的多维方法和实证应用[J]. 中国软科学，2015 (7)：29 - 41.

[16] 中国科学院—清华大学国情研究中心. 省级多维减贫经验：以青海省为例[J]. 国情报告，2009 (21)：220 - 231.

3. 金融、资本市场

当前中国是否存在流动性陷阱风险

——基于货币增速剪刀差与资产价格非线性关联的视角*

任羽菲

（中国社会科学院研究生院，北京）

一、引言

2016 年以来 M1 和 M2 增速之差，即所谓“货币增速剪刀差”走高，该现象受到了市场及学界的广泛关注。2016 年 7 月，M2 增速为 10.2%，M1 增速为 25.4%，货币增速剪刀差自 2016 年 2 月以来持续扩大并达到 20 年来最高水平（见图 1），并且 M1 的高增长[illegible]反常态，并未伴随经济上行。这种现象的成因，货币增速剪刀差扩大与资产价格的关系，以及货币增速剪刀差扩大背后是否隐含流动性陷阱风险成为市场和学界关注的热点问题。

从货币增速剪刀差扩大的成因看，大致有以下几种讨论：其一，企业部门的投资意愿减弱，导致企业的活期存款淤积在账面，未能有效转化为储蓄存款，即居民部门将购买力转让至企业部门的过程受到阻碍；其二，随着利率市场化进程的推进，企业偏向活期存款，定期存款有所减少；其三，受到地方政府债务置换等技术原因的影响。然而，发掘货币剪刀差扩大现象更深层次的成因可发现，M1 的高增速和 M2 的低增速，以及房价上

* ［基金项目］本文受国家自然科学基金项目：中国建设制造强国的行动路径研究（项目号：71673296）资助。

［作者简介］任羽菲，中国社会科学院研究生院数量经济与技术经济系博士研究生。

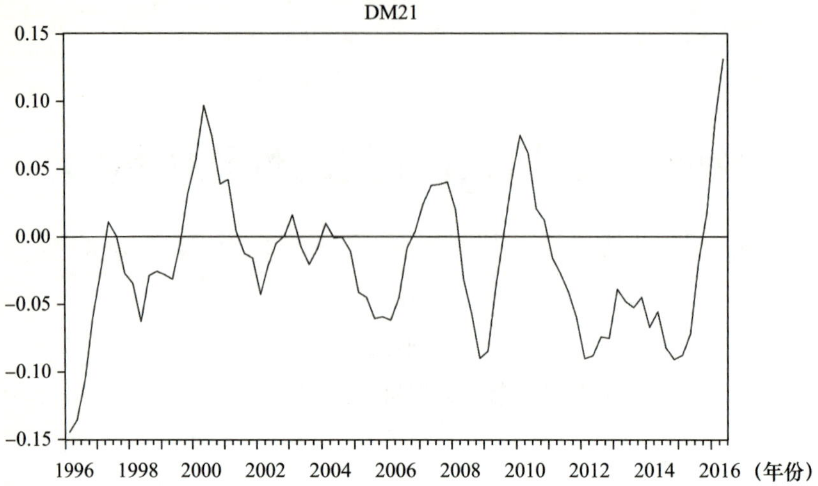

图1 货币增速剪刀差走势（1996Q1～2016Q2）

涨和股价波动一定程度上反映了当前经济存在的结构性问题：一是房价增长较快但CPI增速下滑。根据储蓄存款与长期贷款的关系，M2增速较低源于企业部门长期投资不足，当前全国长期贷款增速主要靠居民部门拉动，而居民部门的长期贷款主要投向房地产，伴随地产销售量和房价的上升。此时加入对银行部门的考虑，房地产作为传统的优质抵押品，其价格上涨表明抵押品价值有所上升，本应创造更多的信贷，这与当前M2增速和长期投资下滑、企业部门贷款增速降低、CPI增速回落的现象相悖，这表明当前我国信贷创造和货币创造的传导机制出现了问题。二是资金在金融市场淤积，导致股票市场价格波动剧烈。2015年央行连续降准降息和地方政府债务置换等政策致使M1增速加快，但投放的货币无法进入实体经济，在金融市场中空转形成了资金的“堰塞湖”，致使市场投机性进一步加强。股票市场价格受到货币政策的影响，货币总量对无风险收益率和股利增长率产生影响，从而对股票市场价格产生作用：当货币供应量增加时利率下降，企业受此影响提高其资本性支出，生产销售规模和收益均有所上升；货币供应量的增加也使得无风险利率下降，从而使股价整体上升。常态下，由于M2中包含证券公司的客户保证金，与证券市场关联紧密，故与股指存在较强的正相关关系①。然而，2014年下半年开始的最近一轮的股票指数上涨伴

① M1 = M0 + 企业活期存款；M2 = M1 + 企业定期存款 + 居民储蓄存款 + 证券公司客户保证金 + 住房公积金中心存款 + 非银行金融机构存款。

随货币增速剪刀差的扩大，同M2的同比变化趋势不一致，同常态不符。综合以上两点，本轮货币增速剪刀差的扩大伴随着资产价格异于常态的联动，考虑资产价格与货币增速剪刀差之间的联动存在非线性特征。

对比凯恩斯在《就业、利息和货币通论》中对流动性陷阱的定义，尽管低位运行的名义利率距离到达流动性陷阱出现的零利率条件尚有距离，投资回报率与存贷款利率仍远高于活期利率，但企业和个人更倾向于"持币"，实体经济增速相对货币增速进一步缓慢在一定程度上表明当前货币政策作用空间趋于收窄，如若缺乏合适干预，也并非完全不存在落入"流动性陷阱"的风险。根据徐高（2016）对于流动性陷阱出现的判断标准是货币政策的传导机制是否出现不畅。这个传导机制包含三个主要环节：其一是央行将基础货币投放到金融体系的环节；其二是金融体系将货币派生到实体经济的环节，也即全国社会融资总量的扩大；其三是广义货币的扩张到实体经济总需求的传导，该环节伴随着经济增长的加速。根据2015年以来货币政策和实体经济的状况，可以判断金融市场流动性过剩与实体经济融资困难同时出现，房地产和金融资产价格背离实体经济状况而呈现泡沫化倾向的同时，宽松货币政策的作用越来越有限，从广义货币到经济总需求扩张的传导环节出现了阻塞，由此经济是否有落入流动性陷阱的风险成为一个值得探讨的问题。

本文通过对货币增速剪刀差与资产价格相互作用机制的分析，提出二者间相互作用的非线性特征与流动性陷阱风险存在相关性的假设，通过建立资产价格与货币增速剪刀差关联的非线性模型，实证分析这种非线性特征出现的时点及特征，并通过与流动性陷阱出现条件的比较验证以上假设，讨论这种现象的出现是否意味着经济存在落入流动性陷阱的风险。

二、文献回顾

学界关于货币增速剪刀差的讨论主要分为两个方面：一是分析其与各种经济指标的相关关系；二是对其异常走势成因的分析。

第一类分析如范立夫等（2011），通过研究发现，货币增速剪刀差与CPI之间存在显著的正相关关系，样本期内二者互为Granger因果关系，货币增速剪刀差相对CPI滞后期数为4；刘海影（2013）认为，M1与M2增速差表征货币的活化程度，能够反映经济整体的活跃程度和企业投资需求的变动情况；史欣沂（2013）通过分析货币增速剪刀差影响宏观经济变动的机制，得出该指标主要通过改变货币的流动性、银行的流动性、市场的流动性、企业家对未来的预期以及资本市场来影响宏观经济的变动；刘艺（2014）建立VAR模型考察货币供给、投资需求、经济周期、工业结构和货币增速剪刀差对PPI的影响，结论表明PPI与M1、M2增速差指标呈高度正相关，货币增速剪刀差可作为PPI的领先指标，并且其峰值、拐点处对PPI变化的预示作用较强；刘超等（2015）以货币增速剪刀差和上证综指为考察指标，综合使用了滤波图分析/外生性与BLS内生性结构突变单位根检验及Granger因果关系检验方法，实证分析二者关系，结果表明上证指数与货币增速剪刀差之间存在单向因果关系。由以上研究可知，货币增速剪刀差的扩大通常伴随经济上行，并且对于各类价格指数走高具有一定的信号意义。

第二类分析如任碧云（2010），通过对改革开放后中国出现的四次M2和M1增速剪刀差逆向扩大现象的产生背景、不利影响以及宏观应对措施的分析，认为此种现象产生的背景虽不尽相同，但都伴随着货币在虚拟经济领域重复周转，未能对实体经济产生有力的推动作用。

关于货币政策有效性的理论研究中，“流动性陷阱”假说作为货币政策失效的一种典型情况引发了大量讨论。这种假说认为，货币政策对实体经济产生影响的传导机制主要是通过利率。然而在流动性偏好的假定下，当名义利率降到极低水平时，由于将现金进行储蓄得到的利息收入极低，故而经济体内几乎所有个体都更偏好于持有现金，而不愿购买债券等有息票据。在经济陷入“流动性陷阱”时，货币供给无法通过利率对实体经济产生作用（Fuhrer和Brian，1997）。在对我国是否存在流动性陷阱风险的判断方面，学者们大多数采取对货币政策有效性进行检验的方法研究该问题。陈湛匀（2001）通过对利率杠杆有效性的检验，得出经济衰退和通缩等问题存在时，利率杠杆的货币政策有效性降低，应采用财政政策与利率政策相结合的方法对流动性陷阱进行预防。刘金全、张营（2009）通过构建具有随机系数的货币需求函数计算货币需求的动态弹性，根据估计结果从名义利率的弹性轨迹上对利率政策的作用效果进行评价，结果表明当时并未出现显著的货币政策“流动性陷阱”。陈丰（2010）通过论证扩张性货币政策对实体经济具有明显的拉动作用，认为金融危机下中国货币政策并未陷入流动性陷阱。

在资产价格与货币政策之间关联的研究方面，国内外研究大部分涉及货币供应量，较少有将货币结构，特别是货币增速剪刀差作为考察货币政策的指标。卢艳茹（2007）从我国货币供应量 M0、M1、M2 与股票价格之间关系的实证研究出发，其结果表明各个层次的货币供给同股票价格都不存在 Granger 因果关系，并无长期的均衡关系，从而得出中央银行无法利用货币数量工具对股票市场价格进行调控的结论。张雷（2012）在构建了货币增速剪刀差指标 M1/M2 的基础上，实证考察了该剪刀差指标与上证指数波动之间的关系，结果表明货币增速剪刀差指标是上证综指的领先指标，领先期为 3 个月。张小宇、刘金全（2015）通过构建国房景气指数、产出增速与货币供给增速的平滑迁移向量自回归模型，对中国房地产市场、实际产出与货币政策之间的非线性动态关联机制进行了建模，然后通过实际数据检验了当前经济新常态下货币政策和产出冲击对房地产市场影响的非对称效应，证明了货币政策对房地产市场的影响存在冲击规模上的非对称性。

综合对相关方面研究文献的回顾，总结本文做出的创新性贡献如下：一是在研究货币增速剪刀差与资产价格及相关变量的联动时考虑了作用机制的非对称性，采用马尔科夫区制转移和门限回归方法识别二者作用的非线性特征；二是通过货币增速剪刀差与资产价格相互作用的非线性特征而非直接检验货币政策有效性以讨论流动性陷阱风险的存在性；三是将货币结构引入了与资产价格相关性的讨论，通过对货币流向和资产价格泡沫相关性的分析为政策的制定及实施提供参考。

三、研究方法和数据

（一）研究思路和方法

1. 资产价格与货币增速剪刀差的作用机制

历史上货币增速剪刀差作为资金活化率的表征，意味着经济活动的活跃度提高，通常为 GDP 同比的领先指标。本轮货币增速剪刀差却并未伴随 GDP 同比的上升，究其原因，根据凯恩斯的流动性陷阱假说，当利率降到最低的时候，向市场投放的货币将被“闲置资产”所吸收，而无法作用于实体经济。同时，由于当前实体经济增速趋稳而资产价格上升较快的现象，考虑房地产及股票市场的泡沫更大程度由实体经济内部流动性过剩引起，货币增速剪刀差与资产价格呈现互相强化的作用机制，即货币增速剪刀差作为反映资金活化率的指标迅速上升，而实际利率较低时企业部门不愿投资实体经济，导致资金流向房地产市场和股票市场，短期投资繁荣形成资产价格泡沫。与此同时，由于资本的趋利性，房地产价格及股票价格的上升引发的表面繁荣又吸引了居民部门更进一步的投资，使得资金由不计入M1的居民部门转移到计入M1的企业部门的活期存款，货币增速剪刀差再次上升。

由此可提出假定，当经济存在流动性陷阱风险时和不存在时，资产价格同货币增速剪刀差的作用系统应存在结构上的变化，可能呈现一定的非线性特征。当存在流动性陷阱风险时，不仅货币增速剪刀差对实体经济增长的引导作用不明显，其与资产价格之间相互促进的传导效应也存在异常，即相对于不存在流动性陷阱风险时，由于相互强化作用机制的存在，二者间相互作用更加显著。

因此，本文将采用马尔科夫区制转移模型及门限回归模型实证检验资产价格与货币增速剪刀差之间作用机制的非线性特性，从而对当前我国经济是否存在流动性陷阱风险提供判断依据。

2. MSVAR 方法

传统的VAR模型无法刻画经济变量在受到外生冲击或政策发生变化时的结构性变化，于是Hamilton（1989）提出了可拟合经济变量在不同状态、时间段和作用机制下的性质特征的马尔科夫转移（Markov Switching，MS）模型，也就是说，可观测的时间序列向量 y_t 数据产生过程取决于不可观测的取值变量 s_t，于是可将均值调整VAR模型转换为区制转移（Regime Switching）模型：

$$y_t - \mu(s_t) = \beta_1(s_t)(y_{t-1} - \mu(s_{t-1})) + \cdots + \beta_p(s_t)(y_{t-p} - \mu(s_{t-p})) + \varepsilon_t \tag{1}$$

区制转移的概率可表述为：

$$p_{ij} = \Pr(s_{t+1} = j \mid s_t = i, \sum_{j=1}^{M} p_{i,j} = 1), \forall i,j \in \{1,2,\cdots,M\} \tag{2}$$

s_t 遍历不可约的M个取值状态的转移概率可用马尔科夫转移矩阵表示：

$$P=\begin{bmatrix} p_{11} & \cdots & p_{1M} \\ \vdots & \vdots & \vdots \\ p_{M1} & \cdots & p_{MM} \end{bmatrix} \tag{3}$$

式（3）意味着区制转移会引起 y_t 过程均值的即刻变化，假定区制转移均值平滑地到达新的水平往往更为可行，运用区制依赖的截距项来描述 y_t 过程：

$$y_t=\alpha(s_t)+\beta_1(s_t)y_{t-1}+\cdots+\beta_p(s_t)y_{t-p}+\varepsilon_t \tag{4}$$

对于给定区制和滞后内生变量 $Y_{t-1}=(y'_{t-1},\ y'_{t-2},\ \cdots,\ y'_1,\ y'_0,\ \cdots,\ y'_{1-p})'$，在 ε_t 服从正态分布的假定条件下，进一步设定：

$$\xi_t=\begin{bmatrix} I(s_t=1) \\ \vdots \\ I(s_t=M) \end{bmatrix}\left(I(s_t=m)=\begin{cases}1 & \text{if} \quad s_t=m \\ 0 & \text{otherwise}\end{cases}\right) 和\ \eta_t=\begin{bmatrix} p(y_t|\xi_t=1,Y_{t-1}) \\ \vdots \\ p(y_t|\xi_t=M,Y_{t-1}) \end{bmatrix},$$

可得条件概率为：

$$p(y_t|\xi_t,\ Y_{t-1})=\eta_t^{'P'}\xi_{t-1} \tag{5}$$

将给定前样本 Y_0 和特定观测值 $Y\equiv Y_T$ 的条件概率写为 $p(Y|\xi)=\prod_{t=1}^{T}p(y_t|\xi_t,Y_{t-1})$；与联合分布概率 $p(Y,\xi)=p(Y|\xi)p(\xi)=\prod_{t=1}^{T}p(y_t|\xi_t,Y_{t-1})\prod_{t=2}^{T}Pr(\xi_t|\xi_{t-1})Pr(\xi_1)$ 和 Y 无条件分布概率 $p(Y)=\int p(Y,\xi)d\xi$ 相结合，可得既定观测信息条件下的区制概率：

$$Pr(Y|\xi)=\frac{p(Y,\ \xi)}{p(Y)} \tag{6}$$

在实际应用中，可通过递归滤波算法、一步预测法和全样本平滑算法计算 ξ。

3. 门限回归方法

为了在区分区制的基础上进一步考察当前中国经济是否存在流动性陷阱的趋势，在模型中加入名义利率变量，记为 int，以期考察在名义利率处于不同范围时资产价格与货币增速剪刀差相互作用的非对称性。本文借鉴 Tong（1978）提出的门限回归思想，即通过建立门限回归模型分析资产价格与货币增速剪刀差之间的关系。然而 Tong 的门限模型右端并没有加入自变量滞后以外的解释变量，所以本文在实证研究中主要根据 Hansen（1996，1999，2000）提出的多元门限回归模型思想进行分析。

Hansen（1996，2000）的两机制门限回归模型可表示为：

$$y_t = \theta_1' x_t + e_{1t}, \quad q_t \leq \gamma \tag{7}$$

$$y_t = \theta_2' x_t + e_{2t}, \quad q_t > \gamma \tag{8}$$

式中，q_t 为门限变量，y_t 为被解释变量，x_t 为解释变量，e_{it} 为残差项，γ 为门限值。上述模型表示当门限变量 q_t 不大于门限值 γ 时，回归模型为式（7）；当门限变量 q_t 大于门限值 γ 时，回归模型为式（8）。

本文建立的门限回归模型中，被解释变量为 dm21，解释变量包括 gdp、cpi、hpgr、spgr、int、ucm2 和 ucint。选取实际利率 int 作为门限变量。

（二）数据和指标选取

鉴于数据的可获得性，本文选用季度数据，样本区间为 1996 年第一季度到 2016 年第二季度。取 $\Delta M1/\Delta M1_{t-1} - \Delta M2/\Delta M2_{t-1}$ 作为货币增速剪刀差的代理变量，记为 dm21；资产价格方面包含房地产价格增长率和股票价格增长率，前者由月度商品房销售额除以月度商品房销售面积取对数差分再换算为季度均值得到，记为 hpgr，后者由上证综指取对数差分换算为季度均值获得，记为 spgr。控制变量方面，根据范立夫和张捷（2011）的结果，货币增速剪刀差与 CPI 之间存在显著的 Granger 因果关系，故选择 CPI 环比增长率作为控制变量，记为 cpi。考虑到货币政策的不确定性可能对投资者信心产生影响，加入货币政策不确定性对货币增速剪刀差进行解释，由于我国利率尚未完全实现市场化、金融体系发展不完善、金融市场成长尚不成熟，将货币政策分为数量型和价格型两种类型。参照前人的研究（Koivu，2009；刘金全，2002；赵昕东等，2002），本文选取 M2 增长率衡量数量型货币政策，6 个月至 1 年期金融机构贷款利率变化率衡量价格型货币政策。关于如何度量货币政策的不确定性，Baum 等（2006）认为，GARCH 方法相较于移动标准差或基于问卷调查方法得出的预测值更加准确。因此，依据 Leahy 和 Whited（1996）、Byrne 和 Davis（2005）、Baum 等（2006），运用广义自回归条件异方差模型，即 GARCH（1，1）度量货币政策的条件方差，表示货币政策的不确定性。公式如下：

$$m_t = \alpha_0 + \alpha_i \sum_{i=1}^{n} m_{t-i} + \varepsilon_t$$

$$h_t = \tau_0 + \tau_1 e_{t-1}^2 + \tau_2 h_{t-1}$$

式中，m_t 为货币政策变量的一阶差分，ε_t 为误差项，h_t 为通过 GARCH

(1，1）估计得到的误差项的条件方差。根据以上公式，本文运用 GARCH（1，1）模型度量中国季度 M2 增长率和实际贷款利率变化率的条件方差，首先分别对两个变量建立一阶自回归模型，然后建立 GARCH（1，1），将计算得到的条件方差分别作为数量型和价格型货币政策不确定性的代理变量，分别记为 ucm2 和 ucint。

另外，选取 gdp 增长率季度数据作为控制变量，记作 gdp。在进行门限回归时，加入利率作为门限变量，选择 6 个月至 1 年期金融机构贷款利率作为代理。

全部数据来源于中经网，并经过 Census X12 季节调整。本文分析使用的软件为 OX3.4，运用 Hans – Martin Krolzig（1998）的 MSVAR 包来实现 MSVAR 分析；使用 Eviews 9.0 进行门限回归分析。

四、实证结果及分析

（一）MSVAR 模型估计结果及分析

1. ADF 检验结果

由于 MSVAR 模型要求各变量数据为平稳的时间序列，首先对各变量进行 ADF 检验。检验结果表明，除货币增速剪刀差和 gdp 季度增长率数据在 5% 的显著性水平下拒绝不平稳的原假设外，其他各变量均在 1% 的显著性水平下平稳。

2. 区制状态分析

具体采用什么类型的马尔科夫区制转移模型，如模型区制设置和状态个数等，本文主要依据 SC 准则和 AIC 准则、HQ 准则以及对数似然值，综合选择模型的最优形式。经检验最优的模型形式为 MSIA（3）–VAR（3），即 3 区制 3 阶自回归模型，模型的截距和系数都是区制状态依赖的，这也与本文经济处于不同状态下资产价格对货币增速剪刀差的影响存在不对称性的假设相符。模型的 SC、AIC、HQ 准则和对数似然值在表 2 中列出。

本文 MSVAR 分析的 3 个区制如图 2 所示。具体地，区制 1 包括的区间有：1997 年第二至第四季度、1999 年第一季度、1999 年第四季度至 2000 年第三季度、2001 年第三至第四季度、2008 年第三季度到 2009 年第一季度、2015年第三季度到2016年第二季度；区制2包含的区间有：1998年第一至第四季度、1999年第二至第三季度、2000年第四季度至2001年第二季度、2002年第一季度至2006年第二季度、2010年第一至 第二季度、2011年第四季度、2012年第三季度至2013年第二季度、2013年第四季度至2015年第二季度；区制3包含的区间有：2006年第三季度至2008年第二季度、2009年第二至第四季度、2010年第三季度至2011年第三季度、2012年第一至第二季度、2013年第三季度。

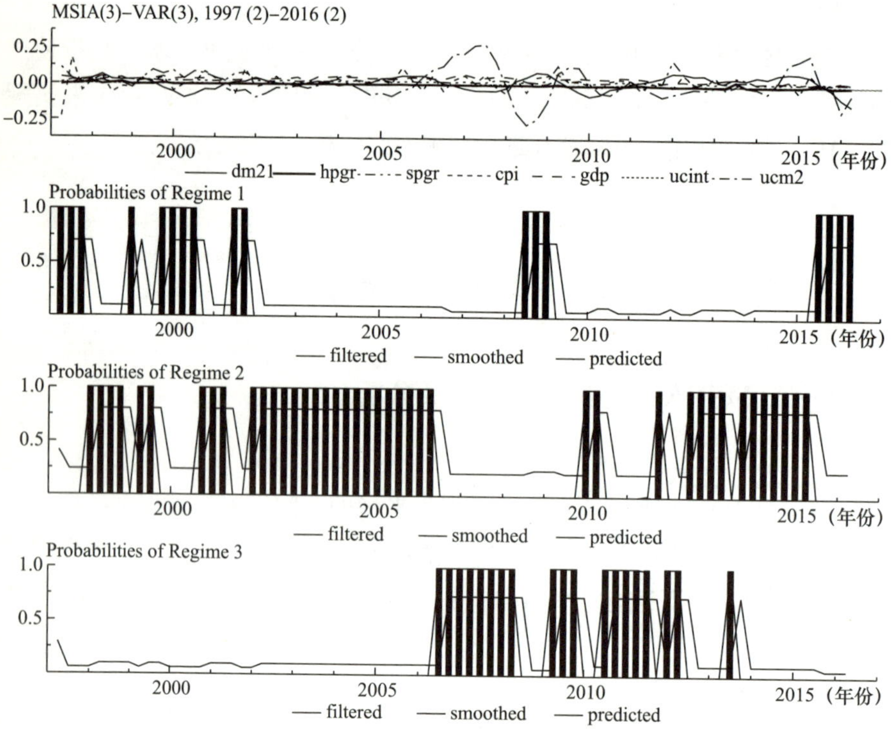

图2 MSIA（3）-VAR（3）模型的区制状态

根据区制发生的时间段分析，区制1发生的时间均伴随宏观政策的宽松与经济增速的下滑，多与人民币利率的调整有关，而且变化幅度尤为明显。例如1997年第四季度降低金融机构各项存、贷款利率，其中存款利率平均下调1.1个百分点，贷款利率平均下调1.5个百分点，同时受亚洲金融危机的影响，该时段GDP同比增速有所下滑。1999年末到2000年同样是经历一轮积极财政政策和稳健货币政策后，经济增速却发生回落，其中1999年第四季度GDP增速降至6.1%。2008年下半年开始，美国次贷危机引发了世界性金融危机，在一定程度上对我国经济也产生了巨大的冲击，在此背景下中国宏观调控政策作出了重大调整，从2008年9月起中央银行连续5次下调人民币利率，但GDP增速在此区间内大幅下滑。金融市场方面，区制1的时间段股票市场动荡较大，但大部分时间上证综指增长率为负。房地产市场方面，大部分时间段房地产价格增速为正。区制2所包含的时间段突出表现为GDP稳步增长，同时存贷款利率调整较少，货币政策偏于稳健。例如2002年第一季度到2006年第二季度4年间，贷款利率仅发生4次调整，存款利率仅调整3次，且GDP保持较高增长，并有加快趋势，2003～2005年GDP增速均高于10%。2012年第三季度到2013年第二季度，存贷款基准利率发生一次调整，两年的GDP增速持平。区制3主要特征为货币政策从紧，多次发生存贷款基准利率上调。例如2006年第三季度到2008年第二季度，共发生7次存贷款基准利率上调。

模型估计结果显示，2015年第三季度至2016年第二季度，经济处于区制1状态。结合央行2015年后频繁降准降息，且新常态下经济增速放缓来看，符合区制1状态特征，货币当局释放流动性，但对实体经济作用不明显。

与区制转移相伴随的问题是转移概率，3个区制之间的转移概率估计结果如表1所示。可以看出经济稳定在3个区制内的概率分别为0.7006、0.8030和0.7345。说明经济一旦进入存在流动性陷阱风险的区制1，具有一定维持该状态的惯性，但同时跳出该状态进入区制2的概率高达23.95%，说明根据历史看，尽管流动性陷阱趋势具有一定的自我维持性，其后进入稳步增长阶段的可能性仍然较高。直接跳入经济过热区制的可能性较低，表明尽管该阶段货币政策宽松，后期引发高通胀的可能性仍然较小。区制2和区制3向区制1转移的概率分别为0.0997和0.0554，表明由历史看，从经济稳定繁荣、货币政策效果较好的状态转移至带有流动性陷阱风险、货币政策作用有限的区制的概率并不低，风险仍然值得留意。

表1 MSIA（3）－VAR（3）模型的区制转移概率

	区制1	区制2	区制3
区制1	0.7006	0.2395	0.0599
区制2	0.0997	0.8030	0.0973
区制3	0.0554	0.2101	0.7345

表2给出了MSIA（3）－VAR（3）模型系数的估计结果。MSIA模型假定截距、系数都是区制依赖的，即在不同的区制状态下，可观察到变量之间相互影响程度的不同，由此可分析不同区制状态下货币增速剪刀差与房地产价格、股票价格相互影响的情况。

表2 不同区制状态下MSIA（3）－VAR（3）模型的系数

	区制1			区制2			区制3		
	dm21	hpgr	spgr	dm21	hpgr	spgr	dm21	hpgr	spgr
Const.	0.127	0.063	0.010	−0.028	0.002	0.049	0.024	0.004	0.076
dm21_1	−4.375	0.192	2.748	−0.785	−0.543	−0.392	−0.437	−0.586	−0.781
dm21_2	1.871	−1.481	−1.370	−0.067	0.507	−0.035	−0.216	0.799	0.530
hpgr_1	0.016	−0.865	0.192	−0.082	−0.487	−0.364	0.181	−0.552	0.072
hpgr_2	0.651	−0.415	−0.417	0.035	−0.401	−0.100	−0.005	0.210	0.215
spgr_1	0.892	−0.545	0.467	0.057	0.087	1.170	0.116	0.194	1.390
spgr_2	1.419	0.531	−0.310	−0.017	−0.069	−0.391	0.044	−0.204	−0.680
cpi_1	30.674	−8.109	−1.226	−0.342	1.832	−2.340	−3.355	3.129	−15.529
cpi_2	28.163	−1.117	−2.484	0.338	0.628	0.186	−4.114	−16.543	−11.054
gdp_1	−6.591	−0.530	−4.502	0.602	0.259	−0.148	0.216	1.593	1.608
gdp_2	1.562	−1.465	1.112	−0.354	0.726	−0.329	−0.308	0.129	1.078
ucint_1	7.454	8.588	4.962	−0.547	−0.359	−1.484	1.239	−0.452	−9.406
ucint_2	−4.545	−1.017	−10.856	−0.315	−1.271	−0.661	1.597	2.198	23.074
ucint_3	−10.487	−3.800	−10.064	0.653	−1.838	−1.755	−3.649	4.526	−6.443
ucm2_1	0.502	−0.651	0.653	0.449	−0.620	−0.775	−0.141	0.115	−0.528
ucm2_2	1.709	0.002	1.635	−0.174	0.283	0.058	0.239	−0.193	−2.262
ucm2_3	−0.408	−0.124	−0.482	0.218	0.0315	−0.286	−0.592	−0.982	−1.184

从资产价格对货币增速剪刀差的影响看，区制1中房地产价格和股票价格的一阶和二阶滞后变量对货币增速剪刀差的扩大均有促进作用，且系数绝对值高于区制2和区制3，这一结果验证了文章开始提出的假设，即存在流动性陷阱趋势时，资金由居民部门存款投向股票市场和房地产市场，推

高资产价格的同时，资金转移到计入M1的企业部门存款，促进了货币增速剪刀差的扩大。区制1状态下，CPI对货币增速剪刀差的影响明显高于其他两个区制，说明此时尽管货币政策相对宽松，CPI变动不大，反映在系数的估计值上则表现为货币增速剪刀差对CPI变化率的敏感性显著提高。GDP方面，滞后一期变量系数为负，且绝对值为6.591，表明区制1确实具备一定的流动性陷阱特征，至少同货币增速剪刀差作为GDP增速先行指标的经验事实相悖。货币政策非确定性方面，滞后一期的价格型货币政策在经济处于区制1时，对货币增速剪刀差的促进作用更明显，其系数绝对值为7.454，远高于经济处于区制3时的1.239；数量型货币政策的二期滞后变量在区制1状态的系数绝对值为1.709，同样远高于区制3的0.239，这一结果说明了货币政策非确定性也是导致产生流动性陷阱风险的一个原因，企业获得居民部门的资金后由于政策的不明朗致使投资信心不足，使得大量资金淤积在企业的活期存款，推高了货币增速剪刀差。

从货币增速剪刀差对资产价格的影响看，区制1状态下，房地产价格回归方程中货币增速剪刀差的一阶滞后变量系数为正，表明前期由居民部门转移到企业的M1投资到房地产市场，进一步推高了房地产价格，区制2和区制3中该一阶滞后变量的系数均为负。但货币增速剪刀差二阶滞后变量的系数为负，且绝对值为1.481，同时价格型货币政策不确定性的一阶滞后变量为正，绝对值高达8.588，推测前两期的货币增速剪刀差扩大会增加前一期政策环境的不确定性，滞后两期的M2增速高于M1本身可能影响投资者对房地产市场的信心，对房地产价格产生负向影响，但其通过对下一期货币政策不确定性的影响，又进一步使投资者确信房地产市场相对其他产能过剩的行业，如钢铁、煤炭、化工等，投资价值相对稳定，从而增加对房地产的投资，对房价产生正向影响。股票价格方面，区制1状态下货币增速剪刀差一阶滞后变量系数为2.748，区制2和区制3分别为-0.392和-0.781，表明经济处于区制1时，尽管M2增速不高，M1的增速加快对股价升高有明显推动作用，这与历史上M2同比与股票市场之间联系更强相悖，同时也符合最近一轮始于2014年下半年的牛市同M2同比变化出现背离的现状。2015年上半年，经济处于下行阶段，股票市场的繁荣并无基本面支撑（房地产价格和股票价格增速的VAR方程的区制1中，GDP滞后变量的系数均为负），M2同比增长也有所下滑，但央行采取宽松货币政策，频繁降准降息以提振经济，导致股票市场获得更高的杠杆率，融资额增加从而股票价格上升。同时，股票价格的上升又使得其作为抵押物价值升高，又提升了借贷杠杆，使得股票市场融资额和价格进一步推升，呈现出“杠杆推升—市值上涨—杠杆进一步提升—股票市值再次上涨”的正反馈循环，表现为货币增速剪刀差的出现与股票价格上升呈现正向关联。

3. MSVAR 方法的有效性

总体来看，MSIA（3）－VAR（3）模型较好地拟合了货币增速剪刀差、房地产价格和股票价格的变动。图3中给出了货币增速剪刀差、房地产价格和股票价格增速变量的实际值、1步预测值和平滑值的关系，可见模型估计值与1步预测值同实际值拟合良好，证明了 MSIA（3）－VAR（3）方法在刻画货币增速剪刀差与资产价格相互作用的区制特征时的有效性。

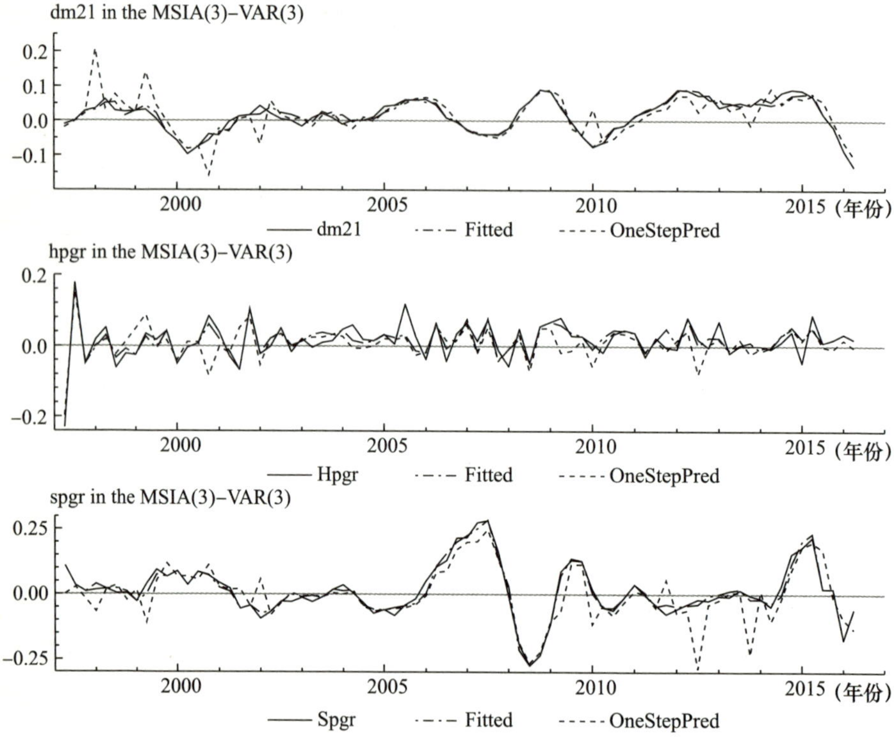

图3 MSIA（3）－VAR（3）模型对货币增速剪刀差和资产价格的拟合

(二)门限回归模型估计结果及分析

在建立门限回归模型时需要选择门限变量，本文选择名义利率作为门限变量。理论上，当利率水平接近零时，如果存在流动性陷阱趋势，则存在货币政策弱效现象。由 MSVAR 模型估计结果，经济处于区制 1 时存在这一效应，即同时存在货币政策宽松和实体经济不振，并通过对资产价格和货币增速剪刀差在不同区制间作用的不对称性为流动性陷阱趋势的存在提供了论断依据。本部分通过以利率为门限变量建立门限回归模型，考察当货币增速剪刀差与资产价格增速之间的作用是否存在利率的门限效应，在加入利率水平的条件下进一步讨论流动性陷阱风险的存在性。

1. 门限效应检验

在加入 int 变量并选择该变量为门限变量后，对建立的模型进行 Bai - Perron（2003）结构突变检验，根据检验结果拒绝了无断点与 1 个断点、1 个断点与 2 个断点差异显著为 0 的原假设，判断当利率作为门限变量时，样本期内的货币增速剪刀差序列存在两个结构突变点，即根据利率值的不同，资产价格与货币增速剪刀差之间的作用存在非线性特征，并可划分为低利率、正常利率和高利率三个区制。

2. 门限回归模型的估计结果及残差诊断

表 3 中列出了不考虑门限效应的线性回归估计结果及根据利率划分的不同区制的门限回归结果。由 R^2 的值来看，门限回归模型的拟合效果远好于经典线性回归模型，证明货币增速剪刀差与资产价格及相关变量的作用确实存在非线性特征。

分析门限回归模型的系数估计结果，在低利率状态下，房地产价格增长及股票价格增长均同货币增速剪刀差的扩大呈正相关，且系数绝对值高于正常利率状态和高利率状态，即低利率状态下，资产价格与货币增速剪刀差的正向关联更明显，同 2015 年后多轮降准降息下房地产等资本市场活跃，货币增速剪刀差持续扩大的现象相一致。同时，低利率状态下，利率同货币增速剪刀差呈负相关，其系数 -1.888 绝对值低于正常利率状态下的 -5.074（见表 3），表明低利率状态下降低利率，会使货币增速剪刀差进一步扩大，但此时货币政策进一步宽松带来的货币增速剪刀差扩大要小于正常利率状态，即由金融机构到广义货币派生这一货币政策传导环节的畅通性有所下降，一定程度上说明了假如采取零利率甚至负利率政策，对经济的刺激作用将十分有限。就价格型货币政策即利率走势的不确定性而言，低利率和高利率下对货币增速剪刀差的影响明显弱于正常利率状态，推测原因为低利率和高利率状态下货币政策宽松和紧缩的空间有限，故影响不及政策利率状态强烈。但低利率状态下 GDP 增长率变量的系数为负，说明利率水平偏低时，经济增长速度偏低与货币增速剪刀差走高偏向于同时出现，这一结果符合 2015 年第二季度后，由于经济处于转型期，存在较大下行压力，企业信贷需求弱于居民部门，宽松的货币政策对企业部门投资刺激有限，出现了一定的流动性陷阱风险。

表 3 门限回归模型的估计结果

	OLS 模型	低利率状态	正常利率状态	高利率状态
		int < 0.018	0.018 ≤ int < 0.026	0.026 ≤ int
cpi	-0.197	2.507	0.163	-0.452
gdp	1.421	-0.674	0.896	1.852
hpgr	-0.011	0.305	-0.080	0.030
spgr	0.055	0.155	0.139	0.040
int	-0.279	-1.888	-5.074	0.020
ucint	-1.401	-1.536	-25.620	0.169
ucm2	-0.315	0.038	-0.258	-0.273
c	-0.048	0.009	0.063	-0.092
观测数比例	100%	15%	43.75%	41.25%
R^2	0.256	0.705		

图 4 给出了样本区间内低利率、正常利率和高利率时段的划分，可见 2015 年第三、第四季度出现了利率略低于门限值 0.018 的情况，随后有所回升。该段时间尽管利率低位运行，距离流动性陷阱假说零利率的条件仍有一定的差距，遑论 2016 年第一季度后利率水平有所回升。但由表 3 的门限回归结果看，利率低位运行，资产价格与货币增速剪刀差作用加剧明显，代表资金活化度的货币增速剪刀差又与 GDP 增速呈逆向关联，说明 2016 年后经济虽未陷入流动性陷阱，但流动性陷阱的风险仍然需要注意。

图 5 为门限回归模型的参数稳定性残差累积和检验，可以看出残差累积和未超出 5% 的显著性水平临界线，表明方程参数是稳定的，估计结果可用

于分析其经济意义。

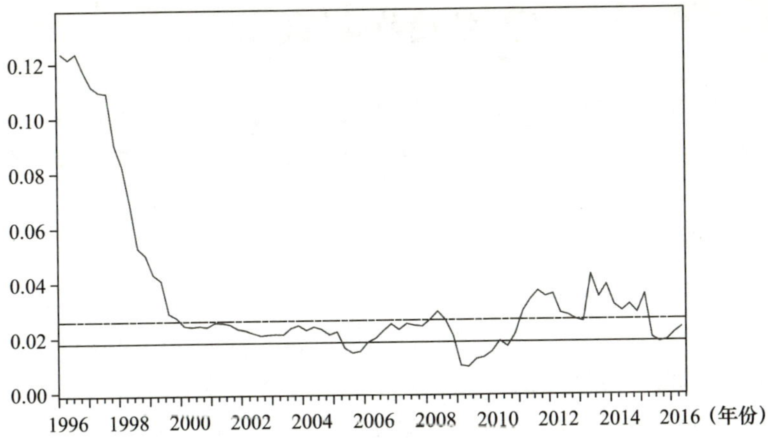

图4　利率的区制划分情况（1996Q1～2016Q2）

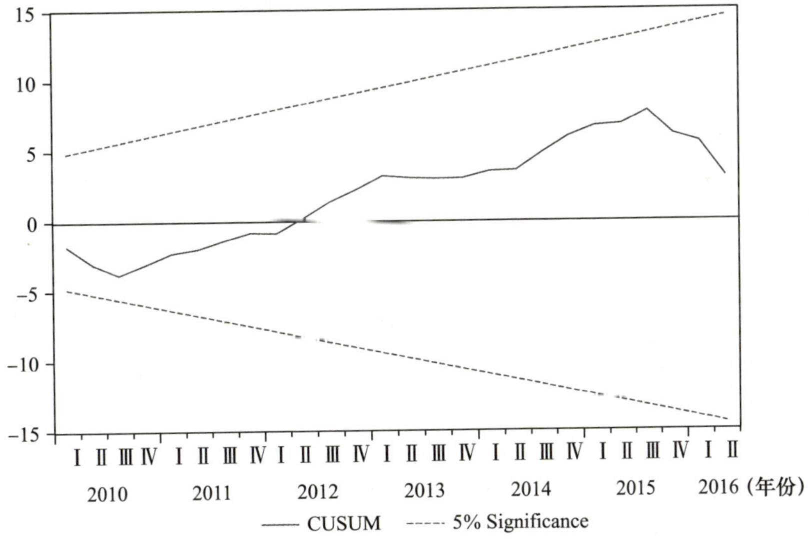

图5　模型参数的稳定性检验：残差累积和

五、结论及政策建议

从2015年10月开始，M2与M1同比增速之差开始由正转负，并出现明显的差距持续扩大趋势。出于对这一现象背后深层原因的思考，本文在论述了货币增速剪刀差与资产价格相互作用机制的基础上，提出了经济存在流动性风险时货币增速剪刀差与股票价格和房地产价格之间的联动相比常态时更加明显的假定，并引入CPI、货币政策不确定性等控制变量建立了马尔科夫区制转移模型对该假定进行实证检验。结果表明，二者之间的相互作用存在区制性特征，在货币政策宽松但经济下行的区制内确实存在货币增速剪刀差与资产价格之间作用加强的现象。为进一步验证该结果，引入名义利率变量并将其作为门限变量建立门限回归模型，经过Bai－Perron检验将样本划分为利率低于0.018的低利率区间、处于0.018和0.026之间的中等利率区间和高于0.026的高利率区间。结果表明，低利率状态下，资产价格与货币增速剪刀差的正向关联更明显。此时，如果降低利率，会使货币增速剪刀差进一步扩大，但货币政策进一步宽松带来的货币增速剪刀差扩大要小于正常利率状态，一定程度上说明了货币政策宽松空间缩窄。假如采取零利率甚至负利率政策，对经济的刺激作用将十分有限，并且利率水平偏低时，经济增长速度偏低与货币增速剪刀差走高偏向于同时出现，这一结果符合2015年第二季度后，由于经济处于转型期，存在较大下行压力，企业信贷需求弱于居民部门，宽松的货币政策对企业部门投资刺激有限的事实，表明经济出现了一定的流动性陷阱特征。利率低位运行，虽未达到出现流动性陷阱的零利率条件，但资产价格与货币增速剪刀差作用加剧明显，代表资金活化度的货币增速剪刀差又与GDP增速呈逆向关联，表明2016年后经济虽未陷入流动性陷阱，但流动性陷阱的风险仍然需要注意。

本文在理论方面做出的创新性贡献如下：一是在研究货币增速剪刀差与资产价格及相关变量的联动时考虑了作用机制的非对称性，采用马尔科夫区制转移和门限回归方法识别二者作用的非线性特征；二是通过货币增速剪刀差与资产价格相互作用的非线性特征而非直接检验货币政策有效性讨论流动性陷阱风险的存在性；三是将货币结构引入了与资产价格相关性的讨论，通过对货币流向和资产价格泡沫相关性的分析为政策的制定及实施提供参考。

货币供应量增加会导致价格的上升，但货币的具体流向决定了推升的是资产价格还是商品价格。当增加的货币供应没能进入实体经济，而是在股票市场、房地产市场等进行投机行为，就会使资产价格上升并趋于泡沫化，而未对经济增长和物价上升起到推动作用。此时货币政策宽松，流动性不能同需求相符，就会产生资金“脱实入虚”的问题。根据本文的实证结果，当前经济虽未落入流动性陷阱，但存在低利率下货币政策空间收窄、有效性降低的风险。关于化解此种风险，基于本轮货币增速剪刀差扩大的原因，本文提出两点政策建议：一是货币政策方面，由于货币本身并不能带来需求，特别是在经济下行的周期里，货币政策应与需求相配合，以避免货币超量投放引起资产价格泡沫同货币增速剪刀差相互强化机制的形成；二是财政政策方面，由于货币政策有效而有限，需要配合积极的财政政策来实现稳增长调结构的目标，如减轻企业赋税、适当提高财政赤字率等，刺激公共需求以弥补私人部门需求的低迷；三是加强资本市场管制，积极应对过去为稳增长而累积的各类资产泡沫及超发的货币，防范危机的爆发。综上，将财政政策和货币政策相配合，才能提振民间投资信心，促进货币结构合理化，使资金更多地流向实体经济，避免资产价格泡沫和流动性陷阱的发生。

参考文献

［1］Bai Jushan and Pierre Perron. Computation and Analysis of Multiple Structural Change Models［J］. Journal of Applied Econometrics, 2003（6）: 72－78.

［2］Baum, C. F., M. Caglayan, N. Ozkan and O. Talavera. The Impact of Macroeconomic Uncertainty on Non－Financial Firm' s Demand for Liquidity［J］. Review of Financial Economics, 2006, 15（4）: 289－304.

［3］Byrne, J. P. and E. P. Davis. Investment and Uncertainty in the G7［J］. Review of World Economics, 2005, 141（1）: 1－32.

［4］Fuhrer, J. C. and Brian, F. M. Monetary Policy when Interest Rates are Bounded at Zero［J］. Review of Economics and Statistics, 1997（79）: 573－585.

［5］Hamilton, J. D. A New Approach to the Economic Analysis of Non－stationary Time Series and the Business Cycle［J］. Econometrica, 1989, 57（2）: 357－384.

［6］Hansen, B. E. Sample Splitting and Threshold Estimation［J］. Econometrica, 2000（68）: 575－603.

[7] Hansen, B. E. Threshold Effects in Non – Dynamic Panels: Estimation, Testing, and Inference [J]. Journal of Econometrics, 1999 (93): 345 – 386.

[8] Hansen, B. E. Inference when a Nuisance Parameter is not Identified under the Null Hypothesis [J]. Econometrica, 1996 (64): 413 – 430.

[9] Koivu, T. Has the Chinese Economy Become More Sensitive to Interest Rates? — Studying Credit Demand in China [J]. China Economic Review, 2009, 20 (3): 455 – 470.

[10] Leahy, J. V. and T. M. Whited. The Effect of Uncertainty on Investment: Some Stylized Facts [J]. Journal of Money, Credit, and Banking, 1996, 28 (1): 64 – 83.

[11] Sims, C. A. Macroeconomics and Reality [J]. Econometrica, 1980, 48 (1): 1 – 48.

[12] Tong, H. Threshold Models in Non – Linear Time Series Analysis [D]. Spring – Verlag, New York, 2000.

[13] 陈丰. 金融危机下中国货币政策是否陷入流动性陷阱——基于货币政策非对称性的实证研究 [J]. 经济学动态, 2010 (5): 58 – 64.

[14] 陈湛匀. 由"流动性陷阱"看我国利率杠杆的运用 [J]. 经济研究, 2001 (2): 38 – 42, 92.

[15] 范立夫, 张捷. 货币增速剪刀差与 CPI 相关性的实证研究 [J]. 财经问题研究, 2011 (6): 57 – 62.

[16] 刘超, 张慧敏. 货币增速剪刀差与股票价格波动的相关性实证研究——基于结构突变视角 [J]. 天津大学学报 (社会科学版), 2015, 3 (17): 232 – 238.

[17] 刘海影. 中国经济未来不确定性的主要来源 [J]. 中国对外贸易, 2013 (12): 55.

[18] 刘金全. 货币政策作用的有效性和非对称性研究 [J]. 管理世界, 2002 (3): 43 – 59.

[19] 刘金全, 张营. 我国名义利率调整机制与货币政策"流动性陷阱"检验[J]. 河北经贸大学学报, 2009, 30 (2): 63 – 66.

[20] 刘艺. M1 与 M2 增速差和 PPI 的动态相关性研究——基于 VAR 模型的实证检验 [J]. 当代经济, 2014 (17): 134 – 137.

[21] 卢艳茹. 货币政策对股票价格影响的实证分析 [J]. 时代金融, 2008 (5): 44 – 46.

[22] 任碧云. 改革开放后中国历次 M2 和 M1 增速剪刀差逆向扩大现象分析 [J]. 财贸经济, 2010 (1): 23 – 28, 120.

[23] 史欣沂. 货币增速剪刀差与宏观经济的关系 [D]. 东北财经大学博士学位论文, 2013.

[24] 张雷. 货币供应周期对股市波动周期影响的实证研究 [J]. 中国证券期货,

2012（2）：19－21.

［25］张小宇，刘金全．货币政策、产出冲击对房地产市场影响机制——基于经济发展新常态时期的分析［J］．中国工业经济，2015（12）：20－35.

［26］赵昕东，陈飞，高铁梅．我国货币政策工具变量效应的实证分析［J］．数量经济技术经济研究，2002（7）：103－106.

人民币汇率可预测性的实证研究

——基于实时数据与非对称泰勒规则模型

兰 盈[1] 贾尚晖[2]
（1. 中央财经大学金融学院，北京
2. 中央财经大学统计与数学学院，北京）

一、研究背景及意义

自从布雷顿森林体系瓦解之后，许多国家和经济体启用了浮动汇率制度，汇率预测方面的研究逐渐兴起。在过去数十年的研究中，许多学者尝试通过经济基本面构建汇率预测模型。然而货币模型的样本外汇率预测效果遭到许多质疑。比如 Meese 和 Rogoff（1983）发现，在实证中，宏观经济模型对预测的样本外预测能力并不优于随机游走模型。Clarida、Gali 和 Gertler（1998）发现，泰勒规则不能提高汇率的样本外预测精度，Chin 和 Pascual（2005）检验了利率平价模型、货币模型和生产率模型对汇率的样本外预测能力，也支持了 Meese 的结论。

然而，以上的实证研究成果均是基于历史数据得出的，对于汇率市场参与者与政策制定当局来说，运用他们在当期能够获得的实时数据进行预测才更具有价值。若预测者在时刻 T（T > t）对时刻 t 的汇率进行预测，在 T 时刻获得的数据或已经过了修改更新，得到的预测值有可能与在 t 时刻所能获得的数据算出的预测值存在偏差。

在汇率研究中最早引入实时数据的是 Faust、Rogers 和 Wright（2003），他们发现实时数据构建的货币模型能更好地对汇率变动进行捕捉。Molodtsova、Nikolsko 和 Papell（2008）发现，基于泰勒规则构造的实时数据模型能够对德国马克进行短期预测，但充分修改后的事后数据则不存在预测能力。Molodtsova、Nikolsko 和 Papell（2012）采用非对称泰勒规则模型，发现其考察的 10 个 OECD 成员国中，有 6 个成员国的汇率能够被模型预测。

由于实时非对称性泰勒规则模型在实证中被证明对多国货币具有预测能力，而该方法是否适用于人民币汇率短期预测的相关研究匮乏。因此本文的研究目的在于，结合 Engel、Mark 和 West（2007）提出的固定系数泰勒规则模型以及 Molodtsova、Nikolsko 和 Ince（2012）提出的非对称泰勒规则模型，使用实时数据进行建模，检验人民币汇率短期样本外可预测性。

二、泰勒规则理论模型设定

本文采用 Molodtsova（2012）的设定，汇率的预测回归方程为：

$$s_{it+k} - s_{it} = \beta_k z_{it} + \varepsilon_{it} \tag{1}$$

式中，$z_{it} = f_{it} - s_{it}$。在预测回归方程中，s_{it}表示国家 i 在 t 时刻名义汇率的自然对数，名义汇率数据采用美元标价法。z 表示名义汇率相对其均衡价值的偏离，f 表示根据泰勒规则计算的汇率基本面。k 表示预测期间，本文取 k = 1 进行短期汇率预测。ε_{it}为回归的误差项。

当一国央行根据泰勒规则设置其利率水平，汇率水平与泰勒规则基本面之间的关系就可以被检测到。根据 Taylor（1993）提出的规则，中央银行设置的货币政策目标如下：

$$i_t^* = \pi_t + \phi(\pi_t - \pi^*) + \gamma y_t^g + \gamma^* \tag{2}$$

式中，i_t^* 表示中央银行设置的短期目标利率水平；π_t表示该国的通货膨胀率，π^*表示目标通货膨胀水平；y_t^g表示产出缺口，即一国的实际产出相对于其潜在产出水平的偏离比例；γ^*表示实际利率的均衡水平。本文假设在考察期间内一国已经实现了其短期目标利率，因此不考虑实际名义利率与目标利率的差别。

在式（2）中，π_*和γ^*可以合并为常量 $\mu = \gamma^* - \phi\pi^*$，这样可以得到式（3）：

$$i_t^* = \mu + \lambda\pi_t + \gamma y_t^g \tag{3}$$

式中，$\lambda = 1 + \phi$。若一国央行根据一阶定律设置汇率水平，即可将式

(3) 改写成式 (4):

$$i_t^* = \mu + \lambda \pi_t + \gamma y_t^g + \delta q_t \quad (4)$$

式中，q_t 表示实际汇率。泰勒规则假设，在一阶定律下，一国货币贬值（升值），央行则提高（降低）名义汇率。由于本文假设一国在考察期间内实现其目标利率水平，则可得式（5），i_t表示名义汇率：

$$i_t = u + \lambda \pi_t + \gamma y_t^g + \delta q_t \quad (5)$$

由于本文所研究的汇率以美元标价法表示，因此将美国设置为对照国家，并将其下标设置为“o”。一国与美国的泰勒规则等式之差为：

$$i_{ot} - i_{it} = \lambda(\pi_{ot} - \pi_{it}) + \gamma(y_{ot}^g - y_{it}^g) + \delta(s_{it} + p_{it} - p_{ot}) + s_{it} \quad (6)$$

根据利率平价条件 $E_t s_{it+1} = i_{ot} - i_{it} + s_{it}$，一国与美国的利率差等于名义利率变动的期望，因此可得式（7）。Molodtsova 和 Papell（2009）将式（7）称为“同质非对称性泰勒规则”。同时，他们运用迭代回归方法估计了参数 λ 与 γ。

$$E_t s_{it+1} = \lambda (\pi_{ot} - \pi_{it}) + \gamma (y_{ot}^g - y_{it}^g) + \delta (s_{it} + p_{it} - p_{ot}) + s_{it} \quad (7)$$

Engel、Mark 和 West（2007）进一步完善了上面的模型。他们发现上述的泰勒规则模型具有固定的系数，并测定出 $\lambda = 1.5$，$\gamma = 0.1$ 以及 $\delta = 0.1$。这样，在泰勒规则基础上的汇率预测公式可以写成下面的形式：

$$f_t = 1.5(\pi_{ot} - \pi_{it}) + 0.1(y_{ot}^g - y_{it}^g) + 0.1(s_{it} + p_{it} - p_{ot}) + s_{it} \quad (8)$$

根据先前的实证研究结果，短期内利率平价条件不成立。因此对式（8）进行误差修正，得到的汇率预测方程如式（9）所示，将式（9）称为“泰勒规则差分模型”。本文令 $k = 1$，进行短期样本外预测。

$$E_t s_{it+k} - s_{it} = \beta_k(f_{it} - s_{it}) \quad (9)$$

三、数据描述

本文选取数据的观测值为1999年1月~2016年7月，频率为月度数据，涉及的变量分别为：消费者价格指数（Consumer Price Index，记为 p），选取月度同比数据，用来衡量一个国家的价格水平；通货膨胀率（Inflation Rate，记为π），本文的通货膨胀率为使用 CPI 计算的年度比率，具体方法为通过三项移动平均计算季度 CPI 指数，然后计算季度通货膨胀率；工业生产指数（Index of Industrial Production，记为 IP），作为一国实际产出的代理变量，OECD 实时数据库发布世界上主要国家的工业生产指数；产出缺口（Output Gap，记为 y^g）通过实际产出与 Hodrick - Prescott（1997）（HP）趋势项的偏离比例计算，本文运用单边滤波方法获得 HP 趋势项；名义汇率（Nominal Exchange Rate，记为 s），定义为每个月月末以美元标价法表示的名义汇率，本文将名义汇率进行自然对数处理。

本文选取的数据为实时数据（Real - Time Data），下面对实时数据的概念进行简单介绍。实时数据拥有三个维度：变量、观测时点和“特定时点”。“特定时点”数据（Vintagc Data）表示在当前的时点下可获得的数据。实时数据集的每行表示一个观测，每一列表示一个“特定时点”，在不同“特定时点”下，可获得的观测值有两方面的不同之处，第一在于可获取的观测值数量不同，第二在于数据可能经过修改更新。比如，美国工业生产指数变量，在第一个“特定时点”2001 年 1 月，可获得的观测值时间段为 1999 年 1 月 ~2000 年 10 月，共 22 个观测值；在最新的“特定时点”2016 年 7 月下，可获得的观测值时段为 1999 年 1 月 ~2016 年 7 月，共 211 个观测值。

另外，最终数据（Ex - post data）表示在最新的“特定时点”下可获得的数据，最终数据包含了每个“特定时点”的信息，因此最终数据已经过充分的修改和更新，并且拥有最多的观测值。首次发布数据（First - released Data）为数据发布当局第一次为某个时点发布的指标值，该数据往往会在首次发布之后进行修改和更新。

本文所收集的实时数据来自网站 ALFRED、Philadelphia 以及 OECD 提供的实时数据库，上述数据库提供了 OECD 成员国的多个宏观经济指标的实时数据，也提供非 OECD 国家包括中国少数关键宏观经济指标实时数据。本文选取的“特定时点”（Vintage）为 2001 年 1 月 ~2016 年 7 月，共 187 个“特定时点”。

中国国家统计局不对 CPI 数据进行事后修改，美国数据发布机构也很少对 CPI 数据修改，因此每个“特定时点”中 CPI 数据仅在观测值数量上存在差异。

人民币名义汇率在首次发布后，将在下一期“特定时点”进行修改，并在之后的期间一直采用相同的修改值。表 1 为 2015 年人民币汇率首次发布后存在修改的月份以及修改幅度。

表1 2015年人民币汇率修改情况

发布时点	调整幅度（%）
2015年1月	0.2176
2015年5月	0.0839
2015年8月	0.0951
2015年10月	-0.0850
2015年12月	0.9517

OECD数据库不对中国工业生产指数进行事后修改，但对美国数据则进行较大幅度的修改。图1为2014年1月的美国工业生产指数（基期已在2013年进行调整，因此2014年之后的指数基期不变），“特定时点”为2014年1月~2016年7月，可以看出调整的幅度和趋势。

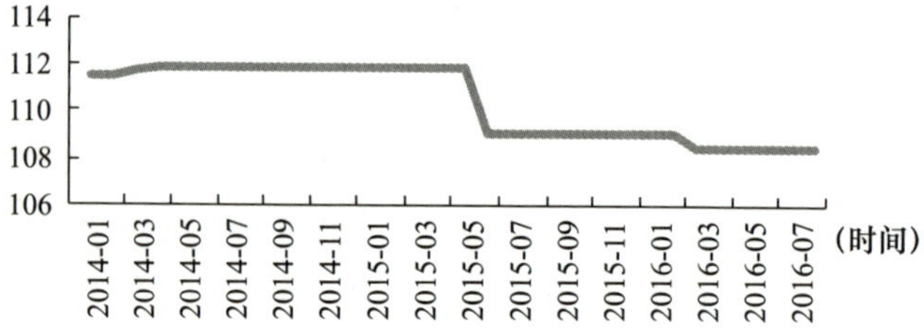

图1 美国工业生产指数修改情况

四、样本外预测实验设计

本文将人民币汇率向前一步预测作为短期样本外预测的代表。向前一步预测的具体的预测方法为，假设“特定时点”v中有n个观测值，使用这n个观测值建立回归预测模型，用下一个“特定时点”v+1中的第n+1个观测值作为预测对象，这个观测值即为“首次发布数据”。根据实证理论和实证证据表明，“首次发布数据”是衡量样本外预测能力的合理预测时点。将上述程序循环，可以得到187个预测误差值。

为了考察泰勒规则模型的相对预测效果，本文选取随机游走模型作为基准模型。随机游走模型如式（10）与式（11）所示。为了比较泰勒规则模型和随机游走模型的预测效果，本文将泰勒规则模型的预测误差衡量指标与随机游走模型的指标相除，通过相对比例的大小考察相对预测效果。

不带漂移项的随机游走：

$$\Delta\hat{y}_{it+1} = 0 \tag{10}$$

带漂移项的随机游走：

$$\Delta\hat{y}_{it+1} = \hat{\alpha}_{it} \tag{11}$$

本文采用的衡量模型总体预测精度的指标为均方预测误差（Mean square forecast error，记为 MSFE），MSFE 越小，表示模型的预测效果越好。

$$MSFE = \frac{1}{\tau\sum_{t=1}^{\tau}(\hat{y}_t - y_t)^2} \tag{12}$$

五、实证结果

由于非对称泰勒规则预测模型的预测对象是汇率的一阶变动情况，因此在实证分析时需首先考察在观测期内人民币汇率的一阶变动情况。图 2 是在最新的“特定时点”下人民币汇率的一阶变动趋势图。如图 2 所示，人民币汇率在 2005 年 5 月之前非常稳定，波动幅度趋于 0，在 2005 年 7 月之后开始呈现较大幅度的波动，但总体围绕均值 0 上下变动，不存在明显的趋势项。因此，本文使用不带趋势项的随机游走模型作为基准模型，计算相对预测误差比例和相对 MSFE 比例。

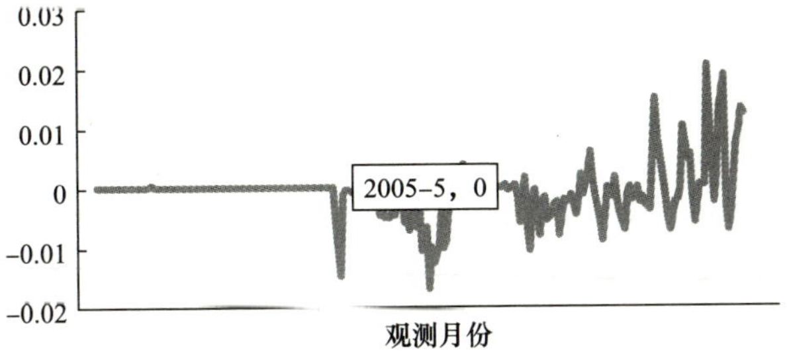

图 2　人民币汇率一阶变动趋势图

图3为“特定时点”在2005年10月之前实时数据模型的预测效果图。纵轴表示线性模型相对于基准模型的预测误差比例。很明显，预测误差比例均大于1，说明在2005年10月以及之前获得的实时数据构造的泰勒规则模型不具有样本外预测能力，泰勒规则的样本外预测效果不如一个常数，在这个时间段内，人民币汇率不适用于非对称泰勒规则模型。但结合表2看，实时数据相较于最终数据依然具有很强的预测优势。

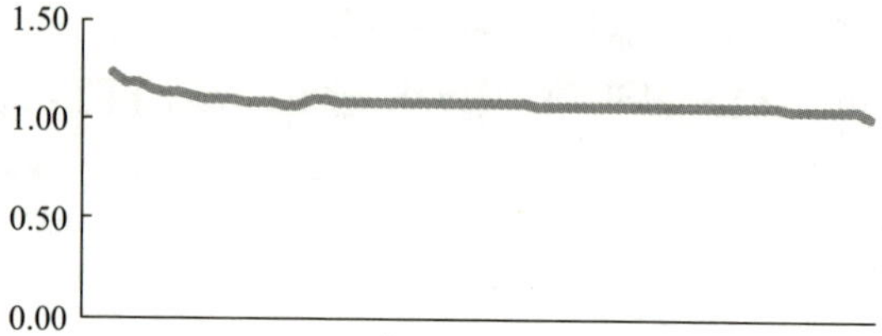

图3 2001年1月~2015年10月实时预测误差比例

图4为“特定时点”在2005年11月~2016年7月的实时数据模型的预测效果图。可以看出预测误差比例皆在1之下，表明在这些时点的实时数据泰勒规则模型相对于基准模型具有预测优势。其中2008年8月获得的实时数据具有最好的预测效果，预测误差比例达到0.53，相较随机游走改进了47%。

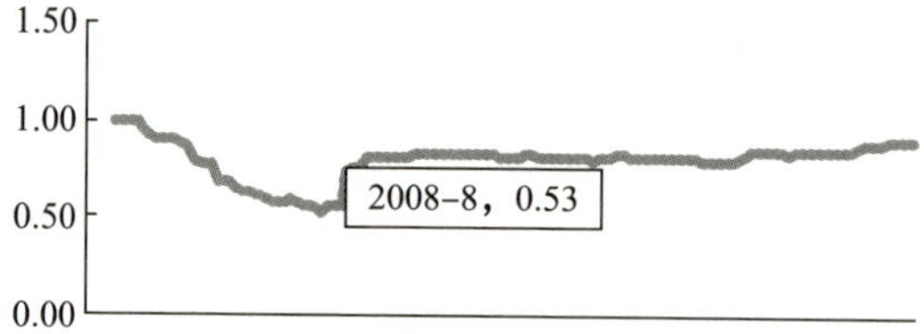

图4 2005年11月~2016年7月实时预测误差比例

在这个时段中，如表2所示，实时数据泰勒规则模型的MSFE为1.01E-06，随机游走的MSFE为1.25E-06，相对比例为0.8，泰勒规则模型显示出一定的样本外预测优势，但仅仅改进了20%，改进程度有限。

然后进行实时数据和最终数据的样本外预测效果比较。根据表2，运用最终数据构造的预测模型，不论是泰勒规则模型还是随机游走模型，分时段还是全样本，样本外预测能力均远不如实时数据模型。因此，实时数据相较最终数据对人民币汇率具有明显的短期样本外预测优势。

表2　模型预测效果

时段	指标	MSFE	
		线性模型	随机游走模型
2005年10月之前	实时数据	6.71E-08	6.56E-08
	最终数据	3.47E-06	3.42E-06
	MSFE比例	0.02	0.02
2005年11月~2016年7月	实时数据	1.01E-05	1.25E-05
	最终数据	1.88E-05	2.10E-05
	MSFE比例	0.53	0.60
所有时点	实时数据	6.94E-06	8.65E-06
	最终数据	1.88E-05	1.25E-05
	MSFE比例	0.37	0.69

六、结论

实时数据表示每个“特定时点”下市场参与者能够获取的数据，在以往的实证研究中被证明了具有样本外预测优势。而实时数据结合泰勒规则汇率模型也被证明对多个国家的汇率具有预测优势。但人民币汇率能否通过上述方法进行短期预测并无相关研究。因此，本文收集了2001年1月~2016年7月共187个“特定时点”下中国与美国的实时数据集，构造了固定系数非对称泰勒规则汇率模型，检验了非对称泰勒规则是否对人民币汇率具有短期样本外预测效果。

本文的实证结果表明：第一，实时数据相对于最终数据具有明显的样本外预测优势，这一点即使在2005年5月之前人民币汇率保持平稳、泰勒规则对人民币不适用的情况下依然成立，实时数据的随机游走模型相较于最终数据具有样本外预测优势。第二，在2005年之后，非对称泰勒规则模型对人民币汇率短期波动具有样本外预测能力，表明非对称性的泰勒规则可以解释2006年开始人民币汇率短期波动情况。但相比于随机游走模型，这种样本外预测优势有限，因此非对称泰勒规则模型对人民币汇率的解释能力存在局限，仅参照泰勒规则解释人民币汇率短期波动将会造成偏误。

参考文献

[1] Clarida, Richard, Jordi Gali and Mark Gertler. Monetary Policy Rules in Practice: Some International Evidence [J]. European Economic Review, 1998 (42): 1033 - 1067.

[2] Engel, Charles, Nelson C. Mark, and Kenneth D. West. Exchange Rate Models Are Not As Bad As You Think [J]. NBER Macroeconomics Annual, 2007 (1): 7 - 14.

[3] Engel, Charles and Kenneth D. West. Taylor Rules and the Deutschmark - Dollar Real Exchange Rate [J]. Journal of Money, Credit and Banking, 2006 (38): 1175 - 1194.

[4] Engel, Charles and Kenneth D. West. Exchange Rate and Fundamentals [J]. Journal of Political Economy, 2005 (133): 485 - 517.

[5] Faust, Jon, Johnathan H. Wright. Exchange Rate Forecasting: The Errors We' ve Really Made [J]. Journal of International Economics, 2003 (60): 35 - 59.

[6] Mark, Nelson. Exchange Rate and Fundamentals: Evidence on Long - Horizon Predictability [J]. American Economic Review, 1995 (85): 201 - 218.

[7] Meese, Richard A. and Kenneth Rogoff. Empirical Exchange Rate Models of the Seventies: Do They Fit Out of Sample? [J]. Journal of International Economics, 1983 (14): 3 - 24.

[8] Molodtsova, Tanya and David H. Papell. Exchange Rate Predictability with Taylor Rule Fundamentals [J]. Journal of International Economics, 2009 (77): 167 - 180.

[9] Molodtsova, Tanya, Alex Nikolsko and David H. Papell. Taylor Rules with Real - Time Data: A Tale of Two Countries and One Exchange Rate [J]. Journal of Monetary Economics, 2008 (55): S64 - S79.

[10] Molodtsova, Tanya and Onur Ince. Real - Time Exchange Rate Predictability with Taylor Rule Fundamentals [J]. Journal of International Economics, 2012 (77): 167 - 180.

[11] 郑挺国，王霞．中国产出缺口的实时估计及其可靠性研究 [J]．经济研究，2010 (10)．

[12] 郑挺国，王霞．泰勒规则的实时分析及其在我国货币政策中的适用性 [J]．金融研究，2011 (8)．

[13] 郑挺国，刘金全．区制转移形式的“泰勒规则”及其在中国货币政策中的应用 [J]．经济研究，2010 (3)．

中国股市跨界风险的传递路径与防范方案研究

——基于“主体控制、三位一体”的风险防范体系设计

卢宗辉 张立超 李延朋 贺东伟
（国信证券股份有限公司）

一、引言

2015年6月至今，A股市场经历了数轮剧烈的波动，成为全球关注的焦点之一，诱发了全球投资者对股市下跌的担忧。对中国而言，股票市场的健康发展不但对于改善实体经济融资环境、降低企业融资成本具有重要意义，而且承担了中国当前改革转型的重任。对于2015年的股市异常波动来说，现阶段不仅股市自身的价格波动具有深刻的经济原因，股市风险的传播也具有了前所未有的新特征，面临着风险跨界传播的新趋势。在目前互联网经济和混业经营的背景下，股市跨界风险是股市风险在互联网金融和混业通道业务基础上产生的风险外溢，并由此引发的金融系统性风险和经济运行风险。上述这些跨界风险的积累，使得资金得以突破分业经营的隔离墙，获得跨行业、跨国界流动的新途径，投资者拥有了更丰富、更便捷的杠杆融资通道，使股市上涨情况下的投资杠杆以更快的速度增加，并

［作者简介］卢宗辉，男，经济学博士，副研究员，国信证券股份有限公司研究总监；张立超，男，管理学博士，国信证券博士后工作站在站博士后；李延朋，男，经济学博士，国信证券博士后工作站在站博士后；贺东伟，男，经济学博士，国信证券博士后工作站在站博士后。

使股市下跌时期的避险压力迅速转化为巨量抛盘，进而演化为2015年中国股市的异常波动。在此背景下，本文聚焦2015年中国A股市场的异常波动，深入研究股市跨界风险的构成与生成机理，解析国内股市跨界风险的传递路径及其对银行、信托、保险、民间市场的影响，在此基础上提出中国股市跨界风险的防范方案设计，这对于维护中国股市稳定向好、提升金融监管的整体水平具有重要意义。

事实上，1987年美国股市的崩盘、2005年冰岛货币体系的崩塌、2007年越南股市暴跌，类似历史事件积累了大量的素材为研究股市跨界风险的传递，以及如何去防范金融市场的跨界风险奠定了基础。从现有的国内外研究成果看，已有的研究对股市跨界风险传递的探讨把精力放在了研究风险的跨国传递上（Eichengreen，1996）。如Baig和Goldfajn（1998）通过对1997年亚洲金融风暴的研究发现，检验了韩国、印度尼西亚、马来西亚、菲律宾和泰国金融市场之间的相关系数在危机阶段要明显大于非危机阶段，具有明显的非对冲风险传递特征。Ghoshetal（1999）利用协整模型发现美国股票市场对亚太市场有显著的影响。Soydemir（2000）研究了欧美发达国家市场和拉美国家新兴市场的风险传导机制，发现基本面因素是它们之间联动变化的决定力量。在非基本面因素方面，学者们分别从投资风格投资者的“羊群行为”、国际机构投资者调整投资组合、全球市场影响力等方面来理解跨界传递效应（Barberis和Shleifer，2003；Masih，1999；Choe、Kho和Stulz，1999；Kodres和Prisker，2002）。此外，Choudhry等（2016）探讨了美国、加拿大、日本和英国4个国家股票市场与经济周期之间的风险传递效应以及各国之间的风险传递，指出各国内股票市场与经济周期存在双向因果关系；Nishimura等（2016）利用高频数据探讨了重叠的交易时间段中国与日本股票市场的收益、风险传导效应，基于FI－APARCH和FI－EGARCH模型的标准化残差来判断中日两国市场的截面相关关系。

但是，以往研究当中针对一国内部跨界风险传递的研究则相对不多，且在研究过程中仅仅论证了不同市场之间的相互影响的关系，对传导机制虽有一定的探讨，但没有给出明确的解决方案（丁萍，2002；谢斌，2005；王俊，2011）。另外，过去的研究对股票市场与银行研究较多，忽略了股票市场与信托市场、保险市场的研究。例如，王一萱和屈文洲（2005）研究了货币市场、债券市场与股票市场的相关性，对这些市场的价格连通和资金连通进行分析。Giannellis和Papadopoulos（2016）探讨了中国工业部门与国内股票市场、美国股票市场的收益、波动溢出效应，指出中国的实体经济活动受到国内与国外金融市场的影响。Sui 和 Sun（2016）研究了金砖五国（巴西、俄罗斯、印度、中国、南非）国内股票收益、汇率、利差和美国 SP500 指数收益的动态相关关系，指出在短期内，汇率对股票收益存在显著的单向溢出效应，美国 SP500 指数收益对巴西、中国和南非的股票市场有着显著影响。因此，在目前互联网经济和混业经营的背景下，关于股市跨界风险的表现特征、传递路径、风险测算以及防范对策等方面，值得进一步探讨和研究。

二、股市跨界风险及其表现特征

股市跨界风险是股市风险在互联网金融和混业通道业务基础上产生的风险外溢，并由此引发的金融系统性风险和宏观经济运行风险。2015 年中国股市的异常波动中，受到股市跨界风险的影响，投资人拥有了更加多样的杠杆融资渠道，资金跨界聚集明显加快了牛市发酵的速度，放大了泡沫破裂的危害力度，使股市风险具备了更多的传递路径和更广的影响范围。具体来说，股市跨界风险表现为高交易量、高市盈率、高杠杆率、高波动性等特点，以及由此带来的流动性枯竭，通过资金流动的渠道，这些风险也获得了跨界传递的能力，对银行、保险、信托、民间配资等市场产生强烈冲击。

（一）特征之一：高交易量

从股市开始回暖到 2015 年 6 月异动前，沪深两市日交易额不断增加。事实上，2015 年 3 月之后，A 股日交易额大幅增加，日均交易额超过 1 万亿元，到 2015 年 6 月的时候，交易额达到顶峰，6 月日均交易额高达 1.7 万亿元，其中 5 月 25 ~27 日连续三天日交易额突破 2 万亿元。

从图 1 可以看到，日均交易量超过 1 万亿元的月份仅有 2015 年 3 月、4 月、5 月、6 月、7 月、8 月、11 月，超过 1.2 万亿元的月份只有 4 月、5 月、6 月、7 月，分别对应股市异常波动前后两个月。通过简单的对比，可以推测，日交易额超过 1 万亿元是不可持续的，而超过 2 万亿元是极少的现象。

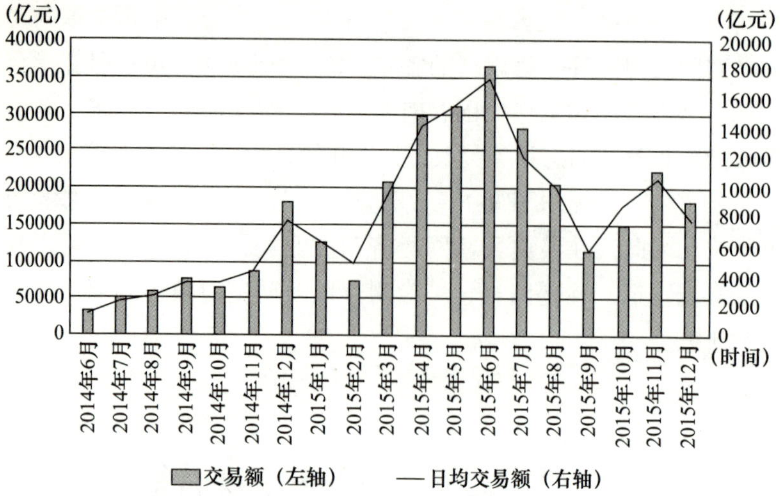

图1 2014年6月~2015年12月A股交易额

资料来源：Wind。

（二）特征之二：高市盈率

从表1市场板块估值的历史比较可以看出，深证综指在调整前（2015年6月12日）的市盈率都远超历史最高水平（2009年8月4日），市净率也非常接近历史最高水平（2007年10月16日）。中小板综的市盈率和市净率则均超过历史最高水平（2007年10月16日）。创业板综的估值则更高，远远超过中小板综的估值水平。只有上证综指的估值水平较低。

表1 市场板块估值的历史比较

	时间	上证综指	深证综指	中小板综	创业板综
市盈率（TTM）	2007年10月16日	54.12	66.96	69.28	
	2009年8月4日	34.1	67.92	50.32	
	2015年6月12日	22.98	79.22	96.75	151.13
市净率（最新）	2007年10月16日	7.04	7.61	7.9	
	2009年8月4日	3.83	4.59	5.26	
	2015年6月12日	2.77	6.71	8.03	12.71

资料来源：Wind。

从国际视野看，在调整前，创业板综的市盈率非常接近2000年互联网泡沫纳斯达克综合指数的市盈率，而市净率则高于纳斯达克综合指数的市净率。深证综指和中小板综的估值水平仅低于纳斯达克综合指数2000年互联网泡沫的估值水平，高于所有主要指数估值的历史最高水平。可见深证综指、中小板综和创业板综在暴跌前具有非常大的泡沫。只有上证综指的市盈率与一半左右的主要指数的同期市盈率相当，市净率略高，但也小于同期标准普尔500和纳斯达克综合指数的市净率。

表2 市场板块估值的国际比较

	2000年3月10日		2007年10月9日		2015年6月12日	
	市盈率	市净率	市盈率	市净率	市盈率	市净率
标准普尔500	27.85	4.75	17.52	2.98	18.46	2.85
纳斯达克综合	189.75	8.59	34.89	3.64	29.92	3.69
富时100	33.14	4.77	12.25	2.46	21.31	1.9
德国DAX30	37.08	3.48	13.63	2.02	18	1.72
法国CAC40			14.35	2.18	25.28	1.54
日经225			20.22	2	23.08	1.84
台湾加权指数		2.49	17.01	2.22	14.01	1.61
香港恒生	14.29	2.95	19	2.93	11.33	1.46
上证综指	47.91	4.97	45.57	6.23	25.9	3.03
深证综指			53.57	6.71	77.05	6.76
中小板综					93.09	7.93
创业板综					175.43	19.48
沪深300			45.77	7.04	22.57	3.13
中证500			69.13	5.71	83.88	5.96

资料来源：Bloomberg。

表3 2015年6月12日A股动态市盈率前十的股票 单位：倍

东方锆业	欣龙控股	东方银星	西部创业	华锐风电	乐通股份	S前锋	市北高新	海虹控股	高升控股
33829	33539	25186	16173	15897	15237	14827	13336	13067	7755

资料来源：Wind。

表3是沪指创新高当日A股动态市盈率前十的股票，最高的是东方锆

业33829倍。在6月12日，动态市盈率超过1万的有9只，超过1000的有121只，超过100的有1328只，占比46%。动态市盈率0以下的有345只，最低的是卓翼科技，为-148004倍。

（三）特征之三：高杠杆率

图2给出了两融成交额占总成交额的比例和两融余额占自由流通市值、流通市值和总市值的比例。从最近1年的情况看，两融成交额占总成交额的比例已经于一年前的25%左右提升至目前30%左右，最高时曾达到过40%。而两融余额占自由流通市值的比例则从4.5%左右提升至目前9%左右。如果以流通市值或总市值作为基数来看，这一比例会变小，目前分别为4%和3%，如果仅考虑融资融券标的自由流通市值，则这一比例会超过10%。

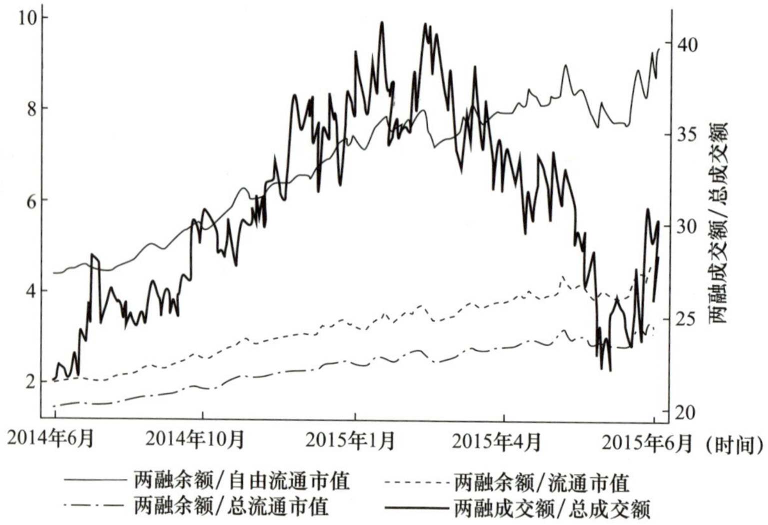

图2　两融成交额与余额占比

资料来源：Wind。

虽然从两融成交额占比看，30%的水平与两融业务发展20多年的中国台湾水平相当，但从两融余额占比看，即使我们考虑数值最低的总市值为基数两融余额占比，其目前3%的水平也远高于台湾目前1%的水平。由于中国股票市场并非全流通，因此采用自由流通市值为基数计算的两融余额占比更具有实际意义，而从这一两融余额占比的数据来看，当前中国9%的水平已经远高于台湾市场历史最高5%左右的水平。

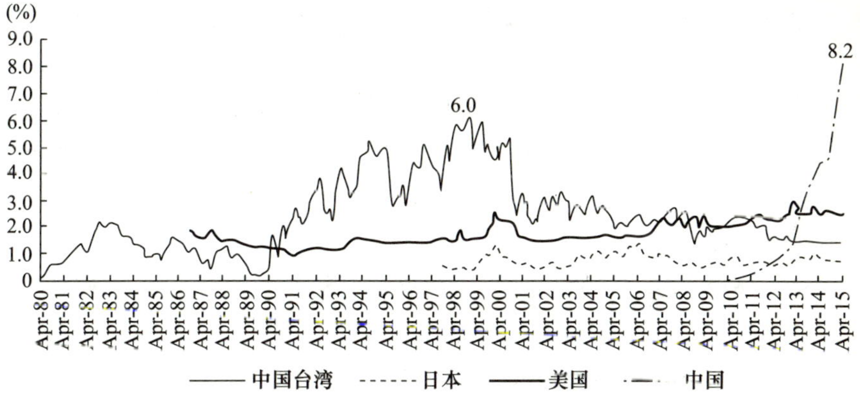

图3 股市杠杆率对比国际主要市场按流通市值计算的历史变化

资料来源：Wind，Bloomberg，Macquarie Research。

从各国杠杆率更长的历史情况来看，中国A股市场的杠杆率是非常高的，从图3可以看出中国股市杠杆率在2015年超过了8%，而对比美国、日本，20世纪80年代至今杠杆率都在3%以下，中国台湾地区在20世纪末曾出现过杠杆率接近6%的情况，但仍然小于中国2015年股市异动前期的杠杆率。融资盘涌入股市的一个典型例子要追溯到20世纪20年代，当时大量美国民众在股票的赚钱效应下融资涌入，股市呈现出一种全民癫狂的状态，1927～1929年，道琼斯工业指数翻了一倍，股市达到鼎盛，美国股市的交易额在短短的两年时间翻了一番，10%的保证金交易是当时美国出现投机热潮的一个重要基础，通过杠杆使得盈利成倍放大。

（四）特征之四：高波动性

高交易量、高市盈率和高杠杆率的运行特征为股市带来巨大的风险，首当其冲的是由高市盈率带来的剧烈波动风险。由于经济增长的下滑，企业盈利能力并没有很大改观，因此高市盈率所带来的高估值短期内并不能够通过高成长来消化，当资金退潮之后，只能通过股价下跌来降低估值。一般来说，股市的波动风险可以用两种方法衡量。从统计的角度看，在一定的分布函数基础上，一般以95%的置信区间认为具体价格的数据是符合价格波动分布函数的，在此置信区间之外，则认为价格偏离了其合理的价值区间。但由于分布函数中均值和方差的计算存在困难，统计方法并不适用。另一种方法则相对直观，如果股价在较短的时期内上涨或下降幅度过大，就可以认为存在价格偏离价值的风险。2014年11月17日，A股大盘收于2474.01点，在7个月的时间内，在没有任何实体经济繁荣现象的支撑下，急速上涨到2015年6月12日的5178.19点，平均月增长率达到11.13%；尔后屡次出现"千股跌停"的现象，截至2015年7月8日国家出台措施稳定股市之前，在17个交易日内，跌至3507.19点，跌幅达到32.27%，屡屡出现"千股跌停"的现象。这种波动幅度之大、速度之快，2015年中国股市"千股跌停、千股停牌、千股涨停"这一现象在A股市场前所未有，可谓是世界罕见。

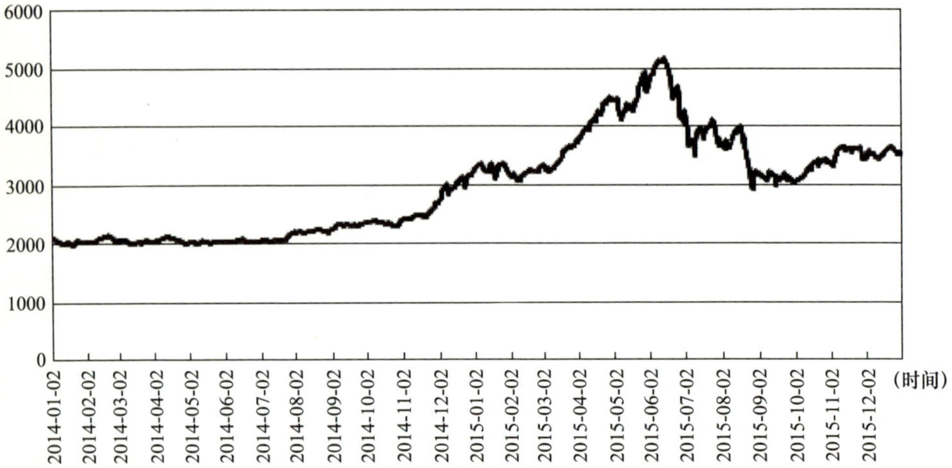

图4 上证指数的剧烈波动

资料来源：Wind。

（五）特征之五：流动性枯竭

在股市剧烈波动之下，高换手率和高杠杆率会造成流动性枯竭的后果。其一，高的换手率和高交易量意味着投资者对未来股价的分歧较大，一旦形成下跌预期，高换手率必然不能长久，并且，市场异动前期如此高的交易量无法持续，那么股价一旦下跌，就会出现流动性丧失的局面——无人接盘。其二，高杠杆率对于股价下跌的承受能力更脆弱，并且会加剧股价的下降螺旋，造成个股流动性和市场流动性的丧失。

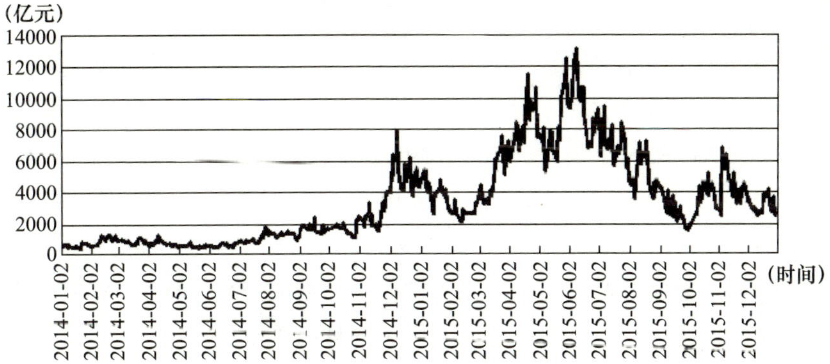

图 5　上证股市交易量的剧烈波动

资料来源：Wind。

流动性枯竭的风险在 2015 年股市异常波动中表现得淋漓尽致。在股市下跌的拐点出现后，交易量从较高的水平持续萎缩，2016 年 8 月 6 日达到 3575 亿元的阶段性低点。交易量的剧烈下降之所以出现，是因为市值剧烈下降的过程中，个股普遍地触及了跌停板，限制了交易的进行。在资金跨界流动的情形下，股市中聚集了大量的银行资金、证券公司自有资金和民间融资平台的资金，交易量的瞬间枯竭，一方面造成金融机构的流动性瞬间丧失，极易导致公司经营在短期融资市场陷入困境，引发财务危机；另一方面导致民间 P2P 融资平台的资金链断裂，引发社会不安定因素。短期流动性一直是金融系统的阿喀琉斯之踵，直到国家动用巨额资金入市，才使交易量重新回到 5000 亿元的水平，消除了系统性金融危机爆发的风险。

三、股市跨界风险带来的冲击及传递路径

回顾 2015 年的股市异常波动，市值波动之快，泡沫破灭之后影响范围之广是前所未有的。从具体的业务形态看，股市风险向银行、保险和实体

经济市场的传递是通过多种业务实现的。比较常见的是银行理财通道业务、保险资金参与的资产管理计划、信托中的伞形信托配资业务、互联网P2P平台等。

(一) 冲击路径之一：对银行理财通道的冲击

2014年股市节节高升，导致追求绝对收益的银行理财资金大量进入股市。由于银行理财资金不属于银行表内业务，因此不受资本充足率限制，导致分级理财产品大量涌现，杠杆特征明显。目前中国理财产品余额约为25.4万亿元，自2015年1月增长了约10万亿元（70%），与此同时，银行对非银金融机构的融出也增加了12万亿~23.9万亿元。在理财产品中，委外产品通常为基金或者券商的优先级做杠杆，产品规模占比在5%到10%之间，初步估算这部分资金大概有2万亿元的理财资金。

从2014年8月A股启动以来，银行理财产品中股票类产品发行数目大幅提升。从最初的200多只上涨到2015年6月的400多只，随后伴随市场大幅波动，发行量下跌到接近个位数。从图6可以看到，银行理财产品对权益类资产的直接配置约8%，规模1.8万亿元。鉴于年初至今股票和债券市场的波动均有所波动，2016年理财的“隐含违约”可能有所上升，这对银行会造成较大负面影响。

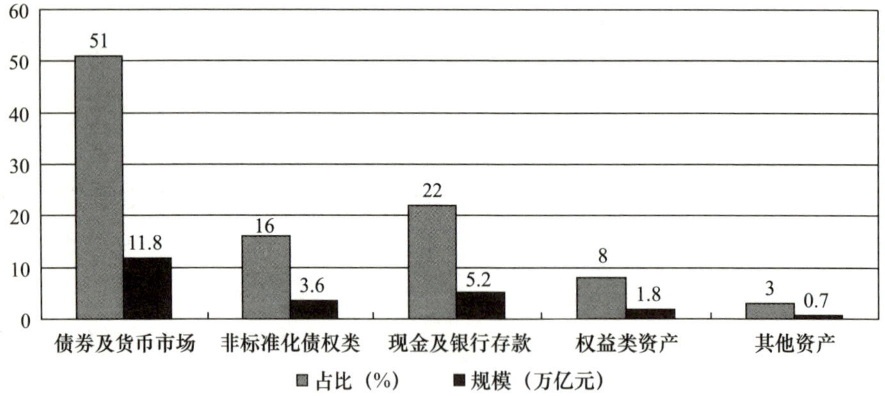

图6　2015年银行理财产品资产配置结构

资料来源：Wind。

（二）冲击路径之二：对保险资产管理计划的冲击

保险资金进入证券市场的业务通道主要是资产管理计划。资产管理计划会随时评估资产的浮盈和亏损状态，在亏损达到一定程度的时候平仓清算，将证券市场的风险冲击限制在可许的范围内。但这并不能隔离极端情况下的风险，特别是当所投资证券的流动性降低的时候，强制平仓后不得不折价抛售，使保险资产遭受额外的损失。

从图 7 和图 8 可以发现，保险资产配置股市比例随股市涨跌而增减，但长期看，配资在股票上的金额和比例在不断提升。进入 2015 年后，伴随股市的上涨，保险资产配置股票和基金的比例大幅上升。2014 年 12 月，配置金额为 10325 亿元，占比 11.1%，随后一直上升，而在 2015 年 5 月配置金额为 16554 亿元，比例一度高达 16.1%，随后股市的大幅调整导致该比率 3 个月内下降到 13317 亿元，比例为 13.1%。

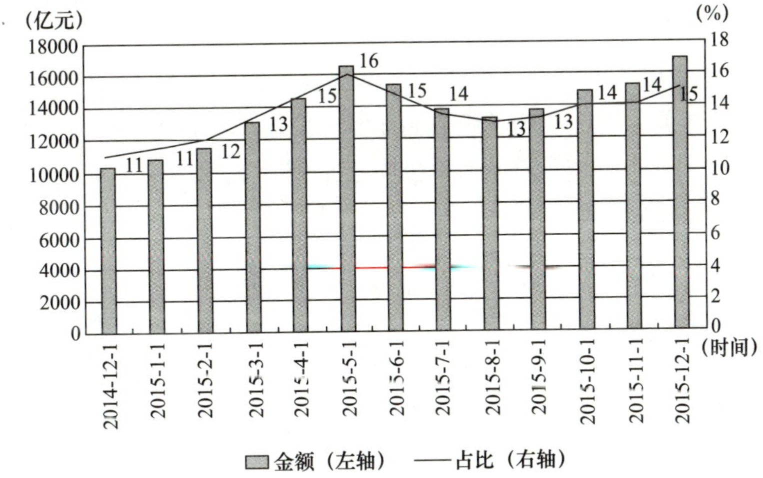

图 7　保险资产配置股票和基金的金额和比例变化

资料来源：中国保监会。

（三）冲击路径之三：对伞形信托等场外配资的冲击

2014～2015 年股市上涨期间，信托结构化产品增长迅猛，原因在于伞形信托的增量较猛。2015 年前监管层未出手打击伞形信托之前，伞形信托

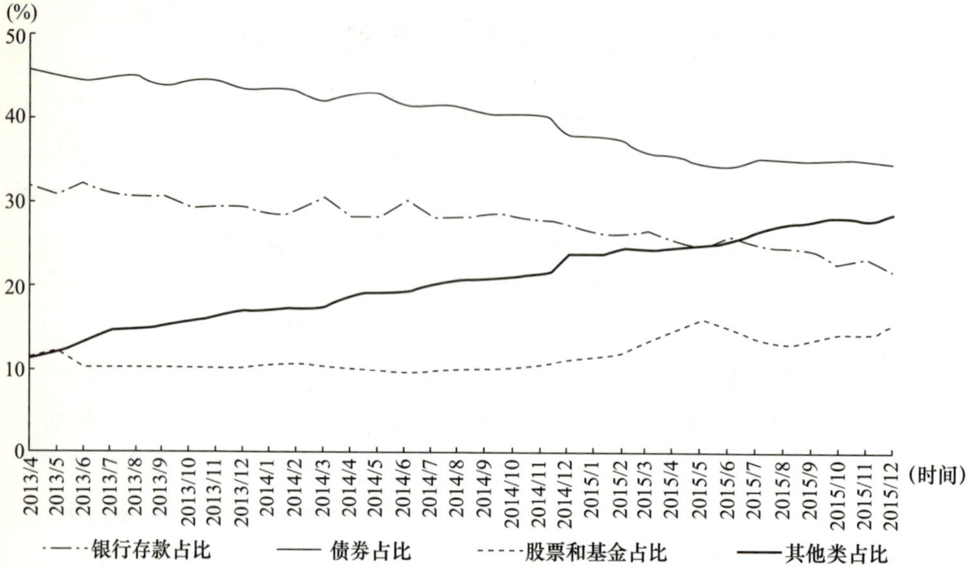

图8 保险资产配置在所有资产中的比例情况

资料来源：中国保监会。

存量规模大约为1500亿元。股市的上涨提高了投资者对伞形信托的需求，银行也顺水推舟，将杠杆比例提升到3∶1。另外，伞形信托投资范围更广，可以对主板、中小板、创业板和ST板块进行投资。伞形信托客户以自然人最多，投资特点是交易迅速，换手率高，追涨杀跌特质明显，加剧了市场波动。

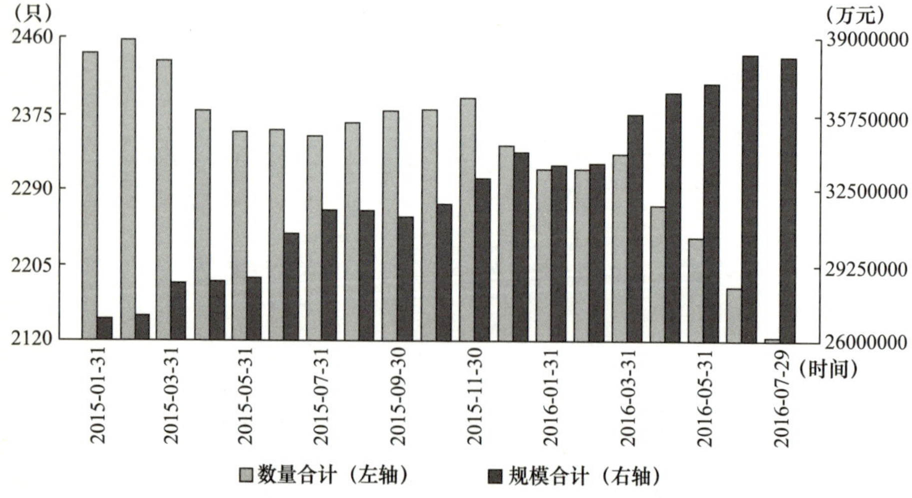

图9 2015年至今权益类信托发行情况统计

权益类信托产品对股市的投资情况。截至2016年7月底，权益类信托产品规模为3723亿元，占信托总规模的20%。2015年初至6月，A股一路走高，从图9可见，权益类信托产品发行规模一路走高。发行规模从2015年1月的2690亿元上升到2015年7月的3155亿元，随后发行规模平缓上升，发行数量则大幅下降，当前市场权益类信托市场存量2123只，比2014年初的2445只减少了300多只。

（四）冲击路径之四：对互联网P2P平台的冲击

互联网金融的快速发展加快了股市风险跨界传递的速度，扩大了股市风险覆盖的人群，增加了股市风险破坏程度。根据新浪财经发布的《2015国民理财投资行为差异研究报告》，受访人群中40%以上有互联网理财行为，且投资金融逐渐提高，这些人群对网络平台所销售的基金、网络平台炒股和第三方理财产品认知程度较高。据第三方移动数据平台Talking Data统计，综合计算银行、证券、保险、理财、支付、记账等应用分发数量，2015年第一季度中国移动金融应用覆盖终端数量达7.6亿台，同比增长130.7%。

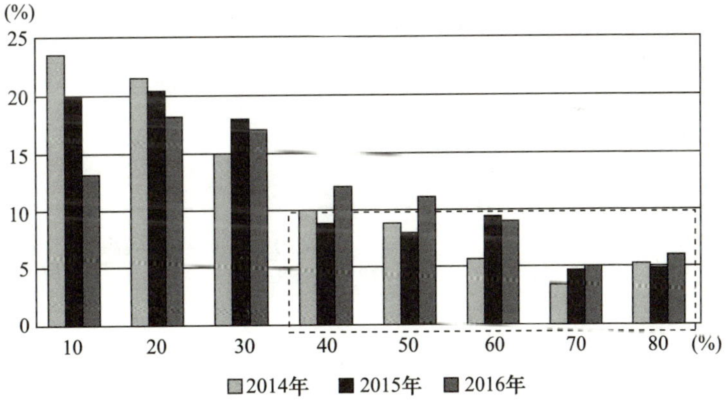

图10 受访者互联网金融投资金额占总投资金额比例

资料来源：新浪财经。

P2P是互联网金融中重要的部分，意在发展普惠金融，完善了金融的互联互通。但是股市快速上涨期间，P2P对股市配资的出现加剧了股市风险的传递。P2P对股票的配资杠杆高，最高可达6倍，如此高的杠杆，股市任何小幅下挫都将对配资者造成巨大损失。2015年股市快速上涨期间，网贷之家发布P2P网贷平台发展指数评级报告。数据显示，从2014年底至2015年4月，由于A股的大幅上扬导致了P2P平台大力发展股票配资业务。2015年4月，可统计的20多家涉及配资业务的平台，总配资成交额有20亿元，比3月增长15%。尽管相比杠杆资金总额较少，然而一旦股市大幅下跌将导致大量的强行平仓发生，在P2P法规建设仍不完善的情况下，很可能导致大量诉讼产生。

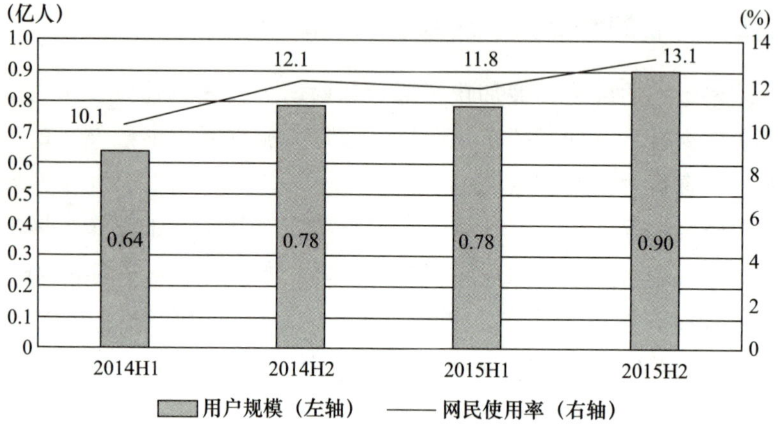

图11 互联网理财用户规模

资料来源：CNNIC。

总之，银行配资、伞形信托、P2P配资、保险杠杆资金等高杠杆资金的存在放大了证券市场风险的跨界传递路径。

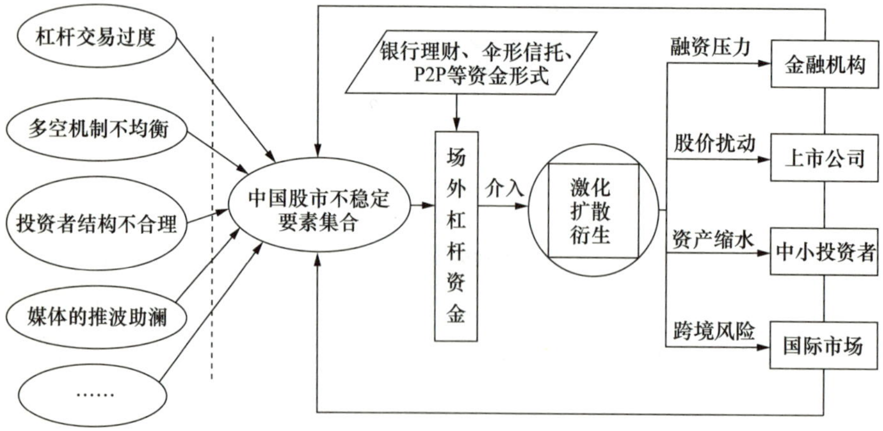

图12 股市跨界风险的传递路径

如图 12 所示，杠杆交易过度、多空机制不均衡、投资者结构不合理、媒体的推波助澜等构成了中国股市不稳定要素的集合。当这些不稳定要素畸变共振、累积到一定阶段时易引发股市的异常波动。以银行理财资金、伞形信托、互联网金融、民间配资、P2P 等形式存在的场外杠杆资金进入股市，在股市的异常波动之后，巨大的杠杆导致股市风险成倍放大，进而通过激化、扩散、衍生等表现形式沉淀在市场上的各类资金易产生各种关联风险，包括对金融机构产生融资压力，对上市公司造成股价扰动，对中小投资者造成资产缩水，对国际市场产生跨境风险。而这些风险又会反馈到股票市场，对股票市场本身造成干扰。

四、2015 年股市异动期间跨界风险传递的实证测算

（一）测算数据的来源

股市跨界风险对银行、信托、保险，以及债券市场、外汇市场、大宗商品市场等都有着较大影响。鉴于此，本文所采用的数据覆盖了以上所提及的各个子市场，具体涉及：场内融资数据，我们选取 2015 年前后沪深交易所披露的融资融券数据，这是可获得的精确数据源。场内外债券市场、大宗商品市场的数据取自 Wind 数据库。对于场外杠杆数据，如银行、保险、信托、P2P 等，我们根据各个行业的研究报告、各个行业协会披露的信息、报告等进行测算，属于估算的数据。

（二）测算方法

股市异常波动所造成的风险会向外溢出，并不是以线性方式进行。金融市场风险传递的相关模式是非线性、非对称相关。Copula 函数是描述非线性、非对称相关模式的良好工具，自身是分布函数，与常见的相关测度指标有一一对应的关系，对于极值事件发生的尾部相关也可以刻画，所以在金融市场风险研究领域有很大的应用价值。在实际应用中可以将金融资产风险分解为单个资产的风险和资产的相关结构两部分。单个资产的风险可以由它们各自的边际分布来描述，而资产的相关结构则由 Copula 函数表示。

Sklar 指出，如果 $F(x_1, x_2, \cdots, x_n)$ 是具有边缘分布 $F_1(x_1)$，$F_2(x_2)$，…，$F_n(x_n)$ 的 n 维联合分布函数，那么存在一个 n 元 Copula 函数 C，对于所有的 $x=(x_1, x_2, \cdots, x_n) \in R^n$，满足：

$$F(x_1, x_2, \cdots, x_n) = C(F_1(x_1), F_2(x_2), \cdots, F_n(x_n)) \tag{1}$$

并且如果 $F_1(x_1)$，$F_2(x_2)$，…，$F_n(x_n)$ 是连续函数，那么 C 唯一确定。假设 $F_1(x_1)$，$F_2(x_2)$，…，$F_n(x_n)$ 是可微的，且 C 和 F 是 n 阶可微的，那么可得：

$$\frac{\partial^n F(x_1, x_2, \cdots, x_n)}{\partial x_1, \partial x_2, \cdots, \partial x_n} = \frac{\partial^n C(F_1(x_1), F_2(x_2), \cdots, F_n(x_n))}{\partial x_1, \partial x_2, \cdots, \partial x_n} \times f_1(x_1) \times f_2(x_2) \times \cdots \times f_n(x_n) \tag{2}$$

其中 $f_i(x_i)$ 为 $F_i(x_i)$ 的导函数，$i=1, 2, \cdots, n$。也就是说，F 的密度函数可以表示 Copula 密度函数和边缘密度函数 $f_i(x_i)$ 的乘积。

用 Copula 方法度量市场风险主要体现在与 VaR 度量方法的结合上。VaR 即风险价值，用来描述在给定的置信区间下资产组合在持有期内由于市场价格变动所导致的最大预期损失的数值。由此衍生出来的 VaR 度量方法是风险管理中应用广泛的定量分析方法。在用 Copula 函数连接各单个金融资产的边际分布后得到了金融资产的联合分布形式。根据联合分布函数就可以求相应的分位数也就是 VaR 值。设由 Copula 函数连接边际分布后的联合分布函数为 F，给定显著性水平 α 的 VaR 就是：

$$VaR_\alpha(z) = F_z^{-1}(\alpha) \tag{3}$$

已知 Copula 函数，其 VaR 的解析表达式很难求出，因此通常是通过模拟的方法计算 VaR 值。实际上 Copula 方法可以应用于所有类型风险和风险的综合度量中，如多元极值函数通过 Monte Carlo 模拟可以刻画市场风险和信用风险的相互影响。

本文测算股市下跌到某一点位将会对各类杠杆资金造成多少数量的损失，本质上是类似 VaR 度量方法。对此我们有几点关键假设：第一，场外杠杆资金与场内杠杆资金建仓时点一致。由于场内杠杆资金（融资融券）的买入卖出股票的时点官方都有精确的披露，该假设能够保证我们合理估算具体点位各类杠杆资金的盈亏情况。第二，测算过程中不考虑实际发生的或者已有考虑的监管机构所采取的稳定市场措施。我们测算在无监管层情况下股市大幅下挫所能达到的最大危害。第三，我们假设各种资金在股市上涨期间没有进行过大规模减持，但在市场大幅下跌过程中会因为达到平仓线而平仓。

在做出上述假设之后，根据融资融券的建仓时点，我们能够计算出股市下跌到哪个具体点位会使入场的杠杆资金亏损以及亏损额大致有多少。这样根据不同杠杆资金的数量，我们能计算银行、保险、信托等杠杆资金的具体亏损额，从而明确股市跨界风险的数值。这对设计防范股市跨界风险政策提供了量化支持。

（三）测算结果分析

股市跨界风险是由股市风险引发的，借助资金跨界流动的通道向资金流入的方向传递，风险的扩散又反过来加剧了股市波动的风险和流动性风险。在股市进入 2015 年 6 月最高点之前，我们估算出进入市场的杠杆资金（不包含本金）大概有 4.6 万亿元。其中场内融资包括融资融券和收益互换，二者合计 2.5 万亿元。场外资金进入形式比较隐蔽，只能大致进行估算。其中通过恒生 HOMS 系统形成的杠杆资金大概 0.3 万亿元。通过 P2P 等互联网金融进行股票配资的杠杆资金规模大概 0.3 万亿元。通过信托公司对私募基金等形成的杠杆资金大概 0.8 万亿元。上市公司股权质押获得的资金大概 0.7 万亿元。场外杠杆资金大概 2.1 万亿元。总的杠杆资金规模大概 4.6 万亿元。在这些杠杆资金中，我们估计大概有一半是从银行获取，其中场内的如购买券商两融受益权大概 1 万亿元，场外的大概 1.3 万亿元。

表 4　2015 年 6 月底前进入股市的杠杆资金估算

	类型	余额（万亿元）	使用的杠杆比例
场内融资	融资融券	2.2	1 ~ 2 倍
	收益互换	0.3	1 ~ 3 倍
场外融资	HOMS	0.3	1 ~ 3 倍
	P2P、互联网金融	0.3	2 倍以上
	信托	0.8	3 倍
	上市公司股权质押	0.7	1 倍以下
合计		4.6	

根据我们对杠杆资金的估算以及银行资金进入股市规模的估算，可以

大致测算券商和银行在2015年股市异常波动中的损失。测算的方法是构建杠杆资金建仓的时点分布图，然后根据股指下降点位判断各类资金的损失。该方法需要假定场外杠杆资金建仓步骤与场内基本相同，但杠杆率稍高。由于可以获得融资融券具体的建仓分布，因此该方法切实可行。

在2014年底至2015年6月底之前，市场一路上涨，融资融券规模也一路攀升。图13是不同点位进场的杠杆资金规模，根据这一分布图可以测算市场下跌到具体点位时杠杆资金的大概损失。假定本轮牛市从2000点开启，那么当上证下跌到2000点时，2.2万亿元的融资融券规模中1倍杠杆损失大概300亿元，2倍杠杆大概3000亿元，3倍杠杆大概4000亿元。由于券商两融杠杆控制在2倍以下，按照1倍杠杆和2倍杠杆各50%，那么券商两融损失不会超过2000亿元。

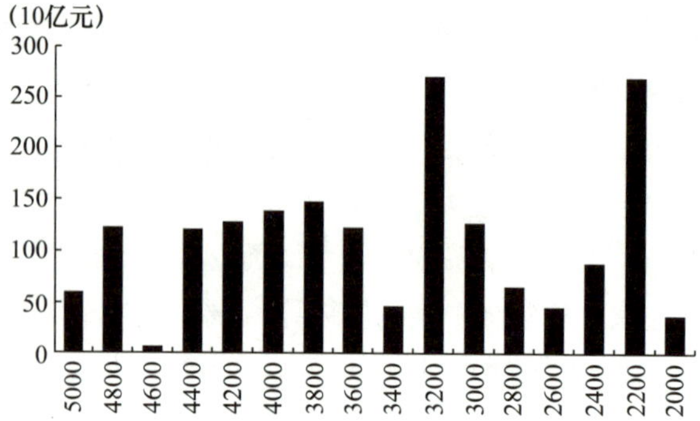

图13 融资融券建仓对应的上证综指点位图

银行的资金中假定在场外的1.3万亿元中50%为3倍及以上杠杆，那么上证综指2000点时，根据两融2.2万亿元3倍杠杆损失4000亿元，可以计算出6500亿元3倍杠杆的银行资金损失1200亿元。其他6500亿元为低杠杆资金，按照两倍杠杆计算，损失为900亿元。所以银行场外损失合计2100亿元。银行场内1万亿元为低风险资金（券商的收益互换），损失概率很小。综合来看，银行在2000点时可能损失为2100亿元。同样方法可以计算信托资金8000亿元的3倍杠杆在2000点时损失大概为1450亿元，P2P等互联网金融3000亿元3倍杠杆损失大概500亿元，HOMS也损失500亿元，如图14所示。

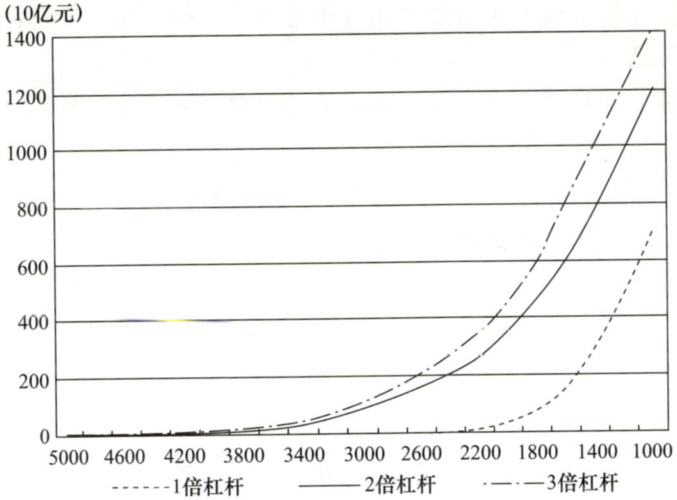

图 14　融资融券不同杠杆率对应上证点位的损失金额

我们的测算是上证综指跌到 2000 点的极端情况。在这种极端状况下，券商亏损 2000 亿元，相对券商盈利规模数额非常大。银行亏损 2100 亿元，相对于银行资产及利润总额来说，该比例非常小。但 2016 年第二季度，银行不良资产率达到 1.75%，那么再增加 2000 多亿元的实际损失，将对银行经营造成巨大困难。其他如信托、P2P 等场外配资，亏损额相比银行较小，但是占各自行业的比例比较高，足够造成这些行业的不稳定。

实际上，上证综指并未跌破 2000 点。由于监管层对 2015 年股市异常波动采取市场稳定措施，及时阻止了股市风险的跨界传递，各类金融机构实际损失并不严重。第一，2015 年第三、第四季度，全部上市证券公司盈利同比增速分别为下滑 2.4% 和增长 28.2%，远低于 2014 年第一至第二季度 152% 和 581% 的增速水平。此后，证券行业整体资产负债率下降，证券公司自身具有调节杠杆以规避风险的意识。第二，股市异动期间，众多分级基金多次下折，引发基金流动性风险。但异动后，基金产品总数增加，规模继续增长，只是股票型占比减少，配置策略发生变化。第三，各家商业银行的季度盈利数据上并未显现出 2014 年第三、第四季度明显偏低的状况，其利润波动与股市牛熊关系并不密切。第四，此次异动中，保险公司受灾程度较小。2015 年 5 月保险公司投资股票和基金的比例达到最高的 16.1%，6 月开始明显减仓，到 8 月降低至 13.1%，减仓较快使得保险避免了大幅损失的发生。上市保险公司的偿付能力充足率持续提高而非下滑，显示其偿付能力充足。

事后看，2015 年股票市场的异常波动也对商品期货、外汇市场、货币市场、债券市场产生了较为明显的溢出效应（见图 15）。第一，股价下跌导致多数大宗商品价格下跌。原油、煤炭、螺纹钢等工业品价格与股指走势最为一致，原油价格表现尤为明显。第二，股市波动影响了外汇市场。2015 年7 ~8 月，外汇市场成交量持续攀升且远期市场成交量增幅更大，同期外汇储备分别流失 425 亿美元与 939 亿美元，环比流出增加额为 252 亿美元与 514 亿美元。第三，货币和债券市场受到了股市波动影响。6 月末异动初期，7 天回购利率上升幅度在 50 - 100BP 附近，7 ~8 月后，交易所货币利率回落到正常水平，表明异动的影响基本结束。股市异动对短期债券利率影响较小，但对长期影响非常大，造成长期利率曲线大幅下移。第二轮异动中，10 年期国债利率中枢由 7 ~8 月的 3.5% 下降到 12 月的 2.8%。第四，海外股市与中国基本同步，但暴跌过后，全球其他市场恢复到暴跌前水平，与中国股指中枢下移的状况并不相同，显示中国股市异动对全球的影响更类似情绪冲击，而不是诱发全球金融市场和经济的风险源。

表 5　股市下跌加剧外汇储备流失

	沪深 300 跌幅（%）	外汇储备流失（亿美元）	环比流出增加额（亿美元）
2015 年 6 月	-7.60	173	—
2015 年 7 月	-14.70	425	252
2015 年 8 月	-11.80	939	514

资料来源：Wind。

随着金融市场一体化的发展，国际资本流动尤其是短期资本流动规模日益庞大，对金融市场的冲击也不断加强。金融市场“羊群效应”发挥的作用越来越大，人民币的贬值带动了周边国家的贬值，然后传导到各国金融市场，“投降式抛售”最终又反作用于中国市场，更加恶化 A 股走势，如图 16 所示。

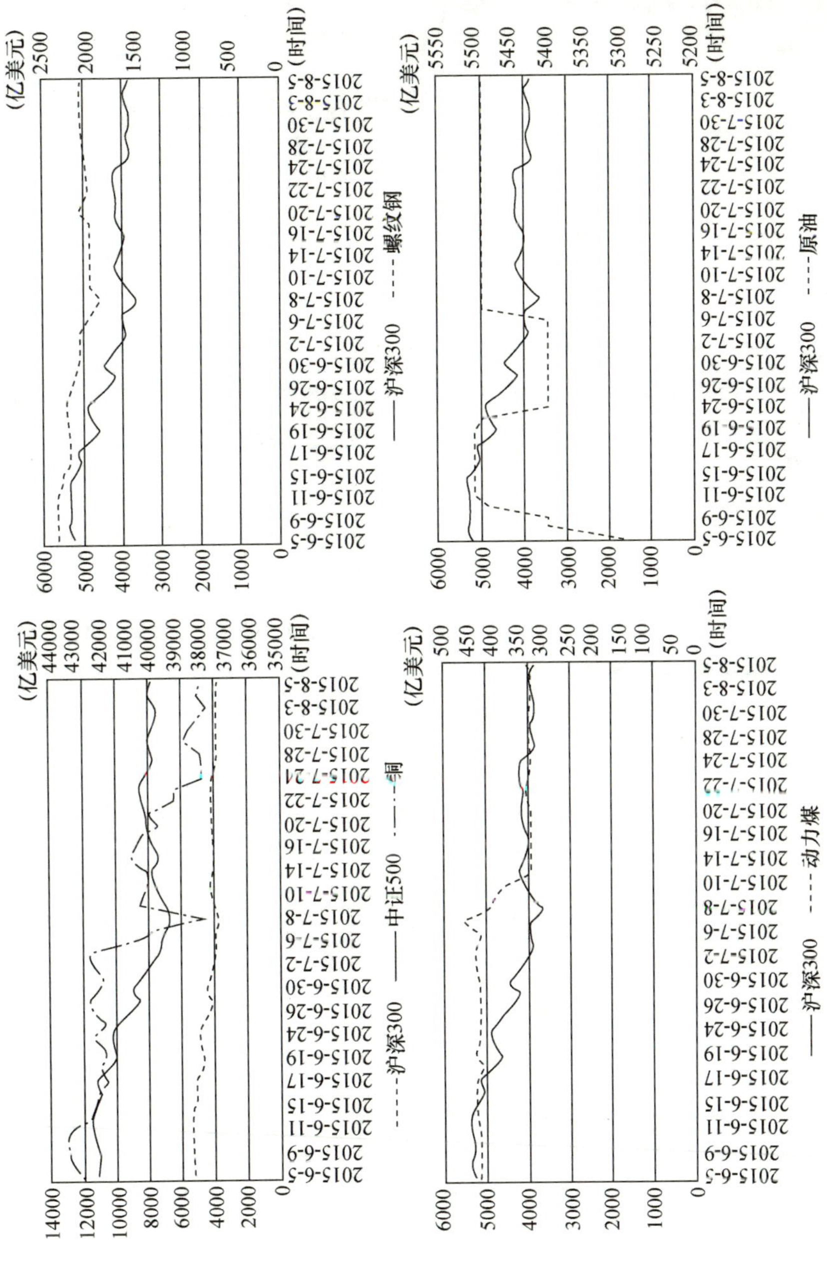

图 15 股指与大宗商品走势在股市异动期间基本一致

数据来源：Wind。

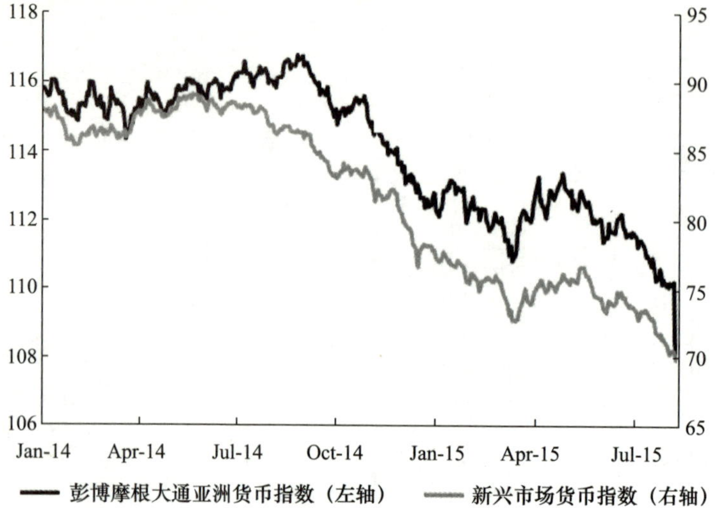

图16 人民币贬值引发亚洲货币贬值示意图

资料来源：Bloomberg。

人民币大幅贬值后导致亚洲周边国家竞争性贬值，新兴市场货币也未能幸免（除了欧洲地区、英国和日本升值）：俄罗斯卢布、印度卢比和墨西哥比索自2015年8月10日以来分别下挫4.1%、1.9%和1.6%；8月19日，越南货币贬值，调降本币参考汇率，并将越南盾围绕中间价的上下浮动区间扩大至3%；8月20日，哈萨克斯坦宣布汇率自由化，货币贬值超过30%，如图17所示。

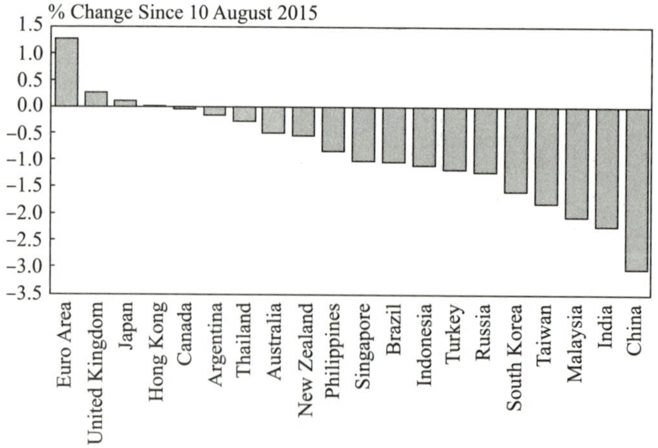

图17 2015年8月10日后主要国家兑美元变化幅度

资料来源：Bloomberg。

贬值的副作用已有所显现，全球资本正在加速流出新兴市场。根据 NN 投资合伙人公司的统计，截至 2016 年 7 月底的过去 13 个月内，全球前 19 大新兴国家的资金净流出金额累计 9402 亿美元，是 2008 ~ 2009 年金融危机期间资金流出额 4800 亿美元的近 2 倍，如图 18 所示。

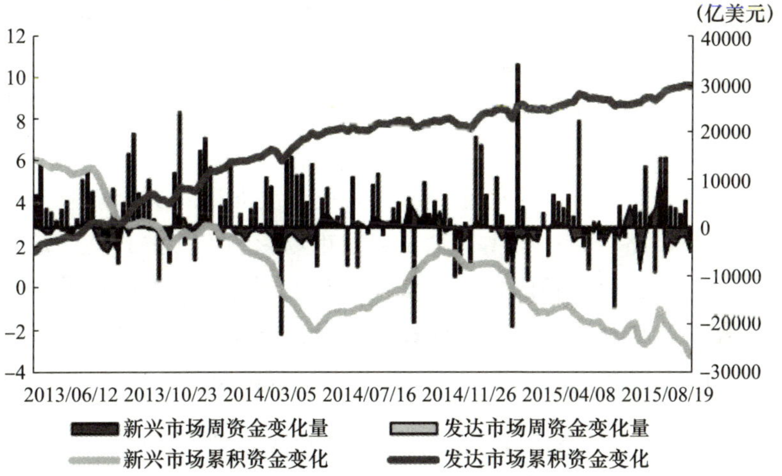

图 18　发达和新兴市场资金流向

资料来源：EPFR。

亚洲以及新兴市场的贬值造成这些国家股市暴跌，恐慌情绪不断蔓延，以至于传导至欧美发达市场。欧美股市在 2015 年 8 月 21 日当周跌逾 5%，其中道指和标普 500 指数周跌幅达 5.8%，标普还跌破了 2000 点大关。此前被看好的欧股也陷入困局——泛欧绩优 FTSEurofirst 300 指数 2015 年 8 月 21 日大幅收低 3.40%，报 1427.13 点，是 2011 年 11 月来表现最差的一日，周跌幅创 4 年之最。英国富时 100 指数 8 月 21 日当周下跌超 10%，打破自 4 月 27 日以来以 7103.98 点收盘的纪录。据统计全球股市资金流出规模高达 83 亿美元，为 15 周以来的最大规模。

五、中国股市跨界风险的防范方案与对策

近年来，中国资本市场发展正处在重要转型时期，金融系统累积的风

险较大，防范风险特别是跨界风险，已经成为金融监管工作的重要内容与首要任务。从2015年中国股市的状况看，资金流动的通道突破了传统闲散资金聚集的形式，投资人具备了更加丰富和直接的融资渠道和杠杆工具，股市跨界风险明显加快了牛市发酵的速度，放大了泡沫破裂的危害力度，使股市风险具备了新的特征。事实上，历史上的亚洲金融危机、俄罗斯金融危机、日本泡沫经济以及纳斯达克泡沫也都是由小到大的连锁反应所致，并最终演化成系统性金融风险。反观国内，2015年股市持续波动已开始触及部分券商、银行、保险、信托公司的潜在风险点，如不加遏制继续加速恶化，则易诱发连锁债务危机，影响中国经济。

股市跨界风险防范的核心在于厘清各类主要非证券类金融业务形式进入证券市场份的路径特征、主体动机以及市场影响。其中的重点是防止以操纵市场、过度投机为目的的杠杆资金改头换面，以各种形式进入证券市场。基于此，本文从跨界风险主体控制出发，设计涵盖跨界风险来源、风险主体动机以及风险甄别处置“三位一体”的风险防范体系。

（一）中国股市跨界风险防范方案设计：主体控制，三位一体

1. 方案核心：主体控制

严格监管跨界杠杆资金使用主体的资金使用来源、流向、投资标的，对于单一标的的投资杠杆、配资规模、持股时间等标准设立严格细则要求；严格监控跨界工具使用主体的关联交易行为；建立对跨界金融工具使用主体的违规惩处措施、机制，并利用杠杆效应，根据其杠杆规模放大其违规成本。

2. 方案内容：三位一体

（1）源头控制，扩大风险监测范围。严格监控影子银行、保险市场以及其他类金融业务与证券市场的互联互通业务，特别是控制新兴金融创新工具的放大效应，除了互联网金融外，万能险等新兴融资工具的应用应成为进一步的监管重点。

（2）联动监管，建立市场风险全流程监管机制。密切监管由跨界金融业务产生的外部资金流向，建立市场波动与跨界资金的相关性联动测算、监控机制，对于市场异动标的进行全流程监控，包括主力资金来源、主力资金持有主体关联交易、主体与其一致行动人关联活动等内容。

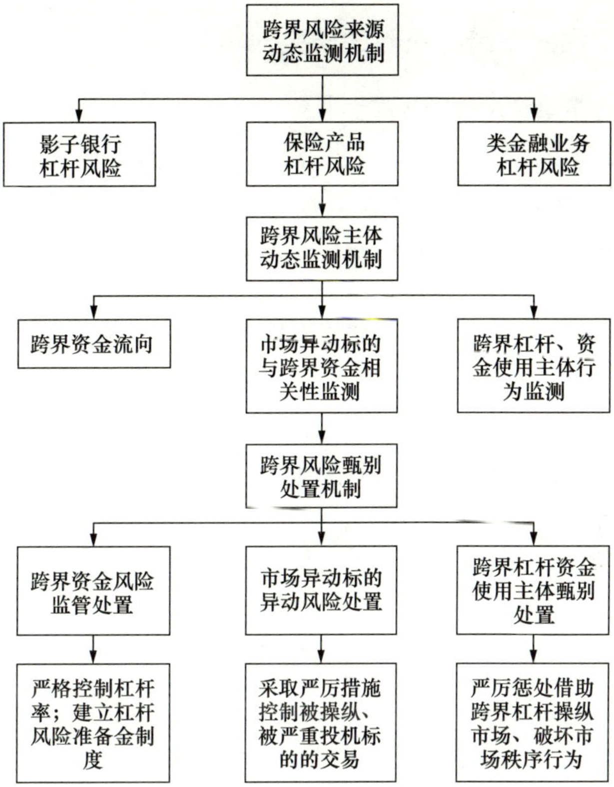

图 19　中国股市跨界风险防范方案设计

（3）严格甄别，严厉处置。对于资金跨界资金性质进行严格甄别，对于操纵市场、破坏市场交易秩序的资金行为严厉处置；对于过分投机的标的，加大跨界资金进出难度，按照杠杆比例相应加大资金交易成本；对于具有系统性风险隐患的投资行为，建立风险准备金制度。

3. 方案难点：监管信息互联互通

由于中国特有的分业监管模式，使得证券市场的监管信息来源天然存在信息部门壁垒，对于通过银监会、保监会系统金融业务进入证券市场的资金路径、主体信息、关联投融资活动缺乏完整信息披露与获取机制，极大地增加了监管难度和风险防范成本，因此进一步的工作中，最重要的是建立跨界金融风险防范机构，协调跨部门、跨行业的信息壁垒问题、监管法规冲突问题、监管职能重叠或空白问题。

(二) 中国股市跨界风险的防范对策

1. 建立跨界金融风险联动监管体系

中国资本市场的跨界风险特征主要来自影子银行、保险（“万科宝能”事件）、互联网金融、民间借贷等金融形式带来的资金风险、杠杆风险等，而目前的资本市场风险监管监测体系对于这部分风险来源缺乏专业的监测预警体系，特别是对其与资本市场自身风险的联动、传导、放大效应缺乏有效监测，尤其是对于万能险等新兴金融业态对资本市场风险的影响机制缺乏有效监测手段，或者一关了之，或者放任自流。前者容易扼杀市场金融创新积极性，而后者则容易导致风险失控。因此，本文建议尽快建立跨界金融风险联动监管体系，打通各类金融风险监管形式的业务壁垒、信息壁垒和行政壁垒，如图20所示。

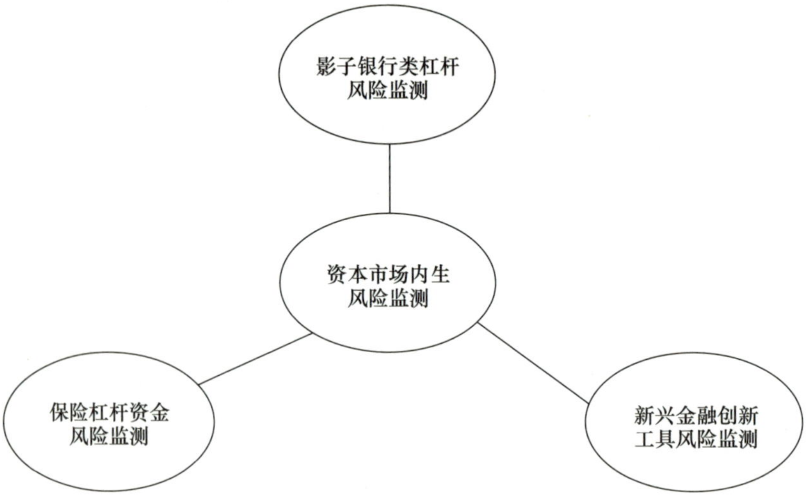

图20　跨界金融风险联动监测体系思路构想

2. 优化股市稳定资金的管理

根据上市公司的年报统计，中国监管部门在2015年6月至今为稳定股票市场异常波动，通过四种途径介入股市，分别是汇金系下中央汇金投资有限公司和中央汇金资产管理有限责任公司；中国证券金融股份有限公司和10只中证金融资产管理计划以及5只主题投资基金；国家外汇管理局旗下的3家投资公司；社保基金投资组合。监管部门通过上述渠道缓解市场流动性危机、恢复市场信心和维护市场稳定。

通过比较美国、日本、中国香港、中国台湾等的稳定股市及运作经验，可以发现：①股市稳定资金不可能永远干预，因此必然要择机退出；②股市稳定资金退出需要较长时间，国际经验表明没有哪个国家的股市稳定资金在短时期内迅速退出，往往都需要4~7年，要等待市场重归繁荣之后再逐步退出；③股票市场后期的走势决定着股市稳定资金退出安排，股票市场蓬勃发展则可较快退出，长期低迷则存在退出困难；④政府股市稳定资金介入，须整体把握投入市场的时机，既要尽快恢复市场的情绪也要减少对市场的长期干扰；⑤政府稳定市场措施退出后还需要恢复市场机制在股票市场的决定性作用。

考虑到上述因素，股市稳定资金的有效管理将是逐步的和长期的，可行的资金管理方案必须同时兼顾资金退出的路径和存量资金的管理，以保证股市稳定资金平价或溢价收回，并降低股市稳定资金存续期内，对市场交易造成的不良影响。因此，宜制定中国股市稳定资金分类管理的有效策略，将股市稳定资金与市场主体的自主交易结合起来，通过多样化的途径退出，如图21所示。

① 方案一：参与转融通业务开展，推动融券业务正常化	· 2016年以来，融券余额长期徘徊在亿元以内，每天的融券需求超过1亿元，但供需匹配的成交量不足10%，融券需求长期被压抑 · 如果可以推动融券业务的正常化，利用救市时期积累的证券参与融券业务，不仅可以满足市场的融券需求，还可以在保持这部分持仓基本稳定，将操作权归于市场参与者，增加证金公司股票的收益，加快亏空资金的回笼
② 方案二：成立ETF基金，出售给ETF投资者	· 考虑到救市资金购买的股票种类足够多，可将指数权重股的股票组成ETF基金，出售给指数投资者 · 通过ETF基金的销售，可以在保持持股种类和数量不变的情况下，增加市场的流动性，还可以在救市资金退出之前，回笼部分现金，减少对市场的不当干预
③ 方案三：在上市公司有回购股票需求的时候，可以以商定的价格出售给上市公司	· 在合适的时机，如果上市公司有回购股票的要求，可以通过OTC市场进行交易。这种方式和美国救市资金的退出模式类似，由于不在场内交易，不会造成股本的增加和减少，不会造成市场的波动 · 需要注意的是，只有当上市公司愿意回购股份，且回购价格高于救市资金的买入成本的条件同时满足的时候，才可以进行这种交易
④ 方案四：稳定高股息率、低波动率的股票持有比重	· 由于救市资金体量过大，上述方式不能将持股消化完毕，剩下的股票则需要稳定地持仓，等待退出时机 · 可以通过调整持仓结构，稳定高股息率、低波动率的股票持有量，增加救市资金的成本稳健性，利用稳定的股息分配弥补资金成本

图21 国内股市稳定资金的管理方案设计

3. 及时披露杠杆资金的动态信息，对新型场外配资保持高压态势

第一，在中国金融改革未完成之前，禁止和查处违规资金进入股市，是防范市场风险的基本要求。从海外经验看，及时公开地披露杠杆资金及其监管动态信息是控制杠杆风险的重要手段，并将有效缓解市场情绪，减少市场投资者非理性操作。

第二，应考虑改善股市资金供给格局。改善证券市场资金供给的关键在于引入具有高安全性的资金主体，即有步骤地加快社保基金、合格的境外机构投资者的入市步伐。在条件成熟时，择机建立中外合资证券公司和基金公司，以扩大资金范围。

第三，亟须进一步加强对配资资金的风险管理，对新型场外配资保持高压态势。包括大力发展净值型理财产品，防止风险的扩散。未来应加强对诸如保本理财等低风险资金入市的有效监管，降低杠杆率和入市比例，并发展净值型的理财产品，防止风险的扩散。对新型场外配资保持高压态势。对个别场外配资机构变换手法、巧立名目，借助个人账户及新型技术手段，诱导投资者参与违法证券期货业务活动予以严惩。

4. 加快落实互联网金融风险监管细则

2015 年 7 月，《关于促进互联网金融健康发展的指导意见》发布，作为行业首个纲要性文件，互金指导意见从两个维度对互联网金融进行了定义：区分信息中介和金融业务，落实各类业态的监管主体。事实上，互联网金融的核心是金融，在通过信息技术重构金融逻辑的同时，忽视了传统金融行业长期以来建立的投资者适当性制度、信息披露制度等，互联网金融的顶层设计，关系到整个资本市场的结构性调整，包括混业趋势下的准入制度、市场经营主体、投资者构成等要素，都需要在较短的时间内做出重新定义。

5. 运用区块链技术提高金融监管效率

区块链技术可使证券交易流程变得更加公开、透明和富有效率。通过共享的网络系统参与证券交易，使得原本高度依赖中介的传统交易模式变为分散的平面网络交易模式。这种革命性交易模式不仅能大幅度减少证券交易成本和提高市场运转的效率，便于追踪和验证，解决数据追踪及信息防伪等问题，而且还能减少“暗箱操作”与内幕交易等违规行为，有利于证券发行者和监管部门维护市场秩序。特别是去中介化的交易流程将大幅节省交易费用，例如纳斯达克的 LINQ 为 Overstock 公司在 2015 年底发行的

私募债就运用到了区块链技术。

参考文献

[1] Baig T., Goldfajn I. Financial market contagion in the Asian crisis [J]. IMF Staff Papers, 1999, 46 (2): 167 – 195.

[2] Barberis N., Shleifer A. Style investing [J]. Journal of financial Economics, 2003, 68 (2): 161 – 199.

[3] Choe H., Kho B. C., Stulz R. M. Do foreign investors destabilize stock markets? The Korean experience in 1997 [J]. Journal of Financial Economics, 1999, 54 (2): 227 – 264.

[4] Choudhry T, Papadimitriou F. I., Shabi S. Stock market volatility and business cycle: Evidence from linear and nonlinear causality tests [J]. Journal of Banking & Finance, 2016 (66): 89 – 101.

[5] Eichengreen B., Rose A. K., Wyplosz C. Contagious currency crises [R]. National Bureau of Economic Research, 1996.

[6] Giannellis N., Papadopoulos A. P. Intra – national and international spillovers between the real economy and the stock market: The case of China [J]. The Journal of Economic Asymmetries, 2016 (1): 7 – 14.

[7] Kodres L. E., Pritsker M. A rational expectations model of financial contagion [J]. The Journal of Finance, 2002, 57 (2): 769 – 799.

[8] Masih A. M. M., Masih R. Are Asian stock market fluctuations due mainly to intra – regional contagion effects? Evidence based on Asian emerging stock markets [J]. Pacific – Basin Finance Journal, 1999, 7 (3): 251 – 282.

[9] Nishimura Y., Tsutsui Y., Hirayama K. The Chinese Stock Market Does not React to the Japanese Market: Using Intraday Data to Analyse Return and Volatility Spillover Effects [J]. The Japanese Economic Review, 2016 (1): 7 – 14.

[10] Soydemir G. International transmission mechanism of stock market movements: Evidence from emerging equity markets [J]. Journal of Forecasting, 2000, 19 (3): 149 – 176.

[11] Sui L., Sun L. Spillover effects between exchange rates and stock prices: Evidence from BRICS around the recent global financial crisis [J]. Research in International Business and Finance, 2016 (36): 459 – 471.

[12] 丁萍. 金融传染和现行国际货币体系 [J]. 理论观察, 2002 (4): 119 – 123.

[13] 方龙, 何川, 李雪松等. 中国股市、债市间溢出效应与杠杆效应研究 [J]. 湖南财政经济学院学报, 2016, 32 (2): 38 – 45.

[14] 方意. 主板与中小板、创业板市场之间的非线性研究: “市场分割” 抑或 “危

机传染"？[J]．经济学（季刊），2015，15（1）：373－402.

［15］郭立甫，高铁梅，姚坚等．基于Copula函数和极值理论的金融传染度量——测度美国次贷危机对重要经济体的传染效应［J］．实践与认识，2013，43（3）：42－55.

［16］何诚颖．救市、汇率波动与中国股市（一）［EB/OL］．财新博客—新世纪的常识传播者．http：//hechengying. blog. caixin. com/archives/135262，2015－10－13.

［17］何诚颖．推开中国资本市场风险管理之门［M］．北京：中国财政经济出版社，2014.

［18］何诚颖．中国股市：轮回中的涅槃［M］．北京：中国财政经济出版社，2009.

［19］蒋序怀，吴富佳，金桩等．当前资本市场的风险传导机制——基于传染效应的实证分析［J］．财经科学，2006（2）：16－24.

［20］刘笑梦．政府防范证券市场风险的行为研究［J］．金融研究，2001（12）：13－19.

［21］王璐，庞皓．中国股市和债市波动溢出效应的MV－GARCH分析［J］．数理统计与管理，2009，28（1）：152－158.

［22］王素珍．国外跨市场金融风险监管及其启示［J］．海南金融，2004（2）：9－13.

［23］王一萱，屈文洲．我国货币市场和资本市场连通程度的动态分析［J］．金融研究，2005（8）：112－122.

［24］谢斌．现阶段我国跨市场金融风险相关问题初探［J］．上海金融，2005（7）：25－28.

［25］张建军．"危"与"机"：全球主要股灾背景下的救市措施与A股选择［J］．中国市场，2015（51）：37－41.

［26］张锐．证金公司的定海神针与救市资金的战略退出［J］．上海企业，2015（9）：48－49.

［27］张苑．区块链技术对我国金融业发展的影响研究［J］．国际金融，2016（5）：41－45.

［28］朱静怡，朱淑珍．金融风险的传导机制及防御对策分析［J］．东华大学学报（自然科学版），2001，27（5）：16－20.

中国 P2P 网贷市场有效性研究

李双杰　宋　佳　白玉莹
（北京工业大学经管学院，北京　100124）

一、研究背景与有效性定义

2005 年 3 月，世界上第一家营利性 P2P（Peer To Peer，伙伴对伙伴/人对人）网络借贷（以下简称 P2P 网贷）平台 Zopa 在英国诞生，2005 年 10 月成立于美国的 Kiva 是世界上第一个提供在线小额贷款服务的非营利 P2P 网贷平台，之后 P2P 网贷平台在全球如雨后春笋般出现（见表 1）。

表 1　一些国家第一家及世界著名 P2P 网贷平台诞生时间

时间	平台名称	国家	时间	平台名称	国家
2005 年 3 月	Zopa	英国	2007 年 2 月	Auxmoney	德国
2005 年 10 月	Kiva	美国	2007 年 5 月	Lending Club	美国
2006 年 2 月	Prosper	美国	2007 年 6 月	Popfunding	韩国
2006 年 5 月	myc4	丹麦	2007 年 6 月	拍拍贷	中国

[作者简介] 李双杰（1963—），男，河北保定人，北京工业大学经管学院教授，博士生导师，绩效与风险评估中心主任，研究方向：经济计量模型、绩效与风险评估。宋佳（1989—），女，河北定州人，北京工业大学经济管理学院研究生，研究方向：数量经济学。白玉莹（1991—），女，河北石家庄人，北京工业大学经济管理学院研究生，研究方向：数量经济学。

续表

时间	平台名称	国家	时间	平台名称	国家
2008年8月	Maneo	日本	2011年5月	SocietyOne	澳大利亚
2010年1月	Fairplace	巴西	2014年5月	Mintos	拉脱维亚

截至2014年8月底，美国的Lending Club贷款规模达到50亿美元，它凭借较低的利率和较高的投资收益发展成为目前全球交易规模最大的P2P网贷平台。2007年6月，中国首家P2P网贷平台——拍拍贷在上海成立，之后P2P网贷平台在中国迅猛发展，影响逐渐扩大。截至2015年6月底，中国P2P网贷贷款余额达到2087亿元，正常运营平台2028家，累计的问题平台数量786家，相对于2014年底中国P2P网贷贷款余额1036亿元，正常运营平台1575家，累计的问题平台数量367家，均有大幅调高。P2P网贷在中国已经成为一种重要的普惠金融，但P2P网贷市场的风险评估、监管没有受到足够重视，截至2015年6月底，《互联网金融指导意见》、《P2P网贷行业监管细则》等仍未出台，中国学术界没有以“中国P2P网贷市场有效性”为篇名的系统研究论文。本文拟在中国P2P网贷市场有效性的研究方面抛砖引玉，以期促进中国P2P网贷行业健康发展。

FAMA（1970）提出了有效市场假说（Efficient Market Hypothesis，EMH）：如果在一个证券市场中，价格完全反映了所有可获得（利用）的信息，每一种证券的价格都永远等于其投资价值，则称这样的市场为有效市场。当市场有效时，每一种证券都是按公平价格出售，任何寻找错误估值证券的努力都是徒劳的，此时没有人能持续获得超额收益。EMH有三种形式：①弱式有效市场：市场价格已充分反映了所有的历史交易信息，如价格、收益、成交量信息，因此所有图表和技术分析都是无效的，没有人能够通过技术分析获得超额收益。②半强式有效市场：价格已充分反映了所有已公开的有关公司运营的信息，这些信息有成交价、成交量、盈利资料、盈利预测值、公司管理状况及其他公开披露的财务信息等，因此基本面分析是无效的，投资人不仅无法从历史交易信息中获得超额收益，也无法通过当前的公开信息获得超额收益。③强式有效市场：价格已充分反映了所有关于公司运营的信息，这些信息包括已公开的或内部未公开的信息，没人能够利用包括内幕信息在内的任何信息获得超额收益。

基于EMH的定义和P2P网贷市场的实际情况，我们定义P2P网贷市场有效性如下：

（1）弱式有效市场：交易价格（年化利率）已充分反映了借款人的所有网贷历史交易信息（不含本次交易信息，如本次借款金额和借款期限）。这些网贷历史交易信息包括银行逾期、借款成功次数、借款成功次数占比、按时还款、待还笔数、提前还款、提月还款、逾期笔数和逾期未还笔数等。

（2）半强式有效市场：交易价格（年化利率）已充分反映了借款人的所有公开信息，除了上述交易信息外，还包括借款人的借款金额、借款期限、籍贯、性别、婚姻状况、文化程度、月收入、社保、住房、购车、子女等。

（3）强式有效市场：交易价格（年化利率）已充分反映了借款人的所有信息，包括公开的和未公开的信息。

由于中国 P2P 网贷市场没有信息披露的监管细则，借款人信息披露不规范、不全面的现象普遍存在，投资人也无法获知借款人的信用记录，因借款人的信用缺失、借款逾期未还增多、监管与法律环境欠缺、平台管理不善等导致有问题的 P2P 网贷平台比例攀升迅速［由 2014 年底的 23%（=367/1575）到 2015 年 6 月底的 38%（=786/2028）］，因此我们判断目前的中国 P2P 网贷市场不会是强式有效市场（本文统计检验结论“中国 P2P 网贷市场不是强式有效市场”、计量模型结论“中国 P2P 网贷市场不是半强式有效和弱式有效市场因而也不是强式有效市场”也都证明了我们的这个判断）。

本文分五部分，结构如下：第一部分是研究背景与有效性定义；第二部分是文献综述；第三部分是对中国 P2P 网贷市场有效性的检验；第四部分是对中国 P2P 网贷市场有效性的再讨论；第五部分是研究结论、展望与建议。

二、文献综述

（一）金融市场有效性研究

中国学术界没有关于 P2P 网贷这一新兴市场有效性的系统性研究论文，但关于 EMH 的研究可以说是汗牛充栋。

解保华、高荣兴、马征（2002）以 1990 年 12 月 21 日～2001 年 3 月 2 日的上证指数和 1995 年 12 月 1 日～2001 年 3 月 2 日的深证指数的周收盘价为研究对象，采用单位根、方差比和序列二阶相关性检验方法对中国股票市场的有效性进行了研究，发现中国股票市场作为一个整体（包含上海、深圳两个证券交易所）还未达到弱式有效。许涤龙、吕忠伟（2003）以1998年1月2日~2001年12月31日深圳证券市场的日综合指数为样本，采用了随机游程检验、单位根过程和资本定价模型三种方法对中国深圳证券市场的有效性进行实证研究，发现深圳证券市场已经达到了弱式有效。朱孔来、李静静（2013）采用对数动态自回归模型、游程检验和单位根检验，对2000年1月4日~2011年4月1日上海股票交易所和深圳股票交易所的市场有效性进行了检验，发现沪深两市都基本达到了弱式有效，并采用Johansen协整检验和Granger因果关系检验，结果表明沪深两市基本达到联合的弱式有效。赖文炜、陈云（2015）采用2010年4月16日~2014年4月17日的日频交易数据，并运用Wild Bootstrap自动方差比检验、广义谱检验和Dominguez – Lobato检验方法对沪深300股指期货市场的弱式有效性进行了检验，检验结果表明我国股指期货市场达到了弱式有效。

王鹏、涂锦（2006）以上海证券交易所编制的2003年1月2日~2006年3月2日的国债指数和2003年6月9日~2006年3月2日的企债指数的日收盘价为样本，从有效市场假说和分形市场假说两个理论出发，发现“分形市场假说”比“有效市场假说”更适合中国债券市场，中国债券市场还没有达到弱式有效。檀学燕（2010）运用分形市场理论对四个时期（1978~1992年、1993~1998年、1999~2005年、2006~2009年）的中国股票市场进行了有效性的检验，发现中国股票市场始终具有分形特征并且多年来没有处于市场有效状态，但这种状态随着股票市场制度的变迁而有所改善。

祁斌、黄明、陈卓思（2006）将股票按照机构投资者持股比例高低分为不同子集，研究了“惯性”和“翻转”现象的发生情况，发现机构投资者持股比例较低的股票存在比较明显的翻转现象，机构投资者持股比例较高的股票存在比较明显的惯性现象，两者都说明了中国的股票市场有效性较低。廖理、刘碧波、郦金梁（2008）对股改限售解禁现象进行了研究，发现解禁前120日至解禁后20日，解禁股存在累积异常收益，实证分析结果表明信息发现假说（透明度高的股票价格下跌较小，公司基本面的改善和解禁前后收益正相关）能够解释这种异常收益，解禁股收益能够反映公司基本面的时序变化和个体差异，因此得出中国证券市场是半强式有效的结论。

（二）关于 P2P 网贷成本与收益的研究

宋文、韩丽川（2013）利用拍拍贷的交易数据，发现借款金额、借款人年龄、认证等级、借入信用等级、借出信用等级对投资人收益率的影响为负，借款期限、有借款成功记录、有逾期记录对投资人收益率的影响为正。

王会娟（2014）从投资人的信用行为角度进行分析，按照借款标的分类信用认证标的投资人收益（与借款人的成本呈正比关系）最高，实地认证标次之，担保认证标最低。

钱炳（2015）从借款人的声誉对融资成本的影响角度出发，通过倾向得分匹配法发现，高声誉的借款人更具有显著的低融资成本优势，并且对不同职业和年龄的借款人的检验也表明高声誉能够显著降低融资成本。

（三）关于 P2P 网贷平台歧视性的研究

关于金融歧视的研究主要集中在传统银行借贷中的性别、年龄、种族等领域，关于 P2P 网贷平台的歧视研究较少。

Barasinska 和 Schäfer（2010）发现，网贷平台对借款人性别有一定的歧视，在同样的信用风险下，相比男性借款人，女性借款人要支付更高的利率才能借到款。Pope 和 Sydnor（2011）发现，网贷平台存在种族歧视现象，非洲裔美国人在该平台的借款要比和其信用等级相近的其他种族的人更难成功。Barasinska 和 Dorothea Schäfer（2014）对德国 P2P 网贷平台 Smava 进行性别歧视的研究，发现在其他条件相同的情况下，该平台上借款人性别对最后借款成功率没有显著影响，即平台对借款人性别没有偏好性歧视，说明德国性别歧视在传统借贷行业向 P2P 过渡进程中正在逐步消失。

廖理、李梦然、王正位（2014）通过对人人贷网贷平台地域歧视行为的研究发现，各省份之间的借款成功率存在显著差异，即中国 P2P 网贷平台存在明显的地域歧视，并且通过进一步分析，发现这种地域歧视是一种非理性行为。宋文、韩丽川（2013）则根据拍拍贷的交易数据进行实证研究，发现借款人所在地与借款成功没有显著关系，也就是说投资人对借款人不存在地域歧视。这两项互相矛盾的研究结论再次说明了系统性、全面性研究的重要性以及研究结论使用时的慎重性与语境，值得中国研究者给予非常的重视。

（四）关于P2P网贷平台投资人的行为研究

Lauri Puro等（2011）利用Prosper平台的交易数据，根据投资人的出标时间和利率等将竞标行为分成九大类，发现投资人会根据自己的学习经验调整自己的竞标策略。Mild等（2014）通过回归分析认为，丹麦P2P网贷平台中投资人未能将借款人信息转化为恰当的市场行为，即根据借款风险来要求合理的借款利率。廖理、李梦然、王正位（2014）以人人贷的交易数据为样本，对非完全市场化利率进行了实证研究，结果表明（非完全市场化的）利率能够部分反映借款人的违约风险，但仍有相当比例的违约风险未被反映在利率当中；进一步研究发现市场中的投资人是聪明的，他们能够借助借款人的公开信息来识别相同利率下所包含的不同违约风险。

对投资人羊群行为的研究，Michal Herzenstein等（2011）、Eunkyoung Lee和Byungae Lee（2012）、郭阳（2014）、曾江洪和杨帅（2014）通过实证研究发现P2P网贷平台投资人存在羊群行为。但Michal Herzenstein等（2011）、曾江洪和杨帅（2014）进一步发现这些借款行为是一种策略性的羊群行为，即他们不会盲目模仿前期投资人的投资决策，而是通过观察别人的投资决策是否可信赖并结合一些公开借款人信息来综合判断。

（五）关于P2P网贷行为的影响因素研究

通过对美国的Prosper网贷平台上的交易数据进行实证研究，Puro等（2010）、Haewon Yum等（2012）、Lin等（2013）分别发现降低借款人的借款额度、提供借款人的硬信息（经济情况、身份信息等）、软信息（社交网络等信息）会提高平台的借款成功率。Pierre Ly和Geri Mason（2012）则从平台的借款项目角度出发，发现平台上借款项目数量越多、信息相似的借款项目越多、投资人数量越少，导致标满所需要的时间也越长，最后的借款成功率也会降低。

温小霓、武小娟（2014）对拍拍贷借款成功率的影响因素进行回归分析发现：借款利率、借款人历史失败次数与借款成功率呈负相关关系；借款金额、历史成功次数、信用积分（包括借入信用积分和借出信用积分）、审核项目数与借款成功率呈正相关关系；男性、用户住宅情况为自置有按揭更容易成功借款；年龄、教育情况、婚姻情况对借款结果几乎没影响。作者的“由于借款金额和借出信用数值较大，分析过程出现异常，因此选用其对数进行研究以缩小取值范围”这一观点也值得商榷，取对数以后改变了数据的原有结构，回归的线性模型实际上也不代表线性关系，而是代表非线性的指数模型。

丁婕、陈冬宇（2012）在借款期限、借款金额、借出信用积分对借款成功率的影响分析中得出的结论与温小霓、武小娟（2014）的结果相同。同样基于拍拍贷的交易数据，宋文和韩丽川（2013）、赵乐峰和杨兆廷（2013）却得出不一致的结果。赵乐峰和杨兆廷（2013）认为，借款金额对最后借款成功率的影响为负；宋文和韩丽川（2013）则认为借出信用积分和借款金额对最后的借款成功率没什么影响，借款利率和年龄对最后的借款成功率的影响为正。这可能跟样本数据的时间跨度长短、数据量的大小等标准不统一有关，这警示中国研究者要避免以偏概全、盲人摸象的偏误。

王会娟、何琳（2015）实证研究了借款描述对网贷借贷行为的影响，发现在控制其他变量的条件下，借款描述显示的借款人的人格变量（诚信、成功、勤奋、踏实、经济困难、情义六个维度）越多，越能吸引投标人的注意，达到满标的时间越短，借款人越容易借款成功。此外，张正平、胡亚男、胡夏露（2015）通过构建结构方程发现借款人的社会资本和财务因素对借款人的成功率也有显著影响。上述研究都是从借款人自身的硬信息和软信息等对最后借款成功的影响进行分析，王会娟、廖理（2014）则从平台的信用认证机制对借贷行为的影响这一角度出发，利用人人贷的交易数据，发现借款人的信用评价越高、借款人提供必要的信用认证指标、采用线上和线下相结合的实地信用认证方式更容易借款成功。

宋文和韩丽川（2013）利用拍拍贷的交易数据进行实证研究，结论是借入信用分、借款成功次数、借款年利率、流标次数、认证总分、性别、借出信用分、所在地、年龄段对借款者是否逾期有较大影响。陈霄、丁晓裕和王贝芬（2013）对808信贷平台的交易数据进行回归分析，发现借款人的信用等级、生活状况、居住地区、收入、成功借款次数和按时还款次数与借款人逾期率呈现显著负相关关系；逾期还款次数、受教育水平、借款利率、借款时间和提前还款次数与借款人逾期呈现显著正相关关系；有无银行逾期、借款金额、投标笔数对借款人逾期不存在显著影响，该文样本是135名借款人的信息（72名逾期还款人、63名成功还款人），数据量太小，据此得出的结论难免以偏概全。

缪莲英和陈金龙（2014）则从软信息的角度出发，将推荐信任、小组关系、朋友关系作为社会资本的替代变量，指出这些软信息能够显著降低借款人的违约风险。

三、中国P2P网贷市场有效性的检验

（一）数据与指标

本文把P2P网贷借款人每一次借款披露的全部信息叫作一条（借款）记录。由于目前中国没有P2P网贷信息披露细则，P2P网贷借款记录的信息内容由各个P2P网贷平台自行决定，借款记录的信息不完整、不全面现象较为普遍。我们艰苦地收集了中国目前信息披露最完整的某P2P网贷平台的全部（时间为2011年6月7日~2015年5月7日）95422条真实交易记录的数据，每一条记录都含有借款人的20多项信息（感兴趣的读者可来信索取），它包括94252条成功的借款记录和1170条流标的借款记录。为保证数据真实、有效，我们剔除大量重复出现的用户、信息缺失（如籍贯、性别、婚姻等）用户及借款金额、借款利率的离群点（中位数±3倍标准差）后得到56139条借款记录（形成数据库1，描述统计见表3，表2是各指标定义），它包括55161条成功的借款记录和978条流标的借款记录。在数据库1中进一步剔除月收入为“暂无信息”和“不详”的借款记录后获得40616条借款记录（形成数据库2，描述统计见表4），它包括40046条成功的借款记录和570条流标的借款记录，数据库2的每条记录均包含借款人月收入信息，而数据库1则有15523条记录（15523 = 56139 - 40616）或27.65%（=15523/56139）的记录没有月收入信息。

各个指标及其定义如表2所示。

表2 指标的定义

指标		定义
借款人本次交易信息	年化利率	借款人为筹得资金所需支付的融资成本
	借款金额	借款人发布的借款标的对应的金额（元）
	借款期限	借款的时间期限（月）
	满标人数	一个借款标的达到满标状态时投资人的数量

续表

指标		定义
借款人当前信息	性别	男性赋值1，女性赋值0
	婚姻	有配偶赋值1，无配偶（丧偶、离婚、未婚）赋值0
	文化程度	小学及其他、职专中专或高中、大专或本科、研究生（硕士、博士）分别赋值1、2、3、4
	社保	有社保赋值1，无社保赋值0
	住房	拥有三套及以上商品房赋值3，两套商品房赋值2，自建房和一套商品房赋值1，无房和租房赋值0
	购车	有车赋值1，无车赋值0
	子女	有子女赋值1，无子女赋值0
	籍贯	东部11省市赋值3（包括辽宁、河北、天津、北京、山东、江苏、上海、浙江、福建、广东、海南）；中部9省区赋值2（包括山西、吉林、黑龙江、安徽、江西、河南、湖北、湖南、内蒙古）；西部11省、市、区赋值1（包括四川、重庆、贵州、广西、云南、西藏、陕西、甘肃、青海、宁夏、新疆）
	月收入	在55161条成功的借款中，有月收入信息的赋值1，暂无收入信息和收入信息不详的赋值0；在40046条有收入信息的成功借款记录中，月收入1000~4000元、4001~8000元、8001~14000元、14001~22000元、22001~45000元、45000元以上的分别赋值1、2、3、4、5、6
借款人以往交易信息	银行逾期	借款人有以往银行逾期行为赋值为1，反之则为0
	借款成功	借款人在网贷平台以往借款成功的次数
	流标次数	借款人在网贷平台以往借款失败的次数
	待还笔数	借款人在网贷平台未偿还的借款笔数
	提月还款	借款人提前一个月还款的次数
	提前三天	借款人提前三天还款的次数
	按时还款	借款人在还款过程中按时还款的次数
	逾期笔数	借款人在网贷平台借款逾期的笔数
	逾期未还笔数	借款人在逾期一定时间内仍然未还款的笔数

表3 数据库1——56139条借款人信息描述统计

指标	978户失败借款用户					55161户成功借款用户				
	平均值	中位数	标准差	最小值	最大值	平均值	中位数	标准差	最小值	最大值
年化利率（%）	16.0153	15.60	1.93219	8.80	22.00	18.3500	18.00	2.89238	9.00	26.00
借款金额（元）	10164.74	5000	15501.943	500	150000	30508.55	9400	64962.688	500	370000
借款期限（月）	1.26	1	0.906	1	6	2.07	1	1.731	1	12
满标人数						8.28	4	13.52	1	164
性别	0.80	1	0.404	0	1	0.82	1	0.388	0	1
婚姻	0.78	1	0.414	0	1	0.83	1	0.374	0	1
文化程度	2.61	3	0.871	1	4	2.72	3	0.754	1	4
社保	0.87	1	0.332	0	1	0.77	1	0.419	0	1
住房	1.12	1	0.605	0	3	1.22	1	0.672	0	3
购车	0.61	1	0.489	0	1	0.67	1	0.470	0	1
子女	0.48	0	0.500	0	1	0.56	1	0.496	0	1
籍贯	2.39	3	0.745	1	3	2.63	3	0.639	1	3
月收入	0.59	1	0.493	0	1	0.73	1	0.446	0	1
银行逾期	0.17	0	0.378	0	1	0.15	0	0.354	0	1
借款成功（次）	311.18	159	495.982	0	2552	328.22	162	428.847	1	2601
流标次数	11.83	8	11.792	0	43	2.58	0	5.901	0	49
待还笔数	17.57	6	43.247	0	397	23.17	8	47.318	0	397
提月还款	0.04	0	0.278	0	4	0.03	0	0.331	0	10
提前三天	22.49	2	73.021	0	824	42.55	9	111.916	0	824
按时还款	306.48	155	496.156	0	2551	428.63	298	454.288	0	2609
逾期笔数	9.81	1	57.783	0	620	12.38	0	62.733	0	620
逾期未还笔数	4.33	0	37.659	0	397	7.76	0	43.034	0	397

表 4　数据库 2——40616 条借款人信息（剔除 15523 条月收入"暂无信息"和"不详"后）描述统计

指标	570 户失败借款用户					40046 户成功借款用户				
	平均值	中位数	标准差	最小值	最大值	平均值	中位数	标准差	最小值	最大值
年化利率（%）	16.3060	15.70	2.33029	8.80	24.00	19.02	20.00	2.861	11	26
借款金额（元）	8028.14	5000	8365.625	500	71000	35143.77	10000	71708.28	500	380000
借款期限（月）	1.43	1	1.160	1	6	2.40	1	1.868	1	12
满标人数						9.37	4	14.812	1	164
性别	0.81	1	0.391	0	1	0.79	1	0.405	0	1
婚姻	0.76	1	0.426	0	1	0.85	1	0.360	0	1
文化程度	2.81	3	0.636	1	4	2.80	3	0.642	1	4
社保	0.84	1	0.368	0	1	0.73	1	0.443	0	1
住房	1.22	1	0.735	0	3	1.26	1	0.704	0	3
购车	0.57	1	0.495	0	1	0.68	1	468	0	1
子女	0.55	1	0.498	0	1	0.59	1	0.491	0	1
籍贯	2.26	3	0.820	1	3	2.62	3	0.644	1	3
月收入	2.66	2	1.291	1	6	3.72	4	1.472	1	6
银行逾期	0.11	0	0.316	0	1	0.11	0	0.315	0	1
借款成功（次）	232.08	125	339.931	0	2552	304.70	124	423.061	1	2601
流标次数	11.32	6	12.706	0	43	1.96	0	5.171	0	49
待还笔数	17.22	7	49.452	0	397	25.98	9	52.872	0	397
提月还款	0.07	0	0.363	0	4	0.04	0	0.385	0	10
提前三天	33.66	2	93.082	0	824	52.13	11	128.407	0	824
按时还款	243.65	107	391.577	0	2551	446.06	294	467.151	0	2609
逾期笔数	13.05	0	74.924	0	620	16.15	0	73.119	0	620
逾期未还笔数	7.43	0	49.113	0	397	10.66	0	50.194	0	397

通过表 3 和表 4 的描述统计，可以看到失败借款人和成功借款人之间的

一些显著特点：

（1）年化利率：失败借款人的年化利率无论是均值、中位数还是最小值、最大值，都低于成功借款人的年化利率2个百分点以上，说明在P2P网贷市场，投资人在规避风险的同时依然很看重实际收益率，当借款人设置的借款利率低于一定值时可能会导致自身借款的失败。

（2）借款金额：失败借款人借款金额的中位数和均值都远小于成功借款人。

（3）借款期限：失败借款人的借款期限均值比成功借款人的借款期限均值要小。

（4）满标人数：一个成功的借款标的平均需要8~9个人，出现频数最多的满标人数是4人。

（5）流标次数、提前三天和按时还款：成功借款人的还款行为表现要比失败借款人好很多，投资人倾向于那些过往流标次数少、提前和按时还款的借款人。

（6）有无子女：表3中失败借款人子女的均值和中位数都要比成功借款人的小，说明投资人更倾向于信任有子女和家庭的借款人。

（7）月收入：表4中失败借款人的月收入要比成功借款人的月收入低1个等级（平均值2.66/3.72）或2个等级（中位数2/4），表明投资人在做出投资决定时很关注借款人的月收入这一重要的还款来源，借款人收入越高，还款额度占月收入的比例就越低，还款能力就越好。

（二）市场有效性的统计检验

设 $\{z_i\}$ 和 z 是随机变量，$\{z_i\}$ 独立且与 z 同分布，若对任意正整数 n，存在常数 $a_n>0$ 和 b_n，使得 $\sum_{i=1}^{n} z_i$ 与 $a_n z+b_n$ 的分布相同，则称 z 服从稳定帕累托分布。以对数形式表现的稳定帕累托分布族的特征方程为：

$$\log(f(t)) = i\delta t - \gamma|t|^{\alpha}(1 + i\beta(t/|t|)\tan(\alpha\pi/2))$$

式中，t 是任意实数。稳定帕累托分布有4个参数，即 α、β、γ、δ，其中 α 称为分布的特征指数，它决定了分布尾部的高度或者说尾部所包含的全部概率，其取值范围是 $0<\alpha\leqslant2$。当 $\alpha=2$ 时，相应的稳定帕累托分布就是正态分布，代表有效市场。当 $0<\alpha<2$ 时，稳定帕累托分布的极端尾部段的高度明显高于正态分布，并且 α 随着值变小，这种“超高”现象越

发明显，代表分形市场。

在EMH下，资本市场的价格变化相互独立，服从随机游走规律并遵循普通布朗运动（Brownian Motion，即若随机函数X：$t \to X(w, t)$ 满足以下条件：$X(0)=0$，$X(t)$ 是t的连续函数；对任意 $t \geq 0$ 和 $h>0$，增量 $X(t+h)-X(t)$ 服从均值为0、方差为h的正态分布；如果 $0 \leq t_1 \leq t_2 \leq \cdots \leq t_{2m}$，则增量 $X(t_2)-X(t_1)$，…，$X(t_{2m})-X(t_{2m-1})$ 相互独立，则称随机过程 $X[0, \infty) \to R$ 为布朗运动）方式，收益率呈现正态分布（$\alpha=2$的稳定帕累托分布）。EMH认为所有的信息都反映在价格中，市场价方式格运动服从随机游走，每一时间段的价格运动都与前一时间段无关。

1. *偏度峰度检验法*

选取样本均值、样本标准差、偏度、峰度作为正态性检验的指标。其中样本均值代表55161条成功借款人年化利率的平均水平；标准差代表年化利率分布的离散程度，用来衡量利率的波动程度。偏度与峰度度量的是实际概率分布与正态分布偏离的程度，正态分布的偏度是0，偏度为正说明实际概率分布右偏，偏度为负说明实际概率分布左偏；正态分布的峰度是0，峰度大于0说明实际概率分布具有尖峰厚尾的特征。55161条成功借款人年化利率的均值、中位数、众数、标准差、峰度、偏度、极小值、极大值等统计检验结果见表5，频率直方图见图1。

表5　成功借款人年化利率的描述统计

样本量	样本均值	样本中位数	众数	样本标准差	偏度	峰度	极小值	极大值
55161	18.3500	18.00	22.00	2.89238	0.126	-1.292	9.00	26.00

由表5可以看出，成功借款人的年化利率分布的偏度为0.126，接近0，但受极端值的影响，峰度为-1.292，远小于0。图1是成功借款人的年化利率的频率直方图，图中的曲线即是正态分布曲线。

从图1可以看出，年化利率在均值附近比正态分布有更大的密度，因此收益率分布不是正态分布，说明中国P2P网贷市场不是强式有效市场。

2. K-S *检验法*

为进一步验证年化利率是否服从正态分布，采用K-S检验法进行正态性检验。步骤是：

H0：成功借款人年化利率总体的累积概率分布函数服从正态分布。

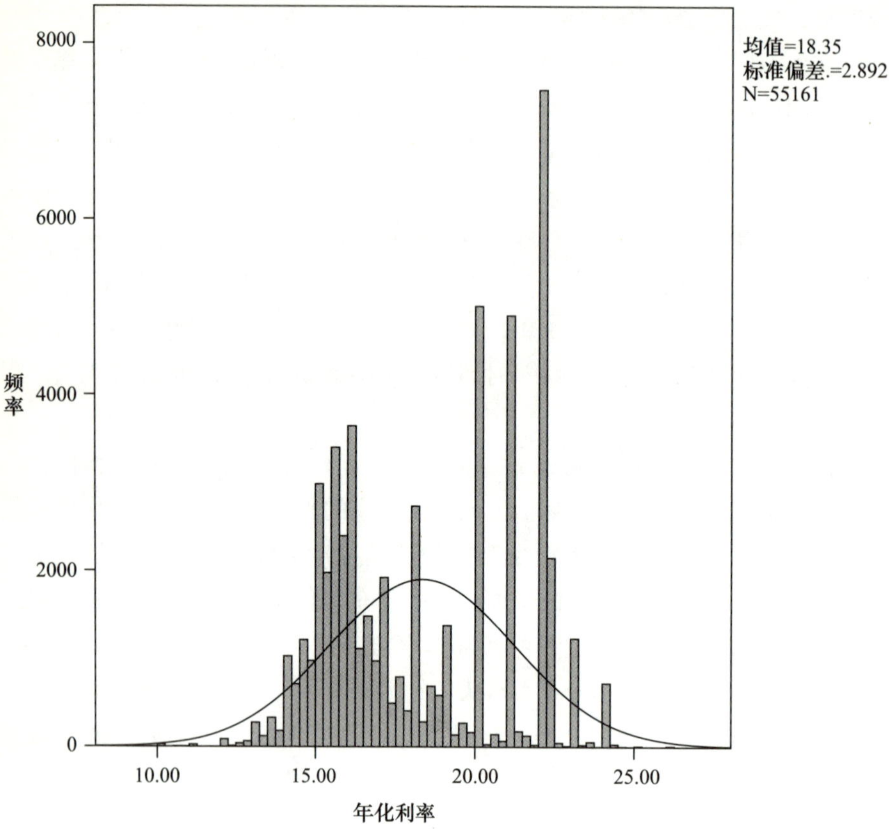

图1　成功借款人的年化利率直方图与正态分布密度函数

H1：成功借款人年化利率总体的累积概率分布函数不服从正态分布。

假设年化利率服从正态分布，运用K－S检验法进行检验的结果见表6。

表6　年化利率的正态性检验结果

K－S的Z统计量	30.608	P－Value	0.000

成功借款人的年化利率双侧检验原假设成立的概率值p＝0.000，远小于0.05，因此拒绝年化利率的分布是正态分布的原假设，表明年化利率的分布与正态分布有显著差异，中国P2P网贷市场不是强式有效市场。

下面使用计量模型方法进行半强式、弱式有效市场研究。

（三）市场有效性的计量研究

1. 半强式有效市场检验

中国P2P网贷市场的半强式有效是指交易价格（年化利率）已充分反映出借款人的所有公开信息。这里借款人的所有公开信息包括银行逾期、借款成功次数、借款成功次数占比（借款成功次数/（借款成功次数+流标次数），这里用借款成功次数占比替换了流标次数指标）、按时还款、待还笔数、提前还款、提月还款、逾期笔数、逾期未还笔数、借款金额、借款期限、籍贯、性别、婚姻状况、文化程度、月收入、社保、住房、购车、子女等。以借款人的年化利率（Interest Rate，IR）为被解释变量，借款人的所有公开信息为解释变量，建立模型如式（1）：

$$IR = \beta_0 + \sum \beta_i X_i + \varepsilon_i \tag{1}$$

式中，β_0 代表常数项，X_i 为借款人的所有公开信息指标，ε_i 代表随机扰动项。

对表2中借款人的所有公开信息变量进行异方差检验，发现存在异方差，用加权最小二乘法修正后的模型1（55161条记录）最终选定了8个解释变量，使用40046条记录的（命名为）模型2选定了4个解释变量，都通过了自相关检验和多重共线性检验，回归结果如表7所示。

表7 半强式有效市场的计量检验

	模型1		模型2	
	系数	t－statistics	系数	t－statistics
常量	5.528***	6082.390	16.6152**	287282.0
借款期限	0.957***	95061.64	0.985***	17042.54
婚姻			0.0589***	2970.214
文化程度	－0.236***	－28671.80		
籍贯	0.399***	24736.44		
银行逾期			－0.233***	－189.843
借款成功	－0.001***	－194669.1		
借款成功次数占比	0.109***	11493.15		
提月还款	0.580***	571.8466	0.472***	4885.555
提前三天	－0.0014***	－3316.871		

续表

	模型1		模型2	
	系数	t - statistics	系数	t - statistics
逾期未还笔数	0.005 ***	189.3339		
DW	1.999		1.995	
调整 R^2	1		1	
F统计量	2.05×10^{10}		2.55×10^{10}	
obs × R - squared	4.485052		1.659	
prob.（Chi - Square）	0.998		0.894	

注：*** 代表在1%的水平下显著。

其中，obs × R - squared 为异方差性检验—怀特（White）检验中的怀特统计量，它是辅助回归（对上述原有模型做普通最小二乘回归后得到$\tilde{e}_i^2$，再将$\tilde{e}_i^2$ 与上述各自变量及其交叉项等做线性回归）的可决系数 R^2 与样本容量 n 的乘积，prob.（Chi - Square）为怀特检验中的 p 值，远大于 0.05，消除了异方差。

由表7可以看出，借款人的各项信息都在1%的水平下显著。具体而言，我们发现借款人的借款期限越长，中间还款过程存在的变数也就越大，借款利率也就是本次借款的融资成本也就越高；籍贯在模型1中显著为正，东部地区经济比较发达，资金紧张，因此东部借款人的融资成本较高；婚姻在模型2中显著为正，也就是说已婚人士的融资成本较高；借款人的受教育程度越高越能降低其融资成本；银行逾期在模型2中显著为负，可能的解释是有过银行逾期记录的借款人由于遭受过银行逾期带来的负面影响，因此会更加注重自己在P2P网贷平台的信誉，同时投资人认为有过银行逾期记录的借款人的各项信息已经被银行核实，因此对此类借款人也有一定的投资信任；借款人以前借款成功次数和提前三天还款次数越多，融资成本越低；借款人的逾期未还笔数系数显著为正，说明借款人以前的违约行为会导致此次借款成本的提高。模型的 R^2、F、DW 值均非常符合计量模型的要求，年化利率能够反映借款人的大部分公开信息，但两个模型中，借款成功次数占比较高、提月还款次数较多的借款人的借款利率也会较高，这两个变量正的系数不符合经济意义上的预期，这可能反映出中国P2P网贷市场还未达到半强式有效。

2. 弱式有效市场检验

中国P2P网贷市场的弱式有效是指交易价格（年化利率）已充分反映出网贷平台借款人的所有历史交易信息，这些信息有银行逾期、借款成功次数、借款成功次数占比、按时还款、待还笔数、提前还款、提月还款、逾期笔数和逾期未还笔数等历史交易信息。因此这里以借款的年化利率（Interest Rate，IR）为被解释变量，借款人的所有历史交易信息为解释变量，建立模型如式（2）：

$$IR = \beta_0 + \sum \beta_i X_i + \varepsilon_i \tag{2}$$

式中，β_0 代表常数项，X_i 为借款人的所有历史交易信息指标，ε_i 代表随机扰动项。

由于这些变量间存在异方差，用加权最小二乘法修正后的模型3最终选定了6个解释变量，剔除了银行逾期、待还笔数和逾期笔数，余下的解释变量也通过了自相关检验和多重共线性检验，最终的回归结果如表8所示。

表8　弱式有效市场的检验

	模型3	
	系数	t - statistics
常量	4.010***	20758.06
借款成功	-0.009***	-220138.4
借款成功次数占比	0.1426***	72986.32
提月还款	0.8093***	113.6118
提前三天	-0.0005***	-1001.222
按时还款	0.0076***	184109.6
逾期未还笔数	-0.0096***	77.6633
样本个数	55161	
DW	1.999	
调整 R^2	1.000	
F统计量	9.62×10^{10}	
obs × R - squared	0.20195	
prob.（Chi - Square）	1.000	

注：***代表在1%的水平下显著。

由表8可以看出，借款人的所有交易信息都在1%水平下显著。具体而言，我们发现借款人以前在网贷平台借款成功次数和提前三天还款次数越多，此次的借款利率也就使融资成本越低。此外模型中，借款成功次数占比高、按时还款和提月还款次数越多的借款人的融资成本竟然很高，而逾期未还笔数越多的借款人的融资成本竟然会比较低，由此看出借款成功次数占比、按时还款、提月还款和逾期未还笔数系数的符号不符合经济意义符号预期，结合模型的 R^2、F、DW 值均非常符合计量模型的要求，我们判断这可能反映了中国 P2P 网贷市场还未达到弱式有效。

统计检验结果表明，中国 P2P 网贷市场不是强式有效的；计量模型结果表明，中国 P2P 网贷市场非常可能不是半强式有效的，也非常可能不是弱式有效的，当然也不会是强式有效的了。

四、中国 P2P 网贷市场有效性的再讨论

以上研究了中国 P2P 网贷市场的有效性，下面我们研究中国 P2P 网贷市场的投资人是否理性，借款人借款成功的影响因素有哪些。

（一）中国 P2P 网贷市场投资人理性的分析

本节将进一步探究中国 P2P 网贷市场投资人是否理性，也就是他们能否通过借款人的公开信息来获取较大收益并有效地规避风险。这里我们以满标人数（Investors Number，INUM）作为衡量投资人是否能有效规避风险的指标，以此为被解释变量，借款人的公开信息为解释变量，见式（3）：

$$INUM = \beta_0 + \sum \beta_i X_i + \varepsilon_i \tag{3}$$

式中，β_0 代表常数项，X_i 为借款人的所有公开信息指标，ε_i 代表随机扰动项。

表9 投资人理性与否的检验

	模型4（55161条记录）		模型5（40046条记录）	
	系数	t - statistics	系数	t - statistics
常量	8.763***	8805.763	-16.855***	-38758.87
借款利率			1.033***	197985.6

续表

	模型4（55161条记录）		模型5（40046条记录）	
	系数	t - statistics	系数	t - statistics
借款期限			0.246***	28405.74
子女	0.024***	469.151		
月收入			3.025***	471616.9
借款成功次数占比			-0.053***	-13646.37
提月还款	-0.135***	-21.019		
提前三天	-0.012***	-767.841		
DW	2.007		1.991	
调整 R^2	0.916		1.00	
F统计量	1.99×10^5		1.55×10^{11}	
obs × R - square	1.867		0.000326	
prob. (Chi - Square)	0.932		0.986	

注：***代表在1%的水平下显著。

由于原模型存在异方差，用加权最小二乘法修正后的模型4最后选定了3个解释变量，模型5选定了4个解释变量，通过了自相关检验和多重共线性检验的回归结果如表9所示。

根据表9，我们发现：在模型5中，借款期限显著为正，说明借款人的借款期限越长，投资人越谨慎，选择投资较小的金额，因此一个这样的借款标的需要更多的投资人投资才能满足其资金需求；借款利率通过了显著性检验且系数为正，说明当借款利率高到一定程度时，投资人会怀疑借款人的还款能力而选择慎重投资，因此导致满标所需要的投资人人数也就越多；借款成功次数占比的系数显著为负，说明借款人以往良好的借款成功记录会给投资人信心，因此更容易吸引投资人；在模型4中，提前三天和提月还款的系数均显著为负，表明投资人更青睐那些有提前还款行为的借款人。两个模型中，有子女的、月收入越高的借款人吸引投资人的能力反而越弱，这两个变量系数的符号不符合经济意义符号预期，说明投资人不是完全理性的，这可能说明了中国P2P网贷市场不是有效市场。

（二）借款人借款成功的影响因素分析

前面研究表明中国P2P网贷市场的投资人不是完全理性的，但他们大多能够根据借款人的公开信息来规避风险，现在从借款人的角度出发研究借款成功的影响因素。“好”的借款人和“差”的借款人最后能否成功借到款（“好”的借款人是指其显示出较好的信用信息，以及月收入较高、有社保、有房、车等）。研究对象是55161条成功的借款和978条流标的借款；剔除月收入为“暂无信息”和“不详”借款后的40046条成功的借款和570条流标的借款。在对变量进行处理时我们将成功借款的赋值为1，流标的赋值为0。因此，被解释变量只存在两个状态，成功就是1、不成功则为0。

我们采用二分类Logistic回归对数据进行分析，来研究多个解释变量对被解释变量（最终的借款结果）的影响。Logistic模型的数学表达如式（4）所示，其中p为事件发生的概率。

$$\ln\frac{p}{1-p}=\alpha+X\beta+\varepsilon \tag{4}$$

本部分建立的回归模型如下：

$$Z=\ln\frac{p}{1-p}=\beta_0+\sum\beta_i X_i+\varepsilon_i \tag{5}$$

式中，β_0 代表常数项，X_i 为借款人的所有公开信息指标，ε_i 代表随机扰动项。

通过逐步回归和消除多重共线性后的回归结果如表10所示。

表10 借款人借款成功与否回归结果

	模型6		模型7	
	系数	Wals	系数	Wals
常量	-14.638***	870.286	-14.069***	525.252
借款利率	0.313***	305.931	0.330***	148.829
借款金额			0.000***	7.818
借款期限			-0.180***	13.097
文化程度	0.280***	40.717		
社保	-0.346***	10.229		
住房			-0.254***	13.151
购车	0.188***	6.48		
籍贯	0.231***	22.736	0.359***	34.498
月收入			0.234***	30.898
借款成功			0.001***	14.483
借款成功次数占比	0.127***	1078.531	0.118***	564.533

续表

	模型 6		模型 7	
	系数	Wals	系数	Wals
提月还款	-0.310***	24.971	-0.303***	23.455
逾期未还笔数	-0.004***	12.198	-0.005***	22.049
样本个数	56139 = 55161 + 978		40616 = 40046 + 570	

注：***代表在1%的水平下显著。

从表10我们发现：模型7中，借款金额的系数在1%的水平下显著为0，说明借款金额小到500元，大到几十万元，都在投资人的接受范围之内，表明借款人的借款金额不会影响到最后的借款结果；借款期限系数显著为负，说明借款人的借款时间越长，借款人在其中受到的各种不确定因素影响也就越强，因此越不容易借款成功；借款利率的系数在两个模型中均显著为正，说明年化利率越高，借款人越有可能借款成功；籍贯系数在两个模型中均为正，表明经济发达的东部地区的借款人更容易受到投资人的青睐。模型6中的文化程度在1%的水平下显著为正，说明借款人的教育程度越高越容易获得借款。月收入在模型7中的系数也显著为正，说明借款人的收入越高，越能借款成功；有无购车的系数在模型6中显著为正，说明有车的借款人会更容易借款成功；借款成功次数和借款成功次数占比系数都为正，说明借款人以前成功的借款记录会吸引投资人投资；逾期未还笔数在两个模型中显著为负，说明有逾期还款记录的借款人不容易借款成功。另外，有无社保、有无住房和提月还款三个变量系数的符号不符合经济意义符号预期，这可能是中国P2P网贷市场的无效性造成的。

五、研究结论、展望与建议

本文在金融市场有效性理论的基础上，定义了P2P网贷市场有效性概念，对中国P2P网贷市场的有效性进行了实证研究，统计检验结果表明中国P2P网贷市场不是强式有效的；计量模型结果表明中国P2P网贷市场不是半强式有效的，也不是弱式有效的，当然也不会是强式有效的了；通过对中国P2P网贷市场有效性的再讨论发现中国P2P网贷投资人不是完全理性的，相对于风险规避，他们更看重收益率；中国 P2P 网贷市场中“好”的借款人更容易借到款，“差”的借款人更不容易借到款。

本文上述所有研究都是在 P2P 网贷市场有效性（$\alpha = 2$ 的稳定帕累托分布即正态分布）框架下进行的，文中也提到了与该框架相并列的分形市场框架（$\alpha < 2$），我们期待并展望未来的关于 P2P 网贷市场的研究会在分形市场框架下进行。

结合实证研究，我们认为当前中国 P2P 网贷市场的发展有下列亟须解决的问题，供政府监管部门及 P2P 网贷市场参与各方参考：

（1）当前我国 P2P 网贷行业发展的症结在于信用制度的不完善、不健全，信用体系是 P2P 网贷行业长期健康规范发展的必要前提。发达国家都拥有比较成熟的社会信用体系，Lending Club 的上市就得益于美国完善的金融机制和信用体系。英、美等国家有着完善的个人信用认证体系，商业信用公司收集来自各个领域的众多个人信息，如个人的信用记录、银行账号等资料，再进行周密的计算分析等，形成具有商业价值的信用产品。网贷行业的快速发展催生了对信用的迫切需求，美国等发达国家关于信用市场化的运作方式及开放式值得我们学习和借鉴。然而，我国信用体系构建不完善，只有银行等金融机构可从央行获得个人和公司的信用报告，因此政府应联合其他资源建立个人信用数据库、完善个人信用认证系统。2015 年 1 月 5 日，央行发布了《关于做好个人征信业务准备工作的通知》，这意味着我们每个人的信用度将会受到广泛记录和监督，这一新规也将会更加规范化地改善中国 P2P 网贷平台，使其投资风险进一步降低。

（2）截至目前，中国有关监管部门还没有出台中国 P2P 网贷市场关于信息披露的监管细则，网贷市场普遍存在借款人信息披露不规范、不全面的现象，更有个别 P2P 网贷平台利用信息不对称，虚构借款人信息，发布虚假标的进行自融、建立资金池，信息披露不全面、不真实已经成为中国 P2P 网贷行业亟待解决的问题。2015 年 1 月 21 日，大公国际资信评估有限公司公布了一份包含 266 家 P2P 网贷平台的互联网金融网贷平台黑名单和包含 676 个 P2P 网贷平台的预警名单。在报告中，信息披露不真实、不全面被认为是成为预警名单的问题之一。因此，中国 P2P 网贷平台应该提供透明、真实、全面的信息给借贷双方，减少信息不对称带来的风险，同时平台自身也应该在不涉及商业机密的条件下，公开部分财务数据，使潜在投资人和借款人对平台有更清晰的了解。随着 P2P 网贷行业发展的日趋成熟，重视信息披露是网贷行业的大势所趋，P2P网贷平台应遵循真实、准确、完整原则，做好信息充分、及时、有效的披露，使平台在以后迎来新的发展机遇，提高中国P2P网贷市场的有效性，促进中国P2P网贷市场的健康发展。

参考文献

[1] Andreas Mild, Martin Waitz, Jürgen Wöckl. How Low Can You Go? —Overcoming the Inability of the Lenders to Set Proper Interest Rates on Unsecured Peer – to – Peer Lending Markets [J]. Journal of Business, 2009 (1): 1 – 14.

[2] Eugene F. Fama. Random Walk in Stock Market Prices [J]. Financial Analysts Journal, 1965, 21 (5): 55 – 59.

[3] Eunkyoung Lee, Byungae Lee. Herding Behavior in Online P2P Lending: An Empirical Investigation [J]. Electronic Commerce Research and Application, 2012, 11 (5): 495 – 503.

[4] Haewon Yum, Byungtae Lee, Myungsin Chae. From the Wisdom of Crowds to My Own Judgment in Microfinance through Online Peer – to – Peer Lending Platforms [J]. Electronic Commerce Research and Application, 2012 (11): 469 – 483.

[5] Lauri Puro, Jeffrey E. Teich, Hannele Wallenius, Jyrki Wallenius. Borrower Decision Aid for People – to – People Lending [J]. Decision Support Systems, 2010 (49): 52 – 60.

[6] Lauri Puro, Jeffrey E. Teich, Hannele Wallenius, Jyrki Wallenius. Bidding Strategies for Real – life Small Loan Auction [J]. Decision Support Systems, 2011 (51): 31 – 41.

[7] Lin M., N. R. Prabhala, S. Viswanathan, Judging Borrowers by the Company They Keep: Social Networks and Adverse Selection in Online Peer – to – peer Lending [J]. Management Science, 2013 (59): 17 – 35.

[8] Michal Herzenstein, Utpal M. Dholakia, Rick L. Andrews. Strategic Herding Behavior in Peer – to – Peer Loan Autions [J]. Journal of Interactive Marketing, 2011 (25): 27 – 36.

[9] Nataliya Barasinska, Dorothea Schafer. Are Women More Credit – constrained than Men? Evidence from a Rising Credit Marker [R]. Working Paper, German Institute for Economic Research, 2010.

[10] Nataliya Barasinska, Dorothea Schafer. Is Crowdfunding Different? Evidence on the Relation between Gender and Funding Success from A German Peer to Peer Lending Platform [J]. German Economic Review, 2010, 15 (4): 436 – 452.

[11] Pierre Ly, Geri Mason, Competition Between Microfinance NGOS: Evidence from Kiva [J]. World Development, 2012, 40 (3): 643 – 655.

[12] Pope D. G., J. R. Sydor. What Is in A Picture? Evidence of Discrimination from

Prosper. com [J]. The Journal of Human Resource, 2011 (46): 53-92.

[13] 陈霄，丁晓裕，王贝芬. 民间借贷逾期行为研究——基于P2P网络借贷的实证分析 [J]. 金融论坛，2013 (1): 65-72.

[14] 丁婕，陈冬宇. 中国P2P网络借贷平台及借款人行为研究——以拍拍贷为例 [D]. 西南财经大学博士学位论文，2012.

[15] 郭阳. 中国P2P小额贷款发展现状研究 [J]. 上海金融，2012 (12): 19-22, 120.

[16] 解保华，高荣兴，马征. 中国股票市场有效性实证检验 [J]. 数量经济技术经济研究，2002 (5): 100-103.

[17] 赖文炜，陈云. 沪深300股指期货市场弱式有效性检验 [J]. 商业研究，2015 (1): 47-52.

[18] 廖理，李梦然，王正位. 聪明的投资者：非完全市场化利率与风险识别——来自P2P网络借贷的证据 [J]. 经济研究，2014 (7): 125-137.

[19] 廖理，李梦然，王正位. 中国互联网金融的地域歧视性研究 [J]. 数量经济技术经济研究，2014 (5): 54-70.

[20] 廖理，刘碧波，郦金梁. 道德风险、信息发现与市场有效性 [J]. 金融研究，2008 (4): 146-160.

[21] 缪莲英，陈金龙. P2P网络借贷中社会资本对借款者违约风险的影响——以Prosper为例 [J]. 金融论坛，2014 (3): 9-15, 66.

[22] 祁斌，黄明，陈卓思. 机构投资者与市场有效性 [J]. 金融研究，2006 (3): 76-84.

[23] 钱炳. 借款人声誉对融资成本的影响研究——来自P2P网络借贷平台"拍拍贷"的经验证据 [J]. 东北大学学报（社会科学版），2015, 17 (2): 141-147

[24] 宋文，韩丽川. P2P网络借贷行为的实证研究 [D]. 上海交通大学博士学位论文，2013.

[25] 檀学燕. 基于制度变迁的中国股票市场有效性分析 [J]. 中央财经大学学报，2010 (9): 44-48, 166.

[26] 王会娟，何琳. 借款描述对P2P网络借贷行为影响的实证研究 [J]. 金融经济学研究，2015 (30): 77-85.

[27] 王会娟，廖理. 中国P2P网络借贷平台信用认证机制研究——来自"人人贷"的经验证据 [J]. 中国工业经济，2014 (4): 136-147.

[28] 王会娟. P2P网络借贷中出借人的投资策略 [J]. 金融论坛，2014 (10): 29-36.

[29] 王鹏，涂锦. 中国交易所债券市场有效性研究 [D]. 西南交通大学博士学位论文，2006.

［30］温小霓，武小娟．P2P 网络借贷成功率影响因素分析——以拍拍贷为例［J］．金融论坛，2014（3）：3－8.

［31］许涤龙，吕忠伟．深圳证券市场有效性的统计检验［J］．数量经济技术经济研究，2003（6）：158－161.

［32］曾江洪，杨帅．P2P 借贷出借人的羊群行为及其理性检验——基于拍拍贷的实证研究［J］．现代财经（天津财经大学学报），2014（7）：22－32.

［33］张正平，胡亚男，胡夏露．P2P 借款人融资可得性影响因素的实证研究——基于结构方程模型的检验［J］．北京工商大学学报（社会科学版），2015，30（2）：93－100.

［34］赵乐峰，杨兆廷．P2P 网络借贷融资可得性分析［D］．河北经贸大学博士学位论文，2013.

［35］朱孔来，李静静．中国股票市场有效性的复合评价［J］．数理统计与管理，2013，32（1）：145－154.

股灾期间沪深300股指期货的量价关系

——基于联立方程和分位数回归的实证研究*

陈 磊

（电子科技大学经济与管理学院，成都 611731）

一、引 言

2014年下半年至2015年6月，我国股市经历了一轮快速上涨，而后猛烈回调，产生断崖式下跌，甚至出现千股跌停的情况。投资者损失惨重，股灾显现，并波及股指期货市场。在股市暴涨暴跌的同时，在杠杆交易作用下，股指期货的涨跌更为严重。2015年6月底、7月初、8月底，沪深300股指期货当月合约多次出现跌停的状态。为应对股市及期市的暴跌，监管层采取了一系列的救市措施，中金所也在2015年9月2日对股指期货实施了严格的限仓措施。随着股市风险的释放以及救市措施作用的发挥，股市及期市自2015年9月开始止跌回升。由于股指期货采用双向交易机制、不存在卖空限制，市场上开始流传"股指期货是股市下跌的罪魁祸首"的观点。虽然缺乏必要的证据支持，但这些观点甚嚣尘上，流传甚广。为应对这一问题，有必要分析股灾期间股指期货市场投资者的交易行为，澄清股指期货市场在2015年股灾中的作用。量价关系成为考察投资者行为的方

* ［基金项目］国家自然科学基金（71301019）；中央高校基本科研业务费专项资金资助。

［作者简介］陈磊，男，1981年12月生，博士，电子科技大学经济与管理学院副教授，研究方向：期货市场微观结构。

式之一。

量价关系是指资产价格与交易量之间的关系，主要关注交易量与收益率之间的关系，或交易量与波动率之间的关系。如果交易量具有助涨助跌的作用，投资者在价格上涨和价格下跌时都愿意参与交易。如果交易量仅助涨不助跌，投资者更愿意在价格上涨时参与交易，推动价格进一步上涨。如果交易量仅助跌不助涨，投资者更愿意在价格下跌时参与交易，进一步打压价格。这实际上体现了投资者行为。此外，量价关系还可以反映市场效率，而且也是技术分析的重要基石（Karpoff，1987）。

从交易量与波动率的关系看，Clark（1973）提出的“混合分布假说”认为，市场上的信息流是交易量和波动率的共同驱动因素，因此交易量与波动率之间存在正相关关系。Copeland（1976）提出的“序贯信息到达假说”认为，信息序贯到达并在不同交易者之间逐步扩散，导致交易量和波动率同步增大。Harris 和 Raviv（1993）提出的“观念差异模型”指出，不同投资者对同一信息的判断存在差异，这导致了交易的发生，交易量与股价绝对变化呈现正相关关系。Wang（1994）提出的“理性预期模型”指出，投资者之间私人信息的不对称，导致交易量与股价绝对变化之间的正相关。虽然交易量与波动率之间的正相关是量价关系的一种体现，然而波动率并未区分由价格上涨所致或由价格下跌所致，这导致难以分析交易量的助涨助跌作用。从交易量与收益率的关系看，交易量本身并不能代表好消息（Good News）或坏消息（Bad News），导致交易量与收益率的关系并不明显。考虑到收益率分布信息或分位数信息可区分价格涨跌，量价关系的研究中开始引入了分位数回归，考察交易量对收益率的不同水平分位数的影响，通过回归系数的差别即可体现交易量对价格上涨和价格下跌的不对称作用。

股票市场上通常出现“股价上涨交易活跃、股价下跌交易萎靡”的现象，体现出交易量助涨不助跌的作用。这主要由股票市场的卖空限制所致，市场上关于股价的坏消息难以通过交易体现，阻碍了交易量的助跌作用。与股票市场不同，股指期货市场不存在卖空限制，多头和空头的交易成本是类似的。因此，股指期货市场的量价关系可能体现为交易量既助涨又助跌。从这个意义上讲，考察交易量与波动率的关系、考察交易量与收益率的关系应得到一致的结论。基于此，本文以 2015 年股灾为现实背景，从交易量与波动率、交易量与收益率两个角度考察沪深 300 股指期货的量价关系。

国内外学者针对期货市场的量价关系展开了一系列研究。Kocagil 和 Shachmurove（1998）、Wang 和 Yau（2000）、Wang（2002）对标准普尔 500 期货的研究均发现，股指期货交易量对波动率具有显著的正向影响。华仁海和仲伟骏（2002）、周志明等（2004）考察了我国商品期货市场的量价关系，发现交易量与波动率之间存在正相关关系，持仓量与波动率之间存在负相关关系，且未预期的交易量和持仓量对波动率具有更大的影响。陈星（2009）采用分位数回归考察了上海期货市场和伦敦期货市场的交易量与收益率之间的关系，发现上海金属期货的收益率和交易量呈现非对称的 V 型关系。何锋和张宗成（2009）采用分位数回归考察了大连商品交易所大豆期货的量价关系，发现大豆期货的交易量和收益率呈现对称的 V 型关系。陈耀辉等（2012）采用分位数回归考察了沪深 300 股指期货交易量、持仓量与波动率的关系，发现随着分位数水平的增加，交易量对绝对收益率的影响呈现倒 U 型关系，持仓量对绝对收益率的影响呈现 U 型关系。此外，张小勇和任德平（2013）采用高频数据考察沪深 300 股指期货的量价关系，将交易量划分为成交次数和平均交易头寸并结合已实现波动率建立相关模型，发现交易量与波动率之间具有明显的正相关关系，且平均交易头寸是量价关系的主要驱动因素。林祥友和代宏霞（2014）采用沪深 300 股指期货高频数据将交易量分解为开仓交易量、平仓交易量和换手交易量，分别考察这三类交易量和收益率及绝对收益率之间的因果关系。目前，尚未见相关研究在 2015 年股灾背景下从交易量与波动率、交易量与收益率两个角度考察沪深 300 股指期货的量价关系。

在股灾期间的界定上，2015 年 9 月 2 日中金所发布公告调整股指期货日内开仓限制标准（自 2015 年 9 月 7 日起，沪深 300、上证 50、中证 500 股指期货客户在单个产品、单日开仓交易量超过 10 手的构成“日内开仓交易量较大”的异常交易行为）。这种严格的限仓制度导致股指期货交易量呈现数量级的下降，可能影响量价关系。因此，本文以 2015 年 9 月 2 日作为样本期间的结束日期。为保证样本期间包含本轮股指期货暴涨暴跌的数据，本文采用已实现波动率的内生性断点检验确定 2015 年股灾的样本期间。针对交易量与波动率的关系，现有研究主要采用 GARCH 类模型或建立条件波动率与交易量的 VAR 模型。本文则基于高频数据计算已实现波动率，借鉴 Wang 和 Yau（2000）的思路，考虑交易量、买卖价差、波动率三者之间存在同期相互影响，建立交易量、买卖价差、波动率的联立方程模型来考察股指期货的量价关系。针对交易量与收益率的关系，本文建立分位数回归模型考察沪深300股指期货交易量、持仓量对收益率不同水平分位数的影响。

研究结果显示，交易量与波动率之间存在相互作用关系，二者呈现正相关。然而，交易量对价格涨跌具有不对称作用，表现为仅助跌不助涨。这预示着，在2015年股市和股指期货市场暴跌期间，投资者在股票市场的交易受限，主要通过股指期货的卖空交易来规避股价下跌风险，交易量加剧了股指期货价格下跌。本文的研究不仅揭示了投资者交易行为，也为股指期货市场的技术分析提供了重要参考。

本文其余内容安排如下：第二部分介绍模型与方法；第三部分展示实证数据；第四部分是实证结果及分析；第五部分总结全文，得到研究结论。

二、模型与方法

（一）内生性断点检验

股指期货市场的暴涨暴跌伴随着价格波动的增强。通过检验已实现波动率的内生性断点可有效识别本轮期市暴涨的起点，从而划分2015年股灾期间，避免样本选择的主观性。内生性断点是结构变化的一种特殊情形。结构变化在时间序列分析中占有重要地位（Hansen，2001）。Chow（1960）针对断点已知的情况，采用F统计量检验断点的存在性，提出了著名的"邹检验"。然而，实际研究中通常遇到断点未知的情况，邹检验不再适用。Quandt（1960）在每个可能的断点处进行"邹检验"，以F统计量的最大值设定断点位置。Andrews（1993）在此基础上提出了Quandt－Andrews统计量。Bai（1997）、Bai和Perron（1998）将Quandt－Andrews框架扩展到多断点的情况下，提出了相应的检验方法。

本文首先建立已实现波动率的回归方程，然后采用Bai和Perron（1998）方法检验内生性断点，并得到每个阶段的参数估计值。2015年9月7日后，受日内开仓限制标准影响，股指期货交易量大幅下降，量价关系可能产生变化。因此，研究样本期间设定为2010年4月16日至2015年9月2

日。经ADF检验，已实现波动率（自然对数形式）为平稳序列。考虑到已实现波动率可能存在自回归效应，令总样本数为T、可能的断点数量为m，则阶段j的回归方程如下：

$$\ln Rv_t = \beta_{0,j} + \beta_{1,j}\ln Rv_{t-1} + \varepsilon_t \tag{1}$$

式中，$j = 0, 1, \cdots, m$；$t = T_j, T_j + 1, \cdots, T_{j+1} - 1$，$T_0 = 1$，$T_{m+1} = T + 1$；$Rv_t$ 为主力合约的已实现波动率；随机干扰项 ε_t 服从正态分布。根据Bai和Perron（1998），采用最小二乘法的全局最优化程序识别断点数量m，采用序贯的方法对断点数量进行检验（即对L+1个断点与L个断点进行检验）。

（二）联立方程模型

借鉴Wang和Yau（2000）的思路，本文建立交易量、买卖价差、波动率的联立方程考察股指期货交易量对波动率的影响。联立方程模型设定如下：

$$\begin{aligned}
\ln Vol_t &= \beta_{10} + \beta_{12}\ln Spd_t + \beta_{13}\ln Rv_t + \beta_{14}Exdate_t + \beta_{15}Exdate_t^2 + \beta_{16}\ln Opi_{t-1} + \varepsilon_{1,t} \\
\ln Spd_t &= \beta_{20} + \beta_{21}\ln Vol_t + \beta_{23}\ln Rv_t + \beta_{24}DLOG(Stp_t) + \beta_{26}\ln Opi_{t-1} + \varepsilon_{2,t} \\
\ln Rv_t &= \beta_{30} + \beta_{31}\ln Vol_t + \beta_{32}\ln Spd_t + \beta_{24}\ln Vol_{t-1} + \beta_{36}\ln Opi_{t-1} + \varepsilon_{3,t}
\end{aligned} \tag{2}$$

$$\varepsilon_{1,t} = \rho_1\varepsilon_{1,t-1} + \mu_{1,t},\quad \varepsilon_{2,t} = \rho_2\varepsilon_{2,t-1} + \mu_{2,t},\quad \varepsilon_{3,t} = \rho_3\varepsilon_{3,t-1} + \mu_{3,t} \tag{3}$$

式中，$\ln Vol_t$ 为交易量的自然对数；$\ln Spd_t$ 为买卖价差的自然对数；$\ln Rv_t$ 为已实现波动率的自然对数；$Exdate_t$ 为交割剩余天数（即距交割日的天数，交割日取值为0）；$\ln Opi_{t-1}$ 为前一期持仓量的自然对数；Stp_t 为期货合约结算价；DLOG（Stp_t）为结算价的对数收益率；干扰项 $\varepsilon_{1,t}$、$\varepsilon_{2,t}$、$\varepsilon_{3,t}$ 服从一阶自回归过程，用以考察交易量、买卖价差、波动率的自回归效应。此外，买卖价差为当日各笔交易记录买卖价差的平均值。该联立方程模型采用GMM法估计。

交易量方程显示，股指期货交易量受到同期买卖价差、同期波动率、交割剩余天数及其平方项、前期持仓量、前期交易量（自回归效应）的影响。买卖价差是交易成本的可变成分。交易成本越高，交易者的盈利空间越小，交易热情越低。因此，买卖价差对交易量具有负向影响。交易量和波动率都可作为信息的代理变量，根据序贯信息模型和混合分布假说，二者具有正向关系。交易剩余天数及其平方项主要刻画交易量的倒U型变化模式。前期持仓量是未平仓合约数量，代表市场参与者累积的交易需求。交易需求越大，交易量越高。因此，前期持仓量对交易量具有正向影响。干扰项服从一阶自回归过程，采用广义差分法进行简单推导即可发现，这种设定方式使得交易量受前期交易量及前期买卖价差、前期波动率的影响。这体现了交易量的自回归效应。与 Wang 和 Yau（2000）的模型相比，本书的交易量方程捕捉了交易量随交易剩余天数的倒 U 型变化模式，更符合连续合约的构建方式。此外，本书的交易量方程剔除了 3 个月国债利率的变量（用于刻画持有存货的机会成本）。股指期货交易者会在考虑保证金机会成本的基础上，设定相应的未平仓头寸。因此，国债利率可不纳入交易量方程。

价差方程显示，股指期货买卖价差受到同期交易量、同期波动率、结算价收益率、前期持仓量、前期买卖价差（自回归效应）的影响。类似的，交易量对价差具有负向影响。交易量越大，市场流动性可能越好，价差越小。波动率越大，交易量承担的风险越高，其中部分风险属于信息不对称风险（即交易对手方为知情交易者）。信息不对称风险会导致买卖价差增大。因此，波动率越大，价差越大，波动率对价差具有正向影响。结算价用于捕捉主力合约转换时的测度误差。由于结算价本身为非平稳序列，故用结算价收益率作为替代。本文的价差方程与 Wang 和 Yau（2000）的模型相似。

波动率方程显示，股指期货已实现波动率受到同期交易量、同期买卖价差、前期交易量、前期持仓量、前期波动率（自回归效应）的影响。交易量和价差均对波动率具有正向影响。交易量越大，可能有越多的新信息到达，导致波动率增加。价差越大，交易者承担的信息不对称风险越大，导致价格波动率越大。前期交易量纳入波动率方程，主要考虑信息释放存在一个过程。本文的波动率方程也与 Wang 和 Yau（2000）的模型相似。

（三）分位数回归

本文采用分位数回归考察股指期货交易量、持仓量对收益率不同水平分位数的影响。传统线性回归主要考察解释变量对被解释变量均值的影响，难以捕捉被解释变量的条件分布特征。条件分布特征可全面展示被解释变量与解释变量之间的依赖关系。描述条件分位数是刻画条件分布特征的主要方式。基于该思想，Koenker 和 Bassett（1978）提出了分位数回归方法

（Quantile Regression），考察解释变量对被解释变量不同水平分位数的影响。分位数回归不需要对扰动项的分布做出具体假设，可较好地剔除异常值的影响。此外，分位数回归通过对不同水平分位数的估计，提供了关于被解释变量条件分布的完整信息。

本文采用的分位数回归形式如下：

$$rf_t = q_{t,\theta}(rf_t) + \varepsilon_{t,\theta} \tag{4}$$

$$q_{t,\theta}(rf_t) = \beta_{0,\theta} + \beta_{1,\theta}Vol_t + \beta_{2,\theta}Opi_t \tag{5}$$

式中，$t = 1, 2, \cdots, T$，T 为总样本数；θ 为设定的分位数水平，$0 < \theta < 1$，$\theta = 0.05, 0.10, 0.15, \cdots, 0.95$；$rf_t$ 为沪深300股指期货主力合约收益率；$q_{t,\theta}$（rf_t）为 rf_t 的 θ 水平的条件分位数；Vol_t 为主力合约交易量；Opi_t 为主力合约持仓量；$\varepsilon_{t,\theta}$为 θ 水平下的随机扰动项，不要求其服从特定的分布形式。该分位数回归模型采用最小化绝对离差法（Least Absolute Deviation，LAD）估计。

三、数据说明

本文选取了沪深300股指期货合约（当月合约、下月合约、下季合约、隔季合约）在2010年4月16日至2015年10月30日的日交易数据及高频分笔交易数据。其中，日交易数据用于提取日交易量、日持仓量等，高频分笔交易数据用于计算买卖价差、已实现波动率等。数据来源于国泰安CS-MAR数据库，共1344个交易日。

沪深300股指期货每天有4个合约进行交易，考虑到当月合约临近交割日时价格波动较大、下季合约与隔季合约的交易量较小且流动性较差，本文选取主力合约（当日交易量最大的合约）构造连续合约，进而分析股指期货的量价关系。主力合约数据包括收盘价、结算价、交易量、持仓量、距交割日的天数、平均买卖价差、已实现波动率等。其中，平均买卖价差为当日各笔交易记录买卖价差的平均值；已实现波动率采用高频分笔数据计算，具体计算方法见张伟等（2008）的研究。

图1描绘了沪深300股指期货主力合约收盘价和收益率的走势。图形显示，自2010年4月16日至2014年底，沪深300股指期货价格未呈现出明显的上涨或下跌趋势，收益率波动相对较小。自2014年底至2015年6月12日，

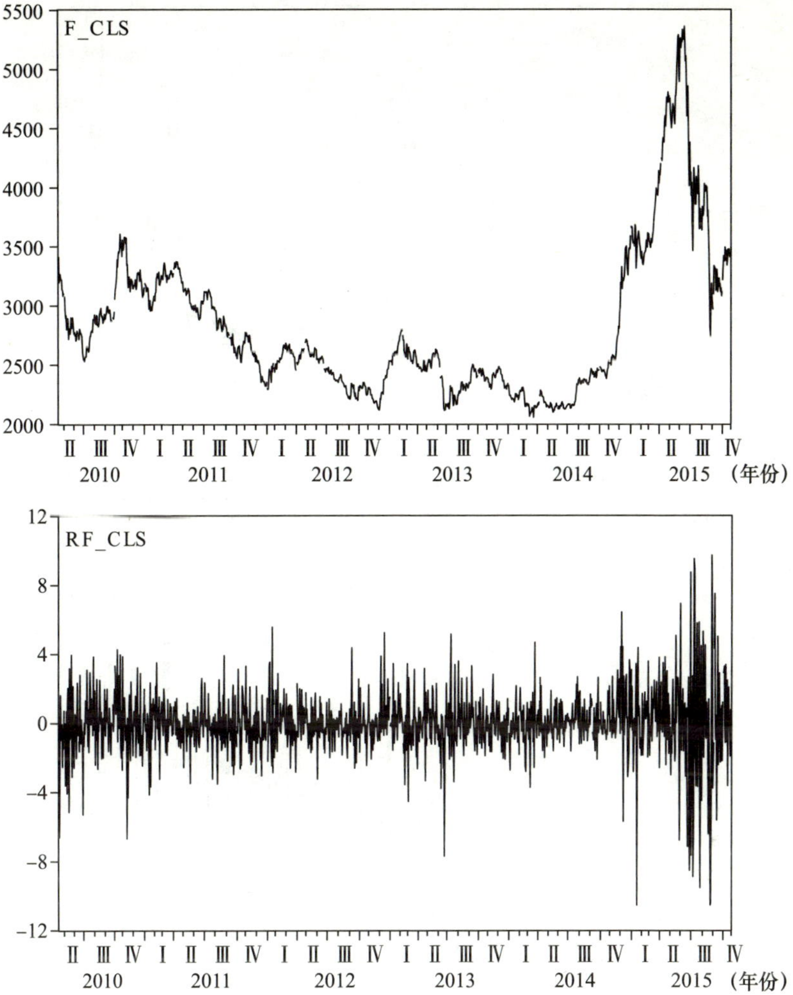

图 1　股指期货主力合约收盘价与收益率走势

注：上图为沪深 300 股指期货主力合约收盘价，下图为沪深 300 股指期货主力合约收益率。其中，收益率为对数收益率并乘以 100。

伴随股票市场的上涨，沪深 300 股指期货迎来了一轮暴涨行情。随后，股市暴跌，股灾显现，股指期货随之暴跌，甚至出现股指期货合约跌停的状态，直到 2015 年 8 月 26 日才止跌。在此期间，收益率的波动相对较大。2015 年 8 月 26 日之后，股指期货价格开始缓慢回升。

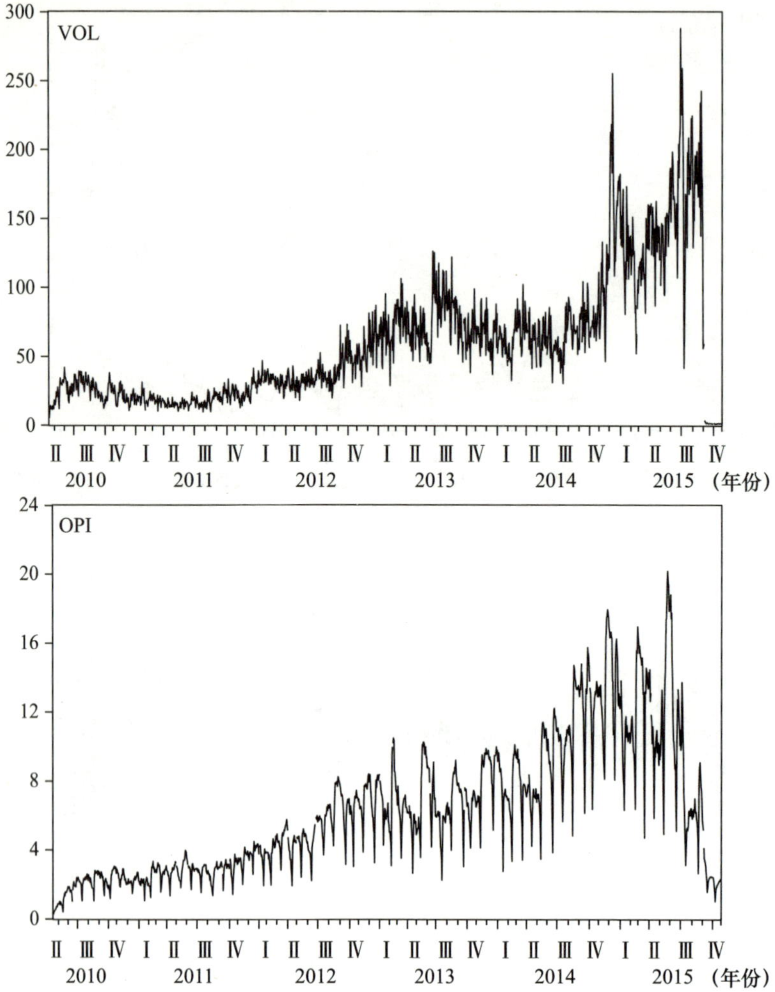

图2 股指期货主力合约交易量与持仓量走势

注：上图为沪深300股指期货主力合约交易量，下图为沪深300股指期货主力合约持仓量。其中，交易量和持仓量的单位为万手。

图2描绘了沪深300股指期货主力合约交易量和持仓量的走势。图形显示，交易量和持仓量呈现上涨趋势。这表明，随着股指期货市场的发展，投资者对股指期货市场的认识进一步增强，参与股指期货交易的热情也逐步高涨。然而，在2015年股灾期间，监管层的救市措施从股票市场延伸到股指期货市场。2015年9月2日，中金所发布公告调整股指期货日内开仓

限制标准（自2015年9月7日起，沪深300、上证50、中证500股指期货客户在单个产品、单日开仓交易量超过10手的构成“日内开仓交易量较大”的异常交易行为），同时股指期货的交易手续费和交易保证金标准也大幅提升。这些措施严控了股指期货交易，使股指期货交易量大幅缩减。IF1509合约（当月合约）日交易量从2015年8月28日131.2380万手缩减到2015年9月2日59.4525万手，再缩减到2015年9月7日3.8054万手。交易规则的变化可能会影响股指期货的量价关系。因此，研究量价关系时，样本期间选取为2010年4月16日至2015年9月2日。此外，图2显示，交易量和持仓量呈现出周期性的变化模式，先增大再减小。这主要是由于当月合约一般是主力合约，临近交割日时下月合约才成为主力合约。而当月合约吸引了投资者的大部分交易，交易量会逐渐增大，临近交割日时交易量才会减小。因此，交易量和持仓量随交易日呈现倒U型变化模式。

图3描绘了沪深300股指期货主力合约买卖价差和波动率的走势。图形显示，2015年股灾期间股指期货的流动性减弱，波动性增强。主力合约的已实现波动率在2014年底之后逐步增大。2015年7月8日，IF1507合约跌停，已实现波动率达到峰值。之后，已实现波动率逐渐减小。

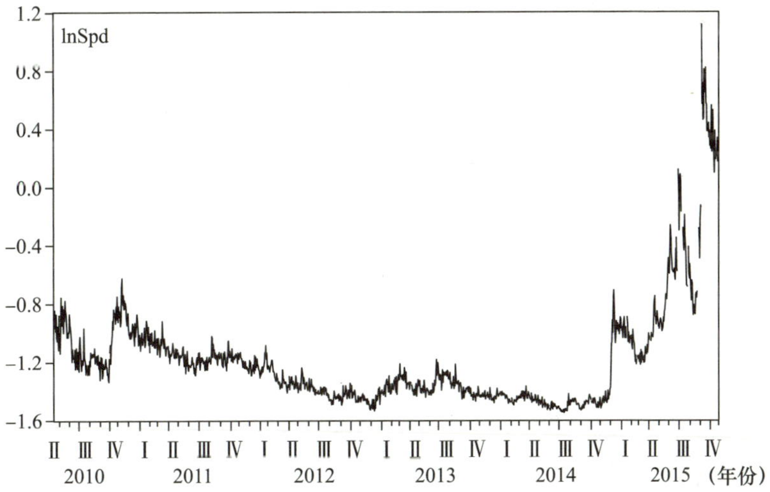

图3　主力合约价差与波动率走势

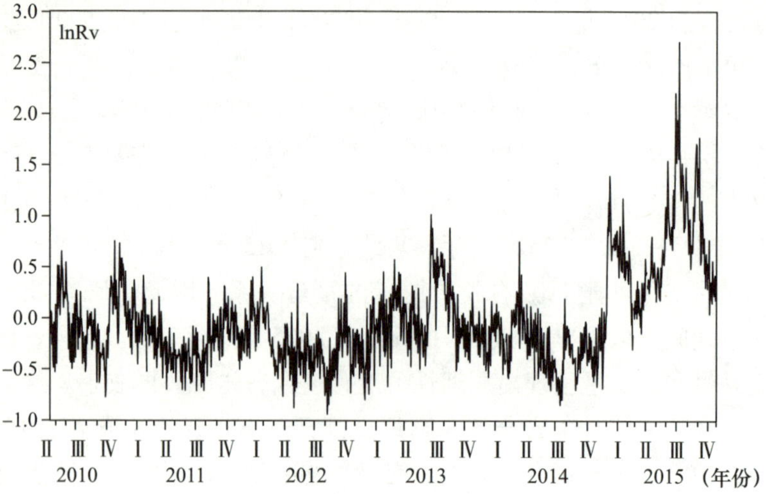

图3 主力合约价差与波动率走势（续图）

注：上图为买卖价差的自然对数，下图为已实现波动率的自然对数。

四、实证结果及分析

（一）波动率的内生性断点

检验已实现波动率方程的内生性断点是确定2015年股灾样本期间的前提。针对波动率回归方程，采用最小二乘法的全局最优化程序识别断点数量m，采用序贯的方法对断点数量进行检验（即对L+1个断点与L个断点进行检验）。检验结果见表1。分阶段回归结果见表2。

表1 断点检验结果

原假设	F统计量	标准化F统计量	临界值	断点数量	断点位置
0 vs. 1**	38.25	76.49	11.47	2	2013年9月4日至2013 11月19日
1 vs. 2**	6.71	13.43	12.95		
2 vs. 3	6.51	13.02	14.03		

注：断点检验方法为L和L+1个断点的序贯检验（Bai－Perron tests of L+1 vs L sequentially determined breaks），其中设定的最大断点数量为5。检验原假设（L vs L+1）为：设定L个断点与设定L+1个断点无显著差异。若拒绝原假设，应设定L+1个断点；若不拒绝原假设，应设定L个断点。表中临界值见于Bai和Perron（2003）。**表示在5%水平下显著。

表2 分阶段回归结果

	阶段0	阶段1	阶段2
样本期间	2010年4月19日至2013年9月3日	2013年9月4日至2014年11年18日	2014年11月19日至2015年9月2日
样本数	820	292	196
C	-0.048***	-0.137***	0.086***
	(0.000)	(0.000)	(0.000)
lnRv（-1）	0.643***	0.452***	0.886***
	(0.000)	(0.000)	(0.000)
adj. R^2	0.739		

注：括号中数值为P值；***表示在1%水平下显著。

检验结果显示，波动率的回归方程存在2个结构性断点，将总样本期间划分为3个阶段。因此，本文选取的样本期间为2014年11月19日至2015年9月2日，包含了本轮股指期货市场的暴涨暴跌过程。

（二）交易量与波动率的关系

建立交易量、买卖价差、波动率的联立方程模型，采用GMM法估计参数，分析股指期货交易量与波动率的关系。经ADF检验，交易量、买卖价差、波动率等均为平稳序列（限于篇幅，检验结果略）。联立方程的回归结果见表3。

表3 联立方程估计结果

解释变量	方程		
	lnVol	lnSpd	lnRv
lnVol		-0.395***	0.632***
		(0.000)	(0.000)
lnSpd	-2.729***		1.807***
	(0.000)		(0.000)
lnRv	1.526***	0.630***	
	(0.000)	(0.000)	
Exdate	-0.001		
	(0.843)		

续表

解释变量	方程		
	lnVol	lnSpd	lnRv
Exdate^2	0.0001		
	(0.452)		
DLOG (Stp)		0.168 *	
		(0.086)	
lnVol (−1)			−0.003
			(0.824)
lnOpi (−1)	0.215 ***	0.076 **	−0.121 ***
	(0.000)	(0.010)	(0.003)
AR (1)	0.929 ***	0.928 ***	0.927 ***
	(0.000)	(0.000)	(0.000)
C	1.073 ***	0.505 *	−0.610
	(0.002)	(0.094)	(0.104)
adj. R^2	0.835	0.979	0.972

注：AR (1) 表示一阶自回归系数。括号中数值为 P 值；***、**、* 分别表示在 1%、5%、10% 水平下显著。

表 3 结果显示，交易量、买卖价差、波动率之间存在相互作用，参数符号及显著性均符合预期。买卖价差对同期交易量具有负向影响，买卖价差越大，交易成本越高，交易量越小。波动率对同期交易量具有正向影响。波动率越大，新信息越多，交易量越大。交易量对同期价差具有负向影响，体现了流动性的作用；波动率对同期价差具有正向影响，体现了风险的作用。交易量和买卖价差对同期波动率均具有正向影响，体现了信息的作用及风险的作用。然而，交易量受前期持仓量的正向影响，却并未随交割剩余天数呈现倒 U 型变化模式。

就股指期货的量价关系而言，交易量对波动率具有正向影响，符合现有研究的相关结论。随着市场波动的增加（价格上涨或价格下跌），投资者参与股指期货交易的热情越来越高，交易活跃，交易量增加。这一定程度上预示着，在 2015 年股灾期间，股指期货交易量具有助涨助跌的作用。

（三）交易量与收益率的关系

采用分位数回归考察2015年股灾期间股指期货交易量、持仓量对收益率不同水平分位数的影响，回归结果见表4。

表4 分位数回归结果

Quantile	C	Vol	Opi
0.05	-3.440 (0.263)	-0.041*** (0.000)	0.337 (0.104)
0.10	-2.047 (0.313)	-0.026*** (0.000)	0.229 (0.101)
0.15	-0.292 (0.836)	-0.024*** (0.000)	0.123 (0.134)
0.20	-0.714 (0.575)	-0.020*** (0.001)	0.149** (0.028)
0.25	0.040 (0.975)	-0.021*** (0.001)	0.128** (0.049)
0.30	0.376 (0.764)	-0.020*** (0.003)	0.121* (0.057)
0.35	-0.684 (0.608)	-0.012 (0.143)	0.148** (0.021)
0.40	-0.448 (0.741)	-0.009 (0.295)	0.121* (0.058)
0.45	-0.120 (0.929)	-0.007 (0.364)	0.093 (0.135)
0.50	0.253 (0.852)	-0.008 (0.355)	0.079 (0.199)
0.55	-0.093 (0.942)	-0.003 (0.721)	0.071 (0.225)
0.60	-1.061 (0.377)	0.001 (0.897)	0.157*** (0.005)
0.65	-0.846 (0.466)	0.003 (0.654)	0.137** (0.013)

续表

Quantile	C	Vol	Opi
0.70	-0.649 (0.578)	0.005 (0.452)	0.118** (0.032)
0.75	-0.866 (0.469)	0.009 (0.221)	0.119** (0.035)
0.80	-0.186 (0.897)	0.010 (0.272)	0.079 (0.211)
0.85	1.502 (0.475)	0.007 (0.567)	0.021 (0.822)
0.90	3.115 (0.199)	0.012 (0.387)	-0.089 (0.250)
0.95	3.122 (0.188)	0.018 (0.191)	-0.087 (0.248)

注：括号中数值为P值；***、**、*分别表示在1%、5%、10%水平下显著。

回归结果显示，2015年股灾期间，在较低的分位数水平下（如5%、10%，收益率为负），交易量对收益率具有显著的负向影响。在较高的分位数水平下（如90%、95%，收益率为正），交易量对收益率的影响不显著。而持仓量对收益率分位数的影响并不显著。这表明，当股指期货价格跌幅较大时，交易量具有助跌的作用；当股指期货价格涨幅较大时，交易量却没有呈现出助涨的作用。交易量仅助跌不助涨，呈现出不对称作用。在2015年股灾期间，投资者在股票市场的卖出交易受限（涨跌停板或停牌），只有通过股指期货市场的空头交易来规避风险，而大量的空头交易导致股指期货价格进一步下跌。因此，量价关系上呈现出交易量的助跌作用。持仓量的作用不显著，可是在暴涨行情下，投资者更愿意通过T+0交易实现盈利，不愿意持仓占用资金。在暴跌行情下，投资者为避免未来下跌风险更不愿意持仓。

从交易量仅助跌不助涨可以看出，在2015年股灾期间，股指期货市场投资者的交易更多地表现出避险需求（或套期保值需求），而非恶意卖空。股指期货市场实际上承担了股票市场的部分卖方压力，缓解了股票市场进一步下跌，在2015年股灾期间起到了积极的作用。此外，交易量与收益率的回归结果也预示了仅采用交易量与波动率的关系考察量价关系是不全面的，可能产生偏误。

五、结　论

2015 年股灾不仅给股票市场和股指期货市场带来巨大冲击，也严重影响了市场投资者的心理和行为。本文分别采用联立方程和分位数回归考察股指期货交易量与波动率的关系、交易量和收益率的关系，从两个角度分析股指期货市场的量价关系，进而探讨期货市场投资者的交易行为及股指期货市场在股灾中的作用。研究结果表明，交易量与波动率之间存在相互作用关系，二者呈现正相关。然而，交易量对价格涨跌的作用并不一致，呈现出仅助跌不助涨的作用。

股指期货的这种量价关系正是投资者行为的体现。在 2015 年股市和股指期货市场暴跌期间，投资者在股票市场的交易受限，主要通过股指期货的卖空交易来规避股价下跌风险，交易量加剧了股指期货价格下跌。本文的研究不仅揭示了投资者交易行为，也为股指期货市场的技术分析提供了重要参考。

参考文献

[1] Karpoff J. M. The relation between price changes and trading volume: A survey [J]. Journal of Financial and Quantitative Analysis, 1987 (22): 109 – 126.

[2] Clark P K. A subordinated stochastic process model with finite variance for speculative price [J]. Journal of Econometric, 1973 (1): 135 – 155.

[3] Copeland T E. A model of asset trading under the assumption of sequential information arrival [J]. Journal of Finance, 1976, 31 (4): 1149 – 1168.

[4] Harris M, Raviv A. Difference of opinion make a horse race [J]. Review of Financial Studies, 1993, 6 (3): 473 – 506.

[5] Wang J. A model of competitive stock trading volume [J]. Journal of Political Economy, 1994 (1): 127 – 168.

[6] Kocagil A. E., Shachmurove Y. Return – Volume dynamics in futures markets [J]. Journal of Futures Markets, 1998, 18 (4): 399 – 426.

[7] Wang G. H. K., Yau J. Trading volume, bid – ask spread and price volatility in futures markets [J]. Journal of Futures Markets, 2000, 20 (10): 943 – 970.

[8] Wang C. Information, trading demand and futures price volatility [J]. The Financial Review, 2002, 37 (2): 295 - 316.

[9] Hansen B. E. The new econometrics of structural change: Dating breaks in U. S. labor productivity [J]. Journal of Economic Perspectives, 2001, 15 (4): 117 - 128.

[10] Chow G. C. Tests of equality between sets of coefficients in two linear regressions [J]. Econometrica, 1960, 28 (3): 591 - 605

[11] Quandt R. E. Tests of the hypothesis that a linear regression system obeys two separate regimes [J]. Journal of the American Statistical Association, 1960, 55 (290): 324 - 330.

[12] Andrews D. W. K. Tests for parameter instability and structural change with unknown change point [J]. Econometrica, 1993, 61 (4): 821 - 856.

[13] Bai J. Estimating multiple breaks One at a time [J]. Econometric Theory, 1997, 13 (3): 315 - 352.

[14] Bai J., Perron P. Estimating and testing linear models with multiple structural changes [J]. Econometrica, 1998, 66 (1): 47 - 78.

[15] Koenker R., Bassett G. Regression quantiles [J]. Econometrica, 1978 (46): 33 - 50.

[16] Bai J., Perron P. Critical values for multiple structural change tests [J]. Econometrics Journal, 2003, 6 (1): 72 - 78.

[17] 华仁海，仲伟骏．对我国期货市场量价关系的实证分析 [J]．数量经济技术经济研究，2002 (6): 119 - 121.

[18] 周志明，唐元虎，施丽华．中国期市收益率波动与交易量和持仓量关系的实证研究 [J]．上海交通大学学报，2004，38 (3): 368 - 372.

[19] 陈星．期货市场量价关系：基于分位数回归模型的实证研究 [J]．南方经济，2009 (7): 50 - 60.

[20] 何锋，张宗成．中国期货市场与股票市场量价关系比较——基于分位回归法的研究 [J]．广东金融学院学报，2009，24 (3): 92 - 99.

[21] 陈耀辉，鲍学云，黄英华．沪深300股指期货价格波动率与持仓量、成交量关系探究——基于分位数回归模型的分析 [J]．南京财经大学学报，2012 (5): 66 - 70.

[22] 张小勇，任德平．基于高频数据沪深300股指期货量价关系研究 [J]．湖南大学学报（社会科学版），2013，27 (2): 48 - 54.

[23] 林祥友，代宏霞．基于交易量分解的股指期货价量关系研究 [J]．南京财经大学学报，2014 (3): 47 - 54.

[24] 张伟，李平，曾勇．中国股票市场个股已实现波动率估计 [J]．管理学报，2008，5 (2): 269 - 273.

中国政府债务风险与财政政策空间

——兼论财政缓冲重建调整导向

庞晓波 李 丹
（吉林大学商学院，吉林长春 130012）

一、引言

金融危机后，与发达经济体通过以“再工业化”为带动，或以“量宽”和推进制造业升级为导引实现经济的相对稳健复苏相比，融资条件收紧和潜在增长率降低的未来前景，成为倒逼新兴经济体改革的契机，推出更好的政策、改变增长模式、深化结构改革，不断释放经济增长潜力，实现可持续发展，是新兴经济体打破增长放缓现状、遏制经济下行的根本出路。鉴于我国正处于经济增速换挡、结构调整阵痛、新旧动能转化的新常态，在当前异常复杂的世界经济形势下，同样存在潜在增长率下降的可能，且经济面临一定下行压力，结构性问题和矛盾突出。如何通过宏观调控进行必要调整以保障深化改革的稳步推进，提早突破金融危机影响桎梏，实现危机后经济增长，成为未来一段时期我国政府面临的主要挑战。

考虑到我国所处的特定阶段以及面临的主要问题，政府着力于通过积极财政政策与稳健灵活货币政策的协调，为我国经济转型改革提供稳健推

［作者简介］庞晓波（1955—），男，吉林大学数量经济研究中心，吉林大学商学院，教授、博士生导师。主要研究方向：宏观经济金融。李丹（1990.11—），女，吉林大学商学院博士研究生，通讯作者。

动力，在保持货币政策松紧适度的情况下，政府调控着重于财政政策的精准施策，并倾向加大财政力度发挥积极财政政策对实体经济支撑性，以促进经济提质增效，例如，财政支农、中央财政积极支持钢铁煤炭去产能以及中央专项资金加大对地方科技发展支持等。同时，强调宏观调控要坚持底线思维，要求坚决守住不发生系统性、区域性金融风险的底线，保证经济的相对平稳发展。可以发现，积极财政政策支撑和坚守风险底线是危机后我国现阶段实现经济深化改革、经济相对稳定双重目标的主要保障与牵引动力，那么，如何实现政策支撑、把控风险底线的具体有效操作成为现阶段我国经济增长面临的关键问题。这一问题主要涉及两个方面，其一，政策支撑点何在？其二，风险底线在何处？前者主要涉及如何释放财政政策空间问题，后者涉及宏观经济金融风险合理衡量问题。需要注意的是，两者存在一个共同交接点，即政府债务。一方面，在税制改革的背景下，政府债务成为赤字财政的主要资金来源，也是支撑积极财政政策推行的重要基础；另一方面，政府债务风险很大程度上是影响我国宏观经济金融稳定的主要风险源，是风险底线的重要构成。因此，本文从政府债务角度切入，作为实现现阶段我国积极财政政策支撑和风险有效防控的一个突破口，分析如何在保证风险可控的前提下，充分释放财政政策空间，为实现危机后我国经济持续增长提供理论支撑和政策抓手。

与发达国家相比，我国政府负债历史相对较短，政府债务负担率和财政赤字率在世界主要经济体中均处于较低水平，适当提高仍安全可行（贾彦东和刘斌，2015）。以和美国政府负债情况对比（见图1）为例，我国政府债务负担率确有相当大的上升空间，结合目前政府债务风险整体可控的现实（庞晓波和李丹，2015），这可能限制了政府适当利用财政杠杆，实现对实体经济的有效刺激，尤其在2008年全球金融危机后，这一限制尤为明显。需要注意的是，以2011年为转折点，政府开始有意识地削弱这种限制，压缩政府负债的上升空间，例如，在2016年的《政府工作报告》以及财政部披露的中央财政预算中指出，中央预算增支加码，并阶段性提高财政赤字，具体地，2016年末国债余额限额12.59万亿元，较2015年增长1.4万亿元，中央政府债务负担率上升0.85~0.93个百分点，2016年末地方政府债务余额限额接近17.2万亿元，较2015年增长接近1.2万亿元，地方政府

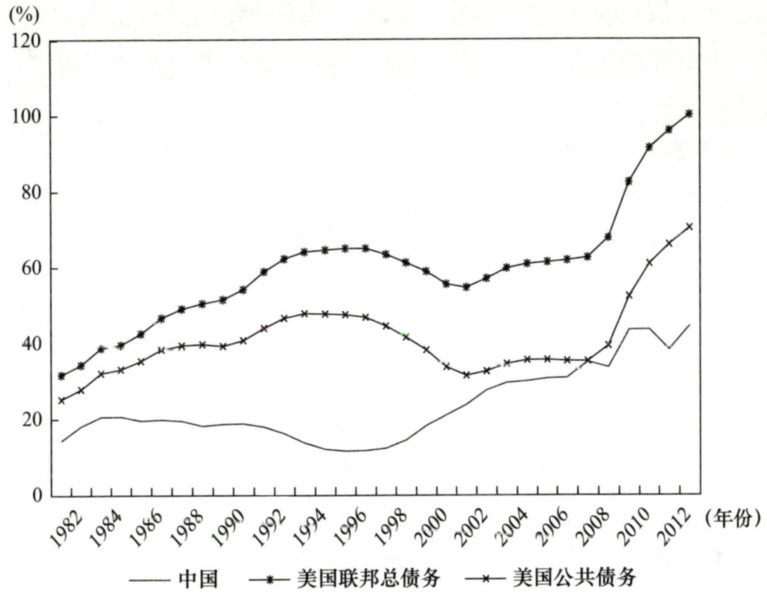

图 1 1981～2012 年中国和美国政府债务负担率走势

注：其中，美国政府负债数据来自美国行政管理和预算局（OMB），包含公共债务/GDP 和总债务/GDP。

为债务负担率上升贡献 0.09～0.21 个百分点[①]；2016 年财政预算赤字率从 2015 年的 2.3% 上调至 3%，而 2015 年相比于 2014 年仅增长 0.2 个百分点。无论是我国政府负债变化趋势抑或宏观调控导向都可以发现，政府在有意识通过压缩政府负债的上升空间换取财政政策的上升空间，这正是对现阶段我国“财政政策支撑点何在”的实践性解答，而在实现“充分”利用阶段性财政赤字率上升、政府负债增加的“负效应”换取持续发展势能的“正效应”的过程中，如何保证不触及宏观财政金融风险可控这一底线，避免财政状况进入一个可能突然恶化的危险区是本文致力探讨的问题。在保证风险可控的基础上，通过压缩政府负债的上升空间换取财政政策空间对我国实现危机后经济增长具有十分重要的现实意义，但如何把握两者之间

① 政府债务负担率变化根据《政府工作报告》中将 2016 年我国 GDP 增长率目标设定为 6.5%～7% 进行估算。其中，地方政府债务新增限额是在加强相应地方政府债务管理、防范债务风险基础上确定的，而全年地方债发行以地方政府债券置换存量债务为主，有效控制经济下行期间地方债领域可能出现系统性风险。

换取的程度是值得深思的。同时，考虑到现阶段我国经济不确定性，重建财政缓冲的必要性也在不断增强，如何协调财政政策空间和财政缓冲同样值得思考。

本文通过构建我国政府债务风险分析理论框架，对财政政策空间充分释放问题进行尝试性解答，以在风险可控的底线思维下促成财政杠杆效应对实体经济的有效刺激。在此基础上，考虑到现阶段我国重建财政缓冲必要性不断增强的要求，分析如何实现预算内有效财政前瞻性管理，或具体为对我国财政后备进行考察，在确保实现经济增长前提下探讨财政后备总体调控方向。本文研究的积极意义体现在两个方面：一方面，结合财政政策空间导向对我国政府债务风险进行分析，提供了风险分析的新视角，也为释放财政政策空间提供可靠渠道，保障了危机后我国经济转型以及实现可持续增长；另一方面，进一步纳入财政后备分析我国财政缓冲建设的调整方向，有利于通过事前防范实现风险的长期有效防控进而实现现阶段财政政策空间的充分释放。具体文章结构安排如下：第二部分对财政反应机制下的政府债务风险分析进展进行文献梳理，并列出主要理论模型；第三部分基于不同财政反应函数形式具体分析我国政府债务风险，并结合具体情况对我国现阶段财政反应机制进行恰当拟合，构建我国政府债务风险分析的合理框架；第四部分纳入财政后备分析，探讨我国重建财政缓冲的总体调控导向；第五部分总结全文，提出政策建议。

二、文献梳理与理论模型

政府债务风险的早期研究主要基于财政风险、财政可持续性展开（Buiter，1985；Frenkel 和 Razin，1995），基本界定了有别于财政风险的政府债务风险概念，并形成政府债务风险分析理论基础。此后，大多数研究基于政府债务可持续性分析评估和分析政府债务风险（Condon 等，1990；Buiter，2002；Makin，2005；Greiner 等，2007），并具体归结为财政平衡视角、筹资能力视角以及偿债能力视角（伏润民等，2012）。自 Bohn 提出放松财政变量间存在协整关系的要求，只要基本财政盈余对政府债务负担率呈正向反馈效应就可保证政府债务可持续性以来，基于财政反应机制的相关研究逐渐成为政府债务风险分析的主流方法。Bohn（1998，2005）在考虑政府对财政主动调整行为的基础上，引入了基本财政对政府负债的线性反应机制①。随后，相关研究基于线性财政反应机制展开，经验结果表明基本财政与政府债务负担率两者间可能存在一定非线性变化特征，例如，Abiad 和 Ostry（2005）在考察新兴经济体的财政反应机制时发现，政府债务负担率超过 50% 时，基本财政对政府负债的正反馈效应由显著转为较微弱，Mendoza 和 Ostry（2008）同时纳入发达经济体和新兴经济体进行分析时同样发现，当政府债务负担率超过 50% 时，基本财政对政府负债反应转向微弱。Ostry 等（2010）则对基本财政与政府债务负担率之间的非线性特征进行具体刻画并对财政空间②进行具体界定，指出理性政府可通过财政调整使得政府债务负担率保持在一个合理区间，但政府通过增加基本财政盈余以应对不断上升的政府债务这一调整能力是有限度的，一旦政府负债水平超过一定临界点，政府债务负担率将会无限发散，政府债务不可持续，其将这一政府负债临界点看作政府负债限度，当前政府负债水平和其之间的差额就是可用的财政空间。Ghosh 等（2013a）在研究欧洲主权债务危机时，将 Ostry 等（2010）提出的财政反应非线性特征归因于“财政疲劳”现象的存在，在模型化财政调整行为基础上，指出政府债务会自动膨胀的一个临界点，即政府负债上限，超过政府负债上限时政府难以履行其义务，将实际政府负债水平和负债上限之间的差距视为财政空间。随后，Ghosh 等（2013b）在认识到基于线性模型的设定可能忽略政府财政调整能力受限的基础上，采用政府债务负担率的三次项函数拟合发达经济体财政反应函数的非线性特征，首次通过实证手段验证政府财政调整存在“财政疲劳”现

---

① 假设当期基本财政盈余率 s_t 与上一期政府债务负担率 b_{t-1} 间呈线性关系，即 $s_t = x_t + \alpha b_{t-1}$，其中，$\alpha$ 为财政反应系数，反映基本财政盈余率对政府债务负担率的反应强度。

② 财政空间（Fiscal Space），最早和财政可持续性（Fiscal Sustainability）概念相关联，使用政府债务或财政赤字作为代理变量，并且主要出于政府宏观调控的目的，多用于政策层面的分析，但财政空间的概念仍显模糊。例如，Heller（2005）认为，财政空间主要涉及政府未来能否为预期支出项目融资的能力，以及当财政空间主要源于政府借贷时，能否承担政府负债义务并保持一定偿付能力；Allen（2009）从预算角度界定财政空间，指通过预算和相关决议提供给政府进行政策举措的财政资金；Ostry 等（2010）则曾指出，财政空间这一术语在研究中广泛使用，简单讲是指赤字融资规模。

象，并基于非线性财政反应机制对这一现象进行具体说明[①]，进一步推进了政府债务风险研究。国内学者基于基本财政对政府债务反应机制展开政府债务风险研究相对较晚，且尚未形成系统性框架。马拴友（2001）基于国债可持续性分析探讨公共部门赤字扩张空间，刘迎秋（2001）提出基本赤字——债务动态均衡模型，对我国适度政府负债进行探讨，陈共、类承曜（2002）给出了评估政府债务和赤字动态变化的简化框架，以上研究实现了对我国线性财政反应机制的初期探索。庞晓波和李丹（2015）基于经典线性财政反应函数形式，并纳入经济景气变化的影响，基于不同经济状态下政府债务风险动态变化路径，实现对我国政府债务风险较为系统的定量分析。唐文进等（2014）明确提出我国存在"财政疲劳"现象，并基于非线性财政反应函数形式测算了我国政府负债上限，也是国内相关研究首次提出我国财政反应机制存在非线性特征。

"既然存在政府债务负担问题，也就存在政府债务的限度问题，政府债务的限度源于政府债务的负担"（陈共，2015），政府债务负担和政府债务限度的"相伴相生"可以视为政府债务风险的本源，具体地，政府债务负担作为政府债务风险的根本，在一定政府债务负担限度内，政府债务风险可控，超过该限度，就存在潜在的政府债务风险。那么，政府债务风险研究实质上可归结为政府债务负担和政府债务限度的研究，前者是政府债务风险分析的基础，后者是政府债务风险分析的上限标准，而两者间的空间即宏观调控在政府债务方面的政策回旋余地的具体体现，或具体为财政空间[②]。基于财政反应机制的政府债务风险分析综合性地对政府债务负担和限度进行可阐释，既实现对政府债务负担的考衡，也明确政府债务限度在风险分析中的必然存在性。因此，本文借鉴上述基于财政反应机制的理论框架对我国政府债务风险进行分析，以明晰不同形式财政反应函数分析我国政府债务风险的适用性、局限性，在此基础上结合我国政府负债具体特征拟合出更为接近我国现实的财政反应函数。具体地，在考虑经济不确定性

---

① "财政疲劳"现象存在本质原因在于，政府财政调整能力有限，整顿财政存在成本，即政府无法一直通过改善财政盈余应对不断累积的债务，基本盈余可能出现恶化，导致债务负担率和基本盈余率之间出现关系转折，呈现出非线性关系。具体表现为，在债务负担率较小时，财政基本盈余率与债务负担率呈现轻微的负向关联性；随着债务负担率不断增大，基本盈余率开始呈上升趋势，但是上升幅度会逐渐衰弱，而当债务负担率达到一个高水平时，基本盈余率开始急剧下降。

② 本文采用 Ostry 等（2010）与 Ghosh 等（2013a，2013b）给出的概念，财政空间是指在考虑一国财政调整情况前提下，政府实际债务负担率和政府债务负担率上限之间的差额。

的基础上对我国不同形式的财政反应函数进行估计，主要包括线性和非线性两种财政反应函数，分析不同财政反应函数对应的具体政府债务风险内涵。

首先，借鉴 Bohn（1998）的分析方法，假设当期基本财政赤字率 pd_t 与上一期政府债务负担率 b_{t-1} 间呈线性关系，将我国线性财政反应函数设定如下：

$$pd_t = x_t + \alpha b_{t-1} + \beta D_i \tag{1}$$

式中，α 为财政反应系数，反映基本财政赤字率对政府债务负担率的反应强度；D_i（$i=1, 2, 3$）表示经济景气情况，分别对应经济低迷、经济常态以及经济过热三种经济状态。

其次，按照 Ghosh 等（2013）的研究思路，并结合我国存在“财政疲劳”的潜在可能性，通过引入政府债务负担率的三次项估计我国基本赤字率和政府债务负担率之间的非线性关系，将我国非线性财政反应函数设定如下：

$$pd_t = f_1(b_{t-1}) + \beta D_i + \eta X_t + \mu_t \tag{2}$$

式中，f_1（b_{t-1}）是关于 b_{t-1} 且连续有界的三次函数；D_i（$i=1, 2, 3$）表示经济景气情况，分别对应经济低迷、经济常态以及经济过热三种经济状态；X_t 表示除债务负担率外影响基本赤字率以外可能的因素，例如，实际经济增长率 g_t、特殊年份虚拟变量 F 等。

同时，政府满足如下预算约束：

$$b_t - b_{t-1} = (r_t - g) b_{t-1} + pd_t \tag{3}$$

式中，b_t 表示政府债务负担率，pd_t 表示基本赤字率，r_t 表示实际利率（债务利息率），g 表示实际经济增长率，此处假设 g 是一个外生常量。政府负债的动态演化主要由债务利息率、经济增长率和基本财政赤字率决定，如果（$r_t - g$）$b_{t-1} + pd_t > 0$，则未来一期政府债务负担率上升；反之下降。

当基于线性财政反应函数形式分析时，在政府负债收敛的前提下，可分析政府负债均衡情况，由式（1）和式（3）可得政府债务负担率的均衡点 b^*，满足：

$$x_t + \alpha b^*_{t-1} + \beta D_i = -(r_t - g) b^*_{t-1} \tag{4}$$

Ghosh 等（2013）指出，当财政反应具有非线性特征时，政府负债上限是政府可履行其偿还责任的一个最大值点 $b_t^{\wedge}$，由政府预算约束和财政反应函数共同决定。因此，在非线性财政反应函数形式下同时可得政府负债均衡情况以及政府负债上限情况，其中，由式（2）和式（3）可得政府债务负担率均衡点 b^*（较小值）、政府债务负担率上限 $b^\wedge$（较大值），满足：

$$f_1(b_{t-1}) + \beta D_i + \eta X_t + \mu_t = -(r_t - g)b_{t-1} \tag{5}$$

三、基于财政反应机制的我国政府债务风险分析

基于上述理论模型对我国线性财政反应函数、非线性财政反应函数对应的政府债务风险内涵进行具体实证分析，并结合我国财政反应的具体特征以及经济不确定性，拟合出最接近我国现实的财政反应函数，形成我国政府债务风险分析的基础，并具体分析我国可用财政空间情况。

使用变量如下：①政府债务负担率（b_t），政府债务/GDP，其中政府债务这一概念，涵盖中央政府债务和地方政府债务，中央政府债务使用国债余额，地方政府债务使用国家审计署审计报告中的地方政府性债务数据；②基本赤字率（pd_t），基本赤字/GDP，其中基本赤字为不包含利息支出的财政支出减去财政收入；③经济增长率（g_t），以1978年价格为基期的实际GDP增长率；④经济景气情况①（D_i），虚拟变量，其中，i=1，2，3，分别对应经济低迷、经济常态和经济过热三种经济状态；⑤年份虚拟变量（F），2007年取值为1，其他年份取值为0。其中，样本期间选取1981~2012年、1996~2012年两个样本区间②，数据来源为Wind数据库、中国人民银行网站。为避免经验研究出现伪回归，对上述数据进行平稳性检验，通过ADF检验发现，在样本区间内政府债务负担率、基本赤字率以及实际经济增长率为均在5%的显著性水平上为I（1）过程。

1. 线性财政反应函数下的政府债务风险分析

就我国适用的线性财政反应函数而言，使用1981~2012年数据对式（1）进行估计，具体结果如下：

---

① 通过实际GDP增长率、通货膨胀率、实际利率和失业率四个宏观经济指标进行聚类分析，并使用Sharma（1995）的决策方法获取最佳类数。同时，使用R3.1.0软件中的NbClust包（包含26个相关统计量和指数）进行聚类数目的选择和比较。综合两者结果，最后将我国经济景气状况分为三类：经济低迷、经济常态以及经济过热。具体程序可向作者索取或详见庞晓波和李丹（2015）。

② 我国于1981年开始恢复发行国债，故样本区间始于1981年，而《全国政府性债务审计结果》公布的地方政府性债务数据更新至2013年6月，但并不形成年度数据，因而样本区间截至2012年；选取1996~2012年这一样本区间则是出于同现有相关文献结果进行横向对比的考虑。

$$pd_t = 0.0070 + 0.0400b_{t-1} - 0.0046D_2 - 0.0180F \quad (6)$$

s. e（0.0017）（0.0160）（0.0021）（0.0056）

$R^2 = 0.44$，对数似然值 = 124.38　AIC = −7.52　SC = −7.34

将式（6）代入式（4）可得我国线性财政函数下的政府负债均衡点 b^*，满足：

$$0.0070 + 0.0400b^*_{t-1} - 0.0046D_2 - 0.0180F = -(r_t - g)b^*_{t-1} \quad (7)$$

表 1　不同经济状态下分类指标

经济状态	实际 GDP 增长率	实际利率
1	0.0220	0.0291
2	0.0685	−0.0099
3	0.1403	−0.0850

注：表中数据来源于庞晓波、李丹（2015）。

结合不同经济状态下的实际经济增长率、实际利率（见表 1），对我国政府负债均衡点进行分析。具体地，当经济处于低迷状态（状态 1）时，政府债务负担率均衡点满足：

$$0.0070 + 0.0400b^*_{t-1} - 0.0180F = -0.0071b^*_{t-1} \quad (8)$$

当经济处于常态（状态 2）时，政府债务负担率均衡点满足：

$$0.0070 + 0.0400b^*_{t-1} - 0.0046 - 0.0180F = 0.0784b^*_{t-1} \quad (9)$$

当经济处于过热状态（状态 3）时，政府债务负担率均衡点满足：

$$0.0070 + 0.0400b^*_{t-1} - 0.0180F = 0.2253b^*_{t-1} \quad (10)$$

根据式（8）、式（9）以及式（10）可以测算出不同经济状态时我国政府负债的均衡点，结合图 2 进行具体分析。当经济处于低迷状态时，政府负债呈无限发散趋势，无均衡点；当经济处于常态时，政府负债呈收敛趋势，对应负债均衡点为 b_2^*，其值为 6.25%；当经济处于过热时，政府负债同样呈收敛趋势，对应负债均衡点为 b_3^*，其值为 3.78%。这一结果与庞晓波、李丹（2015）中政府债务负担率动态变化路径的结果一致，即状态 1 下的债务负担率呈发散趋势；状态 2 和状态 3 下的债务负担率都呈收敛趋势，且状态 3 下收敛要早于状态 2，对应 b_3^* 小于 b_2^*。

研究发现，线性财政反应函数下的政府债务风险分析，主要适用于刻画政府负债动态变化路径以及判断政府负债的长期变化趋势，通过政府债务负担率是否可收敛至一个有效均衡点来分析政府债务风险性。至于政府负债的安全上升空间，即财政空间主要依据静态上限进行判断，例如，国际上《马斯特里赫特条约》规定将60%作为政府债务负担率的上限，低于该值一般认为风险可控，实际政府债务负担率和警戒线间差距为相应财政空间。

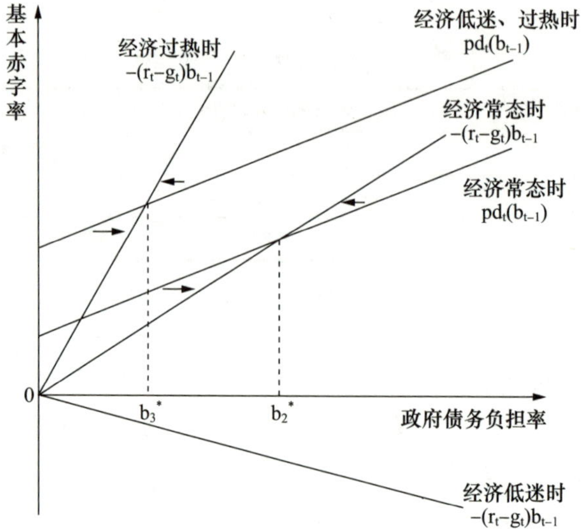

图2 线性财政反应函数形式下我国政府负债均衡点

2. 非线性财政反应函数下的政府债务风险分析

就我国适用的非线性财政反应函数形式进行实证分析，分别选取1996~2012年、1981~2012年两个样本区间，对式（2）进行估计①，发现加入政府债务负担率二次项 b_{t-1}^2 时，出现严重多重共线性，综合系数显著性、模型整体显著性以及实际经济含义，文中 f_1（b_{t-1}）采用包含政府债务负担率 b_{t-1} 及其三次项 b_{t-1}^3 的函数形式，得到两个样本区间的财政反应函数估计结果，如表2所示。对上述残差统计性质进行相关检验，残差平稳，即上述变量存在协整关系；Jarque-Bera统计量检验发现，接受残差服从正态分布的

① 其中，f（b_{t-1}）存在三种不同的函数形式：同时包含政府债务负担率 b_{t-1}、其二次项 b_{t-1}^2 以及三次项 b_{t-1}^3；包含政府债务负担率二次项 b_{t-1}^2 及其三次项 b_{t-1}^3；包含政府债务负担率 b_{t-1} 及其三次项 b_{t-1}^3。

原假设，即保证估计结果的有效性；Breush - Godfrey LM 检验发现，残差序列不存在高阶自相关。

表 2 我国财政反应函数估计结果

函数形式	$f_1(b_{t-1})=f(b_{t-1},\ b_{t-1}^3)$		$f_2(b_{t-1})=f(b_{t-1},\ b_{t-1}^2)$	
样本期间	1996～2012 年(1)	1981～2012 年(2)	1981～2012 年(3)	1981～2012 年(4)
b_{t-1}	0.0824 *** (0.0154)	0.0629 *** (0.0113)	0.0932 *** (0.0200)	0.1040 *** (0.0214)
b_{t-1}^2			−0.1698 ** (0.0612)	−0.1854 ** (0.0619)
b_{t-1}^3	−0.2557 * (0.1206)	−0.2451 ** (0.0959)		
F	−0.0086 ** (0.0029)	−0.0084 *** (0.0037)	−0.0111 *** (0.0040)	−0.0105 *** (0.0038)
D_2		−0.0034 ** (0.0017)	−0.0041 ** (0.0017)	−0.0034 ** (0.0016)
g_t	−0.1527 *** (0.0446)			−0.0331 (0.0196)
AR（1）			0.5251 *** (0.1466)	0.5742 *** (0.1389)
MA（1）	0.9999 *** (0.1849)	0.6729 *** (0.1173)		
调整 R^2	0.4789	0.5133	0.5448	
D. W.	1.7677	1.9177	1.9208	1.8520

注：括号内为标准误，***、**和*分别表示在1%、5%和10%的显著性水平下显著。

综合本文引入政府债务负担率三次项的财政反应函数估计结果，以及 Ghosh 等（2013）、唐文进等（2014）测算政府债务上限时使用的财政反应函数估计结果，进一步对极值点进行测算（见表3），并结合我国历史政府债务负担率取值区间［0.0961，0.4445］对具体财政反应机制特征进行分析。其中，唐文进等（2014）的估计结果表明，历史基本盈余率随政府债务负担率增长不断增大，如果政府债务负担率超过 50.06%，基本盈余率将呈下降趋势；本文在样本区间 1996～2012 年内估计结果表明，在历史债务负担率取值区间内，随政府债务负担率增长基本赤字率呈上升趋势，而如果政府债务负担率超过32.77%，基本赤字率将呈下降趋势，在样本区间1981~2012年变化趋势相似，只是当政府债务负担率超过29.24%，基本赤字率才呈下降趋势。可以发现，在我国历史政府债务负担率取值区间内，仅出现一个有效极值点，财政反应机制特征主要表现为：基本财政赤字率随政府债务负担率增大而呈轻微上升，当超过一定阈值后，基本财政赤字率随政府债务负担率增大而下降。这一变化趋势与Ghosh等（2013）对发达经济体财政反应函数进行估计时的发现存有部分相似之处①，即债务负担率较低时，基本财政对政府债务反应较微弱（基本赤字率和政府债务负担率呈轻微正向关联），随着负债上升财政反应不断增强，可能是债务量的不断攀升引发了政府的风险意识，政策调整预期增强并通过相应财政调整改善基本赤字以维持政府债务可持续性。考虑到我国政府负债历史较短，且政府债务负担率相对较低的现实，将我国目前表现出的基本赤字率随政府债务负担率先轻微上升后下降这一财政反应机制特征视为"财政疲劳"初始阶段现象，是符合我国国情的。

表3 我国财政反应函数极值点测算②

样本期间	1996~2012年	1970~2007年	1996~2012年	1981~2012年
财政反应函数 / 政府债务负担率	唐文进等（2014）	Ghosh等（2013）	表2（1）	表2（2）
极小值点	0	0.4000	—	—
极大值点	0.5006	1.7333	0.3277	0.2924

结合我国尚处于"财政疲劳"现象初期的现实以及呈现出的具体财政反应机制特征，使用政府债务负担率的二次项函数 $f_2(b_{t-1})$ 代替式（2）中的 $f_1(b_{t-1})$ 估计我国基本赤字率和政府债务负担率之间的关系应能更好

① 具体地，Ghosh等（2013）使用基本盈余率和政府债务负担率变量进行估计，发现在债务负担率小于0.40时，基本盈余率呈微弱下降趋势，在债务负担率处于［0.40，1.73］时，基本盈余呈不断上升趋势，当债务负担率超过1.73时，基本盈余急剧下降，以此为基础首次验证了发达经济体"财政疲劳"现象的存在性，而我国目前财政反应特征与发达经济体的政府债务负担率达到第二个极值点（1.73）前的变化趋势存有类似。

② 唐文进等（2014）、Ghosh等（2013）估计财政反应函数使用基本盈余率变量，本文表2中估计则使用基本赤字率变量。

拟合我国真实财政反应机制，构建如下财政反应函数：

$$pd_t = f_2(b_{t-1}) + \beta D_i + \eta X_t + \mu_t \quad (11)$$

式中，f_2（b_{t-1}）是关于 b_{t-1} 且连续有界的二次函数；其余变量含义同上。

数据样本区间选取 1981～2012 年，对式（11）进行估计，其中，f_2（b_{t-1}）采用包含政府债务负担率 b_{t-1} 及其二次项 b_{t-1}^2 的函数形式，财政反应函数估计结果详见表2（3）列和表2（4）列。对上述残差统计性质进行相关检验，残差平稳性检验发现，残差平稳，即上述变量存在协整关系；Jarque－Bera 统计量检验发现，接受残差服从正态分布的原假设，即保证估计结果的有效性；Breush－Godfrey LM 检验发现，残差序列不存在高阶自相关。整体而言，与使用三次项函数 f_1（b_{t-1}）相比，使用政府债务负担率的二次项函数 f_2（b_{t-1}）对我国财政反应机制具有更显著的解释力，且增强了整体拟合效果以及系数显著性。

下面主要对具体估计结果进行分析，与经济处于低迷或过热状态相比较，经济处于常态以及保持必要的经济增长同样有益于降低财政调整的成本，改善政府财政状况，进而有效保障政府债务可持续性。此外，2007 年危机冲击对我国基本财政的影响是显著的，需要注意的是，F 的系数显著为负，说明经济受到该冲击后可能陷入短暂的全面低迷状态，同时政府可能在财政方面做出相应调整，导致在 2007 年呈现出大幅度偏离长期均衡的状态。通过对使用政府债务负担率的二次项函数 f_2（b_{t-1}）估计的财政反应函数估计结果［表2（3）列或表2（4）列］极值点进行测算，并结合我国历史政府债务负担率取值区间［0.0961，0.4445］，对我国现阶段财政反应机制的具体特征进行分析。当政府债务负担率低于27.44%（或28.05%）时，基本赤字率与政府债务负担率表现为同向变动；当政府债务负担率超过27.44%（或 28.05%）时，基本赤字率随债务负担率增大而下降，符合“财政疲劳”现象初期特征，结合我国政府负债历史相对较短，尚处于一个较低水平的现实，可以发现使用政府债务负担率的二次函数刻画财政反应机制的非线性特征相对能更真实地刻画现阶段我国基本赤字率与政府债务负担率之间的动态关系变化。

同时，结合发达经济体的财政反应机制走势（Ghosh 等，2013）以及我国尚处于“财政疲劳”特征初期这一现实，可以预见未来一段时间我国财政反应机制的基本走势（见图3，其中虚线部分为预期走势），随着政府债务负担率上升，我国基本赤字率仍呈下降趋势，说明财政调整成本尚未达到一个必要水平，使得政府难以通过改善基本财政状况来维持政府债务的可持续性，即我国现在仍存在相当大的财政空间进行相应调控。鉴于我国尚处于财政疲劳的初期，政府存在较大的政策回旋空间，即存在相当充分的财政空间可用于配合宏观经济发展需要进行调整，不仅为我国实现经济稳步转型提供有效推进力，也有助于通过实体经济的平稳增长有效控制政府债务风险，进而实现财政调整的良性循环。需要注意的是，未来，当我国政府债务负担率达到一个相当高水平后，政府则可能要面临巨大的财政调整成本，基本赤字情况会急剧恶化，进而引发政府债务风险，政府应警惕这一上限值。

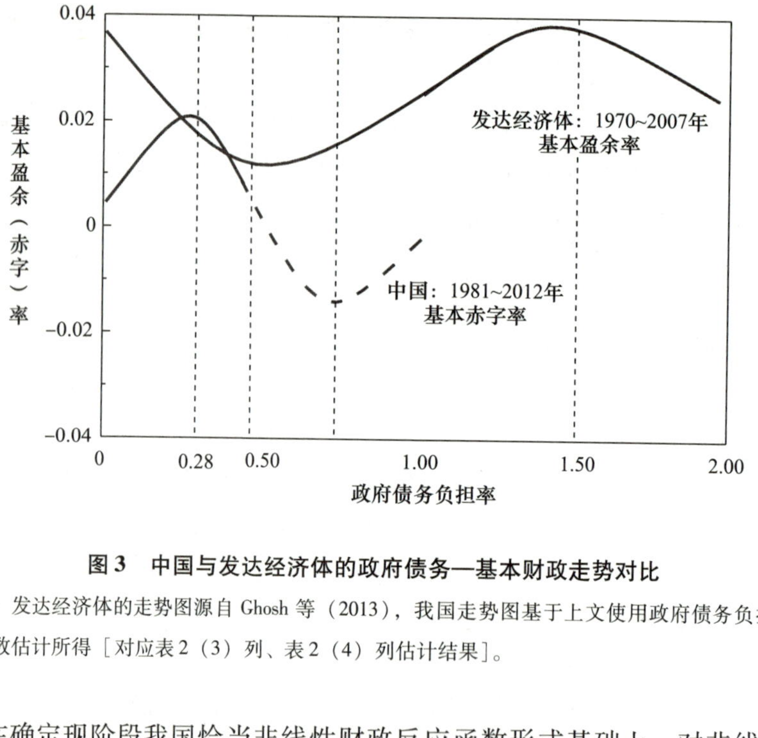

图3 中国与发达经济体的政府债务—基本财政走势对比

注：发达经济体的走势图源自 Ghosh 等（2013），我国走势图基于上文使用政府债务负担率二次项函数估计所得［对应表2（3）列、表2（4）列估计结果］。

在确定现阶段我国恰当非线性财政反应函数形式基础上，对非线性财政反应机制下的政府债务风险内涵进行具体刻画。将式（11）代入式（3），可以得到使用政府债务负担率的二次函数估计的我国财政反应函数对应的政府负债均衡点（较小值）以及政府负债上限（较大值），满足：

$$f_2(b_{t-1}) + \beta D_i + \eta X_t + \mu_t = -(r_t - g)b_{t-1} \tag{12}$$

结合我国具体的非线性财政反应函数，对政府负债均衡点以及财政空间具体状况进行分析，将我国二次财政反应函数估计结果［详见表2（3）列］代入式（12）整理可得：

$$-(r_t - g)b_{t-1} = f_2(b_{t-1}) + \beta D_i + \eta X_t + \mu_{1t} = -0.1698b_{t-1}^2 + 0.0932b_{t-1} - 0.0041D_2 - 0.0111F + \mu_{1t} \tag{13}$$

同时，将包含经济增长率的我国二次财政反应函数估计结果［详见表2（4）列］代入式（12）整理可得：

$$-(r_t - g)b_{t-1} = f_2(b_{t-1}) + \beta D_i + \eta X_t + \mu_{2t} = -0.1854b_{t-1}^2 + 0.1041b_{t-1} - 0.0034D_2 - 0.0105F - 0.0331g_t + \mu_{2t} \tag{14}$$

式（13）和式（14）均是关于政府债务负担率 b_{t-1} 的二次方程，具体地，F取值0，并采用2008~2012年均值对 r_t、g进行赋值，分别测算存在基本财政冲击 μ_t 影响和无基本财政冲击 μ_t 影响情况下，不同经济状态对应政府债务负担率上限，其中，μ_{1t}取1%显著性水平下的置信区间(-0.0093，0.0093)，μ_{2t}取1%显著性水平下的置信区间（-0.0077，0.0077）。

就不包含经济增长率的估计结果而言［对应表2（3）列］，当经济处于常态时，模型（13）对应的有效政府债务负担率为0.3637，1%显著性水平下的置信上限为0.4921；当经济处于非常态时，模型（13）对应的有效政府债务负担率为0.4299，1%显著性水平下的置信上限为0.5327。就包含经济增长率的估计结果而言［对应表2（4）列］，当经济处于常态时，模型（14）对应的有效政府债务负担率为0.3907，其1%显著性水平下的置信上限为0.4881；当经济处于非常态时，模型（14）对应的有效政府债务负担率为0.4393，其在1%显著性水平下的置信上限为0.5211。可以发现，在使用政府债务负担率二次函数估计的财政反应机制下，仅出现一个有效政府债务负担率。根据Ghosh等（2013）提出的政府负债上限决定机制［式（5）］，如果财政反应函数为包含政府债务负担率三次项的函数，则可以同时得到政府负债均衡点 b^* 和政府负债上限 $b^\wedge$，决定机制如图4整体走势所示（包含实线部分以及虚线部分）。但是，结合我国尚处于“财政疲劳”初期的现实，现阶段我国财政反应机制使用政府债务负担率二次项函数能实现更好的拟合，那么，在基于二次财政反应函数形式的政府负债上限决定机制下，对应的有效政府债务负担率实为我国政府负债的均衡点，如图4中实线部分所示，受限于我国政府负债所处的历史发展阶段，无法对政府负债上限进行精确测算，但可以预见我国政府负债确实存在较大的上升空间。

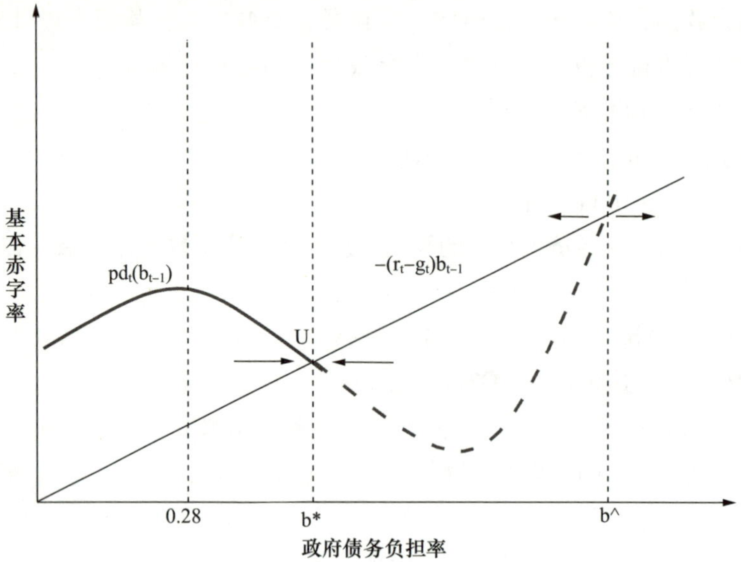

图4 我国政府负债上限决定机制

结合我国初现“财政疲劳”现象的早期趋势这一现实，以及发达经济体相关经验，对上述测算结果进行具体分析，上述有效政府债务负担率实为我国不同经济状态下稳定均衡点（U点）对应的 b^*，图4中虚线部分则给出我国政府负债上限（Debt Limit）决定机制的未来可能走势。鉴于我国政府负债历史相对较短的现实以及财政反应机制尚未呈现出的完整趋势的限制，政府负债上限难以实现有效精准预估，但我国实际政府债务负担率和政府负债上限 $b^{\wedge}$ 确实存在相当大的缺口，即潜在财政空间较大。就目前我国财政反应机制所处的特定阶段而言，可以通过政府负债的稳定均衡点 b^* 和经济所处的具体状态形成对财政空间的粗略预判，例如，2012年我国实际政府债务负担率约为0.4445，结合我国目前经济处于相对低迷状态，在1%显著性水平下，保守估计存在7.66～8.82个百分点[①]的潜在财政空间，而实际财政空间应当大于这一估计结果。

---

① 具体地，上限估计基于模型（13）对应经济低迷时的均衡点在1%显著性水平下的置信上限（0.5327），目前我国实际政府债务负担率与其缺口为0.0882，下限估计则基于模型（14）对应经济低迷时的均衡点在1%显著性水平下的置信上限（0.5211），目前我国实际政府债务负担率与其缺口为0.0766。

综合而言，非线性财政反应函数下的政府债务风险分析，在考虑财政调整成本存在的基础上，刻画了政府债务负担率和基本财政间的动态变化特征，有助于实现风险有效防控以及相关政策出台。同时，鉴于政府负债上限在系统内得到确定，政府负债安全上升空间的参照点是系统内的动态值，因此，和静态政府负债上限相比，在研究财政空间问题上采用非线性财政反应机制分析政府债务风险的针对性、适用性相对更强。需要注意的是，鉴于我国经济不确定性的逐渐增强，以及现阶段我国政府负债上限的未知性，在释放财政政策空间的同时，如何有效重建财政缓冲防患未然也是值得探讨的，财政后备这一“缓冲垫”不仅有助于通过事前防范降低风险突发的可能，也在某种程度上通过降低政府预防性动机有助于现阶段财政空间的充分释放，进而实现风险有效防控前提下的有力政策支撑，下文主要对我国财政后备设置情况进行具体分析。

四、我国非线性财政反应机制下财政后备设置分析

危机后我国经济存在的不确定性以及现阶段我国财政空间尚存的模糊性，有效重建财政缓冲存在一定必要性。具体而言，一方面，我国表现出的“财政疲劳”初期特征以及政府负债上限的客观存在说明政府的财政调整能力是存在限度的，疏于防控政府债务甚至会落入自动膨胀的恶性循环；另一方面，金融危机、债务危机等冲击可能通过其引导的惯性预期加大经济的不确定性，而合理的财政后备不仅能直接缓解财政上大幅调整可能引致的政府债务风险上升，同时也巩筑政府逆周期调整基础，及时对冲非预期事件引致的惯性预期产生的消极影响，防范惯性预期的顺周期性放大或缩小真实风险，保障经济的平稳运行。而危机后我国政府如何有效重建财政缓冲，或具体为如何在预算中设置相应的财政后备①，需要侧重考虑政府预算体系中相应财政后备设置的两面性，在缓解不确定性带来政府债务风

① 本文将预备费和预算稳定调节基金作为我国预算体系内两种有效财政后备形式。其中，国家预算预备费是我国目前常规的应急财政资金来源，《预算法》规定“各级政府预算应当按照本级政府预算支出额的1%～3%设置预备费”，实行的是流量式管理，而非基金式管理，不能在年度之间进行调度和平衡，无法实现跨年度储备。预算稳定调节基金一般被认为是逆周期财政政策的重要工具，但在我国也具备一定财政应急储备的功能，充当跨年度的财政应急储备（卢凌波，2012）。

险扩放的同时，也可能面临更加沉重的财政负担，并且，在一定程度上释放财政政策空间，有利于资金高效配置，但也面临资金安排过量影响使用效益的风险，政府进行财政后备资金的配置必须考虑到“收益性”和“成本性”共存现实。因此，危机后我国如何有效重建财政缓冲，财政后备资金的合理配置成为亟待解决的问题。该部分主要致力于探讨财政后备的总体调控导向，或具体为实现对目前我国相应财政后备金不足抑或过剩的衡量。具体地，通过分析非线性财政反应机制下我国财政后备这一“储备渠道”对财政调整以及政府债务风险的具体影响，探讨我国财政缓冲重建的调控导向：如果相应财政后备小于最优值，“储备”资金相对不足，增加“储备”有助于政府改善基本财政赤字，降低政府债务风险，即现阶段政府应增加财政后备资金，形成必要财政缓冲；如果相应财政后备大于最优值，“储备”资金相对过剩，政府会面临较大的资源闲置，恶化政府财政状况，增加政府债务风险，即现阶段政府应减少财政后备资金。

结合我国尚处于“财政疲劳”现象初期的现实以及呈现出的具体非线性财政反应机制特征，纳入财政后备这一“储备”渠道，构建如下财政反应函数：

$$pd_t = f_2(b_{t-1}) + \beta D_i + \eta X_t + \gamma_t fr_t + \mu_t \tag{15}$$

式中，除 fr_t 外的其余变量含义同上，fr_t 表示财政后备金率，预备费与中央预算稳定基金之和与财政预算支出的比值，如果 $\gamma_t<0$，说明历史财政后备作为“储备”资产相对不足，尚未达到最优值，应投入更多资金使其向最优“储备”存量趋近，将有助于改善财政反应机制，现阶段增加财政后备的收益大于成本；如果 $\gamma_t>0$，说明历史财政后备作为“储备”资产相对过剩，超过最优值，并引起资金的配置效率显著下降，投入更多资金将会恶化财政反应机制，现阶段增加财政后备的成本过大。

数据样本区间选取 1981 ~ 2012 年，首先，对式（15）进行估计，其中，f_2（b_{t-1}）采用包含政府债务负担率 b_{t-1} 及其二次项 b_{t-1}^2 的函数形式，财政反应函数估计结果如表4（2）列所示，同时，在式（2）中加入 fr_t 变量进行估计，相应的财政反应函数结果如表4（1）列所示。对上述残差统计性质进行相关检验，残差平稳性检验发现，残差平稳，即上述变量存在协整关系；Jarque – Bera 统计量检验发现，接受残差服从正态分布的原假设，即保证估计结果的有效性；Breush – Godfrey LM 检验发现，残差序列不存在高阶自相关。

通过对比表4（1）列和表4（2）列估计结果发现，与使用b_{t-1}的三次项函数相比，现阶段使用b_{t-1}的二次项函数能更好地拟合我国财政反应机制的具体特征；通过对比表2（4）列和表4（2）列估计结果发现，在使用b_{t-1}二次项函数估计的前提下，财政后备这一“储备渠道”对财政反应机制具有显著解释力，增强了整体拟合效果以及系数显著性。下面主要对表4（2）列估计结果进行具体分析，通过使用政府债务负担率二次函数的财政反应函数估计结果发现，政府财政调整的“储备渠道”fr_t的系数$\gamma_t<0$，说明历史财政后备金作为“储备”资产相对不足，尚未达到最优值，投入更多资金使其向最优“储备”存量趋近，增加财政后备主要表现出改善基本赤字率，降低政府债务风险的积极效应，重建财政缓冲收益大于成本，现阶段我国应着手重建财政缓冲以应对经济发展中的诸多不确定性，保障经济的平稳可持续运行。通过对财政反应函数极值点测算，结合历史政府债务负担率取值区间［0.0961，0.4445］，进一步对纳入fr_t变量的我国财政反应机制具体特征进行分析，当政府债务负担率小于36.41%时，基本赤字率与政府债务负担率表现为同向变动；当政府债务负担率超过36.41%时，基本赤字率随债务负担率增大而下降，同样符合“财政疲劳”现象的初期特征。鉴于财政调整的“储备渠道”目前尚未达到最优“储备”存量，那么，通过财政后备资金的合理配置，有效重建财政缓冲不仅有助于直接改善政府财政状况降低政府债务风险，同时在很大程度上使得政府能够争取充分的财政空间配合宏观经济发展需要进行相应调整，既为我国实现经济稳步转型提供有效推进力，也有助于通过实体经济的平稳增长有效控制政府债务风险。

表4　纳入财政后备的我国财政反应函数估计结果

函数形式	$f_1(b_{t-1})=f(b_{t-1}, b_{t-1}^3)$	$f_2(b_{t-1})=f(b_{t-1}, b_{t-1}^2)$
样本期间	1981～2012年（1）	1981～2012年（2）
b_{t-1}	0.0783*** (0.0112)	0.1096*** (0.0212)
b_{t-1}^2		-0.1505** (0.0616)
b_{t-1}^3	-0.1660* (0.0922)	

续表

F	-0.0107^{***} (0.0036)	-0.0123^{***} (0.0034)
fr_t	-0.3533^{**} (0.1415)	-0.3234^{**} (0.1206)
D_2	-0.0038^{**} (0.0017)	-0.0036^{**} (0.0015)
g_t	-0.0305 (0.0202)	-0.0376^{**} (0.0175)
AR（1）		0.6050^{***} (0.1379)
MA（1）	0.5770^{***} (0.1768)	
调整 R^2	0.5378	0.6356
D. W.	1.6774	2.0140

注：括号内为标准误，***、**和*分别表示在1%、5%和10%的水平下显著。

下面，对纳入 fr_t 变量的我国政府负债均衡点以及财政空间概况进行分析，将纳入 fr_t 变量的我国二次财政反应函数估计结果［见表4（2）列］代入式（12）整理可得：

$$-(r_t-g)b_{t-1}=f_2(b_{t-1})+\beta D_i+\eta X_t+\gamma fr_t+\mu_t=-0.1505b_{t-1}^2+0.1096b_{t-1}-0.0036D_2-0.0123F-0.0376g-0.3234fr_t+\mu_t \tag{16}$$

同上文采用2008~2012年均值对 r_t、g以及 fr_t 进行赋值，F取值0，分别测算存在基本财政冲击 μ_t 影响和无基本财政冲击 μ_t 影响情况下，不同经济状态对应政府负债均衡点，其中，μ_t 取1%显著性水平下的置信区间（$-0.0077,0.0077$），并结合式（14）进行对比，分析纳入 fr_t 变量对政府负债均衡点以及财政空间的影响。结果表明，当经济处于常态时，纳入 fr_t 变量的模型中对应的政府债务负担率均衡点为0.4101，1%显著性水平下的置信上限为0.5260，而相应未包含 fr_t 变量的模型中政府债务负担率均衡点仅为0.3907，1%显著性水平下的置信上限为0.4881。当经济处于非常态时，纳入 fr_t 变量的模型中对应的政府债务负担率均衡点为0.4556，1%显著性水平下的置信上限为0.5734，而相应未包含 fr_t 变量的模型中政府债务负担率均衡点仅为0.4393，1%显著性水平下的置信上限为0.5211。首先，就政府负债均衡点而言，在经济常态下，通过纳入财政后备使得政府负债均衡点上升1.94个百分点（0.4101－0.3907），而经济非常态下，为均衡点上升贡献1.63个百分点（0.4556－0.4393），即通过重建财政缓冲确在一定程度上降低政府预防性动机，提升政府可忍受的均衡负债阈值。其次，在考虑财政后备影响前提下，同样只能对我国财政空间进行粗略预判，我国政府债务负担率和债务上限b^仍存在相当大的缺口，潜在财政空间较大的情况没有发生根本变化，并且和经济处于常态相比，当经济处于非常态时政府可争取的财政空间仍相对较大。例如，2012年我国实际政府债务负担率约为0.4445，结合我国目前经济处于相对低迷状态，重建财政缓冲的基础上保守估计财政空间为1.11～12.89个百分点[①]，和未纳入财政后备的情形相比我国政府负债的上升空间更大。

我国非线性财政反应机制框架下的财政后备研究发现，一方面，结合我国尚处于“财政疲劳”初期的现实，财政调整的“储备渠道”——财政后备尚未达到最优“储备”存量，无论是为缓解突发事件可能引起财政大幅调整或为形成政府面对危机时的逆周期调整基础，还是基于降低政府预防性动机，充分释放财政政策空间的考虑，预算体系中投入更多资金用于重建财政缓冲确有助于改善财政状况，降低政府债务风险，并充分释放财政空间。另一方面，考虑到我国政府负债历史相对较短的现实以及财政反应机制尚未呈现出的完整趋势的限制，政府负债上限虽难以实现有效精准预估，但可以确定在考虑财政后备影响的前提下，我国潜在财政空间较大，通过重建财政缓冲确实在一定程度上实现了风险有效防控及保障经济平稳运行，尤其在经济处于常态时效果更显著。综合而言，基于非线性财政反应机制下的财政后备设置分析打破了财政缓冲停留在被动调整“试错”状态的僵局，有益于政府完成从“被动防御”到“主动化解”的风险管理理念转换，并在打破传统制度体系中对低效制度的“路径依赖”的基础上，为风险防控、经济平稳运行提供可靠有力的政策性手段。

---

① 具体地，下限估计使用目前我国政府债务负担率和经济低迷时稳定均衡点（0.4556）的缺口，上限估计则使用我国实际政府负债和在1%显著性水平下经济低迷时稳定均衡点的置信上限（0.5734）间缺口。

五、结论与政策启示

本文主要基于财政反应机制下的政府债务风险理论框架分析我国政府债务风险。首先，基于不同财政反应函数分析我国政府债务风险，主要包括线性反应函数和非线性财政反应函数两种；其次，结合我国现阶段表现出的基本财政—政府负债特征及经济景气变化，探讨我国具体财政反应机制，形成政府债务风险分析的基础，并结合经济所处状态探讨我国财政空间情况。同时，考虑到危机后我国经济存在的不确定性，综合我国财政反应的具体特征，将预算体制内有效财政后备作为财政调整的“储备渠道”纳入分析，探讨现阶段我国财政缓冲重建的总体调控导向。

本文研究主要有三点发现：首先，基于线性财政反应函数的经验研究发现，当经济处于低迷状态时，长期政府负债呈发散趋势，而经济处于常态或过热时，政府负债收敛至相应的均衡点，但财政空间的测算需依据静态上限。其次，基于非线性财政反应函数的经验研究发现，使用政府债务负担率的二次项函数能更好地拟合我国财政反应函数，并发现我国尚处于“财政疲劳”初期，财政反应机制尚未呈现出完整趋势，结合我国政府负债历史相对较短的现实，现阶段我国财政空间难以实现有效精准估计，但通过粗略预判发现我国存在较大的潜在财政空间。以2012年为例，保守估计存在7.66~8.82个百分点的潜在财政空间，而实际财政空间应大于这一估计结果。最后，我国财政调整的“储备渠道”——财政后备尚未达到最优“储备”存量，危机后我国财政缓冲的有效重建，即增加相应财政后备有助于改善财政调整状况，降低政府债务风险，并有利于当前财政空间的充分释放。同样以2012年为例，与未纳入财政后备的情形相比，我国存在更大的潜在财政空间，保守估计存在4.07~5.23个百分点的上升空间。此外，文章基于财政反应机制对我国政府债务风险进行了分析，探讨了我国财政空间情况，并对预算体系内的有效财政后备金进行了考衡，不仅为如何争取有效财政政策空间提供了可行路径，为如何有效重建财政缓冲提供了调控导向，也对国内现有政府债务风险相关研究进行了扩展。具体而言，一方面，文章基于不同财政反应函数，探讨其用于我国政府债务风险分析的局限性、适用性，为形成我国政府债务风险分析理论框架奠定基础；另一方面，借鉴发达经济体相关经验并结合具体国情，对我国具体财政反应机制和政府负债上限决定机制进行探索，形成我国政府债务风险分析的理论框架。

本文的政策启示主要有三点：一是认识到财政调整存在限度的现实，政府在进行政府债务风险的防控时应综合考虑政府债务负担和政府债务限度，一方面通过风险的有效考量实现宏观财政金融风险防控，另一方面通过财政空间的估算为相关政策出台提供有效可操作空间。二是在借鉴发达经济体相关经验时，应结合我国政府负债历史相对较短、政府负债水平较低的现实进行具体分析，政府相关政策出台应充分考虑我国尚处于“财政疲劳”初期这一前提，而目前较大的潜在财政空间也是支撑积极财政政策的重要保障。三是注意如何实现我国经济不确定性增加要求财政缓冲重建与加大积极财政政策力度之间的有效协调，鉴于财政调整的“储备渠道”——财政后备尚未达到最优存量，结合我国目前尚处于“财政疲劳”初期，通过改善基本财政控制政府债务风险成本相对较低这一现实，政府在预算体系中适当增加投入用于财政缓冲重建，不仅可直接实现风险有效防控及保障经济平稳运行，同时也有利于现阶段充分释放财政空间，提供我国经济转型的必要推动力。

参考文献

[1] Abiad A. and J. D. Ostry. Primary Surpluses and Sustainable Debt Levels in Emerging Market Countries [J]. IMF Policy Discussion Papers, 2005 (6): 7 - 14.

[2] Bohn H. The Behavior of U. S. Public Debts and Deficits [J]. The Quarterly Journal of Economics, 1998 (113) 949 - 963.

[3] Bohn H. The Sustainability of Fiscal Policy in The United States [D]. CESifo Working Paper Series, 2005.

[4] Buiter W. H. A Guide to Public Sector Debts and Deficits [J]. Economic Policy, 1985 (1): 13 - 79.

[5] Buiter W. H. The Fiscal Theory of The Price Level: A Critique [J]. Economic Journal, 2002 (112): 459 - 480.

[6] Condon T. and V. Corbo. Exchange Rate—Based Disinflation, Wage Rigidity, and Capital Inflows: Tradeoffs for Chile 1977 - 1981 [J]. Journal of Development Economics, 1990 (32): 113 - 131.

[7] Engle R. F. and C. W. J. Granger. Cointegration and Error Correction: Representation,

Estimation, and Testing [J] . Econometrica, 1987 (55): 251 - 276.

[8] Frenkel J. A. and A. Razin. Government Spending, Debt, and International Economic Interdependence [J] . Economic Journal, 1995 (379): 619 - 636.

[9] Greiner A. and S. Willi. Debt Sustainability in The European Monetary Union: Theory and Empirical Evidence for Selected Country [J] . Oxford Economic Paper, 2007 (59): 194 - 218.

[10] Ghosh A. R. , J. D. Ostry, and M. S. Qureshi. Fiscal Space and Sovereign Risk Pricing in A Currency Union [J] . Journal of International Money and Finance, 2013 (34): 131 - 163.

[11] Ghosh A. R. , J. I. Kim, E. G. Mendoza et al. Fiscal Fatigue, Fiscal Space and Debt Sustainability in Advanced Economies [J] . *The Economic Journal*, 2013 (123): F4 - F30.

[12] Heller P. S. Understanding Fiscal Space [D] . IMF Policy Discussion Papers, 2005.

[13] Mackinnon J. G. Critical Values for Cointegration Tests. In: Engle E. F. , Granger, C. W. J. (Eds.), Long Run Economic Relationships [M] . Oxford University Press, 1991.

[14] Makin A. J. Public Debt Sustainability and Its Macroeconomic Implications in ASEAN - 4 [J] . ASEAN Economic Bulletin, 2005 (22): 284 - 296.

[15] Mendoza E. G. and J. D. Ostry. International Evidence on Fiscal Solvency: Is Fiscal Policy "Responsible"? [J] . Journal of Monetary Economics, 2008 (55): 1081 - 1093.

[16] Ostry J. D. , A. R. Ghosh, J. I. Kim et al. Fiscal Space [D] . IMF Staff Position Note, 2010.

[17] Sharma S. Applied Multivariate Techniques [R] . John Wiley & Sons, Inc, 1995.

[18] 陈共. 财政学（第8版）[M] . 北京：中国人民大学出版社，2015.

[19] 陈共，类承曜. 关于我国债务负担率及债务依存度的考察 [J] . 财政研究，2002 (11) .

[20] 伏润民，缪小林，师玉朋. 政府债务可持续性内涵与测度方法的文献综述——兼论我国地方政府债务可持续性 [J] . 经济学动态，2012 (11) .

[21] 贾彦东，刘斌. 我国财政极限的测算及影响因素分析——利用含体制转换的DSGE模型对全国及主要省份的研究 [J] . 金融研究，2015 (3) .

[22] 刘迎秋. 论中国现阶段的赤字率和债务率及其警戒线 [J] . 经济研究，2001 (8) .

[23] 卢凌波. 预算稳定调节基金：财政储备还是预算调节 [J] . 财贸经济，2012 (12) .

[24] 马拴友. 中国公共部门债务和赤字的可持续性分析——兼评积极财政政策的不可持续性及其冲击 [J] . 经济研究，2001 (8) .

［25］庞晓波，李丹．中国经济景气变化与政府债务风险［J］．经济研究，2015（10）．

［26］唐文进，苏帆，彭元文．财政疲劳、储备渠道与中国政府债务上限的测算［J］．财经研究，2014（10）．

中国企业对外直接投资区位选择的离散博弈分析

尹彦辉 胡文锦 白仲林
（天津财经大学统计系，天津 300222）

一、引言

鉴于国际金融危机和主权债务危机对发达经济体的严重冲击、新兴经济体逐步成为推动经济全球化的主要力量；中国等发展中国家企业的对外投资也成为稳定和提升全球跨境投资增长的重要因素[①]。尤其，2006～2014年，中国企业对外投资流量累计增加7倍、年均增长率高达27.5%、2015年中国非金融类对外直接投资同比增长14.7%，已连续四年位居全球第三。事实上，为了分散过度持有少数金融资产[②]的风险、促进中国经济结构的转型升级和整合国际资源推进经济全球化，持续快速发展的中国经济必须积极鼓励企业对外投资。并且，随着中国社会经济水平的提高，劳动力成本上升、环境资源压力增加和国内贸易与金融机会受限，许多国内企业亟须寻找海外发展机遇、利用国际先进技术优化自身产业链结构（Morck，

［作者简介］尹彦辉，男，1992年生，山东人，天津财经大学硕博连读生，中国数量经济学会员，研究方向：计量经济理论及应用。胡文锦，女，1992年生，河北人，天津财经大学硕士研究生，中国数量经济学会员，研究方向：计量经济理论及应用。白仲林，男，1962年生，河南人，经济学博士，现为天津财经大学统计系教授，博士生导师，中国数量经济学会事理，研究方向：数量经济理论及应用。

① 赵晋平．中国经济仍是促进全球增长最积极因素［N］．人民日报，2016－02－29。

② 截至2016年4月外汇储备已高达3.22万亿美元。

2008)、突破贸易壁垒整合全球资源开拓国际市场（Helpman、Melitz 和 Yeaple，2004）。同时，人民币国际化步伐的提速、金砖国家开发银行和亚洲基础设施投资银行的成立也为中国企业对外投资奠定了金融服务支持。另外，面对外需放缓、内需疲软和国内产能过剩的经济新常态，必须深入研究我国企业对外投资的决策机制，以积极推动“一带一路”经济发展战略的落实和实施。

自 2000 年 3 月召开的九届人大三次会议上正式将企业“走出去”作为国家战略、2001 年又将实施“走出去”战略明确写入《国民经济和社会发展第十个五年计划纲要》以来，我国企业对外直接投资（OFDI）得到了迅速发展。从 1982 年的 44 亿美元增长到 2014 年的 7295 亿美元；从 2000 年的 20 家对外投资企业增加到 2015 年的 9991 家。

然而，中国企业对外直接投资的快速增长，也引发了国际社会的普遍关注。部分境外舆论质疑中国的对外投资，认为“中国对外投资偏好资源类项目，投资的主要目的是为了掠夺资源”；误解“中国国有企业的背后就是中国政府”，国有企业主导了对外投资；存在对中国企业社会责任批评的声音，“质疑中国对外投资在所在国造成生态环境恶化等诸多负面影响”①（孙继文，2016）等。使得部分国家出于对中国对外投资的疑虑，纷纷调整了有关的政策，加紧了对外国投资的审查和监管（何帆，2015）。为了探索中国企业对外投资的特征、揭示中国企业对外直接投资选择的决策机制和回应部分境外舆论关于中国对外投资的质疑，本文将企业对外直接投资分解为“走出去”战略选择和市场进入博弈两个阶段，分别建立结构化的二元选择模型和静态离散博弈模型，并且以 2005 ~ 2014 年的 658 起中国对外直接投资业务为样本进行实证分析。

二、文献综述

众所周知，作为世界第二大经济体和最大的发展中国家，中国的经济发展模式、社会制度环境、收入分配制度、市场竞争能力和企业产权结构分布等方面与发达国家存在显著不同，中国对外直接投资不仅具有传统 OF-

① http://www.chinanews.com/cj/2016/06-07/7896992.shtml.

DI的一般共性，也具有自身的独特性，从而在一定程度上超出了现有主流对外直接投资理论的形成背景及其解释范围。现有经典OFDI理论（垄断优势理论、内部化理论、折中范式理论、制度理论、资源基础观、交易成本理论等）主要是基于西方发达经济体较高的经济发展水平和以市场竞争为基础的制度框架发展而来，能够较好地解释发达国家的对外直接投资现象，却不能对以中国为代表的新兴市场经济体快速增长的对外直接投资给出较好的解释①。

事实上，ODFI实践取决于"走出去"的动机及其实现OFDI的支撑能力，即OFDI理论旨在揭示经济体或企业的国际化动机和国际化能力。在国际化动机的理论研究方面，Dunning（2006）、Dunning和Lundan（2008）、Wang（2012）等认为制度因素也是中国对外直接投资的动机之一。同时，张宏等（2009）研究发现中国对外直接投资区位选择偏向于制度质量较差的国家；Amighini等（2013）发现中国OFDI因投资企业所有权属性不同而存在差异，民营企业OFDI偏好选择市场规模较大、战略资产禀赋较高、政治经济风险较低的东道国或地区，而国有企业的OFDI则基于国家利益更多地投资于自然资源丰裕的东道国或地区，并且其在进行对外投资时并不考虑东道国的投资风险；卢汉林和廖慧（2015）的研究发现，国有企业与民营企业均偏好于投资制度质量较好且未与我国签订双边投资协定的国家。同时，东道国的发达程度（发达国家和发展中国家）对国有企业与民营企业的OFDI影响因素及其影响程度也有所区别。于是，这些研究文献建立和完善了OFDI的制度差异及制度资源寻求动机理论。吴彬和黄韬（1997）提出了OFDI会经历"经验获得"和"利润攫取"两个阶段的两阶段OFDI理论，尤其，新兴经济国家的OFDI不具有充分所有权优势，他们的OFDI是一个包括早期学习型OFDI和末期竞争型OFDI的长期动态演进过程；王凤彬等（2010）首先发现了逆梯度OFDI的学习型动机。另外，基于中国跨国企业的特殊性，彭磊（2004）、裴长洪和樊英（2010）以及裴长洪和郑文（2011）等提出了跨国公司优势体系重构理论，他们研究发现，跨国公司不仅存在技术和品牌竞争优势，而且对于中国跨国公司还存在国家特定优势、比较所有权优势、制度嵌入资源、特殊融资能力、资本优势和产品综合竞

① 刘夏明，王珏，逯建．中国OFDI的研究综述：理论创新与重构[J]．中南财经政法大学学报，2016（2）．

争优势。例如，李享章（2011）指出国有企业的OFDI的动机与“国家特定优势”理论相一致，而私营企业则按照“过程论”开展OFDI；刘夏明等（2016）、Rugman和Li（2007）、余道先和周石（2010）献认为关于国际化能力的分析一般应从微观企业层面进行识别。田巍和余淼杰（2012）等研究指出，在同一个行业内，生产率最低的企业只服务于本国市场；生产率较高的企业不仅在本国出售，还出口到别国；生产率最高的企业同时在本国出售、出口以及在外国直接投资，即产出规模越大、技术水平越强和生产效率越高的企业越倾向于进行对外直接投资。张娆（2015）发现，高管境外背景对企业对外直接投资行为有正向影响作用。邱立成等（2015）研究发现，企业股权结构和性质对企业OFDI的区位选择具有显著影响。

然而，随着中国经济步入经济新常态、“一带一路”经济发展战略的积极推动和对外投资金融服务支持的深化，越来越多的企业努力开拓海外业务，积极推进国际化发展战略。于是，关于中国企业对外直接投资决策机制的理论研究不能仅仅局限于企业国际化动机、国际化能力和东道国市场环境因素的探讨，还应该发现和揭示中国对外直接投资企业在东道国市场进入博弈行为。因此，在控制了样本自选择偏误效应的条件下，本文将企业对外直接投资决策分解为“走出去”战略选择和市场进入博弈两个阶段，分别建立结构化二元选择模型和静态离散博弈模型开展实证研究。

三、模型构建

（一）“走出去”策略选择

1. 模型设定

对于企业是否选择“走出去”取决于投资国内市场（m=0）和国外市场（m=1）的收益，于是，企业i的理想投资收益为：

$$\prod_i^* = \max\{\prod_i^0, \prod_i^1\} \tag{1}$$

如果 $\prod_i^m = \pi_i + u_i^m$ 是投资于市场m的收益，π_i 是企业i投资的预期收益，而且企业投资的预期收益只取决于公司微观特征，即假设 $\pi_i = X_i\beta$，并且 u_i^m 是独立的不可观测随机误差项，则：

$$P\{\prod_i = 1\} = P\{\prod_i^1 = \max\{\prod_i^0, \prod_i^1\}\}$$
$$= P\{\pi_i + u_i^1 > \pi_i + u_i^0\}$$

于是，如果 u_i^m 服从独立的 Weibull 分布，即可得到二元 Logit 模型：

$$\prod_i^m = X_i\beta + u_i^m, \prod_i = \begin{cases} 1 & \prod_i^1 > \prod_i^0 \\ 0 & \text{otherwise} \end{cases}, u_i^m \sim \text{i. i. d.}(0,1) \qquad (2)$$

式中，$\prod_i = 1$ 对应的是对外投资的研究样本，而 $\prod_i = 0$ 的样本企业则是基于研究样本确定的匹配样本。

2. 样本数据

（1）研究样本。为了检验中国企业“走出去”战略的选择决策和在东道国市场的进入博弈行为，本文首先从商务部公布的 2005 ~ 2014 年对外投资企业（机构）名录中获得“境内投资主体”名称、“境外投资企业（机构)”名称、“对外直接投资的国家或地区”名称、“核准日期”、“经营范围”和“境内投资主体所在省市”等信息，并且将《名录》中的“境内投资主体”名称与上市公司名称进行匹配，记匹配成功的上市公司为本文所指的对外直接投资企业，然后从 Wind 数据库获取对外直接投资企业持续经营的财务状况和公司治理结构等基础性数据。另外，为了提高实证分析结果的稳健性，本文首先排除避税目的“返程投资”，从研究样本中剔除了投资目的地为百慕大群岛、开曼群岛、英属维尔京群岛、中国香港和中国澳门的企业。其次删除了金融类企业。最终得到由 658 家对外投资企业组成的研究样本，其中，国有企业 176 家，民营企业 482 家；对外投资的东道国家和地区数为 72 个，且东道国的市场特征（市场规模、市场距离、自然资源、稳定程度、外资开放度、发展潜力和基础设施建设等）资料来源于世界银行发展指标。

（2）匹配样本。为了控制行业、经营范围、企业性质和规模等因素对企业“走出去”策略的影响，依据企业所属行业、经营范围、企业性质相同以及规模相近的原则，本文对研究样本的每个企业选择了一个无对外投资的上市公司为匹配样本，其中 6 家对外投资企业未能得到匹配样本。从而，合并研究样本和匹配样本得到 1304 家企业组成的总样本。

3. 变量设定

（1）被解释变量。本文将企业的对外直接投资行为分解为两个阶段，第一阶段决定是否进行对外直接投资，第二阶段研究是否进入某个东道国市场的博弈决策。于是，第一阶段被解释变量 $\prod_i$ 为企业 i 决定是否进行 OFDI，即如果选择对外投资，则 $\prod_i = 1$，否则，$\prod_i = 0$。

（2）解释变量。显然，企业是否具有国际化能力，即是否选择“走出去”战略，分别取决于企业的盈利能力、财务状况、企业规模、企业是否存在外资注入以及是否有涉外贸易等因素。所以，本文在设定模型时考虑了如表 1 所示的企业层面的解释变量。

表 1 企业“走出去”决策模型的变量

变量名	含义	类型	变量名	含义	类型
Π	企业“走出去”	被解释	TA	总资产	解释
RTA	资产报酬率	解释	FOW	外资持股	解释
DAR	资产负债率	解释	FTR	涉外贸易	解释

1）盈利能力。资产报酬率高，说明企业盈利能力强，内源融资约束越低，企业的对外直接投资越具优势。所以，本文采用资产报酬率（RTA）测度影响企业“走出去”战略选择的盈利能力。

2）资产负债率（DAR）。企业的融资结构是影响企业战略决策的重要因素，尤其，Hart（1996）曾指出债务约束是企业的硬约束，受一国法律系统制约。于是，企业资产负债率越高，企业财务状况越差，企业“走出去”的能力越低。

3）企业规模。企业规模决定了企业实力，一般而言，企业实力强的企业更倾向于发展公司业务、拓展海外市场，其“走出去”的意愿更强烈。因此，本文使用企业总资产（TA）衡量企业规模。

4）企业是否存在外资持股（FOW）。因企业对外直接投资可能面临政治风险、法律差异、消费者偏好差异和文化差异等不利影响，于是，如果企业存在外资参股，则参股外企便是对外直接投资企业拓展海外市场的自然合作伙伴，他们出于自身利益的考虑将会对企业对外直接投资决策行为产生重要的正向作用。

5）企业有涉外贸易（FTR）。企业有对外业务时，其原料来源于国外或者产品销往国外，这时企业进行对外直接投资可能会大大降低运输及人力成本。因此，企业的涉外贸易也会对企业选择 OFDI 产生积极影响（Johanson 和 Vahlne，2009）。本文通过观察企业是否存在汇兑净损益来识别企业是否拥有涉外贸易。

4. 模型估计

根据合并的1304家样本数据建立Logit模型，其估计结果如表2所示。

表2 二元Logit模型的估计结果

变量	系数	变量	系数
DAR	-0.647** (0.314)	FOW	0.482* (0.259)
RTA	4.640*** (1.186)	FTR	0.650*** (0.152)
TA	0.115** (0.048)	_cons	-1.982*** (0.555)
Number of obs	1304		
Log likelihood	-874.417		
Pseudo R^2	0.033		
LR chi2 (5)	58.84		

由表2可知，资产负债率（DAR）越高，企业对外投资的动力越低；企业盈利能力越强，企业规模越大，涉外贸易和外资持股的企业越倾向于选择“走出去”策略。

（二）进入东道国市场的离散博弈分析

伴随着中国经济步入外需放缓、内需疲软和国内产能过剩的经济新常态，在“一带一路”经济发展战略的积极推动下，越来越多的中国企业通过对外直接投资挺进海外市场。于是，关于中国企业对外直接投资决策机制的理论研究不能再局限于企业国际化动机、国际化能力和东道国市场环境因素的探讨，还应该发现和揭示中国对外直接投资企业在东道国市场的市场进入博弈行为。为此，下面将建立离散博弈模型以发现博弈均衡的演化机理。

1. 模型设定与识别

假设中国在东道国m的潜在对外投资企业有N个，企业i投资市场m的利润：

$$\pi_i^m = Z_m\alpha + \pi_{-i}\lambda + \varepsilon_i^m,\ \varepsilon_i^m \sim i.i.d.\ N(0,\ 1) \tag{3}$$

式中，Z_m为市场m的异质性特征，π_{-i}是市场m的其他N-1个潜在进入者的市场进入决策向量，ε_i^m是影响利润的外生随机因素。

显然，对于对外投资企业 i，在“哪个”市场进行 OFDI 取决于投资的收益，即

$$\pi_i = \begin{cases} 1 & \pi_i^m > 0 \\ 0 & \pi_i^m \leq 0 \end{cases} \tag{4}$$

式中，$\pi_i = 1$ 表示企业 i 对市场 m 进行投资，否则，$\pi_i = 0$。

于是，在市场 m 的所有潜在进入者具有完全信息①的假设下，同时行动的离散博弈模型（3）～模型（4）的 Nash 均衡将是各对外投资企业的最优决策。

然而，对于完全信息同时行动的离散博弈模型，Bresnahan 和 Reiss（1991）、Berry（1992）、Tamer（2003）等研究发现，因多重 Nash 均衡导致了非连贯性问题（Incoherency Problem），即从模型结构参数到博弈均衡的映射不是唯一的，非连贯性问题使得结构模型不可识别。例如，对于两个参与者（N = 2）的市场进入博弈，则在图 1 的灰色区域存在不能识别市场进入者。即在区域 $\{(\varepsilon_1, \varepsilon_2) \mid \lambda_1 \leq \varepsilon_1 < 0, \lambda_2 \leq \varepsilon_2 < 0\}$ 不能识别是企业 1 还是企业 2 进入市场。在文献中，解决离散博弈模型识别问题的方法有七种，分别是：①Bresnahan 和 Reiss（1991）、Berry（1992）的多重博弈均衡合并方法；②Berry（1992）对模型施加行动顺序的识别约束；③Tamer（2003）和 Bajari 等（2010b）设定的均衡选择规则；④Tamer（2003）、Ciliberto 和 Tamer（2009）的上下界识别约束；⑤Bajari 等（2010）的排除约束和无穷远处约束；⑥Soetevent 和 Kooreman（2007）的均衡随机化方法；⑦Narayanan（2013）的分层 Bayesian 方法。

$$\pi_i^* = \pi_{-i}\lambda_i + \varepsilon_i, \quad \pi_i = \begin{cases} 1 & \pi_i^* > 0 \\ 0 & \pi_i^* \leq 0 \end{cases}, \quad i = 1, 2$$

本文将使用 Bresnahan 和 Reiss（1991）、Berry（1992）提出的合并多重博弈均衡的方法，仅仅使用进入市场 m 的公司个数信息建立模型，而不识别是哪家公司进入市场。于是，设定模型：

$$\pi_i^m = Z_m\alpha + \gamma N + \varepsilon_i^m, \quad \pi_i = \begin{cases} 1 & \pi_i^m > 0 \\ 0 & \pi_i^m \leq 0 \end{cases}, \quad \varepsilon_i^m \sim i.i.d.\ N(0, \sigma^2) \tag{5}$$

---

① $(\varepsilon_1^m, \varepsilon_2^m, \cdots, \varepsilon_n^m)'$的联合分布是博弈参与者的共同知识。

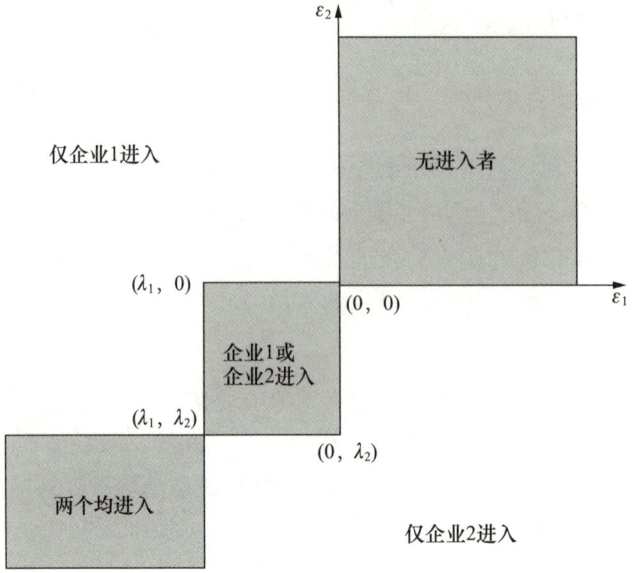

图1　离散博弈模型识别

式中，N 是市场 m 的进入者个数。显然，在模型（5）中，潜在进入者个数也反映了市场 m 的竞争程度。

2. 数据与变量

为了估计离散博弈模型（4）~模型（5），本文以 72 个东道国市场为研究对象，并且对于每个对外投资企业的东道国市场，将当年此东道国所属（五大）洲所有对外直接投资企业视为潜在进入者，并以此统计得到各市场潜在进入者个数 N。

考虑到具有国际化能力的对外直接投资企业对东道国市场的进入决策主要取决于东道国政治制度、经济环境和地缘特征等因素，所以，在静态离散博弈模型（5）中，本文的解释变量向量 Z_m 包含了如下的解释变量。本文所关注的核心解释变量如下：

（1）国企先行（SOE）。在对外直接投资企业做出进入某海外市场决策时，该东道国市场中若已有国有企业进入，则 SOE＝1，否则，SOE＝0。事实上，国有企业的规模和金融支持等优势使得国有企业在开辟海外市场时具有民营企业不可比拟的优势，国有企业在东道国市场的率先进入有助于潜在的后进入者，尤其民营企业“搭便车”。因此，本文期望以“国企先行”变量检验国有企业对外直接投资的“示范效应”。

（2）民企先行（POE）。在企业进行海外市场进入决策时，东道国市场中如果已有民企进入，则取1，否则取0。显然，民营企业的市场进入也会对后来企业进入具有良好的示范作用。同时，如果存在显著的民营企业“示范效应”，则可以间接地说明中国对外直接投资并非仅仅是国有企业主导的政府行为，并存在企业自主选择的市场行为。

（3）实际进入公司数量（N）。对于已决定“走出去”的企业，它们进行市场进入决策时，不仅受东道国市场因素的影响，而且也受到潜在竞争对手的决策的影响（Berry，1992）。借鉴 Berry（1992）合并多重博弈均衡的方法，本文将市场进入博弈的潜在进入者决策合并为进入市场的公司数量。显然，进入东道国市场的对外投资企业数量反映了对外投资企业进入该市场的竞争程度。进入市场的企业越多，竞争越激烈，进入后的预期利润降低，从而企业选择进入该市场的可能性降低。

另外，类似于其他研究文献，本文也考虑了下述一些因素对企业市场进入博弈行为的影响机制。

（4）自然资源（NR）。依据经典 OFDI 的资源基础观，获取资源被认为是 OFDI 的主要动因之一。于是，为了检验中国企业 OFDI 的东道国市场进入动机，本文以燃料和金属矿产出口占总出口的比重作为东道国市场的自然资源的替代比例。

（5）市场距离（DIST）。Johanson 和 Vahlne（1977，2009）曾指出，企业国际化是从简单到复杂、由近及远的演化过程。于是，两国之间的市场距离对 OFDI 具有一定的效应。实际上，更远的距离不仅增加了从国外市场获得信息的成本，而且也增加了海外投资后的协调管理费用，从而妨碍了企业对外投资。另外，遥远的距离会大幅提高交通成本，从而外向型企业更愿意选择对东道国进行“资本输出”而非“产品出口”。因此，市场距离效应较复杂。本文使用两国首都之间的球面距离衡量市场距离，其数据来源于 CEPII 距离数据库。

（6）战略资产（HNT）。用东道国的高新技术产品出口占总出口比重代表东道国技术、知识、品牌、管理等无形的战略资产。参照邱立成和杨德彬（2015），该变量会促进企业的市场进入。

（7）市场稳定程度（PST）。用世界银行治理指标中的“Political Stability”代表东道国市场的稳定程度（PST），已有研究专门把一国的政治风险，即社会稳定性作为影响一国吸引外资能力的重要考虑因素，社会稳定性越高，对外资的吸引力越大，因此预测该变量系数为正。

（8）外资开放度（OPEN）。用东道国每年对外投资额占其GDP比重代表东道国市场外资开放度（OPEN），外资相关政策越友善，对外资吸引力就越强，选择该国建立投资分支的可能性也会相对更高。预期东道国市场的外资开放度对企业的市场进入有正向影响。

（9）双边贸易关系（TRADE）。用两国间进出口贸易总额占东道国国际贸易总额的比重代表两国间贸易关系（TRADE），贸易关系越紧密，两国企业间贸易往来就越多，会促进企业的市场进入。

（10）市场规模（GDP）。用东道国GDP代表东道国市场规模（GDP）。数据以2005年美元为单位计算。市场规模越大意味着当地的需求越大。所以，市场规模大的国家也更能吸引OFDI。

（11）市场潜力（GDPG）。GDP增长率代表东道国市场的发展潜力（GDPG），这是基于2005年美元不变价值计算的GDP每年百分比增长率。GDP增长率高，说明市场潜力大，企业寻求进入市场的动机会变大，因此，经济增长会吸引对外直接投资。

（12）基础设施建设（INF）。用东道国市场每百人互联网用户数衡量东道国市场的基础设施建设（INF），基础设施的质量体现了东道国市场的投资环境的优良。

另外，为了提高估计结果的有效性，本文对变量N、DIST和GDP均进行了取对数处理。上述各变量的统计描述如表3所示。

表3 各变量的统计描述

变量名	含义	均值	最大值	最小值	标准差
SOE	国企先行	0.362	1	0	0.481
POE	民企先行	0.506	1	0	0.500
ln N	实际进入公司数量	2.910	3.807	0	0.643
lnDIST	市场距离	8.638	9.752	6.907	0.630
NR	自然资源	27.569	96.962	0.004	30.344
lnGDP	市场规模	25.795	30.325	19.988	2.021
HNT	战略资产	12.956	70.790	0	12.606
PST	市场稳定程度	0.025	1.514	-2.812	1.005

续表

变量名	含义	均值	最大值	最小值	标准差
OPEN	外资开放度	7.34e-07	5.27e-06	1.38e-08	8.72e-07
TRADE	双边贸易关系	0.142	1.088	0.010	0.134
GDPG	市场潜力	3.237	26.170	-8.269	3.558
INF	基础设施建设	51.786	95.990	0.065	29.686

3. 离散模型估计

为了估计离散博弈模型（4）~模型（5），本文以72个东道国市场为研究对象，并且对于每个对外投资企业的东道国市场，将当年此东道国所属（五大）洲所有对外直接投资企业视为潜在进入者，以此统计得到各市场潜在进入者个数N。模型（4）~模型（5）的估计结果如表4中列（4.1）、列（4.3）、列（4.5）和列（4.7）的第二部分所示。

表4 离散博弈模型的估计结果

变量	全部样本				国有企业		民营企业	
	(4.1)	(4.2)	(4.3)	(4.4)	(4.5)	(4.6)	(4.7)	(4.8)
DAR	-0.399**	-0.458***		-0.351***		-0.275***		-0.307***
	(0.194)	(0.004)		(0.036)		(0.036)		(0.012)
RTA	2.869***	2.837***		2.849***		2.809***		2.859***
	(0.726)	(0.009)		(0.023)		(0.012)		(0.037)
lnTA	0.071**	0.037***		0.040***		0.036***		0.038***
	(0.030)	(0.002)		(0.003)		(0.003)		(0.003)
FOW	0.301*	0.294***		0.267***		0.365***		0.282***
	(0.159)	(0.015)		(0.016)		(0.014)		(0.061)
FTR	0.403***	0.402***		0.345***		0.427***		0.375***
	(0.094)	(0.001)		(0.034)		(0.028)		(0.009)
cons	-1.229***	-1.170***		-1.204***		-1.174***		-1.208***
	(0.343)	(0.001)		(0.019)		(0.040)		(0.046)
SOE	0.592***	0.560***	0.619***	0.505***	0.840***	0.710***	0.521***	0.395***
	(0.617)	(0.001)	(0.059)	(0.005)	(0.112)	(0.031)	(0.071)	(0.008)
POE	0.384***	0.324***	0.370***	0.239***	0.276**	0.285***	0.417***	0.314***
	(0.061)	(0.010)	(0.060)	(0.005)	(0.111)	(0.019)	(0.072)	(0.014)

续表

变量	全部样本				国有企业		民营企业	
	(4.1)	(4.2)	(4.3)	(4.4)	(4.5)	(4.6)	(4.7)	(4.8)
lnN	-0.225 *** (0.041)	-0.198 *** (0.041)	-0.227 *** (0.041)	-0.194 *** (0.014)	-0.339 *** (0.068)	-0.204 *** (0.055)	-0.160 *** (0.0523)	-0.098 *** (0.022)
lnDIST	-0.737 *** (0.044)	-0.576 *** (0.031)	-0.733 *** (0.044)	-0.416 *** (0.025)	-0.706 *** (0.083)	-0.395 *** (0.016)	-0.753 *** (0.052)	-0.401 *** (0.012)
NR	0.002 (0.001)	0.006 (0.007)						
HNT	0.007 *** (0.002)	-0.028 *** (0.006)	0.006 *** (0.002)	-0.027 *** (0.003)	0.004 (0.039)	-0.028 *** (0.001)	0.006 ** (0.003)	-0.023 *** (0.002)
PST	0.414 *** (0.054)	0.359 *** (0.024)	0.410 *** (0.054)	0.361 *** (0.043)	0.469 *** (0.096)	0.378 *** (0.059)	0.375 *** (0.065)	0.385 *** (0.010)
OPEN	426810.7 *** (33518.3)	436810 *** (0.063)	431371 *** (33041)	431371 *** (0.044)	435121 *** (61785)	435121 *** (0.179)	439829 *** (39468)	439829 *** (0.048)
TRDE	0.847 *** (0.251)	0.871 *** (0.015)	0.966 *** (0.241)	0.922 *** (0.041)	1.558 *** (0.456)	1.550 *** (0.053)	0.727 ** (0.290)	0.755 *** (0.016)
lnGDP	0.505 *** (0.022)	0.558 *** (0.016)	0.494 *** (0.021)	0.499 *** (0.007)	0.484 *** (0.039)	0.474 *** (0.014)	0.501 *** (0.025)	0.492 *** (0.004)
GDPG	0.007 (0.009)	-0.008 (0.012)						
INF	-0.009 *** (0.002)	-0.018 *** (0.001)	-0.012 *** (0.002)	-0.019 *** (0.003)	-0.012 *** (0.003)	-0.019 *** (0.002)	-0.007 *** (0.002)	-0.019 *** (0.002)
cons	-8.530 *** (0.663)	-8.549 *** (0.056)	-8.194 *** (0.640)	-8.147 *** (0.005)	-7.851 *** (1.265)	-7.833 *** (0.036)	-8.455 *** (0.749)	-8.431 *** (0.022)
Number of obs	9203		9203		2591		6500	
Pseudo R^2	0.448		0.447		0.431		0.459	
Log likelihood	-1706.71		-1708.77		-487.91		-1210.16	
LR chi2 (12)	2773.15		2769.04		738.88		2050.83	

注：括号内为标准差值，***、**、*分别表示1%、5%、10%检验水平上显著。

4. 稳健估计

为了校验上述两阶段分析方法估计结果的稳健性，本文也建立了具有删失的Probit模型（Probit Model With Censoring，PMWC）进行稳健性分析。

事实上，企业进入东道国市场的决策并非所有上市公司的行动，只是已经选择“走出去”的上市企业才存在东道国市场进入选择。所以，进入东道国市场的企业并不是所有（上市）公司的随机抽样，即企业进入东道国市场的概率是企业是否选择“走出去”的条件概率，而且，企业进入东道国市场与“走出去”之间又存在相关性。因此，为了避免潜在样本的选择性偏误，本文参照 Heckman（1979）的建模思想，建立 PMWC 模型：

$$\pi_j^* = Z_j\alpha + \gamma N + \varepsilon_j,\ \pi_j = \begin{cases} 1 & \pi_j^* > 0 \\ 0 & \pi_j^* \leqslant 0 \end{cases},\ \varepsilon_j \sim \text{i. i. d. } N(0,\ 1)$$

并且，只有当$\prod_i = 1$时，才能观测到π_j，其中，

$$\prod_i^m = X_i\beta + u_i^m, \prod_i = \begin{cases} 1 & \prod_i^1 > \prod_i^0 \\ 0 & \text{otherwise} \end{cases}, u_i^m \sim \text{i. i. d. } N(0,1)$$

虽然，PMWC 模型的形式与一般的 Heckman 自选择模型相同，但是，它们存在着本质的区别，PMWC 模型不仅选择方程为 Probit 二元选择模型，而且结果方程也为 Probit 二元选择模型，而不是 Tobit 模型，并且，PMWC 模型的样本数据结构也与 Heckman 自选择模型不同。因为企业进行东道国市场进入决策时，涉及东道国市场潜在进入者的界定标准，本文将潜在进入者界定为进入该东道国所在洲的投资于其他东道国市场的企业。于是，样本由选择“走出去”进入东道国 j 的企业、选择“走出去”不进入东道国 j 的企业和未选择“走出去”的企业三类组成。因此，PMWC 模型的对数似然函数为：

$$\begin{aligned} \ln L(\theta; \prod, \pi) = \sum_{i=1}^{N_s} \Big\{ \sum_{j=1}^{M_i} \Big[& \prod_i \times \pi_j \times \ln[\Phi(X_i\beta) \times \Phi(Z_j\alpha)] + \\ & \prod_i \times (1 - \pi_j) \times \ln[\Phi(X_i\beta) \times \Phi(-Z_j\alpha)]\Big] \\ & + (1 - \prod_i)\ln[\Phi(-X_i\beta)]\Big\} \end{aligned} \quad (6)$$

式中，$\theta = (\alpha', \beta')'$是参数向量，$\Phi$ 是正态分布累积概率分布函数；N_s 是考察企业的样本量，M_i 是企业考察的东道国市场的数量。

于是，基于模拟退火算法最大化对数似然函数可得到 PMWC 模型参数 θ 的 ML 估计值。另外，为了检验模型，本文还使用 1000 次的误差 Bootstrap 方法估计模型参数的样本标准差（Wu，1986）。基于模拟退火算法的最大化似然估计结果如表 4 中列（4.2）、列（4.4）、列（4.6）和列（4.8）所示。

四、实证结果分析

由表4中各模型的两种估计结果可知：

首先，由第一阶段模型和稳健分析模型中相应变量系数的估计结果可以得到，影响企业“走出去”的决策因素均显著，即资产负债率（DAR）越高，企业对外投资的动力越低；企业盈利能力越强，企业规模越大，涉外贸易和外资持股的企业越倾向于选择“走出去”策略。

其次，由表4中的列（4.1）和列（4.2）可见，在统计意义下，东道国市场资源变量NR和东道国GDP增长率变量GDPG均不显著，删除这两个变量后，其他变量系数的估计值以及模型的拟合效果并未受到显著影响。于是，在其他因素不变时我国企业OFDI的市场选择并不受东道国市场自然资源因素的影响，更多的是出于市场经济活动因素的考虑，自然资源的富裕国（自然资源出口比例较高国）并未受到中国OFDI的青睐。同时，东道国GDP增长率对中国企业OFDI的东道国市场进入博弈行不具有统计意义的显著影响。因此，这也在一定程度上反驳了有关中国对外直接投资的“资源掠夺论”观点。东道国的经济发展对于中国企业OFDI市场进入博弈策略的效应十分有限。在5%的显著性水平下，国企先行和民企先行的系数均显著为正，并且国企先行的系数略大于民企先行的系数。于是，中国企业的OFDI呈现国有企业和民营企业共同主导的类型，国有企业和民营企业的市场进入对后来企业进入都具有积极的示范效应，并非舆论界误解的“OFDI是中国政府主导的”。尽管，国有企业在政策和金融支持方面存在自身优势，更容易迅速开拓海外市场。同时，经历了20多年的“与狼共舞”后，我国民营企业拥有了市场适应性强、投资多元化和对发展中国家的技术适合性等体制和经营策略优势，表现为基于产业价值链的对外直接投资模式，逐步向价值链的高端转移。可再生能源、高科技、自然资源领域已成为中国民营企业对外投资的重点。

另外，与Delios和Henisz（2003）、Carcia－Canal和Cuillen（2008）、阎大颖（2013）等文献的研究类似，在1%的显著性水平下，东道国市场稳定程度系数显著为正；与中国贸易关系以及对外开放程度等变量的系数均为正，表明东道国与中国之间的双边贸易及其贸易开放度对中国OFDI具有显著的正影响，这在冀相豹（2014）的研究中同样得到了验证；地理距离变量的系数显著为负，中国企业在 OFDI 选择区位时更偏向距离中国近的东道国市场；东道国经济规模及其发展潜力也是吸引中国企业 OFDI 的重要因素。同时，在 1% 的显著性水平下，东道国基础设施建设水平的系数显著为负，即中国企业 OFDI 的区位选择偏好于基础设施建设水平较低的东道国。事实上，中国企业许多的 OFDI 项目属于东道国的基础设施建设领域和公共服务业，因此，这一发现也充分说明了中国的 OFDI 对于发展中国家的基础设施建设发挥了积极的推动作用。

然而，本文发现东道国市场战略资产对企业的市场进入决策虽然具有显著的影响，但是其系数的二阶段估计与稳健估计符号相反具有系统性，系数的二阶段估计均为正、稳健估计为负。在具有丰富战略资产的东道国市场，鉴于其对核心先进技术和品牌等知识产权的严格保护，对战略资产技术转让和外溢常常设置了投资和贸易壁垒。同时，稳健估计控制了样本自选择偏误效应。所以，本文认为稳健估计结果更可靠，即高新技术产品出口比例较高的东道国对于中国企业的 OFDI 设置有投资性壁垒。

最后，在不考虑竞争者具体身份时，本文发现东道国市场已进入的竞争者数量对潜在进入者的决策会产生负效应。因此，中国企业的海外市场进入决策不再是企业的个体选择行为，已经形成了潜在进入者共同博弈的竞争性决策。

五、结论

本文基于中国跨国公司海外投资分支的微观数据，考察了影响中国企业对外直接投资决策以及东道国市场选择的影响因素。研究结果表明：①中国企业的 OFDI 策略取决于根据自身经营能力（财务状况、盈利能力、企业规模、股权国际化和外贸业务等）的“走出去”决策和东道国市场的进入博弈；②不存在“中国对外投资偏好资源类项目，投资的主要目的是为了掠夺资源”的确凿证据；③国有企业和民营企业的对外直接投资均具有示范效应，不存在国有企业主导对外直接投资的证据；④在具有丰富战略资产的东道国市场，东道国对于中国企业的 OFDI 设置有投资性壁垒；⑤随着中国对外投资的迅速发展，对外投资企业对东道国市场的选择是市场进入博弈的 Nash 均衡。另外，中国企业在选择东道国市场时更倾向于投资市场距离近、经济规模大、发展潜力大、政策稳定且与中国贸易合作紧密的地区，显然这些因素与之前研究结论完全一致。

参考文献

[1] Amighini A., Rahellotti R., Sanfilippo M. Do Chinese state - owned and private enterprises differ in their internationalization strategies? [J] China Economic Review, 2013 (27): 7 - 14.

[2] AR Soetevent, P. Kooreman. A discrete - choice model with social interactions: With an application to high school teen behavior [J]. Journal of Applied Econometrics, 2007 (22): 599 - 624.

[3] Delios, A., W. J. Henisz. Political hazards, experience, and sequential entry strategies: The international expansion of Japanese finns, 1980 - 1998 [J]. Stratzgic Management Journal, 2003 (24): 1153 - 1164.

[4] Dunning J. H. Comment on dragon multinationals: New players in the 21st century globalization [J]. Asia Pacific Journal of Management, 2006, 23 (2): 139 - 141.

[5] Dunning J. H., Lundan S. M. Institutions and the OLI paradigm of the multinational Enterprise [J]. Asia Pacific Journal of Management, 2008, 25 (4): 573 - 593.

[6] Duanmu J. L. Firm heterogeneity and location choice of Chinese multinational enterprise [J]. Journal of World Business, 2012 (47): 7 - 14.

[7] Elie Tamer. Incomplete simultaneous discrete response model with multiple equilibria [J]. Review of Economic Studies, 2003, 70 (1): 147 - 165.

[8] Federico Ciliberto, Elie Tamer. Market structure and multiple equilibria in airline markets [J]. Econometrica, 2009, 77 (6): 1791 - 1828.

[9] Garcia - Canal E. and M. F. Guillen. Risk and the strategy of foreign location choice in regulate industries [J]. Strategic Management Journal, 2008 (29): 1097 - 1115.

[10] Helpman E., Melitz, M. and Yeaple S. R. Export versus FDI with heterogeneous firms [J]. America Economic Review, 2004, 94 (1): 7 - 14.

[11] Johanson J. and J. E. Vahlne. The uppsala internationalization process model revisited: From liability of foreignness to liability of outsidership [J]. Journal of International Business Studies, 2009 (40): 1411 - 1431.

[12] Makino S., Isohe T. and Chan C. M. Does country matter? [J]. Strategic Management Journal, 2004, 25 (10): 7 - 14.

[13] Melitz M. The impact of trade on intra - industry reallocations and aggregate industry

productivity [J]. Economvtrzca, 2003, 71 (6): 1695 – 1725.

[14] Montagna C., Efficiency Gaps. Love for variety and international trade [J]. Economica, 2001, 68 (1): 27 – 44.

[15] Patrick Bajari, Han Hong, Stephen P. Ryan. Identification and estimation of a discrete game of complete information [J]. Economica, 2003 (1): 7 – 14.

[16] Ramasamy B., Yeung M. and Laforet S. China's outward foreign direct investment: Locaation choice and firm ownership [J]. Journal of World Business, 2012 (47): 4 – 14.

[17] Rugman A. M., Li J. Will China's multinationals succeed globally or regionally? [J]. European Management Journal, 2007, 25 (5): 333 – 343.

[18] S. L. Hart, G. Ahuja. Does it pay to be green? An empirical examination of the relationship between emission reduction and firm performance [J]. Business Strategy & the Environment, 1996, 5 (1): 30 – 37.

[19] Steven T. Berry. Estimation of a model of entry in the airline industry [J]. Econometrica, 1992 (60): 889 – 917.

[20] Timothy F. Bresnahan and Peter C. Reiss. Entry and competition in concentrated markets [J]. Journal of Political Economy, 1991 (10): 977 – 1009.

[21] Wang, Chengqi, Junjie Hong, Mario Kafouros, and Agyenim Boateng. What drives outward FDI of Chinese firms? Testing the explanatory power of three theoretical frameworks [J]. International Business Review, 2012, 21 (3): 425 – 438.

[22] Wu C. F. J. Jackknife, bootstrap and other resampling methods in regression analysis [J]. Annals of Statistics, 1986, 14 (4): 1261 – 1295.

[23] 何帆. 中国对外投资的国际环境与四大风险[J]. 新重庆, 2015 (5).

[24] 王凤彬, 杨阳. 我国企业 FDI 路径选择与"差异化的同时并进"模式[J]. 中国工业经济, 2010 (2).

[25] 张宏, 王建. 东道国区位因素与中国 OFDI 关系研究——基于分量回归的经验证据[J]. 中国工业经济, 2009 (6).

[26] 吴彬, 黄韬. 二阶段理论: 外商直接投资新的分析模型[J]. 经济研究, 1997 (7).

[27] 彭磊. 关于发展中国家对发达国家直接投资的一个注解[J]. 财贸经济, 2004 (8).

[28] 裴长洪, 樊瑛. 中国企业对外直接投资的国家特定优势[J]. 中国工业经济, 2010 (7).

[29] 裴长洪, 郑文. 国家特定优势: 国际投资理论的补充解释[J]. 经济研究, 2011 (11).

[30] 余道先, 周石. 发展中国家对外直接投资模式的新诠释——基于综合竞争力

阶梯模型的分析[J]. 财贸经济，2010（12）.

[31] 邱立成，杨德彬. 中国企业OFDI的区位选择[J]. 国际贸易问题，2015（6）.

[32] 李享章. 国有企业OFDI的业绩、地位与政策启示——从中国OFDI动因的角度考察[J]. 江汉论坛，2011（11）.

[33] 卢汉林，廖慧. 国企与私企对外直接投资影响因素对比分析——来自跨国并购的经验证据[J]. 珞珈管理评论，2015（16）.

[34] 王碧珺. 被误读的官方数据——揭示真实的中国对外直接投资模式[J]. 国际经济评论，2013（1）.

[35] 李泳. 中国企业对外直接投资成效研究[J]. 管理世界，2009（9）.

[36] 田巍，余淼杰. 企业生产率和企业"走出去"对外直接投资：基于企业层面数据的实证研究[J]. 经济学（季刊），2012（11）.

[37] 张娆. 高管境外背景是否有助于企业对外直接投资[J]. 宏观经济研究，2015（6）.

[38] 刘夏明，王珏，逯建. 中国OFDI的研究综述：理论创新与重构[J]. 中南财经政法大学学报，2016（2）.

[39] 阎大颖. 中国企业对外直接投资的区位选择及其决定因素[J]. 国际贸易问题，2013（7）.

4. 企业、产业经济

全球价值链重构、分工利益流转与中国产业升级路径

魏 龙 王 磊
（武汉理工大学，湖北武汉 430070）

20世纪80年代以来，信息技术、模块化生产方式和国际物流迅猛发展，中间产品的交易费用降低，产品的各价值环节在时间、空间上不再密不可分，后一价值单元的运行无须依赖前一价值单元的运行进度，为垂直专业化分工和任务贸易（Trade in Tasks）创造了条件（Grossman 和 Rossi－Hansberg，2008）。发达国家的跨国公司以利润最大化和成本最小化为原则，致力于发展产品的研发设计等高附加值环节与核心环节，以突出它们在这些环节的竞争优势，同时将组装加工等低附加值环节分离到劳动力、原材料价格更具比较优势的发展中国家（Kogut，1985；Gereffi，1999）。伴随着产品跨地区、跨国家生产的日益频繁，价值创造“碎片化”程度的不断提高，全球价值链（Global Value Chains，GVC）这一全新的生产组织形式逐渐形成。中国以加工贸易的方式积极嵌入GVC，迎来了更广阔的市场，出口贸易规模获得了前所未有的提升。2008年全球金融危机爆发后，这一快速增长势头戛然而止，如图1所示，2009年欧美日等主要发达国家有效需求减少，进口额迅速萎缩，全球贸易出现“断崖式”衰退（Collapse of

---

［作者简介］魏龙，男，武汉理工大学经济学院院长，湖北省科技创新与经济发展研究中心主任，博士生导师、教授，博士。研究方向：发展中国家工业化、国际竞争战略。主要成果：主持和参与国家社科基金面上项目和重点项目各1项；在《国际贸易问题》、《数量经济技术经济研究》、《世界经济研究》、《改革》等学术期刊上发表近20篇论文。出版《国际金融概论》、《中国对外贸易论》等著作，2012年获商务部年第七届中国贸易救济与产业安全研究奖。王磊，男，武汉理工大学经济学院博士研究生。研究方向：产业组织与经济发展、全球价值链。

World Trade)，至2011年这一指标才回到危机前的水平。

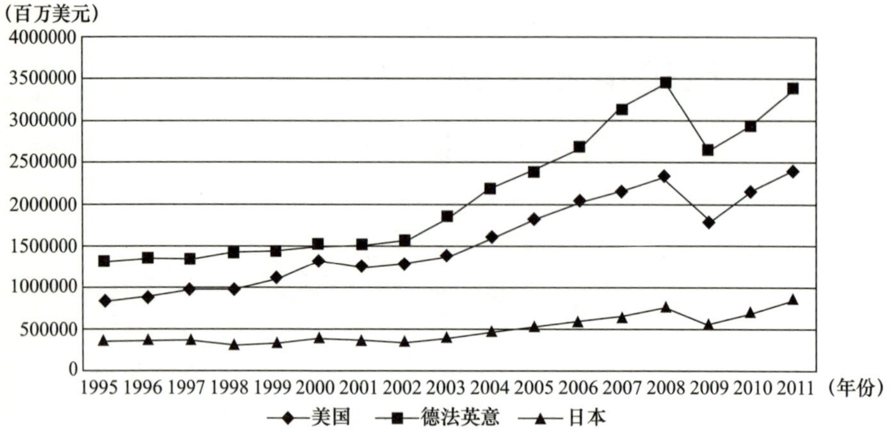

图1 主要发达国家进口额趋势

资料来源：根据世界投入产出数据库（WIOD）数据整理得到。

欧美日等发达国家和地区是GVC的治理者，其进口额的变化体现了GVC的收缩与扩张，危机爆发时这些国家推行再工业化战略，将一部分已经分离的价值环节收缩至国内；经济复苏阶段，部分任务重新被分包至海外。GVC收缩与扩张的过程中蕴含着GVC重构，重构涉及地理和组织结构两个层面，地理层面表现为GVC的参与主体发生变化，部分发展中国家可能与发达经济体脱钩，无法继续参与GVC分工，在一度经济增长与繁荣后陷入长期的衰落（田文，2015）；原先未被纳入GVC的经济体在世界经济复苏时有机会建立与发达经济体的联系，获得发展机遇。组织结构层面重构表现为参与主体在GVC中从事的分工环节发生变化，引起各国GVC分工地位改变，处于GVC低端环节的经济体完成资金和技术积累后，有望通过并购和海外投资等途径在GVC重构中接触到中高端环节，实现功能升级（John Humphrey，2001）。当前，微软、松下等跨国公司的代工工厂迁出与美的、清华紫光海外并购机器人、CPU等高端业务同时在中国发生，这一现象究竟是要素成本上升使得中国正被挤出GVC的结果，还是GVC升级的迹象？为了厘清这一问题，需要站在GVC重构的背景下，对中国分工收益与产业升级所受影响展开研究。

一、文献综述

GVC 重构分析最早见于 William Milberg（2010）的研究，他将金融危机后 GVC 先收缩后扩张的过程视为 GVC 重构，以出口集中度测度重构的规模，以各国出口额占世界总出口比例变化描绘重构引起的参与主体、分工地位等结构性变化，建立起这一领域的分析框架。实证环节结合 2007～2009 年美国进口数据分析了金融危机后 GVC 的收缩程度和世界贸易结构的变化，讨论了全球贸易的衰退、复苏与 GVC 重构的联系，分析结果显示在美国进口总额下降、GVC 收缩的情况下，泰国、马来西亚等东南亚国家所占份额下降，中国占美国进口份额上升，获得了更多的分工收益；选取样本未包括全球贸易复苏时期，GVC 重新扩张阶段的影响没有讨论。国际分工发展至 GVC 阶段，各国出口的产品已经由国家制造转换为“世界制造”（Paul Krugman，1995），总出口包括国内增加值和国外增加值两部分，William Milberg（2010）以出口额表示分工收益难以真实反映各国的贸易利得，学者们在进行后续研究时做了改进。Koopman（2012）和 Kee（2015）分别通过构建增加值核算体系和微观企业数据测算了中国总出口的国内增加值率，这一指标在金融危机后仍保持了上升势头，达到 70% 以上，在总出口额出现 V 型波动的情况下，总出口中的国内增加值仍保持稳定。

上述研究重在分析 GVC 重构下中国分工收益的变化，面对劳动力成本上升、产能过剩等内外压力，中国如何把握 GVC 重构机遇，完成经济结构转型升级，也引起了国内外学者的关注。依据 Gereffi（1994）提出的二元驱动理论，GVC 重构中的升级路径研究按产业特征进行划分，包括生产者驱动和购买者驱动两类。生产者驱动 GVC 中，中国企业通过海外连续并购，获取创造性资产，使资源向 GVC 高端环节集中，有利于摆脱发达国家跨国公司的低端“俘获”和“锁定”，实现产业转型升级（余鹏翼、曾楚宏，2016）。在购买者驱动 GVC 的重构中，Shamel Azmeh 和 Khalid Nadvi（2014）认为，各国的分工地位并非静止不变，已经有中国及南亚的服装、制鞋供应商加大投资创新设计、物流仓储环节后，从简单的剪裁加工发展到全包生产，承担了更多的功能性活动，成为 GVC 中难以取代的价值单元，与国际买家的关系从“俘获”转化为“合作伙伴”。

中国企业分工地位提升后，积极利用GVC重构的机会参与GVC治理，构建自我主导的价值网络。面对世界经济复苏放缓，欧美发达国家需求减弱的大环境，中国加强同周边发展中国家的联系，发挥与沿线国家产业互补性强的优势，实行“一带一路”国家战略，从嵌入全球价值链转为主导区域价值链（Regional Value Chains，RVC），有利于我国分工地位进一步的提升（魏龙，2016）。因此有学者将GVC重构后中国的发展方向定义为“双环流”体系中承上启下的一环，其中一个环流位于中国与发达国家之间，另一个环流存在于中国与亚非拉等发展中国家之间（张辉，2015）。一方面，中国在发达国家主导的GVC环流中，可以通过BIT进一步引进吸收先进技术；另一方面，中国在“一带一路”战略下形成的RVC环流里，能够实现技术的产业化，完成产业升级与经济发展中高端化。

以上研究根据全球经济萧条和复苏时期总出口、增加值出口占全球份额的比例变化，分别考察了GVC重构对中国分工收益、产业升级路径和GVC治理能力三方面的影响，宏观上展现了重构过程中蕴含的重大机遇，总结了我国企业在转型升级实践中的成功经验，为本文研究提供重要借鉴和参考，但我们认为GVC重构领域的讨论在研究视角和数据处理两方面还有进一步探讨的余地。首先，中国各产业参与GVC分工的时间长短、发展好坏和嵌入环节等诸多方面存在差异，参与重构所受影响是否完全相同，仍然存疑。在这一轮全球经济秩序重新洗牌的浪潮中，中国哪些产业能够率先脱颖而出，实现转型升级；哪些产业可能遭遇后来者的挑战，出现困境，需要深入到产业层面展开研究。针对不同产业在GVC重构中的具体表现有针对性地选择产业升级路径，也是本文将研究视角深入到产业层面的一个原因。其次，在数据处理方面，中国大量企业以加工贸易的方式嵌入GVC，仅以出口份额变动衡量GVC重构的影响，考虑了产出，忽略了投入，这与加工贸易企业价值创造活动“两头在外，大进大出”的特征不符。针对以上问题，本文兼顾出口与进口两方面，以增加值净出口份额在各国各产业间的转移体现GVC重构时期全球产业贸易的集中与分散，然后着重分析中国14个制造业产业和服务业在GVC收缩和扩张阶段的表现，探寻中国不同产业经历GVC重构后的分工收益和分工地位。依据评价结果将15个产业进行归类，提出相应的产业升级路径选择建议。

二、研究方法、指标选取与数据来源

在 GVC 重构视角下，分析中国不同产业的发展前景和产业升级路径，首先需要采取合适的统计口径度量各国产业贸易的实际收益，据此测算产业层面分工收益的集中度，刻画 GVC 重构中分工环节收缩与扩张的规模；再重点分析重构时期中国各产业分工收益和分工地位的变化趋势，根据以上变化趋势判断不同产业在 GVC 重构中承接或失去的国际分工环节技术含量高低，确定 GVC 重构对中国各产业升级的影响。按照这一思路，本文拟定了研究方法、指标和数据。

（一）研究方法

测度各国产业贸易的实际收益，在统计口径上有总值贸易（Gross Trade）、增加值贸易（Trade in Value Added，TiVA）和贸易增加值（Value Added in Trade，VAiT）三种选择。后两种统计口径属于增加值分析框架，能够消除总出口内部国外增加值产生的“统计幻象”，越来越多地用于 GVC 视角下分工收益的核算。

如式（1）所示，在三国贸易框架下，增加值出口（$t^{r}_{TiVA,X}$）通过前向关联寻找 r 国直接出口 $B_{rr}(Y^{rs}+Y^{rt})$ 和间接出口 $B_{rs}(Y^{ss}+Y^{st})+B_{rt}(Y^{ts}+Y^{tt})$ 给本国某一部门带来的增加值，注重寻找增加值的创造源头。其中 $V_r=I-A$ 为增加值率向量，$B=(I-A)^{-1}$ 为列昂惕夫逆矩阵，Y^{xm} 为 x 向 m 出口的最终产品。如式（2）所示，出口增加值（$t^{r}_{VAiT,X}$）指一个部门的总出口 E_r 为 r 国带来的增加值 DV_r 和其他国家所有部门带来的增加值 FV_r，以后向关联强调各部门增加值的最终出口国家和部门。

$$t^{r}_{TiVA,X}=V_rBY^{xm}=(V_r,\ 0,\ 0)\begin{bmatrix}B_{rr} & B_{rs} & B_{rt}\\ B_{sr} & B_{ss} & B_{st}\\ B_{tr} & B_{ts} & B_{tt}\end{bmatrix}\begin{pmatrix}Y^{rs}+Y^{rt}\\ Y^{ss}+Y^{st}\\ Y^{ts}+Y^{tt}\end{pmatrix}$$

$$(x\in\{r,\ s,\ t\},\ m\neq r)$$

$$=V_rB_{rr}(Y^{rs}+Y^{rt})+V_r(B_{rs}(Y^{ss}+Y^{st})+B_{rt}(Y^{ts}+Y^{tt}))\qquad(1)$$

$$\hat{V}B\hat{E}=\begin{bmatrix}V_rB_{rr}E_r & V_rB_{rs}E_s & V_rB_{rt}E_t\\ V_sB_{sr}E_r & V_sB_{ss}E_s & V_sB_{st}E_t\\ V_tB_{tr}E_r & V_tB_{ts}E_s & V_tB_{tt}E_t\end{bmatrix}(E_r=E^{rs}+E^{rt})$$

$$t^r_{VAiT,X}=V_rB_{rr}E_r+(V_sB_{sr}E_r+V_tB_{tr}E_r)=DV_r+FV_r=E_r \tag{2}$$

王直（2013）用前向关联和后向关联较好地阐释了两种核算方式的区别，但增加值流转过程中庞杂的国家、部门关系和概念中相似的表述，使$t^r_{TiVA,X}$和$t^r_{VAiT,X}$仍然容易混淆。实际应用环节中，Johnson 和 Noguera（2012）、Antràs（2013）采用$t^r_{TiVA,X}$与 Koopman（2008，2010，2012）使用的$t^r_{VAiT,X}$在分工收益测算结果上存在较大差异，影响了增加值分析框架的解释效力。加之$t^r_{TiVA,X}$和$t^r_{VAiT,X}$仅从出口的角度测算了对外贸易中 r 国各部门的增加值收入，进口产生的增加值支出未做讨论，夸大了加工贸易盛行国家的增加值收益，支出大于投入的增加值逆差情形也无法体现。

Stehrer R.（2012）从贸易净值的角度讨论三种统计口径之间的关系，成功证明净出口、增加值贸易净值和贸易增加值净值相等（$t^r_{Gross,Net}=t^r_{TiVA,Net}=t^r_{VAiT,Net}$），规避了对$t^r_{TiVA,X}$和$t^r_{VAiT,X}$这两种容易混淆的统计口径的识别问题，也初步建立起总值贸易核算与增加值贸易核算的联系。如式（3）所示，同时引入增加值出口$t^r_{TiVA,X}$和进口$t^r_{VAiT,M}$进行向量变化，增加值贸易净值$t^r_{TiVA,Net}$转化为该国的 GDP（总供给）和对国内外最终产品的总需求之差，即一国国际收支的盈余或赤字，结果与总出口净值$t^r_{Gross,Net}$相等。同理式（4）呈现了出口增加值和进口增加值转换为总出口净值$t^r_{Gross,Net}$的推导过程。

$$\begin{aligned}t^r_{TiVA,Net}&=t^r_{TiVA,X}-t^r_{TiVA,M}=(V_r,\ 0,\ 0)B(Y^{xs}+Y^{xt})-(0,\ V_s,\ V_t)BY^{xr}\\&=(V_r,\ 0,\ 0)B(Y^{xs}+Y^{xt})+(V_r,\ 0,\ 0)BY^{xr}-(V_r,\ 0,\ 0)BY^{xr}\\&\quad-(0,\ V_s,\ V_t)BY^{xr}(x\in\{r,\ s,\ t\})\\&=(V_r,\ 0,\ 0)BY-(V_r,\ V_s,\ V_t)BY^{xr}\\&=y^r-IY^{xr}=t^r_{Gross,Net}\end{aligned}\tag{3}$$

$$\begin{aligned}t^r_{VAiT,Net}&=t^r_{VAiT,X}-t^r_{VAiT,M}\\&=(V_r,\ V_s,\ V_t)B\begin{pmatrix}E^{rs}+E^{rt}\\-E^{sr}\\-E^{tr}\end{pmatrix}=i'(I-A)(I-A)^{-1}Y\begin{pmatrix}E^{rs}+E^{rt}\\-E^{sr}\\-E^{tr}\end{pmatrix}\\&=t'_{Gtoss,Net}\end{aligned}\tag{4}$$

基于贸易净值既全面考虑了进口和出口，又能实现三种核算方法的统一，本文在度量 GVC 重构过程中各国产业部门的分工收益时采用了总值贸易、增加值贸易和贸易增加值三种核算方法，验证 $t^r_{Gross,Net}=t^r_{TiVA,Net}=t^r_{VAiT,Net}$ 的等价关系，提高测算结果的可信度。

（二）指标选取

1. 赫芬达尔—赫希曼指数

GVC 重构时国际分工的整体格局是一个值得注意的问题，这关系到中国企业参与全球竞争时生存环境的好坏和竞争强度的高低。当 GVC 重构处于收缩阶段，能够参与 GVC 分工的企业数量变少，各国企业为了避免被“挤出” GVC 将展开激烈竞争，贸易份额向 GVC 中难以取代的国家和地区集中（张辉，2006）；当 GVC 重构处于扩张阶段，更多的分工环节从跨国公司分离，新兴国家企业承接国际分工的可能性增加。所以有必要优先考虑全球经济萧条与复苏时期 GVC 的收缩与扩张规模。

HHI（Herfindahl - Hirschman Index）是一种测量产业集中度的指标，赫希曼（1945）最早使用这一指标衡量全球贸易格局，联合国贸易与发展会议（UNCTAD，2007）在分析出口份额的集中度时也使用了 HHI。为了保持三种统计口径结果的一致性，全面反映出口与进口在 GVC 重构阶段的表现，本文将以各国贸易净值数据取代总出口，对传统的 HHI 进行改进。如式（5）所示，一国总出口 E_x 转换为式（3）、式（4）中总值贸易、增加值贸易和贸易增加值口径下测算的贸易净值。在三种统计口径下，贸易逆差和贸易顺差的情况同时存在，一国的赤字就是其他国家的盈余，各国贸易净值求和后为零，不能直接用来求解贸易集中度。本文的处理方式是，将贸易逆差的国家贸易利得计为零，方便求得盈余各国的获利总和，所有顺差国家的获利份额也可以测算，最终实现贸易净值数据下 HHI 的测算。

$$E_x \Rightarrow t^x_{Gross,Net}=t^x_{TiVA,Net}=t^x_{VAiT,Net}\geqslant 0 \quad (x\in\{r,\ s,\ t\})$$

$$E=\sum E_x \Rightarrow t_{Gross,Net}=\sum t^x_{Gross,Net},\ t_{TiVA,Net}=\sum t^x_{TiVA,Net},\ t_{VAiT,Net}=\sum t^x_{VAiT,Net}$$

$$HHI=10000\times\sum(E_x/E)^2 \Rightarrow HHI=10000\times\sum(t^x_{Gross,Net}/t_{Gross,Net})^2$$
$$=10000\times\sum(t^x_{TiVA,Net}/t_{TiVA,Net})^2$$
$$=10000\times\sum(t^x_{VAiT,Net}/t_{VAiT,Net})^2 \quad (5)$$

2. 增加值贸易净值

式（3）与式（4）已经证明了三种贸易净值指标的等价关系，反映的是一国所有产业的贸易净值求和后在总值和增加值核算体系内相等。深入到产业层面后，增加值核算体系按照前向关联（出口或进口的增加值由一国的哪个部门创造）和后向关联（增加值通过一国的哪个部门出口或进口产生）对净出口进行重新分配，三种贸易净值指标的测算结果将出现差异。

$$t_{TiVA,X}^{ir}=V_{ir}BY^{xm}=(V_{ir},0,0)\begin{bmatrix}B_{irr}&B_{irs}&B_{irt}\\B_{sr}&B_{ss}&B_{st}\\B_{tr}&B_{ts}&B_{tt}\end{bmatrix}\begin{pmatrix}Y^{rs}+Y^{rt}\\Y^{ss}+Y^{st}\\Y^{ts}+Y^{tt}\end{pmatrix}\quad(x\in\{r,s,t\},\ m\neq ir)$$

$$=V_{ir}B_{irr}(Y^{rs}+Y^{rt})+V_{ir}(B_{irs}(Y^{ss}+Y^{st})+B_{irt}(Y^{ts}+Y^{tt}))$$

$$t_{TiVA,M}^{ir}=(0,V_s,V_t)\begin{bmatrix}B_{rr}&B_{rs}&B_{rt}\\B_{sr}&B_{ss}&B_{st}\\B_{tr}&B_{ts}&B_{tt}\end{bmatrix}\begin{pmatrix}Y^{rir}\\Y^{sir}\\Y^{tir}\end{pmatrix}$$

$$=V_s(B_{sr}Y^{rir}+B_{ss}Y^{sir}+B_{st}Y^{tir})+V_t(B_{tr}Y^{rir}+B_{ts}Y^{sir}+B_{tt}Y^{tir})$$

$$t_{TiVA,Net}^{ir}=t_{TiVA,X}^{ir}-t_{TiVA,M}^{ir}\tag{6}$$

如式（6）所示，r国i产业直接或间接贸易产生的总收益$t_{TiVA,X}^{ir}$包括r国i产业总出口以外的部分$Y^{ss}+Y^{st}$、$Y^{ts}+Y^{tt}$，总支出$t_{TiVA,M}^{ir}$仅为i产业总进口$Y^{rir}+Y^{sir}+Y^{tir}$的一部分。GVC生产网络下最终产品世界制造、共享收益的特征越来越明显，交通运输设备制造业出口的汽车中使用了电子芯片，将为通信和电子设备制造业带来增加值；高新电子和新型机械制造业出口无人机会采购引擎，给交通运输设备制造业带来收益，直接采用传统的进出口统计数据核算各产业部门的分工收益无法分离出单个部门的实际收益，将产生偏误。$t_{TiVA,Net}^{ir}$和$t_{VAiT,Net}^{ir}$同为增加值核算体系，$t_{TiVA,Net}^{ir}$更能说明GVC分工体系下增加值的创造部门和支出部门，这有利于分析GVC重构前后中国贸易净值的结构变化，寻找增加值的来源国家和部门。本文分析中国贸易利得的变化趋势时，为了厘清各产业部门实际收益，适合采用增加值贸易净值（$t_{TiVA,Net}^{r}$）作基础数据。

3. 产品复杂度

设定中国实际分工收益的评价指标后，GVC重构过程中我国对产业升级和高端发展机会的把握是本文关注的另一个问题。一个经济体产业升级最终体现为分工地位的提升，技术、组织、市场、商业模式都有可能成为影响 GVC 分工地位的因素，学术界采用了不同的方法设定这一指标，迄今为止，尚未达成共识（戴翔，2015）。当一个经济体试图在价值链中占据有利地位时，需要该经济体在价值链内的分工环节具有控制其他环节的核心能力，这种能力在生产者驱动的价值链中表现为研发、生产能力，在购买者驱动的价值链中体现为设计、营销能力（Gereffi，1999）。虽然表现形式不同，但核心能力均对应着价值链中的高附加值环节（张辉，2004），价值获取能力和效率的高低可作为评价各经济体 GVC 分工地位的标准。

Haussman（2005）、刘斌（2015）将总体出口技术复杂度（ES_j）作为衡量各经济体在 GVC 分工地位的指标，认为技术含量的高低直接影响各经济体的分工地位，技术进步后能提高生产效率，起到产业升级的效果，产品技术复杂度最终通过各经济体在 GVC 高附加值环节的竞争力体现。如式（7）所示，X_j、Y_j 分别为 j 经济体的总出口和人均收入（用人均 GDP 表示），x_{jk}为 j 经济体 k 产业出口。TSI_k 为产业技术复杂度，这一指标的本质是以显性比较优势指数（Revealed Comparative Advantage Index，RCA）为权重的各经济体人均 GDP 均值。

$$ES_j = \sum_k \frac{x_{jk}}{X_j} TSI_k$$

$$TSI_k = \sum_j \frac{x_{jk}/X_j}{\sum_j (x_{jk}/X_j)} Y_j = \sum_j RCA_{jk} Y_j \tag{7}$$

本文设定 GVCs 分工地位的指标时借鉴了 Haussman（2005）的出口技术复杂度，并做如下改进，以 GVCs 的视角看待产业升级问题，将总量统计口径转为增量统计口径，出口额也应随之转换为如式（1）所示的增加值出口（$t_{TiVA,X}$）。即某一经济体生产而最终在其他经济体被消费吸收的增加值（Johnson，2012）。参考 Koopman（2012）、Timmer（2015）测算增量体系下 RCA 指数的方法，利用式（1）对 ES_i 与 RCA 指数进行修正，将出口技术复杂度转化为式（8）中的增加值技术复杂度（TSI_k）。

$$ES_j = \sum_k \frac{t^{jk}_{TiVA,X}}{t^{i}_{TiVA,X}} TSI_k$$

$$TSI_k = \frac{t^{jk}_{TiVA,X}/t^{i}_{TiVA,X}}{\sum_j t^{jk}_{TiVA,X}/\sum_j t^{i}_{TiVA,X}} Y_j = RCA_{jk} Y_j \tag{8}$$

（三）数据来源

上文描述的方法和指标需要使用国际间投入产出表测算，目前 OECD/WTO、亚洲国际投入产出表（AIIOT）及 GTAP 等广泛使用的数据大多只更新到 2009 年以前，在时间上也不连续，将对研究结果有所影响。文中使用的数据来自世界投入产出数据库（WIOD）。这一数据库由欧盟于 2013 年 12 月发布，WIOD 提供世界投入产出表与国家投入产出表，世界投入产出表包括了 1995～2011 年 27 个欧洲国家①和世界其他 13 个主要经济体② 35 个产业（NACA 分类方法）的投入产出数据，全球剩下的国家或地区用 ROW 表示。这一投入产出表属于价值型投入产出表，可以用来对接总量体系与增量核算体系。本文测算各经济体 HHI、增加值贸易净值和产品复杂度指数时都将用到这一数据。

三、GVC 重构对中国分工收益的影响

GVC 发生大规模重构时，各国承接价值链分工环节数量和种类的变化将引起分工利益流转。中国是 GVC 的重要参与国家，这一轮重构中我国承接分工环节的变化也最终表现为分工收益的波动。若能抢占更多的高附加值环节，中国分工收益随之上升；如果原有的分工环节被其他国家卡位取代，分工收益有下降的风险。这一部分为了明确 GVC 重构对中国分工收益的影响，首先刻画 GVC 重构规模，宏观上描绘重构对全球贸易的整体影响；其次分析 GVC 收缩与扩张两阶段，以中国贸易利得份额的变化展现中国分工收益所受影响。

（一）从贸易集中度看 GVC 重构规模

本文依据式（5）计算贸易净值数据下的 HHI，以 HHI 的变化反映 GVC

---

① 欧洲国家包括奥地利、比利时、保加利亚、塞浦路斯、捷克、德国、丹麦、西班牙、爱沙尼亚、芬兰、法国、英国、希腊、匈牙利、爱尔兰、意大利、立陶宛、卢森堡、拉脱维亚、马耳他、荷兰、波兰、葡萄牙、罗马尼亚、斯洛伐克、斯洛文尼亚和瑞典。

② 其他主要经济体包括澳大利亚、巴西、加拿大、中国、印度尼西亚、印度、日本、韩国、墨西哥、俄罗斯、土耳其、中国台湾和美国。

收缩与扩张的趋势和程度。美国司法部（1984）评估产业集中度时给出了HHI的划分标准：当HHI<500时，该产业竞争激烈、高度分散；当500≤HHI<1000时，这一产业轻度分散；当1000≤HHI<1400时，产业轻度集中，开始具有寡占特征；当1400≤HHI<1800时，该产业中度集中；当1800≤HHI<3000时，产业高度集中，寡占程度已经很高；当3000≤HHI时，这一产业重度集中，寡占程度最高。如图2所示：以2007年为分水岭，全球贸易净值的HHI显著提高，2002~2006年HHI均值为1154.37，2007~2011年上升至1568.07，金融危机前后HHI指数上升近50%，全球贸易净值集中度由轻度分散变为轻度集中，GVC由离散向收缩转换的趋势明显，符合GVC重构的基本特征。具体分析2007~2011年的重构阶段，HHI于2007~2009年金融危机爆发阶段呈现出迅速上升势头后，又在2010~2011年的复苏阶段缓慢回落，这与发达国家萧条时“再工业化”，复苏时“重返亚太”的GVC治理策略保持一致，也印证了William Milberg（2010）关于GVC重构具有先收缩后扩张两个阶段的论述。

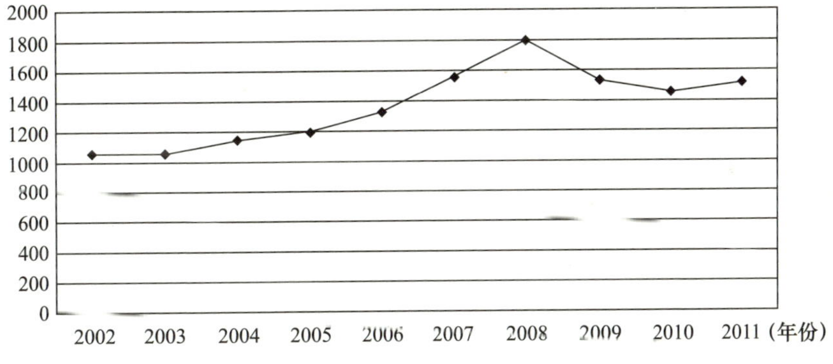

图2 2002~2011年全球贸易净值HHI折线图

资料来源：笔者由世界投入产出数据库（WIOD）整理得到。

（二）中国分工收益受GVC重构的影响

与全球贸易净值在GVC重构前后依次呈现出离散、收缩又离散的态势不完全相同，15个产业贸易利得的HHI具有三种变化趋势。综观表1，仅有造纸印刷业、化工和化学制品以及全行业贸易净值HHI变化趋势保持一致；食品制造及烟草加工业，纺织业，服装皮革羽绒及制品业，木材加工及家具制造业，石油加工、核燃料加工业，橡胶与塑料制品，非金属矿物制品业，金属冶炼及压延加工业以及其他制造业9个传统制造业的HHI不断提升，表明这些产业的分工收益不断向少数经济体集中；未另分类的机械制造业、电气和光学设备制造业以及交通运输设备制造业等高技术产业①的HHI值持续下降，甚至在全球贸易急速萎缩的2007～2009年，这三个产业的GVC分工环节也保持了垂直分离的趋势。可见，GVC重构中产业个体与全行业整体的贸易净值集中度并未保持同升同降的变化步调。纺织业、服装业等传统制造业HHI值不断提高是GVC收缩的主要力量；以电气和光学设备制造业、交通运输设备制造业为代表的高技术产业和服务业HHI值持续下降则是GVC扩张的根本动力。2007～2009年传统制造业集中的程度胜于高技术产业和服务业分散的规模，造成GVC整体收缩；相应的，2010～2011年全行业GVC扩张与传统制造业集中的趋势弱于高技术产业和服务业分散的幅度有关。

表1 GVC重构前后15个产业贸易净值HHI和中国贸易利得份额

	贸易净值HHI			中国贸易利得份额（%）		
	2002～2006年	2007～2009年	2010～2011年	2002～2006年	2007～2009年	2010～2011年
食品制造及烟草加工业C3	1204.62	1538.34	1937.53	19.00	28.00	32.00
纺织业C4	2257.60	4241.78	4806.73	42.00	62.00	66.00
服装皮革羽绒及制品业C5	2169.17	2935.94	3801.29	31.00	45.00	58.00
木材加工及家具制造业C6	1269.54	1616.98	1811.51	14.00	35.00	38.00
造纸印刷业C7	1386.05	1408.48	1191.63	4.00	11.00	12.00
石油加工、核燃料加工业C8	1756.62	2338.88	2888.66	3.00	6.00	1.00
化工和化学制品C9	1444.17	1520.66	1278.78	3.00	16.00	14.00

① 依据《中国高技术产业统计年鉴（2013）》，本文统计的15个产业中，C9、C13、C14、C15属于高技术产业。

续表

	贸易净值 HHI			中国贸易利得份额（%）		
	2002～2006年	2007～2009年	2010～2011年	2002～2006年	2007～2009年	2010～2011年
橡胶与塑料制品 C10	1653.92	2142.60	2272.82	19.00	33.00	38.00
非金属矿物制品业 C11	1420.33	1824.00	2172.38	25.00	35.00	41.00
金属冶炼及压延加工业 C12	1606.11	1625.72	1732.21	6.00	23.00	21.00
未另分类的机械制造业 C13	2981.37	2784.20	2658.88	0.00	7.00	3.00
电气和光学设备制造业 C14	1940.65	1674.80	1575.76	5.00	22.00	24.00
交通运输设备制造业 C15	2445.68	2350.89	2060.43	0.00	4.00	2.00
其他制造业 C16	1903.95	2326.87	3062.93	22.00	38.00	37.00
服务业 C17	958.41	947.78	846.27	5.46	11.24	9.57
全行业	1154.37	1625.51	1481.91	13.00	28.00	25.00

资料来源：笔者由世界投入产出数据库（WIOD）整理得到。

保持集中与分散趋势产业部门的产业特征以及它们在 GVC 重构两阶段的强弱关系对中国分工收益产生重要影响。中国以人口红利、资源禀赋嵌入 GVC，传统制造业和低附加值环节是我国获得分工收益的主要领域。正如表 1 右侧数据所示，随着传统制造业贸易净值集中度不断提高，中国在这些产业中的贸易利得占比也持续上升，2010～2011 年我国在 9 个传统制造业中有 6 个份额达到 30% 以上，其中纺织业和服装业所占全球份额过半。金融危机后这些产业有效需求减少，订单向少数国家集中，中国仍然赢得大量市场份额。这表明我国在传统制造业仍然具有竞争力，是承担这类分工任务的理想国家，GVC 重构有利于我国这些产业分工利益的提升。高技术产业和服务业属于知识和技术密集型产业，我国企业较少通过 GVC 嵌入这类产业，更少涉足产业内的高附加值环节。GVC 重构中这些产业集中度下降，分工环节垂直分离的趋势明显，为新兴国家的进入创造了条件。但经历 GVC 重构后，中国在机械制造业、交通运输设备制造业、化工和化学制品以及服务业短板依旧，甚至还丧失了部分分工利益；仅在电气和光学设备制造业抓住 GVC 重构机会，获取了更多的分工利益，说明中国在高技术产业和服务业的国际竞争力较弱，GVC重构使中国高技术产业和服务业分工收益份额有所下降。受两类产业在GVC重构两阶段强弱关系影响，2007～2009年以传统制造业为代表的GVC收缩势头强劲时，中国全行业分工收益份额大幅提升；2010～2011年以高技术产业和服务业为主的GVC分散占主导地位时，中国全行业分工收益份额有所下降。

四、GVC重构下中国分工地位变化与升级路径选择

上一部分呈现了GVC重构对中国各产业分工收益的影响，即我国在GVC重构中获得分工利益总量上升或下降的问题，承接分工环节单位附加值的高低变化则无从体现。这一部分首先呈现GVC重构前后中国15个产业产品复杂度指数，说明重构对各产业分工地位的影响；然后基于15个产业经历GVC重构后分工地位的变化，提出相应的产业升级路径选择建议。

（一）GVC重构对中国分工地位的影响

GVC分工环节的收缩与扩张不仅引起全球分工利益流转，对中国分工收益产生影响；同时GVC重构后承接分工环节技术含量的高低变化，会对中国生产产品的效率和附加值产生影响，更高效的生产和生产附加值更高的产品是GVC升级的应有之义，也是一国GVC分工地位的集中体现（John Humphrey，2002）。本文利用式（8）介绍的增量统计口径下产品复杂度指数衡量中国产业分工地位受GVC重构的影响，如表2所示，中国全行业及15个细分行业的产品复杂度指数在GVC重构两阶段均有所上升，重构前后这一指数的绝对值提升了1.71倍到3.37倍不等，经历GVC重构后各产业均有GVC升级的迹象。

这一升级幅度还无法彻底扭转中国分工地位过低，难以触及GVC高端环节的局面，表2右侧中国产品复杂度排名显示，GVC重构后我国全行业这一指标在40个主要经济体中排33位，较重构前进步两位。在这微弱的进步中，与中国贸易利得全球份额相似，细分产业中产品复杂度指数进步最大、排名跻身世界前列的产业集中在传统制造业，纺织业、服装皮革羽绒及制品业以及非金属矿物制品业的排名已经达到前20位，分别进步了6～15位，分工地位的显著提升正是上述传统制造业经历GVC重构后承接了更

表 2　GVC 重构前后中国 15 个产业产品复杂度指数及排名

	中国产品复杂度				排名			
	2002～2006 年	2007～2009 年	2010～2011 年	倍数	2002～2006 年	2007～2009 年	2010～2011 年	进步
食品制造及烟草加工业 C3	6.72	11.40	15.32	2.28	37	35	34	3
纺织业 C4	10.21	16.78	24.93	2.44	26	20	11	15
服装皮革羽绒及制品业 C5	7.00	10.70	15.66	2.24	23	18	17	6
木材加工及家具制造业 C6	2.92	5.84	8.35	2.86	36	37	32	4
造纸印刷业 C7	3.08	3.47	5.52	1.79	39	39	39	0
石油加工、核燃料加工业 C8	21.66	30.88	36.96	1.71	31	33	31	0
化工和化学制品 C9	10.08	20.39	27.90	2.77	34	34	30	4
橡胶与塑料制品 C10	4.56	7.49	11.07	2.43	34	36	34	0
非金属矿物制品业 C11	13.65	31.97	43.29	3.17	29	24	20	9
金属冶炼及压延加工业 C12	9.69	17.69	26.55	2.74	34	34	33	1
未另分类的机械制造业 C13	6.35	13.28	18.07	2.85	32	29	27	5
电气和光学设备制造业 C14	14.82	24.83	30.76	2.08	23	23	22	1
交通运输设备制造业 C15	3.93	8.62	11.94	3.04	33	33	31	2
其他制造业 C16	2.19	5.13	7.38	3.37	38	37	33	5
服务业 C17	8.46	17.59	25.69	3.04	38	38	38	0
全行业	16.90	28.20	35.36	2.09	35	35	33	2

资料来源：笔者由世界投入产出数据库（WIOD）整理得到。

加高端的分工环节，把握产业升级机会的写照。单位产品附加值更大、价值创造效率更高也解释了为何表1中这三个产业的贸易利得份额占全球40%以上，明显高于其他产业。高技术产业和服务业是我国大力扶持发展的领域，经过GVC重构后排名均在20位以后，分工地位提升有限，难以占据GVC的中高端环节，这与表1中高技术制造业和服务业的贸易利得份额提升缓慢，甚至下降相互印证。

（二）GVC重构下中国的产业升级路径选择

关于GVC分工体系下中国的产业升级路径选择，历来存在两种观点。以刘志彪、张杰（2009）和张少军、刘吉彪（2013）为代表的学者主张构建以本土市场需求为基础的国家价值链，摆脱中国企业长期被跨国公司“俘获”、“锁定”于GVC低端环节的困局。因为跨国公司为了控制GVC，保持对于中国企业的非对称优势，不会允许中国企业通过GVC实现产业升级（Fernández，2015）。刘仕国（2015）、王玉燕（2015）、王岚等（2015）学者的研究成果显示，利用GVC能够促进我国产业升级。GVC上的“雁阵”格局使跟随国家能够便捷高效的确定战略方向，通过沿袭领先企业的路径，吸收其技术，充分发挥“后发优势”有助于实现我国的产业转型升级。Baldwin（2011）更是直接指出，像中国、印度这样的大国完全可以采取“胡萝卜加大棒”的方式，以本国广阔的市场换取发达国家的先进技术。本文实证分析表明，经历GVC重构后中国15个产业的国际分工地位存在较大差异，不同产业应该基于前人研究成果和GVC重构中的具体表现有针对性地选择产业升级路径，而不是统一构建所有产业的国家价值链或全部依靠GVC实现产业升级。因此，在GVC重构下本文提出了以下产业升级路径。

1. 依托GVC促进服装纺织等传统制造业产业升级

纺织业、服装皮革羽绒及制品业和非金属矿物制品业等传统制造业展现出较强的国际竞争力，经历GVC重构后其分工地位显著提升，分工地位的攀升又带动这类产业增值能力不断增强（王岚等，2015），Gereffi（1999）也证实亚洲这类产业的价值链中确实存在从加工到OEM再到OBM的产业升级轨迹。因此，本文认为纺织服装等传统制造业适合依托GVC实现产业升级。依托GVC实行“引进来”和“走出去”相结合的战略，中国纺织服装产业一方面可以吸引外商投资，将欧美日先进的技术、管理、发展理念和创新过程引入国内；另一方面通过海外投资并购，在欧美日等发达国家设立研发、设计、创意和人才中心，寻求知识、技术和高端人才等战略性资源。目前，中国部分纺织服装企业已经完成了从贴牌生产到集中设计、制作、销售和物流一体化的生产方式升级。GVC 专业化分工的特性使得掌握设计、销售渠道等核心资源的参与企业会倾其所有，将有限的资源投入最具竞争力、附加值最高的分工环节（Kogut，1985）。一旦中国的传统制造业占据了技术含量更高、附加值更高的分工环节，为了确立对这一分工环节的竞争优势，将逐步转移不经济的分工环节至海外，在这一“腾笼换鸟”的过程中，既缓解了我国劳动力成本上升、产能过剩的压力，又有利于我国传统制造业的持续升级。

2. 加强自主创新实现高技术产业和服务业的产业升级

中国高技术产业和服务业的国际分工地位和分工收益经历 GVC 重构后提升缓慢，自身孱弱的国际竞争力和发达国家对技术、人才的严密控制使我国这类产业难以通过 GVC 实现产业升级。不同于传统制造业，电子光学设备制造业、交通设备制造业、机械制造业中的核心技术是一国科技实力的集中体现，从国家安全和垄断收益的角度考虑均不会轻易转让、溢出，所以本文主张依托国内市场，通过自主创新实现我国高技术制造业和服务业的产业升级。

首先，国内高技术产业和服务业巨大的市场容量是自主创新有效的激励因素。随着我国国民收入的不断提高，消费者对高技术产品和服务的需求迅速增长，自主创新成功后有了可预期的回报。这一激励因素有利于调动企业对创新等高级要素的投入热情，通过“需求引致创新”的方式实现高技术产业和服务业产业升级。

其次，利用自主创新产生的大量专利打造知识产权保护和专利池体系，有利于我国高技术产业和服务业完成从低价逐底竞争到国内市场进入标准制定权竞争的升级。中国高技术制造业和服务业长期以来依靠资源禀赋和人口红利作为比较优势嵌入 GVC 的低附加值环节，处在低附加值环节的国家或地区具有较大的地理弹性，地理弹性越高，面临的竞争越激烈，越容易被其他地区取代（张辉，2005）。建立以专利为基础的国内市场进入标准体系，使创新等高级生产要素成为这类产业的国际竞争优势，既能形成国内市场进入壁垒，实现自主创新的回报和收益，又能摆脱跨国公司的“低端锁定”，与其在高级要素层面展开同等竞争。当前，中国高技术制造业内少数创新能力强的企业专利积累已经取得突破，华为自2015年每年向苹果征收数亿美元的专利费，同时利用专利互换协议成功打入北美、欧洲市场，这是竞争方式升级带来的直接收益。

五、结论及启示

实证环节构建起全球价值链重构的分析框架，以中国15个产业在最近一轮重构中分工利益和分工地位的表现为依据，提出相应的产业升级路径，并得到以下结论：

GVC重构中产业个体与所有行业整体的贸易集中度并未保持同升同降的变化步调。与GVC重构中贸易集中度整体上呈现先集中后离散的趋势不同，传统制造业的分工收益始终向少数国家集中，高技术产业和服务业的分工收益则保持了不断离散的态势。这一发现从产业层面解释了重构中具有集中和离散两阶段的原因，在于不同时期传统制造业集中程度与高技术产业离散程度的强弱关系。后续研究中，可以据此分析GVC重构不同阶段中国容易承接和失去的分工环节种类，掌握重构中分工收益流转的内在规律。

两类产业贸易集中度变化是GVC重构引起中国分工收益波动的深层原因。GVC重构中，我国贸易利得份额整体呈现先上升后下降的态势，传统制造业的分工环节不断向我国集中，是分工利益上升的主要动力，高技术产业和服务业的分工环节向中国以外的国家离散，是中国分工利益下降的主要因素。2007~2009年传统制造业集中的趋势胜过后者离散的势头，2010~2011年以高技术产业和服务业离散的趋势为主，本文以此解释了GVC重构两阶段下中国分工利益上下波动的原因。

中国服装纺织等传统制造业适合依托GVC实现产业升级。中国服装纺织等传统制造业经历GVC重构后分工收益和分工地位显著提升，已经展现出一定的国际竞争力，且GVC中确实存在这类产业的升级轨迹，沿袭领先企业的发展路径，同时在海外寻求人才、技术等战略资源，采取“引进来”和“走出去”相结合的方法使我国服装纺织等传统制造业具备从事GVC高附加值环节的能力。一旦具备这种能力，GVC专业化分工的特性会使我国企业转移低附加值环节，专注于这类产业中的高附加值环节，有利于我国传统制造业的持续升级。

中国高技术产业和服务业适合依托本土市场，通过自主创新实现产业升级。经过 GVC 重构后，中国高技术产业和服务业分工收益有所下降，分工地位提升缓慢，表明仅依靠 GVC 难以实现这类产业的转型升级。因此，本文提出利用国内不断扩张的高端消费品市场，通过需求引致创新的方式培育创新等高级要素，形成专利池和知识保护体系，完成这类产业从低价逐底竞争到国内市场进入标准制定权竞争的升级，最终使我国企业与跨国公司能在 GVC 高端环节展开同等竞争。

参考文献

[1] Azmeh S., Nadvi K. Asian Firms and the Restructuring of Global Value Chains [J]. International Business Review, 2014, 23 (4): 708 - 717.

[2] Fernández V. R. Global Value Chains in Global Political Networks Tool for Development or Neoliberal Device? [J]. Review of Radical Political Economics, 2015, 47 (2): 209 - 230.

[3] Gereffi G. International Trade and Industrial Upgrading in the Apparel Commodity Chain [J]. Journal of International Economics, 1999, 48 (1): 37 - 70.

[4] Gereffi G. The Organization of Buyer - Driven Global Commodity Chains: How US Retailers Shape Overseas Production Networks [J]. Commodity Chains and Global Capitalism, 1994.

[5] Grossman G. M., Rossi - Hansberg E. Trading Tasks: A Simple Theory of Offshoring [J]. The American Economic Review, 2008, 98 (5): 1978 - 1997.

[6] Hausman R., Y. Huang and D. Rodrik. What You Export Matters [D]. NBER Working Paper, 2005.

[7] Hiau Looi Kee, Heiwai Tang. Domestic Value Added in Exports: Theory and Firm Evidence from China [D]. World Bank Policy Research Working Paper Series, 2015.

[8] Hirschman A. O. National Power and the Structure of Foreign Trade [M]. University of California Press, 1945.

[9] Humphrey J., Schmitz H. How does Insertion in Global Value Chains affect Upgrading in Industrial Clusters? [J]. Regional Studies, 2002, 36 (9): 1017 - 1027.

[10] Humphrey J. Governance in Global Value Chains [J]. IDS bulletin, 2001, 32 (3): 19 - 29.

[11] Johnson R. C., Noguera G. Accounting for Intermediates: Production Sharing and Trade in Value Added [J]. Journal of International Economics, 2012, 86 (2): 224 - 236.

[12] Kogut B. Designing Global Strategies: Comparative and Competitive Value - Added

Chains [J]. Sloan Management Review, 1985, 26 (4): 15 – 28.

[13] Koopman R., Wang Z., Wei, Shangjin. Give Credit Where Credit is due: Tracing Value Added in Global Production Chains [D]. NBER Working Paper, 2010.

[14] Koopman R., Wang Z., Wei, Shangjin. How Much of Chinese Export is Really Made in China? Assessing Domestic Value – Added When Processing Trade is Pervasive [D]. NBER Working Paper, 2008.

[15] Koopman R., Wang Z., Wei, Shangjin. Tracing Value – Added and Double Counting in Gross Exports [D]. NBER Working Paper, 2012.

[16] Krugman P., Cooper R. N., Srinivasan T. N. Growing World Trade: Causes and Consequences [J]. Brookings Papers on Economic Activity, 1995 (1): 327 – 377.

[17] Milberg W., Winkler D. E. Trade Crisis and Recovery: Restructuring of Global Value Chains [D]. World Bank Policy Research Working Paper Series, 2010.

[18] Pol Antràs, Davin Chor. Organizing the Global Value Chain [D]. NBER Working Paper, 2012.

[19] Richard Baldwin. Trade and Industrialization after Globalization's 2nd Unbundling: How Building and Joining a Supply Chain are Different and Why it Matters [D]. NBER Working Paper, 2012.

[20] Stehrer R. Trade in Value Added and the Value Added in Trade [D]. The Vienna Institute for International Economic Studies WIOD Working Paper, 2012.

[21] Timmer M. P., Dietzenbacher E., Los B., et al. An Illustrated User Guide to the World Input – Output Database: The Case of Global Automotive Production [J]. Review of International Economics, 2015, 23 (3): 575 – 605.

[22] UNCTAD. Globalization of port logistics: Opportunity and Challenges for Developing Countries [R]. Ghana, 2007.

[23] US Department of Justice. Merge Guidelines [R]. 2014.

[24] Wang Z., Wei, Shangjin, Zhu K. Quantifying International Production Sharing at the Bilateral and Sector Levels [D]. NBER Working Paper, 2013.

[25] 戴翔，郑岚．制度质量如何影响中国攀升全球价值链[J]. 国际贸易问题，2015 (12): 53 – 65.

[26] 刘斌，王杰，魏倩．对外直接投资与价值链参与：分工地位与升级模式[J]. 数量经济技术经济研究，2015 (12): 40 – 57.

[27] 刘仕国．利用全球价值链促进产业升级[J]. 国际经济评论，2015 (1): 64 – 84.

[28] 刘志彪，张杰．从融入全球价值链到构建国家价值链：中国产业升级的战略思考[J]. 学术月刊，2009 (2): 59 – 68.

[29] 刘志彪．重构国家价值链：转变中国制造业发展方式的思考[J]．世界经济与政治论坛，2011（4）：1－14.

[30] 田文，张亚青，佘珉．全球价值链重构与中国出口贸易的结构调整[J]．国际贸易问题，2015（3）：3－13.

[31] 王岚，李宏艳．中国制造业融入全球价值链[J]．中国工业经济，2015（2）：76－88.

[32] 王玉燕，林汉川．全球价值链嵌入能提升工业转型升级效果吗——基于中国工业面板数据的实证检验[J]．国际贸易问题，2015（11）：51－61.

[33] 魏龙，王磊．从嵌入全球价值链到主导区域价值链——一带一路战略的经济合理性分析[J]．国际贸易问题，2016（5）：106－117.

[34] 余鹏翼，曾楚宏．全球价值链重构与中国制造业海外连续并购战略转型研究[J]．南京社会科学，2016（5）：16－21.

[35] 张辉．全球价值链动力机制与产业发展[J]．中国工业经济，2006（1）：40－48.

[36] 张辉．全球价值链下地方产业集群升级模式研究[J]．中国工业经济，2005（9）：11－18.

[37] 张辉．全球价值双环流架构下的"一带一路"战略[J]．经济科学，2015（3）：7－9.

[38] 张少军，刘志彪．国内价值链是否对接了全球价值链——基于联立方程模型的经验分析[J]．国际贸易问题，2013（3）：15－27.

企业家的“影响力”与企业的异地并购

——基于中小板实际控制人的实证发现*

蔡庆丰[1] 郭俊峰[2]

（1. 厦门大学 经济学院，厦门 361005；
2. 上海证券交易所 资本市场研究所，上海 200120）

一、引言

显然，活跃在资本市场中的各类市场参与者并不是有效市场假说中近乎天人的“理性经济人”。行为金融学告诉我们，他们生动而平凡，往往表现为“有限理性”并且容易受情绪影响。同时，他们也绝非独自或“彼此绝缘地”活跃于资本市场中，而是处于纷繁复杂的社会关系网络中，同时也构成社会关系网络的一部分。而这些“或亲或疏”的社会关系及其背后“隐藏”的信息流和资金流都不可避免地会对各类市场参与者的投资决策产生切实而深刻的影响。总而言之，资本市场参与者不仅受自身内在认知和心理因素的影响，也受外在的各种社会关系的影响，他们既是“有限理性

---

* ［基金项目］本研究得到国家社科基金重大课题（15ZDA028）、国家自然科学基金面上项目（71373219）、国家自然科学基金青年项目（71103150）及中央高校基本科研业务费专项课题（2013221012）的资助。

［作者简介］蔡庆丰（1977—），男，厦门大学经济学院金融系教授、博士生导师，美国哥伦比亚大学商学院访问学者，研究方向：资本市场与机构投资者。已在《经济研究》、《金融研究》等期刊发表学术论文20余篇。郭俊峰（1988—），男，通讯作者，厦门大学经济学院金融系博士，现任职于上海证券交易所资本市场研究所。研究方向：资本市场与金融工具创新设计。已在《公共管理学报》、《统计研究》等期刊发表论文。

人”，也是“社会人”。这一命题近乎不辩自明，但金融学者对于这一领域的实证研究却刚刚兴起。哈佛大学和芝加哥大学的三位教授Cohen等的开拓性研究开启了金融学界对“资本市场中的社会关系及其影响”的重视，相关研究成果近两三年陆续在国际顶尖经济学和金融学期刊（JPE、JF、RFS、JFE）发表，成为西方金融学术界的一个研究热点①。而对于各类市场参与主体的研究假定——从“理性经济人”到“有限理性人”再到“社会人”，也体现了现代金融研究越来越接近市场的现实情况和投资者的真实反应。

与西方成熟市场国家相比，中国是一个典型的人情社会。“人脉”、“关系”、“圈子”等社会关系对社会经济运行和金融体系运作的影响更为全面及深刻。而资本市场作为现代经济、金融、信息和财富的核心所在，更是汇聚和牵连着大量纷繁复杂的社会关系及人脉资源。因此，研究中国资本市场中的企业家行为，如果剥离或忽视其身上纷繁复杂的各种社会关系，就会偏离客观与真实。与此同时，中国不仅是典型的“人情社会”，更是“官本位社会”——政府和各级官员以各种形式掌握和支配着大量经济资源。与政府和官员建立“关系”往往能带来各种资源和便利，有利于企业盈利与发展，这使得企业家的政治关联（或者政治能量）在其所有社会关系中处于重要核心的地位。

事实上，即便在西方成熟市场国家，“人脉”（社会关系）也是资源，关系也能转化为财富。Hwang和Kim利用美国1996～2005年市值最大的前100家上市公司的1568名董事的样本数据进行研究发现，社会关系丰富的公司董事能够获得更高的薪酬。在更新的研究成果中，Liu的研究也得出类似的结论，即高管的社会关系数量与其薪酬正相关。Engelberg等甚至计算出公司高管每多一条“人脉”（Rolodex）能够使其薪酬增长约17000美元，并且人脉层次越高，薪酬增长越多。可见，公司高管的社会关系能够“内化”为薪酬和财富，企业和市场愿意为公司高管的人脉资源支付相应的对价。而这种“内化”在于企业和市场认定公司高管的社会关系能“外化”企业价值，比如说获得更多的私人信息、投资渠道或资金成本——Engelberg等研究发现，公司高管与银行高管的社会关系能使公司获得更低的资金成本及更少的约束条款，公司股票的市场表现也会更为突出。此外，公司高

① Cohen等发现，私人信息会通过校友关系在基金经理、公司高管和分析师之间传递，进而影响资产配置和投资收益。

管的社会关系也直接影响公司的投资决策，特别是在兼并收购时。Cai 和 Sevilir 研究发现：并购公司和目标公司董事之间的一级关系（收购方与被收购方拥有相同执行董事）能使收购方获得的公告收益高出 2.45%，而二级关系（收购方与被收购方的董事均在第三方公司担任董事）也能使收购方获得 1.67% 的超额收益。而且两种关系对并购行为的影响机制不同，一级关系主要通过降低支付对价，二级关系主要是通过并购完成后的优秀业绩来创造价值。但 Ishii 和 Xuan 却研究发现，收购企业与目标企业之间董事会高管的社交关系，在并购完成后对双方的股价有负面影响，而且在完成收购后，这种关系会提高被收购公司的高管仍然留在重组后公司董事会的可能性。在最新的研究中，El - Khatib 等选取了 1999 ~ 2008 年 S&P1500 共 4006 位 CEO 的社会关系网数据，研究 CEO 所处社会关系网络的核心程度对公司并购行为的影响，结果显示：人脉丰富且集中的 CEO 虽然能更高效地收集私人信息，但却会更热衷于公司的并购活动，但并购的结果往往是导致双方的价值损失。

显而易见地，即便在西方成熟市场国家，公司高管的社会关系也会深刻影响企业的并购战略（横向或纵向，跨行业或跨地区）、并购目标和支付对价等行为。正如前所述，在“官本位”中国，民营企业家往往最为看重其社会关系中的政治关联层级。他们通常通过两种方式建立政治关联：一是聘请离任政府官员（或国企高管）任职公司高管，建立政治关联；二是自己争取成为各级人大代表、政协委员以确立政治关联。从某种意义上讲，一个企业家所能获得的人大代表和政协委员的层级代表了其所具有社会关系质量及政治关联层级，也就对应着他在中国社会中的社会地位和影响力。而这种基于政治关联的社会地位和影响力又往往对应着相应的资源及便利。众所周知，我国人大代表和政协委员具体分为国家、省、市和县四级，每一级对应着不同的政治待遇和社会影响力，当然也对应着能够接触到不同层次的官员和资源（特别是政治资源）。那么，在“官本位”中国，企业家由于政治关联层级不同而导致的社会影响力差异是否影响其企业的并购行为？随着企业家影响力（政治关联层级）的提升，他所能够获得各种社会资源（包括政治资源）越丰富，这是否会激励企业家去扩大企业的经营范围，加大跨区域（异地）并购力度呢？进一步地，经济发展水平和市场化程度又能给这种作用带来什么影响？本文尝试着对这一问题进行研究。

由于国有企业具有“天然的政治关联”，同时国有企业的并购、资产处置等重大经营事项必须经由相关主管部门的批准，因此我们选择中小板的民营上市公司为样本。需要指出的是，与既有的文献直接研究上市公司董监高的社会关系不同，本文手工收集了中小板上市公司的实际控制人的相关信息，特别是最能表征“企业家影响力”的政治关联层级（即国家、省、市、县四级人大代表或政协委员层级）。通过数据整理，我们发现并非所有上市公司的董事长或总经理都是企业的实际控制人①，而企业扩张和行业并购这种重大决策往往都由企业的“老板”及实际控制人决定，对于这个群体的深入研究也是本文的学术贡献之一。另外，与简单地将国有企业视为政治关联企业，或者以聘任前政府官员或国企高管作为公司高管建立政治关联（即管理层的政治关联）不同，我们更为关注“老板的政治关联”。基于此，我们手工收集中小板上市公司实际控制人担任人大代表和政协委员层级数据，并以此作为代表企业家“影响力”的代理变量，系统地研究民营上市公司实际控制人（即企业家的“影响力”）对其企业异地并购的影响。值得注意的是，我们从企业并购进入的区域（省级、市级层面）、并购距离、进入“经济发达地区”和“市场化程度高地区”等多个角度进行刻画，从而丰富了国内跨区域并购领域的研究。

二、文献综述与理论假设

（一）企业家的政治关联层级与公司异地并购

每年实施并购的数量能够反映企业规模成长，事关其能否“做大”，而跨地区并购的实施还有助于提高市场效率，影响民企能否“做强”。为了获取更大的发展空间，在市场规则和“关系规则”都起作用的商业环境中，民营企业试图强化政治关联，利用“关系规则”来影响政府决策，增强并购能力。基于此，本文提出假设H1a：

H1a：企业家（实际控制人）的影响力（政治关联层级）提升会促进公司跨省（市）等异地并购行为。

① 2004～2014年，在中小板股票市场，约35%的实际控制人不担任公司董事长或总经理等职务。

需要指出的是，我们不仅运用是否邻接的0－1虚拟变量衡量异地并购活动，还采用并购方与标的方之间的距离——并购距离指标，因为前者做法有些偏颇。例如，江苏省上市公司云海金属（股票代码：002182）并购安徽省青苔山镁矿，与另一家江苏公司爱康科技（股票代码：002610）收购新疆聚阳能源科技有限公司，事实上存在很大区别。近年来，经济地理学及国际贸易与投资方面的文献，相继提出了“多维邻近思想”，认为除了0－1变量之外，还应考虑地理距离、经济距离和产业距离等其他距离指标。结合研究目的，本文只运用地理距离，以衡量并购方与标的方所在省份（地市）之间的距离。如前所述，我们进一步提出理论假设H1b：

H1b：企业家（实际控制人）的政治关联层级越高，公司并购的地理距离越大。

（二）企业家的政治关联层级与经济区域并购

在当前我国财政分权制度和“政治晋升锦标赛”安排下，我国地方政府和官员纷纷大力发展经济，由此产生了“诸侯经济”现象。不同地区经济发展水平存在较大差异，政府在经济社会中扮演的角色也不相同，巫景飞等就发现经济欠发达地区的政府更为“强势”。

学者如邓建平等（2006）和袁建国等（2009）都认为经济欠发达地区的企业会更加积极地追求政治关联。此外，既然贫困地区的政府比较强势，那么进入欠发达经济地区后，有一定政治关联企业的实际控制人就能够按照先前经验，轻车熟路地与标的方所在地区的政府进行有效沟通，并迅速建立关系，以做到“物尽其用”。因此，我们有假设：

假设H2a：企业家（实际控制人）政治关联层级越高，那么其通过并购手段进入发达经济区域的可能性越低。

正如邓建平等（2006）和袁建国等（2009）所发现的，经济欠发达地区的企业会更加积极地追求政治关联。所以在讨论实际控制人政治关联层级对经济区域并购行为的作用时，我们应该考虑买方所在地区的经济发展水平这个因素。

出于经济发展需要和地方保护主义，当地政府不会轻易让上市公司等优秀企业资源（比如优质税源、安排就业大户）流失，这点在经济欠发达地区更是如此。因为这些上市公司都是当地企业的佼佼者，为了企业整体发展以及更好地发挥并购协同效应，这些上市公司完成并购后会将某些资源安排在外地。显然，这些外流的企业资源对贫困地区经济和社会发展的影响更大。正如前文所述，这些贫苦地区的政府很强势，所以其会更加积极地干预当地企业并购活动。基于上述分析，我们提出假设：

H2b：并购方来自欠发达经济区域时，企业家（实际控制人）政治关联层级对公司进入发达经济区域的抑制作用更大。

（三）企业家的政治关联层级与市场化区域并购

制度环境如何影响企业的战略选择是企业战略管理研究的一个关键问题。Bartels 和 Brady 发现，制度越落后的国家或地区，企业越有动机通过建立政治关联来克服制度缺失对企业成长的阻碍。Adhikari 等也认为，企业家的政府背景是一种有价值资源，使公司更容易获得债务融资、享受更低税率等好处，尤其是在政府管制比较严重的发展中国家。Peng 和 Luo 还明确指出，在法律和监管等市场机制相对不健全的转型经济国家中，企业管理层和政府官员的关系有助于提高公司价值。Faccio 也发现，有政治关联的企业更容易获得贷款，并享有税收优惠等好处，特别是在政府干预程度高、官员腐败的国家。

这些研究结果都反映出“政治关联”与“市场化程度”之间存在替代关系。换句话说，在那些市场化程度较高的地区，构建政治关联的动机其实并不很强烈。另外，企业家作为企业人格代表，其拥有的政治关联层级是企业与政府关系深度的具体化，也是企业在市场机制尚未完全建立时期获取各种制度性资源的关键。为此，我们提出理论假设：

H3a：企业家（实际控制人）的政治关联层级越高，其通过并购手段进入高市场化程度区域的可能性越低。

更进一步地，市场化程度较高的地区，政府的干预行为较少，即买方来自市场化程度较高区域时，我们预期实际控制人政治关联层级对跨区域并购的抑制作用会减弱。所以，本文进一步有假设：

H3b：相比于市场化程度较低地区的公司，市场化程度较高地区的民营企业进行跨市场化区域并购的难度更小，即并购方所在地区的较高市场化程度至少能够部分抵消企业实际控制人政治关联层级的抑制作用。

三、研究设计

（一）回归方程

1. 企业家的政治关联层级与异地并购

本文设定跨区域并购为0－1虚拟变量，借助线性概率LPM方法和非线性概率Probit模型，研究实际控制人政治关联层级与跨区域并购可能性之间的关系。具体方程为：

$$\begin{aligned} Croreg = {} & \alpha_1 + \alpha_2 Impact + \alpha_3 Size + \alpha_4 Roa + \alpha_5 Lev + \alpha_6 Age \\ & + \alpha_7 Growth + \alpha_8 Risk + \alpha_9 Top1 + \sum Ind + \sum Year + \varepsilon \end{aligned} \quad (1)$$

$$\begin{aligned} Probit(Croreg) = {} & \alpha_1 + \alpha_2 Impact + \alpha_3 Size + \alpha_4 Roa + \alpha_5 Lev + \alpha_6 Age \\ & + \alpha_7 Growth + \alpha_8 Risk + \alpha_9 Top1 + \sum Ind + \sum Year + \varepsilon \end{aligned} \quad (2)$$

式中，被解释变量Croreg分别代表中小板上市企业跨地市并购Crocity、跨省份并购Cropro。解释变量Impact表示中小板民营上市公司实际控制人政治关联层级，其他变量都是控制变量。

2. 企业家的政治关联层级与并购距离

通过0－1虚拟变量和Probit等多元回归模型，我们分析了中小板民营企业家“影响力”对企业跨区域并购行为可能性的影响。但如前所述，这存在一定程度的失真。为了更精确地挖掘两者关系，接下来，我们从并购方与标的方之间的“最短公路运输距离”这个维度重新研究。建立方程（3）。

$$\begin{aligned} Dis = {} & \alpha_1 + \alpha_2 Impact + \alpha_3 Size + \alpha_4 Roa + \alpha_5 Lev + \alpha_6 Age \\ & + \alpha_7 Growth + \alpha_8 Risk + \alpha_9 Top1 + \sum Ind + \sum Year + \varepsilon \end{aligned} \quad (3)$$

另外，由于很多本地并购的距离为1①，导致并购距离是一个非负的存在大量角点解连续变量，为此，我们还构建下限为0的Tobit模型：

$$Tobit(Dis) = \alpha_1 + \alpha_2 Impact + \alpha_3 Size + \alpha_4 Roa + \alpha_5 Lev + \alpha_6 Age$$

---

① 出于取自然对数的计量原因，本文假定同市（省）并购距离为1km。

$$+\alpha_7 Growth+\alpha_8 Risk+\alpha_9 Top1+\sum Ind+\sum Year+\varepsilon \tag{4}$$

式中，因变量 Dis 分别代表公司跨地市并购的最短公路运输距离自然对数值 Discity、跨省份并购的最短公路运输距离自然对数值 Dispro。其他变量与前面类似，变量具体含义见表 1。

3. 企业家的政治关联层级与经济区域并购

更进一步地，我们基于经济区域的视角，讨论经济发展水平对企业家政治关联层级与跨区域并购之间关系的调节作用。具体做法如下：以每年各省份（市）的人均 GDP 中位数为界，高于或等于中位数的省市经济发展变量 Targdp 赋值 1（发达经济区域），否则为 0（欠发达经济区域）。最后，对并购买方和标的方所在省市分别赋予相应年份的经济发展程度数值。本文将标的企业所在省市的经济发展程度 Targdp 作为被解释变量，并建立回归方程（5）和方程（6）：

$$Targdp=\alpha_1+\alpha_2 Impact+\alpha_3 Size+\alpha_4 Roa+\alpha_5 Lev+\alpha_6 Age+\alpha_7 Growth+\alpha_8 Risk+\alpha_9 Top1+\sum Ind+\sum Year+\varepsilon \tag{5}$$

$$Probit(Targdp)=\alpha_1+\alpha_2 Impact+\alpha_3 Size+\alpha_4 Roa+\alpha_5 Lev+\alpha_6 Age+\alpha_7 Growth+\alpha_8 Risk+\alpha_9 Top1+\sum Ind+\sum Year+\varepsilon \tag{6}$$

式中，其他变量的含义见表 1。出于经济发展需要和地方保护主义，那些经济欠发达地区的政府更加不会轻易让优秀企业资源流失外地，因此本文还从"并购方是否来自发达经济区域 Buygdp"角度做进一步分析，用变量交叉项形式建立下列模型：

$$Targdp=\alpha_1+\alpha_2 Buygdp+\alpha_3 Size+\alpha_4 Roa+\alpha_5 Lev+\alpha_6 Age+\alpha_7 Growth+\alpha_8 Risk+\alpha_9 Top1+\sum Ind+\sum Year+\varepsilon \tag{7}$$

$$Targdp=\alpha_1+\alpha_2 Impact+\alpha_3 Impact\times Buygdp+\alpha_4 Size+\alpha_5 Roa+\alpha_6 Lev+\alpha_7 Age+\alpha_8 Growth+\alpha_9 Risk+\alpha_{10} Top1+\sum Ind+\sum Year+\varepsilon \tag{8}$$

$$Probit(Targdp)=\alpha_1+\alpha_2 Buygdp+\alpha_3 Size+\alpha_4 Roa+\alpha_5 Lev+\alpha_6 Age+\alpha_7 Growth+\alpha_8 Risk+\alpha_9 Top1+\sum Ind+\sum Year+\varepsilon \tag{9}$$

$$\text{Probit}(\text{Targdp}) = \alpha_1 + \alpha_2\text{Impact} + \alpha_3\text{Impact}\times\text{Buygdp} + \alpha_4\text{Size} + \alpha_5\text{Roa} + \alpha_6\text{Lev} + \alpha_7\text{Age} + \alpha_8\text{Growth} + \alpha_9\text{Risk} + \alpha_{10}\text{Top1} + \sum\text{Ind} + \sum\text{Year} + \varepsilon \tag{10}$$

4. 企业家的政治关联层级与市场化区域并购

研究表明，不同区域的市场化程度是影响企业并购决策选择的重要因素。鉴于市场化进程可能对实际控制人政治关联层级与跨区域并购行为之间关系存在影响，本文构建方程：

$$\text{Tarmar} = \alpha_1 + \alpha_2\text{Impact} + \alpha_3\text{Size} + \alpha_4\text{Roa} + \alpha_5\text{Lev} + \alpha_6\text{Age} + \alpha_7\text{Growth} + \alpha_8\text{Risk} + \alpha_9\text{Top1} + \sum\text{Ind} + \sum\text{Year} + \varepsilon \tag{11}$$

$$\text{Probit}(\text{Tarmar}) = \alpha_1 + \alpha_2\text{Impact} + \alpha_3\text{Size} + \alpha_4\text{Roa} + \alpha_5\text{Lev} + \alpha_6\text{Age} + \alpha_7\text{Growth} + \alpha_8\text{Risk} + \alpha_9\text{Top1} + \sum\text{Ind} + \sum\text{Year} + \varepsilon \tag{12}$$

在式（11）和式（12）中，被解释变量 Tarmar 表示并购标的方所在省市的市场化程度，使用樊纲等构建的市场化指数。需要指出的是，《中国市场化指数报告》（2011）数据更新截至 2009 年，而本文样本数据区间为 2005 ~ 2014 年。对于 2010 ~ 2014 年的省市市场程度化数据，参考国内学者逯东的处理方法，将 2010 ~ 2014 年市场化指数根据前面三期的相关指数进行推算。以 2014 年为例，2014 年的市场化指数等于 2013 年的指数加上 2011 年、2012 年和 2013 年 3 年相对于前一年指数增加值的平均数。接着，以每年我国 31 个省市市场化指数的中位数为界，将高于或等于中位数的省份赋为 1（高市场化程度区域），否则为 0（低市场化程度区域）①。最后，将并购买方和标的方所在省分别赋予相应年份的市场化程度数值。其他变量与前面类似，变量含义见表 1。我们从“并购方是否来自市场化程度高的区域 Buymar”这个角度出发，借助交叉项研究并购方市场化程度对企业家的“影响力”与跨区域并购行为之间关系的影响，得到模型：

$$\text{Tarmar} = \alpha_1 + \alpha_2\text{Buymar} + \alpha_3\text{Size} + \alpha_4\text{Roa} + \alpha_5\text{Lev} + \alpha_6\text{Age} + \alpha_7\text{Growth} + \alpha_8\text{Risk} + \alpha_9\text{Top1} + \sum\text{Ind} + \sum\text{Year} + \varepsilon \tag{13}$$

$$\text{Tarmar} = \alpha_1 + \alpha_2\text{Impact} + \alpha_3\text{Impact}\times\text{Buymar} + \alpha_4\text{Size} + \alpha_5\text{Roa} + \alpha_6\text{Lev} + \alpha_7\text{Age} + \alpha_8\text{Growth} + \alpha_9\text{Risk} + \alpha_{10}\text{Top1} + \sum\text{Ind} + \sum\text{Year} + \varepsilon$$

① 本章还将各省的市场化数值直接代入，而不是中位数划分并设定虚拟变量。得到类似结果。

(14)

$$\text{Probit}(\text{Tarmar}) = \alpha_1 + \alpha_2\text{Buymar} + \alpha_3\text{Size} + \alpha_4\text{Roa} + \alpha_5\text{Lev} + \alpha_6\text{Age} + \alpha_7\text{Growth} + \alpha_8\text{Risk} + \alpha_9\text{Top1} + \sum\text{Ind} + \sum\text{Year} + \varepsilon \quad (15)$$

$$\text{Probit}(\text{Tarmar}) = \alpha_1 + \alpha_2\text{Impact} + \alpha_3\text{Impact} \times \text{Buymar} + \alpha_4\text{Size} + \alpha_5\text{Roa} + \alpha_6\text{Lev} + \alpha_7\text{Age} + \alpha_8\text{Growth} + \alpha_9\text{Risk} + \alpha_{10}\text{Top1} + \sum\text{Ind} + \sum\text{Year} + \varepsilon \quad (16)$$

（二）变量选取

解释变量是中小板股票市场民营公司的实际控制人政治关联层级，用以表征企业家的“影响力”大小。参照相关学者做法，我们构建了实际控制人政治关联层级指标。通过不同级别的政治身份来反映民营企业家的“影响力”的差异程度，数值越大，说明这些企业家拥有的“影响力”越大。具体赋值规则如下：如果实际控制人现在（以前）是担任（过）县区级人大代表或政协委员，则赋值为2；类似地，市级为3；省级为4；全国人大代表或政协委员，则为5。否则，为1①。

对于公司异地并购行为，借鉴相关研究成果，本文选取如下控制变量：公司规模（Size）、公司营利性（Roa）、资产负债结构（Lev）、企业上市年龄（Age）、公司成长性（Growth）、公司风险性（Risk）以及股权结构（Top1）。另外，我们还控制了行业效应和年度效应。

（三）数据说明

中小板股票市场设立于2004年，上市公司披露实际控制人信息也始于2004年，所以本文研究区间设定为2004~2014年。中小板市场民营上市公司的并购数据和实际控制人信息主要来自CSMAR数据库和CCER数据库，并运用网络手工补充。借鉴已有学者做法，我们选择中小板上市公司的四类并购事件，即资产收购、吸收合并、要约收购和股权转让。以并购首次公告日期为准，本文运用如下规则进行筛选：①中小板股票市场上市公司处于买方（并购方）地位；②并购交易成功、剔除关联交易；③剔除标的

① 将政治关联层级的最小值取1或0，在计量模型中表示变量之间关系上不存在差别。

企业是买方的绝对控股公司（即至少持有51%股权）的并购样本、剔除买方与卖方为绝对控股关系的并购、剔除买方与卖方为同一实际控制人不同子公司的并购；④剔除买方在样本期间被ST、*ST和PT处理的24家公司所发起的并购事件；⑤考虑到金融行业的特殊性，剔除并购方为金融保险业的并购事件；⑥剔除标的方主体是“生产技术、生产线、技术专利、生产设备、理财产品及上市公司股票”的并购事件。

根据上述筛选，我们获得533家中小板上市公司发起的1814条有效并购样本。此外，剔除实际控制人变更和境外控制人的公司所发起并购样本，最后得到2004~2014年1711个并购数据。

对于实际控制人数据，发现上述数据库提供的实际控制人信息尚不完善，为此我们借助各上市公司官网、各省市人大官网和政协官网等网站进行补充。另外，本文按照如下规则筛选实际控制人：①删除重复实际控制人。具体地，对于上市公司同时有多名实际控制人情形，则按照步骤依次确认：政治职务较高者——持有股权较高者——担任公司职位较高者（董事长>总经理）——任期。这样处理，主要是为了确保每家企业在一个时间点只有一名实际控制人。②剔除样本期间内实际控制人发生变更的公司（包括被借壳上市、国企改制、私企国有化等情形）以及实际控制人不存在的公司。③剔除被ST、*ST和PT处理的公司。④剔除实际控制人是境外（包括港澳台地区）组织或自然人的公司。

经过筛选，本文得到657个有效的实际控制人信息，其中有548位民营企业家（即548家中小板民营上市公司）。由于存在上市初期效应，我们删除2004年发生的7起并购事件，所以2005~2014年中小板市场有1704个有效并购事件，其中421家民营企业共发起1497次并购。

控制变量数据方面，公司财务数据源于CSMAR数据库，宏观经济数据来自CEIC数据库。考虑到可能存在的变量内生性问题，我们将所有控制变量都滞后一期，这使得民营上市公司的有效并购数量进一步缩减至1207个。另外，分析并购距离时，本文还剔除并购标的方为境外的96个样本，获得1125个并购样本①。

① 在1497个初始有效并购事件中，有14起并购既涉及控制变量缺失，又涉及境外标的方。

四、回归结果

(一) 主要解释变量描述性统计

根据历年跨省（市）并购次数及其比重图（限于篇幅，不予列示），我们发现2004~2014年，跨省并购比重大都低于50%，即多数并购都是省内并购。另外，在跨地市并购层面，跨市并购比例没有很大变化，保持在70%左右，即跨市并购活动比较多。

表1 变量描述性统计

	Mean	Median	S. D.	Max	Min	N
Crocity	0. 685	1	0. 465	1	0	1497
Cropro	0. 520	1	0500	1	0	1497
Discity	4. 208	5. 630	3. 187	8. 451	0	1401
Dispro	3. 350	0	3. 475	8. 369	0	1401
Targdp	0. 767	1	0. 423	1	0	1401
Tarmar	0. 871	1	0. 336	1	0	1401
Impact	2. 914	3	1. 327	5	1	1497
Size	21. 444	21. 295	0. 999	24. 808	19. 319	1497
Roa	7. 591	6. 926	5. 427	41. 847	-50. 087	1497
Lev	35. 923	33. 072	20. 797	94. 444	0. 752	1497
Age	2. 996	2. 630	2. 089	10. 140	0. 030	1497
Growth	45. 903	14. 718	289. 910	6115. 200	-94. 130	1497
Risk	69. 138	67. 795	16. 576	99. 732	19. 562	1497
Top1	37. 011	37. 760	13. 720	95. 950	6. 800	1497

根据表1，我们看到，跨市并购和跨省并购虚拟变量的均值分别为0. 685、0. 520，中位数都是1，说明一半以上都是跨市（省）并购行为。然

而，在并购距离方面，跨省并购距离自然对数变量的中位数为0，跨市并购距离自然对数变量的中位数是5.630，约等于278.662平方千米①，反映出大多数的并购发生在省内，即省内跨市并购。这与前文跨区域并购虚拟变量的结论似乎有点矛盾，一种可能解释是跨区域虚拟变量中包含了96个境外标的并购事件②。另外，从Targdp变量和Tarmar变量的均值0.767及0.871，可以看到并购标的企业很多都位于经济发达区域和市场化程度较高省份。另外，实际控制人的政治关联层级平均值和中位数接近3，即至少一半企业家担任市级及其以上级别的人大代表或政协委员。

在变量Pearson相关系数和Spearman秩相关系数检验结果（限于篇幅，不予列示）中，企业家政治关联层级虽然与跨省跨市、跨省市距离不显著相关，但其相关系数为负值。同时，其和经济区域、市场化区域等变量都显著呈负相关。最后，模型中被解释变量与各个解释变量之间的两种相关系数绝对值都小于0.5，因此不存在严重多重共线性问题。

此外，我们还做了各变量关于政治关联层级的单因素ANOVA检验（限于篇幅，相应结果不予列示）。结果发现，无论是省市层面的并购虚拟变量，还是省市层面的并购距离，抑或跨经济区域和市场化区域，F值都至少在10%水平下显著拒绝原假设，说明实际控制人政治关联层级的确对企业跨区域并购有明显影响，也侧面印证本文构建“政治关联层级”变量的合理性。当然，上述单变量分析没有控制其他影响跨区域的因素，因此只是初步认识而已，两者间更确切的关系，还要进行多元回归分析。

（二）企业家的“影响力”与异地并购

从表2普通最小二乘法和Probit方法的回归结果可以看到，在控制行业效应和年度效应时，企业家的“影响力”变量都显著为负，说明实际控制人的政治关联层级越高，则企业越倾向于并购当地公司，也就是说，这些企业专注于在本地进行“深耕细作”。这点与假设H1a有所不同，后文将给出可能的原因。

---

① exp（5.630）=278.662。

② 经过剔除96个境外标的方并购样本后，发现跨市和跨省虚拟变量的中位数分别是1和0。

表 2 实际控制人政治关联层级与异地并购

回归模型	(1)	(2)	(1)	(2)
因变量	Crocity	Crocity	Cropro	Cropro
Impact	-0.020* (0.011)	-0.064* (0.035)	-0.029** (0.012)	-0.078** (0.033)
Size	0.040* (0.023)	0.133* (0.071)	0.064** (0.025)	0.174*** (0.067)
Roa	-0.003 (0.003)	-0.012 (0.009)	-0.003 (0.003)	-0.009 (0.008)
Lev	-0.001 (0.001)	-0.003 (0.004)	-0.001 (0.001)	-0.003 (0.003)
Age	0.009 (0.009)	0.033 (0.028)	0.026*** (0.010)	0.071*** (0.026)
Growth	-0.000 (0.000)	-0.000 (0.000)	-0.000*** (0.000)	-0.001* (0.000)
Risk	-0.002* (0.001)	-0.006 (0.004)	-0.000 (0.001)	-0.001 (0.003)
Top1	0.001 (0.001)	0.003 (0.003)	-0.001 (0.001)	-0.002 (0.003)
Cons	0.230 (0.493)	2.556* (1.506)	-0.529 (0.564)	-2.648* (1.536)
Ind/Year	YES	YES	YES	YES
Adj. R^2	0.054		0.046	
pseudo R^2		0.069		0.057
N	1207	1197	1207	1205

注：括号内数值为稳健标准误差，***、**和*分别表示该统计量在1%、5%及10%水平下显著。

（三）企业家的“影响力”与并购距离

表3第（1）列和第（2）列中，考虑行业效应和年度效应后，尽管Impact变量小于0，但都不显著，说明民营企业家的政治关联层级提升至少不会抑制企业的跨市并购行为。然而根据表3第（3）列及第（4）四列，Impact 变量在10%水平下显著为负，这说明实际控制人的政治关联层级与跨省并购行为呈现出明显负相关关系，即企业家的“影响力”会阻碍公司进行跨省并购活动。

表3 实际控制人政治关联层级与并购距离

回归模型	(3)	(4)	(3)	(4)
因变量	Discity	Discity	Dispro	Dispro
Impact	-0.063 (0.081)	-0.092 (0.118)	-0.148* (0.088)	-0.310* (0.174)
Size	0.150 (0.169)	0.209 (0.244)	0.187 (0.190)	0.358 (0.358)
Roa	-0.016 (0.020)	-0.026 (0.029)	-0.006 (0.022)	-0.016 (0.040)
Lev	-0.001 (0.008)	-0.001 (0.012)	0.001 (0.009)	0.002 (0.017)
Age	0.111** (0.066)	0.141 (0.093)	0.183** (0.074)	0.337** (0.136)
Growth	-0.001 (0.000)	-0.001 (0.001)	-0.001*** (0.000)	-0.005** (0.002)
Risk	-0.006 (0.008)	-0.011 (0.012)	0.001 (0.009)	0.003 (0.017)
Top1	0.006 (0.008)	0.010 (0.011)	-0.000 (0.009)	-0.000 (0.017)
Cons	2.949 (3.512)	1.638 (5.109)	0.524 (4.106)	-4.273 (8.189)
Ind/Year	YES	YES	YES	YES
Adj. R^2	0.057		0.047	
pseudo R^2		0.020		0.021
N	1125	1125	1125	1125

注：括号内数值为稳健标准误差，***、**和*分别表示该统计量在1%、5%及10%水平下显著。

在此基础上，结合“表1变量描述性统计”并购距离变量的中位数情况①，我们认为，中小板民营上市公司实际控制人政治关联层级提升会促进企业的省内跨市并购行为，但对跨省并购却存在负面作用。上述研究结果只能部分支持假设H1a和假设H1b。

一种可能解释是我国现行人大代表（政协委员）遴选（推荐）机制。下面以人大代表为例进行解释。就选举方式而言，我国市级及其以上人大代表实行逐级选举机制。换句话说，省级和全国人大代表均由各省市选举出来。能够当上省级（全国）人大代表，说明该企业家在省内的影响力较大。其关于标的公司真实运营状况等有用并购对接信息的渠道来源越多，积极利用自身政治资源进行政府游说工作的能力越强，所以该企业并购的成功率自然较高，从而促使企业进行省内跨市并购。

与此同时，这些省级（全国）人大代表们与当地政府官员的关系也更加密切。出于“诸侯经济”、“肥水不流外人田”的考虑，各省市均不愿意流失本地优质企业资源（即上市公司），所以企业家做跨省并购决策时会有所顾忌，也会受到当地政府的干预和阻挠。这些因素都致使民营上市公司的跨省并购行为较少。总之，我国人大代表选举机制，客观上造成了民营企业更倾向于省内跨市并购，而非跨省并购活动。

（四）企业家的“影响力”与异地并购：基于经济发展的视角

依据并购方是否来自发达经济区域Buygdp的单变量检验结果（限于篇幅，不予给出），均值检验的T值和中位数检验的Z值分别在1%水平下显著拒绝原假设，这意味着并购方自身所处经济发展区域对其并购“经济发达区域”标的公司存在明显影响。同时，将变量Buygdp均值T检验的单侧检验H1设为mean（0） - mean（1） <0时，我们还发现均值T检验都显著接受备择假设，说明来自经济发达区域的买方倾向于并购同样是经济发达区域的标的企业，即民营上市公司在跨经济区域并购的对象选择上存在趋同性。所以接下来，本文借助并购方经济区域虚拟变量与企业家“影响力”交叉项的形式，对并购方自身经济发展程度进行回归分析。表4提供了参数估计结果。

① 在表2-2中，跨市并购距离的中位数值是278.662平方千米，跨省并购距离变量则为0千米。

表4 实际控制人政治关联层级与跨经济区域并购

回归模型	(5)	(7)	(8)	(6)	(9)	(10)
因变量	Targdp	Targdp	Targdp	Targdp	Targdp	Targdp
Impact	-0.041*** (0.011)		-0.121*** (0.012)	-0.148*** (0.039)		-0.341*** (0.044)
Buygdp		0.533*** (0.039)			1.559*** (0.123)	
Impact * Buygdp			0.138*** (0.011)			0.409*** (0.036)
Controls	YES	YES	YES	YES	YES	YES
Ind/Year	YES	YES	YES	YES	YES	YES
Adj. R^2	0.060	0.234	0.220			
pseudo R^2				0.082	0.212	0.202
N	1125	1125	1125	1123	1123	1123

注：括号内数值为稳健标准误差，***、**和*分别表示该统计量在1%、5%及10%水平下显著。

在表4中，实际控制人政治关联层级变量在1%水平下显著为负，即实际控制人的“影响力”越大，其并购经济发达区域公司的可能性越小，说明企业家的“影响力”会促使公司并购经济欠发达地区的企业，理论假设H2a得到验证。

同时，表4第（2）列和第（5）列还显示出，并购方经济发达程度Buygdp变量显著为正，系数分别为0.533及1.559，意味着当买方来自经济发达区域时，其更偏好于并购同样是经济发达区域的公司。最后，根据表5第（3）列和第（6）列，交互项变量都在1%水平下显著大于0，反映出并购方所处省份的经济发展能够部分抵消企业家“影响力”对跨区域并购行为的抑制影响。从而支持理论假设H2b。

（五）企业家的“影响力”与异地并购：基于市场化进程的视角

根据并购方是否来自市场化程度高的区域Buymar的单变量检验结果（限于篇幅，不予给出），均值检验的T值和中位数检验的Z值分别在1%水平下显著拒绝原假设，这意味着并购方自身所处市场化区域对其并购“高市场化区域”标的公司存在明显影响。同时，将变量Buymar均值T检验的单侧检验 H1 设为 mean（0）－mean（1）<0 时，我们还发现均值 T 检验都显著接受备择假设，说明来自高市场化区域的买方倾向于并购同样是高市场化区域的标的公司，即民营上市公司在跨市场化区域并购的对象选择上也存在趋同性。相应参数估计情况见表 5。

表 5　实际控制人政治关联层级与跨市场化区域并购

回归模型	（11）	（13）	（14）	（12）	（15）	（16）
因变量	Tarmar	Tarmar	Tarmar	Tarmar	Tarmar	Tarmar
Impact	－0.045*** （0.009）		－0.130*** （0.012）	－0.270*** （0.055）		－0.620*** （0.069）
Buymar		0.471*** （0.047）			1.953*** （0.192）	
Impact * Buymar			0.124*** （0.011）			0.553*** （0.056）
Controls	YES	YES	YES	YES	YES	YES
Ind/Year	YES	YES	YES	YES	YES	YES
Adj. R^2	0.090	0.210	0.226			
pseudo R^2				0.146	0.257	0.279
N	1125	1125	1125	1077	1077	1077

注：括号内数值为稳健标准误差，***、**和*分别表示该统计量在 1%、5%及 10%水平下显著。

在表 5 中，变量 Impact 的回归系数在 1%水平下显著都为负值，无论是否加入交叉项，说明实际控制人的政治关联层级与跨市场化区域并购行为之间存在明显负相关关系，即实际控制人的政治关联级别越高，公司并购高市场化区域企业的可能性越低，这反映出企业家的“影响力”会促使公司进入市场化程度较低的区域，倾向于寻找“市场化洼地”。理论假设 H3a 得到支持。

另外，根据表 5 第（2）列和第（5）列结果，并购方市场化区域变量 Buymar 显著大于 0，意味着并购方所处省份的市场化程度会促使其并购高市场化区域标的公司。加入交互项变量［表 6 第（3）列和第（6）列］之后，Impact * Buymar 变量在 1%水平下显著为正，也就是说，并购方所处省份的市场化程度能够部分抵消实际控制人政治关联层级对跨区域并购活动的抑制作用。从而验证理论假设 H3b。

五、稳健性检验[①]

由于人大代表和政协委员的换届选举，样本区间内有些实际控制人的政治关联级别得到升迁（如县级人大代表升迁为市级人大代表）。这些企业家政治关联层级发生跳跃前后的并购事件，为我们检验实际控制人政治关联层级与跨区域并购活动提供了很好的样本。

具体来说，我们设定跳跃虚拟变量 Impact_ jump 反映企业家政治关联层级的跳跃情况。出于样本纯洁考虑，以第一次升迁事件为界。在跳跃之前，变量 Impact_ jump 赋值为0，否则为1。实际控制人政治关联层级跳跃与跨区域并购的回归方程与前面类似，此处不再赘述。

2005~2014年，我们发现有47家中小板民营上市公司的实际控制人政治关联层级发生跃迁，对应着227个并购事件。表6给出了主要解释变量的估计系数情况。

表6 实际控制人政治关联层级跳跃与异地并购

回归模型	(17)	(18)	(19)	(20)
Panel A：地市层面				
因变量	Crocity	Crocity	Discity	Discity
Impact_ jump	0.266**	0.872**	1.486*	2.658**
	(0.114)	(0.341)	(0.804)	(1.195)
Adj. R^2	0.146		0.181	
pseudo R^2		0.216		0.079
N	188	176	180	180
Panel B：省份层面				
因变量	Cropro	Cropro	Dispro	Dispro
Impact_ jump	0.126	0.499	0.756	1.635
	(0.120)	(0.350)	(0.849)	(1.594)

① 出于节省篇幅考虑，稳健性检验结果都只列出控制行业效应和年度效应后的主要解释变量和方程统计量指标，不再给出控制变量估计系数值。此外，我们还做了剔除异常并购样本、替换变量以及连续变量 Winsorize 处理等稳健性检验，均发现回归结果类似。详细结果，留存备索。

续表

回归模型	(17)	(18)	(19)	(20)
Adj. R^2	0.210		0.228	
pseudo R^2		0.240		0.105
N	188	173	181	181
Controls	YES	YES	YES	YES
Ind/Year	YES	YES	YES	YES

注：括号内数值为稳健标准误差，***、**和*分别表示该统计量在1%、5%及10%水平下显著。

表6 Panel A中，无论跨市并购可能性模型，还是跨市并购距离，中小板民营企业实际控制人的政治关联层级跳跃变量都在10%水平下显著为正，说明控制人被选举（推荐）为更高级别的人大代表（政协委员）之后，公司倾向于跨市并购。然而，根据表6 Panel B，该跳跃变量却都不显著，意味着企业家得到更高级别职务，并不会对跨省并购有明显促进作用。因此，本文认为公司实际控制人的政治关联层级越高，对企业省内跨市并购的正向作用越大。这点与前文结论保持一致。

六、研究结论

在“人情社会”和“官本位社会”的中国，企业家的政治关联层级在其所有社会关系中处于重要核心的地位。针对中小板市场民营上市公司在2004~2014年发起的非同一实际控制人下1711件并购数据，本文深入地研究了公司实际控制人的“影响力”（政治关联层级）对企业异地并购的作用。结果表明：企业家的“影响力”越大，企业越容易进行跨市并购，但跨省并购难度越大。更进一步地，企业家的政治关联层级越高，公司越倾向于并购经济欠发达地区和市场化程度较低地区的企业，因为企业家“影响力”能够带来的效应在这些地区更大、更显著。但并购方来自经济发达、市场化程度高的地区时，这种意愿有所降低。

参考文献

[1] Adhikari A., Derashid C., Zhang H. Public policy, political connections, and ef-

fective tax rates: Longitudinal evidence from Malaysia [J]. Journal of Accounting and Public Policy, 2006, 25 (5): 574 -595.

[2] Bartels, L., H. Brady. Economic behavior in political context [J]. American Economic Review, 2003, 93 (2): 156 -161.

[3] Cai Y., Sevilir M. Board connections and M&A transactions [J]. Journal of Financial Economics, 2012, 103 (2): 327 -349.

[4] Cohen L., Frazzini A., Malloy C. Sell - side school ties [J]. The Journal of Finance, 2010, 65 (4): 1409 -1437.

[5] Cohen L., Frazzini A., Malloy C. The small world of investing: board connections and mutual fund returns [J]. Journal of Political Economy, 2008, 116 (5): 951 -979.

[6] El - Khatib R., Fogel K., Jandik T. CEO network centrality and merger performance [J]. Journal of Financial Economics, 2015, 116 (2): 349 -382.

[7] Engelberg J., Gao P., Parsons C. A. Friends with money [J]. Journal of Financial Economics, 2012, 103 (1): 169 -188.

[8] Faccio M. Politically connected firms [J]. The American Economic Review, 2006, 96 (1): 369 -386.

[9] Fan J. P. H., Wong T. J., Zhang T. Politically connected CEOs, corporate governance, and Post - IPO performance of China's newly partially privatized firms [J]. Journal of Financial Economics, 2007, 84 (2): 330 -357.

[10] Hwang B. H., Kim S. It pays to have friends [J]. Journal of Financial Economics, 2009, 93 (1): 138 -158.

[11] Ishii J., Xuan Y. Acquirer - target social ties and merger outcomes [J]. Journal of Financial Economics, 2014, 112 (3): 344 -363.

[12] Liu Y. The impact of networks on CEO turnover, appointment, and compensation [R]. University of Maryland Working Paper, 2010.

[13] Peng M. W., Luo Y. Managerial ties and firm performance in a transition economy: The nature of a micro - macro link [J]. Academy of Management journal, 2000, 43 (3): 486 -501.

[14] 陈仕华，姜广省，卢昌崇．董事联结、目标公司选择与并购绩效——基于并购双方之间信息不对称的研究视角[J]. 管理世界，2013 (12): 117 -132.

[15] 逮东，林高，黄莉，杨丹．"官员型"高管、公司业绩和非生产性支出——基于国有上市公司的经验证据[J]. 金融研究，2012 (6): 139 -153.

[16] 邓建平，曾勇．政治关联能改善民营企业的经营绩效吗[J]. 中国工业经济，2009 (2): 98 -108.

[17] 樊纲，王小鲁，朱恒鹏．中国市场化指数——各地区市场化相对进程 2011 年

报告[M]. 北京：经济科学出版社，2011.

[18] 方军雄，政府干预、所有权性质与企业并购[J]. 管理世界，2008（9）：118-123+148.

[19] 费孝通. 中国社会学的成长[J]. 社会研究，1947（7）.

[20] 胡旭阳，史晋川. 民营企业的政治资源与民营企业多元化投资——以中国民营企业500强为例[J]. 中国工业经济，2008（4）：5-14.

[21] 李健，陈传明. 企业家政治关联、所有制与企业债务期限结构——基于转型经济制度背景的实证研究[J]. 金融研究，2013（3）：157-169.

[22] 王庆喜，徐维祥. 多维距离下中国省际贸易空间面板互动模型分析[J]. 中国工业经济，2014（3）：31-43.

[23] 王砚羽，谢伟，乔元波，李习保. 隐形的手：政治基因对企业并购控制倾向的影响——基于中国上市公司数据的实证分析[J]. 管理世界，2014（8）：102-114.

[24] 巫景飞，何大军，林日韦，王云. 高层管理者政治网络与企业多元化战略：社会资本视角——基于我国上市公司面板数据的实证分析[J]. 管理世界，2008（8）：107-118.

[25] 吴文锋，吴冲锋，刘晓薇. 中国民营上市公司高管的政府背景与公司价值[J]. 经济研究，2008（7）：130-141.

[26] 袁建国，后青松，程晨. 企业政治资源的诅咒效应——基于政治关联与企业技术创新的考察[J]. 管理世界，2015（1）：139-155.

[27] 周黎安. 晋升博弈中政府官员的激励与合作——兼论我国地方保护主义和重复建设问题长期存在的原因[J]. 经济研究，2004（6）：33-40.

中国软件产业效率研究

焦云霞
（中国社会科学院数量经济与技术经济研究所，北京 100732）

一、引言

近些年，随着软件产业的快速发展和在社会各领域的不断渗透，世界各国对软件产业越来越重视，许多发达国家竞相重点扶持软件产业，一些发展中国家也紧随其后积极布局。中国软件产业萌芽于20世纪70年代，在改革开放后开始起步，进入21世纪后持续快速发展。经过几十年的发展，中国软件产业从无到有、从小到大，其产业规模已经超过万亿元，并以其先导性、基础性、战略性、带动性等特点在国民经济、社会发展和国家安全中发挥重要作用。目前，中国软件产业经过已具备一定的产业基础，但急需提升创新能力和竞争能力。在当前国内外经济和科技发展形势下，如何通过合理的政策引导和促进中国软件产业发展，是一个值得关注的问题。尽管中国软件产业高速增长并受到政府重视，但产业效率不容乐观，众多学者的研究表明中国软件产业的综合效率低下。因此，如何更准确地测定软件产业效率、探寻影响产业效率的因素，并在此基础上探索一个能够促进发展的机制，使软件产业的投入产出更有效率，是软件产业内涵式发展的必然要求。

随着近几十年来世界软件产业的快速发展，国内外学者已经开始重视软件产业效率的研究，并取得了丰硕的成果。如Kanamori和Motohashi（2007）实证分析了日本软件产业的生产率，认为在日本电子信息产业中软件产业的生产率比硬件产业生产率较低。国内学者也针对中国软件产业效率问题做了很多研究。由于全球软件产业发展具有明显的集聚发展趋势，并且中国自2001年开展国家软件产业基地建设以来，软件基地（园区）已成为软件产业集聚发展的重要载体，因此国内对软件产业效率的研究也大多以软件产业基地为研究对象。吴文清和赵黎明（2012）利用Malmquist生产率指数法对32家中国国家软件产业基地2006～2009年的效率变动进行了测算，发现国家软件产业基地生产经营效率呈现上升趋势，但整体水平仍然相对较低，投入资源的运用效率仍有很大的改善空间。刘园园等（2009）运用DEA方法对中国8个大型的国家级软件园进行分析，认为软件园的投入产出效率和城市的经济发展程度无关，投入规模过大是造成软件园规模无效率的主要原因。朱方洲（2013）运用三阶段DEA模型对中国国家软件产业基地的生产效率进行了测算，认为中国三大区域国家软件产业基地的综合技术效率均值不高，且技术效率差异明显，其中规模效率差异是造成该差异的根本原因。除了对国家软件产业基地的效率研究外，还有学者从其他层面对中国软件产业的效率展开了分析。白文（2015）采用DEA模型研究2009～2013年中国软件产业的全要素生产率，认为这5年中软件产业技术效率每年都有进步，技术衰退的情况逐年得到改善。贺力（2008）从静态和动态两个方面分析中国软件产业的全要素生产率，认为东部高于中部、西部，中部略高于西部；且中国软件产业全要素生产率年均增长速度为3.1%。姜熙（2011）运用DEA－Malmquist指数模型对中国软件收入前14省份的软件产业效率进行了评价，发现2006～2009年中国14个省市软件产业的全要素生产率都有所提高。

除了对软件产业效率进行测算外，还有学者进一步深入探寻影响软件产业发展的因素。如Yahya（2002）认为影响软件产业发展的主要因素包括外资的利用率、人力资本、国家经济政策、互联网使用率、电信产业和个人计算机市场的发展等。还有学者分别从不同的侧重角度出发研究影响软件产业发展的因素。有的学者认为软件产业的高速发展得益于技术进步。如Savatore通过对欧洲和美国38家大型软件企业在1984～1992年的全面分析，指出软件产业的快速发展得益于技术进步和经济制度的变革。Baba和Takai（1995）分析了技术创新及产业结构在日本软件产业发展过程中的作用。有的学者认为人才因素是促进软件产业快速发展的关键因素，如Arora等（2001）对印度的软件产业政策进行了分析，认为印度成为软件大国的主要原因在于印度政府对软件产业的扶持。Bagchi（1999）经过研究认为，人力资源的培养和开发在印度软件产业的发展中起到了举足轻重的作用。Patibandla和Petersen（2002）着重强调人力资本流动性在软件产业发展中的作用。也有国内学者对影响中国软件产业效率的因素进行了研究，吴雷和时晓辉（2013）在对中国12个城市的软件产业进行分析时得出，高新技术人才、软件产业的规模效应和政府相关支持政策是影响软件产业发展的重要因素。

从以上研究文献可以看出，对中国软件产业效率的研究多集中于对软件产业基地的效率分析，研究国家层面的软件产业效率的文献较少，而且探讨软件产业效率影响因素的研究有待深入。鉴于此，本文利用2006~2013年中国软件产业5个子行业的相关数据，采用随机前沿分析方法对中国软件产业效率进行深入分析，并基于实证分析结果提出相关政策建议。

二、研究方法

本文主要考察中国软件产业效率状况，将中国各省份的软件产业分别看作投入一定要素（劳动力、资本等）进行生产活动产生一定产出的生产部门。软件产业的技术效率，简称为软件产业效率。技术效率是用来衡量在现有技术水平条件下，生产者获得最大产出的能力，表示生产者生产活动接近其前沿边界（最大产出）的程度，也反映了现有技术的发挥程度。目前，对技术效率的测度方法主要有两类：一类为非参方法，以数据包络分析（DEA）方法为代表；另一类为参数方法，以随机前沿分析（SFA）方法为代表。相对于DEA方法，SFA方法具有一些优势。首先，SFA方法具有统计特性，不仅可以对模型中的参数进行检验，还可以对模型本身进行检验；其次，SFA方法可以建立随机前沿模型，使得前沿面本身是随机的，而且模型中将误差项进行了两部分的分解，这对于跨期面板数据研究而言，其结论更加接近于现实；最后，SFA方法不仅可以测算每个个体的技术效率值，而且可以定量分析各种相关因素对个体效率差异的具体影响。基于对以上优势的考虑，本文采用随机前沿分析方法测算中国软件产业效率及其影响因素。

随机前沿分析法最早于1977年提出，目前最常用的随机前沿模型是

Battese 和 Coelli 运用时间序列面板数据估计前沿面的生产函数模型：

$$Y_{it}=x_{it}\beta+v_{it}-u_{it} \tag{1}$$

假设 Y_{it} 为观察单元 i 在时间 t 的产出，x_{it} 代表观察单元 i 在时间 t 的一组投入向量，β 为待估计的参数向量；$v_{it}\sim N(0,\ \sigma_v^2)$ 是服从独立正态同分布假设的随机扰动项，其中包含了生产活动中的不可控因素；u_{it} 是管理误差项，也称为技术非效率项，反映技术效率的损失，表示观察单元 i 在时间 t 的实际产出与理论最大产出之间的距离。假定 u_{it} 服从非负截尾半正态分布，即 $u_{it}\sim N^+(u,\ \sigma_u{}^2)$，且：

$$u_{it}=u_i\exp[-\eta(t-T)] \tag{2}$$

式中，η 表示时间因素对技术非效率项 u_{it} 的影响，$\eta>0$，$\eta=0$ 和 $\eta<0$ 分别表示技术效率指数 $-u_{it}$ 随时间变化递增、不变和递减。v_{it} 和 u_{it} 相互独立，并独立于投入变量 x_{it}。根据式（1），可通过设定 $u_{it}=0$ 得到有效产出水平 $\hat{P}_{it}$，则各观察单元 i 的技术效率的公式为：

$$TE_{it}=\hat{P}_{it}/\hat{P}_{it}=\frac{E[f(x_{it},\ \beta)\exp(v_{it}-u_{it})]}{E[f(x_{it},\ \beta)\exp(v_{it})\mid u_{it}=0]}=\exp(-u_{it}) \tag{3}$$

SFA 模型在提出后的 20 多年里，只是用来对个体技术效率水平进行测算，在探讨技术非效率与影响因素之间关系时，一般都采用二阶段估计法。针对二阶段估计法存在的固有缺陷，Kumbhakar 等、Battese 和 Coelli 先后提出了一步估计法，即在给定 u_{it} 的特定分布形式后，在测算出技术非效率值的同时，得到前沿生产函数和技术无效率模型中的参数估计值。其中，Battese 和 Coelli 提出的 BC（1995）模型应用最为广泛。BC（1995）模型假设技术非效率 u 服从非负截尾正态分布 $N^+(m_{it},\ \sigma_u^2)$，其中 m 为各种影响因素的函数，可以表示为：

$$m_{it}=\delta_0+\delta z_{it} \tag{4}$$

式中，z_{it} 为技术非效率的影响因素向量，δ_0 为常数项，δ 为影响因素的系数向量，若系数为负值，则说明该影响因素对技术效率 TE 有正的影响；反之则有负的影响。BC（1995）还设定了方差参数 $\gamma=\sigma_u{}^2/(\sigma_v{}^2+\sigma_u{}^2)$ 来检验技术非效率项在复合扰动项中所占比重，γ 为待估计的参数。如果 $\gamma\to 1$，说明此时的实际产出与前沿产出之间的差距主要来自于技术非效率 u_{it}；如果 $r\to 0$，说明此时模型中的误差主要来源于统计误差等外部随机影响因素。

三、变量说明与模型设定

（一）变量描述与数据来源

本文以2006~2013年为研究时间段，个别变量使用了滞后期的数据，所使用的基础数据主要来源于历年《中国统计年鉴》《中国电子信息产业统计年鉴（软件篇）》，具体指标描述时会详细说明。此外，需要指出的是，对于个别子行业个别年份的缺失数据采取了插值法测算。在《中国电子信息产业统计年鉴（软件篇）》中，2006~2008年软件产业分为软件产品行业、系统集成行业、软件技术服务行业、嵌入式系统软件行业和IC设计行业5个子行业，而2009~2013年软件产业分为软件产品行业、信息系统集成服务行业、信息技术咨询服务行业、数据处理和存储服务行业、嵌入式系统软件行业和集成电路设计行业6个子行业，因此为统一数据口径，将2009~2013年的信息技术咨询服务行业和数据处理和存储服务行业两个子行业的数据合并为软件技术服务行业，这样2006~2013年软件产业的子行业划分一致。

1. 投入产出变量

产出变量：软件产业的新增业务收入作为衡量软件产业的产出指标。该指标能够充分地反映软件产业的规模，也能够在一定程度上反映其对社会的贡献率。在本文中对软件产业的新增业务收入利用中国的第三产业的GDP平减指数进行平减。

物质资本投入：本文选用软件产业的固定资本存量作为分析物质资本投入的数量指标。资本存量的测算采用戈登史密斯（Goldsmith）在1951年开创的永续盘存法。折旧率δ参照张军（2004）的研究结果9.6%。

劳动投入：衡量劳动投入最合理的数据应为劳动人员的全时当量，但目前中国的统计年鉴中还没有分行业的全部就业人员的全时当量数据，因此，只能选取次优变量，即各行业的就业人口。统计资料中的就业人数都是年底数，还需求出本年年底和上一年年底就业人数的平均数，来表示软件产业各子行业每年的劳动投入。

人力资本投入：本文用软件行业各子行业就业人员的平均受教育年限

表示人力资本存量，具体为以软件产业各子行业受教育阶段的就业人数占总就业人数的百分比为权重，对受教育年限进行加权平均。推算时，考虑到软件产业是高新技术产业，对就业人员的受教育程度要求较高，因此按三个阶段进行划分，分别是研究生及以上、本科、大专及以下①。

2. 影响因素变量

产业专业化水平（Prof）：软件产业属于知识、资本和技术高密集型行业，其专业化水平高度依赖专业性人才储备。行业的专业人才与专业化水平存在更为直接的因果关系，因此选取了各子行业的软件研发人员数占总就业人数的比重作为代理变量。

研发投入水平（Rd）：研发投入对产业的技术效率的影响是显而易见的。本文选取软件产业各子行业的研发经费占当年软件产业业务收入的比重来表示研发投入水平，本文考虑了1年的滞后项。

企业规模（Scal）：企业规模扩大会使企业获得规模经济效应，从而可以提高产业效率。本文用软件产业各子行业总业务收入除以该子行业的软件企业数，即得该子行业平均企业规模。

产业贸易开放度（Open）：本文用各子行业软件业务出口收入占该子行业的业务收入的比重表示产业贸易开放度。

影响因素变量的数据均来源于《中国电子信息产业统计年鉴（软件篇）》（2006~2013年）。上述变量的定义如表1所示。

表1 变量描述

变量名称	符号	变量说明
随机前沿生产函数模型		
产出	Y	新增业务收入，以2006年为基期
资本投入	K	固定资本存量，以2006年为基期
劳动投入	L	年均就业人口
人力资本投入	H	平均受教育年数
时间趋势	t	t=1，2，…，8
技术非效率影响因素模型		
专业化水平	Prof	软件研发人员数占总就业人数的比重

① 相应的受教育年限分别为：研究生20年，本科16年，大专及以上15年。

续表

变量名称	符号	变量说明
研发投入水平	Rd	研发资金占软件产业业务收入的比重
企业规模	Scal	总业务收入除以企业数
产业贸易开放度	Open	软件业务出口收入占软件业务总收入的比重

（二）模型设定

本文在 Battes 和 Coelli（1992，1995）模型和 Lucas（1988）经济增长模型基础上，运用包含人力资本的超越对数生产函数的随机前沿分析技术来研究 2006～2013 年中国软件产业技术效率的问题。建立如下的随机前沿研究模型：

$$\begin{aligned} \ln Y_{it} = {} & \beta_0 + \beta_1 \ln K_{it} + \beta_2 \ln L_{it} + \beta_3 \ln H_{it} + \beta_4 t_t + 1/2\beta_5(\ln K_{it})^2 \\ & + 1/2\beta_6(\ln L_{it})^2 + 1/2\beta_7(\ln H_{it})^2 + 1/2\beta_8 t_t^2 + \beta_9 \ln K_{it}\ln L_{it} \\ & + \beta_{10}\ln K_{it}\ln H_{it} + \beta_{11}\ln L_{it}\ln H_{it} + \beta_{12} t_{it}\ln K_{it} + \beta_{13} t_t \ln L_{it} + \beta_{14} t_t \ln H_{it} \\ & + \nu_{it} - u_{it} \end{aligned} \tag{5}$$

模型设定生产函数为三项要素投入：资本（K）、劳动（L）和人力资本（H），其中，ν_{it}与 u_{it}相互独立，ν_t 为第 i 子行业的随机误差项，服从正态分布，$\nu_{it} \sim N(0, \sigma_v^2)$；$u_{it}$为第 i 子行业的随机无效率项，呈非负的截断正态分布，$u_{it} \sim N^+(m_i = \delta' Z_i, {\sigma_u}^2)$。t 是时间趋势，表示技术变化。

结合中国软件产业的发展实际，本文将软件产业的技术非效率模型设定如下：

$$m_{it} = \delta_0 + \delta_1 Prof_{it} + \delta_2 Rd_{it-1} + \delta_3 Scal_{it} + \delta_4 Open_{it} \tag{6}$$

式中，m_{it}代表技术非效率，$Prof_{it}$代表第 i 个子行业的软件研发人员数占总就业人数的比重，衡量产业的专业化水平对技术效率的影响；Rd_{it-1}代表第 i 个子行业研发经费占当年业务收入的比例，并考虑滞后一期，衡量自主创新能力对技术效率的影响；$Scal_{it}$代表第 i 个子行业的平均企业规模，衡量企业规模对技术效率的影响；$Open_{it}$代表第 i 个子行业的贸易开放程度，衡量产业开放程度对技术效率的影响。

四、实证结果及分析

（一）中国软件产业效率分析

根据上述研究方法和面板数据，本文利用 Frontier 4.1 对我国软件产业 5 个子行业 2007～2013 年技术效率进行了估计，技术效率估计结果如下。

表 2 2007～2013 年中国软件产业 5 个子行业技术效率结果

子行业	2007 年	2008 年	2009 年	2010 年	2011 年	2012 年	2013 年	年均
软件产品行业	0.941	0.921	0.970	0.983	0.987	0.990	0.991	0.969
系统集成行业	0.816	0.838	0.892	0.944	0.896	0.963	0.978	0.904
软件技术服务行业	0.720	0.762	0.899	0.911	0.904	0.900	0.975	0.867
嵌入式系统软件行业	0.789	0.819	0.908	0.926	0.954	0.951	0.967	0.902
IC 设计行业	0.639	0.750	0.744	0.811	0.764	0.803	0.854	0.766
软件产业平均	0.781	0.818	0.8826	0.915	0.901	0.9214	0.953	0.882

从表 2 可以看出 2007～2013 年我国软件产业技术效率均值为 0.882，表明在不增加物质资本、劳动和人力资本要素投入的前提下，如果各子行业同时提高软件产业的技术效率，则在现有技术进步水平条件下，全国的软件产业的业务收入总量可在现有基础上提高 11.8%。也就是在现有技术进步的条件下，我国软件产业还有很大的增长空间，提高软件产业技术效率是提高我国软件产业发展的一项主要措施。

从图 1 中可以直观地看出，在过去的 7 年间，我国软件产业年平均技术效率除 2011 年外呈逐年递增的趋势，而且上升的幅度比较大，从 2007 年的 0.781 上升到 2013 年的 0.953，增幅为 22%。

软件产业的 5 个子行业的 2007～2013 年的年均技术效率如图 2 所示，从图 2 中可以看出，在我国软件产业的 5 个子行业中，软件产品行业的技术效率最高，年均值为 0.969；而 IC 设计行业的技术效率最低，年均值为 0.766；其余 3 个子行业的年均值均在 0.9 附近，效率值也是比较高的。

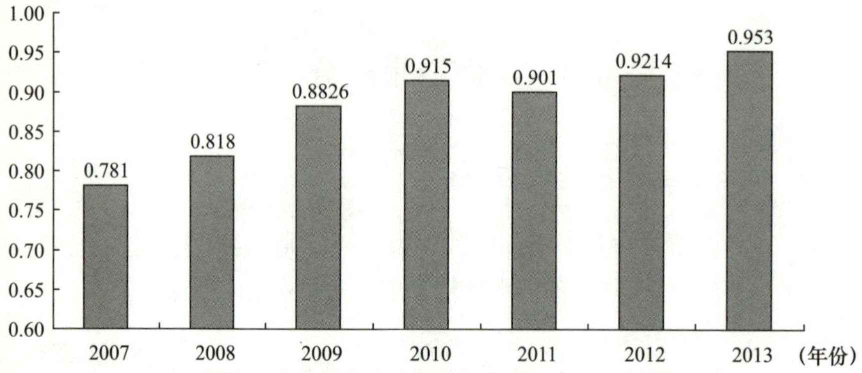

图1 2007~2013年我国软件产业技术效率变化趋势

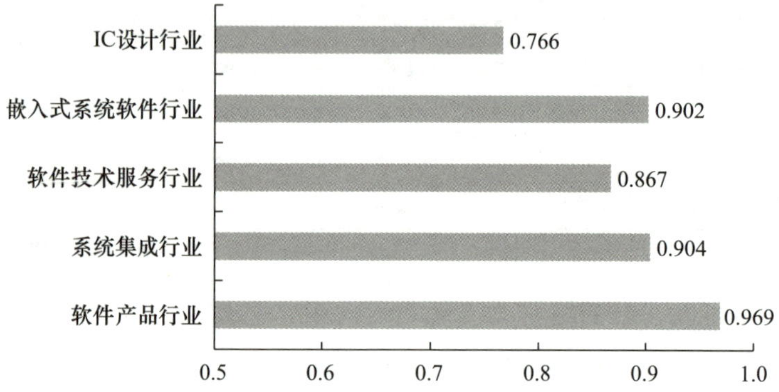

图2 2007~2013年软件产业各子行业年均技术效率

图2反映出，我国软件产业的子行业间技术效率存在比较大的差距。从图3可以看出，首先，软件产业5个子行业的技术效率在过去的7年间都实现了不同程度的提升，而且还表现出一定的趋同趋势。年均技术效率最高的软件产品行业的增幅反而最低，仅为5.31%；而年均技术效率最低的IC设计行业的增幅为33.6%，在5个子行业的增幅中排名第二。值得关注的是，增幅最大的为软件技术服务行业，其增幅为35.4%，这与整个软件产业的发展趋势相符，即SAAS（软件即服务）。

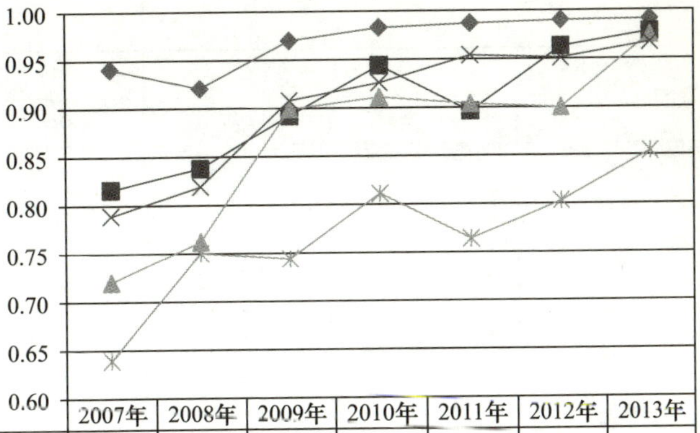

	2007年	2008年	2009年	2010年	2011年	2012年	2013年
软件产品行业	0.941	0.921	0.970	0.983	0.987	0.990	0.991
系统集成行业	0.816	0.838	0.892	0.944	0.896	0.963	0.978
软件技术服务行业	0.720	0.762	0.899	0.911	0.904	0.900	0.975
嵌入式系统软件行业	0.789	0.819	0.908	0.926	0.954	0.951	0.967
IC设计行业	0.639	0.750	0.744	0.811	0.764	0.803	0.854

图3 软件产业各子行业技术效率变化趋势

（二）模型回归结果分析

由于无效率函数中引入了较多的影响因素，因此有可能存在多重共线性问题。但相关系数检验表明，各影响因素之间的相关系数值都在0.5以下。所以，无效率函数中各解释变量的共线性问题较弱，不会对估计结果产生较大影响。利用Frontier 4.1软件，使用极大似然法估计经验模型可获得各项参数，剔除了显著性较低的变量后的具体估计结果见表3。

表3 剔除非显著项后模型回归结果

	原模型		剔除非显著项后	
	待估参数	t值	待估参数	t值
截距	11.792	0.74	-0.449	-0.498
lnk	6.357*	1.965	0.359***	3.180
lnl	-7.620*	-2.037	0.799***	4.443
lnh	-14.107*	-1.914	0.895*	1.802
t	-0.287*	-1.883	-0.156***	-4.444
$0.5\ (\ln k)^2$	-0.304*	-1.691	-0.086*	-1.816

续表

	原模型		剔除非显著项后	
	待估参数	t值	待估参数	t值
$0.5\ (\mathrm{lnl})^2$	-0.284	-1.304		
$0.5\ (\mathrm{lnh})^2$	9.692*	1.790	1.795**	2.311
$0.5t^2$	-0.03*	-1.741	-0.04*	-1.906
lnklnl	0.506*	1.356	0.043*	1.770
lnklnh	-9.855	-0.882		
lnllnh	13.966	1.126		
tlnk	0.081*	2.006	0.023***	3.797
tlnl	-0.008	-0.442		
tlnh	0.015	0.018	-0.449*	-1.698
截距	0.118	0.267	0.188	0.493
Prof	-0.269	-0.398	-1.411**	-1.934
Rd	2.098	1.135	5.256***	2.386
Open	0.213	0.213	-4.451***	-2.116
Scal	-0.153	-0.844	-0.117	-0.682
σ^2	0.021*	1.930	0.028***	1.903
Gamma	0.929***	19.248	0.974***	6.969
Log 函数值	36.635		35.7816	
LR	16.885		16.653	

注：*表示10%的显著性水平，**表示5%的显著性水平，***表示1%的显著性水平。

有关技术非效率的影响因素是多方面的，本文重点考察了专业化水平、研发投入水平、企业规模和产业贸易开放度对我国软件产业技术效率的影响。发现得到的技术非效率影响因素模型中，除了研发投入水平的系数为正，其他的三项因素系数为负，且仅有企业规模的系数不显著，负数的含义表示这些外生因素对于生产效率的提高存在着正的相关关系。下面分别就这四个影响因素进行详细论述。

产业专业化水平（Prof）的系数为-1.411，表明软件研发人员数占总就业人数的比重每增加一个百分点，该软件产业的技术效率就会提高1.411个单位，负号说明产业专业化水平的上升能够提高软件产业的技术效率，而且此处的正向关系比较强烈。这反映了软件产品研发人员是软件产业生产队伍的核心，产业专业化水平越高，员工进行软件产品开发的整体能力也越强，技术效率的提高速度就越快。这也可以通过软件产业内知识和技能流动的特点来加以解释。软件研发人员比例越高，往往就意味着企业可以通过行业内的知识扩散来获得更多的利益，因为一方面企业对外部知识的吸收能力会较强，另一方面将会出现更大规模的知识流动。这一点可以通过如下事实来佐证。正如一些研究学者很早就注意到，软件产业作为知识密集型行业，人员流失率较高一直是一个明显的特点。例如 Moitra（2001）认为印度软件产业的平均人员流失率为 12% ~35%。对我国而言，10% ~20% 的人员流失率在中国软件企业中是一个常见的现象。高的人员流失率将加速能力、技巧与管理方法在行业内的扩散，通过学习效应推动软件产业效率的提升。

研发投入水平（Rd）的系数为 5.256，表明软件产业的研发经费占当年软件产业业务收入的比重每增加 1 个百分点，该下一年的软件产业的技术效率就会降低 5.256 个单位，正号说明研发投入水平的上升反而会降低软件产业的技术效率，而且此处的负向关系强烈。这个分析结果与许多现有经验性推断是不一致的，因为大多数经验性推断都会认为在中国软件产业中，研究投入水平的提高会对产业效率的提升产生正向的影响。这与其他学者的研究结果也不一致，何锋和谭本艳（2009）运用面板随机边界分析模型对我国 29 个省市的研发投入对技术效率的影响进行实证研究，结果表明研发投入与研发效率呈显著正相关性。陈虹霁和陈德智（2012）研究显示，R&D 投资对销售收入呈显著正相关。研发投入水平和产业效率的负向关系表明，对于中国软件产业而言，即使是具有一定规模的公司，所提供的仍然是那些没有太多自主知识产权和核心技术的产品，它们很难通过 R&D 活动建立起充分的市场进入壁垒，因此当面临来自于那些规模相对较小的软件企业的成本竞争压力时，在 R&D 活动上的财务支出及在增加产品开发成本的同时，却未能产生足够的产品市场溢价来作为相应的补偿。因此，对于中国软件产业而言，如何提高研究开发投入的使用效率、通过研究开发活动建立起真正意义上的核心技术和自主知识产权，是我国软件产业所迫切需要解决的现实问题，单纯地强调增加对软件产业的 R&D 资金投入并不能很好地解决这些问题。

产业贸易开放度（Open）的系数是 -4.451，产业贸易开放度每提高一个百分点，技术效率就会提高大约 4.451%，其作用是显而易见的。反映的是软件产业的对外贸易活动对软件产业技术效率的影响，与外界的经济往来越多，发挥比较优势，就越有利于传播先进的技术知识和管理经验等，越有利于提升企业的技术效率。该结论与一些学者的研究结论相一致，何枫运用随机前沿分析技术实证研究了经济开放度对我国技术效率进步的影响，研究表明对外经济开放度对我国技术效率增长有着积极显著的贡献，但国际贸易的影响力不及外国直接投资的影响力度。

企业规模（Scal）的系数为 -0.117，说明平均企业规模的扩大会提高软件产业的技术效率，但这种正向关系不是很强烈。这也与前面分析的软件产业具有规模收益递增的结论相一致。企业规模和产业效率的正向关系可以从以下几个方面进行分析。首先，规模较大的企业有更多的资源支持它引入一些改进软件开发效率的管理体系和管理工具，例如 CMM 认证。这对于提高软件企业的产出效率具有较大的促进作用。相比之下，小规模软件企业则由于受到财务资源和能力的限制，对这些管理体系和工具的采用相对较少。其次，随着软件企业规模的扩张，它将更有可能采取基于专业化分工的 R&D 组织形式，R&D 人员的能力要求也更趋向于专业化。这会对企业产出率产生正向的影响。另外，由软件产品的资源特点和技术特征等决定了软件产业的竞争性垄断市场的特点。技术创新频率越高、竞争越激烈，越容易形成少数规模较大、处于垄断地位的企业。微软在行业中的垄断地位主要源于技术竞争。一般来说，在技术创新频率较高的情况下，技术创新越是集中在少数企业甚至个别企业身上，越容易形成寡头和垄断。

五、政策建议

本文基于内生增长理论，采用三投入超越对数形式的随机前沿面板模型，使用 Frontier 4.1 软件，考察了中国 2007 年以来软件产业的技术效率变化，给出了随机前沿面板模型的回归结果和技术效率的估计结果。同时，本文依据实证回归结果对影响技术效率的因素进行了分析。本文通过对效率影响模型的实证分析得出，专业化水平、研发投入水平、贸易开放度和企业规模对我国软件产业的技术效率有非常明显的影响。其中，专业化水平、贸易开放度和企业规模对软件产业的技术效率有正面影响，而研发投入水平对技术效率有负面影响。通过对软件产业技术效率影响因素的分析，本文为进一步提出促进软件产业发展的政策建议提供了实证依据。

针对实证分析结果，本文对软件产业发展提出如下政策建议：

第一，优先扶持和发展软件产业已经成为世界许多国家的重要政府行为，而且政府政策的扶持力度对软件产业的发展起到了决定性的作用，应该加大中国政府对软件产业发展的支持力度，但扶持政策应该以税收优惠、政府采购等间接性政策工具为主，以此促进软件产业 R&D 活动的开展。

第二，完善软件技术创新体系，发挥着重大科技专项的引领作用，加强产业关键核心技术和前沿技术研发；加强创新引导，支持开展以企业为主体的创新活动；推动服务创新和模式创新，积极发展新兴产业；探索创新合作模式，完善创新成果转化机制。

第三，加强对软件产品研发人员的培养，在培养过程中注意人才培养的层次性、教学内容的更新、能力素质和英语沟通能力的培养等几个方面的问题；要完善吸引人才政策，吸引留学归国人员和外国人员。

第四，中国软件产业发展必须将国际市场与国内市场结合起来，既要重视离岸的外包市场，更要重视国内的市场需求。利用工业化与信息化融合进一步扩大国内市场需求；立足开拓亚非等新兴市场，借机进入欧美发达国家市场。

第五，建立多元化投融资体系，建立和完善软件产业的投资体系，充分发挥政策性金融机构和政策性信用担保机构的作用，鼓励和支持商业银行对软件企业提供贷款，大力发展以资本市场为主的直接融资体系。

参考文献

[1] Aigner D., Lovell C. A. K., Schmidt P. Formulation and Estimation of Stochastic Frontier Production Function Models [J]. Journal of Econometrics, 1977, 6 (1): 21 – 37.

[2] Arora A., Arunachalam V. S., Asundi J., et al. The Indian Software Services Industry [J]. Research Policy, 2001, 30 (8): 1267 – 1287.

[3] Battese G. E., Coelli T. J. Frontier Production Functions, Technical Efficiency and Panel Data: With Application to Paddy Farmers in India [J]. Journal of Productivity Analysis, 1992, 3 (1 – 2): 153 – 169.

[4] Battese G. E., Coelli T. J. A Model for Technical Inefficiency Effects in A Stochastic Frontier Production Function for Panel Data [J]. Empirical Economics, 1995, 20 (2): 325 – 332.

[5] Baba Y., Takai S., Mizuta Y. The Japanese Software Industry: the "Hub Struc-

ture" Approach [J]. Research Policy, 1995, 24 (3): 473 -486.

[6] Bagchi S. India's Software Industry: the People Dimension [J]. Software, IEEE, 1999, 16 (3): 62 -65.

[7] Jorgenson D. W. Information Technology and the U. S. Economy [R] . Harvard Institute of Economic Research Working Papers, 2001, 91 (1): 1 -32.

[8] Jorgenson D. W, Griliches Z. The Explanation of Productivity Change [J]. The Review of Economic Studies, 1967, 34 (3): 1967.

[9] Kanamori T. , Motohashi K. , Information Technology and Economic Growth: Comparison between Japan and Korea [C] . Research Institute of Economy, Trade and Industry (RIETI), 2007.

[10] Kumbhakar S. C. , Ghosh S. , McGuckin J. T. A Generalized Production Frontier Approach for Estimating Determinants of Inefficiency in U. S. Dairy Farms [J]. Journal of Business & Economic Statistics, 1991, 9 (3): 279 -286.

[11] Moitra D. India's Software Industry [J]. Software, IEEE, 2001, 18 (1): 77 -80.

[12] Meeusen W. , van den Broeck J. Efficiency Estimation from Cobb - Douglas Production Functions with Composed Error [J]. International Economic Review. 1977, 18 (2): 435 -445.

[13] Patibandla M. , Petersen B. Role of Transnational Corporations in the Evolution of a High - Tech Industry: The Case of India's Software Industry [J]. World Development, 2002, 30 (9): 1561 -1577.

[14] Farrell M. J. The Measurement of Productive Efficiency [J]. Journal of the Royal Statistical Society, Series A (General), 1957, 120 (3): 253 -290.

[15] Lucas Jr. R. E. On the Mechanics of Economic Development [J]. Journal of Monetary Economics, 1988, 22 (1): 3 -42.

[16] Leibenstein H. Allocative Efficiency vs. "X - Efficiency" [J]. The American Economic Review, 1966, 56 (3): 392 -415.

[17] Savatore T. , Firm Specialisation and Growth: A Study of the European Software Industry [J]. LIUC Papers in Economics, 1996.

[18] Yahya F. The Dragon Arises: China's Challenge to India in Software Development [J]. India Review, 2002, 1 (4): 91 -122.

[19] 白文. 基于DEA的我国省域软件产业效率研究 [D]. 江西财经大学硕士学位论文, 2015.

[20] 陈虹霁, 陈德智. 企业研发投入与生产效率——全球研发顶尖企业与中国企业的比较 [J]. 科技管理研究, 2012 (11).

[21] 何锋, 谭本艳. 自主研发与我国经济的技术效率——基于面板随机边界模型

的实证研究[J]. 中国科技论坛，2009（6）.

[22] 贺力．我国软件产业全要素生产率研究[D]. 浙江工商大学博士学位论文，2008.

[23] 刘园园，苏秦，陈婷．基于DRF和DEA方法中国主要软件园投入产出效率评价[J]. 科技管理研究，2009（7）.

[24] 张才明，周正卿，王烨．我国上市软件公司全要素生产率实证研究[J]. 技术经济与管理研究，2011（2）.

[25] 姜熙．基于DEA的我国软件产业横向与纵向效率评估[D]. 北京邮电大学经济管理学院博士学位论文，2011.

[26] 吴文清，赵黎明．中国国家软件产业基地动态效率评价[J]. 工业工程，2012（6）.

[27] 朱方洲．国家软件产业基地运营效率研究——基于三阶DEA模型[J]. 华东经济管理，2013（12）.

[28] 陈娜．基于DEA的我国上市软件公司经营效率评价[D]. 西北农林科技大学博士学位论文，2013.

[29] 吴雷，时晓晖．我国软件业发展的影响因素分析与实证研究[J]. 经济视角（下），2013（10）.

[30] 张军，吴桂英，张吉鹏．中国省际物质资本存量估算：1952～2000[J]. 经济研究，2004（10）.

制度邻近下知识势能对区域技术创新效率的空间溢出效应——理论与实证*

彭永樟 陶长琪
（江西财经大学 统计学院，江西 南昌 330013）

一、引言

当前，我国正处于经济增速换挡期，要加快转变增长方式，最根本的途径是提升技术创新效率。区域技术进步的主要动力在于内在的自主创新和外在的技术引进与吸收，作为技术创新的基础，知识一直是影响区域技术自主创新的核心要素，而制度因素则是区域间技术交流的主要影响因素。由于制度因素、知识以及区域技术创新之间的复杂作用方式，现实往往存在与直观理解不一致的现象：有些地区教育水平、人才产出水平都较高，但其技术创新效率、经济发展水平却较低，这是否说明区域知识水平与技术创新之间具有反向关系呢？显然不是。知识对技术创新的作用方式，并不仅指显性的知识资源作为创新投入影响创新产出，还应该包括潜在知识对创新过程的影响。潜在知识即为知识创新潜能，它包含知识创造与转化、知识吸收与留存两方面的能力，知识创造与转化能力作用于创新价值链的技术创造与转化环节，决定了区域自主创新水平；而知识吸收与留存能力

* ［基金项目］国家自然科学基金（71273122，71473109，41461025）。

［作者简介］彭永樟，男，1990年12月出生，江西财经大学统计学院数量经济学专业博士研究生；陶长琪，男，1967年8月出生，江西财经大学统计学院首席教授、博士生导师，中国数量经济学会常务理事，江西财经大学统计学院为中国数量经济学会常务理事单位。

能助力地区吸收外来先进技术、留住本地优秀人才，显性、隐性知识都能够通过一定的路径作用于地区技术创新效率。知识资源存量、知识创造与转化能力和知识吸收与留存能力构成了知识势能的三个维度，本文将从势能的角度剖析知识的各个维度，探究制度邻近下知识势能对区域技术创新效率的作用方式与空间溢出效应，这对于理解这些看似悖于常理的现象、寻求能有效提升地区技术创新效率的正确路径具有重要的现实意义。

知识势能是知识场理论中的一个重要概念，知识场理论来源于物理学中的场理论，国内首次提出知识场概念的是李喜岷（1987），他认为“知识场是建立在知识元基础上的更高一个层次的知识体系”。日本学者野中郁次郎、竹内弘高（1995）在他们的著作“The Knowledge Creting Company”①中首次正式提出了知识场的概念并构建了著名的SECI模型，他们指出，在企业创新活动的过程中隐性知识与显性知识之间相互作用、相互转化，知识转化的实质就是知识创造过程。此后，不断有学者加入到知识场及知识势能的研究行列中来（Nonaka et al.，1998；Hildrun Kretschmer，2002；Leslie Willcocks et al.，2004；Lingling Zhang et al.，2008；张黎和蓝俊，2005；王国红等，2010；陈伟等，2013；许学国等，2016），其中，Leslie Willcocks等（2004）通过探索性分析得出了外包业务能提升组织知识势能的结论；Lingling Zhang等（2008）构建博弈模型分析了企业激励机制企业知识势能的关系，其结论是有效的激励机制能够促进企业知识势能的提升；陈伟等（2013）就知识势差与知识治理绩效的关系开展了理论与实证研究，他们认为知识势差通过行为整合对知识治理绩效产生消极影响；到目前为止，尚无客观合理而又行之有效的知识势能量化方式，这是知识场理论亟待解决的关键问题。

现有关于知识与技术创新关系的研究较多，在理论与实证方面都比较丰富。理论方面，在内生经济增长理论中，知识是一个核心变量，知识对经济增长和技术创新都有着重要的影响。总体而言，知识与技术创新产出关系的理论研究可大致分为三类：①Griliches－Jaffe知识创新函数。Griliches（1979）以柯布—道格拉斯生产函数为基础，在常规投入要素之外引入研发资本作为创新投入，构建了描述研发资本投入与创新产出关系的基本

① Nonaka I.，Takeuchi H. The Knowledge－creating Company［M］. NewYork：Oxford University Press，1995.

框架；Jaffe（1986）拓展了这一框架并实证研究了美国29个州的高校科研活动对企业专利申请的影响，其突出贡献在于将地理因素纳入知识创新函数，将知识溢出效应的研究视角由企业层面引向地理区位层面。②Romer－Jones生产函数。Romer（1990）认为知识最核心的两个属性是非竞争性和累积性，非竞争性反映了知识可共享的特性，累积性则指出知识可以看作是存量，它对创新有正向溢出作用，基于此，他提出了自己的知识创新函数$\dot{A}=\delta L_A A$，进而得出知识存量的稳态增长率为$g_A=\delta L_A$，这意味着创新函数存在规模效应，即研发投入的增加能加快经济增速；Jones（1995a，1995b）的研究发现，Romer知识创新函数中的规模效应不符合现实，于是他将知识创新函数修正为$\dot{A}=\delta L_A A^{\phi}$，消除了Romer模型中隐含的“规模效应”。③空间经济学视角下的知识创新函数。Anselin（1997）将空间计量经济模型引入知识创新函数中，并用该模型进行了研究，之后他发现相邻区域跨部门数据的空间自相关会导致模型错误估计的问题并解决了这一问题（Anselin，2000）；Fischer和Varga（2003）、Greunz（2003）则从区域差异、地理与技术的邻近性等角度分析了知识对技术的空间溢出效应。

国内外学者对知识与创新关系的实证研究尚未得出一致结论。Freema（1991）和魏江从产业集群的角度出发，认为知识对产业集群体的技术创新具有正向空间效应，陶峰进一步实证验证了隐性知识对技术创新的促进更明显。以上研究认为，知识对技术创新具有积极溢出作用，而有些学者则认为知识的区际溢出会使得创新收益发生外溢，形成“利益溢出”，从而降低企业创新动力，对技术创新有消极影响（Romer，1994；杜伟，2004）。我国的其他研究表明，除了知识水平外，教育投入、政府支持以及人力资本等，都是影响技术创新效率的关键因素（李习保，2007；杨俊等，2009；孙文杰和沈坤荣，2009）。以往研究还表明，制度邻近水平对高新技术创新区域知识溢出（王庆喜，2013）和跨区域技术创新合作（党兴华和弓志刚，2013）的影响显著为正，制度因素是影响知识对区域技术创新空间效应的重要因素。

通过梳理现有文献，研究者得出的结论主要有：知识势能对企业绩效及企业创新行为有重要影响；知识对区域技术创新的溢出效应暂无定论；制度因素对区域合作创新和知识的溢出效应有显著影响。但由于知识势能尚无合理客观的量化方式，且缺乏相关的理论分析，并没有学者从知识势能的角度研究其对技术创新的影响。而事实上，企业是区域创新的主体，知识势能又对企业创新行为有重要影响，因此，知识势能对本地区技术创新的影响不容忽视。同时，由于知识势能具有流动性，它对其他地区技术创新效率的空间溢出效应客观存在。那么，知识势能对地区技术创新有何影响？势能转移对创新有怎样的空间效应？制度因素对这个空间效应又有何影响？这都是目前尚未研究的问题。基于此，本文力求做出以下贡献：①在理论方面，将知识势能进行维度分解，探求合理客观可行的量化方式实现知识势能及其各个维度的量化，并在现有分析框架的基础上，纳入知识势能及其各维度，以阐释知识势能及其各维度作用与技术创新的理论机理，对现有知识场理论、技术创新理论做出有效补充；②在实证方面，构建基于制度邻近水平的空间权重矩阵，分析制度邻近下知识势能及其各维度对区域技术创新效率的空间效应。

二、理论模型

（一）理论框架

1. 基本模型

在物理学中，重力势能为物体质量、重力加速度和高度的乘积，即 $E=mgh$，其中质量表征的是物质的现实存量，重力加速度和高度则表征物质势能的“加速能力”，即势能提升的潜能。为衡量创新的提升潜能，本文引入知识势能的概念，知识势能（Knowledge Potential Energy）是指在同一参照系下，某一时期或时点指定元素（个体、组织或区域）所具有的知识能级水平或状态（知识能量的积累、人才、知识水平状态等），是对该元素现有知识资源存量以及知识创造与转换、知识留存与吸收潜在能力的综合概括，它反映了该元素占有知识资源的优势程度。参照重力势能的定义，本文将知识势能定义为 $E=S\times I\times A$，其中 S、I、A 分别表征的是知识资源的存量、知识创造与转化能力、知识吸收与留存能力，后两者反映了知识势能的提升潜能（创新潜能）。

Griliches（1979）构建了基于 R&D 的知识产出函数 $Y=DC^{\alpha}L^{\beta}K^{\gamma}e^{\lambda t+u}$，其中 D 是常数，C 表示用于知识生产的资本，L 表示用于知识生产的劳动，

K 表示 R&D 存量（研发资本），他认为知识产出不仅受常规要素投入的影响，还会受到 R&D 存量的影响；Jaffe（1986）在 Griliches 研究的基础上将空间因素纳入了知识创新函数，在知识溢出的研究中引入地理因素，使知识溢出的研究从企业层面转向了地理层面，他们的分析框架在后续创新产出的研究中被广泛引用。

本文以 Griliches – Jaffe 知识生产函数为基础来构建理论框架，因为地区的技术创新产出受常规要素投入及创新潜能的共同影响，其技术创新产出函数可以设定为：

$$T = CK^{\alpha}L^{\beta}I^{\eta}A^{\gamma}e^{\lambda t + u} \tag{1}$$

式中，T 表示技术创新产出，C 为常数，K 表示技术创新资本投入，L 表示技术创新人力投入，I、A 含义同上，$0<\alpha$、β、η、$\gamma<1$，分别表示资本投入、人力投入、知识创造与转化能力、知识吸收与留存能力对技术创新的产出弹性，u 为影响技术创新产出的不可观测因素。

根据 Griliches（1979）的研究，可以设定地区技术创新生产常规要素投入集（即知识资源的存量）为 $S = K^{s}L^{1-s}$，其中 $s=\dfrac{\alpha}{\alpha+\beta}$表示物质资本的要素份额，从而得到地区技术创新全要素生产率为：

$$TFP_T = \frac{T}{S} = CS^{\alpha+\beta-1}I^{\eta}A^{\gamma}e^{\lambda t + u} \tag{2}$$

2. 考虑知识势能的空间溢出效应

据前文分析，地区技术创新产出不仅受该地区创新要素投入的影响，同时也受到本地区知识势能的影响。我们知道，任何事物总是由高势能地区向低势能地区流动，而地区之间由于要素分布不均匀及专业化水平不一致，知识势差必然存在，因此，地区技术创新还会受到来自其他地区知识势能溢出的影响。为区分本地区和其他地区知识势能对地区技术创新的影响，用 E_f 表示外来知识势能，$0<\delta<1$ 表示外来知识势能对地区技术创新的产出弹性，在考虑知识势能空间效应的情况下，地区技术创新产出函数为：

$$T = CK^{\alpha}L^{\beta}I^{\eta}A^{\gamma}E_f^{\delta}e^{\lambda t + u} = CS^{\alpha+\beta}I^{\eta}A^{\gamma}E_f^{\delta}e^{\lambda t + u} \tag{3}$$

技术创新全要素生产率为：

$$TFP_T = \frac{T}{S} = CS^{\alpha+\beta-1}I^{\eta}A^{\gamma}E_f^{\delta}e^{\lambda t + u} \tag{4}$$

3. 考虑知识势能区际溢出的“冰山成本”——基于制度邻近（Institutional proximity）

根据萨缪尔森的“冰山”交易成本理论，物品在运输过程中会损失一个固定的比例，即1单位某个物品从区域1运输到区域2，只会剩下τ（$\tau<1$）个单位的价值，其余的部分在运输过程中“融化”了。τ越接近1，区际交易成本越小。这里的交易成本是指广义的交易成本，包括运输过程中支付的实际费用，还包括区域间贸易障碍所引起的各种成本。

知识势能的区际溢出过程不同于区际贸易，因知识迁移过程几乎不受地理距离的影响，因此不存在所谓运输成本，但它也会受到诸如知识授体的知识传播意向、知识保护意识、知识受体吸收知识的意识和主动性、相关知识制度体系（人才引进制度、知识产权保护制度等）、信息基础设施的构建等因素的影响，从而导致溢出过程的知识势能损耗，产生知识势能区际溢出的“冰山成本”。实际影响知识势能溢出的因素复杂多样，其中最主要的是制度因素，考虑到现阶段各地区信息基础设施建设比较完善，而知识授体的知识保护意识能体现在地区知识制度体系中，因此，为简化分析，假设各地区均具有完全的知识传播意向和吸收知识的意识与主动性，知识势能损耗只受知识制度体系的影响。我们知道，两个地区人才引进力度、知识保护程度相近即地区间制度邻近水平越高，知识势能在这两个地区之间的溢出效应受到的阻碍就越小，知识势能溢出的“冰山成本”也就越小，因此，可以借助地区间制度邻近水平来测度知识势能溢出的“冰山成本”。本文的研究对象是知识，与知识迁移相关的制度包括人才引进制度和知识产权保护制度两个维度，考虑到地区间知识产权保护程度的度量不好区分，同时注意到市场化程度高的地区，其知识产权保护意识也强，因此，可设R_l、R_f分别表示知识受体和知识授体的人才引进力度，Z_l、Z_f表示两者的市场化程度，则知识受体与知识授体之间的“制度距离”为$D=\sqrt{(R_l-R_f)^2+(Z_l-Z_f)^2}$，制度距离越大，表明地区间制度邻近水平越低，因此，可定义制度邻近水平为：

$$\tau=\frac{1}{1+\sqrt{(R_l-R_f)^2+(Z_l-Z_f)^2}}$$

τ不仅能代表制度邻近水平，还能反映知识势能溢出过程中的“冰山成本”，当制度距离$D=0$时，制度邻近水平$\tau=1$达到最大值，“冰山成本”为零，知识溢出过程不存在势能损失；当制度距离$D\to\infty$时，制度邻近水平

$\tau=0$ 达到最小值，“冰山成本”很大使得知识受体不愿意承担获取外来知识的成本，知识溢出不再发生，势能损失达到100%。

基于上述分析，在考虑知识势能溢出损失的情况下，地区技术创新产出函数为：

$$T=CS^{\alpha+\beta}I^{\eta}A^{\gamma}\ (\tau\times E_f)^{\delta}e^{\lambda t+u} \tag{5}$$

技术创新全要素生产率为：

$$TFP_T=\frac{T}{S}=CS^{\alpha+\beta-1}I^{\eta}A^{\gamma}\ (\tau\times E_f)^{\delta}e^{\lambda t+u} \tag{6}$$

从而得到区域技术创新效率与知识势能的关系为：

$$\ln TFP_T=\ln C+(\alpha+\beta-1)\ln S+\eta\ln I+\gamma\ln A+\delta\ln(\tau\times E_f)+\lambda t+u \tag{7}$$

（二）动态最优均衡分析

因为知识势能是对地区知识资源能级水平的综合概括，可以假设地区的技术创新产出最终有两个消费途径，第一个途径用于生产新产品，第二个途径用于知识势能的积累，而知识势能的积累又分为三个维度，因此，地区技术创新产出 T 的用途可分为以下四个方面：①用于生产新产品的创新产出 T_P；②用于知识资源存量积累的创新产出 T_S；③用于提升知识创造与转化能力的创新产出 T_I；④用于提升知识吸收与留存能力的创新产出 T_A；从而有 $T=T_P+T_S+T_I+T_A$。

技术创新的最终目的是增加新产品的种类和数量，在新产品生产过程中，新产品的生产商作为消费者，消费一定数量（T_P）的技术创新产出后得到新产品产出，本文采用等弹性效用函数形式，设定其瞬时效用函数为：

$$U\ (T_P)\ =\frac{T_P^{1-\theta}-1}{1-\theta}$$

式中，θ 为边际效用弹性，为跨期替代弹性的倒数。假设技术创新产出的代表性消费者以追求无限时域上所有瞬时效用贴现值加总的最大化为其目标，则代表性消费者的目标效用函数为：

$$\max\int_0^{\infty}\frac{T_P^{1-\theta}-1}{1-\theta}e^{-\rho t}dt$$

式中，ρ 为主观时间贴现率。

技术创新产出还能用于知识势能三个维度的积累，各自的积累方程分别为：$\dot{S}=A_ST_S^aS^b$、$\dot{I}=A_IT_I^cI^d$、$\dot{A}=A_AT_A^eA^f$，其中 ω 为知识的过时或衰减率。基于上述设定，得到最优控制问题的具体形式如下：

$$\max\int_0^{\infty}\frac{T_P^{1-\theta}-1}{1-\theta}e^{-\rho t}dt$$

$$s.t.\begin{cases}T = CS^{\alpha+\beta}I^{\eta}A^{\gamma}(\tau\times E_f)^{\delta}\\ T = T_P + T_S + T_I + T_A\\ \dot{S} = A_ST_S^aS^b\\ \dot{I} = A_IT_I^cI^d\\ \dot{A} = A_AT_A^eA^f\end{cases}$$

因此，最优增长路径的 Hamilton 函数为：

$$H=\frac{T_P^{1-\theta}-1}{1-\theta}e^{-\rho t}+\lambda_1[CS^{\alpha+\beta}I^{\eta}A^{\gamma}(\tau\times E_f)^{\delta}e^{\lambda t+u}-T_P-T_I-A_ST_S^aS^b]^f$$
$$+\lambda_2A_IT_I^cI^d+\lambda_3A_AT_A^eA \tag{8}$$

最大化 H 的一阶条件为：

$$\frac{\partial H}{\partial T_P}=T_P^{-\theta}-\lambda_1=0\Rightarrow\lambda_1=T_P^{-\theta} \tag{9}$$

$$\frac{\partial H}{\partial T_I}=-\lambda_1+\lambda_2cA_IT_I^{c-1}I^d=0\Rightarrow\lambda_1=\lambda_2cA_IT_I^{c-1}I^d \tag{10}$$

$$\frac{\partial H}{\partial T_A}=-\lambda_1+\lambda_3eA_AT_A^{e-1}A^f=0\Rightarrow\lambda_1=\lambda_3eA_AT_A^{e-1}A^f \tag{11}$$

欧拉方程为：

$$\dot{\lambda}_1=-\frac{\partial H}{\partial S}+\rho\lambda_1=\rho\lambda_1-\lambda_1(\alpha+\beta)\frac{T}{S}+\lambda_1bg_S \tag{12}$$

$$\dot{\lambda}_2=-\frac{\partial H}{\partial I}+\rho\lambda_2=\rho\lambda_2-\lambda_1\eta\frac{T}{I}+\lambda_2dg_I \tag{13}$$

$$\dot{\lambda}_3=-\frac{\partial H}{\partial A}+\rho\lambda_3=\rho\lambda_3-\lambda_1\gamma\frac{T}{A}+\lambda_3fg_A \tag{14}$$

横截性条件为$\lim\limits_{t\to\infty}\lambda_1Se^{-\rho t}=0$；$\lim\limits_{t\to\infty}\lambda_2Ie^{-\rho t}=0$；$\lim\limits_{t\to\infty}\lambda_3Ae^{-\rho t}=0$

在稳定状态下，有 $g_T=g_{T_P}=g_{T_S}=g_{T_I}=g_{T_A}=$常数，根据一阶条件，可以得到 $g_{\lambda_1}=-\theta g_{T_P}$，$g_{\lambda_1}=g_{\lambda_2}+(c-1)g_{T_I}+dg_I$，$g_{\lambda_1}=g_{\lambda_3}+(e-1)g_{T_A}+fg_A$ 根据一阶条件和欧拉方程，不难得到 $g_{\lambda_1}=\rho+bg_S-(\alpha+\beta)\frac{T}{S}$，$g_{\lambda_2}=\rho+dg_I-cA_IT_I^{c-1}I^d\eta\frac{T}{I}$，$g_{\lambda_3}=\rho+fg_A-eA_AT_A^{e-1}A^f\gamma\frac{T}{A}$

求解得到均衡增长率为：

$$g_T = g_{T_P} = g_{T_S} = g_{T_I} = g_{T_A} = \frac{1}{\theta}\left[C(\tau \times E_f)^{\delta}\frac{(\alpha+\beta)b+\eta d+\gamma f}{(1-a)(1-c)(1-e)} - \rho\right] \quad (15)$$

存在性条件为：$0 < \rho < C(\tau \times E_f)^{\delta}\frac{(\alpha+\beta)b+\eta d+\gamma f}{(1-a)(1-c)(1-e)}$ 且 $(1-a)(1-c)(1-e) > 0$

根据式（15）的结果进行比较静态分析，可以得到以下结论：

(1) $\frac{\partial g_T}{\partial(\alpha+\beta)} = \frac{C(\tau \times E_f)^{\delta}b}{\theta(1-a)(1-c)(1-e)} > 0$ 表明，当地区创新潜能（知识创造与转化、吸收与留存能力）保持不变时，提升知识资源存量的弹性系数能促进技术创新的稳态增长，即知识资源存量对技术创新稳态增长率有正向影响。

(2) $\frac{\partial g_T}{\partial \eta} = \frac{C(\tau \times E_f)^{\delta}d}{\theta(1-a)(1-c)(1-e)} > 0$ 表明，当知识势能其他维度不变时，提升知识创造与转化能力的弹性系数能促进技术创新的稳态增长，知识创造与转化能力对技术创新稳态增长率有正向影响。

(3) $\frac{\partial g_T}{\partial \gamma} = \frac{C(\tau \times E_f)^{\delta}f}{\theta(1-a)(1-c)(1-e)} > 0$ 表明，知识吸收与留存能力对技术创新稳态增长率有正向影响。

(4) $\frac{\partial g_T}{\partial \delta} = \frac{C(\tau \times E_f)^{\delta}[(\alpha+\beta)b+\eta d+\gamma f]\ln(\tau \times E_f)}{\theta(1-a)(1-c)(1-e)}$，当 $\tau \times E_f > 1$ 时，$\frac{\partial g_T}{\partial \delta} > 0$，当 $\tau \times E_f \leq 1$ 时，$\frac{\partial g_T}{\partial \delta} \leq 0$，表明外来知识势能溢出的弹性系数对区域技术创新稳态增长率的影响具有不确定性，取决于外来知识势能溢出的大小以及克服制度非邻近的知识势能溢出损耗。

(5) $\frac{\partial^2 g_T}{\partial(\alpha+\beta)\partial\eta} = \frac{\partial^2 g_T}{\partial(\alpha+\beta)\partial\gamma} = \frac{\partial^2 g_T}{\partial\gamma\partial\eta} = 0$，表明知识势能的三个维度对技术创新稳态增长的影响相互独立，交互效应不显著。

(6) $\frac{\partial^2 g_T}{\partial\delta\partial(\alpha+\beta)}$、$\frac{\partial^2 g_T}{\partial\delta\partial\eta}$、$\frac{\partial^2 g_T}{\partial\delta\partial\gamma}$的符号同样取决于 $\tau \times E_f$ 与 1 的比较，因此，地区知识势能各个维度对技术创新稳态增长的影响会受到外来知识势能溢出的影响，这个影响具有不确定性。

(7) $\frac{\partial g_T}{\partial \tau} > 0$，$\frac{\partial g_T}{\partial E_f} > 0$ 表明，外来知识势能溢出的提高也能促进技术创

新的稳态增长，制度邻近水平的提升可以加强地区间知识势能的溢出效应。

三、数据来源及变量测算

本文选取2000~2013年我国30个省份（港、澳、台除外，西藏数据严重缺失，也舍去）各指标对应数据，个别指标存在少数年份数据缺失，缺失值用移动平均法补齐。原始数据来源于历年《中国统计年鉴》、《中国高技术产业统计年鉴》、《中国科技统计年鉴》、中经网统计数据库、EPS数据库等，数据在实证前做了对数变换。

（一）区域技术创新效率的测度（TFP）

本文选择DEA－Malmquist指数法测算我国的省域技术创新效率，选取的投入变量包括R&D经费内部支出、R&D全时人员当量，产出变量包括专利申请受理数、新产品销售收入以及新产品销售收入占高技术产业主营业务收入的比重。测度得到结果如表1所示。

表1　2000~2013年我国各地区技术创新效率

年份	2001	2003	2005	2007	2009	2011	2013
北京	0.872	0.915	1.008	1.034	1.101	1.145	1.240
天津	0.822	0.846	0.916	0.974	1.115	1.138	1.160
河北	0.838	0.865	0.955	0.985	1.027	1.111	1.174
山西	0.728	0.877	0.898	0.949	1.006	1.104	1.159
内蒙古	0.763	0.864	0.889	0.949	1.030	1.109	1.228
辽宁	0.863	0.933	0.977	0.982	1.074	1.127	1.196
吉林	0.807	0.870	0.942	0.958	1.028	1.085	1.178
黑龙江	0.870	0.919	0.953	1.008	1.022	1.042	1.121
上海	0.908	0.972	1.004	1.094	1.122	1.145	1.323
江苏	0.890	0.950	1.016	1.091	1.109	1.159	1.261
浙江	0.827	0.923	0.990	1.022	1.044	1.116	1.201
安徽	0.838	0.929	0.963	0.981	1.025	1.107	1.145
福建	0.771	0.882	0.910	0.964	0.970	1.092	1.136
江西	0.743	0.918	0.927	0.978	1.002	1.004	1.168

续表

年份	2001	2003	2005	2007	2009	2011	2013
山东	0.882	0.885	0.958	0.996	1.052	1.134	1.265
河南	0.870	0.896	0.937	0.939	1.031	1.037	1.145
湖北	0.841	0.871	0.934	0.952	1.031	1.114	1.213
湖南	0.842	0.863	0.935	0.974	1.026	1.099	1.171
广东	0.835	0.945	0.992	1.024	1.051	1.095	1.243
广西	0.724	0.878	0.913	0.932	1.018	1.034	1.129
海南	0.804	0.884	0.971	0.981	1.040	1.077	1.111
重庆	0.702	0.867	0.924	0.979	0.997	1.126	1.212
四川	0.817	0.865	0.919	0.961	1.107	1.125	1.166
贵州	0.833	0.855	0.943	0.979	1.036	1.083	1.185
云南	0.693	0.865	0.930	0.982	1.002	1.041	1.163
陕西	0.816	0.906	0.947	0.990	0.999	1.123	1.273
甘肃	0.779	0.842	0.929	0.955	1.001	1.019	1.212
青海	0.654	0.892	0.931	1.011	1.035	1.073	1.250
宁夏	0.620	0.650	0.707	0.843	0.994	1.040	2.402
新疆	0.841	0.877	0.930	0.979	0.980	1.010	1.126

注：限于篇幅，给出奇数年的结果。

（二）区域知识势能的测度

1. 知识资源存量（S）

研究者关于知识存量的量化进行了大量的研究，但都是狭义的知识存量即研发资本存量的估算，仅考虑了用于技术创新生产的资本积累，而忽略了人力积累（李顺才、邹珊刚、苏子仪，2003；杜静，2004；蔡虹、许晓雯，2005；蔡虹、张永林，2008；邓明、钱争鸣，2007）。本文提出的知识资源存量，综合考虑了R&D人员与经费资源的积累，同样采用永续盘存法测度地区知识资源存量，即 $S_{it} = R_{i(t-\theta)} + (1-\omega) S_{i(t-1)}$，其中 S_{it} 表示地区 i 第 t 年的知识资源存量，ω 为知识资源折旧率，θ 表示知识资源转化为创新能力的平均滞后期，$R_{i(t-\theta)}$ 表示地区 i 在 t－θ 年折现后的知识资源常规要素投入集，$R_t = K_t^s L_t^{1-s}$，K_t、L_t 分别用R&D经费内部支出和R&D全时人员当量表示，s 为资本份额①。知识资源存量初始值为 $S_{i0}=\frac{R_{i(-\theta)}}{(g+\omega)(1+g)^{\theta}}$，g 为 R 的年均增长率，可通过统计数据计算得到。现有研究中，一般认为我国技术创新转化滞后期为两年，知识折旧率的国际平均水平为 15%，故取 $\theta=2$，$\omega=15\%$。

根据 1998～2013 年的相关数据，按照前述方法，可测算得到 2000～2013 年我国各地区的知识资源存量水平（S），如表 2 所示。其中，我国知识资源存量平均水平的发展情况如图 1 所示。

表 2　2000～2013 年我国各地区知识资源存量

年份	2001	2003	2005	2007	2009	2011	2013
北京	1468522.02	2039900.54	2820287.15	4006933.92	5407043.15	7013467.04	9231423.87
天津	173248.00	294204.06	444582.73	688724.27	1070087.90	1623128.03	2461247.60
河北	165939.33	302447.88	461360.11	663729.08	969582.10	1377911.08	1959833.35
山西	117364.75	163721.83	227142.26	332375.98	526050.07	822346.44	1170591.80
内蒙古	25140.44	48968.26	78937.63	129427.90	224754.46	409672.62	693248.31
辽宁	436054.62	649299.41	965859.41	1380880.25	1861142.53	2477184.13	3373889.51
吉林	145088.43	216512.65	328487.85	468148.90	624669.17	849168.78	1100739.93
黑龙江	237433.96	309470.60	427194.64	599253.40	827742.17	1174791.94	1576855.99
上海	606171.02	942695.20	1358740.82	1972439.85	2863252.70	4032717.86	5556975.31
江苏	493752.85	911044.99	1499928.12	2464426.83	3874005.44	6204421.05	9488001.24
浙江	135831.08	344132.73	653667.48	1287605.88	2358823.86	3797535.31	5770857.81
安徽	132456.21	243847.07	368655.65	524323.42	760438.98	1218272.55	1906742.71
福建	92932.51	221024.43	362919.24	573589.80	865986.68	1318217.00	2053900.04
江西	82214.34	125093.22	193272.83	305227.19	485198.10	741930.20	1037031.93
山东	352668.51	625992.84	1072217.63	1744956.06	2745249.20	4468440.30	6985491.37
河南	187795.53	332064.22	472735.70	675851.08	1055340.54	1646659.82	2534421.25
湖北	353033.41	514165.28	727343.92	961304.29	1323676.08	1982177.97	2992284.56
湖南	146147.98	265785.13	385638.07	549106.36	793852.21	1317910.73	2083225.34

① 根据《中国高技术产业统计年鉴》的数据，1998～2013 年，科技活动经费内部支出结构中，劳务费用比重均值约为 25%，仪器设备经费比重约为 75%，同时，经过本文回归验证，在专利生产过程中，经费投入的系数为 0.75 且在 1% 置信水平下显著，因此，取资本份额 s = 0.75。

续表

年份	2001	2003	2005	2007	2009	2011	2013
广东	547762. 51	1140033. 73	1809260. 63	2595324. 16	3925608. 89	6072143. 73	9434135. 29
广西	28017. 05	81078. 35	133033. 10	193015. 36	277694. 31	451852. 48	747896. 02
海南	13108. 20	15652. 45	19318. 85	25691. 81	32676. 27	52772. 89	91616. 70
重庆	84982. 50	139597. 05	209402. 48	334800. 24	507128. 94	771036. 53	1159751. 38
四川	524180. 99	733669. 08	994911. 83	1272701. 85	1666491. 09	2262984. 84	3044730. 77
贵州	44316. 79	70766. 64	102536. 14	140936. 65	193443. 64	275359. 69	388839. 97
云南	77388. 87	112199. 15	157689. 72	227674. 17	314158. 50	434597. 91	602210. 30
陕西	471715. 44	702260. 14	935196. 15	1203477. 49	1532006. 40	2016590. 22	2653821. 32
甘肃	133568. 83	162863. 97	205992. 52	264676. 91	348918. 87	461961. 91	592946. 75
青海	12996. 52	19178. 26	29436. 97	41436. 81	53408. 31	74936. 34	118131. 01
宁夏	12837. 76	21917. 27	32044. 71	45907. 30	74598. 99	111045. 38	159570. 94
新疆	37666. 49	51356. 89	65037. 80	90755. 18	127952. 01	207233. 87	323760. 72

注：限于篇幅，给出奇数年的结果。

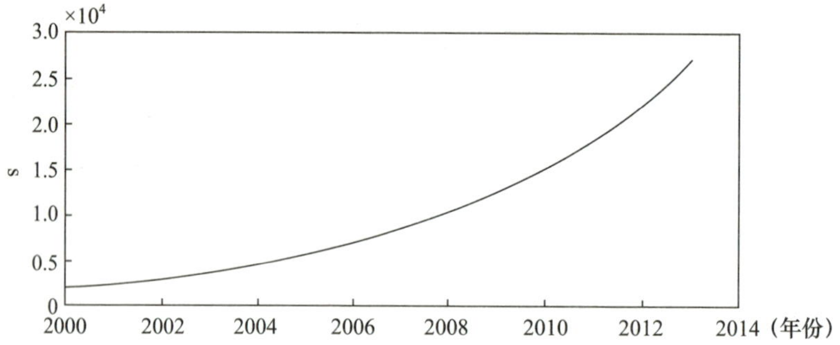

图1　2000~2013年我国知识资源存量平均水平

由表2及图1可知，我国各地区知识资源存量在时间维度上稳步提升，就全国平均水平而言，2000~2008年增长较为平缓，2008年后，我国知识资源存量增速明显提升。

此外，由表2可知，在区域维度上，我国知识资源存量整体呈现东部>中部>西部的格局，江苏、广东、北京、浙江和上海等东部地区知识资源存量处于全国领先水平。

2. 知识创造与转化能力（I）

为测算我国各地区知识创造与转化能力，本文构建了如表3所示的综合评价指标体系，选取2000~2013年我国内地30个省市区（西藏除外）的数据，采用多维主成分分析方法对数据进行分析，以此求出的综合得分作为知识创造与转化能力的综合水平。

表3 知识创造与转化能力综合评价指标体系

综合指标	一级指标	二级指标
知识创造与转化能力	知识创造	专利申请授权数
		专利申请受理数
		SCI、EI、ISTP科技论文数
	知识转化	高新技术产业主营业务收入
		新产品销售收入

根据累计方差贡献率大于90%的准则，测算得到我国各地区知识创造与转化能力综合得分，为方便比较分析，本文对综合得分做了归一化处理，结果如表4所示。

从时间维度来看，2000~2013年，我国各地区均表现出知识创造与转化能力不断提升的趋势，其中北京、上海、天津、江苏、广东等地区知识创造与转化能力年均增长快，2013年已处于较高水平；广西、云南、新疆、贵州等地区不够重视知识创造，知识创造与转化能力较低。从区域维度看，2013年我国知识创造与转化能力存在较大差异，整体呈现出东部>中部>西部的格局。

表4 我国各地区知识创造与转化能力、排名

地区	2001年	2003年	2005年	2007年	2009年	2011年	2013年	排名
北京	0.418	0.429	0.471	0.515	0.616	0.730	0.980	1
天津	0.422	0.437	0.455	0.501	0.570	0.734	0.973	3
河北	0.416	0.426	0.486	0.587	0.673	0.677	0.864	25
山西	0.404	0.421	0.463	0.541	0.644	0.789	0.887	19
内蒙古	0.408	0.432	0.477	0.510	0.632	0.748	0.901	15
辽宁	0.408	0.435	0.471	0.513	0.611	0.757	0.924	9

续表

地区	2001 年	2003 年	2005 年	2007 年	2009 年	2011 年	2013 年	排名
吉林	0.401	0.433	0.477	0.530	0.611	0.770	0.905	14
黑龙江	0.396	0.418	0.474	0.542	0.652	0.774	0.898	17
上海	0.415	0.428	0.461	0.502	0.613	0.748	0.974	2
江苏	0.417	0.431	0.462	0.523	0.601	0.722	0.952	4
浙江	0.504	0.434	0.472	0.516	0.565	0.702	0.940	6
安徽	0.394	0.446	0.497	0.549	0.634	0.774	0.888	18
福建	0.420	0.433	0.467	0.491	0.590	0.782	0.934	8
江西	0.391	0.421	0.475	0.563	0.657	0.784	0.868	23
山东	0.413	0.423	0.461	0.534	0.639	0.769	0.923	10
河南	0.388	0.433	0.494	0.546	0.672	0.768	0.879	20
湖北	0.400	0.436	0.485	0.548	0.637	0.756	0.916	12
湖南	0.405	0.471	0.538	0.547	0.607	0.734	0.900	16
广东	0.416	0.435	0.464	0.498	0.609	0.752	0.943	5
广西	0.400	0.439	0.476	0.583	0.686	0.783	0.801	27
海南	0.397	0.422	0.460	0.543	0.640	0.815	0.846	26
重庆	0.423	0.427	0.441	0.483	0.583	0.800	0.919	11
四川	0.390	0.420	0.469	0.542	0.605	0.759	0.914	13
贵州	0.410	0.468	0.575	0.640	0.690	0.680	0.711	30
云南	0.465	0.420	0.469	0.526	0.569	0.737	0.778	28
陕西	0.415	0.421	0.456	0.519	0.626	0.753	0.935	7
甘肃	0.387	0.430	0.505	0.550	0.637	0.778	0.866	24
青海	0.411	0.435	0.470	0.519	0.607	0.767	0.870	22
宁夏	0.396	0.428	0.492	0.596	0.658	0.718	0.874	21
新疆	0.426	0.466	0.540	0.533	0.624	0.618	0.772	29

注：限于篇幅，给出奇数年的结果，排名为2013年的情况。

3. 知识吸收与留存能力（A）。

Zahra和George（2002）将知识的吸收能力分为两个维度：潜在吸收能力（Potential Absorptive Capacity，PAC）和实际吸收能力（Realized Absorptive Capacity，RAC）。在知识吸收过程中，PAC与RAC发挥了既相互独立又互为补充的作用，本文认为地区实际吸收能力与潜在吸收能力同等重要，因此地区知识吸收与留存能力可定义为 $A=\sqrt{PAC\times RAC}$。设地区 i 在第 t 年大中型工业企业中有研发机构的企业数为 X_{it}，技术市场流向地交易合同数为 Y_{it}，令：

$$PAC_{it}=\frac{X_{it}-\min X_{it}}{\max X_{it}-\min X_{it}},\quad RAC_{it}=\frac{Y_{it}-\min Y_{it}}{\max Y_{it}-\min Y_{it}}$$

计算得到我国各地区知识吸收与留存能力，结果如表 5 所示。

表 5　我国各地区知识吸收与留存能力、排名

地区	2001 年	2003 年	2005 年	2007 年	2009 年	2011 年	2013 年	排名
北京	0.361	0.367	0.372	0.409	0.419	0.437	0.455	6
天津	0.338	0.340	0.347	0.349	0.354	0.362	0.387	15
河北	0.346	0.351	0.353	0.356	0.359	0.362	0.383	16
山西	0.316	0.321	0.322	0.323	0.326	0.331	0.339	20
内蒙古	0.311	0.314	0.315	0.318	0.321	0.325	0.332	23
辽宁	0.361	0.364	0.368	0.369	0.377	0.385	0.389	14
吉林	0.321	0.322	0.323	0.323	0.324	0.330	0.336	26
黑龙江	0.321	0.322	0.324	0.324	0.327	0.331	0.350	22
上海	0.398	0.406	0.411	0.416	0.462	0.467	0.474	5
江苏	0.511	0.512	0.523	0.529	0.542	0.624	0.952	1
浙江	0.465	0.540	0.559	0.576	0.585	0.596	0.618	2
安徽	0.338	0.339	0.350	0.354	0.369	0.374	0.409	9
福建	0.342	0.348	0.365	0.366	0.371	0.375	0.394	11
江西	0.325	0.326	0.326	0.327	0.329	0.329	0.341	19
山东	0.424	0.451	0.457	0.477	0.495	0.511	0.537	4
河南	0.348	0.354	0.357	0.366	0.380	0.395	0.398	10
湖北	0.349	0.354	0.357	0.359	0.366	0.382	0.419	7
湖南	0.353	0.357	0.368	0.381	0.384	0.387	0.393	13
广东	0.416	0.428	0.465	0.514	0.527	0.579	0.610	3
广西	0.313	0.315	0.316	0.319	0.322	0.323	0.329	24
海南	0.300	0.300	0.300	0.300	0.302	0.305	0.305	30
重庆	0.319	0.322	0.325	0.327	0.331	0.335	0.357	17
四川	0.337	0.344	0.351	0.360	0.374	0.379	0.412	8
贵州	0.309	0.310	0.312	0.313	0.315	0.318	0.318	27

续表

地区	2001 年	2003 年	2005 年	2007 年	2009 年	2011 年	2013 年	排名
云南	0.317	0.321	0.322	0.322	0.325	0.327	0.343	18
陕西	0.327	0.331	0.333	0.339	0.344	0.357	0.394	12
甘肃	0.312	0.313	0.314	0.317	0.318	0.325	0.338	21
青海	0.301	0.302	0.302	0.302	0.303	0.303	0.307	29
宁夏	0.302	0.303	0.303	0.305	0.307	0.310	0.312	28
新疆	0.312	0.313	0.313	0.313	0.318	0.320	0.324	25

与知识资源存量和知识创造与转化能力一致，我国各地区知识吸收与留存能力在时间维度上仍然表现为递增趋势，在区域维度上也保持着东部 > 中部 > 西部的格局，知识吸收与留存能力排名前 5 的地区依次为江苏、浙江、广东、山东、上海。

4. 知识势能（E）

根据知识势能的定义 $E = S \times I \times A$，结合前面的测算结果，计算得到我国各地区知识势能水平，如表 6 所示。

表 6　我国各地区知识势能水平、排名

地区	2001 年	2003 年	2005 年	2007 年	2009 年	2011 年	2013 年	排名
北京	221466.18	321609.36	494526.24	844411.70	1395299.24	2238264.86	4118390.50	3
天津	24715.45	43675.47	70194.18	120578.17	215760.60	430459.09	927445.42	11
河北	23890.77	45277.44	79128.82	138490.40	234097.90	337110.12	647724.50	16
山西	15004.11	22149.80	33862.54	58148.36	110366.46	214689.19	351970.50	19
内蒙古	3191.68	6641.33	11861.21	20988.67	45570.61	99518.07	207253.59	22
辽宁	64340.50	102685.69	167514.93	261412.98	428814.53	722870.56	1211431.74	7
吉林	18651.57	30189.12	50546.13	80221.85	123702.28	215486.45	334456.56	20
黑龙江	30126.58	41720.65	65462.37	105260.42	176489.95	301214.65	495010.01	17
上海	100193.00	163846.53	256959.01	411637.75	810189.04	1406348.93	2568304.03	6
江苏	105298.12	201108.41	362901.08	681868.45	1262527.12	2797074.85	8600525.65	1
浙江	31807.44	80703.85	172629.21	382295.06	779603.63	1589570.73	3167640.29	5
安徽	17647.30	36902.81	64108.44	101850.43	177897.80	352642.01	678010.80	15
福建	13333.95	33316.39	61788.32	103008.87	189586.60	386712.39	756106.05	13
江西	10467.06	17165.22	29947.60	56288.67	104772.64	191607.57	307005.25	21

续表

地区	2001 年	2003 年	2005 年	2007 年	2009 年	2011 年	2013 年	排名
山东	61707.84	119521.97	226187.08	444076.85	868780.12	1756811.04	3465005.63	4
河南	25368.31	50941.60	83327.67	135271.94	269177.59	499008.72	887436.76	12
湖北	49314.96	79424.99	126119.60	189347.13	308857.55	572668.42	1148244.69	8
湖南	20879.69	44750.06	76438.13	114247.78	185072.80	374295.90	736545.43	14
广东	94817.85	212574.22	390320.28	664476.35	1259713.66	2646556.22	5423648.37	2
广西	3512.64	11220.30	19993.56	35877.24	61233.52	114352.31	197449.81	23
海南	1562.08	1981.45	2669.20	4194.50	6316.68	13101.85	23617.58	30
重庆	11444.69	19209.62	30071.86	52871.08	97723.24	206745.92	380276.78	18
四川	68874.24	105879.25	163804.06	248685.56	377298.55	651355.83	1146762.14	9
贵州	5611.36	10269.05	18370.91	28223.52	42074.24	59473.26	87999.03	26
云南	11400.99	15134.99	23785.45	38598.42	58168.90	104797.06	160679.73	25
陕西	63937.62	97987.07	142123.39	211463.77	329199.21	541300.97	977766.17	10
甘肃	16147.83	21932.04	32684.94	46059.26	70659.60	116680.23	173472.17	24
青海	1607.14	2516.67	4177.38	6493.84	9820.74	17437.25	34089.44	29
宁夏	1535.64	2837.82	4777.27	8353.63	15073.06	24686.88	43521.15	28
新疆	5002.54	7479.79	10985.41	15166.65	25402.38	40999.37	80852.63	27

显然，我国各地区知识势能水平满足在时间维度上递增，在区域维度上呈现东部 > 中部 > 西部的格局。

为更直观分析知识势能及其三个维度在空间上的分布情况，选取 2013 年知识资源存量、知识创造与转化能力、知识吸收与留存能力以及知识势能的测算结果序列，以各序列的 30%、60% 和 80% 分位数为分界点将序列分为 4 段，按其值由小到大，认为这 4 段中的地区依次处于较低、一般、较高和高水平状态，并据此绘制 2013 年知识势能及其三维度的空间分布图，如图 2 所示。

由图 2 可知，2013 年我国知识势能及其各维度呈现出清晰的东部 > 中部 > 东北部 > 西部空间分布格局（知识吸收与留存能力在东北部和西部的区分不明显），知识在空间上存在集聚效应，东部的集聚中心是上海、江苏等沿海地区，中部的集聚中心是湖北和河南，西部知识势能及三维度均处于较低水平。

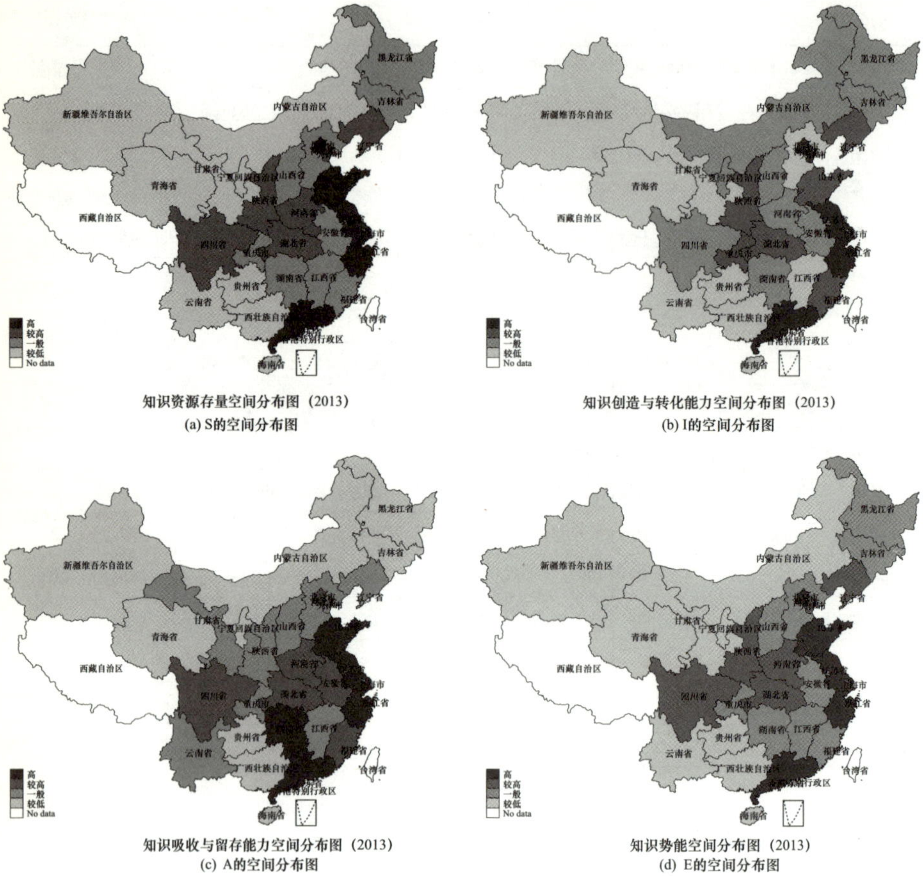

知识资源存量空间分布图（2013）
(a) S的空间分布图

知识创造与转化能力空间分布图（2013）
(b) I的空间分布图

知识吸收与留存能力空间分布图（2013）
(c) A的空间分布图

知识势能空间分布图（2013）
(d) E的空间分布图

图2　2013年知识势能及其三维度的空间分布图

（三）控制变量的选取

创新主体、政府财政及金融对科技的支持、企业规模，以及对外开放度等是地区技术创新环境的主要构成，其对区域技术创新效率有重要影响。考虑到这些环境因素的直接测度难以实现，本文采用间接指标和替代指标来量化，共选取下述控制变量加入实证模型来反映环境因素对区域技术创新效率的影响：

（1）afs：地区总产值与规模以上工业企业单位数之比，用来近似反映地区的平均企业规模。一般而言，地区平均企业规模的增大，能使企业间的知识资源共享更加方便，也更容易形成知识创造与转化的地区合力，从而促进地区技术创新效率的提升。

（2）gov：政府科技支出[①]占财政收入的比重，反映了政府在分配财政过程中对科技活动的重视程度，在我国，有了政府财政投入的支持，不仅能增大技术创新资源投入总量，还能为区域技术创新提供制度环境的便利，从而促进其效率提升。

（3）fin：地区科技活动经费筹集总额中银行和其他金融机构贷款比重，该指标反映区域金融机构对技术创新活动的支持力度，即金融系统在创新活动中的活跃程度，金融系统掌握着我国的主要资本，若技术创新过程中金融系统支持度高，则技术创新就不容易面临资金不足的窘境，区域技术创新会更顺利。

（4）tsi：区域贸易的专业化指数，其计算公式为：$tsi = \frac{出口额-进口额}{出口额+进口额}$，用于表示区域对外开放度，反映了地区利用并学习外部技术的可能性，不论是贸易顺差还是贸易逆差，都表明地区与外界的贸易活动频繁，而商品贸易一般都会伴随着技术交流，更频繁的技术交流有利于提升地区创新潜能、缩短地区创新周期，从而促进地区技术创新效率。

四、实证与结果分析

为了全面深入地分析知识势能对区域技术创新效率的空间效应，我们首先应该检验在制度邻近的背景下，区域技术创新效率是否存在空间自相关性，即计算出制度邻近下区域技术创新效率的 Moran' I 指数，若存在自相关，则可以运用空间计量模型开展实证分析。

（一）制度邻近下的空间相关性检验

1. 基于制度邻近的空间权重矩阵

根据前文分析，本文定义地区 l 与地区 f 之间的制度邻近水平为：

---

① 政府科技支出在 2006 年前后的统计口径不一致，在 2006 年以前，统计指标为科技三项费用，2007 年之后统计指标为政府支出中的科学技术支出，为保持数据连续性，本文对科技三项费用指标作了相应统计处理：先根据 2007 ~ 2013 年的数据求得各地区科技支出年均增长率，再以 2007 年科技支出及年均增长率为基础推算 2006 年科技支出，然后对 2000 ~ 2006 年的序列进行调整，使其相对大小不变，2006 年绝对量为推算值。

$$\tau = \frac{1}{1 + \sqrt{(R_l - R_f)^2 + (Z_l - Z_f)^2}}$$

式中，R_l、R_f 分别表示知识受体和知识授体的人才引进力度，用地区就业人员中大专及以上学历占地区就业总人数的比重来度量；Z_l、Z_f 表示两者的市场化程度，本文借鉴樊纲等（2003）的测算方法实现量化；设 i 地区第 t 年就业人员中大专及以上学历占地区就业总人数的比重为 R_{it}，市场化指数为 Z_{it}，令地区的平均值为：

$$\bar{R}_i = \sqrt[T]{\prod_{i=1}^{T} R_{it}},\ \bar{Z}_i = \sqrt[T]{\prod_{i=1}^{T} Z_{it}}$$

代入制度邻近水平的公式，即可得到地区 i 和地区 j 之间的制度邻近水平 τ_{ij}。基于此，定义基于制度邻近的空间权重矩阵为 W，矩阵中的元素为：

$$w_{ij} = \begin{cases} \tau_{ij}, & i \neq j \\ 0, & i = j \end{cases}$$

2. 空间自相关检验

产业结构合理化和高级化的空间自相关指数 Moran'I 的计算公式为：

$$\text{Moran'I} = \frac{\sum_{i=1}^{n}\sum_{j=1}^{n} w_{ij}(x_i - \bar{x})(x_j - \bar{x})}{S^2 \sum_{i=1}^{n}\sum_{j=1}^{n} w_{ij}} \tag{16}$$

式中，$S^2 = \frac{1}{n}\sum_{i=1}^{n}(x_i - \bar{x})$；$\bar{x} = \frac{1}{n}\sum_{i=1}^{n} x_i$，$x_i$ 表示地区 i 的观测值（本文为区域技术创新效率 TFP），n 表示地区数（本文为 30），w_{ij} 表示基于制度邻近的空间权重矩阵。

Moran'I 可看作是各个地区观测值的乘积和，取值范围在[-1, 1]内，若地区间经济现象存在空间正相关，其数值显著为正；负相关则显著为负。

利用 2000 ~ 2013 年我国 30 个省市区的技术创新效率数据，计算得到历年的 Moran'I 及统计量，见表 7。

表 7　2000 ~ 2013 年中国 30 个省域技术创新效率 Moran'I 及其 Z 值

年份	区域技术创新效率 Moran'I	统计量 Z	年份	区域技术创新效率 Moran'I	统计量 Z
2000	0.181	2.032	2002	0.219	3.031
2001	0.095	1.419	2003	0.138	1.967

续表

年份	区域技术创新效率 Moran' I	统计量 Z	年份	区域技术创新效率 Moran' I	统计量 Z
2004	0.174	2.264	2009	0.124	2.156
2005	0.125	2.184	2010	0.206	2.206
2006	0.107	1.959	2011	0.125	2.050
2007	0.202	2.305	2012	0.157	1.991
2008	0.262	2.787	2013	0.197	2.116

表7中，我国30个省域间2000～2013年几乎所有Moran' I在5%置信水平下是显著的（统计量Z值大于1.96），表明区域技术创新效率在空间上具有显著的空间依赖性（正自相关关系）。也就是说，我国技术创新效率在空间上的分布并不是完全随机的，而是表现出具有相似制度环境（空间自相关检验时使用的是基于制度邻近的空间权重矩阵）的地区技术创新效率存在相关关系。

（二）实证分析

经检验，区域技术创新效率存在空间自相关关系。区域的技术创新活动因为知识由高势能地区向低势能地区的流动而产生溢出效应，这种溢出效应在制度环境水平一致的地区表现尤为明显，两个地区之间的制度邻近水平是影响它们之间技术创新效率溢出效应的关键因素，制度邻近水平高的地区，两者技术创新往往表现为互相促进的状态。因此，本文将利用知识势能各个维度的面板数据，构建空间计量模型，并采用基于制度邻近的空间加权矩阵，考察制度邻近下知识势能对省域技术创新效率的差异化作用。

1. 空间计量模型的设定

空间计量模型主要包括三种形式：空间杜宾模型（SDM）、空间滞后模型（SLM）和空间误差模型（SEM），其中，SDM是SLM与SEM的一般形式，它同时考虑了空间滞后被解释变量和空间滞后解释变量对被解释变量的影响，能够有效捕捉不同的来源所产生的外部性和溢出效应（Lesage和Pace，2009）。SDM的一般形式为：

$$Y_{it} = c + \rho \sum_{i \neq j} w_{ij} Y_{it} + \beta X_{it} + \theta \sum_{i \neq j} w_{ij} X_{it} + \mu_i + \lambda_i + \varepsilon_{it} \quad (17)$$

式中，Y为被解释变量，X为解释变量（包括控制变量），W为空间权重矩阵，ρ为空间回归系数，β和θ为待估计的常数回归参数向量。对SDM设定假设约束条件可简化成SLM或SEM。考虑两个假设条件：①H_0：$\theta=0$；②H_0：$\theta+\rho\beta=0$。检验假设条件①可判断是否将SDM简化为SLM，检验假设条件②可判断是否将SDM简化为SEM。

为不失一般性，本文结合SDM的一般形式，基于式（7）的理论模型，将最终实证模型设定为：

$$\begin{aligned}\ln TFP_{it} &= c + \rho\sum_{i\neq j} w_{ij}\ln TFP_{it} + \beta_1\ln S_{it} + \beta_2\ln I_{it} + \beta_3\ln A_{it} + \beta_4\ln E_{it} \\ &\quad + \Phi\times CV + \theta_1\sum_{i\neq j} w_{ij}\ln S_{it} + \theta_2\sum_{i\neq j} w_{ij}\ln I_{it} + \theta_3\sum_{i\neq j} w_{ij}\ln A_{it} \\ &\quad + \theta_4\sum_{i\neq j} w_{ij}\ln E_{it} + \Psi\times W\times CV + \mu_i + \lambda_i + \varepsilon_{it} \end{aligned}\tag{18}$$

式中，被解释变量TFP_{it}表示区域技术创新效率；解释变量为知识势能E_{it}及其三个维度S_{it}，I_{it}，A_{it}①；$\Phi=[\beta_5, \cdots, \beta_8]$，$\Psi=[\theta_5, \cdots, \theta_8]$，CV为4个控制变量组成的列向量；W为空间权重矩阵，其元素为w_{ij}。为更深入分析制度邻近对空间效应的影响，本文分别采用基于制度邻近的空间权重矩阵W、0-1化的制度邻近空间权重矩阵W_1以及地理邻接的0-1权重矩阵W_2开展实证分析，W_1的构造方法是选择W中的某个元素为分界点，令小于分界点的元素为0，大于等于分界点的元素为1，分界点的选择要使得W_1中每一行都含有元素1，并存在一行有且仅有一个元素是1。

2. 模型的实证结果分析

使用上述空间杜宾模型进行回归分析，得到结果如表8所示。

表8 制度邻近下知识势能与区域技术创新效率的SDM模型估计结果

	空间杜宾模型（SDM）			OLS模型
	制度邻近矩阵W	0-1化的制度邻近矩阵W_1	地理邻接矩阵W_2	
lnS	1.019***（6.87）	0.0218（1.88）	0.0248*（2.04）	0.0237***（4.96）
lnI	1.093***（4.68）	0.0941**（2.72）	0.109**（3.07）	0.321***（11.16）
lnA	0.930***（4.87）	0.0441*（1.96）	0.0383（1.61）	-0.0357*（-2.12）
lnE	0.647**（2.58）	0.0184（0.46）	0.0235（0.57）	-0.184**（-3.08）

① 考虑到知识势能E=S×I×A，为消除模型的多重共线性问题，本文对数据进行了归一化处理。

续表

	空间杜宾模型（SDM）			OLS 模型
	制度邻近矩阵 W	0－1 化的制度邻近矩阵 W_1	地理邻接矩阵 W_2	
lnafs	0.0776 ** (3.00)	－0.00622(－1.49)	－0.00843(－1.92)	0.00799(1.25)
lngov	0.205 * (2.57)	－0.0254 ** (－2.61)	－0.00398(－0.35)	0.0194(1.61)
lnfin	1.530 ** (3.18)	－0.0320(－0.44)	－0.0232(－0.31)	－0.460 *** (－3.45)
lntsi	0.495 *** (3.55)	0.0195(1.36)	0.0234(1.64)	－0.00403(－0.23)
R^2	0.729	0.701	0.543	0.663
Log Likelihood	857.6093	826.1463	814.8937	643.2458
ρ	－6.783 *** (－5.35)	0.154(1.63)	0.271 *** (3.72)	
W × lnS	28.02 *** (6.80)	0.203 * (2.42)	－0.0306(－1.43)	
W × lnI	29.17 *** (4.38)	0.338 * (2.01)	0.159 * (2.09)	
W × lnA	25.30 *** (4.72)	0.137(1.38)	－0.0262(－0.63)	
W × lnE	18.15 * (2.54)	0.0650(0.40)	－0.00518(－0.08)	
W × ln afs	2.331 ** (3.14)	－0.00496(－0.29)	0.0127(1.09)	
W × lngov	6.125 ** (2.72)	0.0197(0.47)	－0.0148(－0.56)	
W × lnfin	44.84 ** (3.27)	1.182 *** (3.63)	0.141(0.91)	
W × lntsi	13.15 *** (3.34)	－0.0875(－0.94)	0.0126(0.42)	

注：括号内为 t 值，*、*、*** 分别表示在 10%、5% 及 1% 水平下显著。

由表 8 可知，基于制度邻近矩阵 W 的 SDM 模型各变量均显著，且其拟合优度最高，而基于 0－1 化的制度邻近矩阵 W_1 以及基于地理邻接矩阵 W_2 的 SDM 模型大部分变量均不显著，这表明：首先，制度邻近度的 0－1 化矩阵弱化了各地区制度环境的实际邻近性，它将许多地区间实际存在的制度环境相似性强制抹除，认为只要地区间的制度邻近度低于某一水平，它们之间就不存在知识势能的溢出，从而使得实际存在的空间溢出效应得不到体现，也导致了大部分变量的估计结果都不显著。其次，基于地理邻近矩阵的估计结果也均不显著，反映了地理位置并不是约束知识势能溢出的外在条件，知识流通的壁垒是制度环境而非地理环境。地理位置相邻的两个地区，若相关制度不一致，知识也难以在二者之间顺利流通，知识势能难以形成技术溢出；相反，若两个地区相关制度规定基本一致，哪怕是二者之间在地理位置上相隔较远，知识也能够顺利流通，知识势能能够带来明显技术溢出。OLS模型估计结果表明，在1%的显著性水平下，若不考虑空间溢出效应，地区技术创新效率增长的驱动力主要来源于其自身的知识资源存量以及知识创造与转化能力，而知识吸收与留存能力指的是吸收外来知识溢出并留存下来的能力，由于不考虑空间溢出，其对技术创新效率无明显作用。

从基于制度邻近空间权重矩阵W的SDM估计结果看出，制度邻近下的知识资源存量、知识创造与转化能力、知识吸收与留存能力以及综合的知识势能对省域技术创新效率具有积极影响。这种积极效应受益于制度环境的邻近，制度环境相近使得知识资源流动更为便利、地区创新潜能（知识创造与转化能力、知识吸收与留存能力）更容易发挥作用，知识势能区际溢出损耗更小，从而进一步提升区域技术创新效率。知识势能各维度对区域技术创新效率的影响程度由大到小依次为lnI、lnS和lnA，说明知识势能的三维度对区域技术创新并非简单的“并列式驱动”，而是有主次之分的“递进式驱动”模式。政府及金融机构的支持，在促进知识资源积累的同时，还能够强化地区创新潜能，从三个维度全面提升知识势能，进而促进区域创新；贸易的顺差及逆差都能够加强地区与外界的信息交流，便于地区吸收外来先进知识，经济的规模效应能够加速知识资源的积累与转化，这些因素都能显著促进技术创新效率。

根据SDM模型的估计结果，本文进一步测算了制度邻近下知识势能及其三个维度对区域技术创新效率的空间效应，结果如表9所示。

表9　制度邻近下知识势能对区域技术创新效率的空间效应

	lnS	lnI	lnA	lnE
直接效应	0.187*** (5.41)	0.236*** (4.60)	0.182*** (4.55)	0.105* (1.96)
间接效应	3.622*** (4.30)	3.725*** (3.51)	3.265*** (3.67)	2.359* (2.34)
总效应	3.809*** (4.36)	3.961*** (3.61)	3.447*** (3.74)	2.465* (2.37)

注：括号内为t值，*、**、***分别表示在10%、5%及1%水平下显著。

知识资源存量、知识创造与转化能力、知识吸收与留存能力以及知识势能对区域创新具有显著的溢出效应，它们的溢出效应分别是3.809、3.961、3.447和2.465；表明制度邻近下的知识势能对技术创新具有正向溢出效应，这与省域知识资源存量及创新潜能密切相关，知识资源存量、知识创造与转化能力、知识吸收与留存能力以及知识势能每增加1%，邻近省份的技术创新效率受到的正向影响分别是3.809%、3.961%、3.447%和2.465%。可见，知识创造与转化能力在制度邻近下对邻近省市区域技术创新的促进作用最明显，其次是知识资源存量和知识吸收与留存能力。总体而言，制度邻近下知识势能及其各个维度对技术创新效率的空间效应显著为正。

3. 内生性检验

在上述SDM模型的估计过程中，双向或逆向因果关系的存在会导致模型产生内生性问题，如当两地区虽然知识势能水平和制度邻近水平都很高，但由于两者知识结构基本一致，知识重合性大，从而使得两者间知识势能溢出效应不显著，并且由于获取外来知识的投入没有得到应有的知识增长，还会导致技术创新效率下降。为检验知识势能及其各个维度是否存在内生性问题，根据Hausman检验结果，本文采用工具变量法（IV）进行模型的内生性检验，选取的工具变量为空间权重矩阵与解释变量平方项的交互项，选择的依据是工具变量与被解释变量的扰动项不相关而与内生变量高度相关（Alvarez和Arellano，2003；赵放和刘秉镰，2012；Lee和Yu，2014），得出的GMM回归结果见表10。

表10 模型稳健性检验

	工具变量GMM估计结果		
	制度邻近矩阵W	0-1化的制度邻近矩阵 W_1	地理邻接矩阵 W_2
$W \times \ln^2 S$	0.958** (3.08)	0.0515 (1.11)	0.0605 (1.29)
$W \times \ln^2 I$	1.082** (3.05)	0.0374 (0.62)	0.0743 (1.18)
$W \times \ln^2 A$	0.828* (2.28)	0.00269 (0.03)	0.0968 (1.14)
$W \times \ln^2 E$	0.638*** (4.12)	0.0190 (0.51)	0.0613 (1.60)
lnafs	0.0265*** (3.92)	0.0105* (2.12)	0.0123* (2.36)
lngov	0.106* (2.16)	0.0265** (2.80)	-0.0118 (-1.02)
lnfin	0.0588 (0.13)	0.0609 (0.85)	0.0247 (0.33)
lntsi	0.271** (2.85)	0.00944 (0.70)	0.0100 (0.74)
F	176.48	95.77	74.29
Sargan	0.738	0.566	0.593

表10的结果表明，利用三种空间权重矩阵构建的工具变量都通过了Sargan检验，且它们的F统计量均大于10，即不存在弱变量问题。此外，知识资源存量、知识创造与转化能力、知识吸收与留存能力以及知识势能所对应的工具变量估计系数的方向均与表8相一致，进一步验证了知识势能三个维度及外来知识势能溢出是影响区域技术创新效率的关键因素，它们都是我国技术增长的关键驱动力。

4. 稳健性检验

为验证实证结果的稳健性，本文采用在原有模型的基础上减少控制变量lnafs和lngov的方法来检验上述SDM模型的稳健性，检验结果见表11。

表11 模型稳健性检验

	空间杜宾模型（SDM）			OLS模型
	制度邻近矩阵W	0-1化的制度邻近矩阵 W_1	地理邻接矩阵 W_2	
lnS	0.953***(6.59)	0.0269*(2.33)	0.0257*(2.22)	0.0222***(4.77)
lnI	1.195***(5.18)	0.0955**(2.73)	0.111**(3.12)	0.339***(16.27)
lnA	0.944***(5.06)	0.0522*(2.36)	0.0405(1.78)	-0.0317(-1.92)
lnE	0.758**(3.01)	0.0260(0.64)	0.0278(0.67)	-0.162**(-2.76)
lnfin	2.018***(4.26)	-0.0849(-1.22)	-0.0632(-0.88)	-0.419**(-3.17)
lntsi	0.552***(3.94)	0.0267(1.95)	0.0312*(2.26)	-0.0134(-0.84)
R^2	0.726	0.704	0.512	0.660
Log Likelihood	848.0978	820.3058	812.3971	633.5924
ρ	-6.631***(-5.29)	0.145(1.54)	0.259***(3.57)	
W×lnS	26.12***(6.49)	0.221**(3.09)	-0.0320(-1.57)	
W×lnI	32.03***(4.87)	0.363*(2.31)	0.159*(2.09)	
W×lnA	25.54***(4.88)	0.151(1.50)	-0.0134(-0.35)	
W×lnE	21.17**(2.95)	0.0698(0.43)	-0.0293(-0.47)	
W×lnfin	59.50***(4.40)	1.150***(3.89)	0.188(1.23)	
W×lntsi	14.63***(3.70)	-0.0530(-0.72)	0.000609(0.02)	

根据表11并对照表8结果可知，各个解释变量、解释变量与空间权重矩阵的交互项、控制变量及其空间交互项估计系数的方向与显著性在表8和表11中趋于一致。制度邻近下知识势能及其三个维度对区域技术创新效率都具有显著且稳定的正向溢出效应。同时，不难注意到，知识资源存量、

知识创造与转化能力、知识吸收与留存能力（知识势能的三大维度，后两个维度合称为知识创新潜能）三者估计系数的大小关系也是稳定的，在两次模型估计中均表现为 $\beta_2 > \beta_1 > \beta_3$。上述结论一致验证了本文关于制度邻近下知识势能对区域技术创新效率空间效应的实证结果是稳健的。

五、结论与建议

本文利用我国30个地区的省域面板数据，首先定义了地区知识势能及它的三个维度，量化并测算了知识资源存量、知识创造与转化能力、知识吸收与留存能力和知识势能，同时从知识势能溢出的“冰山成本”角度提出并量化了地区两两之间的制度邻近水平；其次理论阐述了制度邻近下知识势能对区域技术创新效率的空间影响机理；最后在基于制度邻近的空间权重基础上，构建SDM模型，实证分析了知识势能及其三维度对区域技术创新效率的影响。研究表明：①知识在空间上存在集聚效应，东部的集聚中心是上海、江苏等沿海地区，中部的集聚中心是湖北和河南，西部知识势能及三维度均处于较低水平，低势能集聚不产生效应。②区域内的知识创新、生产合作及知识资源共享，能有效提升包括区域知识创造过程、知识向新产品转化过程等在内的创新价值链的整体效率，是地区技术创新效率的内生动力。③知识势能的区际转移加强了区域间的知识交流合作，其有助于省域知识资源的合理化配置，强化区域知识创新潜能，通过势能溢出促进区域技术创新效率的提升。④知识传播的渠道与特征决定了知识势能空间溢出效应的主要限制因素是制度环境而非地理环境，区域间过低的制度邻近水平意味着知识迁移面临制度壁垒，溢出的知识势能损耗过多，难以形成创新动力，只有当达到一定的制度邻近水平时，知识势能各维度才能有效发挥对制度邻近地区的正向空间溢出效应。⑤在区域技术创新过程中，就知识势能三维度而言，知识创造与转化能力是核心驱动，知识资源存量是关键基础，知识吸收与留存能力是有效补充，三者对区域技术创新效率的影响程度依次递减。⑥政府支持、金融支撑、对外开放和经济规模通过对知识势能三维度的正向作用，进而能有效促进区域技术创新效率的提升。

综上，本文的研究对提升区域知识势能与技术创新效率，具有一定的政策启示：①制度环境是知识势能空间溢出效应的主要限制因素。因此，要因时制宜地调整地区人才引进、知识保护、市场交易等与知识流动相关的政策与制度，提升与高技术水平地区之间的制度邻近水平，以最大化外来知识势能溢出效应，提升区域技术创新效率。②知识势能三维度对地区技术创新效率具有显著而略有差异的正影响。因此，要因地制宜，在区域技术创新过程中首先注重从自主创新能力方面提升知识创新潜能，同时努力积累知识资源，在此基础上兼顾知识吸收与留存能力的提高，以提升区域知识学习效率。③对于低知识势能地区而言，其知识创造与转化能力的提升及知识资源存量的积累较为困难，而且这种地区的技术进步主要得益于外来的知识势能溢出。因此，低知识势能地区要着重发展知识吸收与留存能力，通过吸收外来的先进知识，充分利用知识势能的空间溢出效应，带动知识创造与转化能力的提升并快速积累知识资源，实现区域技术水平的“跨越式”追赶，提升区域技术创新效率。

参考文献

[1] Alvarez J., Arellano M. The Time Series and Cross - Section Asymptotics of Dynamic Panel Data Estimators [J]. Econometrica, 2003, 71 (4): 1121 - 1159.

[2] Anselin L., Varga A., Acs Z. Geographical spillovers and university research: A spatial econometricperspective [J]. Growth and Change, 2000, 31 (4): 501 - 515.

[3] Anselin L., Varga A., Acs Z. Local geographic spillovers between university research and high technology innovations [J]. Journal of Urban Economics, 1997, 42 (3): 422 - 448.

[4] Fink K., Roithmayr F. Knowledge potential measurement - theoretical framework and case studies [M]. Knowledge Management: Nurturing Culture, Innovation and Technology. London: World Scientific, 2005.

[5] Fischer M. M., Varga A. Spatial knowledge spillovers and university research: Evidence from Austria [J]. The Annals of Regional Science, 2003, 37 (2): 303 - 322.

[6] Freeman C. Networks of innovators: a synthesis of research issues [J]. Research policy, 1991, 20 (5): 499 - 514.

[7] Greunz L. Geographically and technologically mediated knowledge spillovers between European regions [J]. The Annals of Regional Science, 2003, 37 (4): 657 - 680.

[8] Griliches Z. Issues in assessing the contribution of research and development to productivity growth [J]. The Bell Journal of Economics, 1979 (1): 92 - 116.

[9] Grimaud A., Rougé L. Non - renewable resources and growth with vertical innovations: optimum, equilibrium and economic policies [J]. Journal of Environmental Economics

and Management, 2003, 45 (2): 433 - 453.

[10] Hildrun Kretschmer. Similarities and dissimilarities in coauthorship networks: gestalt theory as explanation for well - ordered collaboration structures and production of scientific literature [J]. Library Trends, 2002 (3): 50.

[11] Jaffe A. B. Technological opportunity and spillovers of R&D: evidence from firms' patents, profits and market value [J]. Economics Research, 1986 (1): 7 - 14.

[12] Jones C. I. R. & D - based models of economic growth [J]. Journal of political Economy, 1995: 759 - 784.

[13] Jones C. I. Time series tests of endogenous growth models [J]. The Quarterly Journal of Economics, 1995 (1): 495 - 525.

[14] Lee L., Yu J. Efficient GMM estimation of spatial dynamic panel data models with fixed effects [J]. Journal of Econometrics, 2014, 180 (2): 174 - 197.

[15] LeSage J. P., Pace R. K. Introduction to Spatial Econometrics [M]. Boca Raton, U S: CRC Press Taylor & Francis Group, 2009.

[16] Nonaka I., Konno N. The concept of "ba": building a foundation for knowledge creation [J]. California Management Review, 1998, 40 (3): 40 - 45.

[17] Romer P. M. Capital, labor, and productivity [J]. Brookings papers on economic activity. Microeconomics, 1990 (1): 337 - 367.

[18] Romer P. New goods, old theory, and the welfare costs of trade restrictions [J]. Journal of Development Economics, 1994, 43 (1): 5 - 38.

[19] Ryu C., Kim Y. J., Chaudhury A., et al.. Knowledge acquisition via three learning processes in enterprise information portals: learning - by - investment, learning - by - doing, and learning - from - others [J]. Mis Quarterly, 2005 (1): 245 - 278.

[20] Willcocks L., Hindle J., Feeny D., et al. IT and business process outsourcing: The knowledge potential [J]. Information Systems Management, 2004, 21 (3): 7 - 15.

[21] Zahra S A, George G. Absorptive capacity: A review, reconceptualization, and extension [J]. Academy of Management Review, 2002, 27 (2): 185 - 203.

[22] Zhang L., Zheng X., Li J., et al.. A way to improve knowledge sharing: from the perspective of knowledge potential [J]. Journal of Service Science and Management, 2008, 1 (3): 226.

[23] 蔡虹，许晓雯. 我国技术知识存量的构成与国际比较研究[J]. 研究与发展管理，2005 (4): 15 - 20.

[24] 蔡虹，张永林. 我国区域间外溢技术知识存量的测度及其经济效果研究[J]. 管理学报，2008 (4): 568 - 575 + 590.

[25] 陈伟，潘伟，杨早立. 知识势差对知识治理绩效的影响机理研究[J]. 科学学

研究，2013（12）：1864－1871.

［26］党兴华，弓志刚．多维邻近性对跨区域技术创新合作的影响——基于中国共同专利数据的实证分析［J］.科学学研究，2013（10）：1590－1600.

［27］邓明，钱争鸣．我国省际知识存量、知识生产与知识的空间溢出［J］.数量经济技术经济研究，2009（5）：42－53.

［28］杜静，魏江．知识存量的增长机理分析［J］.科学学与科学技术管理，2004（1）：24－27.

［29］杜伟．完善R&D激励机制方略［J］.财经问题研究，2004（3）：47－50.

［30］樊纲，王小鲁，马光荣．中国市场化进程对经济增长的贡献［J］.经济研究，2011（9）：4－16.

［31］李顺才，邹珊刚，苏子仪．一种基于永续盘存的知识存量测度改进模型［J］.科学学与科学技术管理，2003（9）：13－15.

［32］李习保．区域创新环境对创新活动效率影响的实证研究［J］.数量经济技术经济研究，2007（8）：13－24.

［33］李喜岷．全维科学·知识场·全维人才群［J］.科学学与科学技术管理，1987（9）：21－23.

［34］齐亚伟，陶长琪．环境约束下要素集聚对区域创新能力的影响——基于GWR模型的实证分析［J］.科研管理，2014（9）：17－24.

［35］孙文杰，沈坤荣．人力资本积累与中国制造业技术创新效率的差异性［J］.中国工业经济，2009（3）：81－91.

［36］唐炎钊．区域科技创新能力的模糊综合评估模型及应用研究——2001年广东省科技创新能力的综合分析［J］.系统工程理论与实践，2004（2）：37－43.

［37］陶锋．吸收能力、价值链类型与创新绩效——基于国际代工联盟知识溢出的视角［J］.中国工业经济，2011（1）：140－150.

［38］王国红，邢蕊，唐丽艳．基于知识场的产业集成创新研究［J］.中国软科学，2010（9）：96－107.

［39］王庆喜．多维邻近与我国高技术产业区域知识溢出——一项空间面板数据分析（1995～2010）［J］.科学学研究，2013（7）：1068－1076.

［40］魏江．小企业集群创新网络的知识溢出效应分析［J］.科研管理，2003（4）：54－60.

［41］许敏，谢玲玲．基于DEA的我国大中型工业企业技术创新效率评价研究［J］.科学管理研究，2012（3）：74－76.

［42］许学国，梅冰青，吴耀威．基于知识属性与场论的空间知识辐射效应研究——以长三角地区为例［J］.科技进步与对策，2016（2）：142－147.

［43］杨俊，胡玮，张宗益．国内外R&D溢出与技术创新：对人力资本门槛的检验

[J]. 中国软科学，2009（4）：31-41.

[44] 余泳泽，刘大勇．我国区域创新效率的空间外溢效应与价值链外溢效应——创新价值链视角下的多维空间面板模型研究[J]. 管理世界，2013（7）：6-20.

[45] 原毅军，芦云鹏．金融发展、环境污染与经济可持续最优增长路径[J]. 科技与管理，2014（3）：1-7.

[46] 张黎，蓝峻．知识扩散场的构建、分析与应用[J]. 管理科学，2005（2）：21-27.

[47] 赵放，刘秉镰．行业间生产率联动对中国工业生产率增长的影响——引入经济距离矩阵的空间 GMM 估计[J]. 数量经济技术经济研究，2012（3）：34-48.

[48] 邹珊刚，苏子仪，李顺才．基于知识经济的知识测度研究——关于澳大利亚几种测度方法的评述[J]. 科研管理，2001（4）：34-38.

全球价值链背景下中国贸易失衡的再测算

——基于增加值贸易的视角

韩 中 林梦茹

（南京财经大学经济学院，南京）

一、引言

中国自2001年加入WTO（World Trade Organization）以来，对外贸易飞速发展，2009年成为世界第一大出口国和第二大进口国，2012年贸易总额首次超越美国，成为世界贸易总额第一大国。而巨额贸易规模使中国长期处于贸易顺差的地位，中美贸易顺差问题尤为突出，在2001~2014短短十几年间，中美贸易顺差以年均近20%的速度迅速增长，由2011年的281亿美元增加至2014年的2370亿美元①。长期大规模的中美贸易顺差使得美国贸易保护主义抬头，并针对性地制定了一系列贸易保护措施（反倾销、反补贴等），中美贸易摩擦不断。

然而，事实并非传统贸易数据所显示的那样，自20世纪80年代末以来，随着由于交通、信息技术的发展、贸易自由化的深入等因素，国家间贸易成本大幅下降，中间产品贸易规模不断扩大（Hayakawa，2007；Mirou-

［作者简介］韩中（1984—），男，江苏盐城人，2011年毕业于中国社会科学院数量经济与技术经济研究所，获经济学博士学位，复旦大学应用经济学博士后。现为南京财经大学经济学院统计系副主任、党支部书记、副教授、硕士生导师，主要从事数量经济、经济统计领域研究。

通信地址：江苏省南京市栖霞区亚东新城区文苑路3号南京财经大学经济学院，210023。

① 数据来源于2002年、2015年的《中国统计年鉴》，中国统计出版社。

dot 等，2009；Nadim Ahmad，2013；Gerard Kelly and Gianni La Cava，2014）。一个产品的生产从传统的“国家制造”转变为“世界制造”：在全球范围内，一个产品的生产被碎化为多个环节，每个国家仅完成自身具有竞争优势的一个或多个生产环节（Riad N. et al.，2012）。在产品碎片化生产过程中，中间产品贸易频繁发生，中间产品多次跨越国家领土，导致一国传统贸易数据重复核算问题比较突出（WTO & IDE－JETRO，2011）。特别是像中国这样的新兴国家，主要利用自身人力成本优势，通过对进口原材料、配件的简单加工组装向世界出口“中国制造”的产品，而这一生产环节的价值创造较少，却在传统的贸易统计中表现为较大的出口规模，价值创造与出口规模极不匹配。Dedrick、Kraemer 和 Linden（2008）通过案例研究发现：中国生产的 IPOD 出厂价为 144 美元，本国创造的增加值仅为 4 美元，产品价值绝大部分为从美国、日本、韩国等国进口的中间产品价值。

显然，在新型国际生产分工体系下，中国贸易出口（尤其是加工贸易出口）中包含一定比例的国外成分，出口对中国 GDP、国民收入和就业的贡献并非传统贸易统计所显示的那么高，即“所见非所得”（Maurer and Degain，2010）。同时，传统贸易统计的“总值核算”与国民经济核算体系（SNA）中的“增加值核算”采取了完全不同的核算概念，在全球价值链背景下，总值核算往往会扭曲一国真实的贸易水平及差额，造成某种“统计幻象”（NRC，2006；Grossman and Rossi－Hasberg，2008；Lamy，2010）。于是，OECD 和 WTO 提出了“增加值贸易”（Trade in Value－Added）的概念，旨在将传统贸易统计的出口总值分解为更加符合“碎片化生产”（Jones and Kierzkowski，2001）的国别增加值，消除传统贸易统计中的重复核算成分，真实体现一国出口对本国乃至全世界的贡献。

围绕“增加值贸易”的概念，国外研究机构和学者开展了大量的理论和实务研究。Hummels D.、Ishii J. 和 K. Yi（2001，以下简称 HIY）提出了“垂直专业化”（Vertical Specialisation，VS）的概念，定义垂直专业化为一国出口产品价值中所包含的国外增加值，并利用 10 个 OECD 国家和 4 个新兴市场国家及地区（爱尔兰、韩国、中国台湾和墨西哥）的投入产出表测算出这些国家平均垂直专业化水平为 21%。但是，HIY（2001）的方法暗含两个假设：一是假设一国所有的进口品完全由国外生产要素生产，并不包含本国的增加值；二是假设进口的中间产品均等地用于满足国内需求、一般出口和加工出口的最终产品。在现实中，上述两个假设往往很难成立。

由于生产的“碎片化”，一国进口的中间产品中往往既包括国外增加值，也包含国内增加值，同时在加工出口贸易占比较高的国家（如中国、墨西哥），进口的中间产品往往更多比例地用于加工出口产品的生产（Koopman et al.，2008；Ma A. C. et al.，2009）。由于 HIY（2001）方法自身的缺陷和不足，国外学者通过放松其两个假定条件，对其从理论和方法上不断加以修正和完善（Koopman et al.，2008；Wang et al.，2009）；Daudin、Rifflart 和 Schweisguth（2011）进一步将一国出口中被他国进口用于生产最终产品后又被进口回本国的中间产品价值定义为 VS1*；Johnson 和 Noguera（2012）则提出了相对比较正式的增加值出口的定义，即将在一国生产创造、最终在别国被消化吸收的增加值定义为一国增加值出口（Value－Added Export，VAX），并用增加值出口占总出口的比例（VAX ratio）作为贸易中增加值成分衡量的指标。Koopman 等（2014）通过构建国际投入产出模型，将一国总产出完全分解为增加值项目和重复计算项目，将现有文献中“增加值贸易”的相关指标纳入到统一的研究框架下，并指出 HIY 方法只是其研究框架一个特例而已。

在实际测算方面，随着 GTAP（Global Trade Analysis Project）、WIOD（World Input－Output Database）等国际投入产出表的问世，研究学者从增加值贸易角度测算了不同国家总出口的垂直专业化指数及其国内成分（NRC，2006；Dean et al.，2007；Chen et al.，2008；Koopman et al.，2008），并动态研究了 OECD 主要国家总出口中国内成分的变化趋势（Hummels et al.，2001；Miroudot et al.，2009）；Johnson 和 Noguera（2012）提出的“增加值出口”概念，依据增加值来源地和吸收地原则反映国家间真实贸易规模及其差额，为修正传统贸易统计所带来的虚假表象提供了研究方法（张咏华，2013；陈雯和李强，2014；卫瑞等，2015）。传统贸易数据在某种程度上夸大了中国的贸易顺差规模，按传统贸易数据测算 2005 年中美传统贸易顺差为 2180 亿美元，而增加值贸易顺差则骤减到 1010 亿美元，缩减了 53%，2008 年中美贸易顺差则在 2850 亿美元基础上缩减了 42%（WTO & IDE－JETRO，2011）。Koopman 等（2011）研究发现，相比于传统贸易差额，中国与美国、欧盟地区的增加值贸易顺差分别减少 41% 和 49%，日本对美国、欧盟地区的增加值贸易顺差则分别增加了 40% 和 31%，同时日本对中国则从传统贸易顺差变为增加值贸易逆差。可见，传统贸易统计数据严重夸大了中国贸易顺差规模，导致美国等国家妄加指责中国操纵汇率以追求出口优势，并盲目地制定了针对中国的一系列贸易保护措施。

综上所述，随着中国垂直化生产参与程度的不断深入，传统的贸易统计数据无法真实反映中国出口规模，严重夸大了中国的贸易顺差和贸易逆差，无法满足经济分析与政策制定的需要。基于此，本文利用2011年世界投入产出表，系统分析了中国对外贸易的产品结构，厘清了中国出口产品的国别增加值来源，从增加值贸易视角准确测算了中国对外贸易的规模，并在此基础上重新测算了中国与世界其他国家的贸易失衡规模，揭示了中国贸易失衡的真实格局。

二、模型解释与数据说明

（一）总出口的增加值来源

Robert Koopman等（2014）假设一个包含G个国家、N个行业部门的经济系统。从使用去向来看，一国的总产出要么用作本国的中间产品或最终产品，要么用作国外的中间产品或最终产品，一国的总产出可表示为：

$$X_s = \sum_{r}^{G}(A_{sr}X_r + Y_{sr}), \qquad r,s = 1,2,\cdots,G \tag{1}$$

于是，国家间的投入产出模型为：

$$\begin{bmatrix} X_1 \\ X_2 \\ \vdots \\ X_G \end{bmatrix} = \begin{bmatrix} A_{11} & A_{12} & \cdots & A_{1G} \\ A_{21} & A_{22} & \cdots & A_{2G} \\ \vdots & \vdots & \vdots & \vdots \\ A_{G1} & A_{G2} & \cdots & A_{GG} \end{bmatrix} \begin{bmatrix} X_1 \\ X_2 \\ \vdots \\ X_G \end{bmatrix} + \begin{bmatrix} Y_{11} + Y_{12} + \cdots + Y_{1G} \\ Y_{21} + Y_{22} + \cdots + Y_{2G} \\ \vdots \\ Y_{G1} + Y_{G2} + \cdots + Y_{GG} \end{bmatrix} \tag{2}$$

经过转换，式（2）可变形为：

$$\begin{bmatrix} X_1 \\ X_2 \\ \vdots \\ X_G \end{bmatrix} = \begin{bmatrix} I - A_{11} & -A_{12} & \cdots & -A_{1G} \\ -A_{21} & I - A_{22} & \cdots & -A_{2G} \\ \vdots & \vdots & \vdots & \vdots \\ -A_{G1} & -A_{G2} & \cdots & I - A_{GG} \end{bmatrix}^{-1} \begin{bmatrix} \sum_{r}^{G} Y_{1r} \\ \sum_{r}^{G} Y_{2r} \\ \vdots \\ \sum_{r}^{G} Y_{Gr} \end{bmatrix}$$

$$= \begin{bmatrix} B_{11} & B_{12} & \cdots & B_{1G} \\ B_{21} & B_{22} & \cdots & B_{2G} \\ \vdots & \vdots & \vdots & \vdots \\ B_{G1} & B_{G2} & \cdots & B_{GG} \end{bmatrix} \begin{bmatrix} Y_1 \\ Y_2 \\ \vdots \\ Y_G \end{bmatrix} \tag{3}$$

$$\begin{bmatrix} X_{11} & X_{12} & \cdots & X_{1G} \\ X_{21} & X_{22} & \cdots & X_{2G} \\ \vdots & \vdots & \vdots & \vdots \\ X_{G1} & X_{G2} & \cdots & X_{GG} \end{bmatrix} = \begin{bmatrix} B_{11} & B_{12} & \cdots & B_{1G} \\ B_{21} & B_{22} & \cdots & B_{2G} \\ \vdots & \vdots & \vdots & \vdots \\ B_{G1} & B_{G2} & \cdots & B_{GG} \end{bmatrix} \begin{bmatrix} Y_{11} & Y_{12} & \cdots & Y_{1G} \\ Y_{21} & Y_{22} & \cdots & Y_{2G} \\ \vdots & \vdots & \vdots & \vdots \\ Y_{G1} & Y_{G2} & \cdots & Y_{GG} \end{bmatrix} \tag{4}$$

式中，矩阵 A 为 GN × GN 直接消耗系数矩阵，A_{sr}表示国家 r 各行业单位总产出对国家 s 各行业产出的直接消耗量，B 为 GN × GN 列昂惕夫逆阵（又称“完全需求系数矩阵”），B_{sr}表示国家 r 各行业额外生产一单位最终产品对国家 s 各行业总产出的完全需求量，X_{sr}为 N × 1 矩阵，表示国家 s 总产出中用于满足国家 r 最终产品需求的部分，矩阵 $X_s = \sum_r^G X_{sr}$为 N × 1 矩阵，表示国家 s 各行业的总产出，矩阵 Y_{sr}为 N × 1 矩阵，表示国家 s 各行业向国家 r 出口的最终产品，$Y_s = \sum_r^G Y_{sr}$ 为 N × 1 矩阵，表示国家 s 各行业生产的最终产品总量。矩阵 V_s 为 1 × N 矩阵，表示国家 s 各行业的增加值率。

$$V = \begin{bmatrix} V_1 & 0 & \cdots & 0 \\ 0 & V_2 & \cdots & 0 \\ \vdots & \vdots & \vdots & \vdots \\ 0 & 0 & \cdots & V_G \end{bmatrix} \tag{5}$$

将矩阵 V 右乘列昂惕夫逆阵 B：

$$VB = \begin{bmatrix} V_1B_{11} & V_1B_{12} & \cdots & V_1B_{1G} \\ V_2B_{21} & V_2B_{22} & \cdots & V_2B_{2G} \\ \vdots & \vdots & \vdots & \vdots \\ V_GB_{G1} & V_GB_{G2} & \cdots & V_GB_{GG} \end{bmatrix} \tag{6}$$

矩阵 VB 每一列元素 V_rB_{rs}表示的是国家 s 各行业单位最终产品中所包含的国家 r 的增加值，于是，矩阵 VB 每一列元素相加得到 $\sum_r^G V_rB_{rs} = u$，其中矩阵 u 为 1 × N 阶 1 矩阵。

考虑到数据的缺失，本文研究中并未考虑中国加工贸易出口的情形①，而是假定中国某一行业的总产出均具有相同的投入结构，无论其是用于加工贸易出口、一般出口或者用于国内需求。

令 $N\times1$ 阶矩阵 E_{s*} 表示国家 s 的总出口，代入式 $\sum_{r}^{G}V_rB_{rs}=u$，得：

$$\sum_{r}^{G}V_rB_{rs}E_{s*}=uE_{s*} \tag{7}$$

式中，uE_{s*} 表示国家 s 的总出口，$\sum_{r}^{G}V_rB_{rs}E_{s*}$ 表示国家 s 总出口的增加值来源，即国家 s 的总出口价值中所包含的来源于世界不同国家创造的增加值。其中：

$$VAS_{sr}=V_rB_{rs}E_{s*}\quad r=1,\ 2,\ \cdots,\ G \tag{8}$$

式（8）反映了国家 s 总出口中所包含的来自国家 r 创造的增加值。为了能够更全面地反映国家 s 不同行业出口中包含的来源于不同国家、不同行业的增加值，可将式（8）变形为：

$$VAS_{sr}^{*}=diag(V_r)B_{rs}diag(E_{s*})\quad r=1,\ 2,\ \cdots,\ G \tag{9}$$

式中，diag（V_r）和 diag（E_{s*}）分别表示矩阵 V_r 和 E_{s*} 的对角矩阵。不同于 VAS_{sr}，VAS_{sr}^{*} 为 $N\times N$ 阶的增加值来源矩阵，其每一行元素分别表示国家 s 不同行业出口中所包含的国家 r 某一行业创造的增加值，每一列元素则分别表示国家 s 某一行业出口中所包含的国家 r 不同行业创造的增加值。通过将矩阵 VAS_{sr}^{*} 每一行元素相加可得国家 s 总出口中所包含的国家 r 某一行业的增加值，而将每一列元素相加可得国家 s 某一行业出口中所包含的国家 r 创造的增加值。

（二）增加值分解及增加值贸易平衡

在新型国际生产分工体系下，随着各国垂直化生产参与度的不断提高，一国总出口中重复计算项的比例较高，利用传统贸易数据测算的贸易顺差或逆差规模越来越受到国内外研究学者的质疑。Johnson、Noguera（2012）正式提出增加值出口（Value - Added Export，VAX）的概念，定义一国增加

① 根据 Koopman 等（2008），由于自身生产的模式和特点，一国加工贸易出口中进口的中间产品投入比例通常远高于一般出口，两者的投入结构不完全一样，需要区别测算，否则会低估一国出口中的国外成分。

值出口为在本国生产创造、最终在别国被消化吸收的增加值，采用净值的概念，从增加值的来源和吸收来真实测算并反映国家之间的贸易规模及平衡，从而避免总值中重复项所引起的偏差和假象。

将式（4）左乘式（5），可得增加值分解矩阵 VAD：

$$VAD=\begin{bmatrix}V_1 & 0 & \cdots & 0\\ 0 & V_2 & \cdots & 0\\ \vdots & \vdots & \vdots & \vdots\\ 0 & 0 & \cdots & V_G\end{bmatrix}\begin{bmatrix}X_{11} & X_{12} & \cdots & X_{1G}\\ X_{21} & X_{22} & \cdots & X_{2G}\\ \cdots & \cdots & \cdots & \cdots\\ X_{G1} & X_{G2} & \cdots & X_{GG}\end{bmatrix} \tag{10}$$

$$=\begin{bmatrix}V_1\sum_r^G B_{1r}Y_{r1} & V_1\sum_r^G B_{1r}Y_{r2} & \cdots & V_1\sum_r^G B_{1r}Y_{rG}\\ V_2\sum_r^G B_{2r}Y_{r1} & V_2\sum_r^G B_{2r}Y_{r2} & \cdots & V_2\sum_r^G B_{2r}Y_{rG}\\ \vdots & \vdots & \vdots & \vdots\\ V_G\sum_r^G B_{Gr}Y_{r1} & V_G\sum_r^G B_{Gr}Y_{r2} & \cdots & V_G\sum_r^G B_{Gr}Y_{rG}\end{bmatrix}$$

矩阵 VAD 为 $G\times G$ 阶增加值分解矩阵，其每一行元素表示一国家增加值使用去向（即最终为何国所吸收）。矩阵 VBY 对角线上的元素分别表示一国增加值中为本国最终吸收的部分，每一行的其余元素则表示一国的增加值出口。

令矩阵 VAX_{sr} 表示国家 s 对国家 r 的增加值出口：

$$VAX_{sr}=V_sX_{sr}=V_s\sum_t^G B_{st}Y_{tr} \tag{11}$$

令国家 s 总的增加值出口为 VAX_{s*}：

$$VAX_{s*}=\sum_{r\neq s}^G V_sX_{sr}=V_s\sum_{r\neq s}^G\sum_{t=1}^G B_{st}Y_{tr} \tag{12}$$

$$VAX_{s*}=V_s\sum_{r\neq s}^G B_{ss}Y_{sr}+V_s\sum_{r\neq s}^G B_{sr}Y_{rr}+V_s\sum_{r\neq s}^G\sum_{t\neq s,r}^G B_{sr}Y_{rt}$$

同理，国家 s 对国家 r 的增加值进口（即国家 r 对国家 s 的增加值出口）VAI_{sr} 为：

$$VAI_{sr}=V_rX_{rs}=V_r\sum_t^G B_{rt}Y_{ts} \tag{13}$$

国家 s 总的增加值进口 VAI_{s*} 为：

$$VAI_{s*}=\sum_{r\neq s}^G V_r\sum_t^G B_{rt}Y_{ts} \tag{14}$$

于是，国家 s 与国家 r 间的增加值贸易平衡 VAB_{sr} 为：

$$VAB_{sr} = VAX_{sr} - VAI_{sr} = V_s \sum_{t}^{G} B_{st} Y_{tr} - V_r \sum_{t}^{G} B_{rt} Y_{ts} \tag{15}$$

国家 s 与全球的增加值贸易平衡 VAB_{s*} 为：

$$VAB_{s*} = VAX_{s*} - VAI_{s*} = V_s \sum_{r \neq s}^{G} \sum_{t=1}^{G} B_{st} Y_{tr} - \sum_{r \neq s}^{G} V_r \sum_{t=1}^{G} B_{rt} Y_{ts} \tag{16}$$

（三）数据说明

本文采用的数据来源于由欧盟资助、多个组织联合开发的世界投入产出数据库（World Input－Output Data，WIOD）。WIOD 数据库提供了世界 40 个国家及地区、35 个行业①的 1995～2011 年的世界投入产出表（World Input－Output Table，WIOT），这些国家的经济总量占世界比重达到 85%。为了保证完整性，WIOD 数据库将其他所有国家统一命名为 ROW（Rest of thc World）。

世界投入产出表中的 40 个国家及地区包括：欧盟地区，奥地利、比利时、保加利亚、塞浦路斯、捷克、德国、丹麦、西班牙、爱沙尼亚、芬兰、法国、英国、希腊、匈牙利、爱尔兰、意大利、立陶宛、卢森堡、拉脱维亚、马耳他、荷兰、波兰、葡萄牙、罗马尼亚、斯洛伐克、斯洛文尼亚、瑞典；北美地区，美国、加拿大、墨西哥；东亚东区，中国、日本、韩国、中国台湾；金砖国家，巴西、俄罗斯、印度；印度尼西亚、澳大利亚、土耳其。

三、测算结果与分析

（一）对外贸易的产品结构

从产品结构来看（见图 1），总体而言，中国总进口中主要是中间产品进口，其所占比例高达 82.42%。分地区看，金砖国家进口产品中中间产品所占比重为 89%，东亚地区、北美地区该比例分别为 82.29%、79.9%，而欧盟地区该比例最低，为 65.84%，地区间中间产品进口比例之所以会出现如此大的差异，究其原因，金砖国家是中国重要的资源进口来源，其进口

① 具体行业详见表 3。

产品中主要是作为中间投入的石油、矿产品；作为世界制造大国，中国从东亚地区、北美地区主要进口制造业生产所需的中间产品，相比之下，欧盟地区进口产品中主要是最终产品。

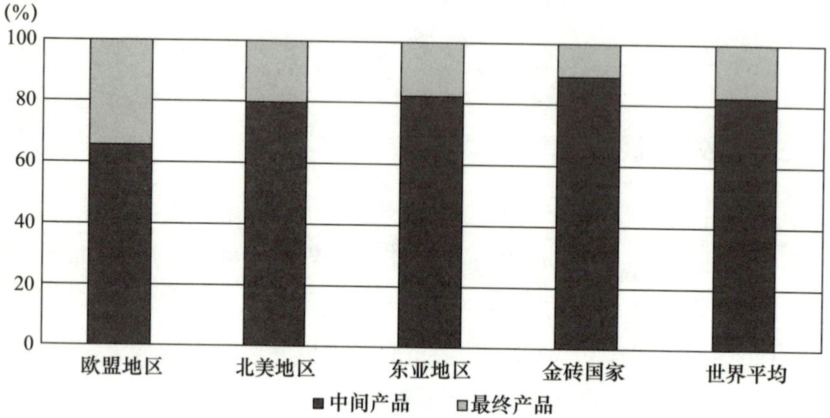

图1 主要贸易地区总进口①的产品结构

资料来源：2011 年世界投入产出表（WIOT），作者自行整理所得。

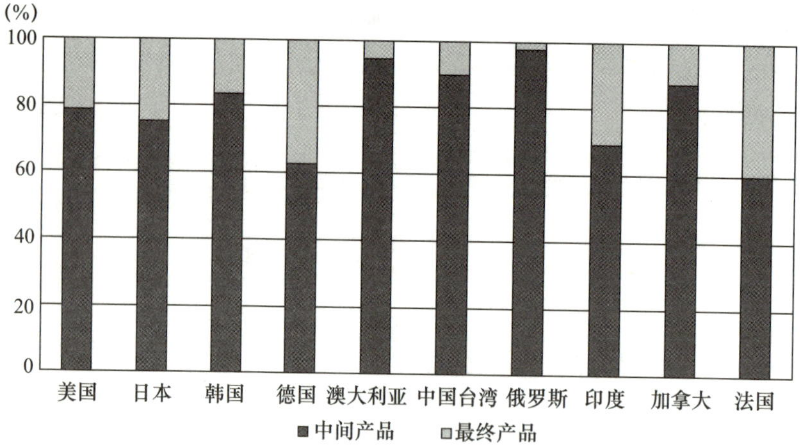

图2 主要贸易国②总进口的产品结构

---

① 本文的总进口均表示中国从其他地区或国家的进口，总出口均表示中国向其他地区或国家的出口。

② 根据中国进出口贸易总额的国别结构，中国主要贸易国包括：美国（15.17%）、日本（9.38%）、韩国（6.95%）、德国（6.34%）、澳大利亚（4.55%）、中国台湾（4.29%）、俄罗斯（2.72%）、印度（2.59%）、加拿大（2.33%）、法国（2.29%）。

从主要贸易国来看（见图2），作为中国主要的能源、矿产资源进口国，俄罗斯、澳大利亚进口中中间产品所占比例较高，分别为98%和94.78%。同样，中国台湾是中国大陆地区制造业生产（尤其是电子产品）主要的零部件供应商，其进口产品中中间产品占比为90.26%，可见俄罗斯、澳大利亚、中国台湾的进口产品结构相对比较单一，主要是能源、矿产资源、零部件等中间产品；美国、韩国、日本主要向中国出口中间产品，所占比例分别为78.74%、83.68%和75.44%，而德国、法国则更多地向中国出口最终产品。

表1 中国总出口、总进口的地区（国别）结构 单位:%

国家或地区	出口结构			进口结构		
	中间产品出口	最终产品出口	总出口	中间产品进口	最终产品进口	总进口
德国	5.80	6.04	5.91	5.20	14.53	6.84
法国	2.21	2.97	2.56	1.45	4.43	1.97
欧盟地区	21.85	20.81	21.38	14.49	35.25	18.14
美国	17.16	22.95	19.79	9.35	11.84	9.79
加拿大	2.37	3.27	2.78	1.91	1.29	1.80
墨西哥	2.91	1.58	2.31	0.45	0.68	0.49
北美地区	22.44	27.81	24.88	11.71	13.81	12.08
日本	7.62	10.21	8.80	9.20	14.04	10.05
韩国	7.05	3.34	5.36	8.93	8.17	8.79
中国台湾	2.59	1.02	1.88	7.78	3.94	7.10
东亚地区	17.26	14.57	16.04	25.90	26.14	25.94
印度	4.12	3.23	3.72	1.08	2.24	1.28
巴西	1.65	1.99	1.80	2.22	1.20	2.04
俄罗斯	1.44	4.36	2.76	3.17	0.30	2.66
金砖国家①	7.20	9.58	8.28	6.46	3.75	5.98

从表1可见，在中国中间产品进口中，美国、日本、韩国、中国台湾、德国是主要的中间产品进口国，其占中国中间产品进口的比例分别为9.35%、9.20%、8.93%、7.78%和5.20%，相比之下，中国主要从德国

① 金砖国家是指俄罗斯、巴西、印度。

(14.53%)、日本(14.04%)、美国(11.84%)、韩国(8.17%)进口最终产品；从产品出口看，美国是中国最终产品出口的最大市场，其所占比重为22.95%，约为中国最终产品总出口的1/4，其次为日本和德国，所占比例分别为10.21%、6.04%。不难发现，东亚地区是中国中间产品进口的主要来源，中国超过1/4的中间产品进口来自该地区，而北美地区（尤其是美国）、欧盟地区则是中国最终产品出口的主要目的地，其占中国最终产品出口的比重分别为22.44%和21.85%，这也正反映了新型国际生产分工体系下中国从事的“三角贸易”模式：通过从东亚地区国家大量进口中间产品，经过简单地加工、组装生产最终产品，并出口至欧盟地区和北美地区。

（二）总出口的增加值来源

随着中间产品贸易的扩大，一国出口产品中包含来源于其他国家中间产品的价值。从增加值来源角度看，一国出口产品价值无非由国内增加值和国外增加值两部分构成。经测算，中国总出口中国内增加值的比重为78.23%，超过20%的增加值来源于国外①，由他国创造并通过中间产品进口包含在中国出口产品中。

分行业看（见表2），不同行业的垂直化生产参与度差异较为明显，农业、服务业垂直化参与程度较低，出口中国内增加值的比重分别为92.66%和87.59%，国外增加值所占比重仅为7.34%和12.41%，相比之下，第二产业，尤其是制造业行业垂直化参与程度较高，其出口中国外增加值的比重高达约24%；从地区看，中国制造业出口中国外增加值主要来源于东亚地区（5.47%）、欧盟地区（3.63%）和北美地区（3.27%）；从国家看，美国、日本、澳大利亚、韩国、中国台湾是中国总出口中国外增加值的主要来源地。

表2 中国分行业出口的增加值来源 单位:%

国家或地区	农业	其他行业	制造业	服务业
中国	92.66	83.83	76.47	87.59
澳大利亚	0.35	1.43	1.61	0.60

① 中国总出口中国外增加值主要来源国包括：美国（2.43%）、日本（2.17%）、澳大利亚（1.46%）、韩国（1.44%）、中国台湾（1.32%）、德国（1.13%）。

续表

国家或地区	农业	其他行业	制造业	服务业
欧盟地区	1.16	2.57	3.63	2.31
德国	0.34	0.88	1.21	0.69
法国	0.12	0.25	0.39	0.27
北美地区	1.06	1.97	3.27	1.66
美国	0.87	1.47	2.63	1.38
加拿大	0.15	0.39	0.48	0.21
东亚地区	0.96	2.63	5.47	2.04
日本	0.45	1.38	2.39	0.99
韩国	0.32	0.78	1.58	0.65
台湾	0.20	0.47	1.49	0.39
金砖国家	0.88	1.36	1.70	1.03
俄罗斯	0.31	0.83	0.91	0.67
印度	0.17	0.17	0.27	0.11

注：表中农业指的是农业、狩猎业、林业及渔业，即第一产业；其他行业包括采掘业、电力、燃气及水的供应业和建筑业；服务业指的是第三产业。

从制造业细分行业①考察，不同行业出口中国外增加值的国别来源结构呈现出不同的特点。资源依赖型的行业出口中国外增加值主要来源于世界资源出口大国，焦炭、精炼石油及核燃料加工业、基本金属及金属制品业的国外增加值最大来源国分别为俄罗斯和澳大利亚，而技术密集型的行业出口中国外增加值主要来源于美国、日本、韩国，尤其是电气、光学设备制造业，其出口中约10%的增加值来源于东亚国家（日本、中国台湾和韩国）。

（三）贸易出口规模的真实测算——增加值出口

在垂直专业化生产过程中，由于中间产品多次跨越国境，导致一国总出口中存在着一定比例的重复计算项②，传统贸易统计数据已无法客观反映

① 限于篇幅的限制，中国制造业细分行业出口的增加值来源数据未在文中列出，若需要，可联系作者索取。

② 总出口中重复计算项是指总出口中至少两次跨越本国领土的增加值部分，如中国最终产品中所包含的国外增加值，首先通过中间产品进口第一次跨越中国领土，然后又通过最终产品出口第二次跨越中国领土，故其为重复计算项。

一国的贸易规模及其贸易平衡水平，所引起的“所见非所得”的统计困境已受到了国内外研究学者的高度重视。Johnson、Noguera（2012）提出的增加值出口①概念，定义一国增加值出口为在本国生产创造、最终在别国被消化吸收的增加值，从增加值的来源地和吸收地来真实测算并反映国家之间的贸易规模及平衡，从而避免出口中重复计算项所引起的偏差和假象。

表3数据显示，总体看，中国总出口中国外增加值比例为21.77%。分行业看，由于不同行业垂直化生产参与度的差异，其出口中国外增加值所占比例差异较大，制造业中国外增加值比例最高（23.53%），农业、服务业该比例相对较低，分别为7.34%和12.41%，这与我国世界“制造大国”的地位是相符的，制造业生产过程中更多地投入从国外进口的中间产品。

表3 中国细分行业②增加值出口规模 单位：10亿美元

行业	总出口	增加值出口③	国外增加值比例（%）	增加值出口/总出口
农业、狩猎业、林业及渔业	17.75	116.11	7.34	6.54
采掘业	10.39	85.32	14.52	8.21
食品、饮料、烟草制造业	50.54	41.04	11.06	0.81
纺织业	241.85	105.79	14.28	0.44
皮革及鞋类制造业	51.51	19.42	14.38	0.38
木材、软木及其制品	10.87	14.07	16.53	1.29
造纸、印刷和出版业	9.08	22.66	18.33	2.50
焦炭、精炼石油及核燃料加工业	13.96	20.90	43.11	1.50

① 对于一国而言，增加值出口与总出口中的国内增加值是两个不同的概念。一般而言，增加值出口属于总出口中国内增加值的范畴，但不同之处在于：增加值出口是本国生产、他国最终吸收的国内增加值，而总出口的国内增加值中部分可能是本国生产、本国吸收，即国内增加值中首先通过中间产品出口，经过进口国进一步加工后通过中间产品或最终产品进口返回本国并最终被本国消化吸收的部分，根据增加值出口的定义，该部分不属于该国增加值出口。

② 在世界投入产出表35个行业中，由于中国“汽车、摩托车销售和维修；燃料零售”和“雇人的私人住户”两个行业的数据缺失，故表中并未列出上述两个行业。

③ 依据上文式（11），列向量 $\mathrm{diag}(V_s)\sum_{t}^{G} B_{st}Y_{tr}$ 每一元素分别表示国家s向国家r的行业增加值出口，据此可测算出国家s每一行业总的增加值出口。其中 $\mathrm{diag}(V_s)$ 表示矩阵 V_s 的对角矩阵。

续表

行业	总出口	增加值出口	国外增加值比例（%）	增加值出口/总出口
化学原料及化学制品业	117.09	88.62	23.85	0.76
橡胶及塑料制品业	71.38	42.26	22.80	0.59
其他非金属矿物制品制造业	26.74	20.96	16.55	0.78
基本金属及金属制品业	128.90	123.45	26.79	0.96
通用设备制造业	143.63	65.62	22.75	0.46
电气、光学设备制造业	721.42	193.83	28.91	0.27
交通运输设备制造业	96.96	40.18	22.20	0.41
其他制造业；废物回收业	73.05	31.06	14.40	0.43
制造业	1756.98	829.86	23.53	0.47
电力、燃气及水的供应业	1.80	50.03	17.36	27.76
建筑业	8.91	3.33	17.86	0.37
除汽车、摩托车外的商品批发、代理销售业	73.45	119.24	7.25	1.62
除汽车、摩托车外的商品零售业；家用品修理业	15.20	24.80	7.25	1.63
酒店餐饮业	16.71	23.47	8.84	1.40
陆地运输业	15.60	44.62	11.61	2.86
水路运输业	39.62	31.35	16.13	0.79
航空运输业	27.76	8.63	22.67	0.31
其他辅助性运输活动；旅行社的活动	5.78	8.30	13.44	1.44
邮政通信业	11.26	27.30	9.79	2.42
金融业	1.96	71.24	4.90	36.26
房地产业	0.00	25.93	3.45	3072724.63
设备租赁及其他商业活动	67.08	73.29	14.61	1.09
公共管理、国防及社会保障业	0.91	1.05	8.46	1.16
教育	0.56	3.73	9.29	6.68
医疗卫生和社会工作	0.87	3.72	17.27	4.26
其他团体、社会及个人服务活动	13.62	23.07	11.66	1.69
服务业	290.38	489.74	12.41	1.69
总体	2086.19	1574.42	21.77	0.75

注：国外增加值比例表示出口产品价值中国外增加值所占比例。

总体看，中国总出口的规模为2086.19，而增加值出口为1574.42，其占总出口的比重为75.47%，所占比例之所以小于1，主要是因为中国总出口包含了一定比例的国外增加值；分行业看，农业、服务业出口中国外增加值的比例远远低于制造业。从中国总出口和增加值出口的行业结构看（见图3），制造业出口占中国总出口的比重高达84.22%，其次是服务业（13.92%），农业出口所占比重不足1%，增加值出口则呈现出不同的结果，制造业增加值出口占中国增加值出口的比重仅为52.71%，远低于其出口所占总出口的比例，而服务业、农业、其他行业的增加值出口所占比重则远远高于其出口所占比例；根据表3中行业增加值出口/行业出口这一指标，制造业该指标数值为0.47，表明制造业增加值出口占其出口的比重不足1/2，服务业，农业、狩猎业、林业和渔业以及采掘业该指标数值分别为1.69、6.54、8.21，远远高于制造业。

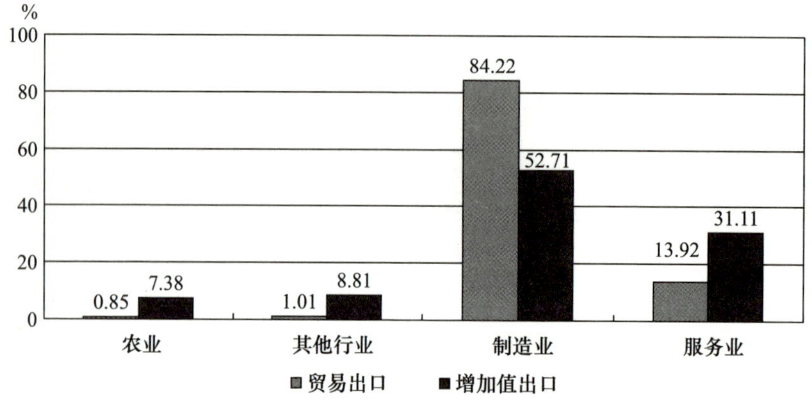

图3　中国贸易总出口和增加值总出口的行业结构

注：柱形上方的数字分别表示各行业贸易出口、增加值出口占中国贸易总出口、增加值总出口的比重。

传统贸易出口数据和增加值出口数据之所以呈现出完全迥异的结果，主要原因在于，在生产过程中，制造业不仅投入了大量进口的中间产品，其出口中包含了较大比例的国外增加值。同时，国内农业、服务业、采掘业的产出主要作为中间投入用于制造业出口产品的生产，其增加值出口主要通过制造业行业的出口来实现。因此，从传统贸易出口数据看，制造业规模具有绝对优势，而相比之下，增加值出口规模则出现较大幅度的缩水。

（四）中国贸易失衡的再测算

随着新型国际生产分工体系的形成，中间产品贸易规模日益扩大，一国出口中存在着一定比例的重复计算，采用传统贸易统计数据测算的国家间的贸易失衡往往会夸大中国的贸易顺差或逆差。而增加值出口由于不存在重复计算项，依据增加值来源地和吸收地真实地反映国家间的贸易规模，为此本文利用增加值出口、进口重新测算了中国与他国之间的贸易失衡（见表4）。

表4 中国与世界各国的增加值贸易失衡 单位：10亿美元

国家或地区	贸易出口	贸易进口	增加值出口	增加值进口	传统贸易失衡	增加值贸易失衡	贸易失衡差异
奥地利	9.60	10.94	8.19	9.57	-1.34	-1.37	-0.03
比利时	16.01	13.82	10.82	10.75	2.19	0.07	-2.12
保加利亚	0.97	0.44	0.95	0.51	0.53	0.44	-0.09
塞浦路斯	0.40	0.13	0.41	0.14	0.27	0.27	0.00
捷克	16.68	3.01	5.97	3.18	13.67	2.79	-10.87
德国	123.29	122.56	87.32	94.67	0.72	-7.35	-8.07
丹麦	7.01	6.03	4.71	5.30	0.99	-0.59	-1.58
西班牙	23.04	5.97	20.94	8.05	17.07	12.89	-4.18
爱沙尼亚	0.75	0.16	0.48	0.26	0.59	0.22	-0.37
芬兰	4.67	10.73	4.08	7.34	-6.05	-3.26	2.80
法国	53.36	35.36	45.03	31.04	18.01	13.99	-4.01
英国	54.32	27.30	48.66	27.39	27.01	21.27	-5.75
希腊	4.93	0.44	5.31	1.05	4.49	4.26	-0.23
匈牙利	6.20	3.33	2.85	2.75	2.87	0.11	-2.76
爱尔兰	13.30	4.97	6.82	4.46	8.33	2.36	-5.97
意大利	41.81	30.64	34.45	27.28	11.18	7.18	-4.00
立陶宛	0.56	0.08	0.56	0.28	0.48	0.28	-0.20
卢森堡	0.61	0.93	0.59	1.20	-0.32	-0.61	-0.29
拉脱维亚	0.27	0.21	0.33	0.24	0.06	0.09	0.03
马耳他	0.27	0.57	0.21	0.19	-0.30	0.02	0.32
荷兰	32.27	24.70	21.20	19.87	7.57	1.32	-6.25

续表

国家或地区	贸易出口	贸易进口	增加值出口	增加值进口	传统贸易失衡	增加值贸易失衡	贸易失衡差异
波兰	17.43	3.97	12.64	5.27	13.46	7.38	-6.08
葡萄牙	2.08	0.91	2.56	1.19	1.18	1.36	0.19
罗马尼亚	2.37	0.62	2.66	1.20	1.75	1.47	-0.29
斯洛伐克	3.68	2.18	2.59	1.76	1.50	0.83	-0.67
斯洛文尼亚	1.25	0.39	0.97	0.57	0.86	0.40	-0.47
瑞典	8.87	14.51	7.89	12.55	-5.65	-4.66	0.99
欧盟地区	446.00	324.89	339.20	278.05	121.11	61.15	-59.96
美国	412.84	175.34	345.89	149.71	237.50	196.17	-41.33
加拿大	57.97	32.21	48.17	27.57	25.76	20.60	-5.16
墨西哥	48.15	8.79	25.84	8.69	39.36	17.15	-22.21
北美地区	518.95	216.34	419.89	185.97	302.62	233.92	-68.70
日本	183.52	180.02	135.99	132.77	3.50	3.22	-0.29
韩国	111.88	157.51	56.39	73.83	-45.63	-17.44	28.19
中国台湾	39.18	127.24	14.76	45.42	-88.06	-30.65	57.41
东亚地区	334.58	464.77	207.14	252.02	-130.19	-44.88	85.31
巴西	37.64	36.50	31.44	30.27	1.14	1.17	0.04
印度	77.51	22.99	58.10	18.60	54.52	39.50	-15.02
俄罗斯	57.67	47.69	53.46	46.10	9.98	7.36	-2.62
金砖国家	172.81	107.18	143.01	94.98	65.63	48.03	-17.60
澳大利亚	68.70	107.87	54.01	77.76	-39.17	-23.75	15.41
土耳其	29.78	3.16	27.95	4.38	26.62	23.57	-3.05
印度尼西亚	38.00	30.13	29.27	26.86	7.87	2.41	-5.46
其他国家	477.35	537.12	353.95	359.67	-59.76	-5.72	54.04
全世界	2086.19	1791.45	1574.42	1279.69	294.74	294.74	0.00

注：表中存在三个等式关系：传统贸易失衡 = 贸易出口 - 贸易进口；增加值贸易失衡 = 增加值出口 - 增加值进口；贸易失衡差异 = 增加值贸易失衡 - 传统贸易失衡。

总的来看，中国与全世界的传统贸易失衡和增加值贸易失衡均为2947.4亿美元，而分地区或国家看，中国与不同地区或国家间的传统贸易失衡和增加值贸易失衡往往差异较大，说明采用增加值出口、进口测算贸易失衡并不会改变一国与全世界总的贸易失衡，而只是将总的贸易失衡在不

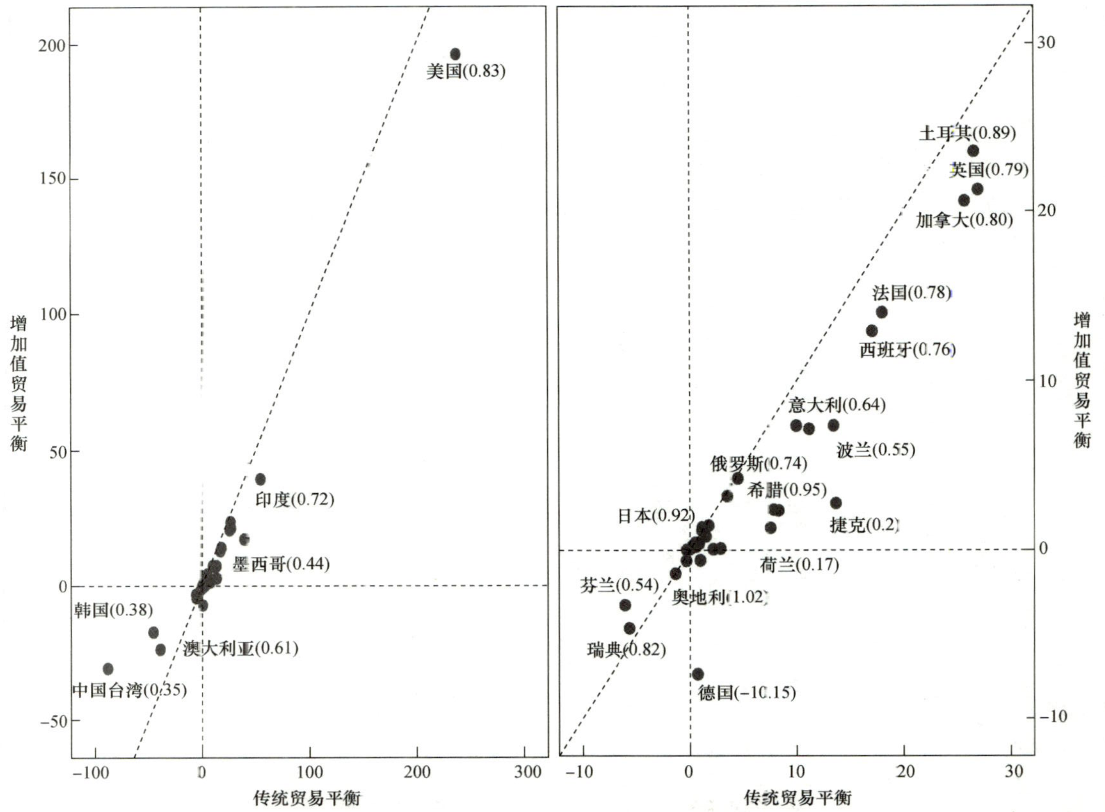

图 4　中国与世界各国的传统贸易平衡和增加值贸易平衡

注：图中右半部分为左半部分散点密集处放大后的效果图，图中括号中的数字表示中国与每个国家或地区间增加值贸易失衡与传统贸易失衡的比值。

同地区或国家之间进行重新分配。

分地区看，中国与欧盟地区间的贸易顺差由传统的1211.1亿美元下降到611.5亿美元，顺差规模减少了近一半，中国与北美地区间的贸易顺差由传统的3026.2亿美元变为2339.2亿美元，减少了近1/4，而中国与东亚地区的贸易逆差则由传统的1301.9亿美元减少为448.8亿美元，逆差规模减少了66%，导致这一现象的原因主要是中国的“三角贸易”模式：通过从东亚地区进口中间产品，经过组装加工生产成品并主要出口至北美地区和欧盟地区。由于传统贸易失衡是基于传统的贸易进出口数据，而传统的进出口数据是依据产品的出口地原则来核算，这造成了中国对北美地区、欧盟地区的大规模的贸易出口，从而导致了较高水平的贸易顺差假象；反之，中国主要从东亚地区进口中间产品，形成了中国与东亚地区较高的贸易逆差。但若从增加值贸易角度看，中国对北美地区、欧盟地区出口中有相当一部分来源于东亚地区创造的增加值，因此根据增加值贸易测算的贸易失衡显示，中国与北美地区、欧盟地区的贸易顺差以及与东亚地区的贸易逆差被严重夸大，掩盖了真实的贸易关系。

分国家看，中国与德国的贸易平衡从传统的贸易顺差变为贸易逆差，中国和美国之间的贸易顺差由传统的2375亿美元减少到1961.7亿美元，下降了17.4%，中国和日本之间的贸易顺差由传统的35亿美元减少至32.2亿美元，下降了近10个百分点；相比之下，中国与韩国、中国台湾地区的贸易逆差则大幅减少，由传统的456.3亿美元、880.6亿美元减少为174.4亿美元、306.5亿美元，分别减少了62%、65%，可见，传统贸易统计数据夸大了中国与他国之间的贸易顺差和逆差。

四、结语

在全球价值链背景下，随着中国垂直化生产参与程度的深入和世界中间产品贸易的不断扩大，中国出口产品中包含着相当比例的国外增加值，传统贸易统计数据已无法真实反映中国出口规模及其贸易失衡水平，往往会造成一种“所见非所得”的统计幻象，并在某种程度上严重夸大了中国的贸易顺差和贸易逆差，致使中国与美国等国家的贸易摩擦与争端频繁发生。基于此，本文利用2011年世界投入产出表，系统分析了中国对外贸易的产品结构，厘清了中国出口产品的国别增加值来源，从增加值贸易视角准确测算了中国对外贸易的规模，并在此基础上重新测算了中国与世界其他国家的贸易失衡规模。研究结果如下：

第一，中间产品是中国进口的主要产品，其占中国总进口的比重高达82.42%。从地区看，东亚地区是中国中间产品进口的主要来源，约有1/4的中间产品进口来自该地区，而北美地区（尤其是美国）、欧盟地区是中国最终产品出口的主要目的地，其占中国最终产品出口的比重分别为22.44%和21.85%，这正反映了新型国际生产分工体系下中国所扮演的“三角贸易”模式：通过从东亚地区国家大量进口中间产品，经过简单地加工、组装生产最终产品，并出口至欧盟地区和北美地区。

第二，从增加值来源看，中国总出口中国内增加值的比重为78.23%，超过20%的增加值来源于国外；农业、服务业垂直化参与程度较低，出口中国外增加值比重仅为7.34%和12.41%，而第二产业（尤其是制造业）垂直化参与程度较高，出口中国外增加值的比重高达约24%，且主要来源于东亚地区（5.47%）、欧盟地区（3.63%）和北美地区（3.27%）。

第三，中国增加值出口为15744.2亿美元，占总出口的比重为75.47%。分行业看，不同行业的增加值出口与总出口不相匹配：制造业出口占中国总出口的比重高达84.22%，而增加值出口占中国增加值出口的比重仅为52.71%，服务业、农业则主要通过将本行业产出用于制造业行业的生产出口，从而间接实现本行业的增加值出口，其增加值出口比重远大于传统贸易出口比重。

第四，传统贸易统计严重夸大了中国的贸易顺差和贸易逆差。经测算，相比于传统的贸易失衡，中国与欧盟地区的增加值贸易顺差减少了近一半，中国与北美地区间的贸易顺差减少了近1/4，而中国与东亚地区的贸易逆差减少了66%；分国家看，中德从传统的贸易顺差变为贸易逆差，中美贸易顺差下降了近20%，中日贸易顺差下降了近10个百分点，而中国与韩国、台湾地区的贸易逆差则大幅减少，分别减少了62%、65%。

参考文献

[1] Chen, Xikang, Leonard, Cheng, Fung, K. C., Lawrence, Lau. The Estimation of Domestic Value - Added and Employment Induced by Exports: An Application to Chinese Exports to the United States [J]. China and Asia: Economic and Financial Interactions, 2008

(1): 7 - 14.

[2] Dedrick J. , K. L. Kraemer and G. Linden. Who Profits from Innovation in Global Value Chains? A Study of the IPod and Notebook PCs [J]. Industrial and Corporate Change, 2010, 19 (1): 81 - 116.

[3] Daudin, Guillaume, Christine Rifflart, and Danielle Schweisguth. Who Produces for Whom in the World Economy? [J]. Canadian Journal of Economics, 2011, 44 (4): 1403 - 1437.

[4] Dean, Judith, K. C. Fung, and Zhi Whang. Measuring the Vertical Specialization in Chinese Trade, *U. S* [D]. International Trade Commission Office of Economics *Working Paper*, 2007.

[5] Dean, Judith , K. C. Fung, and Zhi Wang. Measuring Vertical Specialization: The Case of China [J]. Review of International Economics, 2011, 19 (4): 609 - 625.

[6] Grossman, Gene M. , and Esteban Rossi - Hansberg. Trading Tasks: A Simple Theory of Offshoring [J]. American Economic Review, 2008, 98 (5): 1978 - 1997.

[7] Gerard Kelly and Gianni La Cava. International Trade Costs, Global Supply Chains and Value - Added Trade in Australia, Reserve Bank of Australia [D]. Research Discussion Paper, 2014.

[8] Hayakawa K. Growth of Intermediate Goods Trade in East Asia [J]. Pacific Economic Review, 2007, 12 (4): 511 - 523.

[9] Hummels, D. , J. Ishii, and K. Yi. The Nature and Growth of Vertical Specialization in World Trade [J]. Journal of International Economics, 2001 (54): 75 - 96.

[10] Jones, R. and H. Kierzkowski. A Framework for Fragmentation, in: S. Arndt and H. Kierzkowski (eds), Fragmentation: New Production Patterns in the World Economy [M]. New York: Oxford University Press, 2001.

[11] Johnson, Robert C. , and Guillermo Noguera. Accounting for Intermediates: Production Sharing and Trade in Value Added [J]. Journal of International Economics, 2012, 86 (2): 224 - 236.

[12] Koopman, Robert, Zhi Wang, and Shang - Jin Wei. How Much of Chinese Exports is Really Made in China? Assessing Domestic Value - Added When Processing Trade is Pervasive [R] . National Bureau of Economic Research Working Paper, 2008.

[13] Koopman, Robert, Zhi Wang, and Shang - Jin Wei. Estimating Domestic Content in Exports When Processing Trade is Pervasive [J]. Journal of Development Economics, 2012, 99 (1): 178 - 189.

[14] Koopman, Robert, Zhi Wang, and Shang - Jin Wei , Tracing Value - Added and Double Counting in Gross Exports [J]. American Economic Review , 2014, 104 (2): 459 - 494.

[15] Lamy, P. Facts and Fictions in International Trade Economics [J]. Conference of Trade and Inclusive Globalization, Paris School of Economics, 2010 (1): 7-14.

[16] Miroudot S., R. Lanz R., A. Ragoussis. Trade in Intermediate Goods and Services [R]. OECD Trade Policy Working Paper, 2009.

[17] Maurer, A., and Degain C. Globalization and Trade Flows: What You See is Not What You Get! [R]. WTO, Staff Working Paper, 2010.

[18] Ma A. C., Van Assche A., Hong C. Global Production Networks and China's Processing Trade [R]. ADBI Working Paper Series, 2009.

[19] National Research Council. Analyzing the U. S. Content of Imports and the Foreign Content of Exports [M]. Washington, D. C.: National Academies Press, 2006.

[20] Nadim Ahmad. Measuring Trade in Value Added, and Beyond, Conference on Measuring the Effects of Globalization [M]. Washington, D. C.: Notional Academies Press, 2013.

[21] Timmer, Marcel. The World Input-Output Database (WIOD): Contents, Sources and Methods [R]. WIOD Working Paper, 2012.

[22] WTO and IDE-JETRO. Trade Patterns and Global Value Chains in East Asia: From Trade in Goods to Trade in Tasks [R]. Geneva, 2011.

[23] Yi, Kei-Mu. Can Vertical Specialization Explain the Growth of World Trade? [J]. Journal of Political Economy, 2003, 111 (1): 52-102.

[24] Yi, Kei-Mu. Can Multistage Production Explain the Home Bias in Trade? [J]. American Economic Review, 2010, 100 (1): 364-393.

[25] Zhi Wang, William Powers, and Shang-Jin Wei. Value Chains in East Asian Production Networks [R]. USITC Working Paper, 2009.

[26] 陈雯，李强．全球价值链分工下我国出口规模的透视分析——基于增加值贸易核算方法[J] 财贸经济，2014（7）．

[27] 刘遵义等．非竞争型投入占用产出模型及其应用——中美贸易顺差透视[J]．中国社会科学，2007（5）．

[28] 潘文卿等．全球价值链背景下增加值贸易核算理论综述[J]．统计研究，2015（3）．

[29] 卫瑞等．全球价值链视角下中国增加值出口及其影响因素[J]．数量经济技术经济研究，2015（7）．

[30] 夏明，张红霞．增加值贸易测算：概念与方法辨析．统计研究，2015（6）．

[31] 张咏华．中国制造业增加值出口与中美贸易失衡．财经研究，2013（2）．

企业 R&D 合作投资策略的临界条件分析*

刘嘉玲　刘雅琴　余谦
（武汉理工大学　武汉）

一、引言

现代的技术创新活动面临着技术和市场环境的高度不确定性，企业持有的 R&D 投资机会类似于金融期权多头，可用实物期权的思想刻画不确定环境下企业 R&D 投资收益，所以 Smets 首次将博弈框架与实物期权结合起来，初步建立了不确定环境下对称双寡头的期权博弈模型，分析企业的 R&D 投资决策。随后 Dixit 和 Pindyck 对 Smets 的模型进行了拓展，对领先和追随投资情况下的价值模型及相应的投资临界值进行了系统研究，形成了经典的期权博弈分析框架。

在 Dixit 和 Pindyck 的框架下，针对不确定性条件的企业 R&D 投资决策，国内外研究者们基于不同条件假设，研究了企业作为领先者与追随者进行 R&D 投资的决策时机与项目价值。Weeds 假设竞争者之间存在先占优势和正外部性，研究了对收益不确定的项目做不可逆投资时，先占优势和正外部性对领先者的投资临界值的影响。Pawlina 和 Kort 在初始投资成本不对称条件下，讨论了成本不对称和先动优势对企业投资策略的影响。Kong 等发

* ［基金项目］国家自然科学基金面上项目（71373198）。

［作者简介］刘嘉玲（1992—），女，河南南阳人，硕士研究生，研究方向：期权博弈，企业经济；刘雅琴（1994—），女，湖南湘潭人，硕士研究生，研究方向：创新理论，演化博弈；余谦（1975—），男，湖北荆州人，教授，博士生导师，研究方向：技术创新与管理。

现投资成本和收益等两者都不对称时，同时投资均衡才会出现。Leung 和 Kwok 研究了不完全信息条件下非对称企业两阶段抢占专利投资博弈。研究结果表明，在进入者对在位者的商业成本具有完全信息，而在位者只知道进入者的商业化成本分配的情况下，当占优势的进入者的实物期权价值可能未定或增强时，在位者倾向于积极采取行动，以应对其信息上的弱势和经常遭受实物期权价值的损失。

国内学者雷星晖等分析了竞争环境下推迟投资带来的期权价值对企业投资的影响，发现由于对项目价值未来预期的不同，可能会出现领先者/追随者均衡和协同投资均衡两种情况。余冬平等发展了 Weeds 的模型，在成本不对称双头垄断条件下，给出领先、跟随和同时投资的价值函数和投资临界值。吴建祖等使用 Huisman 和 Kort 建立的模型，分析了对称的双寡头市场中经营成本对投资期权的影响，发现经营成本的影响大于投资成本，并且追随者对于经营成本更为敏感。蒲勇健等分析了研发时间和产出不确定对项目价值及投资临界值的影响，他们的研究表明，研发时间和投资成本的增加在一定程度上降低了期权价值，延迟了企业研发投资；不确定性的增加将提高期权的价值，加速企业研发投资。孙艳梅等构造了研发能力和投资成本均不对称的双寡头垄断期权博弈模型，给出企业作为跟随者、领先者和同时投资者的价值函数，探讨了研发能力对投资临界值的影响。张子健等构建了研发阶段合作、产出阶段竞争的两阶段动态博弈模型，比较分析了不同竞合模式对企业研发投资的影响，结果表明，在研发卡特尔条件下，溢出的增加会提升企业的研发投资水平。宋之杰等讨论了创新成功时间不确定下企业 R&D 合作模式，指出 R&D 投资的未来报酬水平会影响企业的研发投资策略。张国兴等运用不对称双寡头实物期权博弈模型，分析了期权差异对企业研发投资的影响，研究表明，经营成本、政府补贴和价格波动对无暂停期权企业投资临界值的影响大于有暂停期权企业，对跟随投资临界值的影响大于领先投资。

在经济全球化、信息网络化和知识产业化的趋势下，创新企业可以通过合作创新共享创新资源，分担创新成本，降低创新风险，合作创新已成为企业进行 R&D 投资决策时的重要策略选择。因此，本文将合作创新策略引入期权博弈的分析框架，比较对称双寡头企业通过合作创新进行 R&D，或通过领先、追随、同时投资等独立 R&D 活动可获得的项目收益，分析企业选择 R&D 合作创新投资的最优策略及投资临界点。

二、引入合作策略的研发投资期权博弈模型

本文假设双寡头市场中对称的竞争企业1和竞争企业2，同时考虑研发一种新产品。不失一般性，设该新产品的市场反需求函数为：$P=\theta-aQ$，其中，P是市场价格，Q是市场的总供给量，$a>0$是常数，θ（$\theta>0$）是一个表示该市场潜在需求的随机变量，服从几何布朗运动：$d\theta=a\theta dt+\sigma\theta dz$，其中，$a>0$，是正的漂移率参数，在经济上代表市场潜在需求的预期增长率；$\sigma>0$，是方差变动率参数，表示市场潜在需求的波动率；dz是维纳过程的增量，遵循标准布朗运动，服从标准正态分布N（0，1）。

在初始时刻，市场上尚无产品供给但存在潜在需求θ_0，此时企业1和企业2将根据市场潜在需求θ_0及市场波动决定研发投资策略。假设两企业在进行R&D投资决策时，不仅会考虑独立投资的时机，还会考虑是否与竞争对手合作创新的策略。两企业将根据作为合作者进行R&D投资的项目价值，和作为领先者、跟随者以及同时独立进行R&D投资时的项目价值比较而进行R&D投资决策。若企业独立进行R&D投资能获得的最大收益高于与竞争对手合作进行R&D投资的收益，则企业会考虑独立进行R&D投资，并根据领先研发、跟随研发及同时研发的项目投资价值选择投资时机。若企业独立进行R&D投资能获得的最大收益低于与竞争对手合作进行R&D合作投资的收益，则企业会考虑是否与对方合作。如果双方均有合作的意愿，则合作投资R&D可形成。

若将企业的投资机会看作永久性看涨期权，则投资决策等同于决定何时执行这一期权。假设企业是风险中性的，无风险利率为r，企业进行生产可获得的利润为$\pi(t)$，那么项目价值为利润流在连续时间上积分的期望：$V(\theta)=E\left[\int_0^{+\infty}\pi(t)e^{-rt}dt\right]$，其中，$\pi(t)$是有关时间的利润函数。

假设厂商i的成本函数为$C_i(q)=c^f+c^v q_i(i=A,B)$，其中，$c^f$表示企业的固定生产成本，相应地$c^v$为可变生产成本。当企业进入市场开始提供产品后，选择自己的最优产量q_i，最大化生产利润$\max\pi=P(Q)q_i-C(q_i)$。当市场上只有一家厂商，垄断产量为$q_m^*=\frac{\theta-c^v}{2a}$，此时的利润流为$\pi_m=\frac{\theta^2}{4a}-$

$\frac{c^v\theta}{2a}+\frac{(c^v)^2}{4a}-c^f$。当市场上有两家企业进行竞争时，古诺均衡的产量为 $q_c^*=\frac{\theta-c^v}{3a}$，此时的利润流为 $\pi_c=\frac{\theta^2}{9a}-\frac{2c^v\theta}{9a}+\frac{(c^v)^2}{9a}-c^f$。

假设厂商在进入市场化阶段前需要投入研发费用 I，则当两企业选择投资策略进行 R&D 活动，可形成四种情形：企业 1 和企业 2 合作进行 R&D 投资；企业 1 领先研发，企业 2 跟随研发；企业 2 领先研发，企业 1 跟随研发；企业 1 和企业 2 同时独立研发。因两企业为对称企业，则企业 1 和企业 2 作为合作者（C）、领先者（L）、追随者（F）、同时独立研发者（D）的利润净现值函数相同，且分别为：

（1）作为合作者进行 R&D 投资的利润净现值函数：

$$V(\theta)_C=\frac{1}{2}\left[E\int_0^{+\infty}e^{-rt}\pi_m(t)d_t-I\right]$$

（2）作为领先者进行 R&D 投资的利润净现值函数：

$$V(\theta)_L=E\left[\int_0^T\pi_m e^{-rt}dt\right]+E\left[\int_T^{+\infty}\pi_c e^{-rt}dt\right]-I$$

（3）作为追随者进行 R&D 投资的利润净现值函数：

$$V(\theta)_F=E\left[\int_T^{+\infty}\pi_c e^{-rt}dt\right]-I$$

（4）作为同时独立投资者进行 R&D 投资的利润净现值函数：

$$V(\theta)_D=E\left[\int_0^{+\infty}\pi_c e^{-rt}dt\right]-I$$

三、研发投资策略的利润净现值函数与投资临界值

首先，比较分析企业作为领先者（L）、追随者（F）以及同时独立研发者（D）投资 R&D 可获得的利润净现值。

因为 $E\left[\int_0^{+\infty}\pi_c e^{-rt}dt\right]>E\left[\int_T^{+\infty}\pi_c e^{-rt}dt\right]$，所以 $V(\theta)_D>V(\theta)_F$。

由垄断利润与寡头利润比较知 $\pi_m>\pi_c$，所以 $E\left[\int_0^T\pi_m e^{-rt}dt\right]>E\left[\int_0^T\pi_c e^{-rt}dt\right]$，则有：

$$V(\theta)_L = E\left[\int_0^T \pi_m e^{-rt}dt\right] + E\left[\int_T^{+\infty} \pi_c e^{-rt}dt\right] - I > E\left[\int_0^T \pi_c e^{-rt}dt\right] + E\left[\int_T^{+\infty} \pi_c e^{-rt}dt\right] - I = V(\theta)_D$$

综上可知，若两企业独立进行 R&D 投资，有 $V(\theta)_L > V(\theta)_D > V(\theta)_F$。

其次，分析两企业是否会选择合作投资 R&D 的策略。因为本文假设两企业为对称企业，如果合作投资 R&D 可获得比独立研发能获得的最大收益，则两企业都会选择合作策略，合作投资 R&D 将可实现，所以关键在于 $V(\theta)_C$和 $V(\theta)_L$ 的大小比较。$V(\theta)_C$ 和 $V(\theta)_L$ 可展开计算如下：

（1）$V(\theta)_C$ 与两企业合作投资 R&D 的市场需求临界值 θ_C。

展开 $V(\theta)_C$ 可得，企业作为合作者投资 R&D 可获得的利润净现值函数为：

$$V(\theta)_C = \frac{1}{2}E\left[\int_0^{+\infty}\left(\frac{\theta^2}{4a} - \frac{c^v\theta}{2a} + \frac{(c^v)^2}{4a} - c^f\right)e^{-rt}dt\right] - \frac{1}{2}I$$

由于积分项 θ^2 是一个随机变量，利用伊藤引理，可以发现，当 θ 服从几何布朗运动时，即 $d\theta = \alpha\theta dt + \sigma\theta dz$，$\theta^2$ 服从漂移率为 $2\alpha + \sigma^2$，方差变动率为 $4\sigma^2$ 的几何布朗运动，即：$d(\theta^2) = (2\alpha + \sigma^2)\theta^2 dt + 2\sigma\theta^2 dz$。

根据积分和期望的可交换性，先对积分项随机变量求期望，利用几何布朗运动期望公式有：$E\left(\frac{\theta^2}{4a}\right) = \frac{\theta^2}{4a}e^{(2\alpha+\sigma^2)t}$，并且根据前提广义积分的收敛性，有：

$$E\int_0^{+\infty} e^{-rt}\frac{\theta^2}{4a}dt = \int_0^{+\infty}\frac{\theta^2}{4a}e^{-(r-2\alpha-\sigma^2)t}dt = \frac{\theta^2}{4a(r-2\alpha-\sigma^2)}$$

$$E\int_0^{+\infty}\left(-\frac{c^v\theta}{2a}\right)e^{-rt}dt = -\frac{\theta c^v}{2a(r-\alpha)}$$

$$E\int_0^{+\infty}\left(\frac{(c^v)^2}{4a} - c^f\right)e^{-rt}dt = \frac{(c^v)^2}{4ar} - \frac{c^f}{r}$$

假设 $r - 2\alpha - \sigma^2 > 0$，$r - \alpha > 0$，可以使上述广义积分收敛。由上述式子可以得出：

令 $G(\theta) = \frac{\theta^2}{4a(r-2\alpha-\sigma^2)} - \frac{\theta c^v}{2a(r-\alpha)} + \frac{(c^v)^2}{4ar} - \frac{c^f}{r}$，

则有 $V(\theta)_C = \frac{1}{2}\left(\frac{\theta^2}{4a(r-2\alpha-\sigma^2)} - \frac{\theta c^v}{2a(r-\alpha)} + \frac{(c^v)^2}{4ar} - \frac{c^f}{r} - I\right) = \frac{1}{2}[G(\theta) - I]$

进一步地，可由 $V(\theta)_C=0$ 的临界值，求出两企业合作投资 R&D 的市场需求临界值 θ_C。

由 $V(\theta)_C=0$，即$\frac{\theta^2}{4a(r-2\alpha-\sigma^2)}-\frac{\theta c^v}{2a(r-\alpha)}+\frac{(c^v)^2}{4ar}-\frac{c^f}{r}-I=0$。

令 $A=\frac{1}{4a(r-2\alpha-\sigma^2)}$；$B=-\frac{c^v}{2a(r-\alpha)}$；$C=\frac{(c^v)^2}{4ar}-\frac{c^f}{r}-I$，上式可变为 $A\theta+B\theta+C=0$。又因为 $r-2\alpha-\sigma^2>0$，所以 $A>0$，依据生产函数的固定成本 c^f 要比单位产品生产成本 c^v 大很多的事实，可以得到$\frac{(c^v)^2}{4ar}-\frac{c^f}{r}-I<0$，即 $C<0$。

因此有 $\Delta=B^2-4AC>0$，故方程 $A\theta+B\theta+C=0$ 必定存在唯一一个正根：

$$\theta_C=\frac{-B+\sqrt{B^2-4AC}}{2A}$$

（2）$V(\theta)_L$ 与两企业合作投资 R&D 的市场需求临界值 θ_L。

展开 $V(\theta)_L$ 可得，企业作为领先者投资 R&D 可获得的利润净现值函数为：

$$V(\theta)_L=E\int_0^T e^{-rt}\left(\frac{\theta^2}{4a}-\frac{c^v\theta}{2a}+\frac{(c^v)^2}{4a}-c^f\right)dt+E\int_T^{+\infty}e^{-rt}\left(\frac{\theta^2}{9a}-\frac{2c^v\theta}{9a}+\frac{(c^v)^2}{9a}-c^f\right)dt-I$$

其中等式右边第一项为垄断利润流的净现值，第二项为古诺均衡利润流的净现值。

由于 $E(e^{-rT})=\left(\frac{\theta}{\theta_F}\right)^{\beta}$（$\beta$ 为在投资之前 dt 时间段的贝尔曼方程 $rVdt=E(dV)$ 的一个解，其中 $\beta>2$，θ_F 是追随者开始投资的临界值。）

令 $F(\theta)=\frac{\theta^2}{9a(r-2\alpha-\sigma^2)}-\frac{2\theta c^v}{9a(r-\alpha)}+\frac{(c^v)^2}{9ar}-\frac{c^f}{r}$，在无套利条件下，依据伊藤引理和微分方程求解公式，可以求出：

$V(\theta)_L=\left(\frac{\theta}{\theta F}\right)^{\beta}[G(\theta_F)+F(\theta_F)]+G(\theta)-I$，其中：

$$G(\theta)=\frac{\theta^2}{4a(r-2\alpha-\sigma^2)}-\frac{\theta c^v}{2a(r-\alpha)}+\frac{(c^v)^2}{4ar}-\frac{c^f}{r}$$

$$G(\theta_F)=\frac{(\theta_F)^2}{4a(r-2\alpha-\sigma^2)}-\frac{\theta_F c^v}{2a(r-\alpha)}+\frac{(c^v)^2}{4ar}-\frac{c^f}{r}$$

$$F(\theta_F)=\frac{(\theta_F)^2}{9a(r-2\alpha-\sigma^2)}-\frac{2\theta_F c^v}{9a(r-\alpha)}+\frac{(c^v)^2}{9ar}-\frac{c^f}{r}$$

且领先研发者开始投资的临界值 θ_L 满足下述等式 $(\beta-2)A\theta^2+(\beta-1)B\theta+\beta C=0$。由于 $\beta>2$，$A>0$，$B<0$，$C>0$，可得 $\Delta=(\beta-1)^2B^2-4(\beta-2)\beta AC>0$，故方程必定存在唯一正根 $\theta_L=\frac{-(\beta-1)B+\sqrt{(\beta-1)^2B^2-4(\beta-2)\beta AC}}{2(\beta-2)A}$。

四、均衡分析

由以上分析可知，企业选择不同投资策略的利润净现值取决于市场需求 θ 与竞争对手的策略，但因本文模型假设两竞争企业为对称企业，且已知 $V(\theta)_L>V(\theta)_D>V(\theta)_F$，则两企业均衡策略的选择可简化为 $V(\theta)_C$ 和 $V(\theta)_L$ 的大小比较。

由上文分析可知 $\theta_C=\frac{-B+\sqrt{B^2-4AC}}{2A}$，以及

$$\begin{aligned}\theta_L&=\frac{-(\beta-1)B+\sqrt{(\beta-1)^2B^2-4(\beta-2)\beta AC}}{2(\beta-2)A}\\&=\frac{-\left(\frac{\beta-1}{\beta-2}\right)B+\sqrt{\left(\frac{\beta-1}{\beta-2}\right)^2B^2-4\frac{\beta}{\beta-2}AC}}{2A}\\&=\left(\frac{\beta-1}{\beta-2}\right)\frac{-B+\sqrt{B^2-4AC+4\frac{1}{(\beta-1)^2}AC}}{2A}\end{aligned}$$

因为 $\beta>2$，$A>0$，$C<0$，所以由 $\frac{\beta-1}{\beta-2}>1$ 以及 $4\frac{1}{(\beta-1)^2}AC<0$，可知 θ_C 与 θ_L 大小关系不定。但易知 $\theta_C<\theta_F$ 及 $\theta_L<\theta_F$，因此以下分两种情况讨论企业的均衡策略。

(1) 若 $\theta_C<\theta_L<\theta_F$

则当 $\theta\in[0,\theta_C)$，该研发项目的期望价值为0，两企业均会选择等待。

当 $\theta\in[\theta_C,\theta_L)$，则此时 $V(\theta)_C>0$，$V(\theta)_L=0$，两企业会选择合作投资进行 R&D。

当$\theta \in [\theta_L, \theta_F)$，则此时两企业会比较$V(\theta)_C$与$V(\theta)_L$的大小，再决定选择什么投资策略。此时，若$V(\theta)_C \geqslant V(\theta)_L$，即$\frac{1}{2}[G(\theta) - I] \geqslant \left(\frac{\theta}{\theta F}\right)^{\beta}[G(\theta_F) + F(\theta_F)] + G(\theta) - I$，化简可得$I \geqslant 2\left(\frac{\theta}{\theta_F}\right)^{\beta}[G(\theta_F) + F(\theta_F)] + G(\theta)$，那么对两企业而言，合作投资研发的收益占优，两企业均会选择合作研发的策略。

若$V(\theta)_C < V(\theta)_L$，即$\frac{1}{2}[G(\theta) - I] < \left(\frac{\theta}{\theta F}\right)^{\beta}[G(\theta_F) + F(\theta_F)] + G(\theta) - I$，化简可得$I < 2\left(\frac{\theta}{\theta_F}\right)^{\beta}[G(\theta_F) + F(\theta_F)] + G(\theta)$，那么对两企业而言，领先投资研发的收益占优，两企业均会选择抢滩投资的策略。

当$\theta \in [\theta_F, +\infty)$，若竞争企业已抢滩投资，此时另一企业会选择跟随投资。

(2) 若$\theta_L < \theta_C < \theta_F$

则当$\theta \in [0, \theta_L)$，该研发项目的期望价值为0，两企业均会选择等待。

当$\theta \in [\theta_L, \theta_C)$，则此时$V(\theta)_L > 0$，$V(\theta)_C = 0$，两企业会选择抢滩投资进行R&D。

当$\theta \in [\theta_C, \theta_F)$，则此时两企业会比较$V(\theta)_C$与$V(\theta)_L$的大小，再决定选择什么投资策略。此时，若$V(\theta)_C \geqslant V(\theta)_L$，即$I \geqslant 2\left(\frac{\theta}{\theta_F}\right)^{\beta}[G(\theta_F) + F(\theta_F)] + G(\theta)$，那么对两企业而言，合作投资研发的收益占优，两企业均会选择合作研发的策略。

若$V(\theta)_C < V(\theta)_L$，即$I < 2\left(\frac{\theta}{\theta_F}\right)^{\beta}[G(\theta_F) + F(\theta_F)] + G(\theta)$，那么对两企业而言，领先投资研发的收益占优，两企业均会选择抢滩投资的策略。

当$\theta \in [\theta_F, +\infty)$，若竞争企业已抢滩投资，此时另一企业会选择跟随投资。

五、结论

本文针对合作创新策略的决策条件，建立了对称双寡头研发投资期权博弈模型，研究了在不确定性条件下两竞争企业选择 R&D 投资的最优策略与投资时机。该期权博弈模型的均衡分析表明，当企业考虑合作创新的策略时，其 R&D 的投资决策不同于经典期权博弈框架下的分析结果。

本文分析了市场潜在需求以及创新成本等条件下企业 R&D 合作创新策略的决策临界值与最优投资时机。结果表明，市场潜在需求的预期增长率 a，波动率 σ，无风险利率 r，固定生产成本 c^f，可变生产成本 c^v，研发成本 I 将决定合作策略与抢滩策略市场需求临界值 θ_C 与 θ_L 的大小关系，而市场的潜在需求 θ 以及研发成本 I 的大小会影响企业是选择合作投资 R&D 还是抢滩投资 R&D。

具体而言，若 $\theta_C<\theta_L<\theta_F$，且 $I\geqslant 2\left(\frac{\theta}{\theta_F}\right)^{\beta}[G(\theta_F)+F(\theta_F)]+G(\theta)$，则两企业均会在 $\theta\in[0,\ \theta_C)$ 选择等待，在 $\theta\in[\theta_C,\ \theta_F)$ 企业选择合作投资 R&D；若 $\theta_C<\theta_L<\theta_F$，且 $I<2\left(\frac{\theta}{\theta_F}\right)^{\beta}[G(\theta_F)+F(\theta_F)]+G(\theta)$，则两企业均会在 $\theta\in[0,\ \theta_C)$ 选择等待，在 $\theta\in[\theta_C,\ \theta_L)$ 选择合作投资 R&D，在 $\theta\in[\theta_L,\ \theta_F)$ 选择抢滩投资 R&D。若 $\theta_L<\theta_C<\theta_F$，且 $I\geqslant 2\left(\frac{\theta}{\theta_F}\right)^{\beta}[G(\theta_F)+F(\theta_F)]+G(\theta)$，则两企业均会在 $\theta\in[0,\ \theta_L)$ 选择等待，在 $\theta\in[\theta_L,\ \theta_C)$ 选择抢滩投资 R&D，在 $\theta\in[\theta_C,\ \theta_F)$ 选择合作投资 R&D；若 $\theta_L<\theta_C<\theta_F$，且 $I<2\left(\frac{\theta}{\theta_F}\right)^{\beta}[G(\theta_F)+F(\theta_F)]+G(\theta)$，则两企业均会在 $\theta\in[0,\ \theta_L)$ 选择等待，在 $\theta\in[\theta_L,\ \theta_F)$ 选择抢滩投资 R&D。

可见在市场潜在需求较小，但达到合作投资市场需求临界值 θ_C，研发成本较大，超过临界值时，企业会倾向于与竞争对手合作投资 R&D 以降低风险，分担成本；在市场潜在需求较大，但达到抢滩策略市场需求临界值 θ_L，研发成本较小，低于临界值时，企业会倾向于抢滩投资 R&D，以争取先动优势获取垄断利润。

创新驱动发展是我国的国家发展核心战略，政府根据市场与企业的实际条件，设定因地制宜的创新激励政策，将有利于优化创新资源配置，推动我国的国家创新体系建设。由本文分析可见，对于研究成本大于合作创新决策临界值的 R&D 项目，中小企业的最优策略是合作创新，此时政府应鼓励企业间的合作，促成合作创新的形成；对于研究成本小于合作创新决策临界值的 R&D 项目，中小企业的最优投资策略是抢滩投资，此时政府则可以激励企业自主创新，通过保护知识产权、提供金融支持等政策措施降低企业的创新风险。

参考文献

[1] Smets F. R. Essays on Foreign Direct Investment [D]. Yale University, 1993.

[2] Dixit A. , Pindyck R. S. Investments under Uncertainty [M]. Princeton, NJ: Princeton University Press, 1994.

[3] Weeds H. Strategic Delay in a Real Options Model of R&D Competition [J]. Review of Economic Studies, 2002, 69 (3): 729 – 747.

[4] Pawlina G. , Kort P. M. Real Options in An Asymmetric Duopoly: Who Benefits from Your Competitive Disadvantage [J]. Journal of Economics & Management Strategy, 2006, 15 (1): 1 – 35.

[5] Kong J. J. , Kwon Y. K. Real Options in Strategic Investment Games Between Two Asymmetric Firms [J]. European Journal of Operational Research, 2007, 2 (181): 967 – 985.

[6] Leung C. , Kwok Y. Patend – investment Games under Asymmetric Information [J]. European Journal of Operational Research, 2012 (223): 441 – 451.

[7] 雷星晖，李来俊．竞争环境下基于期权博弈的 R&D 投资决策研究[J]. 管理科学，2004，17 (1): 85 – 89.

[8] 余冬平，邱菀华．R&D 投资决策的不对称双头垄断期权博弈模型[J]. 系统工程，2005，23 (2): 31 – 34.

[9] 吴建祖，宣慧玉．不完全信息条件下企业 R&D 最优投资时机的期权博弈分析[J]. 系统工程理论与实践，2006，26 (4): 50 – 54.

[10] 蒲勇健，许光超．竞争条件下基于实物期权的 R&D 投资决策分析[J]. 科技管理研究，2009 (6): 341 – 343.

[11] 孙艳梅，孙长雄．技术不确定条件下 R&D 投资决策的期权博弈模型[J]. 哈尔滨工程大学学报，2010，31 (8): 1115 – 1122.

[12] 张子健，刘伟．不同竞合模式下企业研发投资决策及绩效——基于不确定条件的分析[J]. 管理工程学报，2010，24 (2): 104 – 110.

[13] 宋之杰，孙其龙．创新成功时间不确定条件下企业研发竞合模式分析[J]. 科学学与科学技术管理，2012，33 (7): 118 – 125.

[14] 张国兴，高秀林，汪应洛．基于期权差异的不对称双寡头投资决策模型[J]. 系统工程理论与实践，2015 (3): 751 – 762.

技术进步偏向性会存在跨国传递吗？*

焦翠红[1] 董直庆[2] 王林辉[2]
（1. 吉林大学商学院，吉林 长春 130012；
2. 华东师范大学经济学院，上海 200241）

一、引言

内生经济增长模型指出，技术进步是R&D和人力劳动共同作用的结果，通常资本和劳动密集度可以在某种程度上刻画技术水平，按照要素密集度，又可细分为劳动或资本增进型技术。大多数发展中国家劳动力资源丰富而资本相对稀缺，资本价格高昂和劳动成本低廉，发展中国家应该更偏向于使用劳动密集型技术。然而，20世纪中后期以来，作为发展中国家的中国明显呈现资本偏向型技术进步。中国技术进步方向为什么会出现逆要素禀赋结构呢？事实上，发达国家主要依靠自主创新实现技术进步，而发展中国家更多通过技术引进方式实现技术升级，引进国外先进技术在学习中模仿创新成为中国技术进步的主要方式。由于来自创新国家的技术进步往往蕴含技术创新国的要素禀赋和要素结构特性，当技术引进国和技术创新国

* ［基金项目］国家社会科学基金重点项目"新常态下我国经济增长动力转换和新增长点培育研究"（批准号15AZD002）；国家自然科学基金项目"要素与技术耦合视角下技术进步偏向性的形成机理、路径转换和跨国传递机制研究"（批准号71573088）。

［作者简介］焦翠红（1988—），女，河南安阳人，吉林大学商学院博士研究生；董直庆（1974—），男，浙江温州人，华东师范大学经济学院教授，博士生导师；王林辉（1973—），女，吉林长春人，华东师范大学经济与管理学部教授，博士生导师。本文作者为中国数量经济学会会员。

要素禀赋结构出现非一致时，技术进步方向可能发生变化。

在近代缫丝机器技术的引进与应用过程中，就反映出技术进步偏向性的变化。历史资料显示，自19世纪60年起，迫于家庭手缫蚕丝难以达到欧美市场的质量要求而出口份额和价格不断下降的压力，中国开始引入生产效率更高的机器缫丝技术，长三角和珠三角地区表现尤为明显，两个区域的机器缫丝技术均从法国和意大利等国引进。长三角的丝厂采用的机器设备大都是全套从外国引进，或是直接租用外商的厂房和机器，而珠三角机器缫丝厂最初所使用的缫丝设备是经过陈启沅本土化改良的，不像长三角各厂商一样直接使用进口的蒸汽机缫丝技术，而是引入女工脚踏转动替代蒸汽动力，厂商将联机丝车改为单机丝车，这两项改良主要带来两个益处：①降低了固定资产投资和规模化生产的约束。一台蒸汽机可以牵引4～20台缫丝车，这要求一家丝厂至少要有4台或更多数量的丝车，意味着蒸汽机缫丝技术的应用需要大量资本和规模化的生产组织方式，那个时期中国资本的稀缺使得这种机器的应用受到很大限制。经陈启沅本地化改造后，投资规模大大降低，当时上海的建厂成本高达13万元，而珠三角当地丝厂的实际平均固定资本投入仅为2.6万元。另外，虽然长三角地区有着更多更先进的机器厂房设备，但这些资本并未得到有效利用。张茂元和邱泽奇根据史料计算指出，1894～1930年，长三角丝厂平均每年开工240天。在江苏吴江的合作丝厂，1929～1935年均开工甚至只有172天，而珠三角的丝厂一般能够维持全年开工。②人工动力的缫丝技术更加适合当时的纺织业和中国农业劳动密集型特征。一方面，改良后的新技术操作难度下降，增加了蚕农和缫丝工人接受技术革新的可能性；另一方面，在投资或产出等同条件下，珠二角丝厂能够吸纳更多从家庭缫丝业中析出的剩余劳动力，缓解了传统手工生产和机器作业的矛盾，加速了机器缫丝技术的应用。

当然，技术在长三角的直接使用和在珠三角的改良，产生了截然不同的效果。在近代中国缫丝技术变革的1860～1936年，长三角机器缫丝业的发展速度和规模远远落后于珠三角，19世纪90年代期间，珠三角年均生产厂丝2.6万担，是长三角的3.6倍。1900年，珠三角年均厂丝产量达到4.1万担，为长三角的2.6倍。直到1924年之前，珠三角厂丝产值都要高于长三角。同时，机器缫丝技术引入后带来的蚕茧商品化程度反映了先进技术的应用速度，1900年和1920年，长三角蚕茧的商品化率分别小于20%和41%，而珠三角的蚕茧商品化率在这两个时期则分别大于53%和96%。相同的机器缫丝技术改良与否在长三角和珠三角区的应用出现显著的差异。为什么在珠三角地区，技术进步偏向性出现如此明显的改变？答案在于，珠三角地区对技术的退步性改良促进了产业大发展和技术效率，反映出并非先进的技术就一定能够得到普遍应用和提高生产效率。技术引进与技术应用能否成功发挥效率关键在于技术的适宜性，要素禀赋差异决定了技术进步适用范围的区别。

带有技术创新国特有要素偏向特质技术的引进，是否与技术引进国要素禀赋相匹配直接影响技术应用的速度和模式。因为，对于机器缫丝技术，19世纪后半期欧美机械化程度的提高和资本积累，这种技术明显蕴藏着资本偏向性特质，其效率发挥需要借助于类似密集度的资本和技能劳动。对于存在大量剩余劳动力的近代中国而言，尤其是典型劳动密集型的缫丝业，资本偏向型的机器缫丝技术与劳动相对丰裕的要素结构存在严重失衡，而珠三角地区将蒸汽动力改为人工动力且将联机丝车改为单机丝车，结合本地劳动力充裕的要素禀赋结构特征对技术再改造，减弱了引进技术本身的资本偏向度，使之更加符合本地要素结构的偏向特质，促进了技术的应用和发展。

技术进步偏向性在跨国传递过程中出现变化，究其原因，主要有两个：一是贸易自由化引发市场竞争的结果。当国外资本或技能偏向型技术引进，其生产的资本和技能密集型产品更具竞争力，发展中国家面对发达国家贸易竞争，外来竞争带来的直接后果便是发展中国家企业市场份额下降、利润减少，甚至面临被淘汰的威胁。这种情况下国内企业会进行防御性创新，积极增加研发投入，不断增加对技能密集型技术的研发，从而使得技术进步偏向性得到传递。二是产品价格竞争诱致利润变化的结果。资本和技能劳动充裕的北方国家与技能稀缺的南方国家进行贸易，发展中国家在贸易开放后市场上出现大量来自发达国家技能密集型产品，这类产品价格高但质量及竞争力强，厂商利用资本和技能偏向型技术组织生产更加有利可图，促使技术进步也朝向资本和技能偏向型方向发展，技术进步偏向性从技术创新国传递到技术引进国，即价格驱动引致技术进步偏向性发生传递。不过，技术进步偏向性方向和强度并非固定，一国技术研发和创新内生于该国的要素禀赋和要素投入结构，由于南北国家在要素禀赋方面存在明显区别，如果发展中国家直接引进使用发达国家的前沿技术，将会导致技术与本国要素结构的非匹配，进而造成发展中国家和发达国家生产效率及产出的巨大差距，往往会依据要素禀赋结构有选择性地引进技术或对技术进行本地化创新，使技术进步偏向性方向和强度发生变化。

就我们研究所及，技术进步偏向性跨国传递机制并未得到学术界的重视，并且相对缺乏技术偏向特质与要素禀赋结构的相互作用机制研究。本文的研究思路主要体现在三个方面：一是在 Xu（2001）和 Acemoglu（2003）的模型基础上，通过在内生技术进步模型中同时引入自主研发和技术引进部门，构建了技术进步偏向性跨国传递模型，分析蕴含发达国家要素禀赋特征的技术偏向属性随着技术的引进如何传递到发展国家，模拟传递过程中自主研发和技术引进部门的技术进步偏向趋势和偏向强度的变化趋势，探讨技术进步偏向性在南北国家间的传递机制，更好地包容发展中国家技术创新活动的特殊性；二是以技术进步本身的偏向特质与要素禀赋结构之间的互动为切入点，深入分析一国要素禀赋如何影响技术的偏向性方向和强度；三是引入技术进步适配性，考察在不同技术进步差距及技术适配度条件下，技术进步偏向性跨国传递路径的动态变化过程。

本文的剩余结构安排如下：第二部分理论模型；第三部分参数赋值和模型推断；第四部分数值模拟结果与评价；第五部分基本结论。

二、理论模型

（一）技术外生约束下技术进步偏向性跨国传递模型

发展中国家最终产品由两部门产品组合生产：一是利用自主研发技术进行生产的部门；二是通过引进研发获取技术进行生产的部门，并且两部门产品为单位替代弹性，总量生产函数采用 C－D 形式：

$$F(X, Y) = X^{\rho} Y^{1-\rho} \tag{1}$$

式中，F(·) 表示最终产出，X、Y 分别为自主研发部门和技术引进部门生产的产品，$0<\rho<1$，表示采用自主研发技术生产的产品在最终产品生产中的贡献程度。

根据利润最大化一阶条件可得：

$$\frac{P_X X}{P_Y Y} = \frac{\rho}{1-\rho} \tag{2}$$

式中，P_X、P_Y 分别表示 X、Y 产品的价格。

两部门产品生产均需要投入劳动（L）和资本（K）要素，生产函数采用 CES 形式：

$$X=[(A_XL_X)^{\frac{\varepsilon-1}{\varepsilon}}+(B_XK_X)^{\frac{\varepsilon-1}{\varepsilon}}]^{\frac{\varepsilon}{\varepsilon-1}},\ Y=[(A_YL_Y)^{\frac{\varepsilon-1}{\varepsilon}}+(B_YK_Y)^{\frac{\varepsilon-1}{\varepsilon}}]^{\frac{\varepsilon}{\varepsilon-1}} \quad (3)$$

式中，A_i 和 B_i 分别表示 $i(i=X,\ Y)$ 部门生产中劳动和资本的技术效率，ε 为两种要素的替代弹性，表示要素相对边际产出变化的比例引起的要素投入百分比的变化。

通过求解成本最小化问题可得 X、Y 产品的单位成本函数：

$$c_X=\left[\left(\frac{\omega}{A_X}\right)^{1-\varepsilon}+\left(\frac{r}{B_X}\right)^{1-\varepsilon}\right]^{\frac{1}{1-\varepsilon}},\ c_Y=\left[\left(\frac{\omega}{A_Y}\right)^{1-\varepsilon}+\left(\frac{r}{B_Y}\right)^{1-\varepsilon}\right]^{\frac{1}{1-\varepsilon}} \quad (4)$$

式中，ω、r 分别为劳动和资本的价格，在完全竞争市场上等于要素的边际报酬。

单位成本函数关于劳动和资本的价格求偏导，得到两种产品生产过程中的资本密集度：

$$k_X=\frac{\frac{\partial c_X}{\partial r}}{\frac{\partial c_X}{\partial \omega}}=\gamma^{-\varepsilon}(\beta_X)^{\varepsilon-1} \quad (5)$$

$$k_Y=\frac{\frac{\partial c_Y}{\partial r}}{\frac{\partial c_Y}{\partial \omega}}=\gamma^{-\varepsilon}(\beta_Y)^{\varepsilon-1} \quad (6)$$

式中，$\frac{\partial c_i}{\partial \omega}$、$\frac{\partial c_i}{\partial r}$分别表示 i 部门单位产出所需投入的劳动力、资本数量，$\gamma=\frac{r}{\omega}$，代表资本和劳动的相对边际报酬，$\beta_i=\frac{B_i}{A_i}$，表示 i 部门中资本与劳动的相对技术效率，在替代弹性确定的条件下，代表了技术进步偏向性。上述表达式说明，在要素相对价格保持不变时，技术进步偏向性的变动会影响要素投入结构。

假设最终产品市场完全竞争，根据完全竞争的零利润条件并结合式（5）、式（6）可得：

$$P_X=c_X=\frac{\omega}{A_X}(1+\gamma k_X)^{\frac{1}{1-\varepsilon}},\quad P_Y=c_Y=\frac{\omega}{A_Y}(1+\gamma k_Y)^{\frac{1}{1-\varepsilon}}$$

因此，两部门产品的相对价格关系为：

$$\frac{P_X}{P_Y}=\frac{A_Y}{A_X}\left(\frac{1+\gamma k_X}{1+\gamma k_Y}\right)^{\frac{1}{1-\varepsilon}} \tag{7}$$

进一步考虑要素市场，假设要素无弹性供给并且市场完全竞争，要素市场出清条件为：

$$\frac{\partial c_X}{\partial \omega}\times X+\frac{\partial c_Y}{\partial \omega}\times Y=L,\quad \frac{\partial c_X}{\partial r}\times X+\frac{\partial c_Y}{\partial r}\times Y=K$$

利用式（4）单位成本函数并结合零利润条件可得：

$$\frac{1}{A_X}(1+\gamma k_X)^{\frac{\varepsilon}{1-\varepsilon}}\times X+\frac{1}{A_Y}(1+\gamma k_Y)^{\frac{\rho}{1-\varepsilon}}\times Y=L$$

$$\frac{k_X}{A_X}(1+\gamma k_X)^{\frac{\varepsilon}{1-\varepsilon}}\times X+\frac{k_Y}{A_Y}(1+\gamma k_Y)^{\frac{\varepsilon}{1-\varepsilon}}\times Y=K$$

求解上述两式构成的联立方程组，可得两种产品的相对产出：

$$\frac{X}{Y}=\frac{A_X(k-k_Y)}{A_Y(k_X-k)}\left(\frac{1+\gamma k_Y}{1+\gamma k_X}\right)^{\frac{\varepsilon}{1-\varepsilon}} \tag{8}$$

式中，$k=\frac{K}{L}$为整个国家的要素禀赋结构。

将式（7）、式（8）依次代入式（2），并利用式（5）和式（6）可以得到：

$$\frac{(1+\gamma^{1-\varepsilon}\beta_X^{\varepsilon-1})(k-\gamma^{-\varepsilon}\beta_Y^{\varepsilon-1})}{(1+\gamma^{1-\varepsilon}\beta_Y^{\varepsilon-1})(\gamma^{-\varepsilon}\beta_X^{\varepsilon-1}-k)}=\frac{\rho}{1-\rho} \tag{9}$$

式（9）反映了在产品市场和要素市场均衡状态下，自主研发部门和技术引进部门技术进步偏向性之间的稳态关系。

为了考察整个经济体的技术进步偏向性，对式（3）两部门生产函数进行变换可得：

$$X=A_XL_X[1+(\beta_Xk_X)^{\frac{\varepsilon-1}{\varepsilon}}]^{\frac{\varepsilon}{\varepsilon-1}},\quad Y=A_YL_Y[1+(\beta_Yk_Y)^{\frac{\varepsilon-1}{\varepsilon}}]^{\frac{\varepsilon}{\varepsilon-1}}$$

将上式代入式（1），从而经济总产出为：

$$F=(A_XL_X)^{\rho}(A_YL_Y)^{1-\rho}\underbrace{[1+(\beta_Xk_X)^{\frac{\varepsilon-1}{\varepsilon}}]^{\frac{\varepsilon\rho}{\varepsilon-1}}[1+(\beta_Yk_Y)^{\frac{\varepsilon-1}{\varepsilon}}]^{\frac{\varepsilon(1-\rho)}{\varepsilon-1}}}_{\text{相对要素技术效率}}$$

等式右边大括号中的内容反映了生产过程中资本与劳动要素的相对技术效率，我们称之为总体经济的技术进步偏向性，记为β，则有：

$$\beta=[1+(\beta_Xk_X)^{\frac{\varepsilon-1}{\varepsilon}}]^{\frac{\varepsilon\rho}{\varepsilon-1}}[1+(\beta_Yk_Y)^{\frac{\varepsilon-1}{\varepsilon}}]^{\frac{\varepsilon(1-\rho)}{\varepsilon-1}} \tag{10}$$

将式（5）、式（6）代入式（10）可得：

$$\beta = [1+\gamma^{1-\varepsilon}(\beta_X)^{\varepsilon-1}]^{\frac{\varepsilon\rho}{\varepsilon-1}}[1+\gamma^{1-\varepsilon}(\beta_Y)^{\varepsilon-1}]^{\frac{\varepsilon(1-\rho)}{\varepsilon-1}} \tag{11}$$

命题1：若假定技术进步外生，技术引进国总体经济的技术进步偏向性取决于自主研发部门与技术引进部门的技术进步偏向性，两部门对技术进步偏向的贡献度依赖于其在最终产品生产中的投入份额，且均衡状态下两部门技术进步偏向性的关系满足式（9）。

（二）技术进步内生约束下技术进步跨国传递模型

生产部门。假设劳动和资本的生产效率取决于单位要素所匹配的机器数量和质量：

$$A_i = \int_0^1 q_{iL}(j)^{\alpha}\left(\frac{M_{iL}(j)}{L_i}\right)^{1-\alpha} d_j, B_i = \int_0^1 q_{iK}(j)^{\alpha}\left(\frac{M_{iK}(j)}{K_i}\right)^{1-\alpha} d_j$$

记 $Z_{iL}=A_iL_i$、$Z_{iK}=B_iK_i$，则有：

$$Z_{iL} = \int_0^1 q_{iL}(j)^{\alpha}(M_{iL}(j))^{1-\alpha}(L_i)^{\alpha} d_j, Z_{iK} = \int_0^1 q_{iK}(j)^{\alpha}(M_{iK}(j))^{1-\alpha}(K_i)^{\alpha} d_j$$

式中，$M_{iL}(j)$、$M_{iK}(j)$ 表示第 j 种劳动互补型、资本互补型机器的数量，$q_{iL}(j)$、$q_{iK}(j)$ 为相应类型机器的质量，$\alpha\in(0, 1)$，衡量了劳动要素在中间产品生产中的投入份额。

进而，两部门产品生产函数可表示为：

$$X = [(Z_{XL})^{\frac{\varepsilon-1}{\varepsilon}}+(Z_{XK})^{\frac{\varepsilon-1}{\varepsilon}}]^{\frac{\varepsilon}{\varepsilon-1}}, \quad Y = [(Z_{YL})^{\frac{\varepsilon-1}{\varepsilon}}+(Z_{YK})^{\frac{\varepsilon-1}{\varepsilon}}]^{\frac{\varepsilon}{\varepsilon-1}}$$

式中，Z_{iL}、Z_{iK}分别表示 i 部门生产中投入的劳动密集型、资本密集型中间产品数量。

在均衡时，利用 i 部门生产利润最大化的一阶条件，可得 Z_{iL}、Z_{iK}产品的相对需求函数：

$$\frac{p_{iL}}{p_{iK}} = \left(\frac{Z_{iL}}{Z_{iK}}\right)^{-\frac{1}{\varepsilon}} \tag{12}$$

Z_{iL}生产企业的利润最大化问题为：

$$\max_{M_{iL}(j)} p_{iL}A_{iL}L_i - \omega L_i - \int_0^1 \vartheta_{iL}(j)M_{iL}(j)d_j$$

式中，$\vartheta_{is}(j)(s=L, K)$ 的价格，上式对 $M_{iL}(j)$ 求偏导，整理可得：

$$M_{iL}(j) = \left[\frac{(1-\alpha)p_{iL}}{\vartheta_{iL}(j)}\right]^{\frac{1}{\alpha}} q_{iL}(j)L_i \tag{13}$$

同理，Z_{iK}生产企业的利润最大化一阶条件为：

$$M_{iK}(j)=[\frac{(1-\alpha)p_{iK}}{\vartheta_{iK}(j)}]^{\frac{1}{\alpha}}q_{iK}(j)K_i \tag{14}$$

假定机器生产的边际成本为 $(1-\alpha)^2$，在垄断市场条件下可得机器的价格，$\vartheta_{is}(j)=1-\alpha$，代入式（13）、式（14），得到不同类型机器需求量：

$$M_{iL}(j)=(p_{iL})^{\frac{1}{\alpha}}q_{iL}(j)L_i\,,\quad M_{iK}(j)=(p_{iK})^{\frac{1}{\alpha}}q_{iK}(j)K_i \tag{15}$$

从而，研发企业获得的垄断利润为：

$$\pi_{iL}(q_{iL}(j))=\alpha(1-\alpha)p_{iL}^{\frac{1}{\alpha}}q_{iL}(j)L_i\,,\ \pi_{iK}(q_{iK}(j))=\alpha(1-\alpha)p_{iK}^{\frac{1}{\alpha}}q_{iK}(j)K_i \tag{16}$$

将机器需求式（15）代入技术进步函数和 Z_{is} 生产函数，推导可得：

$$A_i=p_{iL}^{\frac{1-\alpha}{\alpha}}Q_{iL}\,,\ B_i=p_{iK}^{\frac{1-\alpha}{\alpha}}Q_{iK} \tag{17}$$

$$Z_{iL}=p_{iL}^{\frac{1-\alpha}{\alpha}}Q_{iL}L_i\,,\ Z_{iK}=p_{iK}^{\frac{1-\alpha}{\alpha}}Q_{iK}K_i \tag{18}$$

式中，$Q_{is}=\int_0^1 q_{is}(j)d_j$ 测度了机器的平均质量，式（17）表明要素的生产效率受产品价格和机器质量两种力量的影响，提高使用要素的产品价格或改善与该要素相匹配的机器质量，均会促使该要素生产效率的提高。

技术创新表现为机器质量的提升，机器质量由 q 提升到 $\lambda q(\lambda>1)$ 的概率为 μ，对于自主研发部门而言，研发成本设为 $\varphi\mu q$，即随着机器质量 q 的提升，研发难度逐步加大，为了简化分析，设定研发成本参数 $\varphi=\alpha(1-\alpha)\lambda$。对于技术引进部门，为了使引进技术成功应用，需要对前沿技术进行研发改进，其研发应用成本受到国内外技术差距的影响，设定质量为 q 的引进机器的研发成本为 $\phi\mu q\left(\frac{Q_s^F}{Q_{Ys}^D}\right)^{\xi}$，$\xi$ 表示技术差距对技术引入国研发应用成本的影响程度，体现了技术的适宜性，如果技术引进国的要素禀赋结构与引入技术无法匹配，会导致技术研发应用成本的增加，成本越大则技术非适宜度越强，ξ 为技术适宜性的逆向指标。

技术占优研发企业垄断收益均衡满足贝尔曼方程：

$$rV_{Xs}(q_{Xs}(j))=\pi_{Xs}(q_{Xs}(j))-\mu_{Xs}V_{Xs}(q_{Xs}(j))+\dot{V}_{Xs}(q_{Xs}(j))$$

式中，r 表示利率，$V_{Xs}(q_{Xs}(j))$ 为最前沿技术的市场价值，$\mu_{Xs}V_{Xs}$ 衡量了现有垄断企业被研发出最新技术的企业所取代的可能性，$\dot{V}_{Xs}(q_{Xs}(j))$ 代表由市场不确定性带来的价值变动。

假定研发领域可以自由进入，意味着研发净收益为零，则有：

$$\mu_{X_s}V_{X_s}(q_{X_s}(j+1)) = \varphi\mu_{X_s}q_{X_s}(j)$$

在均衡增长路径（BGP）上$\dot{V}=0$，结合上述技术市场均衡条件得到研发利润：

$$\pi_{X_s}(\lambda q_{X_s}(j)) = \alpha(1-\alpha)\lambda(r+\mu_{X_s})q_{X_s}(j) \tag{19}$$

结合式（16）、式（19）可得自主创新概率：

$$\mu_{XL} = p_{XL}^{\frac{1}{\alpha}}L_X - r,\ \mu_{XK} = p_{XK}^{\frac{1}{\alpha}}K_X - r \tag{20}$$

在均衡路径上有$\dot{V}=0$，意味着两类机器具有相同的创新率$\mu_{XL}=\mu_{XK}$，利用式（20），得到技术市场均衡条件：

$$\frac{p_{XK}}{p_{XL}} = \left(\frac{K_X}{L_X}\right)^{-\alpha} \tag{21}$$

联系式（15）、式（21）可以发现，均衡状态下要素的价格效应和市场规模效应相互抵消，因此对劳动互补型和资本互补型机器的相对需求$\frac{M_{iL}}{M_{iK}}$独立于两类要素的相对供给$\frac{K_i}{L_i}$。

联立式（12）、式（18）、式（21），可得自主研发部门中资本互补型机器与劳动互补型机器的相对平均质量水平关于要素投入结构的函数：

$$\frac{Q_{XK}}{Q_{XL}} = \left(\frac{K_X}{L_X}\right)^{\alpha(\varepsilon-1)} \tag{22}$$

进一步推导，得到自主研发部门中的技术进步偏向性为：

$$\beta_X = \frac{p_{XL}^{\frac{(1-\alpha)}{\alpha}}Q_{XL}}{p_{XK}^{\frac{(1-\alpha)}{\alpha}}Q_{XK}} = (k_X)^{\alpha\varepsilon-1} \tag{23}$$

式（23）表明，在技术进步内生决定时，自主研发部门的技术偏向性内生于该部门的要素投入结构，作用方向依赖于资本和劳动的替代弹性和中间品生产过程中的要素份额，如果$\alpha\varepsilon>1$，即资本和劳动替代弹性足够大时，资本（劳动）相对投入的增加会引致相对资本（劳动）增进型技术进步；如果$\alpha\varepsilon<1$，资本（劳动）相对投入的增加反而引致相对劳动（资本）增进型技术进步；如果$\alpha\varepsilon=1$，技术进步呈现中性。

同理，在技术引进部门中，利用创新垄断收益最大化和市场自由进入的均衡条件，可得技术引进部门的创新概率：

$$\mu_{YL} = \frac{p_{YL}^{\frac{1}{\alpha}}L_Y}{\left(\frac{Q_L^F}{Q_{YL}^D}\right)^{\xi}} - r,\ \mu_{YK} = \frac{p_{YK}^{\frac{1}{\alpha}}K_Y}{\left(\frac{Q_K^F}{Q_{YK}^D}\right)^{\xi}} - r$$

式中，Q^F_L、Q^F_K 分别表示国外劳动互补型、资本互补型机器的平均质量水平，Q^D_{YL}、Q^D_{YK} 表示技术引进部门现阶段机器的平均质量。

与自主研发部门类似，在均衡路径上有 $\mu_{YL}=\mu_{YK}$，整理可得：

$$\frac{p_{YK}}{p_{YL}}=\left(\frac{K_Y}{L_Y}\right)^{-\alpha}\left(\frac{Q^F_K}{Q^F_L}\right)^{\alpha\xi}\left(\frac{Q^D_{YK}}{Q^D_{YL}}\right)^{-\alpha\varepsilon} \tag{24}$$

利用式（12）、式（18）、式（24），得到技术引进部门两种类型机器的相对平均质量水平：

$$\frac{Q^D_{YK}}{Q^D_{YL}}=\left(\frac{K_Y}{L_Y}\right)^{\frac{\alpha(\varepsilon-1)}{1-\xi[\alpha(\varepsilon-1)+1]}}\left(\frac{Q^F_K}{Q^F_L}\right)^{\frac{\xi[\alpha(\varepsilon-1)+1]}{\xi[\alpha(\varepsilon-1)+1]-1}} \tag{25}$$

进而得到技术引进部门的技术偏向性：

$$\beta_Y=\frac{p_{YK}^{\frac{(1-\alpha)}{\alpha}}Q^D_{YK}}{p_{YL}^{\frac{(1-\alpha)}{\alpha}}Q^D_{YL}}=\left(\frac{K_Y}{L_Y}\right)^{\frac{\alpha\varepsilon-1+\xi(1-\alpha)}{1-\xi\eta}}\left(\frac{Q^F_K}{Q^F_L}\right)^{\frac{\xi\alpha\varepsilon}{\xi\eta-1}} \tag{26}$$

定义 $\eta=\alpha(\varepsilon-1)+1$。

对于技术出口国而言只进行自主研发，其生产研发过程与 X 部门类似，因而有：

$$\frac{Q^F_K}{Q^F_L}=\left(\frac{K^F}{L^F}\right)^{\alpha^F(\varepsilon-1)} \tag{27}$$

$$\beta^F=\left(\frac{K^F}{L^F}\right)^{\alpha^F\varepsilon-1} \tag{28}$$

式中，α^F 表示国外中间品生产中的劳动投入份额。

依次将式（25）、式（27）、式（28）代入式（26），技术引进部门的技术偏向性可表示为：

$$\beta_Y=(k_Y)^{\frac{\alpha\varepsilon-1+\xi(1-\alpha)}{1-\xi\eta}}(\beta^F)^{\frac{\xi\alpha^F\varepsilon(\eta-1)}{(\alpha^F\varepsilon-1)(\xi\eta-1)}} \tag{29}$$

式（29）表明，技术引进部门的技术进步偏向性取决于本部门要素投入结构和国外技术进步偏向的共同作用，偏向程度和方向不仅与要素替代弹性和要素份额有关，也与引进技术同本国的技术的适配程度相关。当然，要素结构与技术进步偏向的作用不是单向的，技术进步偏向性通过非对称地影响资本和劳动的边际成本（产出），改变要素跨部门流动的方向和流量。

结合式（5）、式（6）、式（23）和式（29）推导可得：

$$\beta_Y=\beta_X^{\frac{(2-\eta)[\alpha\varepsilon-1+\xi(1-\alpha)]}{(\alpha\varepsilon-1)(2-\eta-\xi)}}(\beta^F)^{\frac{\alpha^F\xi(1-\eta)}{(\alpha^F\varepsilon-1)(2-\eta-\xi)}} \tag{30}$$

$$\frac{k_X}{k_Y}=(\beta^F)^{\frac{\alpha\alpha^F\xi(1-\varepsilon)^2}{(\alpha^F\varepsilon-1)[1+\alpha(1-\varepsilon)-\xi]}}(\beta_X)^{\frac{-\alpha^2\xi(1-\varepsilon)^2}{(\alpha\varepsilon-1)[1+\alpha(1-\varepsilon)-\xi]}} \tag{31}$$

式（30）反映出，发展中国家技术引进部门的技术进步偏向性依赖于本国自主研发技术的偏向性和国外研发技术的偏向性；式（31）则表明，国外技术进步偏向性 β^F 的变化将打破自主研发和技术引进部门之间原有的相对要素投入结构。

将式（23）、式（28）、式（30）代入到式（10），推导可得总体经济的技术进步偏向性：

$$\begin{aligned}\beta &= \underbrace{\left[1+\beta_X^{\frac{\alpha(\varepsilon-1)}{\alpha\varepsilon-1}}\right]^{\frac{\varepsilon\rho}{\varepsilon-1}}}_{\text{自主研发部门}}\underbrace{\left[1+\beta_X^{\psi}(\beta^F)^{\theta}\right]^{\frac{\varepsilon(1-\rho)}{\varepsilon-1}}}_{\text{技术引进部门}} \\ &= \underbrace{\left[1+k_X^{\alpha(\varepsilon-1)}\right]^{\frac{\varepsilon\rho}{\varepsilon-1}}}_{\text{自主研发部门}}\underbrace{\left[1+k_X^{\psi(\alpha\varepsilon-1)}(k^F)^{\theta(\alpha^F\varepsilon-1)}\right]^{\frac{\varepsilon(1-\rho)}{\varepsilon-1}}}_{\text{技术引进部门}}\end{aligned} \tag{32}$$

式中，$\psi=\dfrac{\alpha(\varepsilon-1)[1-\alpha(\varepsilon-1)](1-\xi)}{(\alpha\varepsilon-1)[1-\alpha(\varepsilon-1)-\xi]}$，$\theta=\dfrac{-\xi\alpha\alpha^F(\varepsilon-1)^2}{(\alpha^F\varepsilon-1)[1-\alpha(\varepsilon-1)-\xi]}$

命题2：技术进步内生决定时，发展中国家的技术进步偏向性取决于国内自主研发技术和国外引进技术偏向性的综合作用，本质上由本国的要素投入结构与国外要素禀赋结构共同决定，影响程度和方向受到引进技术与本国适配程度 ξ 的约束。

进一步，记 T（x，y）$=\beta$，其中，x 代表 β_X，f 代表 β_F，则有：

$$\frac{d\beta}{d\beta^F}=T_f(x, f)+T_x(x, y)\cdot\frac{\partial x}{\partial f}$$

右边第一项表示 β_X 不变时，β 关于 β^F 的直接导数，第二项表示 β 关于 β^F 的间接导数，利用式（32）可得国外技术进步偏向性对本国技术进步偏向性的影响效应：

$$\begin{aligned}\frac{d\beta}{d\beta^F} &= \underbrace{\frac{(1-\rho)\xi\alpha\alpha^F(1-\varepsilon)}{(\alpha^F\varepsilon-1)[1+\alpha(1-\varepsilon)-\xi]}(H_X)^{\frac{\varepsilon\rho}{\varepsilon-1}}(H_{XF})^{\frac{1-\varepsilon\rho}{\varepsilon-1}}\beta_X^{\psi}(\beta^F)^{\theta-1}}_{\text{直接传递效应}BT_1} \\ &+ \underbrace{\left[\frac{\alpha\varepsilon\rho}{\alpha\varepsilon-1}\beta_X^{\frac{1-\alpha}{\alpha\varepsilon-1}}H_{XF}+\frac{\varepsilon(1-\rho)}{\varepsilon-1}\psi\beta_X^{\psi-1}H_X\right](H_X)^{\frac{1-\varepsilon(1-\rho)}{\varepsilon-1}}H_{XF}^{\frac{1-\varepsilon\rho}{\varepsilon-1}}\frac{\partial\beta_X}{\partial\beta^F}}_{\text{间接传递效应}BT_2}\end{aligned} \tag{33}$$

式中，$H_X=1+\beta_X^{\frac{\alpha(\varepsilon-1)}{\alpha\varepsilon-1}}$，$H_{XF}=1+(\beta_X)^{\psi}(\beta^F)^{\theta}$。

分析式（33）可知，当 $0<\varepsilon<1$ 时，若 $0<\xi<1+\alpha(1-\varepsilon)$，有 $BT_1<0$，直接传递效应为负，若 $\xi>1+\alpha(1-\varepsilon)$，有 $BT_1>0$，直接传递效应为正，由于 β^F 对 β_X 的作用方向尚不明晰，意味着间接传递效应 BT_2 的符号

无法判断，所以 β_F 对 β 的影响方向也无法直接确定。为此，下文中我们采用数值方法，模拟 β_F 的变化对技术进步偏向性的影响方向和作用强度。

命题3：创新国技术进步偏向性对技术引进国的影响效应有二：一是源于引进技术自身蕴含技术进步偏向属性的直接传递效应，二是源于创新国技术进步偏向性变动带来的要素结构调整而引致自主研发技术偏向性变化，两种传递效应的大小和方向均受技术适配度影响。

三、参数赋值和模型推断

（一）参数赋值

理论模型中的方程较为复杂，对模型参数直接进行估计存在一定难度，并且自主研发部门和技术引进部门的技术进步的直接区分较为困难。因此，我们采用数值模拟方法考察技术进步偏向性在南北国家间的传递方向和强度的变化。首先，根据经验事实和以往研究设定参数取值。Acemoglu（2002）提供了定性判断技术进步偏向性的方法，随后众多学者基于该方法对各国技术进步偏向性进行了定量考察。考虑一个 CES 的总量生产函数 $F=[(AL)^{\frac{(\varepsilon-1)}{\varepsilon}}+(BK)^{\frac{(\varepsilon-1)}{\varepsilon}}]^{\frac{\varepsilon}{(\varepsilon-1)}}$，其中，A 和 B 分别表示劳动和资本的技术效率，则相对技术效率对资本和劳动边际产出之比的影响为 $\frac{\partial\left(\frac{MP_K}{MP_L}\right)}{\partial\left(\frac{B}{A}\right)}=\frac{\varepsilon-1}{\varepsilon\left(\frac{B}{A}\right)^{-1/\varepsilon}\left(\frac{K}{L}\right)^{-1/\varepsilon}}$，若替代弹性 $\varepsilon>1$，有 $\frac{\partial\left(\frac{MP_K}{MP_L}\right)}{\partial\left(\frac{B}{A}\right)}>0$，$\frac{B}{A}$ 的增加意味着技术进步的资本偏向性；当若替代弹性 $\varepsilon<1$，$\frac{\partial\left(\frac{MP_K}{MP_L}\right)}{\partial\left(\frac{B}{A}\right)}<0$，$\frac{B}{A}$ 的减小意味着技术进步的资本偏向性；若 $\varepsilon=1$，则为中性技术进步。由此可知，在替代弹性一定时，$\frac{B}{A}$ 可以表征技术进步的偏向性。

模型当中涉及两类参数：第一类是生产函数参数，包括资本和劳动的替代弹性 ε、自主研发部门产品在最终生产中的贡献度 ρ 以及要素投入份额 α，关于要素替代弹性估计，现有大量实证文献指出，资本和劳动的替代弹性介于0.6~0.8。综合已有研究，我们设定替代弹性 $\varepsilon=0.7$；关于 ρ 的取值，一些学者分别对发达国家技术相互引进情况和东亚新兴经济体的历史经验进行了分析总结，发现自主研发和技术引进对于发展中国家的技术进步同等重要。进一步地，借鉴刘小鲁对于自主研发和技术引进投入的测度方法，以规模以上工业企业的R&D内部支出/（R&D内部支出+引进国外技术经费+引进技术消化吸收经费+技术改造经费）测度自主研发技术的投入比重 ρ，计算结果显示2011年该值约为0.5，因此我们设定生产过程中自主研发和技术引进中间品的投入比例为1∶1，即 $\rho=0.5$；α 本质上衡量了生产过程中劳动要素和机器设备的相对投入，依据1978~2011年要素收入份额的数据，将中国劳动要素收入份额 α 设定为2/3①，对于技术发达国家的劳动投入份额，将美国作为研究对象，采用PWT8.1中关于美国劳动份额的计算数据，计算出美国 α^F 为0.62。第二类参数是外生变量，包括美国技术进步偏向性参数 β^F、一国某一时期内总的要素禀赋结构 k 与资本和劳动的相对边际报酬 γ，依据式（28）并利用1978~2011年美国资本存量和劳动就业人数的相关数据可以测算出 β^F，结果显示 β^F 的变化范围在0.28~0.4，并呈逐年下降趋势；由于本文主要考虑某一时期内技术进步偏向性的跨国传递机制，因此可假定考察期内要素禀赋结构、资本与劳动的相对边际报酬保持不变，以2011年作为考察期，利用中国统计年鉴数据计算可得素禀赋结构 $k=2.6254$ 万元/人，至于资本与劳动相对边际报酬 γ，本文借鉴戴天仕和徐现祥的思路，由此可测得 $\gamma=0.291$。

（二）模型推断

式（9）、式（10）、式（30）、式（31）、式（32）构成一个关于国外技术进步偏向、国内要素投入结构、技术进步偏向跨国传递的自控系统，刻画了创新国的技术进步偏向性变化如何通过改变技术引进国两部门的要素投入结构，进而影响技术引进国的技术进步偏向性的作用机制。为了分析简便，下文分析过程中设定替代弹性满足 $0<\varepsilon<1$，因此 β 减小（增大）

① 实际上，该参数在合理范围内的取值并不会对数值模拟结论产生影响。

意味着技术进步朝资本（劳动）偏向性方向变化。

$$\begin{cases} k_X = k_Y(\beta^F)^{\frac{\alpha\alpha^F\xi(1-\varepsilon)^2}{(\alpha^F\varepsilon-1)[1+\alpha(1-\varepsilon)-\xi]}}(\beta_X)^{\frac{-\alpha^2\xi(1-\varepsilon)^2}{(\alpha\varepsilon-1)[1+\alpha(1-\varepsilon)-\xi]}} \\ \beta_X = (k_X)^{\alpha\varepsilon-1} \\ \beta_Y = \beta_X^{\frac{(2-\eta)[\alpha\varepsilon-1+\xi(1-\alpha)]}{(\alpha\varepsilon-1)(2-\eta-\xi)}}(\beta^F)^{\frac{\alpha^F\xi(1-\eta)}{(\alpha^F\varepsilon-1)(2-\eta-\xi)}} \\ \beta = [1+\beta_X^{\frac{\alpha(\varepsilon-1)}{\alpha\varepsilon-1}}]^{\frac{\varepsilon\rho}{\varepsilon-1}}[1+\beta_X^{\frac{[1+\alpha(1-\varepsilon)](\varepsilon-1)}{\alpha\varepsilon-1}}\beta_Y^{\varepsilon-1}]^{\frac{\varepsilon\rho}{\varepsilon-1}} \\ \frac{(1+\gamma^{1-\varepsilon}\beta_X^{\varepsilon-1})(k-\gamma^{-\varepsilon}\beta_Y^{\varepsilon-1})}{(1+\gamma^{1-\varepsilon}\beta_Y^{\varepsilon-1})(\gamma^{-\varepsilon}\beta_X^{\varepsilon-1}-k)} = \frac{\rho}{1-\rho} \end{cases} \tag{34}$$

（1）创新国技术进步偏向性变化对技术引进国自主研发部门技术进步的影响。重点考察 β^F 减小对自主研发部门技术进步偏向性 β_X 的影响机制。当 $0<\xi<1+\alpha(1-\varepsilon)$ 时，有 $\frac{\partial k_X}{\partial \beta^F}<0$，即在技术非适宜性参数低于某一临界值时，对国外资本偏向型技术的引进会提高自主研发部门产品的资本密集度（k_X 增大），推动要素投入结构升级，而自主研发部门的技术进步偏向性内生于其要素投入结构，在第二个系统方程的作用机制下，k_X 的增大会引发相对技术效率 β_X 的减小，使得自主研发部门的技术朝资本偏向性方向发展，同时要素投入结构 k_X 对 β_X 的变化产生响应，β_X 的减小进一步通过第一个方程右边第三项所示的作用效应导致 k_X 的减小，这种反馈机制放缓了 β^F 对 β_X 的正向传递速度；当 $\xi>1+\alpha(1-\varepsilon)$ 时，有 $\frac{\partial k_X}{\partial \beta^F}>0$，即技术非适宜性参数高于某一临界值时，$\beta^F$ 的减小对 β_X 的作用方向相反，国外资本偏向型技术的引进降低了自主研发部门资本投入，技术进步偏向性转变。

（2）创新国技术进步偏向性对技术引进部门的影响。重点探讨 β^F 减小对技术引进部门技术进步偏向性 β_Y 的影响机制。国外技术进步偏向对技术引进部门的影响包括直接传递和间接传递两个渠道，当 $0<\xi<1+\alpha(1-\varepsilon)$ 时，一方面有 $\frac{\partial \beta_Y}{\partial \beta^F}<0$，$\beta^F$ 的减小直接提高 β_Y 值，引致劳动偏向型技术进步；另一方面有 $\frac{\partial \beta_Y}{\partial \beta_X}>0$，$\beta^F$ 的减小带来的 β_X 的降低会间接地降低 β_Y 值，直接传递和间接传递效应反向变化，β^F 在技术引进部门的传递方向和强度取决于两种效应的强弱程度。当 $\xi>1+\alpha(1-\varepsilon)$ 时，有 $\frac{\partial \beta_Y}{\partial \beta^F}>0$，技术引进部门的直接传递效应为正，$\beta^F$ 的减小直接降低 β_Y 值；而间接传递效应则与 ξ 的进一步取值范围有关：若 $1+\alpha(1-\varepsilon)<\xi<\frac{1-\alpha\varepsilon}{1-\alpha}$，有 $\frac{\partial\beta_Y}{\partial\beta_X}<0$，$\beta^F$ 的减小带来的 β_X 的增加间接地降低了 β_Y 值，直接传递和间接传递效应均降低 β_Y 值，两者起到相互强化作用，使得技术进步偏向性在技术引进部门同向传递；若 ξ 继续增加至 $\xi>\frac{1-\alpha\varepsilon}{1-\alpha}$，有 $\frac{\partial\beta_Y}{\partial\beta_X}>0$，间接传递效应与直接传递效应反向变化，$\beta_Y$ 的取值依赖于两种效应的强弱；若 $\xi=\frac{1-\alpha\varepsilon}{1-\alpha}$，间接传递效应消失，$\beta_Y=\beta^F$，技术引进部门直接复制国外的技术进步偏向性。

四、数值模拟结果与评价

本节主要依据方程组（34），数值模拟技术进步偏向性跨国传递的部门效应和整体效果。ξ 反映引进技术与本国要素禀赋的适配程度，ξ 越小意味着将前沿技术转化为与本国生产相适宜技术的能力越高。根据校准参数，可知 ξ 临界值为 $1+\alpha(1-\varepsilon)=1.2$，因此我们分 $0<\xi<1.2$ 和 $\xi>1.2$ 两类情形考虑，并在每类情形下赋予 ξ 三个具体数值，以细致考察技术进步偏向性的跨国传递路径，以及技术适配度如何影响传递路径的变化。

我们先关注适配度满足 $0<\xi<1.2$ 条件下，技术进步偏向性在自主研发和技术引进部门的跨国传递过程中，在该范围内分别将 ξ 值设定为0.3、0.6和0.9。根据本文第三部分对 β^F 的测算，同时结合现实经济中 β^F 不断下降的特征，数值模拟过程中将 β^F 的取值范围为0.1～0.5，并将其在横坐标上从大到小排列。模拟结果如图1、图2所示。

图1中两个图形展示了国外技术进步偏向性（β^F）变化通过改变自主研发部门要素投入结构（k_X）进而影响部门技术进步偏向（β_X）的传递过程。图1（a）为 β^F 的不断减小所引发的 k_X 变化轨迹，可以看出，国外技术进步资本偏向性将提高发展中国家自主研发部门的资本密集度，推动部门要素结构升级，并且随着 β^F 的持续减小，k_X 演变曲线的斜率逐步增加，说明随着引进技术进步资本偏向性的不断强化，要素禀赋升级效应呈现边际递增趋势。另外，不同适配度情形下，β^F 对 k_X 的影响路径不同，随着 ξ

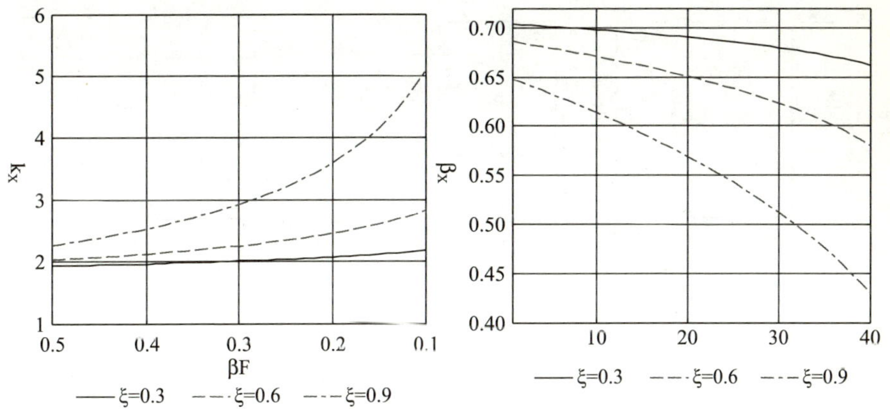

(a) β^F变化对kX的影响　　(b) k_X变化引致的βX的变化

图1　$0<\xi<1+\alpha(1-\varepsilon)$ 条件下自主研发部门技术进步偏向性跨国传递模拟结果

资料来源：笔者利用 Matlab 软件绘制。

值的增加，k_X 曲线不断上移，并且曲线走势更加陡峭，暗示国内外技术差距扩大引发的技术非适宜性将会增强国外技术进步偏向冲击带来的要素结构升级效应，反映出发展中国家技术进步和要素结构升级中的后发优势效应。部门要素投入结构的变化必然影响其技术进步偏向性，图 1（b）模拟了 k_X 的增加引致的 β_X 的变化路径。由于资本与劳动的互补关系，资本相对投入的增加反而导致资本相对技术效率的下降，表现为技术进步的资本偏向性，技术进步偏向性在自主研发部门实现同向传递。对比三条曲线可以看出，随着技术适配度的提高（ξ 值的减小），β_X 下降速度越来越慢，同向传递强度呈弱化趋势。上述传递机制可以表述为，当引进技术与本国要素结构的适配度处于合理范围内时，资本偏向性技术的引入将提高自主创新部门生产过程中的资本密集度，增大对资本的需求，导致资本价格的上升，通过价格效应引发部门资本偏向型技术进步。

图 2 刻画了 $0<\xi<1.2$ 条件下，国外技术进步偏向性在技术引进部门中的传递过程。图 2（a）显示，国外技术进步偏向性变动对技术引进部门的直接传递效应为负，β^F 下降引起 β_Y 的持续上升，表现为劳动偏向性技术进步，技术进步偏向性反向传递。在不同技术适配度下，β_Y 的演化路径有所不同，随着 ξ 值增加，β_Y 曲线呈加速上升趋势，当技术适配参数由 $\xi=0.3$ 调整到 0.9 时，β_{Y1} 提升幅度由 0.15 增加至 3.94，表明技术差距引致的技术非适宜程度越大，生产过程中对引进技术偏向性的转变强度越大。图 2（b）

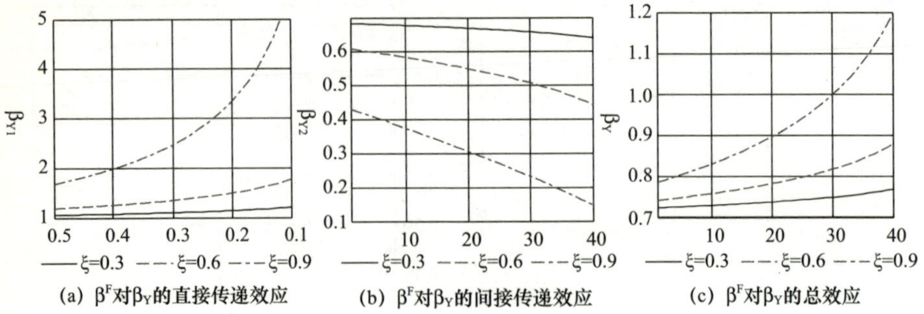

图2 $0<\xi<1+\alpha(1-\varepsilon)$ 条件下技术引进部门技术进步偏向性跨国传递模拟结果

资料来源：笔者利用 Matlab 软件绘制。

中，β_{Y2}表现为下降趋势，β^F 的减小通过提升技术引进步部门生产过程中的资本密集度 k_Y 而间接地减小 β_Y，β^F 对 β_Y 的间接传递效应为正，技术进步偏向性同向传递。对比图2（a）和图2（b）可以发现，直接效应中 β_Y 的增幅明显高于间接效应中 β_Y 的降低幅度，说明直接效应主导着引进部门技术进步偏向性的变化。图2（c）为 β^F 变化对 β_Y 的总效应，技术进步偏向性在引进部门表现为加速反向传递，并且随 ξ 值的增加，传递强度呈边际递增趋势。由上述分析可知，在技术适配度处于合理范围时，技术引入国的生产者能够较好地消化吸收并改造引进技术，减弱技术所蕴含的资本偏向强度，使技术进步朝劳动要素方向发展。

接下来在适配参数大于临界值情形下，即 $\xi>1+\alpha(1-\varepsilon)$ 条件下，考察技术进步偏向性跨国传递的部门效应。值得注意的是，该范围中还存在 ξ 的另一门槛值决定着技术引进部门间接传递效应的正负，经过计算可知，其值为$\frac{1-\alpha\varepsilon}{1-\alpha}=1.6$。为了保证结果的稳健，我们在该临界值前后分别取值，设定 ξ 值依次为 1.5、1.6、1.8 和 2.1，对比不同技术适配度对技术进步偏向性跨国传递效应的影响差异，模拟结果见图3和图4。

图3中自主研发部门的要素投入结构与技术进步偏向性的变化趋势与图1正好相反。当 $\xi>1+\alpha(1-\varepsilon)$ 时，由于引进技术并不适合本国的要素禀赋，国外资本偏向性技术的引进和应用将导致资本密集度 k_X 下降，抑制部门要素结构升级，观察图3（a）中曲线变化特征可以发现，随着技术非适配度的增加，资本密集度的下降速度由逐渐放缓转为加速上升，意味着对

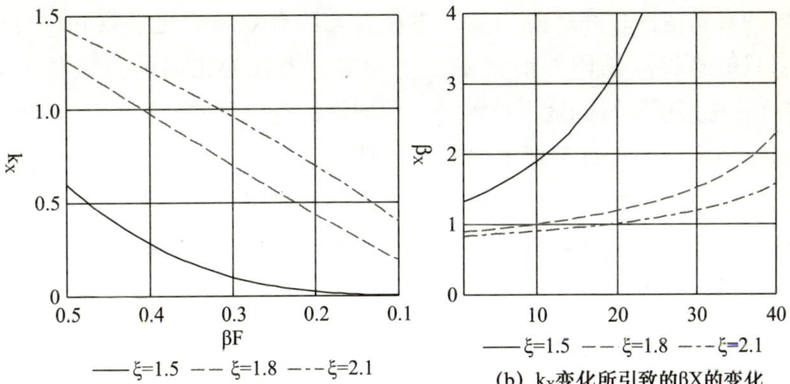

(a) β^F对kX的影响 (b) k_X变化所引致的βX的变化

图3 $\xi>1+\alpha(1-\varepsilon)$ 条件下自主研发部门技术进步偏向性跨国传递模拟结果

资料来源：笔者利用 Matlab 软件绘制。

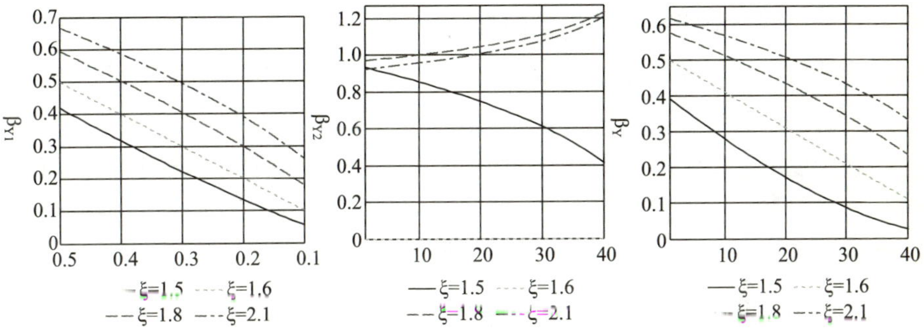

(a) β^F对β_Y的直接传递效应 (b) β^F对β_Y的间接传递效应 (c) β^F对β_Y的总效应

图4 $\xi>1+\alpha(1-\varepsilon)$ 条件下技术引进部门技术进步偏向性跨国传递模拟结果

资料来源：笔者利用 Matlab 软件绘制。

要素结构升级的抑制作用不断增强，此时前沿技术的引进不仅无法提高生产效率，甚至对经济结构升级产生阻碍作用。在这种要素结构转变效应下，生产过程中降低对资本的需求，扩大对劳动要素的需求，致使劳动价格上升，通过价格效应下引发劳动偏向型技术进步，即 β_X 上升，技术进步偏向性在自主研发部门呈现反向传递。

图4展示了 $\xi>1+\alpha(1-\varepsilon)$ 条件下，引进部门技术进步偏向性的正向传递过程。由于国内外技术差距引致的技术非适宜性过大，导致国外技术

与本国的要素结构存在严重失衡，生产者无法有效地消化吸收和改良引进技术，只能直接复制国外的技术进步偏向，表现为正向的直接传递效应（图4a）。观察不同适配度下技术进步偏向性的变化可知，在 $\xi=1.5$ 时，直接传递路径为一条具有平缓下降趋势的曲线，技术进步偏向性在两国之间同向传递且速度不断放缓，并且传递强度小于国外数值，技术进步偏向强度在跨国传递过程中逐渐减弱，间接传递路径表现为斜率递增的下降曲线，间接传递效应与直接效应相互强化，加快技术进步偏向性的同向传递速度；当 $\xi=1.6$ 时，直接传递路径为一条斜率为1的斜向下直线，技术进步偏向性同强度同方向传递，间接传递效应为0，此时引进部门技术偏向性完全取决于直接效应；当 ξ 继续增大至1.8和2.1时，直接传递路径走势转为加速下降，间接传递路径走势转为加速上升，并且直接效应下降速度更快，在两种效应综合作用下，β_Y 曲线表现为斜率递增的斜向下曲线，国外技术进步偏向性同方向加速传递到技术引进部门。综合上述分析和模拟结果可知，技术适配程度决定着技术进步偏向性的跨国传递路径，引进技术与本国的适配程度越弱，越容易导致技术引进国忽略自身要素禀赋特征，直接复制技术创新国的技术进步路径。

基于技术进步偏向性在自主研发和技术引进两部门中的跨国传递变化，我们进一步考察国外技术进步偏向性跨国传递的整体效果。我们仍然根据适配度的不同取值，分情形考察 β^F 持续减小对国内技术进步偏向性的影响，模拟结果见表1和表2。

表1 $0<\xi<1+\alpha(1-\varepsilon)$ 条件下技术进步偏向性跨国传递整体效果

β^F \ β	$\xi=0.3$	$\xi=0.6$	$\xi=0.9$	β^F \ β	$\xi=0.3$	$\xi=0.6$	$\xi=0.9$
0.50	0.2298	0.2330	0.2435	0.29	0.2323	0.2413	0.2681
0.49	0.2299	0.2333	0.2444	0.28	0.2324	0.2418	0.2697
0.48	0.2300	0.2336	0.2453	0.27	0.2326	0.2424	0.2714
0.47	0.2301	0.2339	0.2463	0.26	0.2328	0.2430	0.2731
0.46	0.2302	0.2342	0.2472	0.25	0.2330	0.2436	0.2749
0.45	0.2303	0.2346	0.2482	0.24	0.2331	0.2442	0.2768
0.44	0.2304	0.2349	0.2492	0.23	0.2333	0.2449	0.2788
0.43	0.2305	0.2353	0.2502	0.22	0.2335	0.2455	0.2808

续表

β / β^F	ξ=0.3	ξ=0.6	ξ=0.9	β / β^F	ξ=0.3	ξ=0.6	ξ=0.9
0.42	0.2306	0.2356	0.2513	0.21	0.2338	0.2463	0.2830
0.41	0.2307	0.2360	0.2524	0.20	0.2340	0.2470	0.2853
0.4	0.2308	0.2364	0.2535	0.19	0.2342	0.2478	0.2877
0.39	0.2309	0.2368	0.2546	0.18	0.2345	0.2487	0.2902
0.38	0.2310	0.2372	0.2558	0.17	0.2347	0.2495	0.2929
0.37	0.2312	0.2376	0.2570	0.16	0.2350	0.2505	0.2957
0.36	0.2313	0.2380	0.2582	0.15	0.2353	0.2515	0.2987
0.35	0.2314	0.2384	0.2595	0.14	0.2356	0.2526	0.3020
0.34	0.2315	0.2388	0.2608	0.13	0.2360	0.2537	0.3055
0.33	0.2317	0.2393	0.2622	0.12	0.2363	0.2550	0.3093
0.32	0.2318	0.2398	0.2636	0.11	0.2367	0.2563	0.3134
0.31	0.2320	0.2403	0.2650	0.10	0.2372	0.2578	0.3180
0.30	0.2321	0.2408	0.2665		0.2323	0.2413	0.2681

资料来源：根据式（14），利用1stopt5.0软件计算。

表2 $\xi>1+\alpha(1-\varepsilon)$ 条件下技术进步偏向性跨国传递整体效果

β / β^F	ξ=1.5	ξ=1.6	ξ=1.8	ξ=2.1	β / β^F	ξ=1.5	ξ=1.6	ξ=1.8	ξ=2.1
0.50	0.1251	0.1719	0.1794	0.1887	0.29	0.0376	0.1010	0.1239	0.1443
0.49	0.1205	0.1689	0.1771	0.1870	0.28	0.0344	0.0972	0.1207	0.1417
0.48	0.1159	0.1659	0.1748	0.1852	0.27	0.0312	0.0934	0.1175	0.1390
0.47	0.1114	0.1628	0.1725	0.1834	0.26	0.0282	0.0895	0.1142	0.1362
0.46	0.1068	0.1597	0.1701	0.1815	0.25	0.0254	0.0856	0.1109	0.1334
0.45	0.1023	0.1565	0.1677	0.1796	0.24	0.0226	0.0817	0.1074	0.1304
0.44	0.0978	0.1533	0.1653	0.1777	0.23	0.0190	0.0778	0.1040	0.1274
0.43	0.0934	0.1501	0.1629	0.1758	0.22	0.0177	0.0738	0.1004	0.1244
0.42	0.0890	0.1468	0.1603	0.1738	0.21	0.0154	0.0698	0.0968	0.1212
0.41	0.0846	0.1435	0.1578	0.1718	0.20	0.0133	0.0658	0.0931	0.1179
0.40	0.0803	0.1402	0.1552	0.1698	0.19	0.0114	0.0618	0.0893	0.1145
0.39	0.0760	0.1368	0.1526	0.1677	0.18	0.0096	0.0577	0.0855	0.1110

续表

β / β^{F}	$\xi=1.5$	$\xi=1.6$	$\xi=1.8$	$\xi=2.1$	β / β^{F}	$\xi=1.5$	$\xi=1.6$	$\xi=1.8$	$\xi=2.1$
0. 38	0. 0718	0. 1334	0. 1499	0. 1656	0. 17	0. 0080	0. 0537	0. 0815	0. 1074
0. 37	0. 0669	0. 1300	0. 1472	0. 1634	0. 16	0. 0065	0. 0496	0. 0775	0. 1037
0. 36	0. 0636	0. 1265	0. 1445	0. 1612	0. 15	0. 0053	0. 0456	0. 0734	0. 0998
0. 35	0. 0596	0. 1229	0. 1417	0. 1589	0. 14	0. 0041	0. 0416	0. 0691	0. 0958
0. 34	0. 0557	0. 1194	0. 1388	0. 1566	0. 13	0. 0032	0. 0376	0. 0648	0. 0916
0. 33	0. 0519	0. 1158	0. 1360	0. 1543	0. 12	0. 0024	0. 0336	0. 0604	0. 0872
0. 32	0. 0472	0. 1121	0. 1330	0. 1519	0. 11	0. 0017	0. 0297	0. 0559	0. 0826
0. 31	0. 0445	0. 1084	0. 1300	0. 1494	0. 1	0. 0012	0. 0259	0. 0512	0. 0778
0. 30	0. 0410	0. 1047	0. 1270	0. 1469					

资料来源：根据方程组（14），利用1stopt5.0软件计算。

表1记录了在技术适配程度满足 $0<\xi<1+\alpha(1-\varepsilon)$ 下，技术创新国不断偏向资本的技术进步对技术引进国技术进步偏向性的影响。整体来看，随着 β^{F} 的持续下降，β 值不断增加，技术进步由资本偏向型转为劳动偏向型，可见引进技术在生产应用过程中会受到本国要素禀赋结构的作用，从而改变技术原有的偏向属性。此外，技术进步偏向性的变化强度受到技术适配度的制约：当 $\xi=0.3$ 时，技术创新国资本相对技术效率 β^{F} 由0.5减小至0.1，引起国内相对技术效率 β 由0.2298增加至0.2323，提高了1.09%，平均传递率为0.00625①，即引进技术的资本偏向度提高1%将引致国内技术进步的劳动偏向强度提高0.00625%；当 $\xi=0.6$ 时，β 由0.2323增加至0.2431，平均传递率有所提高，其值为0.089；当吸收能力继续提升到 $\xi=0.9$，β 由0.2435增加至0.2681，反向传递率达到为10.1%。三种情况下，平均传递率均小于1，说明技术进步偏向强度在跨国传递过程中存在衰减，并且随着技术非适配程度的增加（ξ 值增大），传递效应逐渐增强。该结果蕴含的经济含义为，当引进技术与本国要素禀赋结构的适配度高于某临界值时，对该技术的研发应用成本较小，技术引进国的企业有动力对新技术进行研发改造，使之在应用过程中朝本国充裕要素的方向发展，充分发挥本国的比较优势。

① 技术进步偏向性传递率 $\beta T=\Delta\beta/\Delta\beta F$。

表2显示了在ξ大于临界值后，技术进步偏向性跨国传递整体效果。整体看，在引进的前沿技术与本国匹配程度较差时，技术进步偏向表现为正向传递，随着ξ值的增加，正向传递强度不断增大。具体看，当$\xi=1.5$时，β^F由0.5降为0.1的过程中，β由0.1251减小为0.0012，平均传递率为0.31，即国外技术进步偏向冲击能解释31%的国内技术进步偏向的变化；当$\xi=1.6$时，技术引进部门的间接传递效应为零，β由0.1719减小为0.0259，降低了84.9%，平均传递率提高到0.365，而且传递过程中降低幅度逐步增大，表明技术进步偏向呈现加速正向传递；当ξ增加至1.8时，由于技术引进部门负向间接效应削弱了正向的直接效应，此时国内资本相对技术效率降低了71.4%，正向传递率减小为0.32；当ξ继续增加至2.1时，负向间接效应进一步增强，国内资本相对技术效率降低百分比减小为58.8%，正向传递率也下降为0.277。由此可见，正向传递率随着技术非适宜性的增强表现出先增大后减小的特征。发展中国家在引进与应用发达国家先进技术的过程中，由于技术与要素禀赋的错配，国内企业对新技术的吸收和改良能力很低，容易直接复制技术创新国的技术进步偏向性，一方面使得发展中国家无法根据自身的禀赋特征进行生产研发，不利于长期的技术进步和经济发展；另一方面造成劳动生产效率的发挥过度依赖于资本设备，降低对劳动的需求，最终导致劳动收入份额的持续下降。

综合上述分析和模拟结果可知，从技术引进到技术应用需要一定的要素禀赋结构基础。一方面指引进技术应用之初所面临的原有的要素禀赋结构；另一方面指技术应用过程中所构建的新的要素结构，其中技术偏向特质与要素禀赋结构之间的契合度直接影响着新技术的研发应用成本，决定了企业是否有动力和能力去改进和应用技术，而技术应用过程中的偏向性的变化与要素结构之间的互动机制影响着技术效率的发挥和经济结构的变迁。对比机器缫丝技术在长三角和珠三角呈现不同发展轨迹，长三角丝厂“各项机械均购自意法等国”。甚至投入大量资金直接购置或租用国外厂房和设备，国外机器技术是资本偏向型的，当时的中国具有资本稀缺而劳动力大量剩余的要素禀赋结构特征，在技术应用之初，其偏向性与要素禀赋结构就存在严重失衡，非匹配性带来的过高成本使得机器应用带来的利润很小。因此，大多数士绅（企业）并没有激励去进一步引进与采纳这种机器技术，也就无法与要素结构形成持续的互动作用，最终导致该技术应用失败。珠三角半机器半人工的改良降低了原有技术的资本偏向强度，使得技术进步偏向与本地的要素禀赋结构在一个合理的匹配范围之中，降低了新技术的研发应用成本，吸纳更多的士绅（企业）使用新技术。随着新技术大规模地应用，进一步促进当地的要素结构的升级，要素结构的变迁又促进技术进步方向的变革，在两者的循环累积效应中加速了新技术的应用和生产率的提高。

五、结论和政策启示

本文通过引入包含国内自主研发和国外技术引进技术的生产函数，构建内生技术进步模型，阐释技术进步偏向性在南北国家间的传递机制，模拟要素禀赋与技术进步偏向的不同适配程度下，国外技术进步偏向性变化带来的要素结构的演变路径，由要素结构调整效应、要素禀赋结构升级效应引致的自主研发和技术引进部门的技术进步偏向性的变迁路径，以及中国技术进步偏向性的演变规律，得出以下主要结论：

（1）发达国家的技术进步偏向性主要取决于本国的要素禀赋结构，发展中国家的技术进步偏向性由本国和发达国家的要素禀赋及要素投入结构共同决定。

（2）技术进步偏向性的跨国传递主要通过调整自主研发和技术引进部门间的要素结构配置及推动部门内部的要素禀赋结构升级，从而改变两部门及整体经济的技术进步偏向，而技术进步偏向性的变动又会通过非对称地影响两部门的边际成本（边际产出）进而改变两部门的要素投入结构，两者表现为双向作用。

（3）国外技术进步偏向冲击对本国要素结构调整的影响路径受制于两国技术的适配程度，若引入技术与本国要素禀赋较为匹配，技术非适宜参数低于某一临界值时，国外资本偏向型技术的引入将提高自主研发和技术引进部门的资本密集度，推动部门的要素禀赋升级，并且，对自主创新部门的要素升级作用更为显著，技术进步偏向性在自主研发部门呈现同向传递，在技术引进部门反向传递，技术进步偏向性在整个经济体中表现为反向传递。在引进技术并不适合本国要素结构的条件下，技术非适宜参数高于某一临界值时，国外资本偏向型的技术冲击导致两部门的资本密集度不断下降，技术进步偏向性在自主研发部门反向传递，在技术引进部门同向传递，并引致整个经济体技术进步偏向性的同向传递。

（4）技术进步偏向强度在跨国传递过程中将会弱化，衰减程度与两国技术适配程度密切相关。反向传递率随着技术非适宜程度的增强而增大，正向传递率随着技术非适宜性的增强表现出先增大后减小的特征。

本研究揭示了中国技术进步偏向性的来源，对中国在技术引进和技术应用方面具有一定的指导意义。结果表明，劳动要素相对充裕的中国却长期呈现资本偏向性的技术特征，根本原因在于引进技术与本国要素结构的非匹配性导致了中国直接复制发达国家的技术进步偏向，而没有根据自身的要素禀赋结构选择适宜的技术，从而造成引进技术应用效率低下和劳动要素收入份额下降等诸多问题。因此，政府及企业在引进国外前沿技术时，需要充分考虑引进技术特质与本国当前技术水平以及要素禀赋结构的适配程度，这不仅能降低技术的引进应用成本，而且可以利用技术偏向性与要素结构的互动作用，推动本国要素结构升级，引导技术进步朝本国充裕生产要素的方向发展，以提高生产效率，促进经济增长。

参考文献

[1] Acemoglu D., and Cao D. Innovation by Entrants and Incumbents [J]. SSRN Electronic Journal, 2015 (157): 255-294.

[2] Acemoglu D. Directed Technical Change [J]. Review of Economics Studies, 2002, 69 (4): 781-809.

[3] Acemoglu D. Patterns of Skill Premia [J]. The Review of Economic Studies, 2003, 70 (2): 199-230.

[4] Acemoglu D. Why do New Technologies Complement Skills? Directed Technical Change and Wage Inequality [J]. Quarterly Journal of Economics, 1998, 113 (4): 1055-1089.

[5] Eaton J., and Kortum S. International Technology Diffusion: Theory and Measurement [J]. International Economic Review, 1999, 40 (3): 537-570.

[6] Klump R., McAdam P., and Willman A. Factor Substitution and Factor-Augmenting Technical Progress in the United States: A Normalized Supply-side System Approach [J]. The Review of Economics and Statistics, 2007, 89 (1): 183-192.

[7] Krusell P., et al. Capital-skill Complementarity and Inequality: A Macroeconomic Analysis [J]. Econometrica, 2000, 68 (5): 1029-1053.

[8] Kurt Hoffman, and Raphael Kaplinsk. The Global Restructuring of Technology, Labor, and Investment in the Automobile and Components Industry [M]. Boulder, Colo: West-

view Press, 1988.

[9] Thoenig M., and T. Verdier. A theory of defensive skill – biased innovation and globalization [J]. American Economics Review, 2003, 93 (3): 709 – 728.

[10] Wood A. How trade hurt unskilled workers [J]. Journal of Economic Perspectives, 1995, 9 (3): 57 – 80.

[11] Xu B. Factor Bias, Sector Bias, and the Effects of Technical Progress on relative factor prices [J]. Journal of International Economics, 2001, 54 (1): 5 – 25.

[12] 陈慈玉. 近代中国的机械缫丝工业（1860 ~ 1945）[M]. 中国台北：研究院近代史研究，1989.

[13] 戴天仕，徐现祥. 中国的技术进步方向[J]. 世界经济，2010（11）：54 – 70.

[14] 邓明. 人口年龄结构与中国省际技术进步方向[J]. 经济研究，2014（3）：130 – 14.

[15] 董直庆，戴杰，陈锐. 技术进步方向及其劳动收入分配效应检验[J]. 上海财经大学学报，2013（5）：65 – 72.

[16] 费孝通. 江村经济[M]. 北京：商务印书馆，2003.

[17] 傅晓霞，吴利学. 技术差距、创新路径与经济赶超——基于后发国家的内生技术进步模型[J]. 经济研究，2013（6）：19 – 32.

[18] 黄先海，徐圣. 中国劳动收入比重下降成因分析——基于劳动节约型技术进步的视角[J]. 经济研究，2009（7）：34 – 44.

[19] 孔宪丽，米美玲，高铁梅. 技术进步适宜性与创新驱动工业结构调整——基于技术进步偏向性视角的实证研究[J]. 中国工业经济，2015（11）：62 – 77.

[20] 林毅夫，张鹏飞. 后发优势、技术引进和落后国家的经济增长[J]. 经济学（季刊），2005（4）：53 – 74.

[21] 林毅夫，张鹏飞. 适宜技术、技术选择和发展中国家的经济增长[J]. 经济学（季刊），2006（3）：985 – 1006.

[22] 刘小鲁. 知识产权保护、自主研发比重与后发国家的技术进步[J]. 管理世界，2011（10）：10 – 19 + 187.

[23] 陆雪琴，章上峰. 技术进步偏向定义及其测度[J]. 数量经济技术经济研究，2013（8）：20 – 34.

[24] 徐新吾. 中国近代缫丝工业史 [M]，上海：上海人民出版社，1900.

[25] 姚毓春，袁礼，董直庆. 劳动力与资本错配效应：来自十九个行业的经验证据[J]. 经济学动态，2014（6）：69 – 77.

[26] 张茂元，邱泽奇. 技术应用为什么失败——以近代长三角和珠三角地区机器缫丝业为例（1860 ~ 1936）[J]. 中国社会科学，2009（1）：116 – 132 + 206 – 207.

[27] 张茂元. 近代中国机器缫丝技术应用与社会结构变迁[D]. 北京大学博士学位论文，2008.

5. 能源经济、实验经济学

二氧化碳排放的 IO－SDA 模型及其实证研究*

廖明球　许雷鸣
（首都经济贸易大学经济学院，北京）

一、二氧化碳排放的 IO－SDA 模型的设计

在投入产出分析中，直接消耗系数 a_{ij} 的经济含义是 j 部门生产单位总产出对 i 部门产品的消耗数量。同理，能够在可比价“碳排”投入产出表中计算直接能源消耗系数 f_{ij}，所以有：

$$f_{ij}=\frac{r_{ij}}{X_j}\quad i=1,2,\cdots,m\quad j=1,2,\cdots,n \tag{1}$$

这里为了方便后面的分析，r_{ij} 需要用标准煤折算系数对各种能源消耗量进行换算。f_{ij} 是第 j 部门生产单位总产出对第 i 类能源的直接消耗量，表示由生产方式特征决定的对这一能源形式的依赖程度，可以构成 m×n 阶直接能源消耗系数矩阵 F。

* ［基金项目］本文获国家社会科学基金一般项目“中国低碳经济统计数据库及其量化模型研究”（编号：14BTJ026）资助。

［作者简介］廖明球（1953—），男，经济学博士，湖南安乡人，首都经济贸易大学经济学院教授，数量经济学方向博士生导师；中国数量经济学会理事，研究方向：投入产出分析计量经济分析、国民经济核算分析；许雷鸣（1991—），男，经济学硕士，北京市人，首都经济贸易大学 2013 级数量经济学专业硕士研究生，研究方向：数量经济分析。

依照可比价"碳排"投入产出表指标之间的联系，有下面矩阵形式的等式成立：

$$R = FX \tag{2}$$

将 $X = (I - A)^{-1}Y$ 代入式(2)，则有：

$$R = F(I - A)^{-1}Y \tag{3}$$

令$\overline{F} = F\ (I - A)^{-1}$，$\overline{F}$中元素$\overline{f}_{ij}$为获得第 j 部门单位最终产出对第 i 类能源的完全消耗量。

假设国民经济运行中所有二氧化碳排放都是由生产时的能耗导致的，c_j表示第 j 种能源消耗过程中用标准煤表示的二氧化碳排放系数，则所有的 c_j 构成 $1 \times m$ 阶向量 C。用 L 表示列昂惕夫逆阵，即 $L = (I - A)^{-1}$，TE 为生产时产生的二氧化碳排放总量：

$$TE = CFLY \tag{4}$$

式（4）说明了二氧化碳排放总量与最终产出、能源消耗之间的联系。根据公式，能够进一步建立二氧化碳排放总量的 IO - SDA 模型。对于直接能源消耗系数矩阵 F 可以写成以下形式：

$$F = \begin{pmatrix} \frac{r_{11}}{X_1} & \frac{r_{12}}{X_2} & \cdots & \frac{r_{1n}}{X_n} \\ \frac{r_{21}}{X_1} & \frac{r_{22}}{X_2} & \cdots & \frac{r_{2n}}{X_n} \\ \vdots & \vdots & \ddots & \vdots \\ \frac{r_{m1}}{X_1} & \frac{r_{m2}}{X_2} & \cdots & \frac{r_{mn}}{X_n} \end{pmatrix} \tag{5}$$

把直接能源消耗系数矩阵 F 再一次进行变形，可以得到：

$$F = \begin{pmatrix} \frac{r_{11}}{X_1} & \frac{r_{12}}{X_2} & \cdots & \frac{r_{1n}}{X_n} \\ \frac{r_{21}}{X_1} & \frac{r_{22}}{X_2} & \cdots & \frac{r_{2n}}{X_n} \\ \vdots & \vdots & \ddots & \vdots \\ \frac{r_{m1}}{X_1} & \frac{r_{m2}}{X_2} & \cdots & \frac{r_{mn}}{X_n} \end{pmatrix}$$

$$
= \begin{pmatrix}
\frac{r_{11}}{\sum_{i=1}^{m} r_{i1}} & \frac{r_{12}}{\sum_{i=1}^{m} r_{i2}} & \cdots & \frac{r_{1n}}{\sum_{i=1}^{m} r_{in}} \\
\frac{r_{21}}{\sum_{i=1}^{m} r_{i1}} & \frac{r_{22}}{\sum_{i=1}^{m} r_{i2}} & \cdots & \frac{r_{2n}}{\sum_{i=1}^{m} r_{in}} \\
\vdots & \vdots & \ddots & \vdots \\
\frac{r_{m1}}{\sum_{i=1}^{m} r_{i1}} & \frac{r_{m2}}{\sum_{i=1}^{m} r_{i2}} & \cdots & \frac{r_{mn}}{\sum_{i=1}^{m} r_{in}}
\end{pmatrix}
\begin{pmatrix}
\frac{\sum_{i=1}^{m} r_{i1}}{X_1} & 0 & \cdots & 0 \\
0 & \frac{\sum_{i=1}^{m} r_{i2}}{X_2} & \cdots & 0 \\
\vdots & \vdots & \ddots & \vdots \\
0 & 0 & \cdots & \frac{\sum_{i=1}^{m} r_{in}}{X_n}
\end{pmatrix}
$$

$$= S \times T \tag{6}$$

式中，S 是 $m \times n$ 阶矩阵，s_{ij}表示 j 部门能源消耗总量中第 i 类能源所占的比重，可以称为能源消耗结构矩阵；T 是 $n \times n$ 阶对角矩阵，对角线上各项 t_{ii}表示 j 部门的直接能耗强度，即 j 部门总产出与该部门的能源消耗量之比，可以称为直接能耗强度矩阵。

根据式（4）和式（6）可以得到二氧化碳排放总量为：

$$TE = CSTLY \tag{7}$$

式中，C 是二氧化碳排放系数矩阵，为 $1 \times m$ 阶矩阵，矩阵中各项 c_j 表示第 j 类能源的二氧化碳排放系数，反映二氧化碳排放系数对二氧化碳排放总量的影响；S 是能源消耗结构矩阵，为 $m \times n$ 阶矩阵，矩阵中各项 s_{ij}表示 j 部门能源消耗总量中第 i 类能源的比重，反映能源消耗结构对二氧化碳排放总量的影响；T 是直接能耗强度矩阵，为 $n \times n$ 阶对角矩阵，对角线上各元素 t_{ii}表示 j 部门的总产出与该部门能耗总量之比，反映直接能耗强度对二氧化碳排放总量的影响；L 是可比价“碳排”投入产出表的列昂惕夫逆阵，为 $n \times n$ 阶矩阵，矩阵中各项 l_{ij}表示 j 部门每提供单位最终产品对 i 部门产品的完全需要量，反映最终产品生产中的投入结构对二氧化碳排放总量的影响；Y 是最终产品矩阵，为 $n \times 1$ 阶矩阵，矩阵中各元素 Y_i 表示对第 i 种产品的最终需要产品，反映最终产品对二氧化碳排放总量的影响。式（7）表明，二氧化碳排放总量与能源消耗结构、直接能耗强度、投入结构、最终产品有关。

在式（7）中，CST 为 $1 \times n$ 阶矩阵，各项表示 j 部门总产出与二氧化碳排放量之比，反映各部门的二氧化碳直接排放强度，称为二氧化碳直接排放强度矩阵。而 CSTL 是各部门直接二氧化碳强度矩阵与列昂惕夫逆阵相乘，反映各部门二氧化碳完全排放强度，称为二氧化碳完全排放强度矩阵，可以写成：

$$CI = CSTL \tag{8}$$

式（8）表明，各部门二氧化碳完全排放强度与能源消耗结构、能源消耗强度、投入结构有关。

投入产出结构分解模型（IO－SDA）可以将不同时期的投入产出表进行比较静态研究。本文运用 IO－SDA 模型对影响我国二氧化碳排放总量和各部门二氧化碳完全排放强度的因素进行分解分析，定量的分析各影响因素的大小与方向并找出影响其变动的主要因素。根据式（7），可以运用结构分解分析法（SDA）对二氧化碳排放总量进行分解分析，为了尽可能精确地计算分解结果并减少计算量，本文采用两极平均分解法计算各因素的影响效应。用下标 0、t 分别代表各变量在第 0 期与第 t 期的取值，Δ 代表变量在第 0 期到第 t 期的变化，由于二氧化碳排放系数是各类能源形式的自然属性，在分析阶段内保持不变，则二氧化碳排放总量可以分解为：

$$\Delta TE = \frac{C\Delta ST_tL_tY_t + C\Delta ST_0L_0Y_0}{2} + \frac{CS_0\Delta TL_tY_t + CS_t\Delta TL_0Y_0}{2} + \frac{CS_0T_0\Delta LY_t + CS_tT_t\Delta LY_0}{2} + \frac{CS_0T_0L_0\Delta Y + CS_tT_tL_t\Delta Y}{2} \tag{9}$$

式中，第一项为能源结构效应，记为 ΔTE(S)，反映了当其他变量在分析阶段保持不变时，各部门能源消耗结构的变化导致二氧化碳排放总量的变化；第二项为直接能耗强度效应，记为 ΔTE(T)，反映了当其他变量在分析阶段保持不变时，各部门直接能耗强度变化导致的二氧化碳排放总量的变化；第三项为投入结构效应，记为 ΔTE(L)，反映了当其他变量在分析阶段保持不变时，由于中间投入结构的变化导致二氧化碳排放总量的变化；第四项为最终产品效应，记为 ΔTE(Y)，反映了当其他变量在分析阶段保持不变时，由于最终产品变化导致二氧化碳排放总量的变化。

同理，根据式（8），可对各部门二氧化碳完全排放强度进行分解：

$$\Delta CI = \frac{C\Delta ST_tL_t + C\Delta ST_0L_0}{2} + \frac{CS_0\Delta TL_t + CS_t\Delta TL_0}{2} + \frac{CS_0T_0\Delta L + CS_tT_t\Delta L}{2} \tag{10}$$

式中，第一项为能源结构效应，记为 ΔTE(S)，反映了当分析阶段的其他变量保持不变时，各部门能源消耗结构的变动导致各部门的完全二氧化碳强度变化；第二项为直接能耗强度效应，记为 ΔTE(T)，反映了当分析阶段的其他变量保持不变时，各部门直接能耗强度变动导致的各部门的二氧化碳完全排放强度变化；第三项为投入结构效应，记为 ΔTE(L)，反映了当分析阶段的其他变量保持不变时，由于中间投入结构的变化导致各部门的二氧化碳完全排放强度变化。

二、各部门二氧化碳排放总量的结构分解分析

对于上文已经建立 2007 年、2010 年、2012 年可比价碳排放投入产出表，可以利用已知的二氧化碳排放系数矩阵和根据式（7）计算出能源消耗结构矩阵、直接能耗强度对角矩阵、列昂惕夫逆阵、最终产品矩阵对各部门二氧化碳排放总量进行分解分析，找出影响我国二氧化碳排放总量的主要因素。

（一）各部门二氧化碳排放总量的变动趋势

根据 2007 年、2010 年和 2012 年的可比价碳排放投入产出表，对 41 个部门的二氧化碳排放量求和，可以计算出各部门二氧化碳排放总量。各部门二氧化碳排放总量数据如图 1 所示。

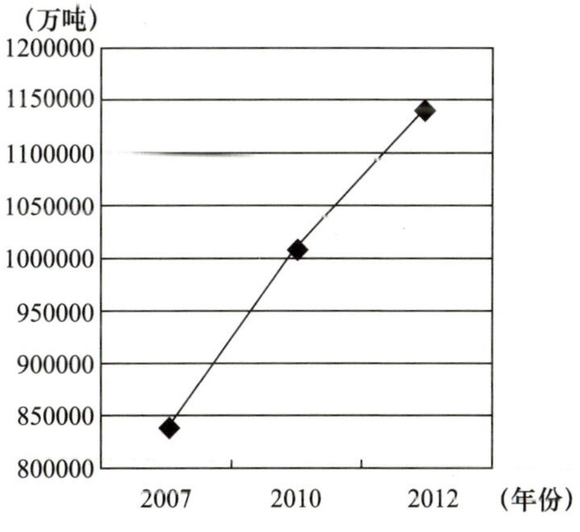

图 1　2007～2012 年二氧化碳排放总量变动趋势

由图1可以看出，2007~2012年各部门的二氧化碳排放总量不断上升，5年间增加了303847.09万吨，增长幅度达到36.24%，年均增长幅度为6.38%，二氧化碳排放总量的增长相对来说还是比较快的，节能减排的任务很重。2007~2010年二氧化碳排放总量增加了168108.61万吨，年均增加6.28%，2010~2012年二氧化碳排放总量增加了135738.49万吨，年均增加6.53%。可以看出，2010~2012年相比于2007~2010年各部门二氧化碳排放总量的年均增长幅度有着小幅的上升。

（二）分阶段各部门二氧化碳排放总量影响效应分析

根据式（9），利用2007年、2010年和2012年可比价“碳排”投入产出表对2007~2012年各个阶段各部门二氧化碳排放总量的变动进行结构分解分析，所得到的结果如表1所示。

表1 二氧化碳排放总量分解结果

		2007~2010年	2010~2012年	2007~2012年
能源结构效应（万吨）		-5662.70	-6582.64	-12341.58
能耗强度效应（万吨）		-56076.93	12481.13	-48890.20
投入结构效应（万吨）		10087.02	-81058.23	-60938.38
最终需求效应（万吨）		219761.20	210898.24	426017.24
总效应（万吨）		168108.58	135738.50	303847.08
各种效应占比（%）	能源结构效应	-3.37	-4.85	-4.06
	能耗强度效应	-33.36	9.19	-16.09
	投入结构效应	6.00	-59.72	-20.06
	最终产出效应	130.73	155.37	140.21
	总效应	100.00	100.00	100.00

表1表明了2007~2012年分阶段各种效应引起我国各部门二氧化碳排放总量变动的情况。上半部分列出了分阶段各种效应对各部门二氧化碳排放总量影响的具体数值，下半部分列出了分阶段各种效应对各部门二氧化碳排放总量影响的比重。不难看出，在各个阶段，能源消耗结构效应都是负的，即能源消耗结构的变动始终对二氧化碳排放总量降低有利；而最终产品效应在各个时期均为正值，即最终需求效应始终不利于二氧化碳排放

总量的降低。能耗强度与投入结构影响效应在各个期间表现则并不一致。2007～2012年，能源消耗结构、能源强度与投入结构的变动是使各部门二氧化碳排放总量下降的影响效应，合计使二氧化碳排放总量下降122170.16万吨，达到总效应的－40.21%。其中能源强度与投入结构的变动起到主要作用，能源消耗结构效应仅让各部门二氧化碳排放总量有微幅下降。最终产品效应是使各部门二氧化碳排放总量上升的影响因素，使二氧化碳排放总量上升122170.16万吨，占总效应的140.21%。总体看，2007～2012年最终产品从34.6万亿吨上升到45.8万亿吨，最终产品效应的影响比能源消耗结构效应、能耗强度效应和投入结构效应的影响加起来还要大，导致二氧化碳排放总量上升的效应远大于下降的效应，所以各部门二氧化碳排放总量有较大幅度上升。

2007～2010年能源消耗结构与能源强度变动是导致各部门二氧化碳排放总量下降的效应。能源消耗结构效应使二氧化碳排放总量下降5662.70万吨，达到总效应的－3.37%；能耗强度效应使二氧化碳排放总量下降56076.93万吨，占总效应的－33.36%，几乎是能源结构效应的10倍，所以是使二氧化碳排放总量下降的主要因素。投入结构与最终产品的变动是使各部门二氧化碳排放总量上升的重要效应。投入结构效应使二氧化碳排放总量上升10087.02万吨，占总效应的6.00%，最终产品效应使二氧化碳排放总量上升56076.93万吨，占总效应的130.73%。总体来看，使二氧化碳排放总量上升的效应远大于下降的效应，所以各部门二氧化碳排放总量有较大幅度的上升。

在2010～2012年这一阶段，能源消耗结构效应和投入结构效应是使各部门二氧化碳排放总量下降的影响因素。能源消耗结构效应使二氧化碳排放总量减少6582.64万吨，达到总效应的－4.85%；投入结构效应使二氧化碳排放总量下降81058.23万吨，占总效应的－59.72%，远大于能源结构效应，所以是使二氧化碳排放总量下降的主要因素。能耗强度与最终需求的变动是使各部门二氧化碳排放总量下降的重要效应。能耗强度效应使二氧化碳排放总量上升12481.13万吨，占总效应的9.19%，最终需求效应使二氧化碳排放总量上升426017.24万吨，占总效应的155.37%。总体来看，使二氧化碳排放总量上升的效应远大于下降的效应，所以各部门二氧化碳排放总量有较大幅度上升。

三、各部门二氧化碳强度的结构分解分析

根据式（8），可以利用已经得到各年的二氧化碳排放系数矩阵、能源消耗结构矩阵、直接能源强度对角矩阵、列昂惕夫逆阵和最终需求矩阵，采用结构分解方法研究各部门完全二氧化碳强度。

（一）各部门二氧化碳强度变动趋势

根据式（8），利用2007年、2010年和2012年可比价碳排放投入产出表计算各部门的二氧化碳强度，所得结果如表2所示。

表2 各部门二氧化碳强度 单位：吨/万元

部门	2007年	2010年	2012年
农林牧渔业	1.3185	1.2587	1.3541
煤炭开采和洗选业	5.2136	5.3300	5.2778
石油和天然气开采业	3.4386	3.2390	3.1310
金属矿采选业	4.8066	4.4549	3.5402
非金属矿及其他矿采选业	3.7237	4.0896	3.6945
食品制造及烟草加工业	1.8371	1.7047	1.4692
纺织业	3.0269	2.4540	2.2198
纺织服装鞋帽皮革羽绒及其制品业	2.5442	2.1684	1.8365
木材加工及家具制造业	2.9856	2.9110	2.2978
造纸印刷及文教体育用品制造业	3.7869	3.4200	2.9950
石油加工、炼焦及核燃料加工业	8.7839	9.5917	9.6600
化学工业	5.5691	4.6345	4.2958
非金属矿物制品业	6.0008	5.6896	5.2091
金属冶炼及压延加工业	7.7494	6.8729	6.0201
金属制品业	5.2933	4.8885	4.2359
通用、专用设备制造业	4.3901	3.9087	3.2068
交通运输设备制造业	3.9178	3.3011	2.7652
电气机械及器材制造业	4.8924	4.0760	3.5554
通信设备、计算机及其他电子设备制造业	3.5417	2.8332	2.1446

续表

部门	2007 年	2010 年	2012 年
仪器仪表及文化办公用机械制造业	3.5029	2.9504	2.4600
工艺品及其他制造业（含废品废料）	2.3096	2.0775	1.7687
电力、热力的生产和供应业	16.8198	14.5640	15.2454
燃气生产和供应业	6.2686	4.4593	3.7300
水的生产和供应业	4.3444	4.5566	3.4792
建筑业	4.0892	3.6785	3.5349
交通运输及仓储业	3.6385	4.1459	4.0693
邮政业	1.8124	2.3331	3.3949
信息传输、计算机服务和软件业	1.0709	1.5400	1.5437
批发和零售业	0.9221	0.9557	1.1483
住宿和餐饮业	1.3268	1.5809	1.4188
金融业	0.5820	0.8497	1.1799
房地产业	0.3624	0.7993	0.6010
租赁和商务服务业	1.3551	2.2165	2.9107
研究与试验发展业	1.3163	2.3522	3.0531
综合技术服务业	0.9785	1.7246	2.9104
水利、环境和公共设施管理业	1.4708	2.6008	2.8020
居民服务和其他服务业	1.5208	1.7626	1.8207
教育	1.1937	0.9784	0.9126
卫生、社会保障和社会福利业	2.1725	2.7739	3.0611
文化、体育和娱乐业	1.2222	1.5210	1.5688
公共管理和社会组织	0.9943	1.2420	1.3053

从表 2 中可以看出，不同部门的二氧化碳排放强度相差很大，总体看，工业中大部分部门的二氧化碳排放强度要大于农业和服务业。工业部门中的煤炭开采和洗选业，金属冶炼及压延加工业，石油加工、炼焦及核燃料加工业，非金属矿物制品业，电力、热力的生产和供应业部门的二氧化碳强度在各个年份相对其他部门都很高。这主要是因为，这些部门属于能源密集型，它们的生产过程中需要大量能源的直接投入，导致这些部门的二氧化碳排放强度较高。而服务业部门中的房地产业、教育、批发和零售业、金融业、住宿和餐饮业部门的二氧化碳强度在各个年份相对其他部门都很低，

因为这几个部门属于人力资本密集型，更多地需要人力资本投入。2007～2012年，农业部门完全二氧化碳强度先减少后增加，总体看还是呈上升趋势。工业部门中除了煤炭开采和洗选业，石油加工、炼焦及核燃料加工业两个部门外二氧化碳强度都是下降的，其中金属冶炼及压延加工业，电气机械及器材制造业，燃气生产和供应业，通信设备、计算机及其他电子设备制造业不仅一直保持下降趋势而且下降幅度较大。服务业部门中除了教育部门的二氧化碳强度一直保持下降趋势，其他部门总体看都是上升的，但住宿和餐饮业、房地产业、交通运输及仓储业部门完全二氧化碳排放强度在2010～2012年曾有小幅的降低。不同部门的完全二氧化碳排放强度变化情况也存在着很大的差异。

（二）分阶段各部门二氧化碳强度影响效应分析

为了进一步研究不同阶段各部门二氧化碳强度变动的原因，根据式（10），利用结构分解如表3所示：对各部门的完全二氧化碳强度进行分析，将各部门的完全二氧化碳强度变动拆分为能源消耗结构、能源强度和投入结构三个变动因素。所得结果见表3。

表3 2007～2010年各部门二氧化碳强度分解结果 单位：吨/万元

部门	1CI（S）	1CI（T）	1CI（L）	合计
农林牧渔业	-0.0022	-0.0149	0.0111	-0.0060
煤炭开采和洗选业	0.0007	-0.0268	0.0377	0.0116
石油和天然气开采业	-0.0021	-0.0143	-0.0035	-0.0200
金属矿采选业	-0.0014	-0.0324	-0.0014	-0.0352
非金属矿及其他矿采选业	-0.0044	-0.0223	0.0633	0.0366
食品制造及烟草加工业	-0.0016	-0.0146	0.0030	-0.0132
纺织业	-0.0023	-0.0222	-0.0328	-0.0573
纺织服装鞋帽皮革羽绒及其制品业	-0.0021	-0.0165	-0.0189	-0.0376
木材加工及家具制造业	-0.0027	-0.0195	0.0148	-0.0075
造纸印刷及文教体育用品制造业	-0.0013	-0.0260	-0.0094	-0.0367
石油加工、炼焦及核燃料加工业	-0.0074	0.0640	0.0242	0.0808
化学工业	-0.0028	-0.0442	-0.0465	-0.0935
非金属矿物制品业	-0.0001	-0.0583	0.0272	-0.0311
金属冶炼及压延加工业	-0.0032	-0.0410	-0.0434	-0.0876

续表

部门	1CI（S）	1CI（T）	1CI（L）	合计
金属制品业	-0.0036	-0.0318	-0.0051	-0.0405
通用、专用设备制造业	-0.0026	-0.0255	-0.0201	-0.0481
交通运输设备制造业	-0.0036	-0.0223	-0.0358	-0.0617
电气机械及器材制造业	-0.0021	-0.0268	-0.0527	-0.0816
通信设备、计算机及其他电子设备制造业	-0.0020	-0.0208	-0.0480	-0.0708
仪器仪表及文化办公用机械制造业	-0.0017	-0.0210	-0.0326	-0.0553
工艺品及其他制造业（含废品废料）	-0.0022	-0.0143	-0.0067	-0.0232
电力、热力的生产和供应业	-0.0096	-0.1690	-0.0470	-0.2256
燃气生产和供应业	-0.0141	-0.1524	-0.0144	-0.1809
水的生产和供应业	0.0008	-0.0404	0.0608	0.0212
建筑业	-0.0019	-0.0235	-0.0157	-0.0411
交通运输及仓储业	-0.0041	0.0150	0.0399	0.0507
邮政业	-0.0028	0.0005	0.0544	0.0521
信息传输、计算机服务和软件业	-0.0008	-0.0073	0.0550	0.0469
批发和零售业	-0.0015	-0.0031	0.0080	0.0034
住宿和餐饮业	0.0014	-0.0034	0.0275	0.0254
金融业	-0.0006	-0.0014	0.0288	0.0268
房地产业	-0.0004	0.0007	0.0433	0.0437
租赁和商务服务业	-0.0008	0.0003	0.0867	0.0861
研究与试验发展业	-0.0006	-0.0085	0.1126	0.1036
综合技术服务业	-0.0005	0.0001	0.0750	0.0746
水利、环境和公共设施管理业	-0.0003	0.0014	0.1119	0.1130
居民服务和其他服务业	-0.0001	-0.0040	0.0282	0.0242
教育	0.0002	-0.0055	-0.0162	0.0215
卫生、社会保障和社会福利业	-0.0001	-0.0175	0.0777	0.0601
文化、体育和娱乐业	-0.0005	-0.0067	0.0371	0.0299
公共管理和社会组织	-0.0002	-0.0014	0.0264	0.0248

从表3可以看出，2007～2010年，各部门的二氧化碳强度变动方向并不一致，农业和工业的大部分部门二氧化碳强度是下降的，下降较快的有燃气生产和供应业，电力、热力的生产和供应业两个部门，而服务业大部

分部门二氧化碳强度是上升的，上升较快的有水利、环境和公共设施管理业，研究与试验发展业两个部门。影响各部门二氧化碳强度的因素中，除了煤炭开采和洗选业，水的生产和供应业，住宿和餐饮业，教育部门以外，能源消耗结构效应均为负值，说明该阶段能源消耗结构变化有利于二氧化碳强度的下降，但从数值来看贡献很小，导致各部门二氧化碳强度变化的重要原因是能源强度和投入结构效应。能源强度效应在农业和工业部门均为负值，在服务业部门则差异较大，有正有负，而投入结构效应在工业部门中有少部分为负值，在农业和除教育外的服务业部门中均为正值。总体看，投入结构效应对各部门二氧化碳强度变动的影响效应最大，大部分部门的二氧化碳强度变动与投入结构效应的变动一致，能源强度效应对各部门二氧化碳强度变动的影响略小于投入结构效应，而能源消耗结构效应对各部门二氧化碳强度变化没有很大影响。

表4 2010~2012年各部门二氧化碳强度分解结果 单位：吨/万元

部门	1CI（S）	1CI（T）	1CI（L）	合计
农林牧渔业	-0.0003	0.0037	0.0062	0.0095
煤炭开采和洗选业	-0.0018	0.0345	-0.0379	-0.0052
石油和天然气开采业	-0.0029	0.0162	-0.0241	-0.0108
金属矿采选业	-0.0017	0.0204	-0.1102	-0.0915
非金属矿及其他矿采选业	-0.0024	0.0356	-0.0727	-0.0395
食品制造及烟草加工业	-0.0012	0.0032	-0.0255	-0.0235
纺织业	-0.0055	0.0046	-0.0226	-0.0234
纺织服装鞋帽皮革羽绒及其制品业	-0.0035	0.0051	-0.0348	-0.0332
木材加工及家具制造业	-0.0020	0.0063	-0.0656	-0.0613
造纸印刷及文教体育用品制造业	-0.0018	-0.0074	-0.0333	-0.0425
石油加工、炼焦及核燃料加工业	0.0025	0.0185	-0.0141	0.0068
化学工业	-0.0008	0.0097	-0.0427	-0.0339
非金属矿物制品业	-0.0043	0.0150	-0.0588	-0.0480
金属冶炼及压延加工业	-0.0033	-0.0278	-0.0542	-0.0853
金属制品业	-0.0017	-0.0027	-0.0608	-0.0653
通用、专用设备制造业	-0.0025	-0.0026	-0.0651	-0.0702
交通运输设备制造业	-0.0016	-0.0010	-0.0511	-0.0536
电气机械及器材制造业	-0.0015	-0.0039	-0.0467	-0.0521

续表

部门	1CI（S）	1CI（T）	1CI（L）	合计
通信设备、计算机及其他电子设备制造业	-0.0014	0.0032	-0.0706	-0.0689
仪器仪表及文化办公用机械制造业	-0.0014	0.0024	-0.0501	-0.0490
工艺品及其他制造业（含废品废料）	-0.0013	0.0153	-0.0449	-0.0309
电力、热力的生产和供应业	-0.0011	0.1172	-0.0479	0.0681
燃气生产和供应业	-0.0087	-0.0373	-0.0269	-0.0729
水的生产和供应业	-0.0033	0.0278	-0.1322	-0.1077
建筑业	-0.0020	0.0025	-0.0148	-0.0144
交通运输及仓储业	-0.0009	0.0203	-0.0271	-0.0077
邮政业	0.0036	0.0208	0.0817	0.1062
信息传输、计算机服务和软件业	-0.0009	0.0038	-0.0025	0.0004
批发和零售业	-0.0043	0.0052	0.0183	0.0193
住宿和餐饮业	0.0068	0.0108	-0.0337	-0.0162
金融业	-0.0007	0.0035	0.0302	0.0330
房地产业	-0.0021	0.0010	-0.0187	-0.0198
租赁和商务服务业	0.0009	0.0093	0.0592	0.0694
研究与试验发展业	-0.0029	0.0081	0.0649	0.0701
综合技术服务业	0.0004	0.0107	0.1074	0.1186
水利、环境和公共设施管理业	-0.0054	0.0131	0.0124	0.0201
居民服务和其他服务业	-0.0053	0.0055	0.0056	0.0058
教育	0.0025	0.0031	-0.0123	-0.0066
卫生、社会保障和社会福利业	-0.0008	0.0083	0.0211	0.0287
文化、体育和娱乐业	-0.0001	0.0050	-0.0002	0.0048
公共管理和社会组织	-0.0007	0.0048	0.0022	0.0063

从表4可以看出，2010～2012年，大部分部门的二氧化碳强度是下降或微幅上升的，只有邮政业与综合技术服务业二氧化碳强度上升幅度在0.1吨/万元以上。影响各部门二氧化碳强度的各种效应中，除了教育，综合技术服务业，租赁和商务服务业，住宿和餐饮业，邮政业，石油加工、炼焦及核燃料加工业部门以外，能源消耗结构效应在大部分部门中仍均为负值，但影响各部门二氧化碳强度变动的能力不大。而大部分部门的能源强度效应为正值和上一阶段出现差异，说明在2010～2012年，能源强度效应阻碍

了各部门二氧化碳强度的下降，并且是阻碍二氧化碳强度下降的首要因素。而投入结构效应在各个部门差异较大，有的部门促进二氧化碳强度下降，有的部门阻碍二氧化碳强度下降。总体看，投入结构效应仍然对各部门二氧化碳强度变动影响最大，各部门二氧化碳强度变动基本上与投入结构效应保持一致。

四、结论与建议

（一）研究结论

本文基于2007～2012年可比价碳排放投入产出表，利用投入产出结构分解模型对我国国民经济各部门二氧化碳排放情况进行分析，找出导致我国二氧化碳排放总量与国民经济各部门二氧化碳完全排放强度变动的主要因素。

2007～2012年，各部门二氧化碳排放总量一直保持增长趋势，导致二氧化碳排放总量上升的重要原因是最终需求的上升，能源消耗结构效应一直是抑制二氧化碳排放总量上升的因素，但作用很小。能耗强度效应和投入结构效应在各个阶段所起的作用不一致，有时会促进二氧化碳排放总量上升，有时会抑制二氧化碳排放总量上升。

各部门二氧化碳排放强度方面，导致各部门二氧化碳强度变动较大的因素是投入结构效应。在三次产业中，农业与服务业部门的二氧化碳强度普遍低于工业部门，加大服务业部门在国民经济中的比例可以有效降低二氧化碳排放总量。但同时需要看到，工业的二氧化碳排放强度由于节能减排的政策一直趋于下降，而服务业部门二氧化碳排放强度却时有上升。

（二）政策建议

（1）调整能源消耗结构。煤炭是一种二氧化碳排放量较大的能源产品，我国大量消耗煤炭的能源消耗结构不仅导致二氧化碳排放量过高，也是引起空气质量恶化的重要因素。通过分析可以看出，能源消耗结构变动对我国国民经济各部门的二氧化碳排放总量和各部门的二氧化碳强度的影响很小，说明我国调整能源消耗结构，降低二氧化碳排放量还有很大的空间。

能源消耗结构的调整主要包括两方面的内容：第一个方面是减少石油、煤炭等高二氧化碳排放量的能源形式的使用，从而减少能源消耗导致的二氧化碳排放；第二个方面是大力发展清洁能源例如太阳能、风力、水力资源，代替煤炭、石油等传统能源形式。目前，我国清洁能源的使用率不高，因此政府应大力支持，可以采取补贴的形式促进企业对这方面技术的研发。

（2）优化产业结构。国民经济各部门二氧化碳强度存在很大差异，对于二氧化碳强度超过平均水平的部门，例如金属冶炼及压延加工业，石油加工、炼焦及核燃料加工业，电力、热力的生产和供应业应该进行重点关注。总体来看，工业部门的二氧化碳排放强度一般要高于农业和服务业部门，降低二氧化碳排放总量可以通过提高服务业部门比例的方式实现，这也与我国产业结构优化调整方向相同。同时，产业结构的优化升级也对能源消耗结构的调整有利，二氧化碳强度较高的部门很多是煤炭消耗量较大的部门，而服务业部门的煤炭消耗量较小，优化产业结构的同时也会使能源消耗结构趋于合理。

（3）促进技术创新。当前我国的经济仍处于较快增长的阶段，能源消耗量也会继续上升，从而导致二氧化碳排放量继续上升。但是可以通过技术创新，使用更为先进的节能技术，降低能源消耗强度，从而抑制碳排放量的上升。同时，技术创新还会影响国民经济各部门的投入结构。通过投入结构的改变，可以减少高二氧化碳排放量产品的投入，从而达到降低二氧化碳排放量的目的。技术创新项目一般存在研发成本高、市场风险大的特点，所以需要政府在税收环节予以支持，提高企业研发的积极性。

（4）引导最终需求结构。随着社会的不断发展，人民对生活质量要求的不断提升，最终产品也在不断增加，这成为导致国民经济各部门二氧化碳排放总量增加的最主要因素。为了控制二氧化碳排放总量的增加，政府应该倡导低碳生活的理念，引导人民的消费选择，从而使最终产品中的低碳产品不断增加。从前述分析可知，单位投资或出口上升导致的二氧化碳排放量上升要大于单位消费上升导致的，我国现在的经济发展模式是由投资拉动的，这对于降低二氧化碳排放量不利。政府应转变经济发展模式，鼓励和引导消费，平衡消费、投资、出口三者关系，从而达到抑制二氧化碳排放总量增长的目的。

参考文献

[1] 葛守中．上海市“碳排”投入产出表的编制及应用研究［R］．2012 中国循环

经济与绿色发展论坛，2012.

［2］隗斌贤，顾继红，黄敏. 基于IO－SDA模型的浙江省外贸隐含碳影响因素分析［J］. 统计研究，2012（1）：101－105.

［3］唐德才，王云，仲凤霞，李长顺. 基于IO－SDA模型的广东省外贸隐含碳的分解分析［J］. 中国科技论坛，2014（1）：140－146.

两阶段随机前沿模型下中国能源效率测度及其影响因素*

陈星星[1,2]
（1. 中国社会科学院数量经济与技术经济研究所；
2. 中国社会科学院研究生院，北京）

一、引言及文献述评

30多年来，中国经济迅速发展，但与此同时，粗放式的经济发展方式已成为制约中国经济高速增长的阻碍。能源效率在优化能源—经济—环境系统中具有重要作用，被称为“第五类能源”。提高中国能源效率是缓解能源压力的根本途径，是积极响应节能减排措施、实现社会可持续发展的有效方法。当前，国内文献对能源效率的研究主要集中在“能源效率评价”和“能源效率影响因素分析”两个层面。传统单要素生产率结构的能源效率指标只是能源投入与产出之间的关系，无法测度其他的投入要素组合对于能源效率的影响，具有比较明显的缺陷（李国璋、霍宗杰，2010）；基于全要素生产率结构的能源效率指标则将“单投入”扩展为“多投入”结构，能够将能源效率的变动用经济结构变动、技术进步、制度变化等因素来解

* ［基金项目］本文获得国家社科基金青年项目“新能源产业技术效率、环境效应与定价机制研究”（项目编号：16CJL034）的资助。

［作者简介］陈星星，中国社会科学院数量经济与技术经济研究所，助理研究员，主要从事经济增长、能源环境、效率与生产率分析等领域研究。

释（魏楚、沈满洪，2009）。随着对能源效率问题研究的深入，能源效率的研究主要集中在以下几个方面：

第一，考虑外部环境约束的能源效率问题。黄德春等（2012）发现剔除外部因素和环境变量前规模效率被高估，纯技术效率被低估；剔除环境因素后，东部地区的能源效率最高。王维国、范丹（2012）发现不考虑碳排放约束下的全要素能源效率被高估，而考虑碳排放约束后我国的产业结构得到了优化调整。陈德敏、张瑞（2012）通过计算环境规制对全国和区域全要素能源效率指数的影响发现，环境污染会使全要素能源效率值降低。王兵、于露瑾、杨雨石（2013）发现技术进步、资本和劳动对能源的替代及产出结构变化提高了能源效率，产出结构效应的贡献最大，劳动对能源替代的作用最小。王兵、张技辉、张华（2011）认为，我国全要素能源效率在样本期间整体下滑，其中西部地区下降的幅度最大；东部地区全要素能源效率最高。张伟、吴文元（2011）发现在环境约束下，能源的过度使用以及废气的过度排放导致长三角都市圈能源效率增长率和能源使用技术效率增长率的降低。汪克亮等（2010）测算包含环境效应的中国省际全要素能源效率，指出中国全要素能源效率整体水平偏低。此外，一些学者从节能减排的角度出发研究了能源效率，如李世祥、成金华（2008）发现工业部门以及主要耗能行业的能源效率不高，能源价格的适当提高与价格机制的完善，对于能源效率的改进具有重要作用。史丹（2006）认为，中国能源效率较高的省市主要集中在东南沿海地区，能源效率最低的地区主要是煤炭资源比较丰富，以煤炭消费为主的内陆省区。查冬兰、周德群（2010）通过构建能源效率影响下的可计算一般均衡模型，模拟不同能源种类能源效率提高4%对能源消费的影响，发现能源效率回弹效应在我国显著存在。

第二，能源效率与经济增长之间的关系。陈德敏、张瑞、谭志雄（2012）认为，全国以及区域能源效率经历了一个先上升再下降的过程，能源效率促进了中国经济增长和收敛。曾胜、黄登仕（2009）根据时间序列数据对能源效率进行了分析，揭示了能源消费与经济增长之间的内在比例关系。谭忠富、张金良（2010）认为技术进步对能源效率的正面影响最大，能源价格和一些不可观测变量对能源效率有着促进作用。孙久文、肖春梅（2012）发现，1992~2010年长三角地区全要素生产率上升，长三角地区全要素能源效率主要依赖于技术进步驱动，并且表现为阶段性波动。王强、樊杰、伍世代（2014）发现中国能源效率整体上处于中等水平，中国能源效率提升以要素大规模投入而产生的外部经济效益为主导驱动。杨冕、杨福霞、陈兴鹏（2011）发现能源相对价格的提升与科技进步对我国能源效率的改进具有促进作用，而产业结构与能源结构的变动则在不同程度上阻碍着我国能源效率的提高。师博、沈坤荣（2013）研究了经济集聚对能源效率的影响与作用机制，发现市场机制主导的企业集聚能够显著提高能源效率，由于政府干预和环境治理的“搭便车”倾向导致产业集聚无法对能源效率产生预期效果。

第三，能源全要素生产率、能源效率分解及其影响因素。李兰冰（2012）认为我国全要素能源效率总体上仍处于较低水平，管理无效率和环境无效率是能源低效的共同成因。陈关聚（2014）发现制造业能源效率呈现先上升后停滞的阶梯形变化特征，重工业能源消耗量大且能源效率高，劳动力密集型的轻工制造业能源消费少且能源效率低。续竞秦、杨永恒（2012）指出我国大多数省份的能源效率先降后升，“十一五”时期节能降耗政策效果明显。孙广生等（2012）发现，尽管地区间“能源效率缺口”绝对量在逐年扩大，但表现出一定的追赶与收敛趋势。李梦蕴、谢建国、张二震（2014）指出，中国区域能源效率差异呈收敛特征，能源消费结构差异对能源效率差异的影响呈区域特征。马海良等（2011）发现 2007 年经济危机导致三大经济区域能源效率降低，迫使产业转型，技术进步增长较快，能源效率的改善依赖于全要素生产率的提高。李国璋、霍宗杰（2010）指出，我国地区全要素能源效率由西到东逐步提高，但总体均呈现出上升的趋势。赵金楼等（2013）认为，我国能源效率地区差异明显，呈现先扩大后缩小的趋势，东部随机性趋同不存在。吴琦、武春友（2010）发现改革开放以来我国能源效率经历了“下降—上升—下降—上升”的波浪式变化过程，而且在今后一段时期内还会继续提高。罗会军等（2015）的研究结果表明，中国能源效率演化过程受到各因素的共同驱动，技术进步对能源效率的负面作用源于能源反弹效应的冲击。张志辉（2015）发现，技术差距拉大导致中西部与东部之间的能源效率差距不断扩大；群组前沿效率下降是制约东西部能源效率改善的重要因素。史丹等（2008）发现全要素生产率差异是中国能源效率地区差异扩大的主要原因，增长方式趋同的东部地区能源效率也存在显著收敛趋势。王群伟、周德群（2008）的研究结果显示，我国全要素能源效率自 2001 年后出现退化，能源效率的提高依赖于全要素生产率的提高，技术效率比技术进步更有助于能源效率的改善。屈小娥（2009）发现，东部地区全要素能源效率处于效率前沿，中西部地区远离前沿。2000年之前中国省际能源效率显著收敛，2000年后收敛趋势减弱。

第四，能源效率与产业结构，消费结构之间的关系。刘佳骏、董锁成、李宇（2011）利用三次产业结构GDP和相关能源利用统计数据，发现中国产业结构变动对能源效率提高贡献的空间差异较大。王强等（2011）通过研究中国能源效率对产业结构、能源消费结构演变的响应机理，发现中国第三产业较第二产业发展对能源效率提高具有更大推动作用，第二产业发展与能源效率提高呈正向弱相关。王姗姗、屈小娥（2011）测算了考虑环境效应的制造业行业全要素能源效率指数，发现考虑环境效应的中国制造业行业全要素能源效率总体呈现稳步增长趋势，但远低于不考虑环境污染时制造业全要素能源效率，技术进步是制造业全要素能源效率提高的主要原因；重工业行业的全要素能源效率显著高于轻工业行业，且行业内部差异显著。孙广生、杨先明、黄祎（2011）的研究表明，工业各行业能源使用效率存在先降低后上升的"U"型转变，尽管行业的能源效率在提高，但行业的能源损失的绝对量仍然很大，应重点关注"高效率高损失量"和"低效率高损失量"两类行业。魏楚、沈满洪（2007）运用1995～2004年省级面板数据测算能源效率的计算，发现大多省份能源效率"先上升，再下降"，转折点出现在2000年左右。1999年之后，各省之间的能源效率差距逐渐扩大，不具有趋同性。四个区域的比较结果表明，能源效率最高的地区为东北老工业基地，其他依次为东部沿海地区、中部和西部。地区之间的能源效率差异基本上是逐渐减少的，其能源效率存在一定的趋同性。第三产业在GDP中所占比重每上升1%，能源效率将增长约0.44%，且产业结构的影响在逐渐增加。

国外部分文献测算了中国的能源效率，如Wang等（2013）采用非径向距离函数的方法测算能源效率和能源生产率，将二氧化碳排放量作为非期望产出，发现中国能源生产率增长的主要驱动力是能源技术变化而非能源效率变化。一些文献研究了能源立法与节能效应之间的关系，如Dixon（2010）研究了2007年美国能源独立与安全法（EISA），其规定含有近200种新规定改善节能效率，包括汽车燃油、电器照明、商业住宅、工业建筑、制造业工厂、电力输送和使用的效率和效益。同时，部分国外学者研究了中国的能源效率及节能减排问题，如 Andrews – Speed（2009）指出，2004 年中国政府制订了能源强度扭转计划，提出在 2006 ~2010 年减少 20% 的能源消耗。研究表明，近 30 年来，在国家提高中国能源效率的背景下，能源产量将在较长时期内持续提高。Tonna 和 Peretz（2007）指出国家级能源效率计划已有针对性地对所有经济部门采用各种方法来提高能源效率。在未来的 20 年里，能源效率计划可能会降低高达 20% 的能耗。此外，还有部分学者研究了不同国家的能耗效率问题，如 Edigera 和 Camdal（2007）研究了 1988 ~2004 年土耳其运输部门的能耗效率，测算了各年加权平均总能效，指出应运用创新技术进步增加土耳其的航空运输能效，提高运输部门效率。Yang（2006）研究了印度工业部门的能源政策和资本投资在能源技术效率中的有效性，对比分析了中国和印度在过去 25 年的能源政策与工业能源效率。Nassen 和 Holmberg（2005）研究了能源效率的变化情况，认为 20 世纪七八十年代，能源效率显著提高，但到 20 世纪 90 年代，能源效率已趋于稳定。Pérez – Lombarda 等（2008）分析了建筑行业的能源消耗，发现发达国家建筑业的能源消耗占总能源消耗的 20% ~40%，通过测算建筑行业中能源消耗和二氧化碳排放量的比重，可以制定有效的能源效率政策。Turner（2013）同时考虑了能源供给市场中价格和数量的变化。能源供给过量会导致能源价格下跌，从而导致能源需求增加。特别地，当能源价格极低时，能源市场的反弹效应为 0，当能源价格极高时，能源市场的反弹效应为 100%（Saunders，2000）。Craig（2016）探讨了美国东南部气候变化和住宅用电量之间的相互关系，并基于消费者使用计划行为理论（TPB），通过调查 2450 户居民的住宅用电使用情况，分析居民生活用电情况和家庭能源效率。Li 和 Han（2012）根据中国三个行业的面板数据，通过剥离由于产业结构调整造成的能耗反弹，测算了能源效率提高时的能源反弹效应。Kallbekken 等（2012）在实验的基础上指出，为消费者提供更多的节能选择和信息可以有助于减少能源使用和温室气体排放，同时降低消费成本。他们通过与家电零售商合作，对家用电器销售情况进行测试。Brännlund 等（2007）研究了外生技术进步（能源效率的提高）是影响瑞典家庭的消费选择的，从而进一步分析二氧化碳、二氧化硫和氮氧化物的排放情况。

二、理论模型

本文用到的理论模型有两个，一是随机前沿模型，二是面板 Tobit 模型。其中，随机前沿模型用于测算能源消耗的绝对效率，面板 Tobit 模型用于将测算出的能源消耗绝对效率做出进一步分解，从而分析能源消耗效率的影响因素。

1. 随机前沿模型

随机前沿分析（Stochastic Frontier Approach，SFA）源于对生产最优化的研究，研究在资源约束一定的条件下产出的最大化，或者在给定投入约束下，使成本最小化，再或者在既定投入和产出水平下，使利润最大化（陶长琪、王志平，2011）。1977 年比利时学者 Meeusen 和 Broeck、美国学者 Aigner 等，以及澳大利亚学者 Battese 和 Corra 先后发表了三篇关于随机前沿的学术论文，标志着随机前沿方法的诞生。这三篇文章均假设模型为：

$$y_{it}=f(x'_{it},\ \beta)+(v_{it}-u_{it}),\ (i=1,\ \cdots,\ N;\ t=1,\ \cdots,\ T) \qquad (1)$$

式中，y_{it}是产出向量，x_{it}是投入向量，β 是未知参数向量，$f(x'_{it},\ \beta)$是生产函数。$v_{it}\sim N(0,\ \sigma_v^2)$ 为系统误差项，表示随机环境因素对前沿产量的影响。当 $u_{it}\geqslant 0$ 时表示技术无效项；当 $u_{it}=0$ 时，厂商处于生产前沿面上，技术有效；当 $u_{it}>0$ 时厂商位于生产前沿面下方，技术无效。对于 u 不同学者不同的假设：Meeusen 与 Broeck 假定 u 服从指数分布，Battese 和 Corra 假定服从半正态分布，而 Aigner 等同时考虑了指数分布和半正态分布两种情况。模型中，待估参数为 β、σ_v^2、σ_u^2。假定 v_{it}与 u_{it}独立分布，$u_{it}=\delta(t)u_i$，$u_i\sim i.i.dN^+(\mu,\ \sigma_i^2)$，$\delta(t)=\exp(\eta(T-t))$。当考虑存在 p 种投入要素时$(p=1,\ \cdots,\ P)$，则 $f(x'_{itp},\ \beta)$为 C－D 生产函数时，有：

$$\ln y_{it}=\beta_0+\sum_{p=1}^{P}\beta_t\ln x_{itp}+(v_{it}-u_{it})$$
$$(i=1,\cdots,N;t=1,\cdots,T;p=1,\cdots,P) \qquad (2)$$

当 $f(x'_{itp},\ \beta)$ 为超越对数生产函数时，有：

$$\ln y_{it}=\beta_0+\sum_{p=1}^{P}\beta_t\ln x_{itp}+\sum_{p=1}^{P}\sum_{q=1}^{P}\beta_{pq}\ln x_{itp}\ln x_{itq}+(v_{it}-u_{it})$$
$$(i=1,\cdots,N;t=1,\cdots,T;p,q=1,\cdots,P) \qquad (3)$$

当 $\beta_{pq}(p=1, \cdots, P; q=1, \cdots, P)=0$ 时，式（3）退化为式（2），因此式（2）是式（3）在 $\beta_{pq}=0$ 下的特殊形式。因此本文选择形式更为一般的超越对数生产函数。

以产出为导向的技术效率 TE 是可观测产出与随机前沿产出之比，即：

$$TE = y_{it}/\exp(f(x'_{it}, \beta)+v_{it}) = e^{-u_{it}} \tag{4}$$

2. 面板 Tobit 模型

考虑归并数据（Censored Data）面板模型。假设：

$$y_{it} = x'_{it}\beta + u_i + \varepsilon_{it} \tag{5}$$

式中，y_{it} 不可观测，$\varepsilon_{it} \sim N(0, \sigma_\varepsilon^2)$，$u_i$ 为个体效应。在给定 u_i 的情况下，个体 i 的条件分布为：

$$f(y_{i1}, y_{i2}, \cdots, y_{iT} \mid u_i) = \prod_{t=1}^{T}[1-\Phi(x'_{it}\beta+u_i)/\sigma_\varepsilon]^{1(y_{it}=0)}\left[\frac{1}{\sigma_\varepsilon}\phi((y_{it}-x'_{it}\beta-u_i)/\sigma_\varepsilon)\right]^{1(y_{it}>0)} \tag{6}$$

式（6）的个体异质性 u_i 不可观测。假设 $u_i \sim N(0, \sigma_u^2)$，其概率密度函数为 $g(u_i)$；同时，$(y_{i1}, y_{i2}, \cdots, y_{iT}, u_i)$ 的联合密度函数为 $f(y_{i1}, y_{i2}, \cdots, y_{iT}, u_i)$，且有：

$$f(y_{i1}, y_{i2}, \cdots, y_{iT}, u_i) = f(y_{i1}, y_{i2}, \cdots, y_{iT} \mid u_i) \cdot g(u_i) \tag{7}$$

对式（7）中的 u_i 积分，可得 $(y_{i1}, y_{i2}, \cdots, y_{iT})$ 的无条件分布为：

$$f(y_{i1},y_{i2},\cdots,y_{iT}) = \int_{-\infty}^{+\infty} f(y_{i1},y_{i2},\cdots,y_{iT},u_i)\,du_i = \int_{-\infty}^{+\infty} f(y_{i1},y_{i2},\cdots,y_{iT} \mid u_i) \cdot g(u_i)\,du_i \tag{8}$$

式（8）的积分一般无解析解，可用高斯—赫米特积分（Gauss - Hermite Quadrature）求数值解。通过检验 $H_0: \sigma_u=0$ 来判断个体是否存在异质性。可以定义同一个体不同时期扰动项的自相关系数为：

$$\rho \equiv corr(u_i+\varepsilon_{it}, u_i+\varepsilon_{is}) = \frac{\sigma_u^2}{\sigma_u^2+\sigma_\varepsilon^2}(t \neq s) \tag{9}$$

若 ρ 越大，则复合扰动项 $u_i+\varepsilon_{it}$ 中的个体效应部分 u_i 越重要。特别地，当 $\rho=0$ 时，$\sigma_u^2=0$，即不存在个体随机效应，应选择混合回归。

三、数据来源及变量描述

本文研究分析中国八大经济区域的能源效率问题。按照国家统计局的划分方法，八大经济区域包括东北地区、北部沿海、东部沿海、南部沿海、黄河中游、长江中游、西南地区和大西北地区。其中，东北地区包括辽宁、吉林、黑龙江三省；北部沿海包括北京、天津、河北、山东四省市；东部沿海包括上海、江苏、浙江三省市；南部沿海包括福建、广东两省；黄河中游包括山西、内蒙古、河南、陕西四省区；长江中游包括安徽、江西、湖北、湖南四省；西南地区包括广西、四川、贵州、云南四省区；大西北地区包括甘肃、青海、宁夏、新疆四省区。由于数据缺失，南部沿海的海南省以及大西北地区的西藏未列出；将西南地区的重庆并入四川。

1. 数据来源

本文数据来自国家统计局1990~2013年的《中国统计年鉴》、1990~2013年的《中国能源统计年鉴》，部分缺失数据由地方统计年鉴和中国经济与社会发展统计数据库补充。本文中国八大经济区域分类如表1所示。

表1　中国八大经济区域分类

编号	区　域	省　份	数　量
1	东北地区	辽宁、吉林、黑龙江	3
2	北部沿海	北京、天津、河北、山东	4
3	东部沿海	上海、江苏、浙江	3
4	南部沿海	福建、广东	2
5	黄河中游	山西、内蒙古、河南、陕西	4
6	长江中游	安徽、江西、湖北、湖南	4
7	西南地区	广西、四川、贵州、云南	4
8	大西北地区	甘肃、青海、宁夏、新疆	4

2. 变量描述

结合李兰冰（2012），陈德敏、张瑞、谭志雄（2012），陈德敏、张瑞（2012）等有关文献，本文用到的指标如下：

（1）单位能耗GDP（egdp）产出，即消耗1单位能耗所能生产的实际GDP，反映了单位标准煤消耗所获得的产出效果，用各省份实际GDP/总能耗。其中，实际GDP的单位是亿元，为了剔除价格因素的影响，调整为以1990年为基期的实际GDP。

（2）实际资本存量（zbcl）投入。由于历年《中国统计年鉴》中未直接给出实际资本存量的数值，参考单豪杰的估算方法，运用总投资、固定资本形成额和定基 CPI 可以得到实际资本存量为：$K(t)=\Delta K(t)+(1-\delta)K(t-1)$。其中 $\delta=5\%$，为折旧率，K（t）为当年实际资本存量，单位为亿元。

（3）就业人口（jyrk）投入，使用年末从业人员总数，单位是万人，具体公式为（当年年末就业人数＋上年年末就业人数）/2。

（4）总能耗（znh）投入，以各省份能源消耗总量表示，将四种主要能源消耗总量统一折算成标准煤，单位为万吨标准煤。

本文选取的中国八大经济区域能源投入产出指标数据及原始数据如表 2 所示。

表 2　中国八大经济区域能源投入产出数据

区域	单位能耗 GDP（egdp；亿元）	实际资本存量（zbcl；亿元）	就业人口（jyrk；万人）	总能耗（znh；万吨标准煤）
东北地区	0.283	5675.617	1598.763	8501.330
北部沿海	0.360	9337.898	2425.880	10335.110
东部沿海	0.522	12354.393	2605.773	9685.203
南部沿海	0.615	12240.055	3044.730	9244.585
黄河中游	0.247	5920.835	2413.845	8526.920
长江中游	0.415	5449.508	2940.928	6432.565
西南地区	0.343	5337.698	3019.740	6086.465
大西北地区	0.182	1609.828	629.685	2945.513

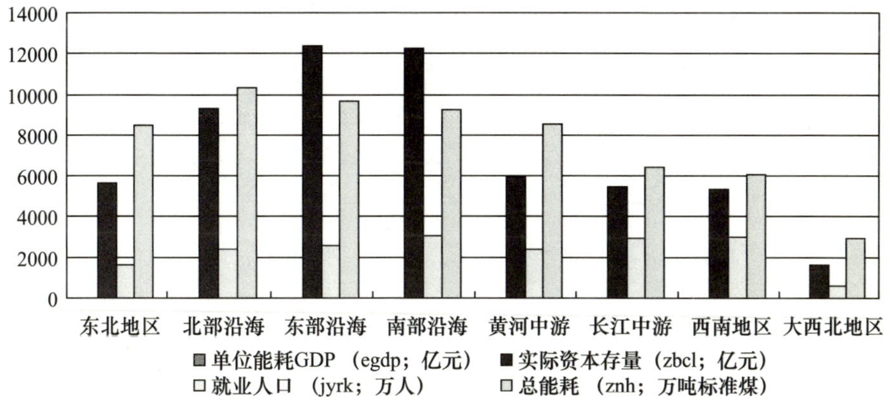

图 1　中国八大经济区域能源投入产出

由图1可知，我国八大经济区域间能源投入产出差异较大。东部沿海、南部沿海和北部沿海在能源投入、产出方面均具有较强的优势；而大西北地区、西南地区和长江中游地区在能源投入产出方面明显不具有优势。这反映了我国经济区域间的资源禀赋存在差异，同时能源的消耗和供给也存在巨大差异。那么在投入产出强的区域是否具有较强的能源效率，能源投入产出较差的区域是否能源效率低下，这些问题值得我们进一步研究。

四、模型计量结果分析

模型计量结果分析分为两个部分：第一部分为运用随机前沿模型测算能源效率；第二部分为运用面板 Tobit 模型测算能源效率影响因素。其中，运用随机前沿模型测算能源效率又分为运用固定效应的 LSDV 法、计算技术效率不随时间而变的随机效应模型和随机效应的时变衰减模型测算能源效率，并进行稳健性检验。

1. 第一阶段：能源效率随机前沿模型

（1）运用 Stata 12.0，使用固定效应的 LSDV 法，结果如表3和表4所示。

表3 固定效应 LSDV 模型估计结果1

变量	系数	标准差	t值	p值
lnzbcl	0.7729	0.2409	3.21	0.00
lnjyrk	0.1397	0.5249	0.27	0.79
lnznh	-1.3130	0.3296	-3.98	0.00
lnzbcl2	0.0897	0.0404	2.22	0.04
lnjyrk2	0.1271	0.0393	3.23	0.00
lnznh2	0.0845	0.0575	1.47	0.15
lnzbcljyrk	-0.1878	0.0443	-4.24	0.00
lnzbclznh	-0.0452	0.0901	-0.50	0.62
lnjyrkznh	-0.0820	0.0502	-1.63	0.11
lnzbclt	-0.0056	0.0050	-1.12	0.27
lnjyrkt	0.0247	0.0043	5.80	0.00
lnznht	-0.0093	0.0063	-1.46	0.16

表 4 固定效应 LSDV 模型估计结果 2

省份	系数	t 值	省份	系数	t 值
天津	-0.2076	-4.02	江西	0.0611	0.82
河北	0.4627	4.80	河南	0.3651	2.91
辽宁	0.4785	7.39	湖北	0.4303	5.32
上海	0.2461	10.55	湖南	0.2936	2.88
江苏	0.8477	7.61	广西	0.1241	1.42
浙江	0.6452	7.00	四川	0.4862	3.95
福建	0.3357	5.43	贵州	-0.4813	-4.93
山东	0.8336	6.67	云南	-0.1182	-1.44
广东	0.9521	8.07	陕西	-0.0360	-0.53
山西	0.0753	-1.28	甘肃	-0.3568	-5.46
内蒙古	-0.1884	-5.92	青海	-1.0226	-7.41
吉林	0.0375	0.97	宁夏	-1.1131	-8.49
黑龙江	0.1897	3.64	新疆	-0.1610	-5.26
安徽	0.3013	3.06	常数项	2.4716	1.36

从结果可以看出，模型的 R^2 为 0.9918，均方误差为 0.0489，模型具有较好的拟合效果。此外，模型的绝大多数个体虚拟变量很显著，证明存在个体效应。

（2）计算技术效率不随时间而变的随机效应模型和随机效应的时变衰减模型，结果如表 5 所示。

表 5 两种随机效应模型估计结果

(1)				(2)			
变量	系数	变量	系数	变量	系数	变量	系数
lnzbcl	0.7531*** (5.92)	lnjyrkt	0.0246*** (11.32)	lnzbcl	1.3126*** (9.55)	lnznht	-0.0024 (-0.78)
lnjyrk	0.1975 (0.88)	lnznht	-0.0089*** (-2.83)	lnjyrk	-0.3296** (-1.82)	常数项	2.3234*** (3.75)
lnznh	-1.2991*** (-6.53)	常数项	3.0817*** (3.84)	lnznh	-1.3172*** (-7.07)	mu	0.7485*** (4.86)

续表

(1)				(2)			
变量	系数	变量	系数	变量	系数	变量	系数
lnzbcl2	0.0896 *** (5.09)	mu	0.7166 *** (4.69)	lnzbcl2	0.0476 *** (2.72)	eta	-0.0164 *** (-6.37)
lnjyrk2	0.1235 *** (6.69)	lnsigma2	-1.2466 *** (-2.97)	lnjyrk2	0.1135 *** (6.52)	lnsigma2	-1.2109 *** (-2.93)
lnznh2	0.0811 *** (2.89)	ilgtgamma	4.7974 *** (11.22)	lnznh2	0.1152 *** (4.36)	ilgtgamma	4.9054 *** (11.65)
lnzbcljyrk	-0.1863 *** (-10.73)	sigma2	0.2875	lnzbcljyrk	-0.0789 *** (-3.11)	sigma2	0.2979
lnzbclznh	-0.0415 ** (-0.99)	gamma	0.9918	lnzbclznh	-0.1183 *** (-2.99)	gamma	0.9926
lnjyrkznh	-0.0810 *** (-2.93)	sigma_ u2	0.2851	lnjyrkznh	-0.0839 *** (-3.24)	sigma_ u2	0.2957
lnzbclt	-0.0063 *** (-3.07)	sigma_ v2	0.0024	lnzbclt	-0.0014 (-0.65)	sigma_ v2	0.0022
				lnjyrkt	0.0124 *** (4.48)		

注：括号内为z值；***、** 分别表示在1%、5%的水平下显著。

如表5所示，第（1）列表示技术效率不随时间而变的随机效应模型（1）的估计结果，第（2）列表示随机效应的时变衰减模型（2）的估计结果。模型（1）的 Wald chi2（12）为22505.24，对数似然估计值为929.8042，模型具有较好的估计效果。模型（2）的 Wald chi2（12）为12054.53，对数似然估计值为955.7160，模型也具有较好的估计效果。

（3）稳健性检验。

由于表5中模型（2）的eta估计值为-0.0164，p值为0，因此技术随时间而变，即发生技术变迁，加入时间虚拟变量重新估计，结果如表6所示。

表 6 加入时间虚拟变量模型估计结果

变量	系数	变量	系数	变量	系数
lnzbcl	0.4705** (2.34)	lnzbclznh	−0.0292 (−0.78)	eta	−0.0132*** (−5.77)
lnjyrk	−0.1892 (−0.99)	lnjyrkznh	−0.1911*** (−7.06)	lnsigma2	−0.6812 (−1.40)
lnznh	−1.2930*** (−7.48)	lnzbclt	0.0034 (0.83)	ilgtgamma	5.6244*** (11.39)
lnzbcl2	0.0144 (0.67)	lnjyrkt	0.0084*** (2.60)	sigma2	0.5060
lnjyrk2	0.1229*** (7.23)	lnznht	−0.0170*** (−5.37)	gamma	0.9964
lnznh2	0.1261*** (5.20)	常数项	5.1027*** (6.11)	sigma_ u2	0.5042
lnzbcljyrk	−0.0048 (−0.16)	mu	0.6970*** (2.71)	sigma_ v2	0.0018

注：括号内为 z 值；***、** 分别表示在 1%、5% 的水平下显著。

模型的 Wald chi2（34）为 15795.17，对数似然估计值为 1007.8439，模型具有较好的估计效果。根据表 6，构建如下超越对数随机前沿时变模型（Battese 和 Coelli，1992）：

$$lnegdp_{it} = t_i + 0.4705lnzbcl - 0.1892lnjyrk - 1.2930lnznh + 0.0144(lnzbcl)^2 + 0.1229(lnjyrk)^2 + 0.1261(lnznh)^2 - 0.0048lnzbcl \times lnjyrk - 0.0292lnzbcl \times lnznh - 0.1911lnjyrk \times lnznh + 0.0034 \times t \times lnzbcl + 0.0084 \times t \times lnjyrk - 0.0170 \times t \times lnznh + (v_{it} - u_{it}) \quad (i = 1991 \sim 2012) \tag{10}$$

根据式（10）可以测算出 1990～2012 年中国能源效率值如表 7 所示。

表7 1990~2012年中国能源效率值

年份	1990	1991	1992	1993	1994	1995	1996	1997
TE	0.5481	0.5442	0.5403	0.5364	0.5325	0.5286	0.5247	0.5207
年份	1998	1999	2000	2001	2002	2003	2004	2005
TE	0.5168	0.5128	0.5088	0.5049	0.5009	0.4969	0.4929	0.4889
年份	2006	2007	2008	2009	2010	2011	2012	
TE	0.4849	0.4809	0.4768	0.4728	0.4688	0.4647	0.4607	

从表7可知，1990~2012年中国能源效率值平均为0.5047，效率值逐年下降。1990~2012年中国能源效率最高的年份是1990年，为0.5481，能源产出效率还有接近50%的提升空间；2012年比1990年能源效率下降15.93%。

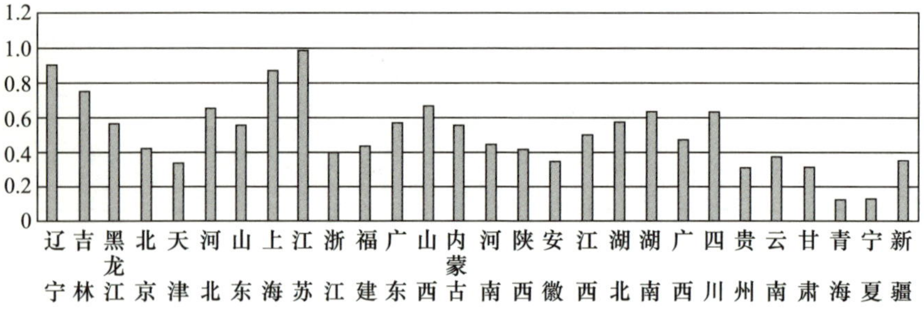

图2 1990~2012年中国各省份能源效率

从图2可以看出，1990~2012年中国能源效率最高的为辽宁和江苏，在给定产出时，能源消耗的损失最少；能源效率最低的省份为青海和宁夏。我国省份间能源效率差异较大，能源效率较高的省份效率值趋近于1，较低的省份效率仅约10%，政府部门应注意缩小各省份各区域间的能源产出效率，提高经济欠发达地区传统能源的技术水平，淘汰落后工艺，积极引进新技术、新能源，提升落后地区的单位能耗GDP。

表 8 中国八大区域各省份能源效率平均值

区 域	省 份	1990～1996 年	1997～2002 年	2003～2012 年	年均效率值
东北地区	辽宁	0. 9062	0. 8983	0. 8876	0. 8974
	吉林	0. 7708	0. 7531	0. 7296	0. 7511
	黑龙江	0. 5962	0. 5693	0. 5346	0. 5667
北部沿海	北京	0. 4547	0. 4238	0. 3851	0. 4212
	天津	0. 3743	0. 3428	0. 3043	0. 3405
	河北	0. 6761	0. 6528	0. 6225	0. 6505
	山东	0. 5879	0. 5606	0. 5256	0. 5580
东部沿海	上海	0. 8840	0. 8743	0. 8613	0. 8732
	江苏	0. 9865	0. 9853	0. 9837	0. 9852
	浙江	0. 4280	0. 3967	0. 3580	0. 3942
南部沿海	福建	0. 4660	0. 4352	0. 3967	0. 4326
	广东	0. 5970	0. 5701	0. 5355	0. 5676
黄河中游	山西	0. 6831	0. 6602	0. 6303	0. 6579
	内蒙古	0. 5847	0. 5573	0. 5222	0. 5547
	河南	0. 4730	0. 4424	0. 4040	0. 4398
	陕西	0. 4468	0. 4157	0. 3770	0. 4132
长江中游	安徽	0. 3830	0. 3515	0. 3129	0. 3491
	江西	0. 5315	0. 5023	0. 4652	0. 4996
	湖北	0. 6034	0. 5768	0. 5424	0. 5742
	湖南	0. 6565	0. 6323	0. 6008	0. 6299
西南地区	广西	0. 4992	0. 4691	0. 4312	0. 4665
	四川	0. 6575	0. 6333	0. 6018	0. 6309
	贵州	0. 3373	0. 3060	0. 2683	0. 3039
	云南	0. 4128	0. 3814	0. 3426	0. 3789
大西北地区	甘肃	0. 3433	0. 3120	0. 2741	0. 3098
	青海	0. 1552	0. 1313	0. 1049	0. 1305
	宁夏	0. 1450	0. 1220	0. 0967	0. 1212
	新疆	0. 3784	0. 3469	0. 3083	0. 3445

由表 8 可知，中国八大区域能源效率最高的区域为东部沿海，其中辽宁和吉林拉高了东部沿海的能源效率。能源效率最低的区域为大西北地区，

其中甘肃、青海、宁夏和新疆的能源效率平均值仅为0.3098、0.1305、0.1212和0.3445，均有非常大的提升空间。从投入产出的角度看，大西北地区拥有八大区域最低的单位能耗GDP，较少的实际资本存量、就业人口和总能耗，而且这些区域的能源效率很低。因此，国家尽管对大西北地区的投入很少，仍应该想方设法提升这些省份的能源效率，贯彻西部大开发战略，走资源节约和环境友好之路。

表9 1990~2012年中国八大区域能源效率平均值

年份	东北地区	北部沿海	东部沿海	南部沿海	黄河中游	长江中游	西南地区	大西北地区
1990	0.7656	0.5361	0.7726	0.5446	0.5596	0.5563	0.4901	0.2684
1991	0.7630	0.5319	0.7705	0.5403	0.5554	0.5521	0.4856	0.2641
1992	0.7604	0.5276	0.7683	0.5359	0.5512	0.5479	0.4812	0.2597
1993	0.7578	0.5233	0.7662	0.5316	0.5470	0.5436	0.4767	0.2554
1994	0.7552	0.5190	0.7641	0.5272	0.5427	0.5394	0.4723	0.2511
1995	0.7525	0.5147	0.7619	0.5228	0.5384	0.5351	0.4678	0.2469
1996	0.7498	0.5103	0.7598	0.5183	0.5341	0.5309	0.4633	0.2426
1997	0.7471	0.5060	0.7576	0.5139	0.5298	0.5265	0.4588	0.2384
1998	0.7444	0.5016	0.7554	0.5094	0.5255	0.5222	0.4543	0.2342
1999	0.7416	0.4972	0.7532	0.5049	0.5211	0.5179	0.4497	0.2301
2000	0.7389	0.4928	0.7510	0.5004	0.5167	0.5135	0.4452	0.2259
2001	0.7361	0.4884	0.7488	0.4959	0.5123	0.5092	0.4407	0.2218
2002	0.7332	0.4840	0.7466	0.4914	0.5079	0.5048	0.4361	0.2178
2003	0.7304	0.4796	0.7444	0.4868	0.5035	0.5004	0.4315	0.2137
2004	0.7275	0.4751	0.7422	0.4823	0.4991	0.4959	0.4270	0.2097
2005	0.7247	0.4706	0.7399	0.4777	0.4946	0.4915	0.4224	0.2057
2006	0.7218	0.4662	0.7377	0.4731	0.4902	0.4871	0.4179	0.2017
2007	0.7188	0.4617	0.7355	0.4685	0.4857	0.4826	0.4133	0.1978
2008	0.7159	0.4572	0.7332	0.4638	0.4812	0.4781	0.4087	0.1939
2009	0.7129	0.4527	0.7310	0.4592	0.4767	0.4736	0.4041	0.1901
2010	0.7099	0.4482	0.7287	0.4546	0.4721	0.4691	0.3995	0.1863
2011	0.7069	0.4436	0.7264	0.4499	0.4676	0.4646	0.3949	0.1825
2012	0.7039	0.4391	0.7241	0.4452	0.4630	0.4601	0.3904	0.1787

续表

年份	东北地区	北部沿海	东部沿海	南部沿海	黄河中游	长江中游	西南地区	大西北地区
1990～1996	0.7578	0.5233	0.7662	0.5315	0.5469	0.5436	0.4767	0.2555
1997～2002	0.7402	0.4950	0.7521	0.5027	0.5189	0.5157	0.4475	0.2280
2003～2012	0.7173	0.4594	0.7343	0.4661	0.4834	0.4803	0.4110	0.1960
1990～2012	0.7356	0.4881	0.7487	0.4956	0.5120	0.5088	0.4405	0.2225

由表9可知，不同时段下中国八大经济区域能源效率差异比较明显，能源效率较高的区域有东北地区和东部沿海。结合前文对能源投入产出水平的分析可知，东部沿海能源投入产出水平较高，也拥有较高的能源效率；但东北地区的能源投入并不高，却拥有较高的能源效率，这可能与东北地区注重能源产业转型升级有关。北部沿海、南部沿海、黄河中游、长江中游、西南地区的能源效率表现平庸，分别为0.4881、0.4956、0.5120、0.5088、0.4405。而大西北地区的能源效率很低，不到东北地区和东部沿海的1/3，仅为0.2225。因此，大西北地区应积极向东北地区和东部沿海地区学习先进的生产技术，提高能源效率。

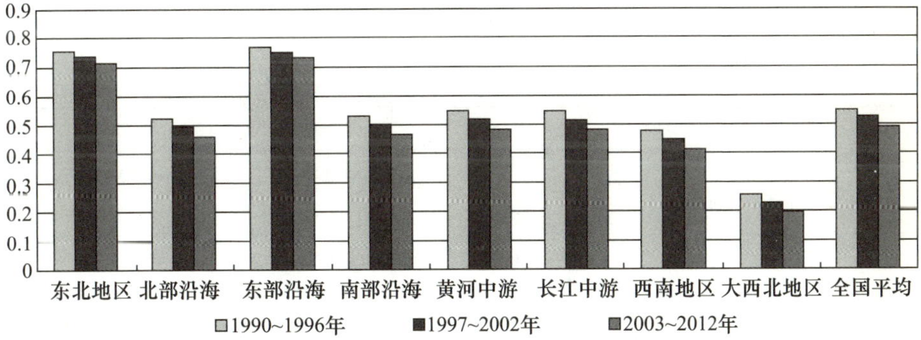

图3　1990～2012年中国八大经济区域能源效率

图3显示1990～2012年中国八大经济区域能源效率。可以看出，我国各区域能源效率逐年下降，能源效率下降较快的区域有黄河中游、西南地区和大西北地区。这三个区域的能源效率本身偏低，并且逐年下降的幅度快于其他区域，需要得到有关区域政府部门的重视。另外，1990～2012年

能源效率高于全国平均水平的区域有东北地区和东部沿海，低于全国平均水平的区域有北部沿海、南部沿海、黄河中游、长江中游、西南地区和大西北地区。

2. 第二阶段：能源效率影响因素面板 Tobit 模型

下面进一步分析中国八大经济区域能源效率差异的影响因素。由于运用随机前沿方法测算出的能源效率是在［0，1］，被解释变量数据是部分连续的（片段截断的），所以不能采用普通的最小二乘法（OLS）进行估计，此时应当采用遵循最大似然法概念，运用累积正态概率分布函数的 Tobit 模型。Tobit 模型最早由诺贝尔经济学奖得主 James Tobin（1958）提出，用于处理因变量受限的模型。假设本文构建的被解释变量为前文第一阶段随机前沿方法测算出的能源效率 m，解释变量为政府规模 govexprate、第二产业增加值 second、城镇化率 urban、开放度 trade 对各省份能源效率的影响，构建模型如下面板 Tobit 模型：

$$m_{it} = \begin{cases} 1 & m_{it}^* \geqslant 1 \\ m_{it}^* & 0 < m_{it}^* < 1 \\ 0 & m_{it}^* \leqslant 1 \end{cases}$$

$$m_{it}^* = \lambda_0 + \lambda_1 govexprate_{it} + \lambda_2 second_{it} + \lambda_3 urban_{it} + \lambda_4 trade_{it} + u_i + v_{it} \quad (11)$$

运用 Stata12.0 软件，可以得到上述模型的估计如表 10 所示。

表 10 影响因素面板 Tobit 模型估计结果

变 量	(1)	(2)	(3)	(4)
govern			-0.0602** (-1.98)	-0.0619** (-2.05)
second		-0.0822*** (-39.3)	-0.0846*** (-31.35)	-0.0848*** (-34.64)
urban			0.0007 (0.12)	
trade	-0.0256*** (-11.08)	-0.0096*** (-7.42)	-0.0095*** (-7.20)	-0.0095*** (-7.32)
常数项	0.5195*** (13.07)	0.5781*** (14.71)	0.5811*** (14.87)	0.5815*** (14.89)

续表

变量	(1)	(2)	(3)	(4)
σ_u	0.2101*** (7.48)	0.2077*** (7.48)	0.2063*** (7.48)	0.2063*** (7.48)
σ_e	0.0256*** (35.10)	0.0137*** (35.1)	0.0137*** (34.96)	0.0136*** (35.1)
ρ	0.9853	0.9957	0.9956	0.9956

注：括号内为 z 值；***、** 分别表示在 1%、5% 的水平下显著。

由表 10 可知，模型（4）的拟合效果较好。模型（4）的 Wald chi2（4）为 1994.91，对数似然估计值为 1731.7344；极大似然估计法下检验 Sigma_ u = 0 的 Chibar2（01）值为 3056.09，模型具有较好的估计效果。由于 LR 检验结果拒绝原假设 H_0: $\sigma_u = 0$，因此存在个体效应，应使用随机效应 Tobit 回归。因此，模型（11）的表达式为：

$$m_{it}^* = 0.5815 - 0.0619govexprate_{it} - 0.0848second_{it} - 0.0095trade_{it} + u_i + v_{it} \quad (12)$$

由表 10 可知，模型（4）的所有变量都通过了显著性检验。首先，政府规模（govexprate）对能源效率的影响显著为负，说明政府部门采用行政的手段规制企业和居民对能源的使用并未带来能源效率的提升，政府财政支出的增加却促使能源缺乏有效的利用，因此政府应当简政放权，充分发挥市场机制，减少财政支出，提升能源效率。其次，第二产业增加值（second）对能源效率的影响显著为负，说明第二产业尤其是工业部门对能源的使用是低效率的，第二产业增加值每增加一个单位，能源效率将降低 0.0848。第二次世界大战后，发达国家将劳动密集型产业、资源密集型产业转移到中国等发展中国家，虽然第二产业的发展促使中国经济迅速发展，但资源问题、环境问题日益成为制约中国发展的障碍，中国第二产业亟须转型升级，由劳动资源密集型产业向技术密集型产业转变，同时加强自主创新能力，创新创业，尽快建立起拥有自主性知识产权的企业。再次，对外贸易水平（trade）的提高对能源效率的影响也显著为负，说明中国进出口水平越高，能源效率越低，中国改革开放引进的新技术、新产业处于价值链低端，大多数为高能耗、高污染、低效率的产业，这也说明中国的产业结构应升级换代，应积极发展新兴产业，淘汰落后传统产业，同时注意出口产品、进口中间品的能源效率问题，而不是一味吸引外资，发展发达国家淘汰技术和产业。最后，由模型（3）可知，城市化率（urban）对能源效率的影响不显著，但城市化率对能源效率的影响是正向的，说明城镇人口占总人口的比重增加时，城镇化水平的提高使人民的生活水平提升，比起较低的城镇化率，消耗一单位的能耗带来的产出更多。

表11对比了采用个体随机效应 Tobit 模型（3）的结果和不对被解释变量做限制时个体随机效应模型估计结果。

表11 个体随机效应 Tobit 模型与非受限模型估计结果对比

变 量	个体随机效应 Tobit 模型	个体随机效应非受限模型
常数项	0.5811*** (14.87)	0.8254*** (117.07)
govexprate	-0.0602** (-1.98)	0.4247*** (8.71)
second	-0.0846*** (-31.35)	-0.1259*** (-17.20)
urban	0.0007 (0.12)	0.0552*** (6.62)
trade	-0.0095*** (-7.20)	0.0142*** (6.25)

注：***、**分别表示在0.01、0.05的水平下显著；个体随机效应 Tobit 模型系数下括号内为 z 值，个体随机效应非受限模型系数下括号内为 t 值。

表11对比了个体随机效应 Tobit 模型与非受限模型的估计结果。从估计结果的对比可以看出，采用个体随机效应 Tobit 模型不仅使每个指标系数的绝对值有所降低，也使政府规模（govexprate）和对外贸易水平（trade）的符号有所变化，同时城市化率（urban）的显著性水平降低。这说明采用个体随机效应非受限模型估计政府规模、第二产业增加值和对外贸易水平对能源效率的影响有所高估，因此采用个体随机效应 Tobit 模型能够更好地拟合中国能源效率的影响因素实际情况。

五、结论及建议

通过研究中国八大经济区域能源效率差异及其影响因素发现，政府规模、第二产业增加值、城镇化率对中国能源效率均有显著影响。本文的主要结论如下：

第一，中国八大区域能源效率最高的区域为东部沿海。能源效率最低的区域为大西北地区，其中甘肃、青海、宁夏和新疆的能源效率平均值仅为0.3098、0.1305、0.1212和0.3445，均有非常大的提升空间。

第二，1990~2012年中国能源效率最高的为辽宁和江苏，在给定产出时，能源消耗的损失最少；能源效率最低的省份为青海和宁夏。我国省份间能源效率差异较大，能源效率较高的省份效率值趋近于1，较低的省份效率仅约10%，政府部门应注意缩小各省份各区域间的能源产出效率，提高经济欠发达地区传统能源的技术水平，淘汰落后工艺，积极引进新技术、新能源，提升落后地区的单位能耗GDP。

第三，我国各区域能源效率逐年下降，能源效率下降较快的区域有黄河中游、西南地区和大西北地区。不同时段下中国八大经济区域能源效率差异比较明显，能源效率较高的区域有东北地区和东部沿海，而大西北地区的能源效率很低，不到东北地区和东部沿海的1/3。1990~2012年能源效率高于全国平均水平的区域有东北地区和东部沿海，低于全国平均水平的区域有北部沿海、南部沿海、黄河中游、长江中游、西南地区和大西北地区。

第四，政府规模、第二产业增加值、对外贸易水平均对能源效率的影响显著为负，说明政府部门采用行政的手段规制企业和居民对能源的使用并未带来能源效率的提升，第二产业尤其是工业部门对能源的使用是低效率的。同时，中国改革开放引进的新技术、新产业处于价值链低端，大多数为高能耗、高污染、低效率的产业。此外，城市化率对能源效率的影响不显著，但对能源效率的影响是正向的。政府部门应当努力提高能源利用的技术水平、管理水平，扭转单位能耗GDP产出下降的趋势。运用宏观政策调控，设计能源投资方案，缩小我国能源效率的区域性差异。同时，通过政策引导新能源、新技术替代原有传统煤炭能源和传统技术工艺，提高第二产业的能源利用效率。

参考文献

[1] Dixon R. K., McGowan E., Onysko G., Scheer R. M. US Energy Conservation and Efficiency Policies: Challenges and Opportunities [J]. Energy Policy, 2010 (38): 6398-6408.

[2] Edigera V. S., Camdalı U. Energy and Exergy Efficiencies in Turkish Transportation Sector, 1988-2004 [J]. Energy Policy, 2007 (35): 1238-1244.

[3] Nassen J., Holmberg J. Energy Efficiency—A Forgotten Goal in the Swedish Building Sector? [J]. Energy Policy, 2005 (33): 1037-1051.

[4] Wang H., Zhoua P., Zhoua D. Q. Scenario-based Energy Efficiency and Productivity in China: A Non-radial Directional Distance Function Analysis [J]. Energy Economics, 2013 (40): 795-803.

[5] Andrews-Speed P. China's Ongoing Energy Efficiency Drive: Origins, Progress and Prospects [J]. Energy Policy, 2009 (37): 1331-1344.

[6] Tonna B., Peretz J. H. State-level Benefits of Energy Efficiency [J]. Energy Policy, 2007 (35): 3665-3674.

[7] Yang M. Energy Efficiency Policy Impact in India: Case Study of Investment in Industrial Energy Efficiency [J]. Energy Policy, 2006 (34): 3104-3114.

[8] Karen Turner. "Rebound" Effects from Increased Energy Efficiency: A Time to Pause and Reflect [J]. The Energy Journal, 2013, 34 (4): 25-42.

[9] Christopher A. Craig, Energy Consumption, Energy Efficiency, and Consumer Perceptions: A Case Study for the Southeast United States [J]. Applied Energy, 2016 (165): 660-669.

[10] Jia-Hai Yuan, Jian-Gang Kang, Chang-Hong Zhao, Energy Consumption and Economic Growth: Evidence from China at both Aggregated and Disaggregated Levels [J]. Energy Economics, 2008, 30 (6), 3077-3094.

[11] Jin-Li Hu, Shih-Chuan Wang, Total-factor Energy Efficiency of Regions in China [J]. Energy Policy, 2006, 34 (17), 3206-3217.

[12] 李兰冰. 中国全要素能源效率评价与解构——基于"管理—环境"双重视角 [J]. 中国工业经济, 2012 (6): 57-69.

[13] 李世祥, 成金华. 中国能源效率评价及其影响因素分析 [J]. 统计研究, 2008 (10): 18-27.

[14] 史丹. 中国能源效率的地区差异与节能潜力分析 [J]. 中国工业经济, 2006 (10): 49-58.

[15] 王维国, 范丹. 中国区域全要素能源效率收敛性及影响因素分析——基于

Malmqulist – Luenberger 指数法 [J]. 资源科学, 2012 (10): 1816 – 1824.

[16] 陈德敏, 张瑞. 环境规制对中国全要素能源效率的影响——基于省际面板数据的实证检验 [J]. 经济科学, 2012 (4): 49 – 65.

[17] 孙广生, 黄祎, 田海峰, 王凤萍. 全要素生产率、投入替代与地区间的能源效率 [J]. 经济研究, 2012 (9): 99 – 112.

[18] 师博, 沈坤荣. 政府干预、经济集聚与能源效率 [J]. 管理世界, 2013 (10): 6 – 18 + 187.

[19] 李梦蕴, 谢建国, 张二震. 中国区域能源效率差异的收敛性分析——基于中国省区面板数据研究 [J]. 经济科学, 2014 (1): 23 – 38.

[20] 王兵, 张技辉, 张华. 环境约束下中国省际全要素能源效率实证研究 [J]. 经济评论, 2011 (4): 31 – 43.

[21] 刘佳骏, 董锁成, 李宇. 产业结构对区域能源效率贡献的空间分析——以中国大陆 31 省 (市、自治区) 为例 [J]. 自然资源学报, 2011 (12): 1999 – 2011.

[22] 赵金楼, 李根, 苏屹, 刘家国. 我国能源效率地区差异及收敛性分析——基于随机前沿分析和面板单位根的实证研究 [J]. 中国管理科学, 2013 (2): 175 – 184.

[23] 李国璋, 霍宗杰. 我国全要素能源效率及其收敛性 [J]. 中国人口·资源与环境, 2010 (1): 11 – 16.

[24] 谭忠富, 张金良. 中国能源效率与其影响因素的动态关系研究 [J]. 中国人口·资源与环境, 2010 (4): 43 – 49.

[25] 吴琦, 武春友. 我国能源效率关键影响因素的实证研究 [J]. 科研管理, 2010 (5): 164 – 171.

[26] 汪克亮, 杨宝臣, 杨力. 考虑环境效应的中国省际全要素能源效率研究 [J]. 管理科学, 2010 (6): 100 – 111.

[27] 罗会军, 范如国, 罗明. 中国能源效率的测度及演化分析 [J]. 数量经济技术经济研究, 2015 (5): 54 – 71.

中西部地区污染产业承接与居民健康效应*

齐红倩[1,3] 王志涛[2]
（1. 吉林大学数量经济研究中心，吉林 长春 130012；
2. 中国农业银行长春培训学院，吉林 长春 130000；
3. 吉林大学商学院，吉林 长春 130012）

一、引言

污染产业由发达地区向发展中地区转移是经济发展的阶段性和规律性特征。当前，随着我国经济新常态减速增质的推进，在东部发达省市产业结构升级、环境规制增强的“推动”，尤其是中西部地区长期发展滞后而引致产生的强劲产业承接需求“吸引”下，全球化路径中“世界—中国”式的污染产业转移路径，正逐步被国内“东部—西部”型转移模式所替代①。

*［基金项目］国家社会科学基金项目“基于生产要素集聚与农民福利动态均衡的新型城镇化发展质量研究”（项目编号：14BJL063）；国家民委民族问题研究项目“民族地区生态补偿机制研究”（项目编号：2016－GMB－020）；教育部人文社会科学重点研究基地项目“新常态下促进经济稳定增长的要素配置与产业升级政策研究”（项目编号：16JJD790015）。

［作者简介］齐红倩（1962—），女，汉族，吉林长春人，吉林大学数量经济研究中心暨商学院教授，博士生导师、经济学博士，研究方向：产业结构与政策、微观生态经济管理；王志涛（1986—），男，汉族，河南信阳人，吉林大学商学院数量经济学博士，研究方向：产业转移与生态评估、计算统计。

① 依据林伯强和邹楚沅（2014）等的研究，“世界—中国”转移路径为：早期国外发达国家主要利用贸易和投资等方式将污染企业由国外转移至我国境内（主要是东部长三角、珠三角等发达地区）；“东部—西部”转移路径为：国内污染型产业逐步由东部梯次向中、西部转移，上述两种路径模式也均可视为“污染天堂”假说的具体表现形式。

污染产业内迁，对于中西部地区而言是把“双刃剑”：从经济福利的角度看，承接转移产业既可以使得中西部地区拥有更为宽裕的财力并提升区域整体社会保障水平，同时承接地居民也将拥有更为丰裕的可支配收入，改善个人生活质量和医疗保健水平；但从生态环境与居民健康的角度看，污染产业内迁也给中西部产业承接地区带来环境污染以及生态恶化等负面问题，部分地区甚至因恶性竞争、监管松散而出现严重的生态恶化状况，并对区域居民健康产生显著影响。因此，对于中西部产业承接地区而言，现阶段合理、准确把握污染产业转移对于居民健康的影响，实现经济发展与环境保护的动态均衡，既是中西部地区制定和调整产业承接政策的重要依据，也是实现区域中长期可持续发展的重要保障。

从现有研究看，当前学术界对于产业转移污染以及居民健康等相关问题的讨论，主要围绕两个方面展开：①基于产业转移和污染损失评估，分析产业转移对于承接地区生态环境的影响。长期以来，学者们从区域劳动力成本差异、环境规制差异以及产品周期和政策博弈差异等方面，对区域产业转移的动因及其影响因素进行了多维度总结（Lewis，1954；Vernon，1966；Michel，2013）。以此为基础，国内林伯强和邹楚沅（2014）、齐红倩和王志涛（2015）等学者分别从外部转入和内部迁徙两个角度对我国产业转移与环境污染问题进行了研究。相关结论表明，我国产业污染不仅存在较为显著的由东向西、沿海向内陆的内迁趋势，而且区域间污染水平正呈现出差异化扩散特征。②结合区域污染程度和居民患病特征，研究环境污染与居民健康水平恶化的内在关联和影响。从相关研究结果看，多数学者认同环境污染会对居民健康造成一定负面影响这一结论，但对于影响程度的大小以及是否会显著增加区域居民的患病水平，现有研究仍存在分歧（Currie 等，2013）。一方面，在小样本抽样实验中，Arceo - Gomez 等（2012）与 Janke（2014）对墨西哥和英国的调查分析表明，污染物浓度上升是直接导致居民住院概率上升的重要因素；另一方面，Tai 等（2015）认为，在一定程度范围内环境污染与居民健康和经济增长之间并不存在完全确定的影响关系。Greenstone 和 Hanna（2014）在对印度大气、水污染治理及其对健康影响的抽样调查中发现，样本区间内环境污染并未显著提升新生儿的死亡率。

综上可知，对于产业转移与居民健康问题，相关研究结论仍存在一定争论。在宏观层面，多数学者将研究或者集中于对产业转移与环境污染的分析，或者聚焦于对环境污染与居民健康的探讨，较少有学者以污染产业为核心，从污染产业转移的视角直接对居民健康问题进行系统性考察；在微观层面，现有文献关于环境污染对居民健康影响的探讨，多基于不同阶段个体健康的测度结果，少有研究将固定周期内居民健康变动的动态评估纳入分析范畴，这导致在既定分类标准下，即使在测量周期内个体健康发生了显著的量变，但只要尚未达到质变水平，相应测量结果便无法客观揭示污染产业转移对于居民健康的真实影响。

基于此，本文以污染产业转移为研究切入点，利用中国健康与养老追踪调查（CHARLS）数据，构建能够客观反映出变量程度信息差异的 Order Probit 模型，从微观健康动态评估的角度，系统考察污染产业转移对个体健康的综合影响。同时，与一般研究不同，在定量分析中除了将性别、婚姻以及吸烟、喝酒等传统因素纳入控制变量分析范畴外，鉴于 CHARLS 调查较为丰富的问卷选项设计，本文尝试将健康意识、事故状况、活动状况等几种潜在的健康影响因素也一并纳入分析范畴，保证了居民健康研究的客观性和有效性。

二、基于 CHARLS 数据的居民健康指标

考虑现阶段国内居民的微观健康调研数据相对匮乏，本文选用由北京大学中国健康与养老追踪调查（CHARLS）项目发布的数据进行研究。相比一般健康调研数据，CHARLS 数据具有样本量大、覆盖面广以及数据质量高的特征，除此之外，本文还考虑如下三个方面的因素：一是 CHARLS 有效样本的年龄主要集中在 45 岁以上，相比中青年样本，该部分群体身体特征更为敏感，因而更能准确反映出污染产业转移的真实影响程度；二是 CHARLS 数据样本信息较为丰富，除了涉及个体基本信息和健康信息外，还包含了 45 岁以上中老年人的家庭、医疗保健与保险以及收入、支出等多个方面信息，这为本文后续定量研究中进行干扰因素控制提供了可信的基础；三是受访样本相对固定且调研数据的收集具有连续性，CHARLS 全国范围内的调研数据始于 2011 年，同时每两年进行一次追踪调查，通过对连续受访样本健康状况的考察，能够及时、有效地反映出我国中老年居民的整体健

康变动状况[1]。

为能全面客观地反映现阶段我国中西部地区居民的真实健康水平，结合CHARLS问卷选项，本文选取健康变动、自评健康、胸部疼痛、新增疾病、身体功能障碍以及认知健康6个指标对居民健康进行综合评价。同时为了减少损失样本（包括因死亡、失联、迁徙等产生的样本丢失）和部分新增样本对追踪样本的统计干扰，本文分析均选择2011年参与了初次全国访查，并且2013年已经顺利完成追踪访问的受访个体作为研究样本单位。相关变量中，健康变动主要是受访者对上次访问以来个人健康的变化状况做出评价，评价选项依次分为：变好、差不多及变差三个等级（对应赋值分别为1~3）；自评健康是受访者对当期个人健康总体状况的评价[2]，分为很好、好、一般、不好以及很不好5个类别（分别赋值为1~5）；新增疾病指的是受访者自上次访问以来是否被医生诊断出患有如下慢性病，包括高血压、血脂异常、糖尿病、癌症等14种疾病。由于受访者绝大多数疾病在2年的追访过程中新增比率均低于2.5%，因此本文将14种新增疾病进行了合并处理，并将有新增疾病（至少新增1种疾病）赋值为1，反之则赋值为0；对胸部疼痛的评判主要是通过询问上次访问以来，在进行一些相对激烈运动（类似于爬楼梯、爬山或快走等）胸部是否会感觉到疼痛[3]，如果没有感觉到疼痛则赋值为1，反之赋值为0；对于身体功能障碍的测度，本文选择以慢跑1千米所对应的困难水平来反映[4]，并按照CHARLS问卷中受访者完成动作的困难程度由低到高依次赋值为1~4；同样对于认知健康，CHARLS样本中也设计了一系列问题，但考虑到研究的相关性，本文仅选取

① 由于2015年的CHARLS数据暂未公开，因此本文研究所使用的相关原始数据均源于2011年和2013年的两次全国调查。

② CHARLS数据在收集自评健康指标时，随机将所有样本分为两组，并要求受访个体单独进行评价，统计后我们发现两组样本数量接近，且相关指标差异较小，考虑数据的完整性，本文在分析过程中利用STATA软件将两组样本的数据做了合并处理。

③ 选择胸部疼痛程度作为健康自评参考指标之一，除了受问卷追访项目问题设置相对较少的因素限制外，这里主要考虑如下两个方面：其一，由于新增疾病仅能显示出受访者是否患病，缺乏对于样本尚未达到患病临界水平时身体状态的考察，而胸部疼痛指标能够间接反映出受访者的潜在健康水平；其二，本文在实证分析中，对于污染转移的测度主要从大气污染的角度进行考察，而气体污染直接与胸部、呼吸等身体功能状况直接相关。

④ CHARLS问卷中对于受访个体身体功能障碍的调查，包含了行走、坐立、伸展等多项简单形体动作问题，但考虑到本文研究的出发点是分析污染对于健康的影响，而问卷中多项行为测试与之关联度并不高，因此，本文选择具有一定运动强度的慢跑作为观测项目。

个人记忆力评价作为代表性研究项目，对于自我评价记忆力的好坏，本文选取1~5分别表示受访者记忆力极好、很好、好、一般以及不好。

三、计量模型、变量选择与数据特征分析

（一）模型构建

在数据收集过程中，CHARLS问卷多数样本信息的获得均基于离散选择形式，而且在调研问卷的选项设计方面，相关选项对于居民健康、婚姻状况以及收入水平等的描述，均采用渐进有序的排列方式。例如在当期自评健康项目中，对于健康水平的评价由高到低依次分为：很好、好、一般、不好、很不好5个等级；同理，对于健康变动的考察分为变好、差不多和变差3个有序级别。考虑到不同选项间的差距可能存在一定差异特征，例如，受访者评价中很好与好间的差距同不好与很不好之间的差距一般存在差异。因此，本文选用能够体现程度差异特征的有序Probit（也称Order Probit）模型，对中西部地区承接污染产业转移后的居民健康效应进行考察。

有序Probit模型是一种正态分布形式的广义线性模型，常用于对离散变量的定量分析。由于在有序选择类问卷中，受访者对于问卷所询问问题的回答仅能体现出较为模糊的顺序差异，而无法将该数值完全精确量化，例如CHARLS问卷在对认知健康评价（假定为Y）中，一共分为极好、很好、好、一般和不好5个等级，受访者只需依据个人实际做出最接近真实状况的回答。而在现实调查中，每位受访者对个人认知健康都会有一个潜在真实的评价（假定为Y^*），由于认知健康受多种身体内部因素以及外部因素影响，因此可以将其函数形式表示为：$Y^*=X\cdot\beta+\varepsilon$，式中，X为自变量，β表示相应系数矩阵，ε表示残差且$\varepsilon\sim N(0, 1)$。因此，从数理分析的角度看，只需确定Y^*与不同选项临界值的大小关系即能做出判断。例如在上例中由于存在5个顺序选项，因此可将C_1、C_2、C_3、C_4分别定义为四个分位节点。进而通过比较Y^*与不同节点间的大小即可判定不同的评价选项。例如当$Y^*\leqslant C_1$时，则表示受访者选择认知健康极好，也即$Y=1$；当$C_1\leqslant Y^*\leqslant C_2$时，则表示受访者选择认知健康好，也即$Y=2$；以此类推，当$Y^*\geqslant C_4$时，则表示受访者选择认知健康很不好，即$Y=5$。参考Wooldridge

（2002）以及雷小燕等（2014）的相关研究，有序 Probit 模型可表示如下：

$$Pr(Y_i=5\mid X)=Pr(Y^*\geqslant C_4)=Pr(\varepsilon\geqslant C_4-X\cdot\beta) \tag{1}$$

$$\begin{aligned}Pr(Y_i=4\mid X)&=Pr(C_3-X\cdot\beta\leqslant\varepsilon\leqslant C_4-X\cdot\beta)\\&=\Phi(C_4-X\cdot\beta)-\Phi(C_3-X\cdot\beta)\end{aligned} \tag{2}$$

……

$$Pr(Y_i=1\mid X)=Pr(\varepsilon\leqslant C_1-X\cdot\beta)=\Phi(C_1-X\cdot\beta) \tag{3}$$

式中，Pr 表示受访者做出有序选择，即 Y 取不同数值时所对应的概率值，其中 Φ 函数为累积概率分布函数且服从标准正态分布。需要说明的是，式中对于不同评估结果概率的求解并不能直接反映出参数本身的变动水平，而在有序 Probit 模型实证研究中，为进一步分析不同自变量对因变量的边际作用水平，还需对式（1）～式（3）中所有累积概率分布函数求变量 X 的导数，设 $\hat{\beta}$ 与 $\hat{C}$ 分别是估计参数，则其边际效应可以表示如下：

$$\frac{\partial Pr(Y_i=5)}{\partial X_k}=\Phi'(\hat{C}_4-X\cdot\hat{\beta})\cdot\hat{\beta}_k \tag{4}$$

$$\frac{\partial Pr(Y_i=4)}{\partial X_k}=[\Phi'(\hat{C}_3-X\cdot\hat{\beta})-\Phi'(\hat{C}_4-X\cdot\hat{\beta})]\cdot\hat{\beta}_k \tag{5}$$

$$\frac{\partial Pr(Y_i=1)}{\partial X_k}=-\Phi'(\hat{C}_1-X\cdot\hat{\beta})\cdot\hat{\beta}_k \tag{6}$$

依据上文理论分析，通过对 Grossman（1972）健康需求模型进行扩展，我们将污染产业转移对于健康的影响表示为如下方程：

$$Y_i=\alpha+\beta\cdot W_i+X_i\gamma+\varepsilon_i \tag{7}$$

式中，Y_i 表示个体 i 的健康评价状况，W_i 表示个体 i 所在地区的污染转移状况，X_i 表示其他控制变量，ε_i 表示随机扰动项。

（二）变量选择与处理

在核心解释变量选择中，由于 CHARLS 数据采用的是 PPS 抽样且每个县域均随机抽取 3 个行政村进行调查，而我国县域微观污染数据相对稀缺，因此本文采用样本所在地级市的污染指标进行替代分析。同时，国内现有研究对于污染产业转移的衡量主要包含广义和狭义两个层面（李小平和卢现祥，2010；刘友金等，2015），狭义视角下的研究主要把产业按照污染程度进行划分，而后深入研究区域重污染产业转移对承接地区或转出地区的经济、环境等的影响[①]；广义视角下的污染产业转移研究则将考察的视野进一步扩大，认为无论是单一污染产业转移，还是发达区域有意放弃污染产业产品市场，均应算作污染产业转移。因此在广义视角下，不再单独考虑某一具体污染产业的迁徙情况，而是将污染的空间移动和污染产业市场份额变动结合起来进行整体性分析。鉴于本文所研究的居民健康数据多为全国各地的微观样本数据，而国内县域相关污染排放数据缺失较为严重，因此本文从广义污染产业转移的角度，选择市级污染排放数据和各个地区的样本进行匹配。同时考虑到 CHARLS 调查对健康变动的考察主要基于 2013 年与 2011 年两个时期，因而在实际分析中，为匹配样本期数据，本文选择以这一期间内各市的污染排放占全国的比重变动作为污染产业转移的衡量指标[②]。此外，为剔除民用领域等非产业转移因素干扰，参考齐红倩、王志涛（2015）等的研究，本文选择代表性较强、数据质量较高、减排弹性较大的工业二氧化硫为污染排放观测指标。

对于控制变量的选择，我们在经典 Grossman 健康需求模型的基础上，结合国内学者刘国恩（2004）、赵忠（2007）、程令国等（2014）以及国外学者 Grossman（2008）、Wang 等（2015）的研究，从基本控制变量和其他相关控制变量两个方面进行选择。

对于基本控制变量，本文主要选取样本性别、年龄、婚姻、户口四类指标进行分析。在其他相关控制变量中，考虑到一般个体收入不同。相应生活水平和健康投入也将存在一定差异，因此实证分析中将居民收入引入计量模型。与以往多数文献直接引入绝对收入不同，由于笔者在参与实地调查后发现，多数受访者并不愿意向外吐露出自己以及家庭的真实收入水平（可见选用绝对收入进行衡量将存在一定误差），但受访者一般在对相对收入指标回答时较为客观，故本文选取 CHARLS 问卷中相对收入指标来衡量样本收入差异，即通过比较个体收入与区域平均收入水平的差异来反映个体的收入状况。关于教育是否能够有效真正改善健康问题，虽然学术界

---

① 该类研究中的区域污染转移多为不同国别、不同省份或者大的城市圈、城市群间的相互转移。

② 由于内蒙古兴安盟和锡林郭勒盟、巢湖（安徽）、恩施土家族苗族自治州（湖北）、甘孜藏族自治州和凉山彝族自治州（四川）、黔东南苗族侗族自治州（贵州）、楚雄彝族自治州（云南）以及新疆阿克苏地区的排污数据缺失，因此上述县市数据未能与样本进行匹配。同时考虑到单个地区样本排污比重相对较小，因此为便于分析，文中实证部分对区域污染排放占比变动均以“‰”为单位进行衡量。

仍存在一定的争论，但 Grossman（1972）、Goldman 和 Smith（2002）、程令国等（2014）等多数学者仍认同教育对个体健康具有正向影响，认为教育提升了个体获得好工作的概率，同时提升了个体的认知视野，整体上有利于提升个人健康水平，本文也将教育列为主要控制变量之一。此外，除了包含吸烟和喝酒两种直接影响个人健康的生活习惯外，控制变量中还涉及医疗保险因素，这里主要考虑到医疗保险可能对居民健康行为存在一定的逆向选择效应，即参保的人群相对于未参保人群而言，理论上可能更敢于从事健康危险行为（Cohen 和 Siegelman，2010）。

最后，鉴于 CHARLS 问卷较为详细的调查样本信息，本文在其他控制变量中进一步考虑了健康意识、事故状况、睡眠状况以及活动状况对个体健康的微观影响。具体而言，本文以受访者在过去两年（追访期）内是否参加过体检表示个人对待健康的意识水平；以是否遭遇过事故表示个人事故发生状况（一般对于追访期内发生过交通事故样本，理论上相比于一般个体，该类群体身体状况变差的概率可能相对较大）。此外，考虑到良好的睡眠和丰富多彩的业余活动也均有利于中老年人个体健康，因此本文将睡眠和活动参与状况一并纳入分析范畴。

（三）变量基本特征分析

在上述变量设置的基础上，为系统揭示中西部居民的健康以及相关控制变量的结构化分布状况，在定量研究前，本文首先依据变量性质，对 CHARLS 问卷中部分变量的统计结果进行归并整理，并对变量的统计特征进行分析。

在变量整理过程中，原问卷对于婚姻状况的考察分为 6 类，但考虑到部分类别样本量较少，本文统一按婚姻居住形式将原数据整理为四类[①]。对于户口变量，由于在 CHARLS 问卷中统一居民户口和没有户口的人数比重分别为 0.59% 和 0.07%，相对较少，因此我们将该类人口统一并入非农业户口类别，进而将户口类别整理为农业户口和非农户口两大类。对于教育程度，问卷中将受访样本细分为 11 类。但在实际统计中，中专以上学历的人口比重相对较小，本科、硕士等高学历人口比重甚至不足 1%，因此，我们将教育程度变量整理为 5 类。在医疗保险方面，CHARLS 问卷中变量选项涉

---

① 归并整理后的变量类别参见表 2，下文剩余变量均相同。

及城镇职工医疗保险（医保）、城镇居民医疗保险等9类保险。由于样本统计中部分保险类别投保人较少，且部分样本存在交叉投保的状况，因此，参考臧文斌等（2014）学者的做法，文中将样本参保类别归为两类，即参加了保险（包括参加1种及其以上）和未参加任何保险。此外，对于活动参与变量的处理与保险参与变量的处理类似，CHARLS问卷在收集受访者过去1个月活动参与信息时，列举了串门、打牌、跳舞等多项活动类别，本文研究将其统一归并为有参与社交活动（至少参与1项）和没有参与社交活动两类。相关变量的统计结果如表1所示。

表1　中西部地区居民健康及相关控制变量统计

变量名称	变量含义	样本频数	比重/均值	累计比重（%）
健康水平				
健康变动	与上次访问时相比健康变动情况			
	变好	954	9.88	9.88
	差不多	4113	42.58	52.45
	变差	4593	47.55	100
自评健康	当期健康自我评价			
	很好	347	3.59	3.59
	好	954	9.88	13.47
	一般	3057	31.65	45.12
	不好	3550	36.75	81.87
	很不好	1751	18.13	100
胸部疼痛	与上次访问时相比爬楼梯、登山或快走时胸部是否疼痛			
	是	2101	23.56	23.56
	否	6817	76.44	100
新增疾病	与上次访问时相比是否有医生告知有新增疾病			
	没有	7521	77.66	77.66
	有	2164	22.34	100
身体功能障碍	跑或慢跑1公里的困难水平			
	没有困难	4006	42.94	42.94
	有困难但仍可以完成	942	10.1	53.03
	有困难需要帮助	150	1.61	54.64
	无法完成	4232	45.36	100

续表

变量名称	变量含义	样本频数	比重/均值	累计比重（%）
认知健康	当前记忆力水平			
	极好	50	0.57	0.57
	很好	368	4.19	4.76
	好	838	9.54	14.3
	一般	4333	49.32	63.61
	不好	3197	36.39	100
核心变量				
工业二氧化硫排放比重变动	污染转移水平			
		8528	1.03*	—
基本控制变量				
性别	性别信息			
	男	4611	47.69	47.69
	女	5058	52.31	100
年龄	年龄信息			
		9350	60.79*	—
婚姻	婚姻及居住类型			
	与配偶居住（含同居）	7828	80.85	80.85
	已婚但因工作等原因没有和配偶一同居住	536	5.54	86.39
	分居（不再作为配偶生活）、离异或丧偶	1233	12.73	99.12
	从未结婚	85	0.88	100
户口	户口状况			
	农业户口	7458	77.12	77.12
	非农户口	2213	22.88	100
主要控制变量				
相对收入	与本县/市/区的平均生活水平相比个人状况			
	好得多	37	0.45	0.45
	好一些	269	3.26	3.71
	差不多	2155	26.16	29.87
	差一些	1865	22.64	52.51
	差很多	3913	47.49	100

续表

变量名称	变量含义	样本频数	比重/均值	累计比重（%）
教育程度	受教育水平			
	（未受过教育）文盲	2664	28.48	28.48
	小学毕业及以下	3736	39.94	68.42
	初中毕业（含初中肄业）	1898	20.29	88.71
	高中毕业（含高中肄业）	659	7.05	95.76
	中专及以上学历	397	4.24	100
吸烟	是否吸烟			
	是	3679	39.45	39.45
	否	5646	60.55	100
喝酒	喝酒状况			
	每月超过一次	2513	26.05	26.05
	每月不足一次	781	8.1	34.15
	不喝酒	6352	65.85	100
保险	是否拥有保险			
	是	9347	96.78	96.78
	否	311	3.22	100
健康意识	过去两年是否参加过体检			
	是	3740	39.75	39.75
	否	5669	60.25	100
事故状况	过去两年是否遭遇过事故			
	否	9347	96.69	96.69
	是	320	3.31	100
睡眠状况	平均每天休息时间			
		8664	6.1086*	—
活动状况	过去一个月是否过社交活动			
	否	3846	39.71	39.71
	是	5839	60.29	100
地区	所属区域			
	中部	5414	55.90	55.90
	西部	4271	44.10	100

注：表中“*”显示数据类型为均值数据，在变量处理中，对于年龄指标，表中剔除了极少数年龄尚未达到18岁的受访样本；对于收入指标，上表统计剔除了976个对当前个人收入状况不清楚的样本；此外，表中数据还剔除了样本个体中平均每天睡眠低于1个小时的非正常或错误统计样本。

由表1统计可知，中西部居民自我健康评价整体偏低，其中，接近50%的受访者表示个体健康在追访期内变差，与上期访查相比感觉健康变好的群体比重不足10%，可见整体上多数居民认为个体健康并未得到有效改善。对于新增疾病和胸部疾病的统计也表明，部分受访者出现一定的患病特征，在14种疾病统计中，约有22%的受访者出现至少1种新增病例，同时23.56%的样本个体在爬楼梯、登山或做快走等动作时出现胸部疼痛症状。而对于身体功能障碍和认知健康的统计显示，高达57%的受访者无法或者较难完成既定动作，认知水平自评相对较好的样本不足15%。可见，中西部居民整体自评健康水平相对较差。但考虑到上述描述性评价分析并未考虑到不同样本在年龄、收入以及吸烟、喝酒等个人习惯方面的差异，因此本文在下文分析中进一步通过剥离相关干扰因素，对污染产业内迁与中西部居民健康变动间的关系进行系统性定量考察。

在主要控制变量统计中，从相对收入水平看，接近70%的受访者表示个人收入水平比地区平均生活水平差一些，其中高达47.49%的个体表示个人收入比地区平均水平差很多。这一方面与样本总体中农业户口偏多的样本特征有关，另一方面也从一定程度上反映出当前我国居民不仅宏观区域间收入差距较大，而且小区域内部的收入差距也相对较大；从样本吸烟和喝酒特征看，中西部中老年群体具有吸烟、喝酒习惯的占比均达到样本总量的1/3以上，考虑到这两类特征是与个人健康直接关联的重要因素，因此在下文定量分析中将此项也选为主要控制变量。从样本个体的承保状况和健康意识上看，近年在国家新农合、新农保、城镇居民基本医疗保险大力普及的背景下，中西部受访个体的参保率达到了96.78%，但需要说明的是，中西部居民的健康意识即医疗防范意识普遍不高，高达60.25%的受访者明确表示过去两年没有进行过任何体检。这种状况既与当前我国中西部地区居民教育和收入水平相对较低、造成的个人保险意识淡薄以及医疗保障支出相对较少有关，同时也与近年我国基本医疗保险覆盖面快速增长，进而所造成的居民逆向选择有关。此外，在对个人活动状况统计中，接近40%的受访者在过去一个月没有参加过14项活动中的任意一项，表明中西部中老年人群体的生活融入水平和参与程度相对较低。

四、污染产业转移对中西部居民健康的动态影响

（一）中西部居民整体健康变动评估

表2 追访期中西部与全国居民健康变动估计

变量名称	模型1	模型2	模型3	模型4	模型5	模型6
污染转移	0.0004 (0.0003)	0.0006* (0.0004)	-0.0008*** (0.0003)	-0.0011*** (0.0004)	0.0003 (0.0003)	0.0001 (0.0004)
性别	0.1849 (0.0129)	0.0181 (0.1704)	-0.0256** (0.0113)	-0.0352** (0.0154)	0.0073 (0.0113)	-0.0024 (0.0153)
年龄	0.0013** (0.0005)	0.0007 (0.0007)	-0.0002 (0.0005)	-0.0007 (0.0006)	-0.0002 (0.0005)	-0.0008 (0.0006)
婚姻	-0.0209*** (0.0067)	-0.0281*** (0.0086)	-0.0048 (0.0057)	0.0003 (0.0077)	0.0050 (0.0058)	0.0038 (0.0077)
户口	-0.0342*** (0.0119)	-0.0439*** (0.0152)	-0.0176* (0.0109)	-0.0121 (0.0143)	0.0135 (0.0108)	0.0054 (0.0138)
相对收入	0.0579*** (0.0048)	0.0589*** (0.0063)	-0.0209*** (0.0042)	-0.0231*** (0.0057)	0.0169*** (0.0043)	0.0176*** (0.0057)
教育程度	-0.0006 (0.0051)	0.0025 (0.0067)	-0.0171*** (0.0045)	0.0170*** (0.0062)	-0.0033 (0.0045)	-0.0001 (0.0060)
吸烟	-0.0371*** (0.0122)	-0.0474*** (0.0161)	-0.0179* (0.0109)	-0.0314** (0.0149)	-0.0182* (0.0109)	-0.0117 (0.0145)
喝酒	0.0159*** (0.0056)	0.0169** (0.0072)	0.0076 (0.0049)	0.0131** (0.0065)	0.0143*** (0.0050)	0.0186*** (0.0065)
保险	-0.0217 (0.0248)	-0.0236 (0.0371)	-0.0152 (0.0226)	-0.0076 (0.0341)	-0.0596*** (0.0197)	-0.0939*** (0.0273)
健康意识	-0.0095 (0.0091)	-0.0410*** (0.0119)	0.0276*** (0.0080)	0.0335*** (0.0108)	-0.0888*** (0.0082)	-0.1038*** (0.0109)
事故状况	0.1067*** (0.0252)	0.0997*** (0.0326)	0.0193 (0.0218)	0.0072 (0.0288)	0.0228 (0.0221)	0.0289 (0.0294)

续表

变量名称	模型 1	模型 2	模型 3	模型 4	模型 5	模型 6
睡眠状况	-0.0185***	-0.0204***	-0.0205***	-0.0228***	-0.0106***	-0.0090***
	(0.0024)	(0.0030)	(0.0021)	(0.0027)	(0.0021)	(0.0027)
活动状况	-0.0267***	-0.0360***	0.0130*	0.0235**	0.0149*	0.0102
	(0.0091)	(0.0118)	(0.0079)	(0.0107)	(0.0079)	(0.0105)
地区	0.0043	-0.0302***	-0.0386***	-0.0433***	0.0136***	-0.0232**
	(0.0057)	(0.0120)	(0.0049)	(0.0110)	(0.0050)	(0.0106)

注：表中数值为各变量估计系数，括号内数值为变量标准差；模型 1 与模型 2 分别为基于全国和中西部地区健康变动的估计结果，模型 3 与模型 4 分别为基于全国和中西部地区的胸部疼痛的估计结果，模型 5 与模型 6 分别为基于全国和中西部地区的新增疾病估计结果，表中 *、** 与 *** 分别表示显著性水平为 10%、5% 与 1%，下表相同。

表 2 中，整体上无论是全国还是中西部地区，追访期内污染产业转移均对居民健康变动产生一定消极影响。评估结果表明，中西部区域污染产业转移占比每提升 1 个单位，则追访期内中西部居民自我感觉健康变差的概率将提升 0.0006 个单位。与此同时，在 1% 的显著性水平下，中西部居民在追访期进行爬楼梯、登山等类似强度运动时新增疼痛比重也显著上升。

需要指出的是，虽然污染产业转移对居民新增疾病产生正向影响，但相关估计系数并不显著，表明污染转移在一定程度上对中西部居民的个体健康具有负向影响，而当前并未增加中西部居民的患病风险。这里潜在原因主要为：一方面，污染对于健康的影响是一种从量变到质变的长期累加作用过程，现阶段虽然国内污染产业由东部发达地区向内地中西部地区转移的趋势已经形成，但多数地区污染产业对居民健康的影响仍处于潜伏和集聚期，并未达到患病的临界水平，因此表现为居民新增胸部疼痛有所增长，但新增疾病并未出现显著性增加；另一方面，理论上污染产业转移对中西部地区的经济增长、财政收支、居民就业以及社会福利等均能产生正向促进作用，因此居民综合收入水平与医疗保健投入等也将随之上升，因此在一定程度上将改善和抑制居民健康的恶化趋势。

（二）主要控制变量影响分析

控制变量中收入对于健康变动的影响较为显著，在 1% 的显著性水平下，高收入不仅有助于改善居民的动态健康水平，而且也有利于减少新增疾病，这也表明收入对于健康的改善具有提升和补偿双重效应。受教育程度仅对胸部疼痛的影响较为显著，而且对于中西部地区而言，居民受教育程度每提升1个单位，则居民胸部疼痛的发生概率将减少0.0170个单位。结合样本数据分布特征可知，这一现象主要与中西部地区受访样本的结构以及学历层次有关：中西部受访者中高达77%为农村户籍，且低学历样本占据绝大多数（小学及以下学历者占68.42%）。因此，从边际效应递减和污染产业转移的角度看，教育程度的提升在一定程度上有效抑制了居民健康的恶化。此外，虽然活动参与状况并未有效减轻胸部疼痛和新增疾病的发生概率，但整体上参与活动能够有效促进中西部地区居民健康水平的提升，这与理论预期相一致。

最后需要指出的是，地区变量对于居民健康的影响也较为显著，可见不同区域间居民个体健康存在显著差异。整体上基于全国总体水平的估计表明，随着污染产业的内迁，中西部居民健康逐步变差的概率将不断提升，但在中西部内部估计显示在1%的显著性水平下，相比与中部地区，西部居民健康变差的概率有所降低。结合齐红倩等（2015）的观点，我们认为这主要与现阶段我国东部发达区域的污染产业内迁主要集中于中部区域有关。为此，本文进一步探讨污染产业承接对中西部区域的结构化影响。

五、污染产业转移对中西部居民健康影响的结构化差异

考虑到污染产业承接对于不同样本群体的冲击可能存在一定差异，因而在对上文污染整体转移影响分析的基础上，我们进一步从受访者结构差异的角度，考察污染产业转移对于不同样本群体的影响特征。

（一）基于变量整体结构差异特征的居民健康变动估计

从表3可以看出，整体模型估计表明污染产业转移对中西部区域居民的个体健康产生了显著影响。在单一考虑基本控制变量时，污染产业转移对居民健康的影响存在一定虚高成分，相关边际系数为0.0025（模型1），但在附加考虑其他主要影响变量后，边际影响系数降为0.0021（模型3），最后在控制区域因素影响后可知，1单位污染产业转移对于中西部居民健康影响的边际系数实为0.0017个单位。

表3 基于变量整体结构差异特征的居民健康变动估计

变量名称	模型1	模型2	模型3	模型4
污染产业转移	0.0025***		0.0021**	0.0017**
女性（参照组：男性）	0.0469*	0.0499	0.0476	0.0421
年龄特征（参照组：年龄小于45岁）				
45～54岁	0.0928	0.1084	0.0722	0.0668
55～64岁	0.1502	0.1299	0.1054	0.0971
65～74岁	0.1659	0.1290	0.0992	0.0924
75岁及以上	0.2223**	0.1321	0.0977	0.0864
婚姻特征（参照组：已婚且与配偶一同居住（含同居））				
已婚但因工作等原因没有和配偶一同居住	-0.0897*	-0.0940	-0.0844	-0.0804
分居（不再作为配偶生活）、离异或丧偶	-0.0868**	-0.1160***	-0.1230**	-0.1194**
从未结婚	-0.1599	-0.3190**	-0.3488**	-0.3373**
非农户口（参照组：农业户口）	-0.1762***	-0.0971***	-0.0997***	-0.1028***
相对收入状况（参照组：与本县/市/区平均生活水平相比个人收入好得多）				
好一些		0.0144	0.0685	0.0579
差不多		0.2002	0.2855	0.2753
差一些		0.3057	0.3923	0.3817*
差很多		0.4541**	0.5580**	0.5547**
教育程度［参照组：文盲（未受过教育）］				
小学毕业及以下		0.0373	0.0323	0.0303
初中毕业（含初中肄业）		0.0398	0.0532	0.0422
高中毕业（含高中肄业）		0.0631	0.0579	0.0420
中专毕业及以上学历		-0.0232	-0.0255	-0.0401
不吸烟（参照组：吸烟）		-0.1119***	-0.1173***	-0.1157***
喝酒状况（参照组：喝酒且每月超过一次）				
每月不超过一次		0.0528	0.0541	0.0546
不喝酒		0.0973***	0.0872**	0.0883***
没有保险（参照组：拥有保险）		-0.0294	-0.0485	-0.0534
过去两年没有参加过体检（参照组：参加过体检）		-0.0875***	-0.1029***	-0.1072***
过去两年遭遇过事故（参照组：未遭遇过事故）		0.2653***	0.2561***	0.2533***

续表

变量名称	模型1	模型2	模型3	模型4
睡眠状况		-0.0510***	-0.0506***	-0.0507***
过去一个月参与过社交活动（参照组：未参与过）		-0.1000***	-0.0880***	-0.0904***
西部地区（参照组：中部地区）		-0.0656**		-0.0754***
样本量	9685	9685	9685	9685

注：为反映出不同年龄段个体的健康估计水平，表3估计对原数据中受访者的年龄进行了分组，依次为年龄小于45岁、45~54岁、55~64岁、65~74岁以及75岁及以上，相应赋值分别为1~5，下表中也一并采用类似处理方法。

进一步考察可知，在综合考虑其他变量影响后，整体上性别差异对于污染产业承接地区居民健康的影响并不显著，但相对收入水平的相对提升则有助于改善居民健康。在不考虑污染产业转移时，估计结果存在较大误差且各层级收入对于健康的影响均被缩小。而对比高收入群体则发现，收入水平越低，则个体健康受损的边际概率也相应越大，这表明中西部地区在承接发达地区污染产业转移的进程中，收入相对较低群体所受的健康冲击相对最大。教育总体上对于中西部地区居民健康的影响并不显著，相对于未受过教育的受访样本，当受访者教育水平低于高中毕业时，学历的提升并未有效改善个体健康水平，但当受访者学历达到中专毕业及以上学历时，学历的提升在一定程度上能够改善个体健康水平。这也与受访样本的年代背景相符，由于样本个体绝大多数为45岁以上受访者，在计划经济的毕业分配体制下，相比于高中以下学历，受访者只有受过中专及以上学历形式的大学教育才能更有机会获得一些好的工作机会，并有助于改善个体健康。

此外，估计结果还显示，吸烟对个体健康变动具有显著的负向影响，但相比于不饮酒群体，适度饮酒对居民健康变动具有一定正向促进作用①。此外，在不考虑污染产业转移因素时，相比于过去两年参加过体检的受访

① 这里可以从以下两个方面进行解释，一是在现有研究中相关领域的研究均有证实，在一定程度范围内，适度饮酒有益于个体健康水平的提升；二是饮酒类群体对于个体健康的评估可能存在一定的逆向选择效应，即相比于不饮酒群体，能够喝酒的个体一般更倾向于认为个人身体状况良好或者保持稳定。

者，未参加个体的边际影响被缩小，这表明在健康意识方面，污染产业转移加剧了受访个体的逆向选择效应。最后从区域视角看，以中部地区为参照，西部地区居民健康变坏的概率相对降低，尤其在考虑污染产业转移后，西部地区居民对于健康变动的边际影响将进一步降低，这进一步印证了现阶段我国东部发达区域的污染产业内迁主要集中于中部区域的结论。

（二）不同类别群体的污染转移影响差异

为深入揭示污染产业转移对于不同类别群体健康的影响差异，以提升中西部地区对于污染产业转移的预判和治理，本文在上述整体性结构差异分析的基础上，进一步从受访者户口类别、年龄以及收入特征三个基本层面，利用样本当期自评健康和追访期健康变动评价结果，系统性分析污染产业转移对于中西部不同群体健康的差异化影响特征。

从表 4 不同类型样本群体估计结果看，中西部地区承接污染产业转移对非农户口群体的冲击并不显著，但对于农业户口群体的冲击较为明显，估计结果表明，污染产业转移系数每提升一个单位，居民自评健康为差的概率便提升了 0.0006 个单位，而健康变动变差的概率提升了 0.0026 个单位且在 5% 的水平下显著。可见，现阶段污染转移对于中西部农业户口群体影响较大，增加了居民健康风险；分年龄段估计表明，污染产业转移对于 45 岁以上年龄群体居民有一定的影响，尤其对于 55 ~ 64 岁以及 65 ~ 74 岁这一区段，但整体上对于 45 岁以下以及部分 45 ~ 54 岁区段群体反而具有一定的正向影响，这里我们认为，一方面，产业转移为地方经济发展增添了动力，能够有效促进本地区居民尤其年轻群体的就业和收入水平的提升；另一方面，相比于老年群体，年轻群体身体素质相对较好，抵抗外界环境风险的能力也相对较高，因此表现为污染产业转移后反而对其具有一定的正向影响效果（经济正效应大于污染负效应）。此外，收入分段估计显示，污染产业转移并未给高收入群体带来明显的健康损伤，但对低收入群体的健康影响较大，这表明对于中西部低收入群体而言，污染产业转移的收入增长效应小于污染转移所带来的健康损失。

可见，中西部地区在承接产业转移过程中，政府在加强一般环境污染治理的同时，应重点关注污染产业承接对于农业户口群体、55 ~ 74 岁的中老年人，以及相对收入比平均水平低等相关群体健康的影响，并及时采取补偿污染控制措施。

表4 基于户口、年龄、收入分布差异的污染产业转移估计统计

	变量特征	转移系数（一）	P值	转移系数（二）	P值
户口类型特征	非农户口	0.0002 (0.0013)	0.8810	0.0005 (0.0003)	0.1530
	农业户口	0.0026** (0.0013)	0.0420	0.0006* (0.0003)	0.0920
年龄分布特征	45岁以下	-0.0080 (0.0090)	0.3770	-0.0011 (0.0018)	0.5330
	45~54岁	0.0006 (0.0018)	0.7540	-0.0001 (0.0004)	0.7040
	55~64岁	0.0022* (0.0015)	0.0970	0.0009** (0.0004)	0.0160
	65~74岁	0.0012 (0.0020)	0.5670	0.0008* (0.0006)	0.0790
	75岁及以上	0.0021 (0.0032)	0.5060	0.0011 (0.0009)	0.1820
收入分布特征	比平均水平好及以上	-0.0009 (0.0051)	0.8610	0.0009 (0.0007)	0.2310
	与平均水平差不多	0.0016 (0.0019)	0.3980	0.0001 (0.0003)	0.6730
	比平均水平差一些	0.0007 (0.0019)	0.6910	0.0001 (0.0005)	0.8110
	比平均水平差很多	0.0024* (0.0013)	0.0750	0.0011*** (0.0004)	0.0060

注：表中污染转移系数一、转移系数二分别表示不同样本群体下，污染产业转移对于居民追访期健康变动以及当期自评健康的影响。考虑篇幅，表中并未罗列相关控制变量信息，括号内数字表示变量标准差。此外，由于调研数据中收入比地区平均水平好很多的样本不足40人且边际效应并不显著，因此我们将其与收入比地区平均水平好一些的样本合为一项，一并观测污染产业转移对于居民健康的影响。

六、总结与建议

污染产业承接是把“双刃剑”，在为中西部带来经济发展福利的同时也对区域生态环境造成一定危害，因而中西部居民在获得健康改善效应的同时，也正面临生态受损后健康恶化的风险。本文基于中国健康与养老追踪调查连续访问数据，利用有序 Probit 模型，从受访者动态评估的角度，对我国中西部地区污染产业承接与居民健康间的关系进行了系统考察。基于全文研究，得出如下结论和政策建议：

（1）当前我国居民整体健康水平仍有待改善，且污染产业转移对中西部居民健康变动产生了较为显著的消极影响。一方面，分析表明多数受访者认为个人健康有逐步变差的趋势，整体上与全国整体健康水平相比，中西部地区居民健康水平相对较低；另一方面，动态追访评估显示，污染产业转移对中西部居民健康变动产生了较为显著的消极影响。因此，中西部政府在论证引入污染型产业的进程中，应注重对转入产业长期综合贡献度的考察，需要进一步提升污染产业承接的准入门槛和监管力度，进而规避严重高污染产业的流入。

（2）污染产业转移对于中西部居民健康的影响尚未达到显性患病水平。动态评估表明，污染转移确实在一定程度上影响中西部居民的个体健康，但从患病角度看，多数居民尚未达到临界的患病确诊状态。由此，我们认为中西部地区政府在加强区域污染治理的同时，应针对区域内迁污染产业，通过专项税收或精准补偿等多种转移支付途径，加大对中西部地区居民公共健康投入和居民个人潜在健康损失的综合补偿。

（3）污染产业转移对中西部居民健康的影响具有一定结构性差异特征。分组对照研究估计表明，中西部地区农业户口群体、55～74 岁的中老年人，以及收入比平均水平低的群体最易受到污染转移冲击影响。因此，本文认为地方政府在选择性承接产业转移的同时，既要加强对一般类转移环境污染的治理，也应采取适度而有差异的检测评估策略，并重点关注污染产业转移对中西部上述三类人群健康的影响。

参考文献

[1] Arceo - Gomez E. O., Hanna R., Oliva P. Does the Effect of Pollution on Infant Mortality Differ between Developing and Developed Countries? Evidence from Mexico City[R]. NBER Working Paper, 2012, No. 18349.

[2] Cohen A., Siegelman P. Testing for Adverse Selection in Insurance Markets [J]. Journal of Risk & Insurance, 2010, 77 (1): 39 - 84.

[3] Currie J., Davis L. W., Greenstone M., et al. Do Housing Prices Reflect Environmental Health Risks? Evidence from More Than 1600 Toxic Plant Openings and Closings [R]. NBER Working Paper, 2013, No. 18700.

[4] Greenstone M., Hanna R. Environmental Regulations, Air and Water Pollution, and Infant Mortality in India [J]. American Economic Review, 2014, 104 (10): 3038 - 3072.

[5] Grossman M. On the Concept of Health Capital and the Demand for Health [J]. Journal of Political Economy, 1972, 80 (2): 223 - 255.

[6] Grossman M. The Relationship between Health and Schooling: Presidential Address [J]. Eastern Economic Journal, 2008, 34 (3): 281 - 292.

[7] Janke K. Air Pollution Avoidance Behaviour and Children's Respiratory Health: Evidence from England [J]. Journal of Health Economics, 2014, 38 (C): 23 - 42.

[8] Lewis W. A. Economic Development with Unlimited Supplies of Labour [J]. The Manchester School, 1954, 22 (2): 139 - 191.

[9] Michel B. Is Offshoring Driven by Air Emissions? Testing the Pollution Haven Effect for Imports of Intermediates [R]. CEB Working Paper, 2013, NO. 13043.

[10] Tai M. Y., Chao C. C., Hu S. W. Pollution, Health and Economic Growth [J]. North American Journal of Economics and Finance, 2015 (32): 155 - 161.

[11] Vernon R. International Investment and International Trade in the Product Cycle[J]. Quarterly Journal of Economics, 1966, 80 (2): 190 - 207.

[12] Wang M., Zhao J. H., Bhattacharya J. Optimal Health and Environmental Policies in A Pollution - growth Nexus [J]. Journal of Environmental Economics and Management, 2015, 71: 160 - 179.

[13] Wooldridge J. Econometric Analysis of Cross Section and Panel Data [M]. MIT Press, 2002.

[14] 程令国，张晔，沈可．教育如何影响了人们的健康？——来自中国老年人的证据 [J]. 经济学（季刊），2014 (1): 305 - 329.

[15] 雷小燕，许文健等．高攀的婚姻更令人满意吗？婚姻匹配模式及其长远影响 [J]. 经济学季刊，2014 (1): 31 - 50.

［16］李小平，卢现祥．国际贸易、污染产业转移和中国工业 CO_2 排放［J］．经济研究，2010（1）：15－26.

［17］林伯强，邹楚沅．发展阶段变迁与中国环境政策选择［J］．中国社会科学，2014（5）：81－95.

［18］刘国恩，William H. D. 等．中国的健康人力资本与收入增长［J］．经济学（季刊），2004，4（1）：101－118.

［19］刘友金，曾小明，刘京星．污染产业转移、区域环境损害与管控政策设计［J］．经济地理，2015（6）：87－95.

［20］齐红倩，王志涛．我国污染排放差异变化及其收入分区治理对策［J］．数量经济技术经济研究，2015（12）：57－72.

［21］臧文斌，赵绍阳，刘国恩．城镇基本医疗保险中逆向选择的检验［J］．经济学（季刊），2012（1）：47－70.

［22］赵忠．健康、医疗服务与传染病的经济学分析［M］．北京：北京大学出版社，2007.

黑市交易的交易费用经济学分析

——以火车票市场“倒票”行为为例

阎晓莹
（中央财经大学，北京，100037）

一、引言及文献综述

本文尝试论述一个一直备受关注的问题：“黄牛”的贩票行为长期存在的原因与作用机制[①]。长期以来，我国的铁路运输行业都是由单一供应商提供产品的，平日里购买火车票并非难事，但一到节假日就需求陡增，尽管铁路增开临客加车，仍然供不应求。于是，“黄牛”们通过各种手段获取车票，再加价销售给需要车票的人以从中获利。为了维护公众的合法权利，政府部门也一直在努力，制定政策和严厉惩罚“双管齐下”，以求能消除“黄牛”们的倒票行为。但从数据看，“黄牛”并没有因此而消失，反而更加猖獗[②]。

从产品和市场运作特征看，火车票市场是非常典型的“黄牛”存活环

① 本文关注的倒票行为特指“春运”期间的“黄牛”倒票行为，数据也均来自于历年“春运”期间的统计数据。

② 根据公安部历年公布的倒票人员抓获情况和最终确定的倒票数量来看，实名制的实行、电话订票、互联网订票以及手机APP等途径的增设并没有有效地遏制倒票行为的发生，倒票数量反而呈现上升趋势。

境。首先，其产品是预售类服务型产品，具有时效性强、需求刚性的特点；其次，由于铁路运输在我国的“准公共品”的特殊性质，火车票产品的价格是政府定价并非市场决定；再次，在本文关注的“春运”时段的火车票市场在制度与监管上也一直存在漏洞，存在巨大的牟利空间，于是，一个特殊的非法获利群体——“黄牛”诞生了。百姓为了能够及时购买到所需产品，在迫不得已的情况下只好转向“黄牛”寻求帮助。

国内外的学者对“黄牛”倒票行为的研究是比较多的。但大多集中在或支持或反对的观点诠释（Criscuolo，1995；Bershad 和 Ensor，1985；Happel，1989）以及如何治理等方面。对“黄牛”存在的原因，学术界一直认为主要是由于以下两种原因：

第一类文献认为，倒票是一种自由市场作用机制，是由于价格机制没有起到很好地调节市场的作用才存在的，可以通过提高火车票的供给价格来改善。如 Diamond（1982）指出“黄牛”赚取的是市场价格，即使是高价，依然有人愿意购买；Happel 和 Jennings（1995）通过考察各种分配计划来证明倒票是市场机制在起作用；Atkinson（2004）则将倒票行为看作是二级市场上的正常交易。Elfenbein（2004）、Case（2007）、薛兆丰（2005）和吕成哲（2010）等学者也都是基于这一类观点，表达对倒票行为的态度。Leslie 和 Sorensen（2008）更是认为转售行为的根源在于一级市场上对产品的“粗”定价行为，此外，时间上的冲突也助长了转售行为的存在。持此种观点的国外学者较多，主要源于国外出现的各种倒票行为，包括火车票的倒票行为，都发生在由企业提供私人物品的竞争性市场上，由市场机制进行调节。而在我国，铁路客运服务一直由国家进行价格管制，没有交给市场来调节。基于这种考虑，蒋殿春等（2006）设计出两期差别定价模型，考虑到简单的涨价行为可能产生社会福利扭曲，并区分了高收入人群和低收入人群，从理论上确实改善了供需双方的福利，但就现实情况而言，硬座和卧铺的价格差异、高铁和普快的价格差异，与文中的两期定价模型的结构相类，然而并没有影响到现实中“黄牛”的行为。同时，由于研究展开得较早，当时并没有考虑将高收入人群和低收入人群除收入之外的其他方面的不同纳入到分析当中，而这恰恰是“黄牛”产生之后长期存在的另一个重要原因。

第二类文献认为，火车票代表的是铁路提供的客运服务，加上我国的客运高峰相对于其他国家更为集中，“黄牛”的存在，是火车票产品总量的供需失衡导致的，需要提高火车票的供给量来消除倒票行为。周异（2006）和李茜（2010）提出，火车票的供给缺乏弹性，而消费者出行的需求也缺乏弹性，尤其是火车在绝大多数人的心里，无论是服务的性价比还是出行的安全系数，都是优于汽车和飞机的交通工具，因而也导致了人们对火车票的过度需求。一方面是短时间无法迅速提升的供给，另一方面是特定时间段过度膨胀的需求，这种供需的严重不平衡，使得价格偏离了由供需关系决定的价值，于是就出现了套利机会，“黄牛”们应运而生。持此类观点的学者较少，这类观点在学者们的研究中，往往被作为倒票行为发生的大背景与其他试图被证明的原因并存，毕竟这种观点回到了倒票行为产生的最初原因，也是经济学的基本假设——资源的稀缺性假设。

在以往的研究中，学者们普遍将关注的重点集中在“黄牛”最初产生的原因，以及通过总体价格或总体供给量的变动来寻找解决问题的办法，都没有从信息不对称情况下的交易费用的角度考察这个问题。首先，以往的研究并不能有力地解释“黄牛”在火车票稀缺现象得以缓解的情况下仍然活跃。从直观的数字来看，铁路的运力，尤其是春运期间的运力供给一直在不断提升，其增幅也高于春运出行人数的增幅，按照比例关系，“黄牛票”的占比应当有所下降，但事实上，“黄牛票”在春运出票量中的占比从2002年的0.221‰上升至2009年的0.425‰，再到2016年的0.535‰[①]，在大趋势上呈现出阶段性上升的态势。其次，提高火车票供给价格对“黄牛”的打击效果也不明显，由于历史原因和准公共物品的属性，我国的铁路客运服务一直由国家完全把控，而且在很长一段时间内，仍不能完全交给市场来调节，况且，2001~2007年，每年春运的火车票价也都有不同程度的提高，但由于火车票需求的价格弹性较低，车票紧张的现象并没有缓解，倒票行为也没有随之消失，甚至没有减弱的迹象。最后，并没有证据能够证明差异化定价能够遏制“黄牛”的倒票行为，自2008年京津城际列车开通运营以来，动车与高铁在列车组中的占比也在不断攀升，2011年动车组在春运期间的占比达到19.34%，2014年这个数字提升至54.35%，2016年的春运，动车组的占比超过了60%[②]，差别定价已经得以落实，在这样的情况下，倒票情况也并没有好转。而且，一些文献中建议的加成定价模型在

① 数据来源会在下文中给出。
② 数据来自新华网新闻，http：//www. news. xinhuanet. com/。

现实中很难操作。同时，本文后续章节的分析中，我们可以看到，以目前火车票售卖的操作机制，即使在供应充足的条件下，“黄牛”也不会消失。而且，笼统地价格调节和数量调节，也都不能真正改善供需双方的福利。因此，以往的研究并不能很好地解释“黄牛”长期存在的真正原因。

从表面上看，“黄牛”的这种做法与提供中介服务的商家为消费者提供预约服务的行为是一样的：两者都为迫切的需求方提供了产品（火车票）和服务（代售行为），都满足了需求方对产品需求的同时，收取一定的服务费用，都是以“中间商”的形式存在的“套利者”。但两者之间却存在着本质的不同。首先，在法律层面，“中介”是取得了合法资质的中间商，而“黄牛”的行为则不合法。其次，在经济层面，“中介”提供服务索取的报酬都会遵循一定的规则，或是“定额加价”，或是“比例提成”，如火车票代售点收取5元服务费，并不因火车票的稀缺程度改变服务费的价格，再如房产中介，按照房屋租金、售价的一定比例收取中介费，而“黄牛”的加价则相对随性，没有固定的模式可循。更重要的是，绝大多数“黄牛”是以消费者的身份从各种正规售票途径或非正规内部渠道获取自己并不会消费的火车票，再加收远高于原价的服务费销售给消费者，代替政府定价进行“市场调节”，造成市场供需失衡的加剧，尤其是退票手续费调整之后，“黄牛”较之前更乐意囤积大量火车票，即便最后销售不出去造成退票，其成本较之前也有所降低。这样一来，需求方难以原价购得火车票而受损的同时，供给方也因为最终部分火车票销售后再遭退票而导致福利受损。因此，每一例有关“黄牛”的新闻爆出，都会在第一时间被推到舆论的风口浪尖。为此，相关管理部门纷纷采用了诸如实名制、从重惩治、定期排查等手段，也都未能使问题得以缓解。

由此我们猜想，“黄牛”自产生之后，一直顽固存在的真正原因，并非之前学者们讨论的两大类原因，而是产品供给部门在本来信息不完全的条件下，由于需求方自身的差异，导致需求人群内部信息不完全程度的不同，由此产生了交易费用上的差异。而供给方在忽略这种交易费用的情况下提供产品，最终只能是使“黄牛”获利，而供需双方均福利受损。

本文以“春运”时段的火车票市场为例，在以往研究和论断的基础上，从理论和实际情况中验证了：在需求方内部信息不完全的前提下，交易费用才是导致“黄牛”长期存在的真实原因，单纯的供给量的增加、产品差异化定价和各项政策的出台都不能削弱“黄牛”的倒票行为，同时也希望能够借此为其他倒买倒卖行为的治理提供理论依据。文章接下来的部分安排如下：第二部分构建了火车票市场供给、需求和套利者三方的理论模型，以验证之前的猜想；第三部分是来自火车票市场的数据情况和计量模型的构建；第四部分是实证结果与理论模型推论的比照；第五部分是结论部分，总结全文并指出研究缺陷并提出下一步要研究的问题。

二、理论模型

铁路客运服务的供需市场上，存在着三个利益相关方：供给方是铁路客运部门，需求方是为了乘车而购票的消费者，套利者则是为谋取利益而购买和非法囤积火车票的“黄牛”。本章的分析基于现实火车票供需市场上的信息不完全的真实条件：铁路部门出售火车票的规则是在发车之前的一段时间里每日定时放出一定数量的火车票，铁路部门作为供给者拥有完全信息，包括总的票量信息、分时段余票信息、票价和出行人数；需求方既不了解火车票的总量信息，也不了解余票信息，只了解票价信息，因此拥有不完全信息。

（一）基准模型

根据以往学者的分析，我们构造了“黄牛”诞生之初的最原始的模型0。

假设1：供给方工作人员不参与倒票活动，套利者通过正当销售途径获取火车票。

假设2：需求方分为高收入人群和低收入人群两类，两类人群均通过同样的途径获得火车票。

假设3：供给方向需求方提供同质化产品，即火车票只有一种票面价格。

供给方提供火车票的价格 p_0，p_0 为火车票的票面价格，即供给的最低价格，其中不包含打击套利者的支出费用，p_t 是需求方能够承受的最高票面价格。春运期间火车票市场的需求是基于价格的函数 $D_1(p)$，供给 S_1 是刚性的，两曲线相交于点 E，E 点对应的量，是铁路部门提供的火车票数量 $D_1(p_e)$，此时火车票的市场竞争价格为 p_e。火车票的需求方中，高收入人群数量为h，低收入人群数量为l，总需求为（h+l）①；高低收入人群的区分价格为p_d（$p_d \geqslant p_e$），对应的火车票需求量为$D_1(p_d)$，低收入人群的保留价格$p_l \in [p_0, p_d]$，高收入人群的保留价格$p_h \in [p_0, p_t]$，如图1所示。②

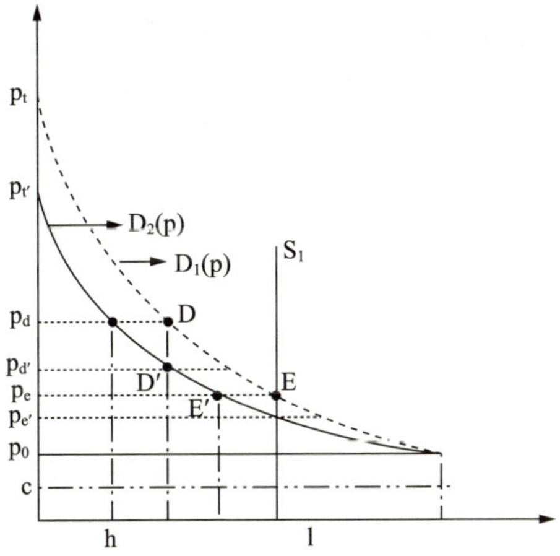

图1 供需不均衡时的火车票市场

按照单一商品定价（p_0，$D_1(p_e)$）售票时，在无套利者且无交易费用的情况下，高收入人群和低收入人群获取火车票的结果都是随机的，有数量为$D_1(p_e)$的消费者购得火车票，数量为（$h+l-D_1(p_e)$）的消费者无法购得火车票。此时需求方的消费者剩余的期望为：

$$E(CS(h+l)) = \frac{D_1(p_e)}{h+l}\int_{P_0}^{P_t} D(p)\,dp$$

当供给方的成本固定为c时，供给方生产者剩余的数学期望为：$E(SS(h+l)) = D_1(p_e)(p_0-c)$。

单纯从现象上来看，由于火车票的供给小于需求，竞争出现了，数量为$(h+l-D_1(p_e))$的消费者将买不到火车票，于是套利者就出现了。套利者以p_a^0的价格向需求方售卖$n^0(n^0<D_1(p_e))$张其囤积的火车票，向担心购买不到火车票的消费者出售，此时套利者有四种策略可供选择：

① 理论上，火车发送的高收入人群的数量从总体上来讲，较低收入人群的数量要少，即$h<l$。

② 令$p_e \leqslant p_d$，保证了高收入人群和低收入人群都有机会购得火车票，若$p_d \leqslant p_e$，则低收入人群无力购买车票，该群体无消费者剩余，则与铁路提供客运服务的初衷相背离。

①$p_a^0 > p_t$ 时，套利者无法获取任何消费者剩余；

②$p_d \leqslant p_a^0 < p_t$ 时，套利者只可获取来自高收入人群的消费者剩余；

③$p_0 \leqslant p_a^0 < p_d$ 时，套利者可获取来自两类人群的消费者剩余；

④$p_a^0 < p_0$ 时，套利者可获取到来自两类人群的消费者剩余。

其中策略①显然不是经济人会选择的策略，策略④则是以提供假票或不提供火车票只提供坐席的方式获利，这两种策略不在本文的研究范围之内。套利者选择策略②时，基于高收入人群的数量，其获取的消费者剩余是有限的，而选择策略③时，则可以获得更广范围的消费者剩余，套利者可以获得的消费者剩余的数学期望为：

$$E(CS(h+l)') = \frac{n^0}{h+l}\int_{p_0}^{p_a^0} D_1(p)dp$$

供给方的生产者剩余不变。由于最终需求方中仍然只有数量为 $D_1(p_e)$ 的消费者能够获得火车票，因此，套利者得到的消费者剩余，恰好是需求方所损失的。诚然，模型0解释了“黄牛”产生的直接原因——资源的稀缺性，但没能解释的问题也有许多：首先，该模型无法解释在供给量不断提高，公安打击力度不断加大，倒票数量却不降反升的现状；其次，该模型无法解释运用高铁和动车进行差别定价之后，特快、普快列车火车票的一票难求，高铁还有余票尚未销售出去的现象；最后，该模型无法解释电话订票和互联网购票等措施相继推出，倒票活动没有停止反而更加猖獗。而这些问题都指向了“黄牛”长期存在的根本原因——信息不完全，尤其是需求方内部信息不完全的条件下的交易费用的存在。

在火车票交易过程中，部分需求方在反复尝试购买火车票的过程中将付出明显的交易费用，此时需求方面对的真实价格发生了改变，如图1所示，真实的需求曲线 $D_2(p)$ 向下旋转与纵轴交于 $p_{t'}$，这是需求方将付出的实际的最高票面价格，原均衡价格对应需求量为 $D_2(p_e)$，$D_2(p)$ 与供给曲线S相交于E′，对应价格为 $p_{e'}$，对应的供给量为 $D(p_{e'})$，高低收入人群当前面临的真实的区分价格应当为 $p_{d'}$，对应的火车票数量为 $D_2(p_{d'})$，对应的原需求曲线上的火车票数量为 $D_2(p_{d''})$。[①] 在交易费用存在的情况下，在价

① 为了简化计算，我们将总购票时常分为前半时段和后半时段，交易费用设定为在前半部分多次尝试购买火车票未果后，在后半时段继续尝试购买的行为发生时产生的费用，前半时段买到火车票的行为，被视为无交易费用发生，且尝试次数越多交易费用越大，这也是真实的需求曲线向下方旋转，而不是向上方平移的原因。

格 p_e 下需求量为 $D_2(p_e)$，$D_1(p_e)$ 则是包含了交易费用的火车票的真实价格，且 $D_2(p_e)<D_1(p_e)$。同样地，在 $D_2(p)$ 曲线上，真正的高低收入人群的区分价格为 $p_{d'}$，当低收入人群实际支付的价格高于 $p_{d'}$ 而非 p_d 时，又有数量为 $(D_1(p_{d'})-D_1(p_d))$ 的低收入人群会认为“不划算”而放弃购买。当 $D_2(p_e)\leqslant D_1(p_{d'})$ 时，低收入人群被完全挤出市场。

由于交易费用的存在，供需双方较无交易费用时的福利均有下降。原本供不应求的市场变得有效需求不足，供给方有数量为 $(D_1(p_e)-D_2(p_e))$ 的火车票未销售出去，而需求方只有数量为 $D_2(p_e)$ 的消费者愿意在支付交易费用的情况下自行购票。此时，套利者与需求方同时行动，并以 p_a^0 的价格向需求方售卖 $n^0(D_1(p_e)-D_1(p_d)\leqslant n^0<D_1(p_e)$ 张其囤积的火车票，其价格中包括了票面价格和向需求方索取的其他价格成分，如时间价格。这部分价格反映的是被置于公共领域的价值。套利者依然选择策略③，会有部分消费者在比较了自身的交易费用和套利者的加价之后，选择通过套利者购买火车票，并让渡部分消费者剩余，这部分的数学期望为：

$$E(CS(h+l)'_0)=\frac{n^0}{h+l}\int_{p_0}^{p_a^0}D_1(p)\,dp$$

特别地，当 $p_a^0\leqslant p_{e'}$ 且 $n^0=D_1(p_e)-D_2(p_e)+D_1(p_{d'})-D_1(p_d)$ 或 $n^0=D_1(p_e)-h$ 时，原本因交易费用过高而放弃购票的那部分消费者能够通过套利者买到加价低于其交易费用的火车票，需求方的整体福利得到改善，增加值为：

$$E(\Delta CS(h+l)_0)=\frac{(D_1(p_e)-h)}{l}\int_{p_a^0}^{p^t}D_1(p)\,dp-\frac{n^0}{h+l}\int_{p_0}^{p_a^0}D_1(p)\,dp$$

火车票市场出清，供给方福利改善，此时生产者剩余为：$E(\Delta SS(h+l)_0)=D_1(p_e)(p_0-c)$。

因此，“黄牛”作为套利者，反而改善了供需双方的福利水平，这才是在火车票市场持续的供不应求的情况下“黄牛”得以长期存在的真实原因。但在交易费用存在的条件下，如之前文献中建议的那样操作，“黄牛”是不是就消失了呢？来自数据和后续模型的证明告诉我们——没有。

（二）均衡模型：供需相当时的“黄牛”

为了分析火车票供给量提升后倒票行为是否会有所减弱，围绕供需和套利者这三方，模型1在模型0的基础上做出修改来接近现实情况：

假设4：铁路部门提供的火车票与消费者的数量相等，即火车票市场供需平衡。

假设5：需求方购买火车票时需要付出交易费用ci，高收入人群的交易费用为cih，低收入人群的交易费用为cil。

假设4使火车票的供给量沿横轴向右移动至（h+l）处，如图2所示。供给方分时段供票，需求方既不知道还有多少人要购买火车票，也不知道还有多少余票，因此，即使是在火车票市场供给充足的前提下，需求者要想凭自己的力量购买到火车票，只能反复获取余票信息直至买到火车票为止，获取信息的时间成本和劳动成本构成了需求方交易费用的主要成分。

对高收入人群而言，基于消费者剩余最大化的诉求，可选择的策略有两种：

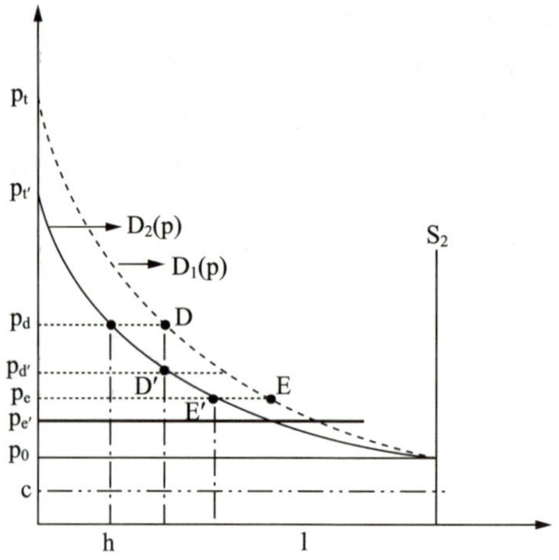

图2 供需均衡时的火车票市场

①当 $p_0+cih \leqslant p_t$ 时，购买；

②当 $p_0+cih>p_t$ 时，放弃购买。

对低收入人群而言，可选策略也有两种：

①当 $p_0+cil<p_{d'}$ 时，购买；

②当 $p_0+cil \geqslant p_{d'}$ 时，放弃购买。

因此，即便供给充足，在交易费用存在的情况下，即便不存在无套利者，也将有数量为（$D_2(p_{d'})-h$）的低收入人群最终放弃购买。

基于双方的策略，套利者此时着眼于双方的交易费用，与需求方同时行动，以 p_0 的价格通过各种渠道购进数量为 n^1 的火车票，以 $p_a^1 \in (p_0, p_t)$

的价格销售，试图赚取需求方的交易费用。①

①$0 < n^1 \leqslant h$，且 $p_a^1 > p_t$ 时，没有消费者选择通过套利者购票，数量为 n^1 的消费者放弃购票；

②$0 < n^1 \leqslant h$，且 $p_{d'} < p_a^1 \leqslant p_t$ 时，只有高收入人群选择通过套利者购票；

③$h < n^1 \leqslant (h+l)$，且 $p_{d'} < p_a^1 \leqslant p_t$ 时，数量为 $(n^1 - h)$ 的低收入人群放弃购票；

④$h < n^1 \leqslant (h+l)$，且 $p_0 < p_a^1 \leqslant p_{d'}$ 时，数量为 n^1 的消费者将选择通过套利者购票。②

需求方会在比较自己的交易费用和火车票的加价程度之后再选择购票与否和购票途径，当 $p_0 < p_a^1 \leqslant p_{d'}$，且 $n^1 = (D_2(p_{d'}) - h)$ 时，原本因交易费用过高而放弃购票的消费者全部可以通过套利者买到火车票，因此套利者会继续存在并获利，其获得的需求方让渡的消费者剩余为：

$$E(CS(h+l)'_1) = \frac{n^1}{h+l}\int_{p_0}^{p_a^1} D_1(p)\,dp$$

改善后的需求方的福利增加值为：

$$E(\Delta CS(h+l)_1) = \frac{D_2(p_{d'} - h)}{l}\int_{p_a^1}^{p_t} D_1(p)\,dp - \frac{n^1}{h+l}\int_{p_0}^{p_a^1} D_1(p)\,dp$$

供给者销售出全部火车票，福利得以改善，增加值为：

$E(\Delta SS(h+l)_1) = (D_1(p_{d'}) - h)(p_0 - c)$。

那么，只要 $p_a^1 \leqslant p_0 + \min(cil, cih)$，使 $E(CS(h+l)'_1) < E(\Delta CS(h+l)_1)$，套利者提供的火车票就全部都可以销售出去，使自己和对方的福利都得到改善。

进一步分析不难发现，需求方的交易费用成分并不单一，其中既包括了对获取余票信息的信息成本的衡量，也包括了排队购票的劳动成本的衡量，于是本文将需求方的交易费用进一步细分，分成付出劳动产生的激励成本 ci1 和获得余票信息的信息成本 ci2 这两部分。套利者在观察到需求方的这一特点后，希望通过对高低收入人群进行差别定价来最大化地攫取消

① 火车票市场的套利者以倒票为职业，可以理解为具有“专业技能”的“经济人”，若能够逃避公安机关的打击，其交易费用是远低于低收入人群的交易费用的。而且，套利者也不会基于需求函数定价，而是根据自己的交易费用定价。因此 $D(p^a)$ 一般不会等价于 $(h+l-n)$。

② 其中出现的数量为理论值，因为现实情况中，尤其是在临近过年时，由于“黄牛”一直囤积不放票，需求方反复购票未果，则会有放弃购买而选择其他出行方式的行为产生。

费者剩余。但在单一票价制下，套利者仍无法准确区分高收入人群和低收入人群，这个时候，火车票的差别定价帮助了套利者。

（三）差别定价模型：差异化时的“黄牛”

模型2在模型1的基础上要基于以下两个假设展开：

假设3′：替换假设3，铁路客运服务同时提供正常品和低档品两种商品。

假设4′：替换假设4，正常品和低档品在总量上与需求总量相等，且正常品的数量与高收入消费者数量相等，低档品数量与低收入消费者数量相等。

如图3所示，p_d 为在票面价格附加需求方愿意支付的交易费用后的真实价格，真实的火车票价格需求曲线 $D_2(p)$ 上，有数量为 $D_2(p_d) < h$ 的高收入人群能够购买正常品，于是正常品市场出现竞争；数量为 $(h - D_2(p_d))$ 的高收入消费者因追加交易成本过高而放弃购买正常品转向低档品；同时，由于低收入人群无力支付正常品的价格，当 $p_0 + cil \geq pd'$ 时，又有数量为 $(D_1^{\,l}(p_{d'}) - h)$ 的低收入人群将放弃购买低档品，低档品市场出现供需缺口，数量为 $(D_1^{\,l}(p_{d'}) - D_2(p_d))$。最终，部分正常品销售不出去的同时部分消费者被挤出市场。尽管从图3上看，高低收入人群的交易费用很可能因差异化定价而降低，但在这种由于需要支付交易费用而产生的竞争中，需求方更倾向于寻求更低的交易费用以达成购买，于是两类人群都有可能寄希望于套利者，来确保自己能够在保留价格下购买到火车票。①

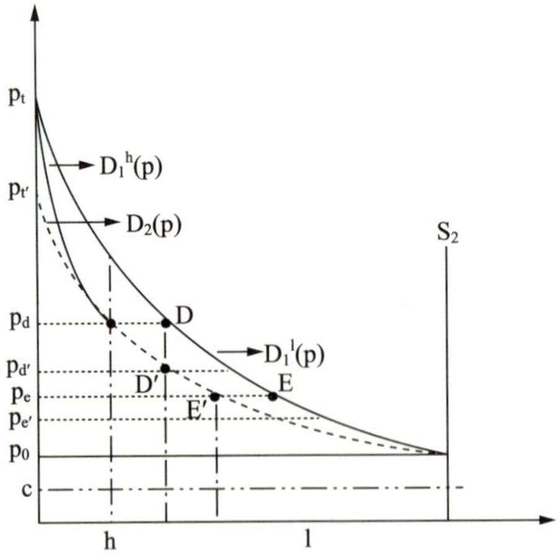

图3 差别定价时的火车票市场

① 此时的模型中出现了竞争，与模型0相似，由于篇幅有限，文中略去了相似的数学推导。

此时的套利者根据 p_d 来区分高低收入人群，通过这两类消费者的行动策略来制定自己的策略：

①当消费者向套利者购买正常品时，该消费者必然属于高收入人群，套利者给出价格 p_a^{2h}；

②当消费者向套利者购买低档品时，不能准确判断其是否一定属于低收入人群，则价格为 p_a^{2l}。

当套利者定价 $p_a^{2l} \leqslant p_0 + cil \leqslant p_{d'}$ 时，套利者将得到需求方让渡的消费者剩余：

$$E(CS(h+l)'_2) = \frac{n^2}{h+l-D_2(p_d)}\int_{p_0}^{p_a^{2l}} D_1^l(p)\,dp$$

尽管需求方中依然会有数量为（$h-D_2$（p_d））的消费者无法购得火车票，特别地，当 $p_a^{2l} \geqslant p_{d'}$ 时，未购得正常品的高收入人群有能力购买低档品，低收入人群则被挤出，福利受损，但需求方的整体交易费用的降低，购买到火车票的数量增加，尤其是当需求方未通过套利者购买正常品、只购买低档品时，$n^2 = (D_1{}^l(p_{d'}) - h)$，福利改善的增加值为：

$$E(\Delta CS(h+l)_2) = \frac{D_1^l(p_{d'}-h)}{h}\int_{p_a^{2l}}^{p_{d'}} D_1^l(p)\,dp - \frac{n^2}{h+l-D_2(p_d)}\int_{p_0}^{p_a^{2l}} D_1^l(p)\,dp$$

供给者因销售量提高，福利也会得到改善：$E(\Delta SS(h+l)_2) = (h - D_2(p_d))(p_0 - c)$

此时，即使供给者将正常品价格降低为 $p_{d'}$，在无套利者的情况下，高收入人群都能够在交易费用的保留价格下购买到正常品，但仍有数量为（$D_1{}^l$（$p_{d'}$）$-h$）的低收入人群将因为交易费用超出其保留价格而放弃购买低档品，低收入人群的福利受损。此时套利者如果将价格定于 $p_a^{2l} \leqslant p_0 + cil \leqslant p_{d'}$，低收入人群则更愿意通过套利者购买低档品。

表 1 中给出了火车票市场供需与套利者三方福利较之前的变化，这种变化在其他黄牛活跃的市场上也是成立的。通过表 1 不难发现，推及一般市场的“黄牛”行为，在以上两个改进模型中，只要套利者收取的加价低于需求方的交易成本，套利者的存在就会改善供需双方福利。因此，无论如何加大打击力度，只要市场上存在降低交易费用的诉求，套利者就能够得以长期存在。

表1 火车票市场三方的福利变化情况

	供需不均衡时统一定价	供需均衡时统一定价	供需均衡时差别定价
供给方	$D_1(p_e)(p_0-c)$	$(D_1(p_{d'})-h)(p_0-c)$	$(h-D_2(p_d))(p_0-c)$
需求方	$\frac{(D_1(p_e)-h)}{l}\int_{p_a^0}^{p^t}D_1(p)dp$ $-\frac{n^0}{h+l}\int_{p_0}^{p_a^0}D_1(p)dp$	$\frac{D_2(p_{d'})-h}{l}\int_{p_a^1}^{p_t}D_1(p)dp$ $-\frac{n^1}{h+l}\int_{p_0}^{p_a^1}D_1(p)dp$	$\frac{D_1^l(p_{d'})-h}{h}\int_{p_a^{2l}}^{p_{d'}}D_1^l(p)dp$ $-\frac{n^2}{h+l-D_2(p_d)}\int_{p_0}^{p_a^{2l}}D_1^l(p)dp$
套利方	$\frac{n^0}{h+l}\int_{p_0}^{p_a^0}D_1(p)dp$	$\frac{n^1}{h+l}\int_{p_0}^{p_a^1}D_1(p)dp$	$\frac{n^2}{h+l-D_2(p_d)}\int_{p_0}^{p_a^{2l}}D_1^l(p)dp$

三、计量模型

依据之前学者们的研判，当供给量提升、产品价格提升，或对高低收入人群进行差别定价之后，倒票行为将会缓解。于是，本文选择了数据特点较为明显的火车票市场作为分析对象，收集了自2002年以来的15年间历次春运期间公安机关破获的倒票案件情况①，选取了发送人次、抓获票贩数量、查实倒票数量和黄牛票占比这四项数据进行分析。

作为一份时间跨度为15期的时间序列数据，上述属性能够诠释的内容十分有限，其中发送人次变量表现的是由客观的出行人数，也是春运期间铁路部门的总出票量，为本次分析的外生变量，抓获票贩人量和查实倒票数量这两个变量作为内生变量，对其自相关和趋势性作出判断。经检验，查实倒票数量变量存在着一阶自相关②。清洗掉自相关趋势惯性后的数据显示，2008年，公安机关抓获票贩数量和查实倒票数量的数据均达到峰值，

---

① “春运铁路发送旅客”数据来自铁路警方历年春运初始、中期和结束后的汇总数据；查实倒票数量为公安机关当场查获火车票数量与审讯交代期间已售出火车票数量之和，其中不包括查获的假火车票数量；2011年之前的抓获票贩人量和查实倒票数量数据来自铁路公安局“蓝盾行动”的统计数据，2011年及之后的这两个变量对应的数据来自历年春运铁路公安局“猎鹰战役”结束后公安部对外发布的数据。

② 对序列残差采用D－W统计量判别，“抓获票贩人量”变量的D－W统计量为2.2，样本数n=15时，近似认为不存在自相关，“抓获票贩人量”变量的D－W统计量为0.45，对其进行一阶自相关清洗之后的D－W统计量为1.94，可认为自相关剔除。

其背后的原因是当年春运遭遇了南方雪灾，因此该年度数据作为异常值，使用清洗后的预测值代替。黄牛票占比为历年查实倒票数量与铁路发送旅客数量之比，反映了“黄牛”的活跃程度，度量单位为千分之一①。为了更清楚地观测到四者之间的关系，我们将四个变量展示在一张图中。由于这三类数据的度量单位不一致且取值范围各不相同，我们首先对发送人次、抓获票贩数量和查实倒票数量数据进行了归一化处理，设归一化之前的数据为 x_0，归一化之后为 x，归一化使用公式为：

$$x=\frac{x_0-\min(x_0)}{\max(x_0)-\min(x_0)}$$

表 2 倒票案件变量清洗后的结果

年份	春运铁路发送旅客（亿人）	抓获票贩数（万人）	查实倒票（万件）	“黄牛票”占比（%）
2002	0.000000	0.057533	0.000000	0.2211
2003	0.035354	0.000000	0.082976	0.2995
2004	0.050505	1.000000	0.112508	0.3242
2005	0.060606	0.363140	0.168827	0.3784
2006	0.106061	0.867668	0.136018	0.3233
2007	0.237374	0.564905	0.524263	0.5996
2008	0.343434	0.579060	0.376531	0.4252
2009	0.323232	0.924728	0.383893	0.4396
2010	0.383838	0.813086	0.223510	0.3989
2011	0.464646	0.586219	0.245385	0.2916
2012	0.469697	0.658620	0.256319	0.2976
2013	0.565657	0.125932	0.382087	0.3506
2014	0.702020	0.127420	0.511687	0.3861
2015	0.843434	0.974906	0.600821	0.3936
2016	1.000000	0.215618	1.000000	0.5351

表 2 显示了该序列数据随机化后进行归一化的结果，且经过判断，该数据未显示出周期趋势，我们通过图 4 得到更为客观的四者之间的关系。②

① 在此假设打击力度不变，以查获的“黄牛票”数量来刻画黄牛票总数量参与对“黄牛票”占比的计算。

② 由于篇幅所限，文中略去了对数据周期趋势判断的数学证明，有兴趣的读者可向作者索取。

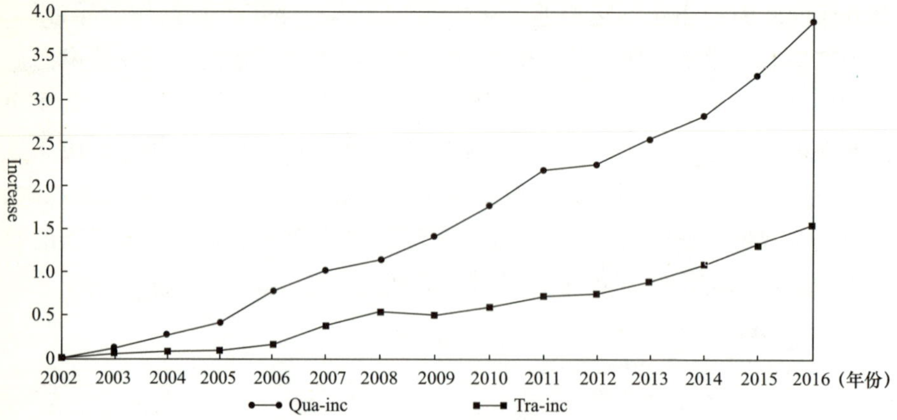

图4 历年春运“黄牛票”占比

图4显示了“黄牛票”在历年春运总出票量中的占比情况，如图4所示，铁路历年春运提供运力的累计增长（“Tra－inc”）远高于选择铁路出行的人数的累计增长（“Qua－inc”），按照比例计算，当运力增长更快时，“黄牛票”的占比应该下降，但图5给出的结果却并非如此。

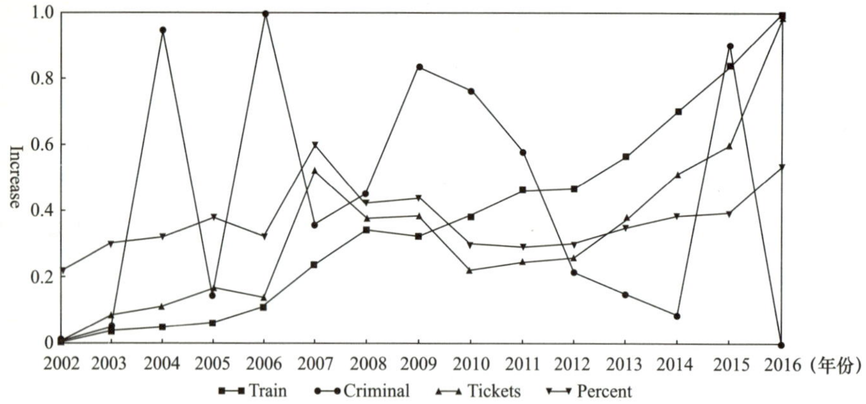

图5 规范化后的变量波动程度

从图5直观看，除铁路提供的运力（“Train”）在持续增长之外，“黄牛”的人数（“Criminal”）在2004年达到最大值，“黄牛票”的数量（“Tickets”）在年份上存在2个跳跃增长点，即2007年和2016年，最大值出现在2016年。结合实际情况看，在运力不断提升的情况下，围绕火车票供给，相关部门先后出台了不同的管理手段：2002～2006年，铁路客运在春运期间采用票价上浮的方式来控制出行人数；2007年开始，春运票价不再上浮，动车、高铁相继下线启用并逐年增加，价格与普快、特快的价格拉开距离，已经做到了差别定价；自2012年以来，火车票互联网购票全面铺开。无论是在春节期间火车票供给增加也好，差别定价也好，都没有获得预期的效果，图中剔除趋势的曲线并没有如愿显示出抓获票贩人量和查实倒票数量逐渐减少，包括“黄牛票占比”，都呈现出整体同向变动的趋势①。

层层措施的出台，都只在当时有效，之后“黄牛票”仍旧越来越多，这种现象已经不能用单纯的供需“剪刀差”和价格机制调节无效来解释了。

为了分析这种现象的成因，我们对清洗后的数据做了分组处理。首先，将这15年的数据三等分，以2007年和2012年作为分位点，对应管理部门采取的相应措施——临时性提价、不同列车类型差别定价和互联网购票实行。其次，将数据依照铁路提速调整运力图后的不同表现五等分，第一阶段（2002～2004年）是客运水平最低的初始阶段，第二阶段（2005～2007年）是低水平增长阶段，第三阶段（2008～2010年）是动车和高铁进入客运环节的中等水平稳定阶段，第四阶段（2011～2013年）是动车组占比提高至20%的中等水平增长阶段，第五阶段（2014～2016年）是动车组占比超过50%的高水平持续增长阶段。

进一步，我们另选取历年打击贩票行动中的三个时点记录的数据作为样本，展开分析。这三个时点分别为：行动初期，即春运进行一周时；行动中期，即春运过半时；行动结束，即春运结束时，该分时点数据经检验未发现自相关。并使用Shapiro－Wilk方法②对拆分后的样本进行正态性检验，表3展示了分组数据的基本统计量和正态性检验结果③。

① 至2014年春运结束为止，查获黄牛的数量在整体下降，但当年查获的案件数量为2391件，远远高出2013年的1155件，捣毁的倒票窝点和团伙为2391个，也远远超过了2013年的1343个和2015年同期的1351个，而且这个数量在2015年出现了反弹，所以，在对于黄牛的数量波动，也不能仅用“公安机关加人了打击力度”解释。

② Shapiro－Wilk正态性检验法：1965年由S. S. Shapiro与M. B. Wilk提出，python的scipy. stats. shapiro test适用于小样本（3≤n≤50）的情况。

③ 由于年度数据经过去趋势处理，分时点数据由于未检验到自相关，未作处理，因此表中显示分组均值略不同。

表3 正态性检验结果

属性		极大值	极小值	均值	方差	Shapiro 检验 W－统计量
年黄牛票占比		0.5351	0.2211	0.3710	0.0098	0.921
按“运力表现”分组年黄牛票占比	level－1	0.3242	0.2211	0.2816	0.0029	0.917
	level－2	0.5996	0.3233	0.4338	0.0214	0.892
	level－3	0.4396	0.2989	0.3879	0.0060	0.826
	level－4	0.3506	0.2916	0.3133	0.0011	0.825
	level－5	0.5351	0.3861	0.4383	0.0071	0.788*
按“政府举措”分组年黄牛票占比	level－1	0.3784	0.2211	0.3093	0.0033	0.935
	level－2	0.5996	0.2916	0.4110	0.0159	0.899
	level－3	0.5351	0.2976	0.3926	0.0078	0.909
分时点倒票数量		12.300	0.280	2.662	5.317	0.804
按“运力表现”分组分时点倒票数量	level－1	5.194	0.280	1.9382	2.551	0.844
	level－2	7.000	0.289	2.488	4.623	0.819**
	level－3	6.600	0.570	2.074	3.629	0.784**
	level－4	12.300	0.280	3.317	12.706	0.686***
	level－5	6.200	1.100	3.494	3.461	0.916
按“政府举措”分组分时点倒票数量	level－1	12.300	0.290	2.078	2.265	0.860**
	level－2	5.194	0.280	2.287	4.397	0.781***
	level－3	7.000	0.830	3.622	8.545	0.797***

注：*为在10%水平下显著，**为在5%水平下显著，***为在1%水平下显著。

检验结果可以看出，年黄牛票占比在95%的水平下不服从正态分布，分时点倒票数量在95%的水平下也不服从正态分布。从均值来看，不论如何分组，倒票数量都呈现出不断上升的趋势，“黄牛”数量则呈现出先升后降的态势。这似乎说明，各种举措与倒票数量和“黄牛”的数量均存在某种相关关系。

接下来，我们选择KW检验对“黄牛票”占比和分时“黄牛票”数量的组间差异进行初判。

表4结果显示，对于历年“黄牛票”总数而言，p－value＝0.132，说明运力的提升与“黄牛票”占比之间的相关关系并不显著；各项政策法规的出台对“黄牛票”的占比影响也不显著，p－value＝0.339。

表4 年“黄牛票”占比的组间差异是否显著

属性（年黄牛票占比）	统计量（H - adjusted）	P - value（95% confidence）
按“运力表现”分组	7.067	0.132
按“政府举措”分组	2.160	0.339

表5 分时点倒票数量的组间差异是否显著

属性（分时点倒票数量）	统计量（H - adjusted）	P - value（95% confidence）
按“运力表现”分组	10.401	0.034
按“政府举措”分组	6.191	0.045

从检验结果来看，我们初步判断运力的提升和各种举措的出台与“黄牛票”的占比之间的相关关系并不显著，但与倒票数量之间存在明显的相关关系。

四、实证结果

为了具体判断各种手段对“黄牛”活动强度的作用如何，接下来，我们运用分层模型展开深入分析。首先，我们选择“黄牛票”占比作为被解释变量，选择“运力提升程度”和“政府举措”作为被解释变量，不容忽视的是，当出行人的收入提高后，愿意支付的交易费用也随之上升，因此在分析其他因素对“黄牛票”占比的影响时，控制住收入因素是十分必要的。由此构造模型如下：

Level - 1 Model：

$$PERCENT_{ij} = \beta_{0j} + \beta_{1j} \times (INCOME_{ij}) + \beta_{2j} \times (SUPPLY_{ij}) + r_{ij}$$

Level - 2 Model：

$$\beta_{0j} = \gamma_{00} + \gamma_{01} \times (MOVES_j) + u_{0j}$$

$$\beta_{1j} = \gamma_{10} + \gamma_{11} \times (MOVES_j)$$

$$\beta_{2j} = \gamma_{20} + \gamma_{21} \times (MOVES_j)$$

Mixed Model：

$$\begin{aligned} PERCENT_{ij} = {} & \gamma_{00} + \gamma_{01} \times MOVES_j \\ & + \gamma_{10} \times INCOME_{ij} + \gamma_{11} \times MOVES_j \times INCOME_{ij} \\ & + \gamma_{20} \times SUPPLY_{ij} + \gamma_{21} \times MOVES_j \times SUPPLY_{ij} \end{aligned}$$

$+ u_{0j} + r_{ij}$

式中，第一层中的 $PERCENT_{ij}$ 为分时点的“黄牛票”占比情况，反映的是“黄牛”的活跃强度，单位是千分之一；$INCOME_{ij}$ 为 15 年来我国行业职工年平均工资，单位是万元；$SUPPLY_{ij}$ 为运输能力，是标称型数据：1～5，逐级提升；第二层中的 $MOVES_j$ 为政府的举措，是标称型数据：临时性提价—1，差别定价—0，实名制—2）。分析结果如表 6 所示。

表 6 分析结果

σ2 = 0.00186			
τ			
INTRCPT1	β_0	0.00132	
Random	level - 1 coefficient	Reliability estimate	
INTRCPT1	β_0	0.175	

The value of the log - likelihood function at iteration 6

Final estimation of fixed effects: = 3.324110E + 001

The outcome variable is PERCENT

Final estimation of fixed effects

(with robust standard errors)

Fixed Effect	Coefficient	Standard error	t - ratio	Approx. d. f.	p - value
For INTRCPT1, β_0					
INTRCPT2, γ_{00}	0.916519	0.217742	2.348	43	<0.001
MOVES, γ_{01}	0.262887	0.103752	-1.671	43	0.015
For INCOME slope, β_1					
INTRCPT2, γ_{10}	-0.222606	0.097219	-2.290	41	0.027#
MOVES, γ_{11}	-0.110626	0.038585	2.867	41	0.007#
For SUPPLY slope, β_2					
INTRCPT2, γ_{20}	0.252581	0.068062	3.711	41	<0.001#
MOVES, γ_{21}	-0.145314	0.042607	-3.411	41	0.001#

The p - vals above marked with a “#” should regarded as a rough approximation.

Final estimation of variance components

Statistics for current covariance components model

Random Effect	Standard Deviation	Variance Component	d. f.	χ^2	p - value
INTRCPT1, u_0	0.03631	0.00132	43	47.27881	0.302
level - 1, r	0.07881	0.00621			

Deviance = -66.482194

Number of estimated parameters = 2

分层模型的分析结果显示：INCMOE 与 PERCENT 这两者之间存在负相关关系，$\gamma_{10}=-0.222606$，$t=-2.29$，说明收入的提高不利于“黄牛”的生存；在控制了收入效应后，SUPPLY 与 PERCENT 之间存在正相关关系，$\gamma_{20}=0.252581$，$t=3.711$，说明运力的提升有利于“黄牛”的生存；MOVES 与 PERCENT 之间的关系是正向的，$\gamma_{01}=0.262887$，$t=-1.671$，说明政策的出台反而使“黄牛票”的占比上升了。但是，MOVES 与 INCOME 的交互作用 γ_{11} 是负向的，与 SUPPLY 的交互作用 γ_{11} 也是负向的，因此，政策法规的出台，在整体效果上并不能判断其对“黄牛票”占比的确切影响，这在下文将给出对应的解释。此外，其他因素对“黄牛票”占比的影响并不显著，u_0 的 p - value = 0.302。

进一步地，图基检验结果会告诉我们，针对火车票供给的哪种政策才是倒票数量增加的原因。

表 7 图基检验结果

Multiple Comparison of Means - Turkey HSD1，FWER = 0.05					
group1	group2	meandiff	lower	upper	reject
1	2	0.1522	-0.0833	0.3876	False
1	3	0.1063	-0.1292	0.3418	False
1	4	0.0317	-0.2038	0.2671	False
1	5	0.1567	-0.0788	0.3921	False
2	3	-0.0459	-0.2813	0.1896	False
2	4	-0.1205	-0.356	0.115	False
2	5	0.0045	-0.231	0.24	False
3	4	-0.0746	0.3101	0.1608	False
3	5	0.0504	-0.1851	0.2858	False
4	5	0.125	-0.1105	0.3605	False
Multiple Comparison of Means - Turkey HSD2，FWER = 0.05					
group1	group2	meandiff	lower	upper	reject
1	2	0.1075	-0.058	0.2614	False
1	3	0.0833	-0.0764	0.243	False
2	3	-0.0184	-0.1781	0.1413	False

图基检验的结果表明，无论是运力的提升，还是各种举措的出台，在

忽略交易费用和交易费用产生原因的情况下，这些手段都不能有效地扼制“黄牛”的行为。

对“运输能力”的图基检验结果显示，1~2、2~3和1~3分组的差异并不显著。也就是说，单纯的运力提升，不会导致“黄牛票”占比发生变化。结合理论模型来看，对比模型1与模型0，火车票数量的增加，的确能够让更多消费者有机会购买到火车票，需求方的福利得以改善。但不难发现，当套利者的 $p_a^0 = p_a^1$ 且 $n^0 = n^1$ 时，套利者从需求方得到的消费者剩余的数量相同。这是因为交易费用的存在，需求曲线出现了不连续，需求方反复尝试购买火车票造成交易费用不断升高，致使部分消费者放弃购买火车票并转向其他的出行方式，而“黄牛”作为职业性的套利者，在获取火车票信息方面较消费者具有比较优势，提供火车票的价格往往会低于需求方自行购买所支付的包含了交易费用的实际价格，同时也避免了购买不到火车票的风险，所以尽管铁路部门不断增加供给量，却不能阻止哪怕是降低需求方向“黄牛”让渡消费者剩余。尤其是在排队购票时代，高低收入人群支付的信息成本 ci2 是相同的，不同的只有付出劳动的激励成本 ci1，高收入人群的激励成本普遍要高于低收入人群，即 cih > cil。此时，在权衡了交易费用的基础上，消费者内部出现了分化：一部分更高收入人群会转向其他方式出行，尤其是打折机票的推出，选择乘坐飞机替代火车出行的消费者越来越多，在本文考察的15年内，铁路客运量在春运出行总量中的占比，一直在7%~8%波动，而民航客运量的占比则从2002年的0.417%上升至2010年的1.139%。尽管从数字上看，民航客运量仍不能与铁路相比，但其整体呈现出持续上升的趋势。

3~4、4~5和3~5分组的差异也不显著。在这个阶段，民航客运量的占比在2016年春运期间上升至1.382%，与此同时，高铁和动车组比例的不断增大，高收入人群也会根据自身承受能力酌情选择购买一等座。于是，随着收入的不断提高，而原有车型的火车票价基本没有上涨，选择飞机出行和选择一等座的更高收入的人群会越过“黄牛”自行购买，这也解释了上文模型中收入变量与“黄牛票”占比之间呈现负相关的部分原因。而另一部分选择乘火车出行的消费者中，高收入人群则倾向于通过“黄牛”购票来降低激励成本从而减少交易费用的支出，“黄牛”与需求方同时行动，又有大量的时间和精力用于购买火车票，所以，因无法购买到火车票而福利受损的往往是低收入人群。综上所述，运力的不断提升，只会让更多人能够乘坐火车出行，会使得“黄牛票”的数量明显增加，使“黄牛票”占比逐渐升高，但这种升高的趋势并不明显。

对“政府举措”的图基检验结果显示，1～2分组的差异是不显著的，也就是说，由临时性提价到差别定价，这个过程中倒票数量的变动并不显著。这与我们之前博弈模型的推论是相同的，即提高供给量和差别定价，并不能使“黄牛票”所占数量下降，反而会降低需求方的福利。从理论层面来讲，对照模型2与模型1，当高收入人群都优先选择正常品时，差别定价划分了不同群体的消费者各自的竞争范围，的确能够降低需求方的交易费用从而增加福利水平。然而，高铁和动车的火车票作为市场上的“正常品”，表现出的价格相对较高，尤其是一等座和商务座相对价格更高，加上二等座车票的购买难度大，使得部分高收入人群在反复尝试失败后并不希望继续增加交易费用，要么选择转向购买作为“低档品”的特快、普快的火车票，要么选择向“黄牛”寻求票源。而处于该阶段的“黄牛”作为“伪消费者”，利用大量时间在售票窗口排队，在信息获取方面相对于真正的消费者有明显的比较优势，能够更容易地得到火车票。如果说高收入人群还可以在买不到火车票时转向乘飞机或自驾出行等方式，而低收入人群在放弃购买火车票之后能够选择的出行方式相对较少，比如近年新闻播报的骑车返乡过年，是不得已而为之的解决方案。从这个角度来看，低收入人群的福利受损相对要严重得多。此外，无论是模型1还是模型2，加大打击力度意味着成本c要上升，对于供给方而言反而会使福利水平下降。因此，单纯的依靠差别定价来遏制倒票行为并不是理想的方法。

1～3和2～3的差异也是不显著的，说明2012年以来政府推行的各项举措也无法起到遏制“黄牛”倒票的行为。一方面，2010年以后实名制购票政策全国性实行，火车票实名制使“黄牛”不能持有多张身份证在售票窗口购票，起到了遏制“黄牛”行为的作用，结合之前提到的运力的提升，“黄牛票”的数量本应减少，其占比应当下降，符合MOVES和SUPPLY的交互作用与PERCENT负相关的结论；另一方面，互联网购票的全面启动，又使“黄牛”可以通过互联网平台同时使用不同身份证购买多张火车票，实名制购票被动地成为作用于购票之后的一项规定，于是，从独立效应上看，MOVES与PERCENT呈现出正相关关系，实名制应起到的积极作用被互联网购票给“黄牛”带来的可乘之机抵消了。更明显的是，互联网购票的启动，造成需求方内部的信息不完全，而这种程度正随着电话订票系统、

12306 订票网站和手机 APP 等远程购票平台的出现逐渐加剧。随着收入的升高，互联网和智能手机的普及确实能够使消费者更能够与“黄牛”享有相同的获取信息的信息成本，更有可能越过“黄牛”自行购买火车票，符合 MOVES 和 INCMOE 的交互作用与 PERCENT 负相关的结论。但这种情况并不适用于整个需求方群体。需求方中的高收入人群对这种购票途径的使用较低收入人群更加广泛，高收入人群的交易费用因此而降低。而相当一部分属于低收入人群的外来务工人员不会使用这种购票手段，即使会使用，也常常因工作性质的原因，没有足够的时间反复拨打订票电话、无法长时间在电脑前或不能长时间通过手机刷票，导致无法及时获取这部分信息，最后只好去窗口排队购买火车票，他们的交易费用不仅不能被忽略，而且较高收入人群更高，成为低收入人群转向“黄牛”购票的最直接原因。特别地，由于铁路方面只在固定时点公布余票信息，新票的起售时间也只在每个整点和半点，在前一轮购票中没有买到火车票的消费者并不知道还有多少余票，只能通过参与下一轮新票购买来尝试获取火车票，于是，当高收入人群反复尝试却依然购买不到高铁车票时，能够通过远程平台比低收入人群更快、更便捷地了解到普快车票的信息并购买，因此低收入人群在获取信息的能力上，相对高收入人群始终表现出比较劣势，其付出的激励成本 ci1 升高导致交易费用 cil 变得更高，缺口数量$(D_1^1(p_{d'})-h)$较之前更大，更多的低收入人群因高昂的交易费用放弃自行购买火车票，这才导致了“黄牛票”的数量和占比在 2012 年之后均再次出现增长的态势。

由此可见，供需之间的信息不完全，包括需求方对票量信息占有的不完全，放票时间信息占有的不完全，车票分配规则信息占有的不完全等，均是造成需求方额外支付高昂交易费用的主要原因，也是“黄牛”倒票行为屡禁不止的主要原因。不仅如此，“黄牛”的倒票行为也因信息的不完全程度和形式的变化而变化。从分组数据的均值看，“黄牛票”的数量和在总体中的占比呈现出先升后降的特点，而且组内波动特别大。这种不稳定与相关部门出台的管理手段有关。除去通过铁路部门内部拿票的“关系户”，以往的大部分“黄牛”倒卖的火车票都是通过传统的排队方式来购买的，不需要具备太多降低供需双方信息不完全程度的能力，所以人数非常多；2010 年火车票的实名制，使倒票行为的激励成本升高，公安机关的打击力度加大，倒票带来的风险也逐渐提高，一批黄牛在比较了成本与收益之后，陆续选择放弃该职业，使得从事“倒票行业”的人数持续下降；2012 年，

12306 网站的正式上线，使互联网购票在全国范围内得以推行，原来不会使用现代化技术手段购票的“黄牛”，除了不具有激励成本上的比较优势之外，在信息成本的支出上也和低收入人群一样处于劣势地位，这一类低水平“黄牛”面临与低收入人群相同的交易费用，无法继续生存下去，因此在均值的表现上，“黄牛”数量在后期有所降低；到了 2015 年，购票周期的延长、退票手续费的降低，使“黄牛”倒票的成本继续下降，带来了“黄牛票”数量爆发式的增长。

五、结论

本文选择从交易费用的角度来考虑“黄牛”长期存在、持续活跃的原因，以火车票市场为切入点，选取了自 2002 年以来全国的火车票市场上黄牛倒票的查处情况，以此衡量倒票活动活跃与否，在对数据进行了必要的处理后，我们仍然可以明确供需的不均衡对倒票活动的影响并不显著这一结论，说明火车票市场长期供不应求的状态并不是黄牛长期存在、越挫越勇的根本原因。同时，由于多方因素作用，使得政府出台的各项举措也没有削弱“黄牛票”的活跃程度。推及其他市场，“黄牛”的存在，是由于产品交易市场的无效率，这种无效率是供给和需求之间的结构错位导致的。供需之间的信息不完全，导致了需求方需要支付的交易费用在购买过程中不断上升，低收入人群往往因为产品的实际成交价格过高选择放弃购票致使福利受损；需求方内部的信息不完全，导致了需求方交易费用的差异，扩大了高低收入人群之间的购买缺口，低收入人群购买产品的实际价格因交易费用提高而提高，放弃购买将再次导致福利受损。因此，在市场调节下，只要交易费用还存在，“黄牛”就不会消失。

我国的铁路客运服务在当前及未来很长时间里都只能以“准公共品”的形式存在，不能完全依赖市场调节，这就更需要政府进行适当的干预。既然打击套利不是理想的方法，那么供给方可以通过降低信息不完全的程度来降低需求方的交易费用，尤其是低收入人群的交易费用。比如在火车票市场上，选择显示余票总数的同时，标明清楚是“站售票”还是“共用票”或及时公布“共用票”的放票时间，还可以显示该列车同方向沿途前后站点的余票信息，方便需求方更换起始点。[①] 针对当前互联网和手机 APP 等远程预约平台广泛使用的情况，普及电话预约和 APP 的使用方法，让需求人群都能够通过便捷的购票途径获得所需产品，才是降低其交易费用的正确方式。而在此之前，供给方可以通过提高“低档品”的交易费用，比如只在远程平台预留少量“紧俏”产品，更多地留在预售窗口，从而降低对低收入人群福利的损害。

尽管分别考察了供需均衡、差别定价和高低收入人群差异等要素对市场套利行为的影响，但本文仍存在诸多缺陷和未及深入探讨的问题。首先，文章只是简单地将需求方分为高收入人群和低收入人群，事实上需求者的分组绝不仅只有这两组，最明显的，在火车票市场上，学生既不属于低收入人群，也不能说完全划归高收入人群，但学生购买火车票一般都是通过远程购票平台进行的，当学生选择购买“低档品”时，低收入人群的交易费用将再次升高。其次，由于全国每年春运期间究竟有多少火车票是通过“黄牛”流向需求方的这个信息没有人能掌握，因此本文选取已查处的倒票情况数据作为替代，考虑到这个数据的变化趋势并不能用“公安机关持续加大打击力度”解释，故作为替代变量也只能在一定程度上反映了倒票情况的变化趋势。最后，本文后续拟进一步研究实名制前后预约服务类产品的产权分离与合并对套利的影响。

参考文献

[1] [EB/OL]. http://www.stevenxue.com/st-313.htm，2005. 薛兆丰. 要我写篇《火车票价还不够低》吗?

[2] 蒋殿春、杨超、盛明泉. 火车票定价与社会福利[J]. 经济研究，2006 (2).

[3] 吕成哲. 实名制火车票能否“拯救”春运? ——基于制度经济学框架下的分析[J]. 知识经，2010 (8).

[4] 李茜. 对春运火车票“一票难求”现象的经济学分析[J]. 知识经济，2012 (11).

[5] Thomas A. Diamond. Ticket Scalping: A New Look at an Old Problem [J]. University of Miami Law Review, 1982 (37): 71-92.

[6] Bershad and Richard J. Ensor. Ticket Scalping Legislation: A New Jersey Case Study

① 站售票，是明确某个时间段指定某个车站进行销售；而共用票，则是指所有车站都公平抢购。一般情况下，共用票的数量都会超过站售票。

[J]. Seton Hall Legal Journal, 1985 (9): 81 - 135.

[7] Criscuolo P. J. Reassessing the Ticket Scalping Dispute: The Application, Effects and Criticisms of Current Anti - scalping Legislation [J]. Seton Hall Journal of Sport Law, 1995 (5): 189 - 221.

[8] Stephen K. Happel, Marianne M. Jennings. Assessing the Economic Rationale and Legal Remedies for Ticket Scalping [J]. Journal of Legislation, 1989 (16): 1 - 14.

[9] Stephen K. Happel, Marianne M. Jennings. The Folly of Anti - Scalping Laws [J]. The Cato Journal, 1995 (15): 65 - 80.

[10] Elfenbein D. W. Do Anti - Ticket Scalping Laws Make a Difference Online? Evidence from Internet Sales of NFL Tickets [D]. Working Paper, Washington University, 2006.

[11] Karl E. Case. The Value of Scalping [EB/OL]. http://www.boston.com/news/globe. January 21, 2007.

[12] Phillip Leslie and Alan Sorensen. The Welfare Effects of Ticket Resale [EB/OL]. http://www.nber.org/papers/w15476, 2009.

生产者责任延伸制度下废旧手机回收实验的几个关键问题

刘奥彬
（北京信息科技大学，北京　100027）

一、引言

随着社会经济的快速发展，电器电子行业进入消费的黄金时期。以手机为代表的电器电子产品伴随着社会经济的发展已成为消费者日常生活中不可或缺的工具。我国巨大的消费市场使得每年有大量手机进入消费市场，同时伴随着产生约1.5亿部故障或老旧的废旧手机。废旧手机当中包含大量稀贵金属和有害物质，如此庞大数量的废旧手机如果处理不当，不仅会造成稀贵金属等资源的浪费，同时会对环境带来巨大的污染压力。生产者责任延伸制度（以下简称EPR制度）明确规定了产品从生产到回收资源化处理的全部生命周期中的责任划分，产品生产者应重点关注所生产产品废弃之后的回收处理过程。废旧手机回收与EPR制度理论相结合能最大程度促进市场上废旧手机的回收比例，促进资源的有效利用。运用实验经济学的方法构建手机产业市场，模拟手机从生产到消费，再到废弃后的回收处理的全过程，研究EPR制度对于废旧手机回收的最佳激励政策。

［作者简介］：刘奥彬，男，1991年8月出生，研究生，北京信息科技大学经济管理学院，中国数量经济学会会员。

二、实验概况

实验中构建出手机消费市场、手机销售市场和手机生产市场，市场中有相应的实验角色消费者、销售者和生产者。每个市场中用类似于麻将的实验道具 7 张数机和相应的机槽代替手机，机槽的不同颜色区分高、中、低三种档次的手机。实验中涉及手机的销售、购买和回收过程，每个过程不规定具体成交价，参与者充分发挥所能，讨价还价，达到理想的成交价格。实验中交易用到的货币以道具代替。实验中对不同角色的位置有明确的规定，一方面保证实验的可控性，另一方面充分构建现实环境，避免实验中人为因素对实验结果的影响。在手机消费市场中模拟手机的使用过程，通过实验机制认定不同结果下消费者的手机状态，如果认定手机坏掉，则消费者需要进入手机销售市场购买新手机及处理已坏的废旧手机；销售者应根据规定从生产者处购进手机销售给消费者，同时决定是否回收市场中的废旧手机。生产者根据销售者废旧手机回收率的高低确定对其手机购进价格的优惠率，废旧手机回收率越高，销售者越可以获得更大程度的优惠。实验中引入“基本回收率”和“优惠率差额”两个实验参数，构成梯形优惠率表。基本回收率即生产者所规定的提供优惠的最低废旧手机回收率，只有高于基本回收率，销售者在购进手机时才可享受优惠；若低于基本回收率，销售者在购进手机时需要付出额外的费用。不同的废旧手机回收率范围档次对应不同的优惠率，且回收率范围档次之间的优惠率差值是相同的，即优惠率差额。如表 1 所示为例梯形优惠率表。

表 1　示例梯形优惠率表

回收率	0%	0% < r < 10%	10%	10% < r≤25%	25% < r≤40%	40% < r
优惠率	20%	10%	0%	-10%	-20%	-30%

回收率 10% 为基本回收率，优惠率差额为 10%。开展实验时通过调整基本回收率和优惠率差额的取值，形成对照实验组，探究最优的梯形优惠率表。

三、重点问题解析

（一）用类似麻将的数机和相应颜色的机槽组合代替手机

实验中所用到的数机类似于麻将，有不同的花色和图案。将不同花色和图案的数机排组放置于相应颜色的机槽中以代表不同档次的手机。机槽颜色分为红、黄、绿，分别代表高、中、低档次的手机，7张数机和相应颜色机槽构成一部道具手机，通过调换单张数机，可以形成“连”或“对”不同的组合。道具图如图1所示（以高档手机为例）。

图1 高档手机道具图

在消费者市场中模拟手机使用的过程是，消费者在实验的每回合中需要找另外一位消费者互换一张数机，若成功互换则认为该回合消费者手机完好，可获得存活奖励，继续进行下一回合实验，若未成功互换则认定手机坏掉，消费者需进入销售者市场；认定手机坏掉的另外一种情况是某位消费者连续交换3个回合后，手中的7张数机没形成“1连+2对”的模式。运用数机代替道具手机，一方面，可以用不同的花色和图案组合出代表不同档次的手机，同时可以通过数机的交换模拟手机的使用过程，设定手机坏掉或完好的实验机制；另一方面，数机“连”和“对”的属性可以有效避免实验回合中某两位消费者无休止互换所导致的实验漏洞。使用机槽可以一方面能使实验参加者方便拿取道具手机，另一方面机槽侧面可以标示手机的“售价”和“回收价”等信息，便于手机的交易过程，同时机槽的不同颜色便于在实验中快速准确地区分手机档次，保证实验的顺利进行。机槽侧面图如图2所示（以高档手机为例）。

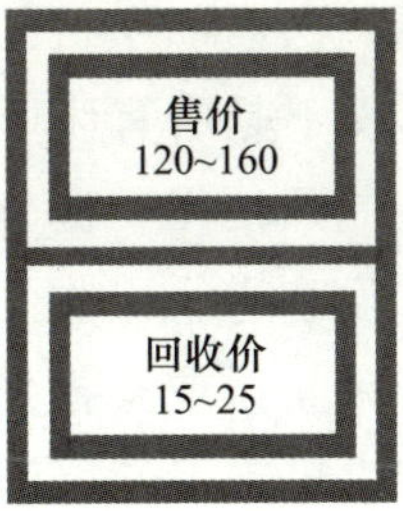

图 2　高档手机机槽侧面图

（二）实验中消费市场的手机坏掉对现实情况的反映

在实验回合中，消费者的主要实验行为是与另一位消费者一对一互换一张数机，若成功互换，则手机完好，可继续进行下一回合实验，若没有互换数机，则认定手机坏掉，或连续 3 个回合后没有形成“1 连 +2 对”的模式，也认定手机坏掉。实验过程中，数机互换的过程是随机的，不同档次手机在互换过程中是平等的，故可以产生的结果是不同档次的手机可能在某一回合结束时被认定为坏掉。这与现实状况是吻合的，现实中每一时刻都会有不同档次的手机坏掉，而通过交换数机，缩短了现实中手机的使用周期。反映到实验中是使用不同档次手机的消费者都能产生购买新手机的需求，销售者在销售手机的同时会决定是否回收消费者手中的废旧手机。不同档次道具手机的数机图案构成是不同的，高档手机的数机更加齐整，低档手机的数机则越杂乱，更高档次手机在实验回合中更易形成“1 连 +2 对”的模式。可以使档次更高手机的平均存活时间更长，平均收益更高，与现实中手机的使用情况相似。

（三）星星抽纸箱的设置

实验中星星抽纸箱是消费者处理废旧手机的一种方式，设置在销售者市场。消费者可以将废旧手机出售给销售者以换取收益，同时也可以根据 7 张数机上提前标好的星星总数在对应的纸箱中抽取数字纸条，选择抽取星星纸箱时需要将废旧手机上交工作人员。纸条上数字有正有负，若抽到正数，则工作人员需支付给该消费者相应数字的货币；若抽到负数，该消费者需支付给工作人员相应的货币。星星抽纸箱所产生的结果是随机的，抽取正数的概率根据高、中、低档次废旧手机的不同依次降低。设置该环节的主要目的是与现实相吻合，即不是所有废旧手机都会出售给销售者进入回收渠道，现实中会由于各种原因使得一部分废旧手机未能进行回收。实验中的星星抽纸箱环节模拟了没有进行回收的废旧手机的去向。没有进行回收的废旧手机会给消费者带来收益或是损失，信息安全及升值的可能是为消费者带来的收益，而废旧手机闲置使得消费者没能获得手机回收带来的收益，即为损失。更高档次的手机坏掉后利用价值更高，获得收益的可能性更大，星星抽纸箱的设置符合现实的情况与要求。

（四）梯形优惠率设置的有效性

实验设置了基本回收率和优惠率差额两个主要实验参数，这两个参数构成手机生产者对销售者购进手机的梯形优惠率机制。在销售者不同的回收率下，生产者对于销售者购进手机的优惠程度是不同的，进而最大限度提高废旧手机回收率。通过改变实验参数形成对照实验，确定在废旧手机回收率和销售者收益较高，且生产者优惠补贴支出较低情况下的梯形优惠率政策。梯形优惠率的设置是生产者对销售者回收废旧手机的激励，销售者根据销售回收情况、优惠率的高低确定其在市场中的行为。梯形优惠率是针对政府政策对 EPR 制度责任划分不明确及激励手段效果差而在实验中设置的机制，运用梯形优惠率可以强化 EPR 制度，以经济手段促进市场行为发生转变。

四、结论

实验设计过程需要创新能力，深入分析现实经济现象，围绕研究的目标，再现经济现象。实验经济学的最大优越性在于可根据需要设计实验，设置合理的、不同于现实的实验机制，使在现实经济现象中原本无法实现的过程在实验中充分反映出来。在研究废旧手机回收的过程中，设置“梯形优惠率”机制，研究其对于废旧手机回收的作用，现实中不存在该优惠机制，贸然在现实中执行这一政策充满不确定性，实验研究过程能够以最低的代价研究其所能产生的经济效应；实验的设计要充分遵循可控性原则，通过适当的限制增强对实验的掌控能力。废旧手机回收实验中，在消费者市场的数机互换环节对每位消费者都规定其所在的位置，每一回合在规定的时间内互换数机，其余时间必须留在原位置，以保证实验有序地进行。

参考文献

[1] Berg Joyce, et al. Trust, Reciprocity, and Social History [J]. Game and Economic Behavior, 1995 (10): 122 - 142.

[2] Forsy the Robert, Horowite Joel L., Savin N. E., Sefton Martin. Fairness in Simple Bargaining Experiments [J]. Games and Economic Behavior, 1994 (6): 347 - 369.

[3] James C. Cox, Vernon L. Smith, James M. Walker. Theory and Individual Behavior of First - price Auctions [J]. Journal of Risk and Uncertainty, 1988 (11): 7 - 14.

[4] Smith V. L. An Experimental Study of Competitive Market Behavior [J]. Journal of Political Economy, 1962, 70 (3): 111 - 137.

[5] Vernon L. Smith. Method in Experiment: Rhetoric and Reality [J]. Experimental Economics, 2002 (52): 7 - 14.

[6] 李建标，李朝阳. 信任的信念基础——实验经济学的检验 [J]. 管理科学, 2013 (2): 62 - 71.

[7] 盛昭瀚，肖条军，高洁. 实验经济学与2002年诺贝尔经济学奖 [J]. 管理科学学报, 2002 (6): 91 - 93.

[8] 宋紫峰，周业安，何其新. 不平等厌恶和公共品自愿供给——基于实验经济学的初步研究 [J]. 管理世界, 2011 (12): 32 - 39 + 54 + 187.

[9] 杨玉香，周根贵. EPR下供应链网络报废产品排放内生污染税模型 [J]. 管理科学学报, 2011 (10): 67 - 76.

[10] 赵秀堃，李勇建，石丹. 基于EPR的供应链治理机制博弈分析 [J]. 系统工程学报, 2015 (2): 231 - 239 + 250.

[11] 周业安，左聪颖，陈叶烽，连洪泉，叶航. 具有社会偏好个体的风险厌恶的实验研究 [J]. 管理世界, 2012 (6): 86 - 95.

[12] 朱庆. 实验经济学述评[J]. 经济学家, 2003 (1): 105 - 107.